W0109885

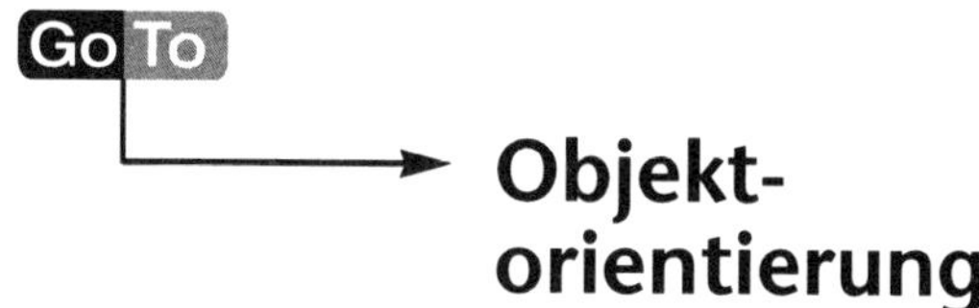
GoTo
Objekt-
orientierung

Helmut Herold
Michael Klar
Susanne Klar

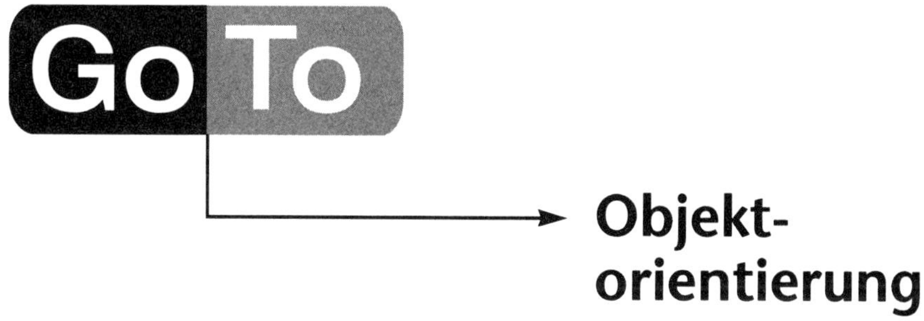

Objekt-orientierung

An imprint of Pearson Education

München • Boston • San Francisco • Harlow, England
Don Mills, Ontario • Sydney • Mexico City
Madrid • Amsterdam

Die Deutsche Bibliothek – CIP-Einheitsaufnahme

Ein Titeldatensatz für diese Publikation ist bei
Der Deutschen Bibliothek erhältlich.

Die Informationen in diesem Buch werden ohne Rücksicht auf einen eventuellen Patentschutz veröffentlicht.
Warennamen werden ohne Gewährleistung der freien Verwendbarkeit benutzt.
Bei der Zusammenstellung von Texten und Abbildungen wurde mit größter Sorgfalt vorgegangen. Trotzdem können Fehler nicht vollständig ausgeschlossen werden.
Verlag, Herausgeber und Autoren können für fehlerhafte Angaben und deren Folgen weder eine juristische Verantwortung noch irgendeine Haftung übernehmen.
Für Verbesserungsvorschläge und Hinweise auf Fehler sind Verlag und Herausgeber dankbar.

Umwelthinweis:
Dieses Buch wurde auf chlorfrei gebleichtem Papier gedruckt.
Die Einschrumpffolie – zum Schutz vor Verschmutzung – ist aus umweltverträglichem und recyclingfähigem PE-Material.

10 9 8 7 6 5 4 3 2 1

04 03 02 01

ISBN 3-8273-1651-0

ein Imprint der Pearson Education Deutschland GmbH
Martin-Kollar-Straße 10–12, D-81829 München/Germany

Einbandgestaltung: Barbara Thoben, Köln
Lektorat: Martin Asbach, masbach@pearson.de
Korrektorat: Sonja Fischer, München
Herstellung: Monika Weiher, mweiher@pearson.de
Satz: reemers publishing services gmbh, Krefeld, www.reemers.de
Druck und Verarbeitung: Bercker Graphischer Betrieb, Kevelaer
Printed in Germany

Widmung

- allen Kindern, die es noch nicht verlernt haben, objektorientiert zu denken - den kleinen und den so genannten Erwachsenen, die sich das »Kind im Manne« bewahrt haben.
- den Erwachsenen, die es wieder lernen wollen, so zu programmieren wie ihre Kinder und eigentlich auch so denken.
- Unseren Kindern: Niklas, Sascha, Stefanie und Jonathan, die wegen des Objektes »Go to Objektorientierung« (der Klasse Buch) mit den Eltern weniger Zeit zum Spielen verbringen konnten.

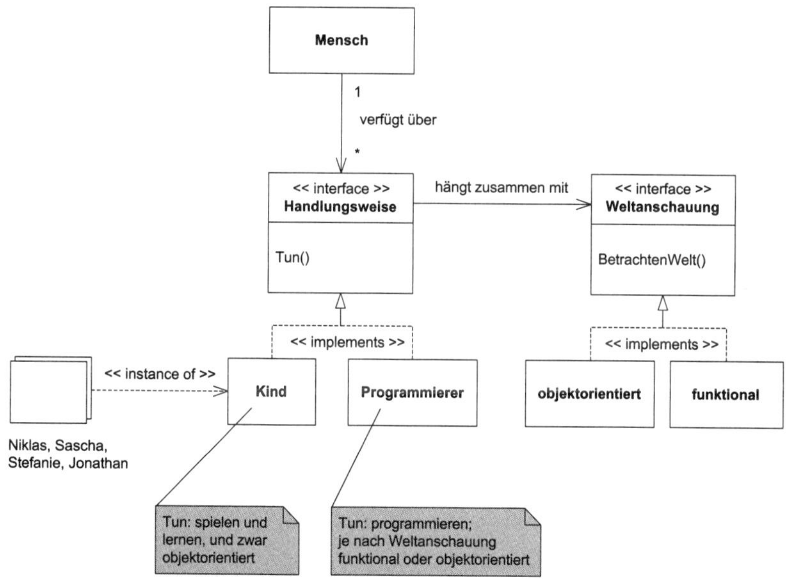

Weltanschauungen von Kindern und Programmierern

Inhaltsverzeichnis

Einleitung

Ursachen erkennen, das eben ist Denken, und dadurch allein werden Empfindungen zu Erkenntnissen und gehen nicht verloren, sondern werden wesenhaft und beginnen auszustrahlen.

aus Siddhartha, Hesse

Vorwort

Objektorientiert Programmieren oder nicht – das ist längst keine Frage mehr. Doch wie erlernt man Objektorientierte Programmierung?

Auf der einen Seite steht die Programmiersprache, auf der anderen Seite die objektorientierte Philosophie und damit verbunden objektorientierte Analyse und Design. Zu beiden Themenbereichen gibt es mittlerweile viele Bücher auf dem Markt. Diese beleuchten allerdings meist nur einen Bereich von beiden genauer. Diese Situation wirft für den Einsteiger eine Reihe von Fragen auf: Wo soll er beginnen zu lesen? Was sind jeweils die zentralen Aspekte? Wie kann er das Gelernte praktisch üben und umsetzen? In immer knapper werdenden Ausbildungszeiten ist es wichtiger als je zuvor, schnell und effektiv zum Ziel zu kommen.

Die Motivation zu diesem Buch ergab sich durch die Tätigkeiten als Trainer und Coaches sowie durch die Aus- und Weiterbildung im eigenen Unternehmen. Uns war es wichtig **ein** Grundlagenbuch zu schaffen, das die zentralen Aspekte der objektorientierten Programmierung zusammenfasst und es ermöglicht, möglichst schnell in C++ auch größere, stabile Programme schreiben zu können.

Aus unserer Sicht sollten objektorientierter Entwurf und Programmiersprache nicht getrennt betrachtet werden. Wir wollen uns hier der Meinung von Grady Booch anschließen, der in seinem bekannten Werk »Objektorientierte Analyse und Design« ([1]) schreibt:

»Coggings' Gesetz des Software-Engineerings sagt aus, dass ›die Pragmatik Priorität vor der Eleganz haben muss, weil die Natur nicht beeindruckt werden kann‹. Eine Schlußfolgerung aus diesem Gesetz ist, dass das Design niemals völlig sprachunabhängig sein kann. Die einzelnen Features und die Semantik einer zugrundeliegenden Programmiersprache beeinflussen unsere Entscheidungen bezüglich des Designs, und ein Ignorieren dieser Einflüsse würde zu Abstraktionen führen, die die Besonderheiten der Sprache nicht ausnutzen oder die Mechanismen verwenden, die nicht in jeder Sprache effizient implementiert werden können.«

Beim Aufbau der Didaktik war uns die praktische Umsetzbarkeit genauso wichtig wie eine ganzheitliche Sichtweise auf das Thema der Objektorientierung. Aus diesem Grund werden neben den C++-Konstrukten jeweils die zugehörigen UML[1]-Konstrukte erläutert und der `Komplexitätsgrad` nach und nach gesteigert. Auf diese Weise wird der Leser schrittweise an OO-Projekte herangeführt. Beispiele und Übungen sind dabei nach Möglichkeit ausführbare Programme, so dass sie leicht nachvollzogen werden können und Spaß, Freude und Motivation erhalten bleiben.

Wie der Leser sehr schnell merken wird, ist ein großer Vorteil der Objektorientierung, dass damit Komplexität reduziert werden kann. Es liegt also in der Natur der Sache, dass der Sinn des objektorientierten Designs und der Analyse erst richtig ersichtlich bei größeren Programmen wird. Das Buch arbeitet daher systematisch auf die Fallbeispiele hin, die den Abschluss dieses Buches bilden und eindrücklich zeigen, was objektorientierte Programmierung bedeutet.

Da das Buch praxisbezogen ist und heutzutage fast jede Applikation einen Anteil an graphischer Benutzeroberfläche (GUI[2]) besitzt, wollten wir auch zeigen, wie die objektorientierte Anbindung an eine GUI aussehen kann. Hier standen wir vor der Wahl, welche Klassenbibliothek wir verwenden. Wir haben uns für Qt entschieden, weil wir möglichst betriebssystemunabhängig bleiben wollten. Qt ist sowohl für Windows als auch für Linux erhältlich, was derzeit die beiden gängigsten Betriebssysteme sind. Für Linux ist Qt kostenfrei auf z.B. der SUSE-Distribution enthalten.

1 UML: **U**nified **M**odeling **L**anguage: vereinheitlichte Modellierungs-Sprache zur Beschreibung von objektorientierten Systemen, die als Industriestandard bei objektorientierter Analyse und Design eingesetzt wird (vgl. Kapitel 3.1)

2 GUI: **G**raphical **U**ser **I**nterface – graphische Benutzeroberfläche

Bei C++ und UML haben wir uns bemüht, einen Großteil des Sprachumfangs abzudecken. Allerdings haben wir nach dem Motto »Weniger ist mehr« bewusst einige Features weggelassen und nicht jedes Feature bis ins letzte Detail beleuchtet. Hier wollen wir stattdessen auf einschlägige Fachliteratur verweisen. Wichtig waren uns stattdessen die zentralen Aspekte der objektorientierten Programmierung und wie diese mit C++ umgesetzt werden können. Es werden dabei fundierte C-Kenntnisse und damit verbundene algorithmische Fähigkeiten vorausgesetzt. Dieses Buch ist damit neben dem Einsatz in Aus- und Weiterbildung auch ideal für C-Programmierer geeignet, die mit C++ objektorientiert entwickeln wollen.

Den Source-Code zu den Beispielen und die Lösungen zu den Übungen können Sie unter www.klar-gmbh.de herunterladen. Natürlich freuen wir uns auch jederzeit über Feedback unter der E-Mail *oobuch@klar-gmbh.de.*

Und nun viel Spaß, Freude und Erfolg bei der Lektüre dieses Buches ... und machen Sie auch die eine oder andere Übung – es lohnt sich ;-).

Übersicht zu diesem Buch

Dieses Buch gliedert sich in neun Teile:

Kapitel 1 führt in die Welt der Objektorientierung ein. Anhand unserer alltäglichen Welt werden zentrale Begriffe wie Objekt und Klasse erklärt. Anschließend werden die wesentlichen Aspekte vorgestellt, worin sich objektorientierte Programmierung von der traditionellen (funktionalen) Programmierung unterscheidet.

In **Kapitel 2** werden zunächst die Erweiterungen von C auf C++ vorgestellt, die zwar sehr nützlich sind und ein eleganteres Programmieren in C zulassen, aber C++ noch nicht zu einer objektorientierten Sprache befähigen. Leser, die mit der Syntax von C++ bereits vertraut sind, können dieses Kapitel übergehen und unmittelbar mit Kapitel 3 fortfahren.

Kapitel 3 stellt die Sprachelemente von C++ vor, die C++ zu einer objektorientierten Sprache machen. Dabei werden bereits erste wichtige Designaspekte behandelt, die beim Entwurf eines objektorientierten Programms zu berücksichtigen sind. Parallel dazu werden die entsprechenden Elemente der UML vorgestellt. Dieses Kapitel erklärt dabei fundamentale Begriffe der objektorientierten Programmierung wie Objekte, Klassen, Vererbung, Polymorphismus und Schnittstellen. Es handelt sich hier um Mechanismen, die in den meisten objektorientierten Sprachen vorhanden sind.

In **Kapitel 4** werden dann weitere Sprachelemente von C++ vorgestellt, die speziell in der Programmiersprache C++ vorhanden sind und über die fundamentalen objektorientierten Mechanismen hinausgehen. Gerade durch Sprachelemente wie das Überladen von C++-Operatoren für eigene Klassen oder die generische Codeentwicklung (Templates) stellt C++ weitere Mittel zur Verfügung, um Komplexität zu reduzieren und Wiederverwendbarkeit zu erhöhen.

Kapitel 5 beschreibt weitere UML-Konstrukte, die zwar hinsichtlich des objektorientierten Designs sehr interressant und nützlich sind, aber nicht unmittelbar mit der eingesetzten Sprache in Verbindung stehen. Es handelt sich hier um Elemente, die vor allem während der Grob-Design-Phase Verwendung finden, wenn es darum geht, wie sich das System in Subsysteme gliedern lässt, und zwar logisch (Packages) und physikalisch (Komponenten, Verteilungsdiagramm).

Kapitel 6 nennt zentrale Entwurfsprinzipien, um auch bei komplexeren Aufgabenstellungen ein stabiles objektorientiertes Design zu erzielen. Denn allein die Verwendung der Sprache C++ oder von Klassenbibliotheken garantiert noch keine Wiederverwendbarkeit des Codes. Es werden dabei einfache »Merksätze« aufgestellt, die anschließend erläutert werden.

Kapitel 7 geht noch einen Schritt weiter und zeigt im Überblick, wie objektorientiertes Software-Engineering aussieht. Denn objektorientierte Projekte bedeuten nicht nur eine andere Programmierweise, sondern auch ein anderes Vorgehen. Neben den Grundprinzipien der objektorientierten Software-Entwicklung werden weitere UML-Konstrukte mit Schwerpunkt auf der Analyse-Phase vorgestellt und die Entwicklungsphasen eines objektorientierten Projektes im Überblick ganz kurz erläutert.

Kapitel 8 ist eine kleine Exkursion in die Programmierung mit der Klassenbibliothek Qt, da diese bei den Fallbeispielen in Kapitel 9 zur GUI-Programmierung verwendet wird.

Kapitel 9 bildet den »krönenden« Abschluss des Buches. Denn was objektorientierte Programmierung bedeutet, wird erst anhand von etwas komplexeren Aufgabenstellungen deutlich. In ausgewählten Fallbeispielen wird der Einsatz der besprochenen Entwurfsprinzipien noch einmal verdeutlicht und im Zusammenhang gezeigt, wie die Entwurfsprinzipien zusammenwirken.

Manches ist von besonderer Bedeutung und verdient darum auch, besonders hervorgehoben zu werden. Solche **Hinweise** sind sehr nützlich, sie bringen einen geschwinder ans Ziel.

Manches geht ganz leicht. Wenn man nur weiß, wie. **Praxistipps** finden Sie in den Abschnitten mit diesem Icon.

Beim Erlernen einer Programmiersprache gibt es immer wieder Fallen, in die man als Ahnungsloser hineintreten kann. Die **Warnungen** im Buch führen Sie sicher an ihnen vorbei.

1 Einführung in die Welt der Objektorientierung

Kunst ist die rechte Hand der Natur.
Diese hat nur Geschöpfe, jene hat Menschen gemacht.
Schiller

Hier wird ein kurzer Einblick in die Welt der Objektorientierung gegeben, indem zunächst gezeigt wird, dass auch die Natur, in der wir leben, objektorientiert ist. Danach werden die wesentlichen Aspekte vorgestellt, welche die objektorientierte Softwareentwicklung von der traditionellen (funktionalen) Softwareentwicklung unterscheidet.

1.1 Objektorientierung in der realen Welt

In der Welt, in der wir leben, sind wir von vielen Dingen (*Objekten*) mit verschiedenen Eigenschaften umgeben. Aufgrund dieser Eigenschaften sowie der Möglichkeiten, mit diesen Eigenschaften umzugehen oder von ihnen beeinflusst zu werden, kann man unterschiedliche Objekte zu Klassen zusammenfassen. Ein sehr schönes Beispiel hierzu liefert uns die Natur.

Begeben wir uns zunächst gedanklich in einen Zoo. Dort treffen wir viele Tierarten an, z.B. Löwen, Elefanten, Tiger ... Wir bleiben vor dem Tiger-Gehege stehen und sehen dort 3 Tiger. Wie wir auf einem Schild am Zaun lesen, heißen diese Tiger Samurai, Taigon und Rufus. Objektorientiert gesprochen sehen wir 3 Objekte, nämlich Samurai, Taigon und Rufus. Jedes dieser konkreten *Objekte* ist ein Tiger. Wir abstrahieren also an dieser Stelle und finden für die 3 konkreten vorhandenen Objekte eine gemeinsame Beschreibung: Tiger. Diese gemeinsame, allgemeine Beschreibung wird in der Objektorientierung *Klasse* genannt. Die konkret vorhandenen Objekte werden auch als *Exemplare* oder *Instanzen* einer Klasse bezeichnet.

Der Sachverhalt, dass Samurai, Taigon und Rufus Objekte (Exemplare / Instanzen) der Klasse Tiger sind, lässt sich grafisch wie in Abbildung 1.1 gezeigt darstellen:

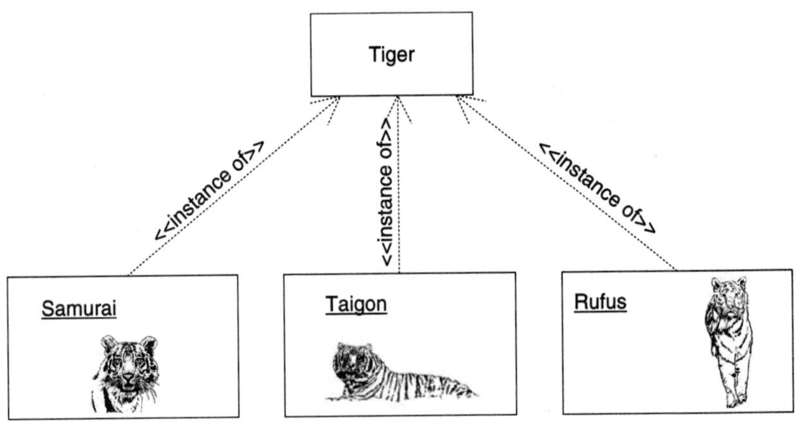

Abbildung 1.1: Samurai, Taigon und Rufus als Tiger-Exemplare

Diese Darstellung folgt der Notation der so genannten *Unified Modeling Language (UML)*, die in diesem Buch verwendet wird. Die UML ist eine normierte Beschreibungssprache für objektorientierte Systeme (vgl. Kapitel 3.1 auf Seite 101).

In der UML werden Klassen als Rechtecke darstellt. Im Unterschied zu Klassen wird bei Objekten der Name unterstrichen, wie dies Abbildung 1.2 zeigt:

Abbildung 1.2: Symbole für Klasse und Objekt in UML

Die Beziehung zwischen einer Klasse und einer Instanz der Klasse (Objekt) kann in der UML allgemein wie in Abbildung 1.3 dargestellt werden:

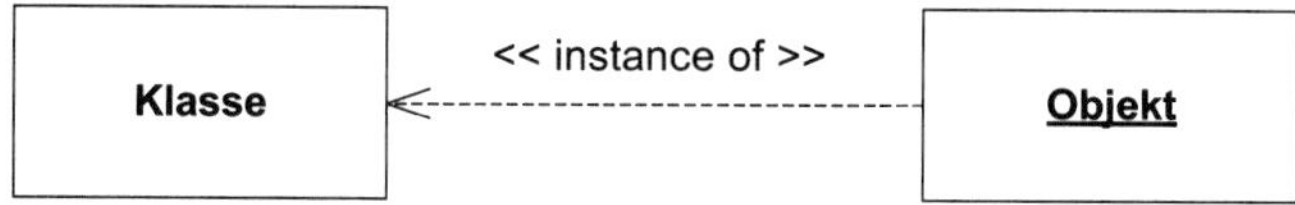

Abbildung 1.3: Beziehung zwischen Klasse und Objekt in UML

Sehen wir uns im Zoo weiter um, so entdecken wir noch weitere Objekte, z.B. einen Zoowärter, der gerade herbeikommt, um Samurai, Taigon und Rufus zu füttern. Es besteht also eine Beziehung zwischen dem Zoowärter und den Tigern, wie dies in Abbildung 1.4 dargestellt ist:

Abbildung 1.4: Beziehung zwischen einem Zoowärter und einem Tiger

Genau genommen füttert der Zoowärter jedoch nicht nur die Tiger, sondern alle Tiere im Zoo. In unserer Denkweise gehen wir also noch einen Schritt weiter und gliedern die allgemein gefundenen Beschreibungsweisen in ein Schema, das hierarchisch aufgebaut ist. Löwen, Elefanten, Tiger ... sind allesamt Tiere. Diese Beziehung lässt sich in der UML wie in Abbildung 1.5 gezeigt darstellen:

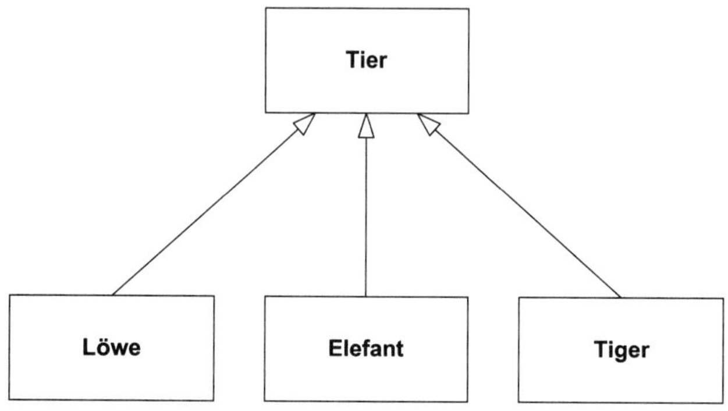

Abbildung 1.5: Beziehung zwischen Löwe, Elefant, Tiger und Tier

Insgesamt können wir also schon ein kleines objektorientiertes Modell erstellen, wie dies in Abbildung 1.6 gezeigt ist:

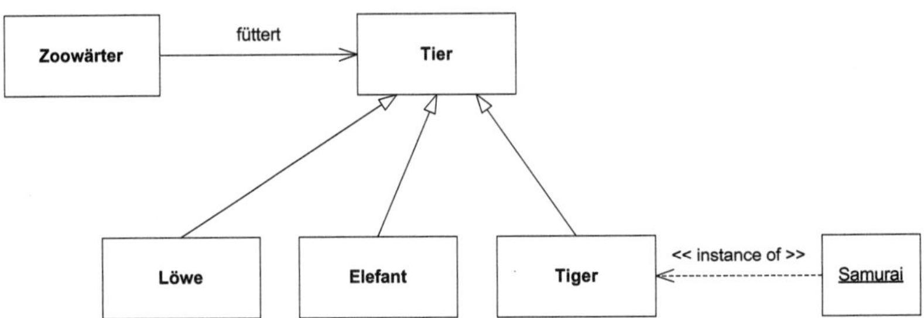

Abbildung 1.6: Mini-Modell zu unserer Zoobetrachtung

Die Beziehung zwischen der Klasse Löwe, Elefant, Tiger ... und Tier wird auch *Generalisierung* genannt, weil ein Tiger generell betrachtet ein Tier ist. Ein anderer Begriff für die Beziehung ist *Spezialisierung*, weil ein Tiger ein spezielles Tier ist. Bei einer Spezialisierung werden alle Eigenschaften einer Klasse von der näher spezialisierte Klasse übernommen, die diese um weitere neue Eigenschaften ergänzt. Die generellere Klasse wird auch als *Basisklasse* oder *Oberklasse* oder *Superklasse* bezeichnet, die spezialisiertere Klasse wird auch als *Unterklasse* oder *Subklasse* bezeichnet. Bezogen auf Abbildung 1.6 lässt sich also beispielsweise sagen: »Die Basisklasse zu Tiger ist Tier.«

Betrachten wir unsere gesamte Natur, so lässt sich ein komplexerer hierarchischer Klassenbaum aufstellen. Abbildung 1.7 zeigt eine mögliche Einteilung von Klassen in unserer Natur. (Natürlich ließen sich noch viele weitere Klassen finden oder auch eine andere Einteilung vornehmen.)

Dieser Klassenbaum erinnert stark an einen Stammbaum einer Familie. Typischerweise besitzen Kinder Eigenschaften ihrer Eltern. Daher wird bei der Generalisierungs- bzw. Spezialisierungsbeziehung landläufig auch von einer *Vererbungsbeziehung* gesprochen, da die Unterklasse die Eigenschaften ihrer Oberklasse sozusagen erbt (übernimmt); beispielsweise können sich alle Lebewesen vermehren.

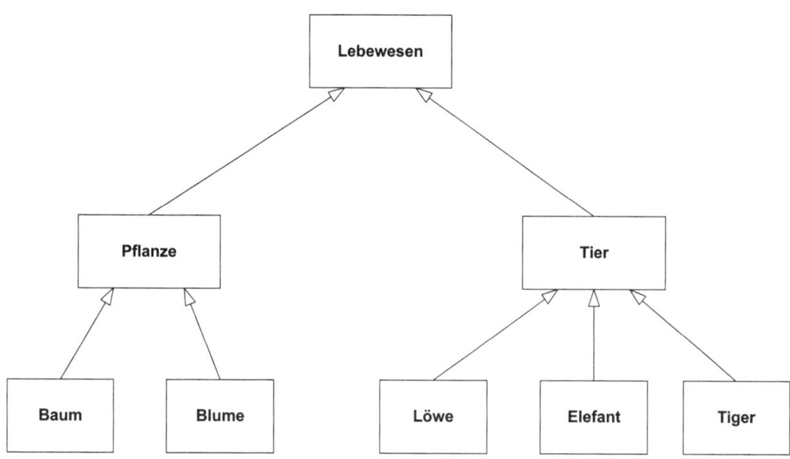

Abbildung 1.7: Mögliche Einteilung von Lebewesen in der Natur

Die Objektorientierte Programmierung (OOP) stützt sich auf die beschriebenen Denkweisen. Es besteht die Möglichkeit, Klassen zu definieren, ihre Eigenschaften an Unterklassen zu vererben, um letztendlich die genaue Beschreibung eines bestimmten Sachverhaltes zu erreichen. Ausgehend von den erhaltenen Beschreibungen (Klassen) können Objekte (Instanzvariablen) deklariert/definiert werden, die letztendlich eine greifbare Repräsentation der jeweiligen Beschreibung darstellen.

1.2 Objektorientierung in der Software

In diesem Kapitel werden die wesentlichen Konzepte vorgestellt, welche die objektorientierte Softwareentwicklung von der traditionellen (funktionalen) Softwareentwicklung unterscheidet.

1.2.1 Schritt 1: Zusammenfügen von Daten und Funktionen

Der erste Schritt zur Übernahme der Objektorientierung in die Softwareentwicklung war, dass man Daten und Funktionen, die in der funktionalen Softwareentwicklung noch als getrennte Einheiten nebeneinander standen, zu einer Einheit zusammenfügte, wie dies Abbildung 1.8 verdeutlicht:

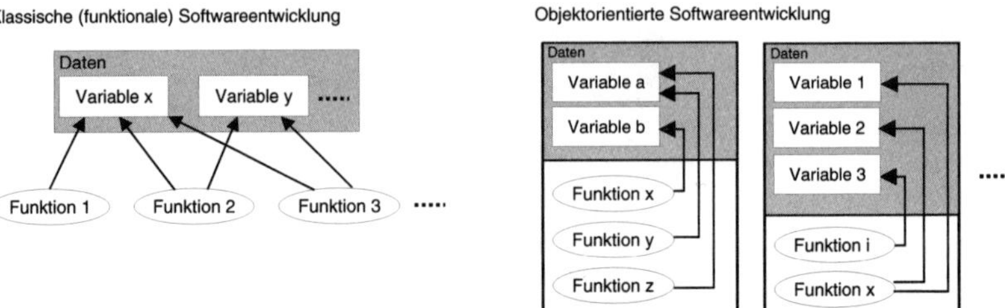

Abbildung 1.8: Struktur der klassischen und der objektorientierten Programmierung

Hierdurch beseitigte man einen ersten großen Nachteil gegenüber funktionalen Programmen, die keinen direkten Bezug zwischen Daten und den Funktionen, die auf diese Daten lesend oder schreibend zugriffen, erkennen ließen.

Wie Abbildung 1.8 deutlich macht, verschmelzen bei der Objektorientierten Programmierung die Daten und die (diese Daten bearbeitenden) Funktionen zu einer Einheit, wodurch eine klare, eindeutige und überschaubare Softwarestruktur erreicht wird. Es lässt sich auf einen Blick erkennen, welche Daten durch welche Funktionen bearbeitet (verändert) werden.

Das Motto, das hier zugrunde liegt, ist *»Füge zusammen, was zusammengehört«*. Wir erfassen unsere Welt ja auch nicht getrennt nach Daten und Funktionen, sondern identifizieren Objekte. Wollen wir Objekte allgemein in Klassen beschreiben, müssen wir uns natürlich Gedanken darüber machen, welche Daten und Funktionen benötigt werden, damit sich das Objekt korrekt verhält.

Die Klasse als Bauplan (allgemeine Beschreibung) für Objekte eines Typs fasst also alle Daten und Funktionen zusammen, die diesen Objekttyp betreffen.

Dies spiegelt sich auch in der objektorientierten Sprechweise wider: Daten in Klassen werden auch als *Attribute* bezeichnet, Funktionen als *Methoden*.

Abbildung 1.9 verdeutlicht den Zusammenhang zwischen den Objekten der realen Welt und der Umsetzung dessen in ein objektorientiertes Softwaremodell.

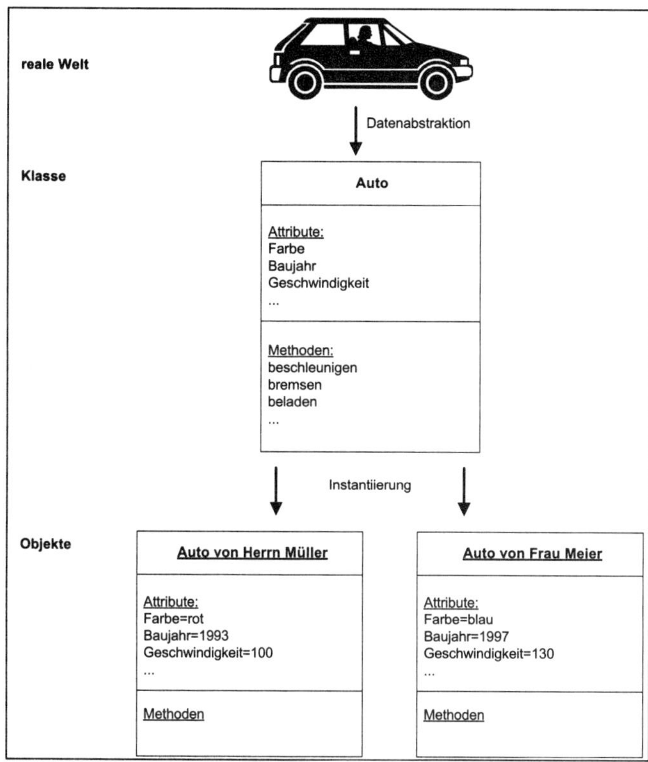

Abbildung 1.9: Objekte und Klassen der realen Welt im Software-Modell

1.2.2 Schritt 2: Datenkapselung

Ein zweiter großer Nachteil der klassischen funktionalen Programmierung ist ihr mangelndes Schutzkonzept, die einen ungeschützten (meist auch ungewollten) Zugriff von »fremden« Funktionen auf Daten zulässt.

Um diesen Nachteil zu beseitigen, woraus oft schwer auffindbare Fehler resultierten, führte die Objektorientierung ihr eigenes Schutzkonzept ein, indem sie Möglichkeiten anbietet, Daten und Funktionen einer Klasse verschiedenen Schutzgraden (privat: nur innerhalb der Klasse ansprechbar; öffentlich: auch außerhalb der Klasse zugänglich) zuzuordnen. So können bei entsprechender Definition die Daten einer Klasse nur über die vom Programmierer zur Verfügung gestellten Funktionen verändert werden. Ein unkontrollierter Zugriff durch Fremdfunktionen wird somit verhindert. Abbildung 1.10 verdeutlicht diesen Sachverhalt. Diese Abbildung zeigt auch, dass ein Zugriff auf die geschützten Daten niemals direkt, sondern nur durch die nach außen sichtbaren Funktionen möglich ist.

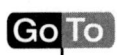

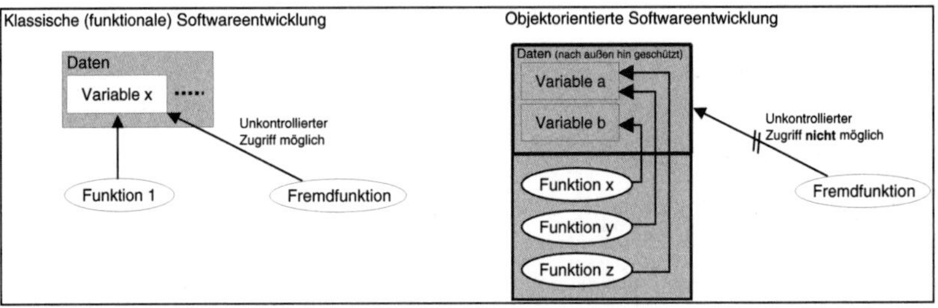

Abbildung 1.10: Zugriffsschutz bei der Objektorientierten Programmierung

Auch dies entspricht unserem natürlichen objektorientierten Denken und Verhaltensmuster. Als Nutzer eines Objektes braucht es mich nur zu interessieren, was das Objekt kann, aber nicht, wie es dies intern tut. Nicht umsonst sorgen Hersteller von Geräten (Objekten) dafür, dass das Gerät nicht so einfach geöffnet werden kann. Stattdessen ist ein kontrollierter Zugriff nur über bestimmte Knöpfe und Schalter möglich.

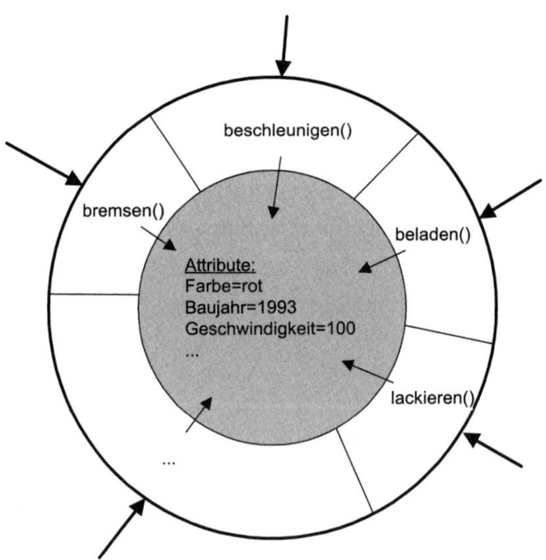

Abbildung 1.11: Datenkapselung

Daten nur über Funktionen zugreifbar zu machen, bezeichnet man auch als *Datenkapselung*. Denn die Daten werden durch die Funktionen wie in einer Kapsel eingeschlossen, wie dies die Abbildung 1.11 zeigt. Die Attribute eines Objektes können somit nur über die Methoden gezielt verändert werden.

Da beim Prinzip der Datenkapselung die Interna der Klasse vor dem Nutzer versteckt werden, spricht man auch von *Information Hiding*.

1.2.3 Schritt 3: Verwendung bereits vorhandener Software

Wie bereits angesprochen, werden in der Objektorientierten Programmierung Objekte aufgrund vorliegender Klassendefinitionen gebildet. Somit besteht die Möglichkeit, Klassendefinitionen für oft benötigte Sachverhalte in so genannten Klassenbibliotheken zu hinterlegen. Durch einfaches Übernehmen dieser Definitionen (und eventuellem Hinzufügen neuer Teile z.B. mit Hilfe des Vererbungsmechanismus) wird die Softwareentwicklung stark vereinfacht. Man spricht auch von Softwareentwicklung durch Reproduktion (Nachbildung) von Objektbeschreibungen (Klassendefinitionen).

1.3 ÜBUNG: Vorteile einer OO-Sprache

Welche Vorteile bietet eine objektorientierte Programmiersprache gegenüber einer prozeduralen (funktionalen) Programmiersprache ?

1. Wiederverwendbarkeit durch allgemein gültige Klassendefinitionen und das Sprachmittel der Vererbung.
2. Höhere Performance.
3. Gezielte Zugriffsregelung auf Daten und Funktionen.
4. Leichtere Abbildung der realen Welt in Programmcode.
5. Mehrere Entwickler können parallel an der gleichen Aufgabenstellung arbeiten.
6. Keine der obigen Aussagen ist richtig.

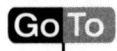

1.4 ÜBUNG: OO-Modelle zu Begriffen der realen Welt

In welchem Zusammenhang stehen jeweils die folgenden Begriffe (Klasse, Objekt, Unterklasse)? Zeichnen Sie hierzu korrespondierende Modelle in UML-Notation und beschreiben Sie Ihr Bild mit einigen Sätze in objektorientierter Sprechweise.

Beispielbegriffe:
Leo, Tiger, Samurai, Elefant, Taigon, Benjamin Blümchen, Tier, Löwe

Lösung:

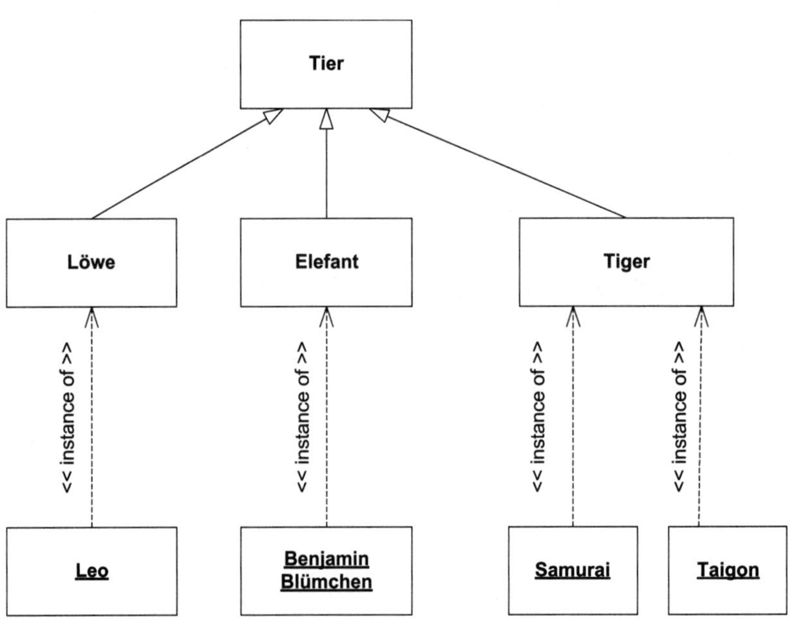

Abbildung 1.12: Objektorientiertes Modell zur Aufgabenstellung

Bildbeschreibung:

»Leo ist ein Exemplar der Klasse Löwe.«

»Benjamin Blümchen ist eine Instanz von Elefant.«

»Samurai und Taigon sind Objekte der Klasse Tiger.«

»Löwe, Elefant und Tiger sind Unterklassen der Klasse Tier.«

Und jetzt Sie:

1. Mensch, Lebewesen, Mohrle, Mann, Paul, Paula, Helmut, Rex, Frau, Tier, Susi, Biene Maya, Pinocchio
2. Datentyp, Ganzzahl, Gleitpunktzahl, short, int, alphanumerisch, numerisch, char, float, char buchstabe, double, int zahl1, float gp.
3. Verkehrsmittel, Schiff, Auto, Porsche von Herrn Mayer, Dreirad, Fahrrad, Dreirad von Maxi, Sportwagen, Käfer von Paula, Düsenjet von Daniel

2 Nicht objektorientierte Erweiterungen in C++

Erzähle mir die Vergangenheit,
und ich werde die Zukunft erkennen!
Konfuzius

In den späteren Kapiteln wird die Sprache C++ verwendet, um die jeweiligen objektorientierten Prinzipien anhand von Beispielen zu verdeutlichen. Da C++ eine Erweiterung der weitverbreiteten prozeduralen Sprache C ist, werden hier zunächst die Erweiterungen von C++ vorgestellt, die zwar sehr nützlich sind und ein eleganteres Programmieren in C zulassen, aber C++ noch nicht zu einer objektorientierten Sprache befähigen. Leser, die mit C++ vertraut sind, können dieses Kapitel übergehen und unmittelbar mit Kapitel 4 fortfahren.

2.1 Allgemeine Anmerkungen zu C++

Grundlage für C++ war und ist die Programmiersprache C, die lediglich um einige »nette« nicht-objektorientierte sowie auch einige objektorientierte Syntaxkonstrukte erweitert wurde. Von den vielen Gründen, warum man C als Basis für die Sprache C++ wählte, sind die wichtigsten:

- C ist eine vielseitige, kurze, mächtige und relativ »Low-level«-Sprache.
- C ist unter den meisten Systemen und auf den meisten Maschinen verfügbar.
- C eignet sich nicht nur zur Anwendungs-, sondern auch zur Systemprogrammierung.

Im Laufe der Zeit, als sich C++ mehr und mehr verbreitete, stellte sich zwangsläufig die Frage, ob die Kompatibilität zur Sprache C beibehalten werden sollte. Durch das Beseitigen einiger C-Hinterlassenschaften hätte man C++ bereinigen können und so eine Reihe von Problemen vermieden. Man entschied sich jedoch aus vielen Gründen dagegen, von denen drei der wichtigsten nachfolgend genannt sind:

- Viele Programmierer kennen C bereits. Sie müssen somit nur die C++-Erweiterungen erlernen.
- Da viele Programmierer C und C++ auf den gleichen Maschinen nebeneinander verwenden, sollten die Unterschiede möglichst gering sein, um Fehler und Verwechslungen zu vermeiden.
- Es existieren viele C-Bibliotheken mit einigen Millionen Zeilen an C-Code. Diese Vielzahl an nützlichen Bibliotheksfunktionen sollten ohne Portierungsaufwand auch in C++ zur Verfügung stehen.

Die Programmiersprache C++ enthält somit, von einigen Ausnahmen abgesehen, die Sprache C als Teilmenge. Die nicht-objektorientierten Erweiterungen von C++ werden im Folgenden kurz vorgestellt.

2.2 Zeilen-Kommentare mit //

Neben dem C-Kommentar, der innerhalb des Codes mit der Zeichenfolge /* eingeleitet und mit der Zeichenfolge */ beendet wird, bietet C++ zusätzlich noch die Zeichenfolge // zum Kommentieren an: Alle Zeichen ab // bis zum Zeilenende werden als Kommentar interpretiert.

```
double epsilon;    /* C-Kommentar, der sich über
                      mehrere Zeilen erstrecken kann und
                      auch in C++ weiterhin verwendet werden
                      kann.
                   */
double epsilon;    // Ab hier bis Zeilenende Kommentar
                   // (nur in C++ mögl.)
```

Diese beiden Möglichkeiten der Kommentierung können geschachtelt werden. Daraus ergibt sich eine interessante Verwendungsmöglichkeit. Wird bei der Kommentierung der einzelnen Codezeilen konsequent mit dem Kommentar // gearbeitet, so können später durch die Verwendung von /* */ ganze Blöcke auskommentiert werden:

```
/* ganzer Block z.Z. auskommentiert (wird momentan nicht
benötigt)
  ........
double epsilon;     // maximale Fehlertoleranz
int    simu_zahl;   // zählt die Simulationsläufe
........
*/
```

2.3 Variablen-Deklarationen (auch im Anweisungsteil)

In C war es vorgeschrieben, dass Variablen nur entweder global oder am Anfang eines durch { } gekennzeichneten Blockes deklariert werden durften. Variablen-Deklarationen an beliebigen Stellen innerhalb des Anweisungsteils waren nicht erlaubt. In C++ können nun Variablen-Deklarationen an jeder beliebigen Stelle im Code erfolgen. Die Lebensdauer der deklarierten Variablen beschränkt sich dabei (wie auch in C) auf den Block, in dem sie deklariert wurden:

```
void function()
{
   ........                    // ......
   printf("C-Anweisungen\n");  // beliebige C/C++-
                              // Anweisungen
   ........                   // ......
   int z = 5;                 // Deklaration der Variablen 'z'
                              // Diese Variable ist nur
                              // innerhalb der Funktion
                              // function() bekannt
}

int main(void)
{
   ........                          // ......
   printf ("C-Anweisungen\n");       // beliebige C/C++-
                                     //Anweisung
   ........                          // ......
   for (int i = 1; i < 10; i++)      // Deklaration der
   {                                 // Variablen 'i'
      ......                         // Diese Variable ist
                                     // innerhalb von main()
   }                                 // bekannt.
   return 0;
}
```

Ein häufiger Denkfehler von Anfängern ist, dass die Variable `i`, die im Init-Teil der `for`-Schleife definiert wurde, nur innerhalb der `for`-Schleife gültig ist. Dies ist aber nicht so, da diese Anweisung genauso gut vor der Schleife stehen könnte. Obige `for`-Anweisung ist nämlich identisch mit folgenden Anweisungen:

```
int main(void)
{
   ...
   int i=1;
   for(; i <10; i++)
   {
      ...
   }
   return 0;
}
```

Dass Variablen an beliebigen Stellen deklariert werden können hat den Nachteil, dass die Lesbarkeit und Übersichtlichkeit des Source-Codes beeinträchtigt wird, was sehr leicht zu Fehlern führen kann. Man betrachte folgendes Beispiel:

```
int     x = 10;         // globale Variable 'x'
int     y = 40;         // globale Variable 'y'

void function()
{
    int     y;          // lokale Variable 'y'
    int     z;          // lokale Variable 'z'

    y = x + 10;         // lokalem 'y' wird Wert "20"
                        // zugewiesen
    int x = 20;         // lokalem 'x' wird Wert "20"
                        // zugewiesen
    z = x + 10;         // lokalem 'z' wird Wert "30"
                        // zugewiesen

    if (x != y)         // Verwirrend, da nur durch
    {                   // sorgfältiges Lesen und
                        // Analysieren des Textes
                        // erkennbar wird, ob globales
                        // oder lokales 'x' bzw. 'y'
    }                   // angesprochen wird.
}
```

2.4 Default-Argumente bei Funktionsaufrufen

Es gibt Anwendungsfälle, bei denen nicht alle bei einer Funktionsdeklaration angegebenen Parameter bei jedem Aufruf wirklich benötigt werden. In solchen Fällen muss man in C beim Aufruf trotzdem für jeden Parameter ein entsprechendes Argument (*Dummy-Argument*) angeben. Nehmen wir z.B. eine Funktion `add_bis4()`, die bis zu vier ganze Zahlen (als Argumente anzugeben) addieren kann und das Ergebnis zurückgibt.

```
int add_bis4(int z1, int z2, int z3, int z4)
{
   return(z1+z2+z3+z4);
}
```

Will man in C nun nur zwei Zahlen durch diese Funktion addieren lassen, muss man trotzdem alle vier Argumente angeben:

```
erg = add_bis4(25, 43, 0, 0);  /* in C:
                                  Dummy-Argumente 0, 0 */
```

C++ bietet nun für solche Fälle so genannte *Default-Argumente* an, die man den Parametern bei der Deklaration/Implementierung einer Funktion zuweisen kann.

```
int add_bis4(int z1, int z2=0, int z3=0, int z4=0)
{
   return(z1+z2+z3+z4);
}
```

Gibt der Aufrufer der Funktion das jeweilige Default-Argument nicht an, so wird dieses Argument automatisch mit seinem Default-Wert belegt:

```
erg = add_bis4(25, 43);      // d.h.
                             // erg = add_bis4(25, 43, 0, 0);
erg = add_bis4(7, 4, -8);    // d.h:
                             // erg = add_bis4(7, 4, -8, 0);
erg = add_bis4(53);          // d.h.:
                             // erg = add_bis4(53, 0, 0, 0);
```

Default-Argumente werden oft auch dazu verwendet, um für eine Funktion ein bestimmtes Standardverhalten vorzugeben. Werden beim Aufruf dieser Funktion keine Argumente für die optionalen Default-Argumente angegeben, so verhält sich die Funktion entsprechend ihrem festgelegten Standard. Möchte der Aufrufer aber die Funktion abweichend von ihrer Standardvorgabe ausführen lassen, kann er dies über die Angabe eigener Argumente (für die Default-Argumente) steuern. Nachfolgend ist hierzu ein Beispiel gegeben.

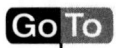

```
void kostrech(double einnahme, double ausgabe,
              char *waehrung="EUR", double factor=1.0)
{
   double gewinn = einnahme - ausgabe;

   printf("Einnahme: %.2lf %s (%.2lf EUR)\n",
          einnahme, waehrung, einnahme*factor);

   printf("Ausgabe : %.2lf %s (%.2lf EUR)\n",
          ausgabe,  waehrung, ausgabe*factor);

   printf("------------------------------------\n");

   printf("Gewinn  : %.2lf %s (%.2lf EUR)\n", gewinn,
           waehrung, gewinn*factor);
}
```

Für diese Funktion sind nun z.B. folgende Aufrufe möglich:

```
kostrech(1370.34, 1250.76);    // Standardverhalten
    // Ausgabe bei diesem Aufruf:
    //  Einnahme: 1370.34 EUR (1370.34 EUR)
    //  Ausgabe : 1250.76 EUR (1250.76 EUR)
    //  ------------------------------------
    //  Gewinn  : 119.58 EUR (119.58 EUR)

kostrech(1800.0, 2500.0, "YEN", 0.0095);
    // Ausgabe bei diesem Aufruf:
    //  Einnahme: 1800.00 YEN (17.10 EUR)
    //  Ausgabe : 2500.00 YEN (23.75 EUR)
    //  ------------------------------------
    //  Gewinn  : -700.00 YEN (-6.65 EUR)

kostrech(23487.40, 21345.7, "USD", 1.02);
    // Ausgabe bei diesem Aufruf:
    //  Einnahme: 23487.40 USD (23957.15 EUR)
    //  Ausgabe : 21345.70 USD (21772.61 EUR)
    //  ------------------------------------
    //  Gewinn  : 2141.70 USD (2184.53 EUR)
```

Es ist zu beachten, dass Default-Argumente immer nur für die »hinteren« (am weitesten rechts stehenden) Parameter innerhalb der Schnittstelle möglich sind. Würde beim Aufruf einer Funktion mit Default-Argumenten ein mittleres Argument weggelassen werden, wäre es dem Compiler nicht möglich, herauszufinden, welcher Parameter entfallen ist. Demzufolge könnte er auch die nachfolgenden Argumente nicht richtig zuordnen. Dazu folgendes Beispiel:

```
void f1(int a, int b, int c = 0);          // erlaubt
void f2(int a, int b = 0, int c = 0);      // erlaubt
void f3(int a, int b = 0, int c);          // NICHT erlaubt
```

Im Folgenden sind alle möglichen Aufrufe der oben deklarierten Funktionen dargestellt:

```
f1( 1, 2, 3);    // Alle Argumente angegeben
f1( 1, 2);       // 3. Default-Argument weggelassen

f2( 4, 5, 6);    // Alle Argumente angegeben
f2( 4, 5);       // 3. Default-Argument weggelassen
f2( 4);          // 2. Und 3. Default-Argument weggelassen

// f3() - Aufruf nicht möglich, da Definition syntaktisch
// falsch
```

Default-Argumente sollten im Prototyp einer Funktion angegeben werden. Werden sie sowohl im Prototyp als auch in der Definition angegeben, führt dies zu einem Compiler-Fehler:

```
// im Prototyp sind die Default-Argumente anzugeben
int add_bis4(int z1, int z2=0, int z3=0, int z4=0);

// ...

// ...nicht aber bei der Definition
int add_bis4(int z1, int z2, int z3, int z4)
{
   return(z1+z2+z3+z4);
}
```

2.5 Überladen von Funktionen

Es besteht oft der Wunsch, für unterschiedliche zu erledigende Aufgaben Funktionsaufrufe mit gleichem Namen verwenden zu können. Anwendungsfälle und mögliche Lösungen hierfür wurden bereits in Kapitel 2.4 vorgestellt. Es gibt aber auch Anforderungen, die sich durch Default-Argumente nicht lösen lassen. Zum Beispiel könnte man eine Funktion `add()` benötigen, die Variablenwerte unterschiedlichen Datentyps addiert. In C waren hierfür immer Funktionen mit verschiedenen Namen notwendig:

```
void add_i(int i1, int i2);        // Addiert zwei Integers
void add_d(double d1, double d2); // Addiert zwei Doubles
void add_il(int i1, int i2, long l1);// Addiert zwei Integer
                                     // und ein long
```

C++ bietet nun die Möglichkeit, mehrere *Funktionen mit gleichem Namen, aber unterschiedlichen Schnittstellen* zu implementieren. Man spricht dabei vom *Überladen (Overloading) von Funktionen.* Die Entscheidung, welche Funktion bei einem Aufruf ausgeführt wird, ist abhängig von der Anzahl und vom Datentyp der Argumente, da C++ intern zur Benennung einer Funktion nicht nur deren Namen, sondern auch die Anzahl und die Typen der Parameter verwendet. Das Listing 2.1 (`overload.cpp`) ist ein Beispiel zum Überladen von Funktionen, indem es die Funktion `hoch()` zum Berechnen von x^y in drei Varianten anbietet.

```
#include <stdio.h>
#include <math.h>

long   hoch(int y, int x)    { return pow(x, y);  }
long   hoch(int y)           { return pow(10, y); }
double hoch(int y, double x) { return pow(x, y);  }

int main(void)
{
   printf("  3^4 = %ld\n", hoch(4, 3));
   printf(" 10^5 = %ld\n", hoch(5));
   printf("2.3^4 = %lf\n", hoch(4, 2.3));

   return 0;
}
```

Listing 2.1: (overload.cpp): Überladen einer Funktion zur Berechnung von x^y

Je nachdem, ob die Funktion hoch() mit zwei int-Argumenten, einem int-Argument oder aber einem int- und einem double-Argument aufgerufen wird, wird die entsprechende Funktion aufgerufen, so dass sich die folgende Ausgabe für das Listing 2.1 (overload.cpp) ergibt:

```
  3^4 = 81
 10^5 = 100000
2.3^4 = 27.984100
```

Es ist zu beachten, dass es hier zu Wechselwirkungen kommen kann, wenn überladene Funktionen und Funktionen mit Default-Argumenten verwendet werden. Hierfür ein kleines Beispiel:

```
long hoch(int y, int x=10);  // Prototyping:
                             // hoch mit Default-Argument
long hoch(int y);            // Prototyping:
                             // Überladen von Fkt. 'hoch'
hoch(5);                     // Nicht klar, welche der
                             // beiden Funktionen 'hoch'
                             // aufzurufen ist
```

Wie bereits aus dem Kommentar zu entnehmen ist, ist diese Konstellation nicht möglich. Der Compiler ist nicht in der Lage, entscheiden zu können, welche Funktion hoch() verwendet werden soll, da beide Funktionen für den dargestellten Funktionsaufruf in Frage kommen könnten.

Ebenso würde das folgende Programm zu einem Compilerfehler führen, da dieser den ersten add()-Aufruf nicht eindeutig zuordnen kann:

```
void add(int i1, int i2);       // Addiere zwei Integers
void add(double d1, double d2); // Addiere zwei Doubles

int main(void)
{
   int    i1, i2;
   double d1, d2;

   add(i1, d2)   // Compilerfehler
   add(i1, i2);  // OK

   return 0;
}
```

Auch führt es zu einem Compilerfehler, wenn sich zwei Funktionen nur im Rückgabedatentyp unterscheiden. Solche Funktionen müssen entweder unterschiedliche Namen oder aber bei gleichem Namen unterschiedliche Parameter besitzen.

2.6 Inline-Funktionen

Da jeder Funktionsaufruf mit einer Laufzeiterhöhung (aufgrund des erforderlichen Stackmanagements) verbunden ist, wurden in C bei zeitkritischen Aufgabenstellungen oft Makros anstelle von Funktionen verwendet. Jeder Makroaufruf wurde dann vom Präprozessor (Precompiler) durch die entsprechenden Anweisungen direkt im Code ersetzt:

```
// Definition eines Makros zur Bestimmung des Maximums
// zweier Zahlen
#define  MAX(zahl1,zahl2)  ((zahl1 > zahl2) ? zahl1 : zahl2)

// Definition eines Makros zur Initialisierung von
// Personendaten
#define  INIT_NAME(vname,nname)                   \
         strcpy(person_zgr->vorname, vname);      \
         strcpy(person_zgr->nach_name, nname);

// Aufruf des ersten Makros im Code
max_zahl = MAX(x, y);  // d.h.: max_zahl = ((x > y) ? x : y)
// Aufruf des zweiten Makros im Code
INIT_NAME("Hans", "Wallenstein");
            // d.h.: strcpy(person_zgr->vorname, "Hans"); \
            //    strcpy(person_zgr->nachname, "Wallenstein);
```

Die Verwendung von Makros ist jedoch ziemlich aufwändig und fehleranfällig, da bei einem Makroaufruf nur eine (etwas bessere) Ersetzung von Text stattfindet, was viele Nebeneffekte auslösen kann, wie die mehrmalige Auswertung der Argumente; z.B. beim Aufruf: `max_zahl = MAX(++x, ++y)`.

C++ bietet nun die Möglichkeit, so genannte *Inline*-Funktionen zu definieren, um die Vorteile von Makros (*schnellere Ausführung*, da Code der entsprechenden *inline*-Funktion an der Aufrufstelle eingefügt wird und somit das Stackmanagement entfällt) mit den Vorteilen von Funktionen (*Auswertung der Argumente vor dem Funktionsaufruf*) zu kombinieren. Die Deklaration von inline-Funktionen entspricht der von normalen Funktionen, nur dass das Schlüsselwort **inline** am Beginn der Funktionsdeklaration angegeben wird. Das Listing 2.2 (`inline.cpp`) zeigt typische Seiteneffekte, die bei Makros, nicht aber bei inline-Funktionen auftreten können.

```
#include <stdio.h>

#define quad_makro(zahl)      (zahl * zahl)
inline  int quad_inline(int zahl) { return zahl*zahl; }

int main(void)
{
   int z;

   z = 3;
   printf("quad_makro(++z)  = %d\n", quad_makro(++z) );
        // quad_makro(++z) wird zu:  (++z * ++z)  → 5*5

   z = 3;
   printf("quad_inline(++z) = %d\n", quad_inline(++z) );
        // quad_inline(++z) wird zu: quad_line(4) → 4*4

   return(0);
}
```

Listing 2.2: (inline.cpp): Seiteneffekte von Makros, die bei inline-Funktionen nicht auftreten

Das Listing 2.2 (`inline.cpp`) würde Folgendes ausgeben:

```
quad_makro(++z)  = 25
quad_inline(++z) = 16
```

Da die Anweisungen von inline-Funktionen sowie auch die von Makros direkt im Code eingefügt werden, sollten beide nur für kleine Aufgaben eingesetzt werden, da dies sonst bei häufigen Aufrufen zu einer »Codeaufblähung« führt.

Es ist darauf hinzuweisen, dass die Angabe von **inline** allerdings nur ein Hinweis an den Compiler ist, dass dieser versuchen soll, den entsprechenden Funktionscode »inline« zu generieren, anstatt den Code nur einmal anzulegen und dann über den üblichen Funktionsaufrufmechanismus aufzurufen. Wenn z.B. die folgende Funktion deklariert wird:

```
inline long fakul(long n) {return (n<2) ? 1 : n*fakul(n-1);}
```

kann ein intelligenter Compiler für den Aufruf `fakul(5)` bereits die Konstante `120` generieren. Bei inline-Funktionen dagegen, die abhängig von einer übergebenen Variablen (mit einem zur Compilezeit noch nicht bekannten Wert) rekursiv arbeiten, ist es dagegen einem Compiler nur schwer möglich, diese inline zu generieren. In diesem Fall muss der Compiler den Code einmal anlegen und dann über den üblichen Funktionsaufrufmechanismus aufrufen.

2.7 Referenzen / Referenz-Operator

2.7.1 Zugriffsmöglichkeiten in C

In C existieren prinzipiell zwei Arten des Zugriffs auf ein im Hauptspeicher (RAM) liegendes Datum (aus Sicht des C-Programmierers). Zum Verständnis werden beide hier noch einmal kurz vorgestellt:

Zugriff auf ein Datum direkt über eine Variable (einen Variablennamen)

```
int  a;       // Variable vom Typ Integer
int  b = 7;   // Variable vom Typ Integer mit Initialisierung

a = b;        // Zuweisung des Wertes einer Variablen an
              // eine andere (1)
b = 4;        // Zuweisung eines Wertes an eine Variable (2)
```

Der Code beschreibt den folgenden Sachverhalt, wie in Abbildung 2.1 dargestellt:

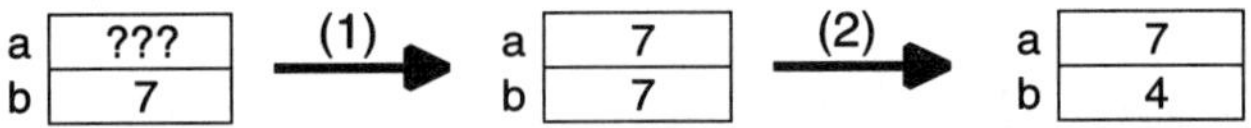

Abbildung 2.1: Direkte Zuweisung von Werten an zwei Variablen

Zugriff auf ein Datum über einen Zeiger, der auf das Datum zeigt

```
int  a;      // Variable vom Typ Integer
int  b = 7;  // Variable vom Typ Integer mit Initialisierung
int* zgr;    // Zeiger auf ein Datum vom Typ Integer

zgr  = &a;   // Zeiger erhält die Adresse einer Variablen (1)
*zgr = b;    // Wertzuweisung an die vom Zeiger adressierte
             // Variable (2)
```

Der Code beschreibt den folgenden Sachverhalt, wie in Abbildung 2.2 dargestellt:

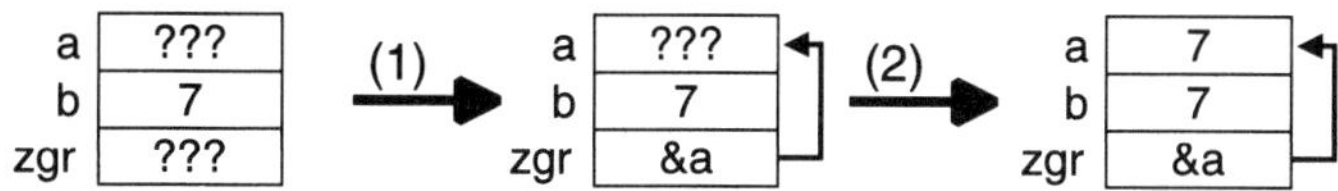

Abbildung 2.2: Zuweisung eines Wertes an eine Variable über Zeiger

2.7.2 Zugriff auf ein Datum über eine Referenz in C++

Eine Referenz in C++ kann man sich als *zweiten Namen* oder als *Alias* einer Variablen, also eines beliebigen Speicherbereiches, vorstellen. Diesen Alias kann man in der gleichen Art und Weise verwenden wie die referenzierte Variable.

Der folgende C++-Auszug zeigt eine Möglichkeit der Verwendung einer Referenz:

```
int  a;       // Variable vom Typ Integer
int  b = 7;  // Variable vom Typ Integer mit Initialisierung
int& ref = a; // Referenz auf eine Variable vom Typ Integer

ref = 4;      // Wertzuweisung an Variable 'a' über Variable
              // 'ref'
```

Der Code beschreibt den folgenden Sachverhalt, wie in Abbildung 2.3 dargestellt:

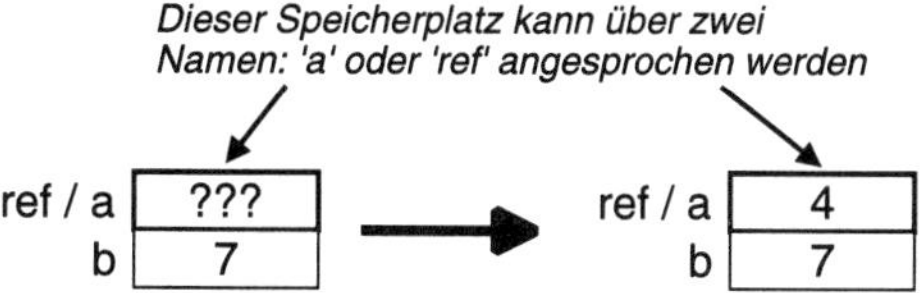

Abbildung 2.3: Zuweisung eines Wertes an eine Variable über eine Referenz

Referenzvariablen werden im Folgenden nur noch einfach als *Referenz* bezeichnet. Das Zeichen **&**, das in der Deklaration hinter dem Datentyp steht, bezeichnet man als *Referenzoperator*.

Es gelten die folgenden Regeln für die Verwendung von Referenzen:

Referenzoperator & entspricht nicht dem gleichnamigen Adressoperator &

Der Referenzoperator **&** ist nicht zu verwechseln mit dem durch das gleiche Zeichen dargestellten Adressoperator:

Der *Adressoperator* wird zur *Ermittlung der Adresse* einer Variablen oder Funktion verwendet und steht auf der *rechten* Seite einer Zuweisung vor der entsprechenden Variablen.

Der *Referenzoperator* wird ausschließlich bei der *Deklaration* einer Referenz verwendet und steht auf der *linken* Seite der Zuweisung hinter dem entsprechenden Datentyp.

```
int  a = 7;  // Variable vom Typ Integer mit Initialisierung

int* zgr  = &a;  // Verwendung des ADRESSoperators
int& ref = a;    // Verwendung des REFERENZoperators
```

Referenz muss bei ihrer Deklaration initialisiert werden

Die Variable, die referenziert werden soll, kann der Referenz ausschließlich bei der Deklaration zugewiesen werden. Jede weitere im Programmablauf folgende Zuweisung an eine Referenz bedeutet eine Zuweisung an die referenzierte Variable. Daraus folgt, dass eine Referenz bei ihrer Deklaration initialisiert werden muss, da dies später nicht mehr möglich ist.

```
int  a = 5   // Variable vom Typ Integer mit Initialisierung
int  b = 7;  // Variable vom Typ Integer mit Initialisierung

int& ref = a;  // deklariert 'ref' als Referenz auf Var. 'a'

ref = b;     // Zuweisung des Wertes von Var. 'b' an Var. 'a'
```

Referenz-Datentyp muss dem der referenzierten Variablen entsprechen

Der Datentyp der Referenz muss dem Datentyp der referenzierten Variablen entsprechen. Sollte trotzdem eine Variable durch eine Referenz anderen Datentyps referenziert werden müssen, so ist dafür eine explizite Typ-Umwandlung (Casting) notwendig.

```
double  d = 15.0;  // Variable vom Typ double

double& ref_1 = d;  // double-Referenz auf Var. 'd' -> OK

int&    ref_2 = d;  // int-Referenz auf Var. 'd' -> FEHLER

int&    ref_3 = (int&) d; //int-Referenz auf Var. 'd' -> OK,
                          // ABER: ref_3 kann nur als int
                          // verwendet werden, nicht jedoch
                          // als double
```

Nachfolgend werden einige typische Anwendungsgebiete für Referenzen gezeigt:

Echtes Call-by-Reference bei Funktionen

Als erstes Anwendungsbeispiel für Referenzen soll eine Funktion erstellt werden, die die Werte der beiden übergebenen Variablen vertauscht. Dabei werden in Listing 2.3 (tausch.cpp) drei verschiedene Funktionen zum Vertauschen vorgestellt:

- tausch_neues_c(), die zeigt, wie ein echtes Call-by-Reference in C++ möglich ist.
- tausch_altes_c(), die zeigt, wie im ursprünglichen C Call-by-Reference über Zeiger nachgebildet wurde.
- tausch_falsch(), die das Vertauschen über Call-by-Value versucht, was natürlich fehlschlägt.

```
#include <stdio.h>

void tausch_neues_c (int& a, int& b);
void tausch_altes_c (int* a, int* b);
void tausch_falsch  (int a, int b);

int main(void)
{
   int a_neuc = 3, b_neuc = 5,
       a_altc = 3, b_altc = 5,
       a      = 3,      b = 5;

   tausch_neues_c(a_neuc, b_neuc);
   tausch_altes_c(&a_altc, &b_altc);
   tausch_falsch (a, b);
```

```
   printf("Neues C (C++): a=%d, b=%d\n",
                           a_neuc, b_neuc);
   printf("Altes C       : a=%d, b=%d\n",
                           a_altc, b_altc);
   printf("        Falsch: a=%d, b=%d\n",
                           a, b);

   return 0;
}

void tausch_neues_c(int& a, int& b)// Echtes
                                   // Call-by-Reference
{
   int hilf = a;
   a = b;
   b = hilf;
}

void tausch_altes_c(int* a, int* b)// Unechtes
                                   // Call-by-Reference
{                                  //(Call-by-Value über
                                   // Zeiger)
   int hilf = *a;
   *a = *b;
   *b = hilf;
}

void tausch_falsch(int a, int b)  // Call-by-Value
{                                 // (kein Vertauschen
                                  // der übergebenen
                                  // Argumente, da diese
                                  // nur temporär auf
                                  // dem Stack
                                  // getauscht werden
   int hilf = a;
   a = b;
   b = hilf;
}
```

Listing 2.3: (tausch.cpp): Variablentausch nach drei verschiedenen Verfahren

Das Listing 2.3 (`tausch.cpp`) liefert die folgende Ausgabe:

```
Neues C (C++): a=5, b=3
Altes C      : a=5, b=3
       Falsch: a=3, b=5
```

Funktionen, die Referenzen als Rückgabe liefern

Referenzen können für Funktionen verwendet werden, die sowohl auf der linken als auch auf der rechten Seite einer Zuweisung stehen können. Spezielle Anwendungsgebiete hierzu werden wir später noch kennen lernen. Hier als kleines Beispiel das Listing 2.4 (`refarray.cpp`), in dem eine Funktion implementiert wird, die aus einem globalen Array ein Element liefert. Der Inhalt des Elementes soll wahlweise entweder verändert oder aber einer Variablen zugewiesen werden:

```
#include <stdio.h>

int   array[10] = { 0, 1, 2, 3, 4, 5, 6, 7, 8, 9 };

// Folgende Funktion liefert eine Referenz auf ein
// Element des Arrays.
// Diese Referenz kann wahlweise einer Variablen
// zugewiesen oder aber (der Inhalt der referenzierten
// Variablen) verändert werden

int&  get_array_element(int  index)
{
   return array[index];    // Es wird hier bewusst keine
                           // Wertebereichsprüfung durch-
                           // geführt, da dies für dieses
                           // Beispiel irrelevant ist.
}

int main(void)
{
   int v;  // Variable, der etwas zugewiesen werden soll

   v = get_array_element(5); // Zuweisung des Inhaltes
                             // von array[5]
   printf("v = %d\n", v);

   get_array_element(6) = v; // Zuweisung des Inhaltes
                             // von 'v' an das 7. Array-
                             // Element (array[6])
   for (int i=0; i<10; i++)
      printf("%d ", array[i]);
   printf("\n");

   get_array_element(3)++;   // Erhöhen des Inhaltes von
```

```
                                    // array[3] um 1
   for (i=0; i<10; i++)
      printf("%d ", array[i]);
   printf("\n");

   return 0;
}
```

Listing 2.4: (refarray.cpp): Aufruf einer Funktion auf der linken Seite einer Zuweisung

Das Listing 2.4 (`refarray.cpp`) liefert die folgende Ausgabe:

```
v = 5
0 1 2 3 4 5 5 7 8 9
0 1 2 4 4 5 5 7 8 9
```

Verwendung von Referenzen statt Zeigern

Um das oft sehr verwirrende Arbeiten mit Zeigern zu vermeiden, kann stattdessen eine Referenz verwendet werden. Der Nachteil dabei ist allerdings, dass eine Referenz konstant ist, d.h., sie kann nach der Initialisierung nicht mehr erhöht oder erniedrigt werden. So können Referenzen beispielsweise nicht zur Bearbeitung von Arrays (siehe folgendes Beispiel) verwendet werden:

```
int   array[10];     // Integer-Array
int*  zgr = array;   // 'zgr' auf erstes Element von 'array'
int&  ref = array[0]; // 'ref' referenziert erstes Elem. von
                      // 'array'

zgr++;      // 'zgr' wird erhöht, er zeigt nach der Operation
            // auf das zweite Element von 'array'

ref++;      // Inhalt der referenzierten Variablen wird erhöht.
            // In diesem Fall wird also das erste Element von
            // 'array' (array[0]) um 1 erhöht.
```

Schnellere Programme bei Übergabe von Referenzen statt großer Datenobjekte

Mit der Übergabe von Referenzen anstelle großer Datenobjekte bei Funktionen (als Argumente) kann die Laufzeit von Programmen erheblich verkürzt werden. Als Beispiel hierzu soll das einfache Listing 2.5 (`refzeit.cpp`) dienen, das jeweils 100 Millionen mal zwei Funktionen aufruft, die beide das Gleiche leisten, aber die eine arbeitet mit call-by-value (copy_by_value()) und die andere mit call-by-reference (copy_by_ref()).

```
#include <stdio.h>
#include <time.h>

struct pers_dat
{
        char vorname[20] ;
        char nachname[40];
        long plz         ;
        char ort[30]     ;
};

void copy_by_value(struct pers_dat  person);
void copy_by_ref  (struct pers_dat& person_ref);

int main(void)
{
   struct pers_dat  person =
   {
        "Hans", "Leutheussinger-Dickentaler",
         91088, "Schwarzendorf"
   };
   struct pers_dat& person_ref = person;
   clock_t          zeit1, zeit2, zeit3;

   zeit1 = clock();
   for (long i=1; i<=1e8; i++)
      copy_by_value(person);

   zeit2 = clock();

   for (i=1; i<=1e8; i++)
      copy_by_ref(person_ref);

   zeit3 = clock();

   printf("copy_by_value = %.3lf Sek\n",
            (zeit2-zeit1)/CLOCKS_PER_SEC);
   printf("copy_by_ref   = %.3lf Sek\n",
            (zeit3-zeit2)/CLOCKS_PER_SEC);

   return 0;
}
```

```
void copy_by_value(struct pers_dat person)
{
   struct pers_dat dummy;

   dummy = person;
}

void copy_by_ref(struct pers_dat& person_ref)
{
   struct pers_dat dummy;

   dummy = person_ref;
}
```

Listing 2.5: (refzeit.cpp): Messen der Zeiten für call-by-value und call-by-reference

Das Listing 2.5 (`refzeit.cpp`), das die einzelnen Zeiten misst, die für die Ausführung der beiden for-Schleifen benötigt wird, würde z.B. auf einem Pentium 200 Folgendes ausgeben:

```
copy_by_value = 184.527 Sek
copy_by_ref   = 97.670 Sek
```

Konstante Referenzparameter bei Wertübergabe an Funktionen

Referenzparameter lassen leider nicht erkennen, ob diese in der Funktion nur als Werte oder als Referenzen verwendet werden. Sollen Referenzen eingesetzt werden, um bei einer Wertübergabe großer Datenobjekte das Kopieren der ganzen Daten auf den Stack zu vermeiden und so schnellere Programme zu erhalten, sollte man diese Wertübergabe mit dem Schlüsselwort **const** kennzeichnen. So ist sofort erkennbar, dass die Daten in der Funktion nur gelesen und nicht verändert werden. Im Listing 2.5 (`refzeit.cpp`) trifft dies z.B. bei der Funktion `copy_by_ref()` zu, weswegen man diese besser wie folgt definiert hätte:

```
void copy_by_ref(const struct pers_dat& person_ref)
{
   struct pers_dat dummy;

   dummy = person_ref;
}
```

Durch die Angabe des Schlüsselworts **const** vermeidet man, dass der Parameter `person_ref` in der Funktion geändert werden kann, und erreicht dennoch, dass nicht die gesamte Struktur auf den Stack kopiert wird, was eine bessere Performance des Programms zur Folge hat.

Referenzen als Abkürzungen bei verschachtelten Strukturen

Referenzen können auch nützlich eingesetzt werden, um für Zugriffe auf verschachtelte Teile einer Struktur Abkürzungen einzuführen, wie z.B.:

```
typedef struct
{
   int tag;
   int monat;
   int jahr;
} Geburtstag;

typedef struct
{
   char         name[40];
   char         wohnort[40];
   Geburtstag   gebtag;
} Persdaten;

Persdaten  mitarbeiter;
int &GebJahr = mitarbeiter.gebtag.jahr;  // Referenz auf
                                         // eine Strukturvariable

GebJahr = 1987; // einfacher Zugriff auf Strukturvariable
```

2.8 Neue Ein- und Ausgabebibliothek

In C++ stehen auch weiterhin die Funktionen `scanf()` und `printf()` zur Ein- und Ausgabe zur Verfügung. Daneben stellt C++ aber einen zusätzlichen Mechanismus zur Ein- und Ausgabe zur Verfügung.

2.8.1 Einfache Ein- und Ausgabe

Im ursprünglichen C ist der Programmierer dafür verantwortlich, dass die Datentypen und Anzahl der Argumente bei `printf()` mit dem Formatstring übereinstimmen. Dies führte oft zu Fehlern der Art, wie sie in Listing 2.6 (`alt_ea.cpp`) gezeigt sind.

```
#include <stdio.h>

int main(void)
{
   double  d = 10.0;
   int     i = 10;

   printf("%f, %d\n", i, d); /* Falsche Ausgabe: i und d
                                 wurden vertauscht */

   scanf("%f", i);          /* zwei Fehler:
                                 1. Falscher Datentyp
                                 2. Adressoperator vor i
                                    wurde vergessen */
   printf("i=%d\n", i);

   return(0);
}
```

Listing 2.6: (alt_ea.cpp): Typische Fehler beim Ein- und Ausgeben mit scanf() und printf()

Um solche häufigen Fehler zu vermeiden, wurde ein anderes Verfahren für das Ein- und Ausgeben in C++ eingeführt: die so genannten *Streams*. Ihre Verwendung demonstriert das Listing 2.7 (`neu_ea1.cpp`).

```
#include  <iostream.h>

int main(void)
{
   double  d = 10.0;
   int     i = 10;

   cout << i << endl << d << endl;

   cout << "Bitte erste Zahl eingeben:" <<endl;
   cin  >> i;

   cout << "Bitte zweite Zahl eingeben:" <<endl;
   cin  >> d;

   cout << "Die beiden eingegebenen Zahlen waren:"
        <<endl;
   cout << i << ", " << d;
```

```
   return(0);
}
```

Listing 2.7: (neu_ea1.cpp): Ein- und Ausgeben mit den Streams cin und cout

Wie in Listing 2.7 (neu_ea1.cpp) zu erkennen ist, muss beim Ein- bzw. Ausgeben einer Variablen nicht mehr das auszugebende Format (Datentyp) angegeben werden, da dieses automatisch aus der Deklaration der entsprechenden Variablen ermittelt wird.

Ein möglicher Ablauf von Listing 2.7 (neu_ea1.cpp) ist:

```
10
10
Bitte erste Zahl eingeben:
2[↵]
Bitte zweite Zahl eingeben:
4.5[↵]
Die beiden eingegebenen Zahlen waren:
2, 4.5
```

Eine Anweisung wie z.B.

```
cout << "( " << i << ", " << d << " )" << endl;
```

legt fest, dass alle angegebenen Daten in sequentieller Reihenfolge (von links nach rechts) nach cout, also an die Standardausgabe, geschrieben werden. Das endl spezifiziert hier ein Newline ('\n'). Genauso wie nach cout können Ausgaben auch nach cerr, auf die Standardfehlerausgabe, geschrieben werden:

```
cerr << "Fehler beim Öffnen der Datei !!!" << endl;
```

Der gleiche Mechanismus ist für die Eingabe möglich. Das Einlesen eines **double**–Werts beispielsweise kann folgendermaßen realisiert werden:

```
cin >> d;
```

Es wird von cin, also von der Standardeingabe, ein **double**-Wert gelesen und in die Variable d geschrieben. Es ist zu beachten, dass nicht (wie bei scanf()) die Adresse der Variablen angegeben werden muss.

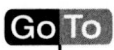

Die hier vorgestellten Schreibweisen beinhalten folgende Syntaxelemente:

`cout / cerr / cin / clog`

Dieser Begriff gibt an, wohin etwas geschrieben oder von wo etwas gelesen wird:

`cin`	steht für Standardeingabe
`cout`	steht für Standardausgabe
`cerr`	steht für Standardfehlerausgabe
`clog`	steht für gepufferte Standardfehlerausgabe

`<< / >>`

Diese Operatoren symbolisieren, wohin etwas geschrieben bzw. woher etwas gelesen wird:

<<	steht für »Schreiben in ...«
>>	steht für »Lesen aus ...«

`endl`

Dieser Begriff ist ein so genannter *Manipulator* (siehe auch nächsten Absatz). Er bewirkt einen Zeilenvorschub innerhalb der auszugebenden Zeile.

Mit Hilfe dieser Elemente können alle elementaren Datentypen verarbeitet werden. Voraussetzung ist, dass eine Headerdatei namens `<iostream.h>` inkludiert wird:

```
#include <iostream.h>// Ein- und Ausgaben in C++
```

2.8.2 Standardausgabestream cout

Zum Formatieren der Daten benutzt man so genannte *Manipulatoren.* Eine mit einem Manipulator eingestellte Vorgabe gilt je nach Art des Manipulators entweder nur für das nächste Ausgabeelement oder bis diese Vorgabe explizit wieder durch einen anderen Manipulator ausgeschaltet wird. Um Manipulatoren zu verwenden, muss die Headerdatei `<iomanip.h>` inkludiert werden.

Das Listing 2.8 (neu_ea2.cpp) demonstriert einen Manipulator, der sich nur auf das nächste Ausgabeelement bezieht. Es verwendet den Manipulator setw(weite), um eine rechtsbündige Ausgabe mit mindestens weite Zeichen zu erreichen. Ist das nachfolgende Ausgabeelement schmäler, wird es links mit Leerzeichen aufgefüllt. Ist das darauf folgende Ausgabeelement aber breiter, wird es trotzdem vollständig ausgegeben, so dass in diesem Fall der Manipulator setw(weite) ohne Wirkung bleibt.

```
#include <iostream.h>
#include <iomanip.h>

int main(void)
{
   cout << "|" <<setw(30) << "Text mit 30 Zeichen"
        << "|" << "xx" <<"|" <<endl;
   cout << "|" <<setw(10) << "Text mit 10 Zeichen" ´
        << "|" << "xx" <<"|" <<endl;

   return(0);
}
```

Listing 2.8: (neu_ea2.cpp): Demonstrationsprogramm zum Manipulator setw

Das Listing 2.8 (neu_ea2.cpp) liefert die folgende Ausgabe:

```
|           Text mit 30 Zeichen|xx|
|Text mit 10 Zeichen|xx|
```

Manipulatoren, bei denen die durch sie veranlasste Ausgabeform so lange gilt, bis mit einem anderen Manuipulator eine andere Ausgabeform festgelegt wird, sind z.B. hex, oct oder dec, welche für **int**-Zahlen das Zahlensystem festlegen, in dem sie auszugeben sind.

Das Listing 2.9 (neu_ea2.cpp) ist ein Demonstrationsprogramm zu diesen Manipulatoren.

```
#include <iostream.h>
#include <iomanip.h>

int main(void)
{
   cout << hex <<"Hex: " <<30 <<" " << 40;
   cout <<" " <<100  <<" " << 255 <<endl <<dec;
   cout <<"Dez: " <<30 <<" " << 40;
```

```
    cout <<" " <<100  <<" " << 255 <<endl;
    cout <<oct <<"Oct: " <<30 <<" " << 40;
    cout <<" " <<100  <<" " << 255 <<endl <<dec;

    return(0);
}
```

Listing 2.9: (neu_ea3.cpp): Demonstrationsprogramm zu den Manipulatoren hex, oct und dec

Das Listing 2.9 (`neu_ea3.cpp`) liefert die folgende Ausgabe:

```
Hex: 1e 28 64 ff
Dez: 30 40 100 255
Oct: 36 50 144 377
```

Tabelle 2.1 gibt einen Überblick über die wichtigsten Manipulatoren.

Manipulator	Wirkung	Gültigkeit
setw(int weite)	Mindestzahl der auszugebenden Zeichen	n
setfill(char z)	Zeichen, mit dem ein Ausgabefeld aufzufüllen ist	m
hex, oct, dec	Zahlensystem bei Ausgabe von ganzen Zahlen	m
***setprecision(*ios::*flag*)**	Anzahl der Nachkommastellen bei Ausgabe von Gleitpunktzahlen	m
***setiosflags(*ios::*flag*)**	setzt Flags, die Ausgaben beeinflussen (siehe Tabelle 2.2)	m
***resetiosflags(*ios::*flag*)**	Gegenstück zu `setiosflags()`; erlaubt das Löschen einzelner Flags (siehe Tabelle 2.2)	m
Legende: n = nur für nächstes Ausgabeelement; m= bis zum nächsten Benutzen dieses Manipulators		

Tabelle 2.1: Überblick über die wichtigsten Manipulatoren

Tabelle 2.2 zeigt die wichtigsten Flags, die mit den Manipulatoren `setiosflags()` und `resetiosflags()` gesetzt bzw. gelöscht werden können. Dabei können auch zugleich mehrere Flags gesetzt bzw. gelöscht werden, indem man sie mittels bitweises OR (|) verknüpft.

Flag	Wirkung
`ios::skipws`	White spaces (Leerzeichen, Tabulatoren, Neuezeilezeichen) bei der Eingabe ignorieren
`ios::left`	Linksbündige Ausgabe
`ios::right`	Rechtsbündige Ausgabe
`ios::dec`	Dezimalkonvertierung
`ios::oct`	Oktalkonvertierung
`ios::hex`	Hexadezimalkonvertierung
`ios::uppercase`	Hexadezimalausgabe in Großbuchstaben
`ios::showpos`	Pluszeichen (+) bei positiven Ganzzahlen
`ios::scientific`	Gleitkommazahlen bei der Ausgabe im Format 1.23456E12 (IEEE-Norm)
`ios::fixed`	Gleitkommazahlen bei der Ausgabe im Format 123.456

Tabelle 2.2: Wichtige Flags für `setiosflags()` *und* `resetiosflags()`

Das Listing 2.10 (`neu_ea4.cpp`) soll die Verwendung und Auswirkung der Manipulatoren `setiosflags()` und `resetiosflags()` demonstrieren.

```
#include  <iostream.h>
#include  <iomanip.h>

#define MWST  0.15

double preis[] =  { 2.75, 2.5,
                    9.95, 35.0,
                    75.0 };
char *artikel[] = { "Kabel", "Knickschutz",
                    "Nullmodem", "Maus",
                    "Tastatur", NULL };

int main(void)
{
   int  i;

   cout << setiosflags(ios::left) << setw(20)
        << "Artikel"
        << resetiosflags(ios::left)
        << setiosflags(ios::right)
```

```
            << setw(10) << "Preis"
            << setw(10) << "Mwst" <<endl << endl;

    for (i=0; artikel[i] != NULL; i++)
        cout << setiosflags(ios::left)
             << setw(20) << setfill('.') << artikel[i]
             << resetiosflags(ios::left)
             << setiosflags(ios::right|ios::fixed)
             << setprecision(2) << setw(10)
             << setfill(' ') << preis[i]
             << setw(10) << preis[i]*MWST << endl;
    return(0);
}
```

Listing 2.10: (neu_ea4.cpp): Demonstrationsprogramm zu den Manipulatoren `setiosflags()` *und* `resetiosflags()`

Das Listing 2.10 (`neu_ea4.cpp`) liefert die folgende Ausgabe:

```
Artikel                  Preis      Mwst

Kabel...............      2.75      0.41
Knickschutz.........      2.50      0.38
Nullmodem...........      9.95      1.49
Maus................     35.00      5.25
Tastatur............     75.00     11.25
```

2.8.3 Standardeingabestream cin

`cin` dient zum Einlesen von Daten von der Standardeingabe. Die einzulesenden Daten müssen in Variablen gespeichert werden, deren Datentyp dem Typ der einzulesenden Daten entsprechen muss. Die Zuweisung der Daten aus der Standardeingabe an die entsprechenden Variablen erfolgt über den Eingabeoperator >>. Beim Einlesen über den Eingabeoperator werden Sonderzeichen wie Leerzeichen, Tabulatorzeichen und die Return-Taste (engl. *Whitespaces*) überlesen. Die nachfolgenden Zeichen werden so lange in den Datentyp der entsprechenden Variablen konvertiert, bis ein Zeichen auftritt, das nicht im entsprechenden Datentyp hinterlegt werden kann.

Erfolgt z.B. bei dem folgenden Codeausschnitt

```
int i;
cin >> i;
```

eine Eingabe wie "   34Jahre", wird der Variablen i nur der Wert 34 zugewiesen und der Rest der Eingabe ("Jahre") bleibt ungelesen.

Gleitpunktzahlen können auf die gleiche Weise eingelesen werden, wobei jedoch auch ein Dezimalpunkt und ein Exponent (e oder E) angegeben werden können.

Sollen mittels cin einzelne Zeichen eingelesen werden, muss eine Variable vom Typ **char** angegeben werden. Hierbei werden jedoch auch Whitespaces ignoriert.

Die Funktion get()

Um auch Whitespaces einzulesen, muss die Funktion get() verwendet werden:

```
char z;

cin.get(z);  // liest ein einzelnes Zeichen,
             // auch Leerzeichen ein
```

Über den Manipulator ws (*whitespace*) können Leerzeichen auch überlesen (ignoriert) werden:

```
char z1, z2;

cin >> z1 >> ws >> z2;
```

Die Funktion ignore()

Über die Funktion ignore() kann eine festgelegte Anzahl von Zeichen aus dem Standardeingabestream ignoriert werden. Dazu werden in Klammern die zu überlesenden Zeichen angegeben.

```
char z1, z2;

cin >> z1;       // ein Zeichen wird eingelesen
cin.ignore(5);   // die nächsten 5 Zeichen werden überlesen
                 // (ignoriert)
cin >> z2;       // das nächste Zeichen wird eingelesen
```

Bei der Funktion ignore() kann auch ein zweiter Parameter angegeben werden, der einen Begrenzer (*delimiter*) festlegt. Tritt dieses Begrenzerzeichen innerhalb der angegebenen Zeichenanzahl auf, wird das Überlesen von Zeichen abgebrochen. Der voreingestellte Begenzer ist EOF (*End-Of-File*). Um z.B. maximal 20 Zeichen bzw. aber auch weniger Zeichen zu überlesen, wenn das Zeilenendezeichen \n vorkommt, müsste die folgende Anweisung angegeben werden:

```
cin.ignore(20, '\n');
```

Die Funktion ignore() ist sehr nützlich, wenn noch nicht verarbeitete Zeichen, wie z.B. das Returnzeichen \n, vor der nächsten Eingabe aus dem Eingabepuffer zu entfernen sind. Das Listing 2.11 (noignore.cpp) verdeutlicht diese Problematik.

```
#include <iostream.h>
#include <ctype.h>
#include <math.h>

int main(void)
{
   int  i;
   char taste;

   do
   {
      cout << endl << "Bitte eine Zahl eingeben: ";
      cin >> i;
      cout << "Wurzel zu " << i << " ist: "
           << sqrt(i) << endl;
      cout << "\nNoch ne Wurzelberechnung? (j/n): ";
      cin.get(taste);
   }while (tolower(taste) == 'j');

   return 0;
}
```

Listing 2.11: (noignore.cpp): Fehlerhaftes Programm, da Eingabepuffer nicht geleert wird

Startet man das Listing 2.11 (noignore.cpp), so zeigt es z.B. das folgende Ablaufverhalten:

```
Bitte eine Zahl eingeben: 7[↵]
Wurzel zu 7 ist: 2.64575

Noch ne Wurzelberechnung? (j/n):
```

Obwohl der Benutzer noch gefragt wird, ob er eine weitere Wurzelberechnung wünscht, hat er keine Möglichkeit mehr, auf diese Frage zu antworten, da das Programm sich nach dieser Frage sofort beendet. Das Problem liegt dabei in der Tatsache, dass mit der Anweisung

```
cin >> i;
```

zwar alle Ziffern aus dem Eingabepuffer entfernt werden, jedoch nicht das `\n`-Zeichen (Returntaste). Nach der Ausgabe der Frage nach einer weiteren Wurzelberechnung wird bei der Anweisung

```
cin.get(taste);
```

nun das noch im Eingabepuffer verbliebene Returnzeichen `\n` gelesen, so dass der Benutzer gar nicht die Möglichkeit bekommt, auf diese Frage zu antworten. Da das Returnzeichen nicht gleich dem Zeichen 'j' ist, wird die **do-while**-Schleife verlassen und das Programm beendet. Dieses Problem lässt sich mit der Funktion `ignore()` umgehen, wie dies in Listing 2.12 (`ignore.cpp`) gezeigt ist.

```
#include <iostream.h>
#include <ctype.h>
#include <math.h>

int main(void)
{
   int  i;
   char taste;

   do
   {
      cout << endl << "Bitte eine Zahl eingeben: ";
      cin >> i;
      cin.ignore(100, '\n');  // Leeren des
                              // Eingabepuffers
      cout << "Wurzel zu " << i << " ist: "
           << sqrt(i) << endl;
      cout << "\nNoch ne Wurzelberechnung? (j/n): ";
      cin.get(taste);
```

```
    }while (tolower(taste) == 'j');

    return 0;
}
```

Listing 2.12: (ignore.cpp): Richtiges Programm, da Eingabepuffer vor nächster Eingabe geleert wird

Zeichenketten einlesen mit der Funktion get()

Sollen Zeichenketten (Strings) eingelesen werden, kann dies zwar auch mit dem Eingabestream `cin` geschehen. Dabei sind jedoch zwei Besonderheiten zu beachten:

- `cin` überliest führende Leer- und Tabulatorzeichen
- `cin` beendet das Einlesen, wenn es auf das erste Leer- bzw. Tabulatorzeichen trifft.

Diese Besonderheiten von `cin` verdeutlicht das Listing 2.13 (`cinstring.cpp`).

```
#include <iostream.h>

int main(void)
{
    char  str[100];

    cin >> str;
    cout << "\"" << str << "\"" << endl;

    return 0;
}
```

Listing 2.13: (cinstring.cpp): Einlesen von Zeichenketten mit cin

Das Listing 2.13 (`cinstring.cpp`) zeigt z.B. das folgende Ablaufverhalten:

```
    Hans Meier[↵]
"Hans"
```

Sollen auch Leer- und Tabulatorzeichen mit eingelesen werden, so muss die Funktion `get()` verwendet werden, bei der anzugeben ist, wie viele Zeichen einzulesen sind, wie dies in Listing 2.14 (`cinget.cpp`) gezeigt ist:

```
#include <iostream.h>

int main(void)
{
   char  str[100]; // fuer 99 Zeichen + \0 ausgelegt

   cin.get(str, 50);
   cout << "\"" << str << "\"" << endl;

   return 0;
}
```

Listing 2.14: (cinget.cpp): Einlesen von Zeichenketten mit cin.get()

Das Listing 2.14 (`cinget.cpp`) zeigt z.B. das folgende Ablaufverhalten:

```
   Hans Meier[↵]
"   Hans Meier"
```

Hierbei ist zu beachten, dass das Neuezeilezeichen `\n` (von dem Drücken der Returntaste) im Eingabepuffer verbleibt und beispielsweise mit `cin.ignore()` überlesen werden muss.

Zeilen einlesen mit der Funktion getline()

Um ganze Zeilen einzulesen, sollte die Funktion `getline()` verwendet werden, welche die gleichen Parameter wie die Funktion `get()` besitzt. Wie `get()` beendet die Funktion `getline()` das Einlesen, wenn sie auf das Neuezeilezeichen `\n` trifft. Anders als bei `get()` wird jedoch bei dieser Funktion das Neuezeilezeichen `\n` auch gelesen. Dieses Zeichen wird jedoch nicht im String hinterlegt, sondern durch `\0` ersetzt.

Das Listing 2.15 (`cingetline.cpp`), das die Zeilen und Zeichen eines Eingabetextes zählt, ist ein Demonstrationsbeispiel zu `cin.getline()`.

```
#include <iostream.h>
#include <string.h>

int main(void)
{
   char  str[1000]; // fuer 999 Zeichen + \0 ausgelegt
   int   l=0, c=0;
```

```
    while (cin.getline(str, 999) != NULL)
    {
        l++;
        c += strlen(str) + 1; //  +1 wegen \n, das
                              // durch \0 ersetzt wurde
    }
    cout << l << " Zeilen; " << c << " Zeichen" << endl;

    return 0;
}
```

Listing 2.15: (cingetline.cpp): Zählen der Zeichen und Zeilen eines Eingabetextes mit getline()

Startet man dieses Listing 2.15 (`cingetline.cpp`) z.B. mit folgender Kommandozeile:

```
cingetline <cingetline.cpp
```

liefert es die folgende Ausgabe:

```
16 Zeilen; 341 Zeichen
```

Wie die gleiche Aufgabenstellung mit der Funktion `get()` zu lösen ist, zeigt das Listing 2.16 (`cinget2.cpp`).

```
#include <iostream.h>
#include <string.h>

int main(void)
{
    char  str[1000]; // fuer 999 Zeichen + \0 ausgelegt
    int   l=0, c=0;

    while (cin.get(str, 999) != NULL)
    {
        l++;
        c += strlen(str) + 1; //  +1 wegen \n, das
                              // durch \0 ersetzt wurde
        cin.ignore(1, '\n');  //.Entfernen von \n aus
                              // Eingabepuffer
    }
    cout << l << " Zeilen; " << c << " Zeichen" << endl;
    return 0;
}
```

Listing 2.16: (cinget2.cpp): Zählen der Zeichen und Zeilen eines Eingabetextes mit get()

2.9 Die Operatoren new und delete

Beim Erstellen von Programmen besteht oft die Notwendigkeit, dynamische Speicherbereiche zu allokieren, diese zu verwenden und hinterher wieder freizugeben. In C geschieht das über die Funktionen `malloc()` und `free()`:

```
int*  zgr;     // Zeigt später auf den reservierten
               // Speicherbereich

zgr = (int*) malloc(20 * sizeof (int)); // Allokiere
                                         // Speicher für 20 Integers
if (zgr == NULL)                        // Prüfen, ob
                                        // Allokierung erfolgreich
{
   fprintf(stderr, "Speicherplatzmangel\n");
   exit(1);
}

zgr[3] = 34;     s  // Verwendung des allokierten Bereiches

free (zgr);      // Freigabe des allokierten Bereiches
```

In C++ existieren zusätzlich die beiden neuen Operatoren **new** und **delete** für die Allokierung und Freigabe von dynamischem Speicherplatz.

2.9.1 Der Operator new

Der Operator **new** ist für die Allokierung von Speicherplatz zuständig. Bei erfolgreicher Ausführung liefert **new** einen Zeiger auf den allokierten Speicherbereich. Sollte die Allokierung fehlschlagen, liefert **new** den Wert `0` (`NULL`).

Im Folgenden wird der Operator **new** anhand einiger typischer Anwendungsbeispiele vorgestellt:

```
int*   zgr_1 = new int;        // Allokierung eines int
char*  zgr_2 = new char;       // Allokierung eines char

int**  zgr_3 = new int*;       // Allokierung eines int*
char** zgr_4 = new char*;      // Allokierung eines char*
```

```
int*   zgr_5 = new int(10);       // Allokierung eines int mit
                                  // Initialisierung

char*  zgr_6 = new char('a');     // Allokierung eines char
                                  // mit Initialisierung
int*   zgr_7 = new int[15];       // Allokierung eines int-
                                  // Arrays
char*  zgr_8 = new char[var];     // Allokierung eines char-
                                  // Arrays
```

Aus diesen Beispielen wird Folgendes ersichtlich:

- Speicherbereiche eines bestimmten Datentyps können direkt unter Angabe des Datentyps allokiert werden. Der Rückgabewert ist dabei immer ein Zeiger auf diesen Datentyp.
- Zusätzlich kann bei der Allokierung der Speicher gleich initialisiert werden. Dies geschieht durch die Angabe der entsprechenden Initialisierungsparameter in runden Klammern direkt hinter dem Datentyp.
- Durch Angabe einer Dimension hinter dem Datentyp kann ein Array allokiert werden. Dabei ist zu beachten, dass *nur die erste* Dimension variabel sein darf. Bei mehrdimensionalen Arrays müssen die anderen Dimensionen fest (konstant) sein:

```
int (*zgr_9)[10] = new int[var][10];  // Allokieren eines
                                      // 2dim. Arrays
```

2.9.2 Der Operator delete

Der Operator **delete** ist für die Freigabe des über **new** allokierten Speicherplatzes zuständig. Im Folgenden wird der Operator **delete** anhand einiger typischer Anwendungsbeispiele vorgestellt:

```
delete zgr_1;          // Freigabe des reservierten int
delete zgr_2;          // Freigabe des reservierten char

delete []zgr_7;        // Freigabe des reservierten int-
                       // Arrays
delete []zgr_8;        // Freigabe des reservierten char-
                       // Arrays
```

Aus diesen Beispielen wird Folgendes ersichtlich:

- Für die Freigabe des allokierten Speicherbereiches muss nur die entsprechende Variable nach **delete** angegeben werden.
- Für die Freigabe eines Arrays muss vor dem Variablennamen ein Klammerpaar `[]` angegeben werden. Dies gilt unabhängig von der Dimension des reservierten Arrays:

```
delete []zgr_9;   // Freigabe des allokierten 2dim. Arrays
```

2.10 Neuer Datentyp bool

C++ bietet einen neuen Datentyp **bool** mit den beiden Werten **true** und **false** an, den man in C oft schmerzlich vermisst. Häufige Anwendung findet **bool** als Rückgabetyp einer Funktion, die eine Bedingung prüft, wie z.B.:

```
bool is_integer(char *zeichkette);
bool groesser(int a, int b) { return a > b; }
```

Nach Definition hat **true** den Wert 1, wenn es in eine ganze Zahl konvertiert wird, und **false** den Wert 0. Umgekehrt können ganze Zahlen implizit in **bool**-Werte konvertiert werden: Ganze Zahlen ungleich Null werden zu **true** und Null wird zu **false**:

```
bool verheiratet = 3;  // 'verheiratet' wird true zugewiesen
bool hat_kinder  = 0;  // 'hat_kinder' wird false zugewiesen
int  i = true;         // 'i' wird 1 zugewiesen
int  n = false;        // 'n' wird 0 zugewiesen
```

In arithmetischen Ausdrücken wird zunächst **bool** zu **int** konvertiert, bevor die entsprechenden logischen oder ganzzahligen arithmetischen Operationen auf die konvertierten Werte durchgeführt werden. Falls das Ergebnis nach **bool** zurückkonvertiert werden muss, wird eine 0 nach **false** und ein von 0 verschiedener Wert nach **true** konvertiert:

```
bool x = true;
bool y = true;

bool a = x+y;     // x+y = 2, so dass 'a' true zugewiesen wird
bool b = (x|y)-y; // x|y = 1 und (x|y)-y = 0, daher wird 'b'
                  // false
```

Auch Zeiger können implizit nach **bool** konvertiert werden: Ein Nullzeiger konvertiert zu **false**, jeder andere zu **true**.

2.11 Deklaration von struct, union und enum

Wenn in C ein **struct**-, **union**- oder **enum**-Datentyp mit einem Namen versehen wurde, so können Datenobjekte dieses Typs nur unter Angabe des entsprechenden Schlüsselworts und des Typnamens deklariert werden. In C++ kann nun das entsprechende Schlüselwort auch weggelassen werden, wie dies das nächste Beispiel verdeutlicht:

```
struct koordinate
{
   int x;
   int y;
};

struct koordinate punkt;  // in ANSI C so gefordert
                          // (auch in C++ mögl.)

koordinate punkt;         // neu in C++: Schlüsselwort
                          // 'struct' nicht erforderlich
```

2.12 Strukturen in C++ – Erster Schritt zur OO

In C++ können anders als in C nicht nur Daten in einer Struktur definiert werden, sondern es können dort auch Funktionen deklariert bzw. dort auch sofort definiert werden. Dies war die Vorstufe, um aus dem prozeduralorientierten C eine objektorientierte Sprache C++ werden zu lassen.

Da die Struktur also eine fundamentale Rolle spielt, wollen wir hier zunächst kurz das Wesentliche einer Struktur in C zusammenfassen, bevor wir uns mit den Erweiterungen von C++ bezügliche Strukturen beschäftigen.

2.12.1 Strukturen in C (Zusammenfassung)

Oft existieren innerhalb eines Programms Daten (Variablen), die vom Sinn oder von der Anwendung her zusammengehören. Diese Daten können in C über so genannte Strukturen auch sichtbar im Code sowie zur internen Verwaltung zusammengefasst werden. Die Deklaration einer Struktur erfolgt in C über das Schlüsselwort **struct**.

```
struct person_s       // Repräsentiert die Daten einer Person
{
   char  vorname[20];    // Vorname der Person
   char  nachname[20];   // Nachname der Person
   int   alter;          // Alter der Person
};
```

Durch diese Struktur wird ein neuer Datentyp deklariert, nämlich `struct person_s`. Es können nun Variablen dieses neuen Typs deklariert werden:

```
struct person_s  person_1;     // Eine zu verwaltende Person
struct person_s  person_2;     // Eine zweite zu verwaltende
                               // Person
```

Wie wir aus Kapitel 2.11 bereits wissen, ist es in C++ nun auch möglich, das Schlüsselwort struct wegzulassen und stattdessen zu schreiben:

```
person_s  person1;
```

Von dieser Tatsache wollen wir ab nun auch Gebrauch machen.

Der Zugriff auf Variablen (*Member*) einer Struktur erfolgt über den Punktoperator (.) bzw. über den Pfeiloperator (->):

```
person_s  person_1;             // Eine zu verwaltende Person
                                // (in ANSI-C:
                                // struct person_s person_1)

person_s* person_zgr = &person_1;  // Zeiger auf zu
                                   // verwaltende Person
                                   // zeigt nun durch
                                   // Zuweisung auf person_1

strcpy(person_1.vorname, "Hans");  // Speichere Vornamen der
                                   // Person
strcpy(person_1.nachname, "Maler"); // Speichere Nachnamen
                                    // der Person
person_1.alter = 34;               // Speichere das Alter
                                   // der Person

// Ausgabe von Vorname, Nachname und Alter
```

```
printf("Vorname : %s\n", person_zgr->vorname);
printf("Nachname: %s\n", person_zgr->nachname);
printf("Alter   : %d\n", person_zgr->alter);
```

Im Folgenden werden wir nun kurz die wesentlichen Neuheiten vorstellen, die in C++ im Zusammenhang mit Strukturen hinzugefügt wurden. Diese Erweiterungen waren die ersten und auch entscheidende Schritte, um aus der funktionalen Programmiersprache C die objektorientierte Sprache C++ werden zu lassen.

2.12.2 Memberfunktionen in Strukturen

Wie in den obigen Beispielen leicht zu erkennen ist, können innerhalb eines Programmes *alle* Funktionen beliebig auf Member (Elemente) einer Struktur zugreifen. Damit ist auf den ersten Blick nicht ersichtlich, welche Funktionen mit welchen Daten arbeiten. C++ führt an dieser Stelle den Begriff *Memberfunktionen* (Elementfunktionen) ein, um den Programmierer etwas in seiner Arbeit zu unterstützen. Eine *Memberfunktion* ist, wie der Begriff *Member* schon besagt, ein Element einer Struktur. So ist sofort zu erkennen, welche Funktionen welche Daten bearbeiten (siehe dazu auch Abbildung 2.8 auf Seite 26):

```
struct person_s    // Repräsentiert die Daten einer Person
{
   char  vorname[20];     // Vorname der Person
   char  nachname[20];    // Nachname der Person
   int   alter;           // Alter der Person

   void  gibaus_vorname(void);      // gibt Vornamen aus
   void  gibaus_nachname(void);     // gibt Nachnamen aus
   void  gibaus_alter(void);        // gibt Alter aus
};
```

Die Funktionen `gibaus_...()` sind nun Bestandteil (Elemente) der Struktur `person_s` und können auch nur als solche verwendet werden. Wie bei den Datenkomponenten einer Struktur auch bedeutet dies, dass man zunächst eine Strukturvariable vom Typ `person_s` definieren muss, um diese Memberfunktionen verfügbar zu machen, wobei sie jedoch dann immer nur Bestandteil dieser einen Strukturvariablen sind. Definiert man eine zweite Strukturvariable vom Typ `person_s`, so sind die damit zur Verfügung gestellten `gibaus_...()`-Funktionen nur innerhalb dieser zweiten Strukturvariablen verfügbar, da es sich dann dabei um eigene Elemente dieser neuen Struktur handelt.

Memberfunktionen werden oft auch als *Methoden* bezeichnet.

2.12.3 Aufruf von Memberfunktionen

Der Aufruf von Memberfunktionen erfolgt äquivalent zum bisherigen Zugriff auf Elemente einer Struktur über den Punktoperator (.) oder über den Pfeiloperator (->).

Beispiel:

```
person_s  person_1;     // Eine erste zu verwaltende Person
person_s* person1_zgr = &person_1; // Zeiger auf erste zu
                                   // verwaltende Person
                                   // zeigt nach Zuweisung
                                   // auf person_1
person_s  person_2;    // Eine zweite zu verwaltende Person
person_s* person2_zgr = &person_2; // Zeiger auf zweite zu
                                   // verwaltende Person
                                   // zeigt nach Zuweisung
                                   // auf person_2

// Vornamen, Nachnamen und Alter der 1. Person speichern
strcpy(person_1.vorname, "Hans");
strcpy(person_1.nachname, "Maler");
person_1.alter = 34;

// Vornamen, Nachnamen und Alter der 2. Person speichern
strcpy(person_2.vorname, "Erna");
strcpy(person_2.nachname, "Goller");
person_2.alter = 29;

// Vornamen, Nachnamen und Alter der 1. Person ausgeben
person1_zgr->gibaus_vorname();
person1_zgr->gibaus_nachname();
person_1.gibaus_alter();

// Vornamen, Nachnamen und Alter der 2. Person ausgeben
person2_zgr->gibaus_vorname();
person_2.gibaus_nachname();
person2_zgr->gibaus_alter();
```

2.12.4 Deklaration von Memberfunktionen

Damit die aufgerufene Funktion auch wirklich auf die Daten der zugehörigen Struktur zugreift, muss bei der Darstellung der Funktionsschnittstelle der Zusammenhang zwischen Funktion und Struktur festgelegt werden. Dies geschieht dadurch, dass sowohl der entsprechende Strukturdatentyp als auch der Funktionsname angegeben werden. Getrennt werden diese beiden Namen durch einen doppelten Doppelpunkt (::).

Das folgende Beispiel soll diese Syntax noch einmal verdeutlichen:

```
void person_s::gibaus_vorname(void)    // gibt Vornamen aus
{
   printf ("Vorname : %s\n", vorname);
}

void person_s::gibaus_nachname(void)  // gibt Nachnamen aus
{
   printf ("Nachname: %s\n", nachname);
}

void person_s::gibaus_alter(void)     // gibt Alter aus
{
   printf ("Alter: %d\n", alter);
}
```

Wie aus dem Beispiel zu ersehen ist, muss bei Zugriff auf Strukturvariablen innerhalb einer Memberfunktion der Strukturname nicht mehr angegeben werden (nur `nachname` statt `person_zgr->nachname`). Da bereits der Zusammenhang zwischen Struktur und Funktion definiert wurde, wird automatisch die Variable verwendet, die innerhalb der jeweiligen Struktur deklariert ist.

Soll statt der einer lokalen Variablen in der Struktur eine globale Variable gleichen Namens bzw. statt einer Memberfunktion eine globale Funktion gleichen Namens verwendet werden, muss der Variablen/Funktion ein doppelter Doppelpunkt (::) vorangestellt werden. Dadurch wird dem Compiler mitgeteilt, dass er statt der Struktur-Variablen-/Memberfunktion die entsprechende globale Variable/Funktion verwenden soll:

```
bool strukturname::function(int x, int y)
{
   var_1   = 10;  // Zugriff auf eine Struktur-Variable
   ::var_1 = 20;  // Zugriff auf eine globale Variable
                  // gleichen Namens

   function_1 ();   // Aufruf einer Member-Funktion
   ::function_1 (); // Aufruf einer globalen Funktion
                    // gleichen Namens
}
```

2.12.5 Das Schlüsselwort this (Selbstreferenz)

Werden zwei Objekte derselben Struktur angelegt, so hat jedes Objekt seinen eigenen Satz an Daten. Die Methoden einer Struktur sind jedoch für alle Objekte im Speicher nur einmal vorhanden. Der Grund, woher der Compiler weiß, auf welches konkrete Datum im Speicher sich die Anweisung bezieht, liegt an dem so genannten **this**-Zeiger, der als versteckter Parameter stets mit übergeben wird.

Der this-Zeiger ist ein Zeiger auf das aktuelle Datenobjekt der Struktur.

Wird folgender Code programmiert ...

```
...
void person_s::gibaus_vorname(void)   // gibt Vornamen aus
{
   printf ("Vorname : %s\n", vorname);
}

int main(void)
{
   person_s person_1, person_2;

   person_1.gibaus_vorname();
   person_2.gibaus_vorname();
   return 0;
}
```

... so setzt der Compiler dies intern wie folgt um:

```
...
void person_s::gibaus_vorname(person_s *const this, void)
{
   printf ("Vorname : %s\n", this->vorname);
}

int main(void)
{
   person_s person_1, person_2;

   person_1.gibaus_vorname( &person_1);
   person_2.gibaus_vorname( &person_2);
   return 0;
}
```

Der this-Zeiger steht über das Schlüsselwort **this** in (fast)[1] allen Methoden einer Struktur zur Verfügung. Damit besteht eine weitere Möglichkeit, auf die Daten einer Struktur in einer Memberfunktion zuzugreifen.

Man hätte also die Implementierung der `gibaus_...()`-Routinen auch wie folgt angeben können:

```
void person_s::gibaus_vorname(void)    // gibt Vornamen aus
{
   printf ("Vorname : %s\n", this->vorname);
}

void person_s::gibaus_nachname(void)    // gibt Nachnamen aus
{
   printf ("Nachname: %s\n", this->nachname);
}

void person_s::gibaus_alter(void)       // gibt Alter aus
{
   printf ("Alter: %d\n", this->alter);
}
```

Diese Implementierung entspricht vollständig der obigen. Hier wären wir also auch ohne das Schlüsselwort **this** ausgekommen.

1 Ausnahme: Der **this**-Zeiger steht nicht in statischen Methoden zur Verfügung (vgl. Kapitel 4.2.9, Statische Klassenelemente).

Der Zeiger **this** wird beispielsweise auch dazu verwendet, um im Zweifelsfall innerhalb einer Methode zwischen gleichnamigen Membervariablen und Parametern unterscheiden zu können, wie z.B.:

```
struct summe
{
   addiere_dazu(int a);

   int a;
};
summe::addiere_dazu(int a)
{
   this->a += a;
}
```

Eine andere Möglichkeit der Nutzung von **this** wäre eine Methode, die den Inhalt des aktuellen Objektes oder eine Referenz auf das aktuelle Objekt zurückliefert:

```
struct summe
{
   summe  ich_bin1();
   summe& ich_bin2();

   int a;
};
summe  summe::ich_bin1()
{
   return *this;
}
summe& summe::ich_bin2()
{
   return *this;
}
```

Bessere Demonstrationen dieser zweiten Möglichkeit werden wir später noch kennen lernen, wie z.B. im Listing 2.18 (`datum.cpp`) auf Seite 87.

2.12.6 bInline-Technik bei Memberfunktionen

In Kapitel 2.6 wurde die von C++ angebotene Inline-Technik erläutert. Natürlich können auch Memberfunktionen als inline-Funktionen definiert werden, indem der Funktionsdefinition das Schlüsselwort **inline** vorangestellt wird:

```
struct person_s // Struktur zur Verwaltung von Personendaten
{
   char  name[20+1];    // Name der Person
   void  print(void);   // Ausgabe des Namens am Bildschirm
};

inline void person_s::print(void) // Definition der
                                  // Memberfkt. print()
{
   printf ("Name = %s\n", name);  // Ausgabe des Namens der
                                  // Person
}
```

Dieser Mechanismus lässt sich etwas minimieren. Es besteht die Möglichkeit, eine Memberfunktion bereits bei ihrer Deklaration zu implementieren. Dadurch wird die Funktion automatisch als **inline** definiert:

```
struct person_s // Struktur zur Verwaltung von Personendaten
{
   char  name[20+1];  // Name der Person

   void  print(void)  // Ausgabe des Namens am Bildschirm
   {
      printf "Name = %s\n", name);
   }
};
```

Welche der beiden Möglichkeiten für Inline-Memberfunktionen verwendet wird, bleibt dem Programmierer überlassen. Ein wichtiges Entscheidungskriterium sollte jedoch die Übersichtlichkeit des Source-Codes sein.

2.12.7 Zugriffsspezifizierer

Um einen uneingeschränkten Zugriff auf Strukturvariablen und -funktionen zu vermeiden, führte man in C++ Schlüsselwörter ein, mit denen ein unterschiedlicher Zugriffsschutz für die einzelnen Elemente von Strukturen (Strukturvariablen und Memberfunktionen) festgelegt werden kann. Es ist möglich, die Variablen und Funktionen einer Struktur verschiedenen *Zugriffsspezifizierern* zuzuordnen. Man unterscheidet hier drei verschiedene Typen:

- **public:**
  Auf die Variablen und Funktionen, die diesem Spezifizierer zugeordnet sind, kann von überall aus zugegriffen werden, also auch von Funktionen, die keine Memberfunktionen dieser Struktur sind.
- **private:**
  Auf die diesen Spezifizierern zugeordneten Variablen und Funktionen darf nur von den Memberfunktionen, die innerhalb der Struktur definiert sind, zugegriffen werden. Nach außen hin sind diese Variablen und Funktionen unsichtbar.
- **protected:**
  Dieser Spezifizierer hat prinzipiell die gleiche Zugriffsfunktion wie **private**. Der eigentliche Unterschied zwischen **private** und **protected** ist erst bei der Vererbung von Strukturen/Klassen relevant. Deshalb wird auch erst im nächsten Kapitel bei der Vorstellung der eigentlichen objektorientierten Konstrukte von C++ darauf eingegangen.

Im Folgenden wird nun die Syntax einer Strukturdefinition bezüglich der Zugriffsspezifizierer anhand unseres Beispiels dargestellt:

```
struct person_s     // Repräsentiert die Daten einer Person
{
private:

   char  vorname[20];     // Vorname der Person
   char  nachname[20];    // Nachname der Person
   int   alter;           // Alter der Person

public:

   void  gibaus_vorname(void);      // gibt Vornamen aus
   void  gibaus_nachname(void);     // gibt Nachnamen aus
   void  gibaus_alter(void);        // gibt Alter aus
};
```

Dies bedeutet, es kann von Funktionen außerhalb dieser Strukturdefinition nur auf die drei Funktionen `gibaus_vorname()`, `gibaus_nachname()` und `gibaus_alter()` zugegriffen werden, nicht jedoch auf die Variablen `vorname`, `nachname` und `alter`. Innerhalb der drei Funktionen kann jedoch auf diese Variablen zugegriffen werden.

Ein Vorteil ist, dass die Variablen nicht unkontrolliert verändert werden können (siehe auch Abbildung 2.10). Innerhalb der nach außen sichtbaren Funktionen können beispielsweise alle Fehlerfälle (Werte-Überschreitung, inkompatible Datentypen) abgefangen werden. Weiterhin ist es möglich, die interne Verwaltung der Personendaten (Variablen) beliebig zu ändern, ohne die Schnittstelle zum Aufrufer (Funktionsnamen und Schnittstellen-Parameter) ändern zu müssen.

Wird in der Strukturdefinition kein Zugriffsspezifizierer angegeben bzw. sind bestimmte Variablen und Funktionen keinem Spezifizierer zugeordnet, so sind diese Variablen und Funktionen standardmäßig als **public** deklariert.

Beispiel:

Das Listing 2.17 (`bruchrec.cpp`), das das Rechnen mit Bruchzahlen ermöglicht, soll die bisher in diesem Kapitel vorgestellten Konstrukte nochmals verdeutlichen.

```
#include <stdio.h>

struct Bruch {
private:
    long  zaehler, nenner;

public:
    void  setze(int z, int n){ zaehler = z; nenner = n;}
    long  hole_zaehler(void) { return zaehler; }
    long  hole_nenner(void)  { return nenner;  }
    void  add(int z, int n);
    void  sub(int z, int n);
    void  mult(int z, int n);
    void  divi(int z, int n);
    void  kuerzen(void);
};

long ggT(long n, long m)
{
   return (m==0) ? n : ggT(m, n%m);
}
```

```
int main(void)
{
   struct Bruch  zahl;
   long    z, n;
   int     wahl, i = 2;

   printf("1. Bruch: "); scanf("%ld/%ld", &z, &n);
   zahl.setze(z, n);

   printf("2. Bruch: "); scanf("%ld/%ld", &z, &n);

   while (1)
   {
      do
      {
         printf("\n\nDie beiden Brueche %ld/%ld und
                %ld/%ld\n",
                zahl.hole_zaehler(), zahl.hole_nenner(),
                z, n);
         printf(" 1 (addieren), 2 (subtrahieren),"
                " 3 (multiplizieren), 4 (dividieren)?");
         scanf("%d", &wahl);
      }while (wahl<1 || wahl>4);

      printf("....Ergebnis: %ld/%ld",
             zahl.hole_zaehler(), zahl.hole_nenner());
      if (wahl==1)
      {
         printf(" + %ld/%ld", z, n);
         zahl.add (z, n);
      }
      else if (wahl==2)
      {
         printf(" - %ld/%ld", z, n);
         zahl.sub (z, n);
      }
      else if (wahl==3)
      {
         printf(" * %ld/%ld", z, n);
         zahl.mult(z, n);
      }
      else if (wahl==4)
      {
         printf(" / %ld/%ld", z, n);
         zahl.divi(z, n);
      }
```

```
        printf(" = %ld/%ld = ",
                zahl.hole_zaehler() , zahl.hole_nenner());
        zahl.kuerzen();
        printf("%ld/%ld (gekuerzt)
               \n------------------------------\n",
               zahl.hole_zaehler(), zahl.hole_nenner());
        printf("%d. Bruch (0/0 = Ende): ", ++i);
        scanf("%ld/%ld", &z, &n);

        if (z== 0 || n== 0)
           break;
      }
      return 0;
}
void Bruch::add (int z, int n)
{
   zaehler=zaehler*n+nenner*z;
   nenner*=n;
}
void Bruch::sub (int z, int n)
{
   zaehler=zaehler*n-nenner*z;
   nenner*=n;
}
void Bruch::mult(int z, int n)
{
   zaehler*=z;
   nenner*=n;
}
void Bruch::divi(int z, int n)
{
   zaehler*=n;
   nenner*=z;
}
void Bruch::kuerzen(void)
{
   long  ggTeiler = ggT(zaehler, nenner);
   zaehler /= ggTeiler;
   nenner  /= ggTeiler;
}
```

Listing 2.17: (bruchrec.cpp): Rechnen mit Bruchzahlen

Möglicher Ablauf des Listings 2.17 (`bruchrec.cpp`):

```
1. Bruch: 2/3↵
2. Bruch: 3/4↵

Die beiden Brueche 2/3 und 3/4
 1 (addieren), 2 (subtrahieren), 3 (multiplizieren), 4
(dividieren) ? 1↵
....Ergebnis: 2/3 + 3/4 = 17/12 = 17/12 (gekuerzt)
-------------------------------
3. Bruch (0/0 = Ende): 5/6↵

Die beiden Brueche 17/12 und 5/6
 1 (addieren), 2 (subtrahieren), 3 (multiplizieren), 4
(dividieren) ? 2↵
....Ergebnis: 17/12 - 5/6 = 42/72 = 7/12 (gekuerzt)
-------------------------------
4. Bruch (0/0 = Ende): 4/3↵

Die beiden Brueche 7/12 und 4/3
 1 (addieren), 2 (subtrahieren), 3 (multiplizieren), 4
(dividieren) ? 3↵
....Ergebnis: 7/12 * 4/3 = 28/36 = 7/9 (gekuerzt)
-------------------------------
5. Bruch (0/0 = Ende): 1/18↵

Die beiden Brueche 7/9 und 1/18
 1 (addieren), 2 (subtrahieren), 3 (multiplizieren), 4
(dividieren) ? 4↵
....Ergebnis: 7/9 / 1/18 = 126/9 = 14/1 (gekuerzt)
-------------------------------
6. Bruch (0/0 = Ende): 1/2↵

Die beiden Brueche 14/1 und 1/2
 1 (addieren), 2 (subtrahieren), 3 (multiplizieren), 4
(dividieren) ? 3↵
....Ergebnis: 14/1 * 1/2 = 14/2 = 7/1 (gekuerzt)
-------------------------------
7. Bruch (0/0 = Ende): 1/4↵
```

```
Die beiden Brueche 7/1 und 1/4
 1 (addieren), 2 (subtrahieren), 3 (multiplizieren), 4
(dividieren) ? 1↵
....Ergebnis: 7/1 + 1/4 = 29/4 = 29/4 (gekuerzt)
--------------------------------
8. Bruch (0/0 = Ende): 0/0↵
```

2.12.8 Konstruktoren für Initialisierungen

Die Datenelemente einer Strukturvariablen können bereits bei ihrer Deklaration initialisiert werden. Dazu muss man eine spezielle Elementfunktion mit dem gleichen Namen wie die Struktur, einen so genannten *Konstruktor*, angeben.

Dieser Konstruktor (Elementfunktion) wird automatisch beim Erzeugen einer Variablen dieses Strukturtyps aufgerufen. Für Konstruktoren gelten die folgenden Punkte:

- Bei einem Konstruktor darf niemals ein Rückgabetyp, nicht einmal **void**, angegeben werden.
- Es kann pro Struktur mehr als einen Konstruktor geben. Welcher Konstruktor beim Erzeugen einer Strukturvariablen aufzurufen ist, wird – wie beim Überladen von anderen Funktionen auch (siehe Kapitel 2.5) – über die Anzahl und die Datentypen der Argumente bei der Definition der entsprechenden Strukturvariablen festgelegt.
- Damit eine Strukturvariable angelegt werden kann, muss der entsprechende Konstruktor **public** sein.
- Konstruktoren können nicht explizit wie andere Funktionen aufgerufen werden. Sie werden immer automatisch aufgerufen, wenn eine neue Variable bzw. ein neues Objekt (OOP-Sprechweise) erzeugt wird.

Ein Konstruktor ist also eine Methode, die automatisch beim Erzeugen einer Variablen bzw. eines Objektes aufgerufen wird.

Ein Objekt kann folgendermaßen erzeugt werden:

- Als *statisches globales Objekt*. In diesem Fall wird der Konstruktor beim Programmstart aufgerufen.

- Als *dynamisches Objekt*. In diesem Fall wird der Konstruktor bei Ausführung des **new**-Operators aufgerufen.
- Als *Elementobjekt*, welches als Mitglied einer anderen Struktur oder eines Arrays erzeugt wird.
- Als *temporäres (lokales) Objekt innerhalb eines Blocks*. In diesem Fall wird der Konstruktor jedes Mal beim Eintritt in den Block aufgerufen.

Das Listing 2.18 (`datum.cpp`) ist ein Beispiel zu Konstruktoren.

```
#include <stdio.h>
#include <string.h>
#include <time.h>

struct datum
{
   int    tag;
   int    monat;
   int    jahr;

// ------------------------- Verschiedene Konstruktoren

   datum()      // -------------------- 1. Konstruktor
   {
      tm h = heute_datum();
      tag   = h.tm_mday;
      monat = h.tm_mon+1; // Zaehlung beginnt bei 0
      jahr  = h.tm_year+1900;
   }

   datum(int tag, int monat) {    //..... 2. Konstruktor
   {
      struct tm h = heute_datum();
      // Zwei Moeglichkeiten, um Membervariablen von
      // anderen Variablen  (hier Parameter) gleichen
      // Namens zu unterscheiden
      datum::tag  = tag;
      this->monat = monat;
      jahr        = h.tm_year+1900;
   }
```

```
   datum(int t, int m, int j)   //....... 3. Konstruktor
   {
      tag   = t;
      monat = m;
      jahr  = j;
   }

   datum(int t, char *m, int j)  //..... 4. Konstruktor
   {
      tag   = t;
      monat = 0;
      char *monat_name[] = { "Jan", "Feb", "Mar",
                             "Apr", "Mai", "Jun",
                             "Jul", "Aug", "Sep",
                             "Okt", "Nov", "Dez" };
      for (int i=0; i<12; i++)
         if ( !strcmp( monat_name[i], m) )
         {
            monat = i+1;
            break;
         }
      jahr  = j;
   }

   datum(datum& d, int abstand) //.5. Konstruktor
   {
      tag   = d.tag + abstand;
      monat = d.monat;
      jahr  = d.jahr;
   }

   //---------------------------- Andere public-Routinen
   void gibaus( char *name )
   {
      printf("%-15s: %d.%d.%d\n",
                    name, tag, monat, jahr);
   }

private:
   tm heute_datum()
   {
       time_t  zeit = time(NULL);
       return *localtime( &zeit );
   }
};
```

```
//------------------------------ main --------------
int main(void)
{
   // Verwendung von verschiedenen Konstruktoren
   // zum statischen Anlegen...
   datum  heute;     // verwendet 1. Konstr.
   datum  april25( 25, 4 );//verwendet 2. Konstr
   datum  weih2001( 24, 12, 2001 );
                                // verwendet 3. Konstr.
   datum  weih2000( 24, "Dez", 2000 );
                                // verwendet 4. Konstr.
   datum  morgen( heute, 1 );
                               // verwendet 5. Konstr.

   heute.gibaus( "heute" );
   april25.gibaus( "april25" );
   weih2000.gibaus( "weih2000" );
   weih2001.gibaus( "weih2001" );
   morgen.gibaus( "morgen" );

   //... und nun zum dynamischen Anlegen
   datum  *silvester2002, *vorgestern;

   silvester2002 = new datum( 31, "Dez", 2002 );
                             // verwendet 4. Konstr.
   silvester2002->gibaus( "silvester2002" );
   vorgestern = new datum( heute, -2 );
                             // verwendet 5. Konstr.
   vorgestern->gibaus( "vorgestern" );

   return 0;
}
```

Listing 2.18: (datum.cpp): Demonstrationsbeispiel zu Konstruktoren

Beim zweiten Konstruktor im Listing 2.18 (`datum.cpp`) werden im Übrigen zwei Möglichkeiten gezeigt, wie man Membervariablen von anderen gleichnamigen Variablen (hier Parameter) im Code unterscheiden kann: einmal durch Voranstellen des Strukturnamens gefolgt vom Bereichzugriffsoperator `::` und das andere Mal durch Verwendung des Schlüsselworts **this**.

Das Listing 2.18 (`datum.cpp`) liefert die folgende Ausgabe:

```
heute          : 10.1.2000
april25        : 25.4.2000
weih2000       : 24.12.2000
weih2001       : 24.12.2001
morgen         : 11.1.2000
silvester2002  : 31.12.2002
vorgestern     : 8.1.2000
```

Noch zu erwähnen ist, dass vom Compiler standardmäßig ein Konstruktor für jedes Objekt bereitgestellt wird: der so genannte *Leer- oder Standardkonstruktor*, welcher keinerlei Parameter besitzt. Definiert der Programmierer mindestens einen Konstruktor, so wird der Standardkonstruktor nicht mehr automatisch angelegt. Sollte er trotzdem benötigt werden, muss er explizit vom Programmierer definiert werden.

2.12.9 Destruktoren für Aufräumarbeiten

Zu den Konstruktoren, die automatisch beim Anlegen (Definieren) einer Strukturvariablen bzw. eines Objektes (OOP-Sprechweise) aufgerufen werden, existiert ein Gegenstück, der so genannte *Destruktor*, der aufgerufen wird, wenn eine Strukturvariable (bzw. der von ihr belegte Speicherplatz) wieder entfernt wird.

Destruktoren sind spezielle Memberfunktionen mit dem gleichen Namen wie die Struktur und einem vorangestellten Tildezeichen ~. Ein vom Programmierer bereitgestellter Destruktor wird automatisch aufgerufen, bevor die entsprechende Struktur gelöscht wird. So hat der Programmierer die Möglichkeit, noch entsprechende Aktionen (wie z.B. das Sichern der Strukturdaten in einer Datei) vor dem Entfernen der Strukturdaten durchführen zu lassen.

Für Destruktoren sind die folgenden Punkte zu beachten:

- Ein Destruktor verfügt weder über Parameter noch über einen Rückgabewert.
- Es gibt genau einen Destruktor pro Struktur.
- Anders als Konstruktoren können Destruktoren auch explizit aufgerufen werden.

Objekte werden folgendermaßen mittels Aufruf des Destruktors gelöscht:

- Als *statisches globales Objekt* beim Verlassen des Programms. In diesem Fall wird der Destruktor am Programmende aufgerufen.
- Als *dynamisches Objekt*. In diesem Fall wird der Destruktor bei Ausführung des **delete**-Operators aufgerufen.
- Als *Elementobjekt* (Mitglied einer Struktur oder eines Arrays). In diesem Fall wird der Destruktor aufgerufen, wenn die entsprechende Strukturvariable oder das Array gelöscht wird.
- Als *temporäres (lokales) Objekt innerhalb eines Blocks.* In diesem Fall wird der Destruktor jedes Mal beim Verlassen des Blocks aufgerufen.
- Durch *expliziten Aufruf* des Destruktors

Listing 2.19 (`destruktor.cpp`) ist ein Beispiel zu Destruktoren.

```
#include <iostream.h>
#include <string.h>

struct Zeichkette
{
                        //.................. Konstruktor
   Zeichkette( char *str, char *name )
   {
      zeichk = new char[strlen(str)+1];
                                  // +1 wegen abschl. \0
      strcpy( zeichk, str);
      this->name = new char[strlen(name)+1];
                                 // +1 wegen abschl. \0
      strcpy( this->name, name);
   }

   ~Zeichkette()        //.................. Destruktor
   {
      cout << ".... Aufruf von Destruktor fuer "
           << name << endl;
      if(zeichk)
         delete[] zeichk;
      if(name)
         delete name;
   }
```

```
    void drucke( void )
    {
        cout << zeichk << endl;
    }

private:
    char *zeichk;
    char *name;
};

int main(void)
{
    Zeichkette  z1("Ich bin String1", "z1"),
                z2("Ich bin das Objekt z2", "z2"),
               *zz;

    zz = new Zeichkette("Ich bin ein Zeiger zz", "zz");

    z1.drucke();
    z2.drucke();
    zz->drucke();

    delete zz;  // Destruktor fuer zz wird aufgerufen

    zz = new Zeichkette("Ich bin ein neuer Zeiger
                         (wieder zz)", "zz");
    zz->drucke();
    delete zz;  // Destruktor fuer zz wird wieder
                // aufgerufen

    return 0;   // Destruktoren fuer z1 und z2 werden
                // hier automatisch aufgerufen
}
```

Listing 2.19: (destruktor.cpp): Beispiel zu Destruktoren

Das Listing 2.19 (`destruktor.cpp`) liefert die folgende Ausgabe:

```
Ich bin String1
Ich bin das Objekt z2
Ich bin ein Zeiger zz
.... Aufruf von Destruktor fuer zz
Ich bin ein neuer Zeiger (wieder zz)
.... Aufruf von Destruktor fuer zz
.... Aufruf von Destruktor fuer z2
.... Aufruf von Destruktor fuer z1
```

Noch zu erwähnen ist, dass für den Fall, dass kein Destruktor definiert wird, der Compiler standardmäßig einen Destruktor bereitstellt: den so genannten *Leer- oder Standarddestruktor.*

2.12.10 Zugriff auf gleichnamige (globale) Variablen

In C ist aufgrund des so genannten *Privatisierungseffekts* ein Zugriff auf ein globales Datenobjekt nicht möglich, wenn ein gleichnamiges lokales Datenobjekt im lokalen Block existiert. In C++ dagegen kann auf ein gleichnamiges globales Objekt in einem lokalen Block zugegriffen werden, indem der *Bereichszugriffsoperator* :: (zwei Doppelpunkte) vor dem Namen des globalen Objekts angegeben wird, wie dies in Listing 2.20 (`globlok.cpp`) gezeigt ist.

```
#include <stdio.h>

int x;  // globales Objekt

int main(void)
{
   int x;      // lokales x verdeckt globales x
   x = 1;      // Zuweisung an lokales x
   ::x = 10;   // Zuweisung an globales x

   printf("x (lokal1) = %d\n", x);
   printf("x (global) = %d\n", ::x);
   {
      int x;       // verdeckt erstes lokales x
      x = 2;       // Zuweisung an zweites lokales x
      ::x = 20;    // Zuweisung an globales x
      printf("x (lokal2) = %d\n", x);
      printf("x (global) = %d\n", ::x);
   }
   printf("x (lokal1) = %d\n", x);
   printf("x (global) = %d\n", ::x);

   return 0;
}
```

Listing 2.20: (globlok.cpp): Demonstrationsprogramm zum Bereichzugriffsoperator : :

Das Listing 2.20 (`globlok.cpp`) liefert die folgende Ausgabe:

```
x (lokal1) = 1
x (global) = 10
x (lokal2) = 2
x (global) = 20
x (lokal1) = 1
x (global) = 20
```

Um ein lokales Datenobjekt oder eine Memberfunktion eindeutig anzusprechen, muss vor dem entsprechenden Namen der Stukturname gefolgt vom Bereichzugriffsoperator `::` angegeben werden. Listing 2.21 (`gueltig.cpp`) ist hierzu ein weiteres Demonstrationsbeispiel, das lediglich die Verwendung des Bereichzugriffsoperators verdeutlichen soll, und in keinem Fall den Anspruch auf einen guten Programmierstil erheben kann.

```
#include <iostream.h>

//--- Globale Variablen und Funktionen ---------------
int x, y;

void move (int x, int y)
{
   ::x += x;    // addiert den Parameter x auf die
                // globale Var. x
   ::y += y;    // addiert den Parameter y auf die
                // globale Var. y
}

void addx(int dx)
{
   x += dx;  // addiert den Parameter dx auf die globale
             // Var. x
}

void addy(int dy)
{
   y += dy;  // addiert den Parameter dy auf die globale
             // Var. y
}

void drucke( void )
{
   cout << "Global: x = " << x << ", y = " << y << endl;
}
```

```
//-------------------- Struktur Punkt ---------------
struct Punkt
{
   Punkt() { x = y = 1; }   //.... Konstruktor

   void move(int x, int y)
   {
      ::move(x, y);  // ruft die globale Funktion move()
                     // auf
      Punkt::x += x; // addiert den Parameter x auf
                     // die lokale Var. x
      this->y += y;  // addiert den Parameter y auf
                     // die lokale Var. y
   }

   void addx(int dx)
   {
      x += dx;  // addiert den Parameter dx auf
                // die lokale Var. x
   }

   void addy(int dy)
   {
      y += dy;  // addiert den Parameter dy auf
                // die lokale Var. y
   }

   void drucke( void )
   {
      cout << "Punkt: x = " << x << ", y = "
                            << y << endl;
   }

private:
   int  x, y;
};
//---------------------------- main ---------------
int main(void)
{
   Punkt p;
   move(100, 200);
   cout << "----------------------------" << endl;
   p.drucke();
   drucke();
```

```
    p.move(1000, 2000);
    p.addx(10);
    cout << "----------------------------" << endl;
    p.drucke();
    drucke();

    addx(100);
    addy(100);
    cout << "----------------------------" << endl;
    p.drucke();
    drucke();

    return 0;
}
```

Listing 2.21: (gueltig.cpp): Weiteres Demonstrationsprogramm zum Bereichzugriffsoperator

Das Listing 2.21 (`gueltig.cpp`) liefert die folgende Ausgabe:

```
----------------------------
Punkt: x = 1, y = 1
Global: x = 100, y = 200
----------------------------
Punkt: x = 1011, y = 2001
Global: x = 1100, y = 2200
----------------------------
Punkt: x = 1011, y = 2001
Global: x = 1200, y = 2300
```

2.13 Abschließende Bemerkung

In diesem Kapitel wurden Spracherweiterungen von C++ vorgestellt, die C++ jedoch noch nicht zu einer objektorientierten Sprache machen. Wir wollen daher an dieser Stelle kein komplexeres Beispiel zeigen, da der Schwerpunkt des Buches auf Objektorientierung liegt.

Die folgenden Übungen sind daher auch nur minimal und zielen auf bestimmte syntaktische Erweiterungen von C++ ab. Leser, die zu Übungszwecken lieber Programme schreiben, können C-Programm-Übungen nutzen und bei der Lösung die neuen Sprachmittel von C++ einsetzen. Wir wollen jedoch an dieser Stelle nicht mehr das prozedurale algorithmische Denken trainieren, sondern vielmehr nun möglichst schnell zur objektorientierten Denkweise übergehen.

2.14 ÜBUNG: Ein-/Ausgabe mit cin/cout

Dies ist eine kleine Übung zur Ein- und Ausgabe mit `cin/cout`. Natürlich kann die Ein- / Ausgabe in C++-Programmen auch mit `scanf()` / `printf()` erfolgen. Es hat sich aber eingebürgert, dass in C++-Programmen auch die C++-Möglichkeit `cin` / `cout` verwendet wird.

Schreiben Sie ein Programm, dass zu einem Schuh-Artikel jeweils folgende Daten einliest:

- Bezeichnung
- Schuhabteilung (m: Maenner, f: Frauen, k: Kinder)
- Schuhgröße

Nach jeder Eingabe wird gefragt, ob der Anwender einen weiteren Schuh-Artikel eingeben will. Die Eingabe wird beendet, wenn der Anwender diese Frage mit ‚n' beantwortetet oder maximal nach 10 Schuhen. Anschließend sollen die eingelesenen Schuh-Daten formatiert in Spalten (wie im folgenden Programmablauf) wieder ausgegeben werden.

Ein möglicher Programmablauf wäre:

```
*** Eingabe von max. 10 Schuhartikeln:

Bezeichnung?: Gummistiefel bunt[↵]
Schuhabteilung (m: Maenner, f: Frauen, k: Kinder):?k[↵]
Groesse?: 18[↵]

--> Noch einen Artikel eingeben (j/n)?: j[↵]

Bezeichnung?: Camel Boots[↵]
Schuhabteilung (m: Maenner, f: Frauen, k: Kinder):?m[↵]
Groesse?: 45[↵]

--> Noch einen Artikel eingeben (j/n)?: j[↵]

Bezeichnung?: Brautschuh, weiss[↵]
Schuhabteilung (m: Maenner, f: Frauen, k: Kinder):?f[↵]
Groesse?: 38[↵]
```

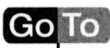

```
--> Noch einen Artikel eingeben (j/n)?: j↵

Bezeichnung?: Omas Hausschuh extravagant↵
Schuhabteilung (m: Maenner, f: Frauen, k: Kinder):?f↵
Groesse?: 37

--> Noch einen Artikel eingeben (j/n)?: n

*** Formatierte Ausgabe aller Schuhartikel:
Gummistiefel bunt...    k       18
Camel Boots.........    m       45
Brautschuh, weiss...    f       38
Omas Hausschuh extr.    f       37
```

2.15 ÜBUNG: Call by Reference

Erstellen Sie eine Funktion `rotate()`, die drei int-Werte rotieren lässt. Werden als Werte z.B. a=5, b=7 und c=3 gewählt, so sollen nach Aufruf der Funktion die Variablen folgende Werte besitzen: b=5 (ehemals a), c=7 (ehemals b), a=3 (ehemals c).

Implementieren Sie 2 Varianten dieser Funktion, einmal mit Zeigern und einmal mit Referenzen, und testen Sie diese mit einer geeigneten `main()`-Funktion.

Ein möglicher Programmablauf wäre:

```
Werte a-b-c vor rotate(): 5-7-3
Werte a-b-c nach rotate() mit Ref: 3-5-7
Werte a-b-c nach rotate() mit Zgr: 7-3-5
```

Worin sehen Sie jeweils Vor- und Nachteil, Call by Reference über Zeiger bzw. Referenzen zu lösen?

2.16 ÜBUNG: Default-Parameter und Überladen von Funktionen

Was gibt das folgende Programm Listing 2.22 (`show.cpp`) aus?

```
#include <iostream.h>
#include <iomanip.h>

void show(char zeich='+', int cnt=1)
{
   for(int i=0; i < cnt; i++)
      cout << zeich;
   cout << endl;
}

void show(double zahl)
{
   cout << setiosflags(ios::fixed)
        << setprecision(2)
        << zahl
        << endl;
}
void show(int zaehler, int nenner=1)
{
   cout << "Bruch: " << zaehler << '/' << nenner
        << endl;
}

int main(void)
{
   show(1,2);
   show(2);
   show(0.5);
   show('*',5);
   show('*');
   show();

   return 0;
}
```

Listing 2.22: (show.cpp): Überladen von Funktionen und Defaultwerte

Wäre es syntaktisch auch möglich, für den Parameter `zaehler` einen Defaultwert anzugeben?

2.17 ÜBUNG: Konstruktor / Destruktor

In dem folgenden Programm Listing 2.23 (`KonstDestr.cpp`) ist in der Funktion `main()` keine Ausgabeanweisung. Gibt das Programm trotzdem etwas aus? Wenn ja, warum, und was wird ausgegeben?

```
#include <iostream.h>

struct Applikation
{
  Applikation()
  {
     cout << "Loading the application..." << endl;
     run();
  }
  void run()
  {
     for( int i=0; i < 3; i++)
        cout << "application running..." << endl;
  }
  ~Applikation()
  {
     cout << "Shut down the application... Good Bye."
          << endl;
  }
};

struct Bruch
{
   private:
      int zaehler;
      int nenner;
   public:
      Bruch(int z=0, int n=1)
      {
         zaehler=z;
         nenner=n;
         cout << "Geburt des Bruches: "
              << zaehler << '/' << nenner << endl;
      }
```

```
      ~Bruch()
      {
         cout << "Tod des Bruches: "
              << zaehler << '/' << nenner << endl;
      }
};

Applikation myApp;

int main(void)
{
   Bruch *b1,b2(1,2),b3;

   b1=new Bruch(3,4);

   {
      Bruch b4(4);
   }

   return 0;
}
```

Listing 2.23: (KonstDest.cpp): Durchlaufen von Konstruktoren und Destruktoren

3 Objektorientierte Erweiterungen in C++ und UML-Grundlagen

Alle Dinge geschehen aus Notwendigkeit.
Es gibt in der Natur kein Gutes und kein Schlechtes.
Spinoza

In diesem Kapitel werden nicht nur die wesentlichen neuen Sprachelemente vorgestellt, die C++ zu einer objektorientierten Sprache machen, sondern es werden auch bereits erste wichtige Designaspekte behandelt, die beim Entwurf eines objektorientierten Programms zu berücksichtigen sind. Dabei werden die entsprechenden Elemente der Unified Modeling Language (UML) vorgestellt.

3.1 Was ist UML und warum UML?

Die *Unified Modeling Language* ist eine Sprache und Notation, um objektorientierte Systeme zu beschreiben. So legt die *UML* z.B. Symbole für Klassen, Objekte und deren Beziehungen untereinander fest.

Objektorientierte Softwareentwicklung gibt es bereits seit 30 Jahren. Am Anfang stand die Programmiersprache Smalltalk, die das Klassenkonzept von der Programmiersprache Simula-67 übernahm und weiterentwickelte. Mit Beginn der 90er Jahre hat sich C++ als dominierende objektorientierte Sprache durchgesetzt. Seit 1996 gewinnt neben C++ noch Java an Bedeutung, während Smalltalk mehr und mehr zurückgedrängt wird.

Während die Objektorientierte Programmierung (OOP) bereits seit 30 Jahren existiert, wurden die ersten Bücher über objektorientierte Analyse (OOA) und objektorientiertes Design (OOD)[1] erst Ende der 80er/Anfang der 90er Jahre publiziert.

Es entstanden mehrere Methoden und Notationen, u.a. Booch, Coad/Yourdon, Shlaer/Mellor, Jacobson, Rumbaugh.

1 Analyse und Design: In der Analysephase wird zunächst geklärt, **was** zu tun ist. Erst in der Designphase wird festgelegt, **wie** dies zu tun ist.

Im Herbst 1994 haben sich Grady Booch und Jim Rumbaugh bei der Rational Software Corporation zusammengeschlossen, um ihre erfolgreichen Methoden in Form einer gemeinsamen Notation zusammenzuführen. Ein Jahr später stieß noch Ivar Jacobson dazu. Es entstand die Unified Modeling Language (UML), die 1997 von der OMG[2] als Standard akzeptiert wurde.

Die UML kann mittlerweile als Industriestandard angesehen werden. Beinahe alle CASE[3]-Tool Hersteller und Autoren unterstützen die UML.

Die UML unterstützt als Notation die OOA und OOD. Sie zielt nicht auf eine spezielle Programmiersprache ab.

Der Einsatz der UML hat damit folgende Vorteile:

- Der objektorientierte Sachverhalt kann in einer einfachen und normierten Darstellungsform beschrieben werden.

  Damit können Missverständnisse vermieden werden, Analyse- und Entwurfsfehler können bereits in einer früheren Phase (noch vor der Implementierung) entdeckt werden.
- Die durchgeführte Analyse und das Design können (theoretisch) in jeder x-beliebigen Programmiersprache umgesetzt werden.

Allerdings darf nicht übersehen werden, dass ein wirklich effektives Design letzten Endes nur dann erzielt werden kann, wenn die verwendete Programmiersprache mit ihren Sprachmittel, die sie zur Verfügung stellt, berücksichtigt wird (vgl. Zitat von Booch im Vorwort auf Seite 15).

Ferner darf nicht übersehen werden, dass die UML eine Notation ist, jedoch keine Methodik, d.h. man kann mit ihr die eigene OOA und OOD darstellen. Sie trifft jedoch keine Aussagen darüber, wie man dazu kommt.

---

2 *OMG: Object Management Group*
Systemanbieter und Anwender objektorientierter Techniken haben sich 1989 zur OMG zusammengeschlossen. Die OMG verfolgt das Ziel, Standards und Spezifikationen für verteilte objektorientierte Anwendungen zu schaffen.

3 *CASE: Computer Aided Software Engineering*
Mit Hilfe von Programmen wird der Software-Entwicklungsprozess unterstützt, z.B. Erstellen von UML-Diagrammen und deren Umsetzung in Source-Code.

Die UML macht außerdem auch keine Aussagen darüber, wie detailliert ein Sachverhalt darzustellen ist, so kann z.B. eine Klasse im Symbol nur durch ihren Namen beschrieben werden oder mit all ihren Elementen (Daten und Funktionen oder objektorientiert ausgedrückt: Attributen und Methoden).

Wir werden in diesem Buch nur die elementaren Symboliken erklären; d.h. dass es zu dem einen oder anderen Symbol oder der einen oder anderen Diagrammart noch weitere, genauere Beschreibungsmittel geben kann. Es ist aber nicht Ziel des Buches, UML vollständig zu beschreiben, sondern der Schwerpunkt liegt ganz klar auf dem Grundverständnis für Objektorientierung. Für eine komplette UML-Beschreibung sei auf entsprechende Literatur (z.B. [3])verwiesen.

3.2 Verwendung einer Klasse

Klassen und Objekte sind »der Stoff, aus dem die objektorientierten Träume sind«.

Bevor wir auf das Zusammenwirken von Klassen und Objekten eingehen, wollen wir im ersten Schritt zunächst nur den Klassen-/Objektgedanken an sich betrachten sowie dazu die C++-Syntax und die zugehörigen UML-Notationen vorstellen. Erst wenn Sie als Leser dieses fundamentale Thema verinnerlicht haben und mit der Klassen-Syntax vertraut sind, sollten Sie die nächsten Schritte gehen.

3.2.1 Das Schlüsselwort class

Durch die Neuerungen bei Strukturen, die in Kapitel 2.12 vorgestellt wurden, war bereits der erste entscheidende Schritt getan, um aufbauend auf C eine objektorientierte Sprache C++ zu schaffen. Um einen wirklichen Schritt in Richtung Objektorientierung zu tun, führte man ein neues Schlüsselwort **class** ein, das sich weitgehend wie das Schlüsselwort **struct** verwenden lässt.

Die Unterschiede zwischen den Schlüsselwörtern **struct** und **class** sind nur sehr gering:

- Während in einer **struct**-Definition alle Elemente (Variablen und Funktionen) standardmäßig **public** sind, sind in einer **class**-Definition alle Elemente standardmäßig **private**.
- In Programmen, die objektorientiert entworfen sind, verwendet man üblicherweise **class**, während man in nicht-objektorientierten Programmen das Schlüsselwort **struct** benutzt.

Fassen wir noch einmal die zentralen Punkte zusammen, was wir bisher ausgehend von einer C++ **struct** über eine C++ **class** bereits wissen:

- Eine Klasse besitzt *Zugriffsspezifizierer* (**private, public, protected**).
- Eine Klasse enthält als *»Elemente« / »Member«: Daten und Funktionen.* Als Faustregel kann gelten:
  Die Daten sind **private**, der Zugriff auf die Daten erfolgt über **public**-Funktionen.
- Eine Klasse besitzt einen *Konstruktor* und einen *Destruktor.*
- Jedes Objekt besitzt einen (versteckten) Zeiger auf sich selbst, den **this**-Zeiger.

3.2.2 Was ist eine Klasse und was nicht?

Es ist wichtig, sich stets vor Augen zu halten, dass man von **Objekt**orientierung redet und nicht von Klassenorientierung, d.h. im Vordergrund der Betrachtungen stehen stets die Objekte.

Es sind Objekte, die wir Menschen in erster Linie wahrnehmen. Erst im zweiten Schritt abstrahieren wir, indem wir gemeinsame Verhaltensweisen und Eigenschaften von Gegenständen allgemein auffassen und dafür einen Begriff finden. Auf diese Weise vereinfachen wir unsere komplexe Welt, so dass wir sie leichter verstehen können. Das zeigt sich bereits im Kindesalter: Bello und Rex haben vier Beine und machen Wau-Wau: Es sind beides Hunde. Hat dies das Kind einmal verstanden, kann es jeden x-beliebigen Hund als Hund identifizieren, auch wenn es dieses Objekt vorher noch nie gesehen hat.

Objekte, die ein gemeinsames Verhalten aufweisen, werden in Klassen allgemein beschrieben.

Wichtig ist dabei, dass es in erster Linie um das *Verhalten* des Objektes geht, d.h. wie es sich nach außen darstellt. Erst in zweiter Linie ergeben sich die Daten, die intern notwendig sind, um die Aufgabe nach außen erfüllen zu können. Neueinsteiger in die Objektorientierung betonen häufig zu sehr die Daten (»eine class ist ja auch nur eine struct«). Je eher man sich jedoch des Unterschiedes zwischen einer C-struct und einer C++-class in der Bedeutung (nicht nur in der Syntax) bewusst ist, desto besser.

Wozu wird eine Klasse also eingesetzt?

- Um Objekte mit gleichem Verhalten allgemein gültig zu beschreiben.
- Um einen komplexeren Sachverhalt zu kapseln.

Ein Beispiel dafür, wie Klassen helfen, Komplexität zu reduzieren, sind Verwaltungsmechanismen. So ist z.B. die Verwendung eines Arrays nicht gerade trivial. Hier können viele Fehler gemacht werden (Speicherüber-/unterschreitung). Es lohnt sich also, ein Integer-Array in einer Klasse zu kapseln und den Zugriff auf die Daten geschützt erfolgen zu lassen. Ist eine derartige Klasse einmal realisiert und getestet, können davon guten Gewissens viele Objekte angelegt werden. Komplexität wird dadurch reduziert, weil der Programmierer sich auf die eigentliche Lösung seines Problemes konzentrieren kann und sich keine Gedanken mehr um gewisse Realisierungsdetails (Speichermanagement) machen muss. Ein anderes Beispiel wäre der Umgang mit Zeichenketten (Strings) oder Dateien.

Fragwürdig ist es in jedem Fall, wenn das gesamte Programm einfach in eine Klasse verpackt wird. Dies ist sicherlich nicht im Sinne der Objektorientierung.

3.2.3 OO-Begriffe in Bezug auf ein(e) Klasse/Objekt

Wir wollen an dieser Stelle noch einmal alle Begriffe im Zusammenhang von Klasse und Objekt im Überblick aufführen.

Als Beispiel wollen wir eine Klasse `Kreis` verwenden. Ein Kreis ist (bei uns) gekennzeichnet durch eine Position (x-Wert und y-Wert) und einen Radius. Der Kreis soll an einer x-beliebigen Stelle positioniert werden können. Außerdem sollen seine Werte angezeigt werden können. In `main()` legen wir zwei Kreise an.

Dies führt zu folgendem Source-Code, wie er in Listing 3.1 (`KreisSimple.cpp`) gezeigt ist:

```
#include <iostream.h>

class Kreis
{
// Da hier kein Zugriffsspezifizierer angegeben ist
// sind folgende Daten private
   int radius;
   int xPos, yPos;      // Position des Kreises

public:
   Kreis(int x=0, int y=0, int r=1) // Konstruktor
   {
      xPos=x;
      yPos=y;
      radius=r;
   }
   void Show()
   {
      cout << "\nPosition (x,y): " << xPos << ", "
                                   << yPos << endl;
      cout << "Radius: " << radius << endl;
   }
   void SetPosition(int x, int y)
   {
      xPos=x;
      yPos=y;
   }
};
```

```
int main(void)
{
   Kreis kreis1, kreis2(1,2);

   kreis1.Show();
   kreis2.SetPosition(2,3);
   kreis2.Show();

   return 0;
}
```

Listing 3.1: (KreisSimple.cpp) Klasse Kreis

Das Listing 3.1 (`KreisSimple.cpp`) führt zu folgender Ausgabe:

```
Position (x,y): 0, 0
Radius: 1

Position (x,y): 2, 3
Radius: 1
```

An Hand diverser Aussagen – bezogen auf das Listing 3.1 (`KreisSimple.cpp`) – wollen wir noch einmal alle Begriffe rund um Klasse und Objekt erklären:

- Zusammenhang *Objekt - Klasse*
  - »kreis1 und kreis2 sind *Objekte* (vom Typ) der *Klasse* Kreis.«
  - »kreis1 und kreis2 sind zwei Kreise.«
  - »kreis1 und kreis2 sind *Exemplare* der Klasse Kreis.«
  - »kreis 1 und kreis2 sind *Instanzen* der Klasse Kreis.«
- Bestandteile einer Klasse
  - Die Bestandteile einer Klasse, ihre Daten und Funktionen, werden auch als *Elemente* der Klasse bezeichnet. Man spricht daher auch von *Elementvariablen* und *Elementfunktionen*.
  - Elementvariablen
    - »Die Klasse Kreis hat folgende *Membervariablen*: `x, y, radius`.«
    - »Die Klasse Kreis hat folgende *Attribute*: `x, y, radius`.« (Die UML verwendet diesen Begriff.)

- Elementfunktionen
  - »Die Klasse Kreis hat folgende *Memberfunktionen*: `SetPosition()`, `Show()`.«
  - »Die Klasse Kreis hat folgende *Methoden*: `SetPosition()`, `Show()`.«
    (-> Ein Kreis hat die Methodik, sich zu zeigen)
  - »Die Klasse Kreis ermöglicht folgende *Operationen*: `SetPosition()`, `Show()`.«
    (-> Ein Kreis kann sich zeigen, es kann auf ihn die Operation ‚show' ausgeführt werden)
  - »Das Objekt kreis1 erhält lediglich die *Botschaft* `Show()`, das Objekt kreis2 die *Nachricht* `SetPosition()` und anschließend `Show()`« (-> In der OOP werden Objekte als aktive Elemente der Software betrachtet. Man spricht also nicht von Funktionsaufrufen, sondern von Botschaften/Nachrichten, welche die Methoden des Objektes dazu veranlassen, etwas zu tun.)

Wie aus den vorherigen Aussagen ersichtlich wird, können die folgenden Begriffe synonym verwendet werden:

- *Objekt = Exemplar = Instanz*
- *Member = Element*
- *Elementvariable = Membervariable = Attribut*
- *Elementfunktion = Memberfunktion = Methode = Operation = Nachricht = Botschaft*

3.2.4 Klassen und Objekte in der UML

Die folgende Abbildung 3.1 zeigt, wie sich unsere Klasse `Kreis` aus Listing 3.1 (`SimpleKreis.cpp`) in der UML darstellen lässt:

Neben den Attributen und Operationen wurde hier noch eine *Zusicherung* modelliert. Zusicherungen sind Bedingungen, Voraussetzungen und Regeln, die die Objekte der Klasse erfüllen müssen. Sie werden in { } (geschweifte Klammern) notiert. In unserem Fall darf der Radius nicht negativ und nicht null sein (radius >0).

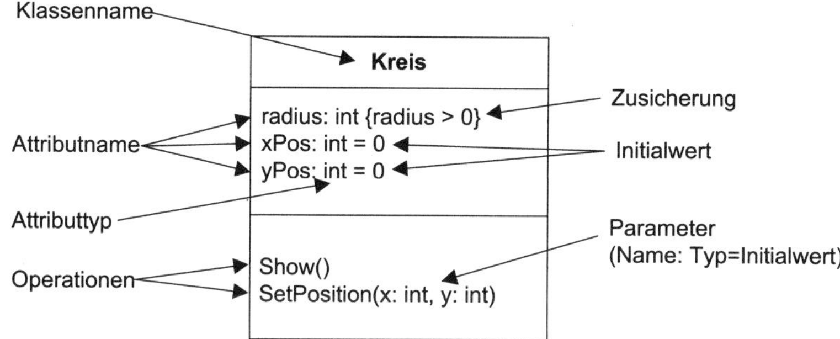

Abbildung 3.1: Klassen in der UML (am Beispiel Kreis)

Was hier nicht modelliert wurde, sind die Zugriffsspezifizierer, da in der Regel Attribute private und Methoden public sind, was hier auch der Fall ist.

Um die Zugriffsspezifizierer aus C++ in der UML zu notieren, können die Elemente mit folgenden Präfixen gekennzeichnet werden:

- private-Element
\+ public-Element
\# protected-Element (bei Vererbung)

Unsere Klasse Kreis würde dann wie in Abbildung 3.2 aussehen:

Kreis
- radius: int {radius > 0} - xPos: int = 0 - yPos: int = 0
+ Show() + SetPosition(x: int, y: int)

Abbildung 3.2: Klasse Kreis in UML mit Zugriffsspezifizierern

Objekte werden in UML-Diagrammen ähnlich wie Klassen dargestellt, nur dass der Objektname im Gegensatz zum Klassennamen unterstrichen wird. Für die Attribute können beispielhaft Werte eingesetzt werden, wie dies in Abbildung 3.3 gezeigt ist:

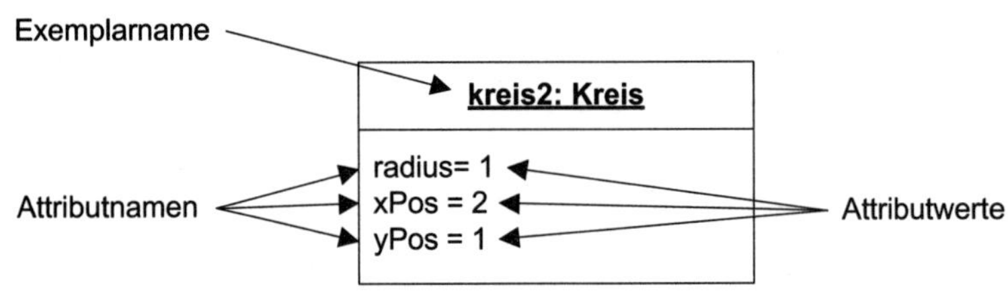

Abbildung 3.3: Objekte in der UML (am Beispiel von `kreis2`*)*

Wie detailliert eine Klasse bzw. ein Objekt beschrieben wird, hängt davon ab, was der Autor des Diagrammes ausdrücken will, so ist es z.B. auch möglich, die Elemente einer Klasse komplett auszublenden und nur den Klassennamen zu nennen. Dies geschieht vor allem dann, wenn es mehr um die Beziehungen zwischen den Klassen als um die einzelnen Klassen an sich geht.

Ebenso ist es möglich, den Zusammenhang zwischen Objekten und Klasse(n) zu modellieren. Zwischen dem Objekt und seiner Klasse wird ein gestrichelter Pfeil in Richtung Klasse gezeichnet (vgl. auch Kapitel 2.1, Objektorientierung in der realen Welt, in dem die Begriffe *Objekt* und *Klasse* am Beispiel von Samurai und Tiger erklärt wurden).

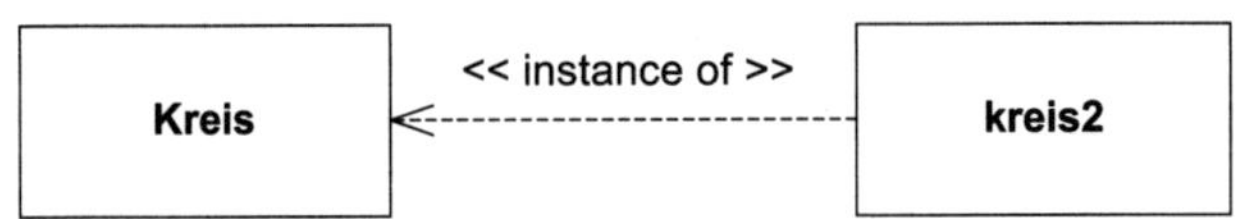

Abbildung 3.4: Klasse-Objekt-Beziehung in UML

Die Beschriftung des Pfeils lautet << *instance of*>>. Hier handelt es sich um ein so genanntes *Stereotyp*[4]. Stereotypen sind projekt-, unternehmens- oder methodenspezifische Erweiterungen vorhandener Modellelemente

4 [Duden]: Singular: das Stereotyp, Plural: die Stereotypen.

der UML. Durch Stereotypen kann die Bedeutung einer Klasse/einer Beziehung näher bestimmt werden. CASE-Werkzeuge unterscheiden zudem teilweise zwischen visueller und textueller Stereotypisierung. Visuelle Stereotypisierung definiert eigene Symbole, textuelle Stereotypen werden in doppelten Winkelklammern (<< >>) eingeschlossen, z.B. <<*instance of*>> oder <<*interface*>> (vgl. Kapitel 3.8, Schnittstellen).

Da jede Klasse über einen Konstruktor und Destruktor verfügt, werden diese im Klassendiagramm nicht modelliert, auch wenn sie überladen werden. Wie in Abbildung 3.1 gezeigt, können die Initialwerte anderweitig notiert werden.

3.2.5 Konventionen in der Namensgebung

Um die Lesbarkeit von Source-Code zu verbessern, macht es Sinn, sich an projekt- bzw. unternehmensspezifische Konventionen zu halten. Wir haben uns in diesem Buch für folgende Konventionen entschieden, die wir von nun an verwenden werden:

- Klassennamen beginnen mit dem Präfix ‚`C`' (**c**lass), um sie leicht von Objekten unterscheiden zu können.
- Membervariablen beginnen mit dem Präfix ‚`m_`'(**m**ember), um sie in Methoden leicht von lokalen Variablen unterscheiden zu können.
- Methodennamen verwenden Groß-Klein-Schreibung zur besseren Lesbarkeit. Idealerweise beginnt der Methodenname mit einem Verb, z.B. `DruckeListe()` oder `SetValue()`.

3.2.6 Beispiel: Realisierung eines Stacks

Eine sehr wichtige Datenstruktur in der Informatik ist der so genannte *Stack*. Ein Stack ist realisiert wie ein realer Stapel. Die Elemente können immer nur oben auf dem Stapel abgelegt werden. Ebenso kann auch immer nur das oberste Element vom Stapel genommen werden. Ein Stack ist also eine Datenstruktur, für die nur zwei Operationen definiert sind:

- `Push()` zum Ablegen eines Elements an oberster Stelle des Stacks und
- `Pop()` zum Entnehmen des Elements an oberster Stelle des Stacks

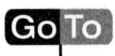

Abbildung 3.5 verdeutlicht die Funktionsweise eines Stacks.

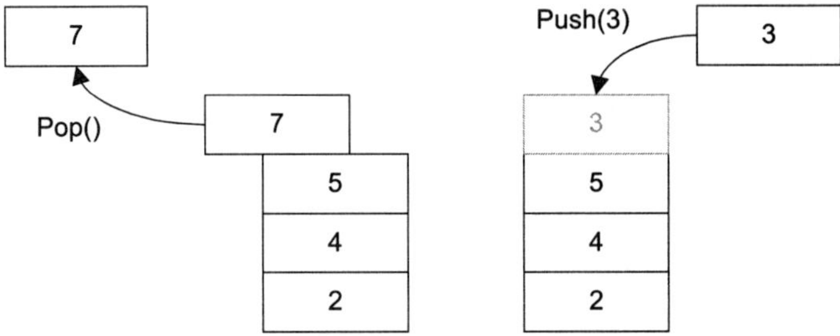

Abbildung 3.5: Funktionsweise eines Stacks

Im Folgenden wollen wir eine Klasse `CStack` entwerfen, die als Elemente Integer verwalten kann.

Klassendiagramm zum Stack: Die maximale Größe unseres Stacks soll konstant sein. Daher bietet sich als eine einfache Realisierung ein eindimensionales Array an. Beim Anlegen des Stacks soll die maximale Größe jedoch angegeben werden können. Sie wird im Attribut `m_Max` gespeichert. Der oberste Wert steht im Array an der Stelle `m_Top`.

Abbildung 3.6 zeigt das Klassendiagramm zu unserer Klasse CStack.

CStack
m_Max: int=0 m_Top: int=-1{ 0<=m_Top <= m_Max} m_iStack[0..m_Max]: int
Push(wert: int) Pop():int IsEmpty():bool

Abbildung 3.6: UML-Diagramm zur Klasse CStack

Realisierung der Stackklasse in C++: Folgendes Listing 3.2 zeigt die Realisierung der Klasse CStack in C++:

```
#include <stdio.h>
#include <iostream.h>

//.................... Klasse CStack .......
class CStack
{
public:
   int  Pop();     // Oberstes Element von Stack holen
                   // Return: Wert;
                   //         wenn nicht erfolgreich: -1
   bool Push(int iValue); // Element an oberster Stelle
                          // des Stacks ablegen
                          // Return: Push erfolgreich?
   bool IsEmpty() { return m_Top < 0; }  // Stack leer ?
                                         // (inline)

   CStack(int maxEntries);           // Konstruktor
   ~CStack();                        // Destruktor

private:
   int * m_iStack;

   int m_Max;     // maximal gültiger Index
   int m_Top;     // Index, an dem oberster Wert liegt
};

//............................... Konstruktor .......
CStack::CStack(int maxEntries)
{
   m_Max = 0;
   m_Top = -1;    // Stack ist zunaechst leer

   m_iStack = new int[maxEntries];
   if (m_iStack != NULL)
      m_Max=maxEntries-1;
}
//................................. Destruktor ......
CStack::~CStack()
{
   if(m_iStack)   // Könnte ja sein, dass Anlegen im
                  // Konstruktor nicht geklappt hat
```

```
    delete [] m_iStack;
}
//...................................... Push .......
bool CStack::Push(int value)
{
   if(m_Top == m_Max)
      return false;
   m_iStack[++m_Top] = value;
   return true;
}
//...................................... Pop .......
int CStack::Pop()
{
   if (m_Top < 0)
      return -1;
   return m_iStack[m_Top--];
}

//...................................... main .......
int main(void)
{
   CStack  stack(100);
   int     zeich;

   cout << "Bitte geben Sie einen String ein: " << endl;

   while ((zeich=getchar()) != '\n'
           && stack.Push(zeich))
      ;

   cout << "Der String lautet rueckwaerts:" << endl;

   while (!stack.IsEmpty())
   {
      zeich = stack.Pop();
      cout << (char)zeich;
   }

   cout << endl;
   return 0;
}
```

Listing 3.2: (stack.cpp): Klasse CStack mit Testprogramm

Ein möglicher Ablauf des Listing 3.2 (`stack.cpp`) wäre:

```
Bitte geben Sie einen String ein:
Ein Neger mit Gazelle zagt im Regen nie [↵]
Der String lautet rueckwaerts:
ein negeR mi tgaz ellezaG tim regeN niE
```

Für den Rückgabetyp bei der Methode `Push()` wurde bool gewählt, um dem Aufrufer mitzuteilen, ob der Wert im Stapel gespeichert werden konnte oder nicht. Bei der Methode `Pop()` wurde der Datentyp int gewählt, um den gelesenen Wert direkt über den Rückgabewert verfügbar zu haben. Dies kann unter Umständen problematisch sein, wenn der Wert –1 im Stack gespeichert wird, weil dies gleichzeitig auch das Signal für den Fehlerfall ist. Beim Wert –1 müsste der Aufrufer also zusätzlich mit `IsEmpty()` überprüfen, ob der Stack leer ist. Solche Besonderheiten sollten gut dokumentiert sein.

Aufgrund der Problematik, dass Fehlerwert und gespeicherter Wert unter Umständen nicht unterschieden werden können, wird in Bibliotheksklassen bei `Get()`-Methoden für die Wertrückgabe häufig Call by Reference verwendet statt direkt der Returnwert.

3.2.7 Das Leben eines Objektes

Durch die Definition einer Klasse ist noch keinerlei Speicher angelegt. Die Klasse ist lediglich der »Bauplan« für Objekte. Erst wenn ein Objekt angelegt wird, existiert etwas Konkretes und es kommt Leben in die Software.

Ebenso wie Menschen werden auch Objekte irgendwann geboren und sterben auch wieder. Während ihres Lebens sind Objekte gekennzeichnet durch ihr *Verhalten*, ihre *Identität* und ihren *Status*.

Verhalten, Identität und Status eines Objektes

Das Verhalten eines Objektes, d.h. wie ein Objekt auf eine Nachricht (Methodenaufruf) reagiert, wird prinzipiell durch seine Klasse beschrieben. Meist arbeiten die Methoden dabei mit den internen Daten. Zwei Objekte derselben Klasse haben beide ihren eigenen Satz an Daten, haben also beide eine eigene Identität. Je nachdem welche Werte die Daten besitzen, kann das Objekt in einem unterschiedlichen Zustand sein. Der Status eines Objektes wird also charaktierisiert durch den momentanen Zustand seiner Daten.

Ein Objekt unsere Klasse `CStack` aus Listing 3.2 kann folgende Zustände einnehmen:

- Der Stack ist leer (`m_Top=-1`).
- Der Stack ist voll (`m_Top == m_Max`).
- Der Stack ist im Füllzustand (`0 <= m_Top < m_Max`).

Wenn wir nun zwei Stacks anlegen, stapel1 und stapel2, hat jedes Objekt seine eigene Identität und seinen eigenen Status. Je nach Status kann es auch sein, dass die Objekte auf die gleiche Botschaft unterschiedlich reagieren, obwohl sie prinzipiell das gleiche Verhalten aufweisen. Besitzen die Objekte stapel1 und stapel2 den aktuellen Zustand, wie in Abbildung 3.7 dargestellt, so wird stapel1 auf die Botschaft `Push(3)` den Wert 3 im Stapel speichern, während stapel2 die Botschaft zurückweist (`return false`).

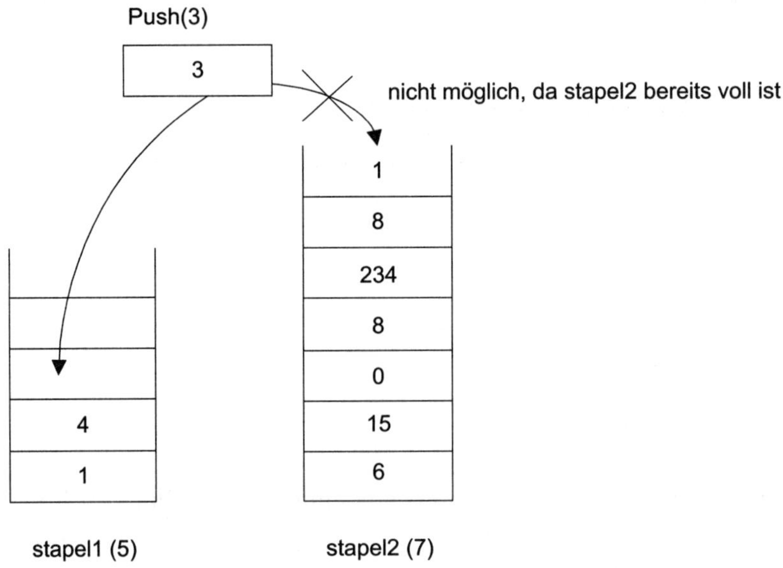

Abbildung 3.7: Identität und Zustand von stapel1 und stapel2

Zustandsdiagramm in der UML

Die UML stellt ein Diagramm zur Verfügung, um die Zustände eines Objektes (oder auch eines Systems) zu modellieren: das *Zustandsdiagramm* (engl. *state diagram*).

Im Zustandsdiagramm werden neben den Zuständen auch die Zustandsübergänge modelliert, d.h. wie das Objekt von einem Zustand in den nächsten gelangt.

Verwandte Begriffe für ein Zustandsdiagramm sind daher auch *Zustandsübergangsdiagramm* (engl. *state transition diagram*) oder *Endlicher Automat*, da das Diagramm eine hypothetische Maschine beschreibt, die sich zu jedem Zeitpunkt in einer Menge endlicher Zustände befindet.

Im Zustandsdiagramm werden die Zustände durch abgerundete Rechtecke dargestellt. Die einzelnen Zustände werden mit Pfeilen verbunden, die die Zustandsübergänge beschreiben. Der Zustandsübergang ist gekennzeichnet durch ein Ereignis, das den Zustandsübergang auslöst, und eventuell einer Aktion, die dabei stattfindet. Sofern die Namen des Ereignisses und der Aktionsoperation übereinstimmen, ist nur die Operation aufgeführt. Ist der Zustandsübergang an eine Bedingung geknüpft, so kann diese in `[ ]` (eckigen Klammern) angegeben werden. Startzustand und Endzustand werden durch eigene Kreissymbole modelliert, wie dies in Abbildung 3.8 dargestellt ist.

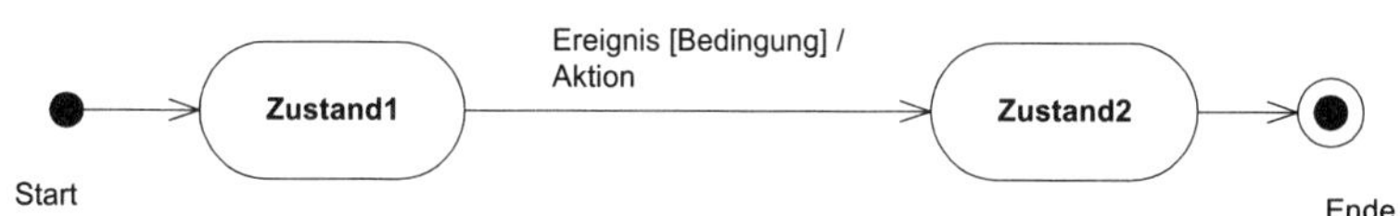

Abbildung 3.8: Allgemeiner Zustandsübergang in UML

Abbildung 3.9 zeigt das Zustandsdiagramm für unsere Klasse `CStack`.

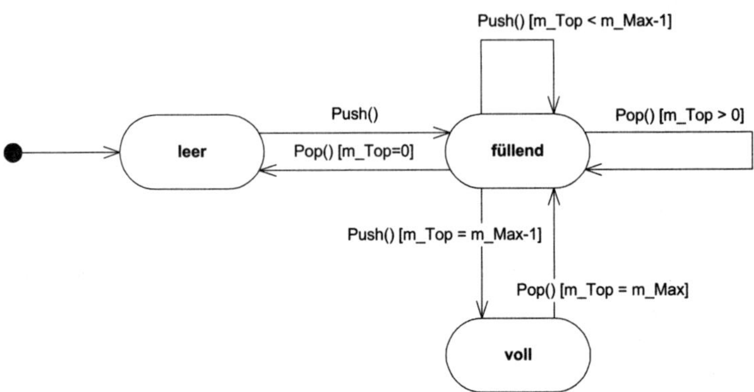

Abbildung 3.9: Zustandsdiagramm zu CStack

Ein Zustandsdiagramm ist ein gutes Mittel, um zu überprüfen, ob sich ein Objekt stabil verhält und nicht irgendwann in einen undefinierten Zustand gerät, aus dem es im schlimmsten Fall auch nicht mehr herauskommt. Potentielle Fehler können so im Vorfeld vermieden werden. So hätten bei unserer Klasse `CStack` die Fälle ‚voll' und ‚leer' leicht übersehen werden können, was fatale Folgen gehabt hätte (Speicherüber-/unterschreitung).

Auch für den Tester einer Klasse ist ein Zustandsdiagramm eine hilfreiche Grundlage, um eine Klasse auf Vollständigkeit zu überprüfen.

Eine Klasse sollte prinzipiell so entworfen werden, dass jede Methode zu einem x-beliebigen Zeitpunkt aufgerufen werden kann, ohne dass das Objekt in einen undefinierten Zustand gerät. Es ist nicht sehr anwenderfreundlich (für den Anwender einer Klasse), wenn bei den Methodenaufrufen eine bestimmte Reihenfolge eingehalten werden muss. Auch dies lässt sich am Zustandsdiagramm überprüfen.

Zustandsdiagramme sind also sehr hilfreich, um das Verhalten eines Objektes in seiner Gesamtheit zu beleuchten. Je nach Klasse lohnt sich der Aufwand, ein solches Diagramm zu zeichnen, mehr oder weniger. Man sollte sich jedoch in jedem Fall Gedanken darüber machen, welche Zustände die Objekte während ihres Lebens einnehmen können.

In Zustandsdiagrammen können auch noch mehr Aspekte modelliert werden, z.B.

- Unterzustände
- Aktionen, die während des Zustandes ausgeführt werden bzw. beim Eintritt oder Austritt

Wir wollen an dieser Stelle aus Übersichtsgründen hierauf nicht näher eingehen und stattdessen auf entsprechende Literatur verweisen.

Konstruktor und Destruktor

Wird ein Objekt angelegt /geboren, so wird in jedem Fall der zugehörige Konstruktor durchlaufen. Hier sollten die Attribute des Objektes initialisiert werden und das Objekt somit in einen definierten (Ausgangs-)zustand gebracht werden (vgl. Kapitel 2.12.8, Konstruktoren für Initialisierungen, auf Seite 84).

Beachtet werden sollte in diesem Zusammenhang, dass der Konstruktor nicht explizit aufgerufen werden kann. Es macht daher unter Umständen Sinn, eine Methode `Init()` einzuführen, mit Hilfe derer das Objekt jederzeit wieder in den Ausgangszustand versetzt werden kann. Diese Methode `Init()` könnte dann auch im Konstruktor aufgerufen werden.

Beim Tod eines Objektes wird automatisch der zugehörige Destruktor aufgerufen (vgl. Kapitel 2.12.9, Destruktoren für Aufräumarbeiten, auf Seite 88). Im Konstruktor vorgenommene Aktionen, die über das Initialisieren von Attributen hinausgehen (z.B. **new** oder Öffnen einer Datei), sollten im Destruktor auch wieder rückgängig gemacht werden.

Objektkopien

Die Attributwerte eines Objektes können standardmäßig in ein anderes Objekt derselben Klasse kopiert werden. Dies kann sowohl beim Anlegen eines Objektes geschehen als auch während der Lebensdauer eines Objektes. Je nachdem, ob bei der Zuweisung gleichzeitig ein neues Objekt angelegt wird oder nicht, kommt der so genannte *Kopierkonstruktor* oder *der Zuweisungsoperator* zum Einsatz. Das folgende Beispiel verdeutlicht dies:

```
CStack s1;
CStack s2=s1;  // Kopierkonstruktor, weil während der
               // Konstruktion des Objektes eine Zuweisung
               // durchgeführt wird
               // ist gleichbedeutend mit der Syntax:
               // CStack s2(s1)

s1=s2;         // Zuweisungsoperator:
               // Hier wird kein neues Objekt konstruiert,
               // sondern ein bestehendes Objekt einem
               // anderem zugewiesen
```

Dass dies möglich ist, liegt daran, dass der Compiler für den Kopierkonstruktor und den Zuweisungsoperator – wie auch für Konstruktor und Destruktor – eine Standardimplementierung zur Verfügung stellt.

Diese Standardimplementierung kopiert jeden Attributwert des einen Objektes in das entsprechende Attribut des anderen Objektes. Dieses Vorgehen wird als *flache Kopie* bezeichnet.

Problematisch wird eine flache Objektkopie, wenn es sich bei den Attributen um Zeiger handelt. Denn es werden stets nur die Elementvariablen an sich (also die Zeiger) kopiert, nicht jedoch der Speicherbereich, auf den die Zeiger zeigen. Dies führt also dazu, dass anschließend beide Objekte auf den gleichen Speicherbereich zeigen. Will man dies vermeiden, müssen der Kopierkonstruktor und der Zuweisungsoperator überladen werden und eine so genannte *tiefe Objektkopie* implementiert werden. Von einer tiefen Objektkopie spricht man, wenn der gesamte Speicher kopiert wird, den das Objekt benötigt, d.h. bei einem Zeiger der Bereich, auf den der Zeiger verweist. Anschließend wird der Zeiger dann entsprechend auf den neuen kopierten Bereich gestellt, statt nur den Zeiger an sich zu kopieren (flache Kopie).

Die Auswirkungen einer fehlenden tiefen Objektkopie werden anhand des Kopierkonstruktors im folgenden Unterkapitel verdeutlicht.

Kopierkonstruktor

Der *Kopierkonstruktor* (engl. *copy constructor*) wird statt des Konstruktors aufgerufen, und zwar immer dann, wenn beim Anlegen eines Objektes die Werte für dessen Attribute von einem bestehenden Objekt derselben Klasse übernommen (»kopiert«) werden.

Dies ist in folgenden Fällen der Fall:

- Explizit beim Anlegen eines Objektes, z.B:

  ```
  CKreis kreis1(1,2);
  CKreis kreis2=kreis1;// Kurzschreibweise für
                       // CKreis kreis2(kreis1)
  ```

- Implizit, wenn als Parameter einer Methode ein Objekt Call by Value übergeben wird, z.B.

  ```
  CAdresse::SetName(CString name){...}
  ```

  (angelegt wird hier das lokale Objekt name, in das die Werte des übergebenen Objektes kopiert werden)

- Implizit, wenn als Returnwert ein Objekt zurückgeliefert wird. (Man kann sich den Returnwert als ein unbenanntes Objekt auf dem Stack einer Funktion vorstellen, das nur kurzzeitig während der Returnanweisung angelegt wird und nach Zuweisung an den Aufrufer wieder zerstört wird; sozusagen am Ende der return-Anweisung.)

Wie bereits erwähnt, erstellt der vom Compiler standardmäßig zur Verfügung gestellte Kopierkonstruktor lediglich eine flache Kopie, was jedoch für Zeiger-Attribute nicht ausreicht.

Wir wollen diese Problematik anhand einer Klasse `CStr` für Strings verdeutlichen. Diese Klasse kapselt eine Elementvariable vom Typ char*, um immer genau so viel Speicherplatz in Anspruch zu nehmen, wie wirklich benötigt wird.

Listing 3.3(`string.cpp`) zeigt die Klasse `CStr` ohne überladenen Kopierkonstruktor.

```
#include <stdlib.h>
#include <string.h>
#include <iostream.h>

class CStr
{
   char* m_str;
public:
```

```
   CStr();            // Standardkonstruktor
   CStr(char* str);   // Konstruktor
   ~CStr();           // Destruktor

   bool SetChar(unsigned pos, char b);
   void ShowLine();
};

//========================================================
CStr::CStr()             // Standardkonstruktor
{
   m_str=NULL;
}
//--------------------------------------------------------
CStr::CStr(char* str)      // Konstruktor
{
   m_str=new char[strlen(str)+1];
   if(m_str)
      strcpy(m_str,str);
}
//--------------------------------------------------------
CStr::~CStr()              // Destruktor
{
   if(m_str) // Speicherplatz für m_str wurde besorgt
      delete[] m_str;
}
//--------------------------------------------------------
bool CStr::SetChar(unsigned pos, char b)
{
   if(pos >= strlen(m_str)) // Ungültige Position
      return false;

   m_str[pos]=b;
   return true;
}
//--------------------------------------------------------
void CStr::ShowLine()
{
   cout << m_str << endl;
}
//========================================================
int main(void)
{
   CStr string1("Anna");
   CStr string2=string1;    // Kopierkonstruktor,
```

```
                                // da Zuweisung beim Anlegen
                                // des Objektes

  string2.SetChar(3,'e');
  string1.ShowLine();
  string2.ShowLine();

  return 0;    // Aufruf von Destruktor für
               // string1 und string2
}
```

Listing 3.3: (string.cpp) CStr ohne Kopierkonstruktor

In diesem Beispiel verweisen die Objekte `string1` und `string2` auf den gleichen Speicher, da standardmäßig lediglich eine flache Kopie erstellt wird. Damit führt das Programm zu folgender (sicherlich nicht gewünschten) Ausgabe und anschließend zum Absturz.

```
Anne
Anne
```

Abbildung 3.10 verdeutlicht die Situation.

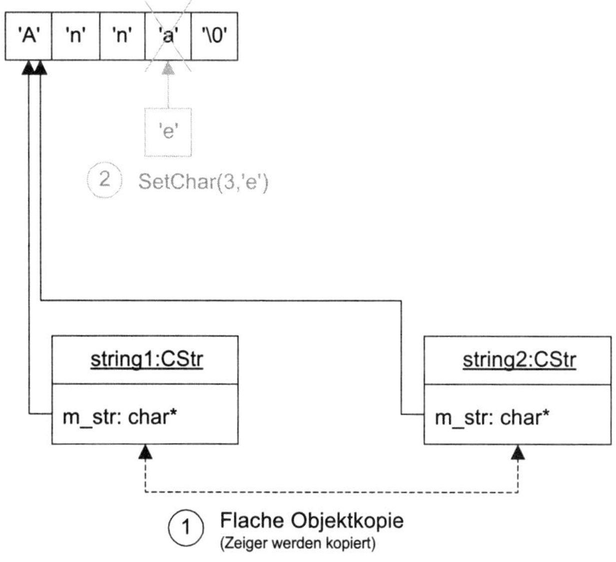

Abbildung 3.10: Flache Objektkopie bei CStr

Der Absturz erfolgt am Ende des Programmes, bei der **return**-Anweisung von `main()`. Hier wird erst der Destruktor von `string1` aufgerufen, in dem der Speicher, auf den `m_str` zeigt, mit **delete** freigegeben wird. Anschließend wird der Destruktor von `string2` aufgerufen und noch einmal versucht, den gleichen Speicher freizugeben, da auch `m_str` von `string2` auf diesen Speicher zeigt.

Hier muss also dafür gesorgt werden, dass eine tiefe Objektkopie erstellt wird, wie es in Abbildung 3.11 dargestellt ist.

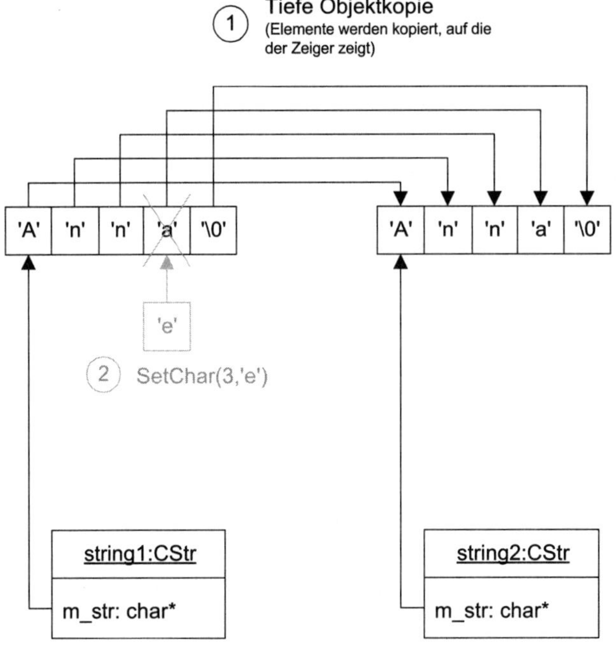

Abbildung 3.11: Tiefe Objektkopie bei CStr

Die tiefe Objektkopie erreichen wir durch Überladen des Kopierkonstruktors. Der Kopierkonstruktor besitzt als Parameter stets eine Referenz auf ein Objekt der Klasse, zu der er selbst gehört. Dieser Parameter wird häufig mit **const** angegeben (muss aber nicht).

Für unsere Klasse CStr könnte der Kopierkonstruktor wie folgt implementiert werden:

```
CStr::CStr(const CStr& str)   // Kopierkonstruktor
{
   if(str.m_str)   // str ist nicht leer
   {
      // Speicher gemäß str besorgen
      m_str=new char[strlen(str.m_str)+1];

      if(m_str)   // Allokation OK
         strcpy(m_str,str.m_str);   // String kopieren
      else
      {
         cerr << "Kein Speicher!!!";
         exit(1);   // Programmende
      }
   }
   else   // str ist leeres Stringobjekt
      m_str=NULL;
}
```

Nach dieser Definition würde unser Programm nun zu folgender Ausgabe (ohne Absturz) führen:

```
Anna
Anne
```

Der Zuweisungsoperator

Die Problematik mit flacher und tiefer Objektkopie betrifft nicht nur die Konstruktion von Objekten, sondern ebenso die Zuweisungen von Objekten an bereits bestehende. In diesem Fall wird der Zuweisungsoperator der Klasse aufgerufen, der standardmäßig eine flache Objektkopie erstellt.

Der Zuweisungsoperator lässt sich jedoch – wie auch der Kopierkonstruktor – überladen. Wie dies geschehen kann, wollen wir am Beispiel unserer Klasse CStr zeigen. Die Klasse CStr muss um eine Methode mit dem Namen **operator=** erweitert werden. Diese erhält sowohl als Parameter als auch als Rückgabewert eine Referenz auf ein Objekt der eigenen Klasse. Der Parameter entspricht dem rechten Operanden der Zuweisung, das Objekt selbst dem linken Operanden. Der Rückgabewert ist der Wert der Operation. Bei einer Zuweisung wird hier meist der Wert des linken Operanden verwendet, also das Objekt selbst.

```
CStr& CStr::operator=(const CStr& str) // Zuweisungsoperator
{
   // bisher in Anspruch genommenen Speicher freigeben
   if(m_str)
      delete[] m_str;

   if(str.m_str)   // str ist nicht leer
   {
      // Neuen Speicher gemäß str besorgen und str kopieren
      m_str=new char[strlen(str.m_str)+1];

      if(m_str)   // Allokation OK
         strcpy(m_str,str.m_str);   // String kopieren
      else
      {
         cerr << "Kein Speicher!!!";
         exit(1);          // Programmende
      }
   }
   else   // str ist leeres Stringobjekt
      m_str=NULL;

   return (*this);    // Ergebnis entspricht Wert des
                      // linken Operanden,der durch das
                      // aktuelle Objekt repräsentiert wird.
}
```

Wie sich an diesem Beispiel bereits vermuten lässt, lassen sich auch andere C++ - Operatoren überladen und auf eigene Klassen anwenden. Was dabei zu beachten ist, wird im Kapitel 4.2, Operatoren überladen, näher beschrieben.

Wichtig an dieser Stelle ist, dass bei der Definition einer eigenen Klasse prinzipiell folgende vom Compiler standardmäßig vorhandene Funktionen überdacht werden sollten und gegebenfalls überladen werden müssen:

- Der Standard-Konstruktor
  -> meist der Fall wegen Initialisierung von (nicht statischen) Membervariablen
- Der Standard-Destruktor
  -> für Aufräumarbeiten, z.B. delete, Schließen von Dateien

- Der Standard-Kopierkonstruktor
  -> bei Zeigerelementen
- Der Standard-Zuweisungsoperator
  -> bei Zeigerelementen

Als Faustregel kann gelten, dass der Zuweisungsoperator immer dann überladen werden sollte, wenn auch der Standard-Kopierkonstruktor überladen wird und umgekehrt.

Vergleicht man den Code der beiden Funktionen, so stellt man fest, dass diese nahezu identisch sind, was nicht verwunderlich ist, da sie eine ähnliche Aufgabe haben, nämlich das Kopieren eines bestehenden Objektes. Der Unterschied ist jedoch, dass der Kopierkonstrukor für ein Objekt immer nur einmal (nämlich automatisch beim Anlegen des Objektes) aufgerufen wird, wohingegen der Zuweisungsoperator für ein Objekt im Programm mehrmals aufgerufen werden kann (nämlich explizit bei jeder Zuweisung).

Um Code einzusparen und Copy-Paste-Aktionen zu vermeiden, können die beiden kombiniert werden, indem der Kopierkonstruktor den Zuweisungsoperator aufruft:

```
CStr::CStr(const CStr& str)   // Kopierkonstruktor
{
   // Membervariablen initialisieren (ist ja Aufgabe eines
   // Konstruktors)
   m_str=NULL;

   // Aufruf des Zuweisungsoperators:
   *this=str;
}
```

Diese Variante hat jedoch auch einen Nachteil: Ein Aufruf des Kopierkonstruktors dauert dann schon allein durch den zusätzlichen Methodenaufruf des Zuweisungsoperators länger und ist daher weniger performant.

Objekt-Attribute

Eine Klasse kann als Attribut auch wiederum eine Klasse enthalten. Um zu entscheiden, ob Kopierkonstruktor und Zuweisungsoperator überladen werden müssen, genügt jedoch lediglich ein Blick auf die eigenen Membervariablen. Nur wenn diese Zeigertypen sind, muss eine Überladung stattfinden. Denn eine flache Objektkopie bedeutet genau genommen, dass für jedes Attribut des Objektes der Zuweisungsoperator aufgerufen wird; d.h., bei Verschachtelungen von Objekten wird also für jedes Objekt wieder der entsprechende Zuweisungsoperator aufgerufen, z.B.:

```
class CAdresse
{
   CStr m_Vorname;
   ...
};

int main(void)
{
   CAdresse adr1,adr2;
   adr1=adr2;    // Hier wird der Standard-Zuweisungsoperator
                 // von CAdresse aufgerufen, dieser ruft
                 // jedoch intern den Zuweisungsoperator von
                 // CStr auf, um folgende Anweisung
                 // auszuführen:
                 // adr1.m_Vorname=adr2.m_Vorname;
   ...
   return 0;
}
```

Würde CAdresse für `m_Vorname` einen char* verwenden, müsste sie den Kopierkonstruktor und Zuweisungsoperator überladen. Da sie aber `CStr` verwendet, ist es nunmehr das ‚Problem' der Klasse `CStr`, die dieses Problem ja bereits löst.

3.2.8 C++-Zugriffsspezifizierer sind klassenbezogen

Die Zugriffsspezifizierer in C++ (private, protected, public) beziehen sich auf die Klasse, nicht auf die Objekte; d.h. existieren zwei Objekte derselben Klasse, so kann das eine Objekt auf die private-Elemente des anderen Objektes zugreifen.

Als Beispiel wollen wir unsere Klasse `CStr` um eine Methode `Append()` erweitern. Hier kann das aktuelle String-Objekt auf das Attribut `m_str` des Parameter-Objektes `str` direkt zugreifen.

```
CStr CStr::Append(CStr str)
{
   char * str_new;
   int myLen;

   // Ist aktueller String ein Leer-String?
   myLen= m_str? strlen(m_str):0;

   str_new = new char[myLen + strlen(str.m_str) +1];
   if(!str_new)  // Allokation nicht möglich
      return *this;    // -> alles bleibt beim Alten

   if(myLen)      // war bisher schon String enthalten
   {                 // -> neuen String anhängen
      strcpy(str_new,m_str);
      strcat(str_new,str.m_str);
      delete[] m_str;
   }
   else          // bisher Leer-String
      strcpy(str_new,str.m_str);  // -> neuen String
                                  //    kopieren

   m_str=str_new;
   return *this;
}
...
int main(void)
{
 ...
   CStr s1("Gretchen"),s2;

   s2=s1.Append(CStr(" Mueller"));  // Aufruf von Append
   s1.ShowLine();          // Verändert wird s1...
   s2.ShowLine();          // ... und s2

   return 0;
}
```

Listing 3.4: string.cpp ergänzt durch CStr: : Append

Listing 3.4 würde zu folgender Ausgabe führen:

```
Gretchen Mueller
Gretchen Mueller
```

Wir wollen an dieser Stelle explizit darauf hinweisen, dass obiger Source-Code in C++ zwar erlaubt ist, jedoch streng genommen dem Objektgedanken widerspricht. Im übertragenen Sinn würde dies bedeuten, dass ich in die Tasche meines Nachbarn greifen darf (eigentlich Privatsphäre), weil wir beide – mein Nachbar und ich – vom Typ Mensch sind. Objektorientierter wäre es also, wenn die Klasse `CStr` Methoden zur Verfügung stellen würde, mit denen die privaten Daten erfragt werden können. Dies hat jedoch folgende Nebenwirkungen:

- Erfolgt der Zugriff auf die privaten Elemente über Methoden statt direkt, so ist dies unter Umständen weniger performant, weil ein Methodenaufruf erfolgen muss. Die Methoden sollten daher auf jeden Fall inline definiert werden.
- Gibt es public-Methoden, um die privaten Daten zu erfragen, so stehen diese allen Objekten, egal von welcher Klasse, zur Verfügung.

Es hat also durchaus seine Berechtigung, warum C++ dies so regelt. Außerdem wäre sonst das Überladen des Kopierkonstruktors bzw. des Zuweisungsoperators nicht so einfach. Die Klassen müssten dann immer erst für jedes Attribut eine entsprechende `Get()`-Methode zur Verfügung stellen.

3.2.9 Statische Klassenelemente

Es gibt Fälle, in denen Daten nicht *objektbezogen*, sondern *klassenbezogen* benötigt werden, d.h. dass die Daten nur einmal pro Klasse exisitieren und nicht für jedes Objekt in einer eigenen Ausfertigung. Ein solches Datenelement wird als *statisch* bezeichnet und als **static** spezifiziert. Auf ein statisches Datenelement können alle Objekte der Klasse gemeinsam zugreifen. Auch Elementfunktionen können als static vereinbart werden und sind damit klassenbezogen anzusehen. Statische Elementfunktionen haben nur direkten Zugriff auf die statischen Elemente einer Klasse und benötigen für ihren Aufruf von außerhalb der Klasse kein Objekt.

Als kleines Demonstrationsbeispiel wollen wir eine Klasse `CRandom` verwenden, die mitzählt, wie viele Zufallszahlen bisher angelegt wurden.

```
#include <iostream.h>
#include <stdlib.h>
#include <time.h>

class CRandom
{
   int m_value;
   static int m_cnt;    // Dies ist lediglich die
                        // DEKLARATION des statischen
                        // Datenelements m_cnt. Es wird
                        // noch kein Speicher belegt.
                        // Das Schlüsselwort static
                        // ist erforderlich.

public:
   CRandom()
   {
      if(m_cnt==0)
         srand(time(NULL));

      m_value=rand();
      m_cnt++;
   }
   ~CRandom()
   {
      m_cnt--;
   }
   int static GetCnt()   // statische Elementfunktion
   {
      return m_cnt;
   }
   int GetValue()
   {
      return m_value;
   }
};

int CRandom::m_cnt=0;    // DEFINITION des statischen Elements.
                         // Das Schlüsselwort static
                         // darf hier nicht verwendet werden.

int main(void)
{
   CRandom* werte[5];
```

```
   cout <<"5 Werte im Array verfuellen: \n"
        <<"==========================" << endl;

   for(int i=0; i<5; i++)
   {
      werte[i]=new CRandom;
      cout << "aktuelle Anzahl der Werte: "
           << CRandom::GetCnt() << endl;
      cout << "akutell generierter Wert: "
           << werte[i]->GetValue() << endl;
   }
   cout << endl;


   {
      CRandom ZusatzZahl;
      cout << "Anzahl Werte im Block: "
           << ZusatzZahl.GetCnt() << endl;
   }

   cout << "Anzahl Werte nach Block: "
        << CRandom::GetCnt() << endl;
   return 0;
}
```

Listing 3.5: (random.cpp): Die Klasse CRandom mit statischen Elementen

Listing 3.5 führt zu folgender Ausgabe:

```
5 Werte im Array verfuellen:
==========================
aktuelle Anzahl der Werte: 1
akutell generierter Wert: 27775
aktuelle Anzahl der Werte: 2
akutell generierter Wert: 23606
aktuelle Anzahl der Werte: 3
akutell generierter Wert: 20555
aktuelle Anzahl der Werte: 4
akutell generierter Wert: 26767
aktuelle Anzahl der Werte: 5
akutell generierter Wert: 18346

Anzahl Werte im Block: 6
Anzahl Werte nach Block: 5
```

Statische Datenelemente werden also innnerhalb der Klasse nur deklariert. Die Definition der Datenelemente erfolgt außerhalb der Klasse. Hier darf das Schlüsselwort static nicht verwendet werden. Werden statische Elementfunktionen außerhalb der Klasse definiert, entfällt auch hier das Schlüsselwort static.

Wird bei statischen Datenelementen der Zugriffsspezifizierer **public** verwendet, so sind sie wie globale Variablen anzusehen, die allerdings im Namensraum der Klasse liegen. Der Zugriff auf die Daten kann dann jederzeit analog zu statischen Elementfunktionen auch ohne Objekt erfolgen, z.B.

```
cout << CRandom::m_cnt;
```

Sind statische Datenelemente **private** (was für Attribute ja üblich ist), so muss die Initialisierung bei der Definition erfolgen. Es macht keinen Sinn, die statischen Datenelemente im Konstruktor zu initialisieren, weil die Wertzuweisung sonst mit jedem Anlegen eines neuen Objektes erfolgt, was sicherlich nicht erwünscht ist.

Statische Elementfunktionen haben keinen versteckten **this**-Pointer. Daher sind sie geringfügig performanter und können – wie bereits erwähnt – logischerweise nur auf die statischen Attribute zugreifen und nicht auf die jeweiligen Attribute des Objektes.

Anwendungsfälle für statische Datenelemente (und damit verbunden statische Elementfunktionen) sind z.B.:

- Beim ersten angelegten Objekt einer Klasse sind zusätzlich Aktionen erforderlich, die bei allen weiteren Objekten jedoch nicht mehr nötig sind, z.B. Öffnen einer Datei
- Es muss sichergestellt werden, dass es im System nur ein Objekt dieser Klasse gibt.

Da statische Elemente sich auf die Klasse beziehen, werden sie auch als *Klassenattribute* bezeichnet. In der UML werden Klassenattribute unterstrichen. Unsere Klasse `CRandom` würde damit wie in Abbildung 3.12 dargestellt werden:

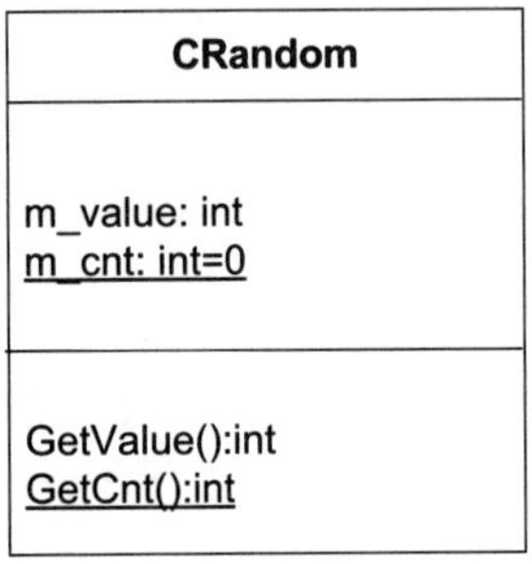

CRandom

m_value: int
m_cnt: int=0

GetValue():int
GetCnt():int

Abbildung 3.12: Klassendiagramm zur Klasse CRandom

3.2.10 Bibliotheksklassen

Es gibt mittlerweile etliche Klassenbibliotheken, die fertige Klassen zur Verfügung stellen, nicht zuletzt die Standard Template Library (STL), die zum Sprachumfang von C++ zählt (vgl. Kapitel 4.6).

Klassen, die von allgemeinem Interesse sind, wie z.B. eine Klasse für Strings oder eine Stack-Klasse, finden sich dort wieder. Natürlich sollte man erst vorhandene Bibliotheken konsultieren, bevor man das Rad zweimal erfindet. Allerdings sollte man sich dann mit der Funktionsweise der Klasse genau auseinander setzen und überprüfen, inwieweit diese den Anforderungen im vorliegenden Projekt entspricht.

Auch wenn es für die eine oder andere Problemstellung bereits eine fertige Klasse in einer Bibliothek gibt, sollte man als Neueinsteiger in die Objektorientierung und C++ zu Übungszwecken ruhig einmal eine eigene Implementierung einer solchen Klasse versuchen. Es hat sicherlich bisher auch noch keinem C-Einsteiger geschadet, wenn er zu Übungszwecken `strcpy()` einmal selbst programmiert hat.

3.2.11 ÜBUNG: Fragen zur Lernkontrolle

Bei dieser Übung handelt es sich nicht um Fragen, die explizit in diesem Kapitel geklärt wurden. Vielmehr wiederholen sie die Syntax, die im Laufe von Kapitel 2, Nicht objektorientierte Erweiterungen in C++, erklärt wurde. Die Fragenstellungen sind hier jedoch bezogen auf Klassen und Objekte formuliert und nicht bezogen auf Strukturen, anhand derer die Syntax erklärt wurde.

Welche Voraussetzungen müssen erfüllt sein, damit die Objekte punkt1 und punkt2 im folgenden Codeausschnitt angelegt werden können?

```
#include "Punkt.h"

int main(void)
{
   CPunkt    punkt1(10,20),
             punkt2;
}
```

1. Alle Konstruktoren der Klasse `CPunkt` müssen **public** sein.
2. Der Standardkonstruktor muss explizit angelegt werden.
3. Es muss ein Konstruktor definiert sein, der zwei Parameter vom Typ **int** besitzt.
4. Keine der obigen Voraussetzungen muss unbedingt erfüllt sein.

Welche der folgenden Aussagen ist/sind richtig?

1. Klassennamen müssen immer mit C anfangen, sonst meldet der Compiler einen Fehler.
2. Wenn Funktionen innerhalb der Klassendefinition definiert werden, sind sie automatisch **inline**.
3. Inline-Funktionen sind automatisch **public**.
4. Eine Klasse ist ein komplexer, selbst definierter Datentyp, der nur aus einfachen C++ Datentypen wie **int**, **char** usw. bestehen darf.
5. Alle Methoden einer Klasse können von allen anderen Klassen aufgerufen werden.
6. Keine der Antworten ist richtig.

Wo initialisiert man die (nicht statischen) Membervariablen eines Objektes?

1. In der Klasse.
2. Im Destruktor.
3. Im Konstruktor.

4. Wahlweise in der Klasse oder im Konstruktor.
5. Keine der Antworten ist richtig.

Welche der folgenden Aussagen trifft für Methoden einer Klasse zu?

1. Alle haben den gleichen Rückgabedatentyp.
2. Alle haben den gleichen Rückgabewert.
3. Sie können auf alle Membervariablen der Klasse zugreifen.
4. Sie können nur auf die **private**-Membervariablen der Klasse zugreifen.
5. Steht ihre Definition außerhalb der Klassendefinition, muss vor dem Funktionsnamen der Klassennamen gefolgt von einem doppelten Doppelpunkt :: angegeben werden.
6. Keine der Antworten ist richtig.

3.2.12 ÜBUNG: Lesen von Prototypen in Online-Hilfe

Auch diese Übung zielt in erster Linie auf die in Kapitel 2, Nicht objektorientierte Erweiterungen in C++, erklärte Syntax ab und wird nun aber im Hinblick auf Klassen/Objekte gestellt.

In der Online-Hilfe finden Sie zu der Funktion `cin.ignore()` folgende Angaben:

----

istream::ignore

istream& ignore(int nCount = 1, int delim = EOF);

Parameters

nCount

The maximum number of characters to extract.

delim

The delimiter character (defaults to **EOF**).

Remarks

Extracts and discards up to *nCount* characters. Extraction stops if the delimiter *delim* is extracted or the end of file is reached. If *delim* = **EOF** (the default), then only the end of file condition causes termination. The delimiter character is extracted.

Was sagt Ihnen der Prototyp? Welche Möglichkeiten gibt es prinzipiell, `cin.ignore()` *aufzurufen?*

Was bewirken folgende Aufrufe:

- `cin.ignore();`
- `cin.ignore(10);`
- `cin.ignore(100, ':');`

Ist auch der Aufruf `cin.ignore(':')` *möglich? Wenn ja, was bewirkt er?*

Handelt es sich bei der Funktion `ignore()` *um eine globale Funktion, oder handelt es sich um eine Methode? Was bedeutet das für den Aufruf der Funktion? Was schließen Sie daraus für cin und von welchem Typ ist cin?*

Sagen Sie mit Ihren eigenen Worten, welchen Rückgabetyp die Funktion besitzt.

3.2.13 ÜBUNG: Realisierung einer Queue

Eine weitere grundlegende Datenstruktur in der Informatik neben dem *Stack* ist die so genannte *Queue*, welche eine Schlange vor einem Postschalter oder einem Eintritt in eine Veranstaltung simuliert. Es handelt sich dabei wieder um eine Datenstruktur, für die nur zwei Operationen definiert sind:

- `Put()` zum Einfügen eines Elements am Ende der Queue und
- `Get()` zum Entfernen des Elements am Anfang der Queue.

Abbildung 3.13 verdeutlicht die Funktionsweise einer Queue.

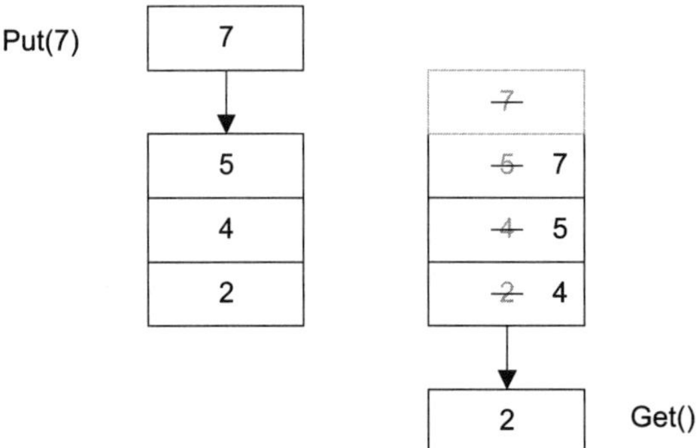

Abbildung 3.13: Funktionsweise einer Queue

Während ein Stack nach dem *LIFO*-Prinzip (*last in, first out*) arbeitet, arbeitet eine Queue nach dem *FIFO*-Prinzip (*first in, first out*). Ist die maximale Größe einer Queue konstant, bietet sich als eine einfache Realisierung ein eindimensionales Array an. Erstellen Sie nun ein Programm `queue.cpp`, das die Verwaltung einer Queue wie z.B. vor einem Postschalter oder in einem Ärztezimmer übernimmt. Dem Bediener des Programms sollen dabei folgende Möglichkeiten angeboten werden:

- Ankunft eines Kunden mit Eingabe des Namens, welcher der Einfachheit halber nur aus einem Zeichen besteht. (entspricht Einordnen am Ende der Queue)
- Bedienung eines Kunden (entspricht Entfernen aus der Queue)
- Auflisten der aktuellen Warteschlange entsprechend der Reihenfolge

Dieses Programm `queue.cpp` soll eine Klasse `CQueue` definieren, die für die Verwaltung einer Queue von Namen (hier nur Buchstaben!) verantwortlich ist. Dazu soll sie die folgenden Methoden anbieten:

```
bool    IsEmpty() { return m_count==0;} // Queue leer ?
bool    IsFull()  { return m_count==m_max; } // Queue voll ?
char    Get();
bool    Put(char name);
```

```
void    Contents(); // Auflisten der Buchstaben in der
                    // Queue entsprechend der Reihenfolge
```

Zur internen Verwaltung dieser Queue sollten Sie vier Variablen benutzen:

- `m_Max` enthält die maximale Anzahl von Personen, die die Warteschlange aufnehmen kann.
- `m_Count` enthält die aktuelle Anzahl der Personen, die sich in der Warteschlange befinden.
- `m_First` ist der Index der Person im Array, die sich an erster Stelle in der Warteschlange befindet und als Nächstes zu bedienen ist.
- `m_Last` ist der Index der Person im Array, die sich an letzter Stelle in der Warteschlange befindet.

Ist das Ende des Arrays erreicht, müssen wieder die vorderen freien Plätze benutzt werden. Das Aussehen der Funktion `main()` ist in Listing 3.6 (`queue.cpp`) gezeigt.

```
int main(void)
{
   const int MaxQueue = 10;
   CQueue    queue(MaxQueue);
   char      eingabe;
   char      name;

   while (1)
   {
      cout << endl << endl
           << "A   Ankunft eines neuen Patienten\n"
              "B   Bedienung des naechsten Patienten\n"
              "Q   Aktuellen Queue-Inhalt anzeigen\n"
              "E   Ende des Programms\n\n"
              "               Deine Wahl: ";
      cin >> eingabe;
      cout << endl;
```

```
        if (eingabe == 'e')
           break;
        else if (eingabe == 'a')
        {
           if (!queue.IsFull())
           {
              cout << "... Name des Patienten
                             (als Buchstabe): ";
              cin >> name;
              queue.Put(name);
           }
           else
              cout << "...... Wartezimmer ist voll ...."
                   << endl;
        }
        else if (eingabe == 'b')
        {
           if (queue.IsEmpty())
              cout << "...... Wartezimmer ist leer ...."
                   << endl;
           else
              cout << "...... '" << queue.Get()
                   << "' wird nun bedient" << endl;
        }
        else if (eingabe == 'q')
        {
           queue.Contents();
        }
     }
     return 0;
}
```

Listing 3.6: (queue.cpp): main()-Funktion, die Klasse CQueue verwendet

Ihre Aufgabe ist es nun, das Listing 3.6 (`queue.cpp`) um die fehlenden Konstrukte zu ergänzen, so dass es z.B. folgenden Ablauf zeigt. Bevor Sie mit der Implementierung beginnen, sollten Sie ein Klassen- und ein Zustandsdiagramm zu dieser Klasse zeichnen.

```
A   Ankunft eines neuen Patienten
B   Bedienung des naechsten Patienten
Q   Aktuellen Queue-Inhalt anzeigen
E   Ende des Programms
               Deine Wahl: a↵
```

```
... Name des Patienten (als Buchstabe): h↵

A   Ankunft eines neuen Patienten
......
               Deine Wahl: a↵
... Name des Patienten (als Buchstabe): x↵
.......
               Deine Wahl: a↵
... Name des Patienten (als Buchstabe): m↵
.......
               Deine Wahl: q↵
 1. h
 2. x
 3. m
.......
               Deine Wahl: b↵
...... 'h' wird nun bedient
.......
               Deine Wahl: b↵
...... 'x' wird nun bedient
.......
               Deine Wahl: a↵
... Name des Patienten (als Buchstabe): c↵
.......
               Deine Wahl: a↵
... Name des Patienten (als Buchstabe): y↵
.......
               Deine Wahl: q↵
 1. m
 2. c
 3. y
.......
               Deine Wahl: b↵
...... 'm' wird nun bedient
.......
               Deine Wahl: b↵
...... 'c' wird nun bedient
.......
               Deine Wahl: b↵
...... 'y' wird nun bedient
.......
               Deine Wahl: b↵
...... Wartezimmer ist leer ....
.......
               Deine Wahl: e↵
```

3.2.14 ÜBUNG: Aufrufe durch Compiler

Legen Sie eine Klasse Object an, die folgende »Methoden« überlädt:

- Standard-Konstruktor
- Destruktor
- Kopier-Konstruktor
- Zuweisungsoperator

Diese »Methoden« enthalten lediglich eine entsprechende Ausgabeanweisung, z.B. `cout << "Destruktor von Object" << endl;`

Denken Sie sich eine `main()`-Funktion aus, in der jede »Methode« mindestens einmal aufgerufen wird.

3.2.15 ÜBUNG: Realisierung einer Klasse CIntArray

Erstellen Sie eine Klasse `CIntArray`, die ein Integer-Array kapselt. Die Klasse soll sicherstellen, dass es zu keinerlei Speicherüber- oder unterschreitung kommt. Die Größe des Arrays legt der Nutzer der Klasse beim Anlegen eines `CIntArray`-Objektes fest. Die Klasse verfügt außerdem über eine Methode, um die Größe des Arrays erfragen zu können.

Erstellen Sie zunächst ein Klassendiagramm, bevor Sie mit der Implementierung beginnen. Testen Sie Ihre Klasse mit einer geeigneten `main()`-Funktion, die natürlich typische Fälle abprüfen sollte, wie z.B. einen bewussten Versuch einer Speicherüberschreitung.

Übrigens:

Es wird hier und auch an anderen Stellen oft bewusst kein festes `main()` oder ein möglicher Programmablauf vorgegeben. Denn man kann es nicht früh genug üben, sich vernünftige Testfälle – sprich ein geeignetes `main()` – auszudenken, um die Funktionsweise seiner Klasse (später Klassen) zu gewährleisten.

3.2.16 ÜBUNG: Realisierung einer Klasse CErrorLog

Erstellen Sie eine Klasse `CErrorLog`, deren Aufgabe es ist, Fehlermeldungen in einer Datei festzuhalten. Ein Objekt dieser Klasse ist fest mit der Datei verbunden, die beim Anlegen des Objektes angegeben wird. Die Datei wird im Konstruktor zum Anhängen geöffnet und im Destruktor geschlossen. Interessant ist die Klasse vor allem auch dann, wenn sie automatisch weitere Informationen zum aufgetretenen Fehler mitprotokolliert, z.B. die Zeit des Protokoll-Eintrages.

Folgende `main()`-Funktion zeigt eine mögliche Verwendung der Klasse:

```
#include <iostream.h>
#include <time.h>
#include <stdlib.h>      // f. srand

// Hier wäre die Klasse CErrorLog definiert

void delay(int sec);
//---------------------------------------------------
int main(void)
{
   CErrorLog liste17("fehler17.txt"),
             liste31("fehler31.txt");

   int nr;          // zufällige Fehlernummer

   // Zufallszahlengenerator initialisieren
   srand(time(NULL));

   // zufällig Fehler simulieren und protokollieren
   for(int i=0; i < 50 ; i++)
   {
      nr=rand();

      if(!(nr % 17))   // Fehler der Kategorie 17
         liste17.Log(nr);
      if(!(nr % 31))   // Fehler der Kategorie 13
         liste31.Log(nr);
```

```
        // etwas Zeit vertrödeln...
        cout << "Runde Nr: " << i << endl; // Ausgabe zu
                                           // Testzwecken
        delay(nr%3);
    }

    return 0;
}

//----------- delay() ----------------------------
// Hilfsfunktion wegen Portabilität. In der Praxis
// würde man hier auf Betriebssystem-Funktionen wie
// sleep() o.Ä. zurückgreifen.

void delay(int sec)
{
    time_t t_soll,   // Zeit, die erreicht werden soll
           t_ist;    // jeweils aktuelle Zeit

    // In Schleife warten, bis aktuelle Zeit Sollzeit
    // erreicht hat. Soll= Zeit_vor_Schleife + Wartezeit
    time(&t_soll);
    t_soll+=sec;
    while(time(&t_ist) != t_soll);
}
```

Nach Ablauf des Programms gibt es im aktuellen Verzeichnis die zwei Dateien `liste17.txt` und `liste31.txt`. Die Datei `liste17.txt` hat beispielsweise folgenden Inhalt:

```
Fehlernr:      9911   Tue Apr 17 18:48:24 2001
Fehlernr:      2737   Tue Apr 17 18:48:29 2001
Fehlernr:     13617   Tue Apr 17 18:48:36 2001
```

Um Ihnen mühseliges Suchen in der Online-Hilfe zu ersparen, hier die Aufrufe, die Sie dazu aus der C-Standardbibliothek (`#include <stdio.h>`) benötigen:

- **FILE* fopen(const char* *filename*, const char* *mode*);**
  Um die Datei zum Anhängen zu öffnen, verwenden Sie für `mode` den String »a«. Existiert die Datei nicht, so wird sie in diesem Modus erstellt. `FILE*` ist der Pointer auf die Datei, der im Fehlerfall `NULL` ist.

- **int fprintf(FILE* *file*, const char* *format [, argument]...*);**
  Diese Funktion arbeitet analog zu `printf()`; es wird lediglich als erster Parameter der File-Pointer für die Datei angegeben, in die die Ausgabe erfolgen soll. Im Fehlerfall ist der Rückgabewert ein negativer Wert.
- **int fclose(FILE* *file*);**
  Mit dieser Funktion wird die angegebene Datei wieder geschlossen. Im Erfolgsfall liefert die Funktion den Wert 0 zurück; im Fehlerfall `EOF`.

Im Beispiel enthält die Protokoll-Datei die jeweils aktuelle Zeit; diese kann prinzipiell wie folgt erfragt und ausgegeben werden:

```
#include <time.h>
#include <stdio.h>

int main( void )
{
   time_t t;
   struct tm *lt;    // Lokale Zeit in Form von struct tm

   time( &t );              // Sekunden seit 1.1.1970
   lt = localtime( &t );    // Konvertierung in eine struct tm

   // Ausgabe der local time als String
   printf( "Aktuelles Datum und Uhrzeit ist: %s\n",
           asctime( lt ) );

   return 0;
}
```

3.2.17 ÜBUNG: Kundenidentifikation

Erstellen Sie eine Klasse `CKunde`. Jeder Kunde soll über eine eindeutige Kundennummer identifiziert werden können, die automatisch beim Anlegen des Kunden generiert wird.

<u>Vorsicht:</u>

Sehen Sie für das Anlegen eines neuen Kunden eine eigene Methode `Anlegen()` vor und verwenden Sie nicht den Konstruktor, da dieser z.B. auch dann verwendet wird, wenn ein Kundenobjekt nur temporär angelegt wird, z.B. für eine Ringvertauschung innerhalb einer

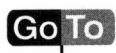

Methode. Analoges gilt für das Löschen eines Kunden, genauer gesagt für das Freigeben einer Kundennummer; verwenden Sie hier eine eigene Methode `Loeschen()`.

3.3 Mehrere Klassen (Bsp. Personen-Queue)

Anspruchsvollere C++-Programme bestehen nicht nur aus einer, sondern aus mehreren Klassen. Hier stellt sich nun die Frage, welche Klassen benötigt werden. Eine erste einfache Grundregel, an die man sich bei der Analyse und dem Design von einfachen Programmen halten kann, ist die folgende Aussage:

Hinter jedem Substantiv, das in der Aufgabenbeschreibung vorkommt, verbirgt sich eine potentielle Klasse.

Hierzu soll nun zunächst ein Beispiel gezeigt werden:

Es ist ein Programm zu erstellen, bei dem das Warten von **Personen** in einer **Warteschlange** simuliert wird.

Ist die Person, die über einen Namen identifiziert wird, an der Reihe, so trägt sie ihr Anliegen vor.

Bei dieser Aufgabenstellung handelt es sich um eine Erweiterung der Übung »Realisierung einer Queue« (Kapitel 3.2.13), bei der lediglich der Name einer Person (in Form eines Buchstabens) verwaltet wurde. Die Person wird hier jedoch nicht nur über ihren Namen repräsentiert, sondern kann außerdem ihr Anliegen vortragen. Es lohnt sich daher, für die Person eine eigene Klasse einzuführen.

3.3.1 Klassendiagramm (statisches Design)

Stellen wir zunächst ein Klassendiagramm zu dieser Aufgabenstellung auf. Ein Klassendiagramm für mehrere Klassen zeigt die statische Beziehung zwischen den einzelnen Klassen, wie dies in Abbildung 3.14 gezeigt ist. Für das Personen-Queue-Beispiel haben wir zwei Klassen vorgesehen:

- `CQueue`
  Diese Klasse repräsentiert die Warteschlange und ist für die Verwaltung der Personen nach dem FIFO-Prinzip zuständig.

▼ `CPerson`
Diese Klasse repräsentiert eine Person mit all ihrem Verhalten (Methoden) und Attributen.

Die Einführung der eigenen Klasse `CPerson` hat den Vorteil, dass wir nur diese Klasse bzw. die Methoden dieser Klasse ändern müssen, wenn wir das Verhalten der Person anders gestalten möchten, wie z.B. durch eine graphische oder akustische Ausgabe oder die Person stellt sich vorher vor mit Namen und Adresse (dann wäre sogar eine weitere Eigenschaft nötig). Die restlichen Klassen des Programms (hier nur eine) können dabei unverändert übernommen werden. In unserem Fall hat das Verhalten der Person ja nichts mit der Verwaltung an sich (`CQueue`) zu tun. Dies entspricht der Realität: Die Abhandlung der Patienten geschieht nach demselben Schema, trotzdem kann das Verhalten der Patienten variieren.

In einer ersten Grundregel gaben wir an, dass sich hinter jedem Substantiv eine potentielle Klasse verbirgt. Welche Substantive jedoch in der Aufgabenstellung vorkommen, hängt stark von der Formulierung derselben ab:

▼ Es gibt auch Substantive, die keine Klassen sind,
z.B. Alter (der Person); hier handelt es sich um eine Eigenschaft von `CPerson`.

▼ Manchmal macht es auch Sinn, Klassen einzuführen, die auf den ersten Blick in der Aufgabenstellung – je nach Formulierung – als Substantive gar nicht erscheinen, z.B. eine eigene Klasse zum Ausgeben von Daten.

Man tut daher gut daran, sich auch einmal von der Formulierung der Aufgabenstellung zu lösen und mit Hilfe des gesunden Menschenverstandes nach Objekten zu suchen. Dies ist eigentlich auch gar nicht schwer, da es im Grunde unserem menschlichen Denken entspricht (vgl. Kapitel 3.2.2, Was ist eine Klasse und was nicht?, auf Seite 104). Wir haben es nur verlernt, uns dieser Denkweise bewusst zu werden (besonders die Programmierer mit langjähriger Erfahrung in prozeduraler Software-Entwicklung). Die stabilsten Software-Entwürfe sind oft die, die sich an der Realität orientieren. Freilich sieht die Software-Realität nicht immer wie unsere alltägliche Realität aus, und man muss erst einen Blick dafür gewinnen. Man kann sich glücklich schätzen, wenn man Tiere, Autos, Personen, Bücher oder Ähnliches aus der alltäglichen Welt in der Aufgabenstellung findet; diese eignen sich auch hervorragend zu didaktischen Zwecken in Lehrbüchern. Allerdings hat auch die Software-Welt bei genauerem Hinsehen einiges an Objekten zu bieten, z.B. Verwaltungsmechanismen wie Stack, Queue, verkettete Liste und deren Elemente; man denke nur an die UNDO-Fähigkeit von Aktionen in Programmen oder an die Abarbeitung von Aufgaben/ Jobs zwischen mehreren Threads. Außerdem darf nicht übersehen werden, dass bei komplexeren Programmen ein Unterschied besteht zwischen den Klassen der Analyse (OOA) und den Klassen des Designs (OOD). Denn das Design darf nicht nur die Realität von heute widerspiegeln, sondern muss auch die von morgen berücksichtigen. In Kapitel 6, Entwurfsprinzipien, wird daher auf designtechnische Aspekte näher eingegangen.

An dieser Stelle wollen wir den designtechnischen Aspekt auf folgende Regel reduzieren, auf die alle im ersten Schritt gefundenen Klassen im zweiten Schritt überprüft werden sollten:

Eine Klasse – eine Aufgabe,
d.h. jede Klasse sollte eine klar umrissene, überschaubare Aufgabe haben.

Die Aufgaben sollten dabei so gewählt sein, dass

- der Grad der Komplexität erniedrigt wird,
- der Grad der Wiederverwendung erhöht wird.

Beides ist in unserem Fall gegeben: Die Queue kümmert sich nur um die Verwaltung; das Verhalten der verwalteten Personen braucht die Queue nicht zu interessieren. Im Gegenzug ist es für eine Person irrelevant, wie die Verwaltung vonstatten geht, d.h. ob die Queue intern als Array oder z.B. als verkettete Liste realisiert ist. Eine andere Verwaltungsform würde die Klasse `CPerson` nicht tangieren. Durch Trennung der Problemstellung in die beiden Klassen wird also sowohl die Komplexität erniedrigt als auch die Wiederverwendbarkeit erhöht.

Diese Ausführungen sollen an dieser Stelle genügen, um erste Schritte in der objektorientierten Denkweise und Programmierung beschreiten zu können.

Wenden wir uns nun dem Klassendiagramm zu unserer Aufgabenstellung in Abbildung 3.14 zu. Dieses enthält einige neue Notationen:

Die schattierten Rechtecke mit einem Knick in der rechten oberen Ecke sind so genannte *Notizen*, welche eine Erklärung zur jeweiligen Klasse enthalten können.

Bei der Linie zwischen der Klasse `CQueue` und der Klasse `CPerson` handelt es sich um eine so genannte *Aggregation*, ein Sonderfall einer so genannten *Assoziation*. Eine Assoziation ist eine (ganz allgemeine) Beziehung zwischen verschiedenen Objekten einer oder mehrerer Klassen. Beim Sonderfall der Aggregation stehen die Objekte zueinander in Beziehung wie ein Ganzes zu seinen Teilen. In unserem Fall besteht die Warteschlange (`CQueue`) aus ein oder mehreren Personen (`CPerson`). Um eine Beziehung als Aggregation zu kennzeichnen, wird auf der Seite des Aggregats (des Ganzen) eine Raute gezeichnet. Die beiden Zahlen an den Enden der Linie geben an, wie viele Objekte auf der einen Seite der Aggregation (bzw. auch ganz allgemein bei Assoziationen) mit wie vielen Objekten auf der anderen Seite der Aggregation verbunden sind. In Abbildung 3.14 können wir somit erkennen, dass ein `CQueue`-Objekt aus kein, ein oder mehreren (*) Objekten der Klasse `CPerson` besteht. Wäre die Warteschlange von vornherein auf z.B. 10 Plätze begrenzt, würde statt des ‚*' dort als Menge ‚`0..10`' stehen.

Das Kapitel 3.3.7 geht auf die in der UML möglichen Beziehungen zwischen Objekten näher ein und erläutert diese im Überblick.

Macht man sich über die Klasse `CPerson` mehr Gedanken, so stellt man fest, dass diese ein Attribut `m_Anliegen` vom Typ eines Strings benötigt. Würde `m_Anliegen` als char* realisiert werden, so müsste für `CPerson` der Kopierkonstruktor und der Zuweisungsoperator überladen werden. Um dies zu vermeiden und die Komplexität damit zu verringern, aggregiert `CPerson` für `m_Anliegen` ein Objekt des Typs `CStr`. Die Klasse `CStr` wird jedoch im folgenden Klassendiagramm nicht explizit dargestellt, da sie eher als Datentyp fungiert.

Assoziationen bestehen streng genommen zwischen Objekten, nicht zwischen Klassen. Es ist jedoch üblich von einer Assoziation zwischen Klassen zu sprechen, obwohl streng genommen die Objekte dieser Klassen gemeint sind.

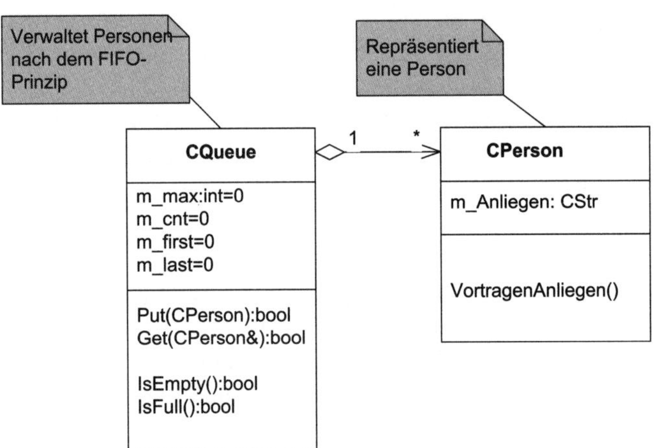

Abbildung 3.14: Klassendiagramm zum Personen-Queue-Beispiel

3.3.2 Sequenz- und Kollaborationsdiagramm (dyn. Design)

Anhand dieses Personen-Queue-Beispiels sollen weitere UML-Notationen vorgestellt werden: das *Sequenzdiagramm* und das *Kollaborationsdiagramm*. Während ein Klassendiagramm die Beziehungen der Klassen untereinander in der Art eines Bauplanes darstellt (statisch), werden Sequenz- und Kollaborationsdiagramme dazu verwendet, einen bestimmten Ablauf bzw. eine bestimmte Situation darzustellen (dynamisch). Ein Sequenz- bzw. Kollaborationsdiagramm gibt ein Szenario wider und zeigt die einzelnen Botschaften der Objekte untereinander, die nötig sind, um den gewählten Ablauf zu erreichen. Während Sequenzdiagramme den zeitlichen Ablauf in den Vordergrund stellen, betonen Kollaborationsdiagramme die prinzipielle Zusammenarbeit der beteiligten Objekte. Die dargestellten Sachverhalte sind ansonsten identisch. Wir wollen dies anhand unseres Personen-Queue-Beispiels verdeutlichen, indem wir in Abbildung 3.15 zuerst ein Sequenzdiagramm zeigen und anschließend in Abbildung 3.16 ein entsprechendes Kollaborationsdiagramm.

Im Sequenzdiagramm werden die Objekte durch gestrichelte senkrechte Linien notiert, an denen oben über der Linie der Name bzw. das Objektsymbol steht. Die Nachrichten werden als waagrechte Pfeile zwischen den Objekt-Linien gezeichnet. Die Antwort auf eine Nachricht kann entweder in Textform (`antwort := nachricht()`) notiert werden oder als eige-

ner, dann aber gestrichelter Pfeil mit offener Pfeilspitze. Wie im Zustandsdiagramm können die Nachrichten zusätzlich mit Bedingungen in der Schreibweise `[Bedingung] nachricht()` versehen werden. Die grauen senkrechten Balken geben an, welches Objekt gerade die Programmkontrolle besitzt, d.h. welches Objekt gerade aktiv ist. Am Rand des Diagramms können Beschreibung und Kommentierung des Ablaufs erfolgen.

In Abbildung 3.15 haben wir mehrere Szenarien zusammengefasst: Das Anlegen von Wartezimmer und Personen, das Eintragen von Personen in die Queue (`Put()`) und das Abholen der Personen aus der Queue (`Get()`) mit anschließendem Fragen nach dem Anliegen. Die Klasse `CStr` haben wir hier mit aufgenommen, um zu zeigen, wann diese mit einer Nachricht angesprochen wird.

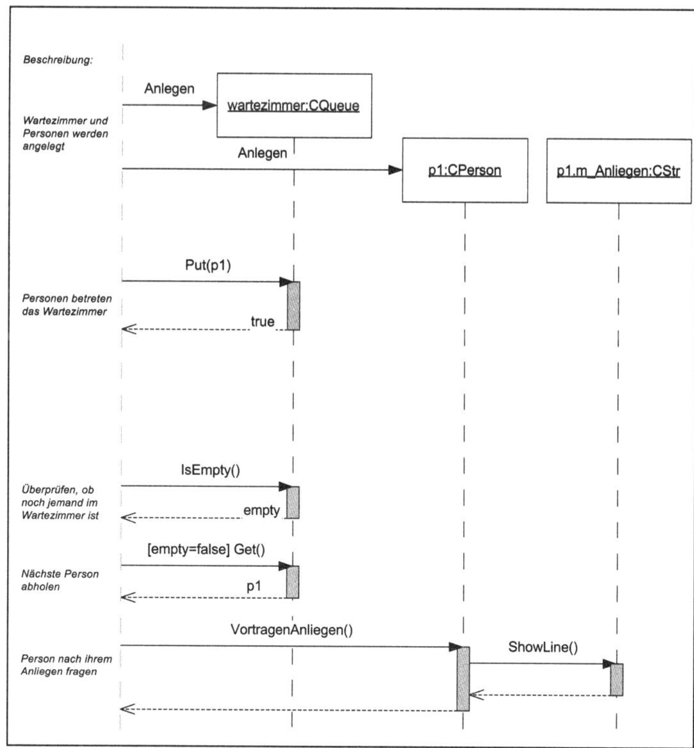

Abbildung 3.15: Sequenzdiagramm zum Personen-Queue-Beispiel

Das letzte Szenario (Abholen einer Person aus dem Wartezimmer) wird in Abbildung 3.16 nun in Form eines Kollaborationsdiagrammes gezeigt. Die dargestellten Sachverhalte sind dabei identisch.

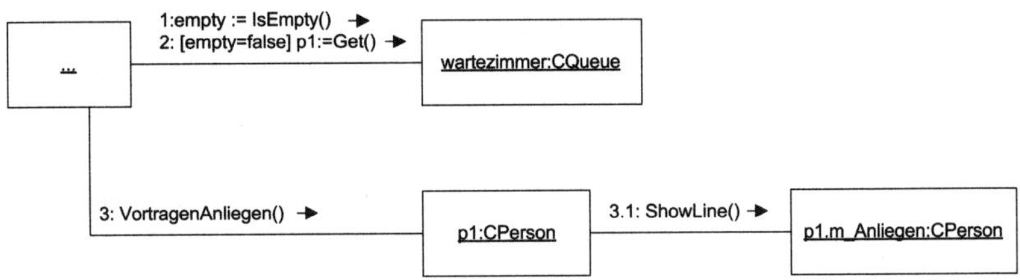

Abbildung 3.16: Kollaborationsdiagramm zum Personen-Queue-Beispiel

Im Kollaborationsdiagramm werden die Objekte mit Assoziationslinien (Beziehungslinien) verbunden, auf denen die Nachrichten notiert werden. Ein kleiner Pfeil zeigt jeweils die Richtung der Nachricht vom Sender zum Empfänger. Mögliche Antworten können in Textform wie beim Sequenzdiagramm in der Form `antwort:=nachricht` angegeben werden. Die zeitliche Abfolge der Nachrichten wird durch Sequenznummern verdeutlicht. Die erste Nachricht beginnt mit der Nummer 1. Weitere Nachrichten werden aufsteigend nummeriert. Werden innerhalb einer Operation wiederum neue Nachrichten abgesendet, so erhalten diese eine Untersequenz-Nummer in der Form `NrOperation.NrNeueNachricht`, z.B. Während der Operation `3` verschickt diese zwei weitere Nachrichten: `3.1` und `3.2`. Wird in `3.2` wiederum eine Methode aufgerufen, so erhält diese Nachricht dann die Nummer `3.2.1`.

An diesem Kollaborationsdiagramm wird sofort deutlich, dass das Wartezimmer nicht direkt mit der Person kommuniziert. Wir haben die Aufgabe der Queue ja auch so gewählt, dass sie Personen lediglich verwaltet.

Allerdings muss dabei beachtet werden, dass ein Kollaborationsdiagramm – wie auch ein Sequenzdiagramm – immer nur einen speziellen Ablauf darstellt (hier, dass jemand eine Person aus dem Wartezimmer abholt und diese nach ihrem Anliegen fragt). Das Kollaborationsdiagramm aus Abbildung 3.16 wäre damit noch kein Beweis dafür, dass ein Objekt der Klasse `CQueue` nie mit einem Objekt der Klasse `CPerson` kommuniziert, auch wenn dies der Fall ist.

Der Fokus von Kollaborations- und Sequenzdiagrammen liegt also auf der Darstellung einzelner Ablaufvarianten. Sie sind jedoch weniger dazu geeignet, ein Verhalten präzise oder vollständig zu beschreiben. Eine bessere Wahl sind dazu Zustandsdiagramme (vgl. Kapitel 3.2.7) oder Aktivitätsdiagramme, die Ablaufmöglichkeiten (eines Systems) beschreiben. Letztere finden jedoch mehr in der Analysephase Anwendung (vgl. Kapitel 7.2, Weitere UML-Konstrukte (Schwerpunkt Analyse)).

Der Haupteinsatz von Kollaborations- und Sequenzdiagrammen liegt darin, sich einzelner spezieller Ablaufsituationen bewusst zu werden, sie zu erklären oder zu dokumentieren. Sie lassen sich am Flip-Chart oder auf einer Tafel schnell skizzieren und diskutieren.

Wie wir gesehen haben, lässt sich an diesen Diagrammen auch sehr schön erkennen, wie intensiv die Kommunikation zwischen den Objekten für den betrachteten Fall ist.

Nachdem wir uns nun Gedanken über den Aufbau unserer Klassen und den Beziehungen unter den Objekten gemacht haben, müssen wir nun dieses Design noch in C++-Code umsetzen.

3.3.3 Implementierung in C++

Es hat sich eingebürgert, pro Klasse ein eigenes Modul zu benutzen; besonders bei integrierten Entwicklungsumgebungen ist dies häufig der Fall.

Listing 3.7 (`Queue.h`) und Listing 3.8 (`Queue.cpp`) zeigen die Deklaration und die Implementierung der Klasse `CQueue`.

```
// Datei: Queue.h

#ifndef QUEUE_H
#define QUEUE_H

#include "Person.h"

//=====================================================
// Aufgabe von CQueue:
// Verwaltet Personen (CPerson) nach dem FIFO-Prinzip
```

```
//------------------------------------------------------------
class CQueue
{
   CPerson* m_entries; // Einträge

   int m_max,          // Max. mögliche Anzahl Elemente
      m_cnt,           // Aktuelle Anzahl Elemente
      m_first,         // Index erster Eintrag
      m_last;          // Index letzter Eintrag
public:
   bool Get(CPerson& person);
   bool Put(CPerson person);

   bool IsEmpty() {return m_cnt==0;}      // Queue leer?
   bool IsFull() {return m_cnt==m_max;}   // Queue voll
   CQueue(int max);
   ~CQueue();
};
#endif // v. ifndef (QUEUE_H)
```

Listing 3.7: (Queue.h): Deklaration der Klasse CQueue

```
// Datei: Queue.cpp

#include "Queue.h"
#include "Person.h"
#include <stdlib.h>

//------------------------------------------------------------
CQueue::CQueue(int max)
{
   m_last=m_first=m_max=m_cnt=0;

   m_entries= new CPerson[max+1];
   if(m_entries)
      m_max=max;
}
//------------------------------------------------------------
CQueue::~CQueue()
{
   if(m_entries)
      delete[] m_entries;
}
```

```
//-----------------------------------------------------
bool CQueue::Put(CPerson person)
{
   if(!m_entries || IsFull())
      return false;

   m_entries[m_last]=person;

   if(m_last < m_max)
      m_last++;
   else if(m_last == m_max)
      m_last=0;

   m_cnt++;
   return true;
}
//-----------------------------------------------------
bool CQueue::Get(CPerson& person)
{
   if(IsEmpty() || !m_entries)
      return false;

   person=m_entries[m_first];

   if(m_first < m_max)
      m_first++;
   else if(m_first == m_max)
      m_first=0;

   m_cnt--;
   return true;
}
```

Listing 3.8: (Queue.cpp): Implementierung der Klasse CQueue

Listing 3.9 (`Person.h`) und Listing 3.10 (`Person.cpp`) zeigen die Deklaration und die Implementierung der Klasse `CPerson`.

```
// Datei: Person.h

#ifndef PERSON_H
#define PERSON_H

#include <stdlib.h>
#include "Str.h"

//=====================================================
```

```
// Aufgabe von CPerson:
// Repräsentation einer Person, die ein Anliegen
// vortragen kann
//--------------------------------------------------------

class CPerson
{
   CStr m_Anliegen;

public:
   void VortragenAnliegen();

   CPerson();
   CPerson(CStr Anliegen);
};

#endif // v. ifndef (PERSON_H)
```

Listing 3.9: (Person.h): Deklaration für die Klasse CPerson

```
// Datei: Person.cpp

#include "Person.h"
#include <stdlib.h>
//--------------------------------------------------
CPerson::CPerson()
{
   m_Anliegen="Wollte nur mal guten Tag sagen";
}
//--------------------------------------------------
CPerson::CPerson(CStr Anliegen)
{
   m_Anliegen=Anliegen;
}
//--------------------------------------------------
void CPerson::VortragenAnliegen()
{
   m_Anliegen.ShowLine();
}
```

Listing 3.10: (Person.cpp): Implementierung der Klasse CPerson

Listing 3.11 (`Str.h`) und Listing 3.12 (`Str.cpp`) zeigen die Deklaration und die Implementierung der Klasse `CStr`. Diese Klasse wurde im Kapitel 3.2, Verwendung einer Klasse, schrittweise entwickelt. Hier wird die

Klasse einmal komplett mit den Methoden gezeigt, die für dieses Beispiel nötig sind.

```
// Datei: Str.h

#ifndef CSTR_H
#define CSTR_H
//=======================================================
// Aufgabe von CStr:
// Verwaltung eines Strings
//-------------------------------------------------------
class CStr
{
   char* m_str;
public:
   CStr();                      // Standardkonstruktor
   CStr(char* str);             // Konstruktor
   ~CStr();                     // Destruktor
   CStr(const CStr& str);       // Kopierkonstruktor
   CStr& operator= (const CStr& str); // Zuweisungsop.

   void ShowLine();
   // ...
};
//=======================================================
#endif // v. ifndef(CSTR_H)
```

Listing 3.11: (Str.h): Deklaration für die Klasse CStr

```
// Datei: Str.cpp

#include <stdlib.h>
#include <string.h>
#include <iostream.h>
#include "str.h"

//=======================================================
CStr::CStr()            // Standardkonstruktor
{
   m_str=NULL;
}
//-------------------------------------------------------
CStr::CStr(char* str)      // Konstruktor
{
   m_str=new char[strlen(str)+1];
```

```
   if(m_str)
      strcpy(m_str,str);
}
//-------------------------------------------------------
CStr::~CStr()            // Destruktor
{
   if(m_str) // Speicherplatz für m_str wurde besorgt
      delete[] m_str;
}
//-------------------------------------------------------

CStr::CStr(const CStr& str)   // Kopierkonstruktor
{
   // Membervariablen initialisieren
   // (ist ja Aufgabe eines Konstruktors)
   m_str=NULL;

   // Aufruf des Zuweisungsoperators:
   *this=str;
}
//-------------------------------------------------------
CStr& CStr::operator=(const CStr& str) // Zuweisungsop.
{
   // bisher in Anspruch genommenen Speicher freigeben
   if(m_str)
      delete[] m_str;

   if(str.m_str)      // str ist nicht leer
   {
      // Neuen Speicher gemäß str besorgen und
      // str kopieren
      m_str=new char[strlen(str.m_str)+1];

       if(m_str)         // Allokation OK
         strcpy(m_str,str.m_str);   // String kopieren
       else
       {
         cerr << "Kein Speicher!!!";
         exit(1);          // Programmende
       }
   }
   else             // str ist leeres Stringobjekt
      m_str=NULL;
```

```
   return (*this); // Ergebnis entspricht Wert des
                   // linken Operanden, der durch das
                  // aktuelle Objekt repräsentiert wird.
}
//----------------------------------------------------------
void CStr::ShowLine()
{
   cout << m_str << endl;
}
```

Listing 3.12: (Str.cpp): Implementierung der Klasse CStr

Programm 3.1 (`main.cpp`) zeigt die Realisierung der `main()`-Funktion.

```
#include "Queue.h"
#include "Person.h"
#include "Str.h"
#include <iostream.h>

int main(void)
{
   CQueue wartezimmer(6);     // Kleines Wartezimmer mit
                              // nur 6 Stühlen
   CPerson patient;           // aktueller Patient

   CPerson p1("Ich bin immer so muede."),
         p2("Hust,hust, schnief...Ich glaube,
            ich bin erkaeltet."),
         p3("Ueberall tut es mir weh"),
         p4("Ich bin nervlich voellig am Ende!"),
         p5;

   // Die Patienten betreten das Wartezimmer...
   wartezimmer.Put(p2);
   wartezimmer.Put(p1);
   wartezimmer.Put(p5);
   wartezimmer.Put(p3);
   wartezimmer.Put(p4);

   // Der Arzt ruft einen nach dem anderen auf...
   int cnt=0;
   while(!wartezimmer.IsEmpty())
   {
      // "Der Nächste bitte..."
      wartezimmer.Get(patient);
```

```
        cnt++;          // fuer die Abrechnung ;-)

        cout << "\n" << cnt <<".ter Patient des Tages: "
             << endl;
        cout << "Arzt: Was kann ich fuer Sie tun?"
             << endl;
        cout << "Patient: ";
        patient.VortragenAnliegen();

        // Arzt behandelt den Patienten und Patient
        // verabschiedet sich

        // Während der Arzt beschäftigt ist,
        // kommen noch weitere Patienten
        if(cnt%2==0)    // jetzt ist wieder Platz für
                        // 2 weitere Patienten
        {
           cout << "\n-->Neuer Patient kommt..." << endl;
           wartezimmer.Put(CPerson("Mich hat es glaub ich
                            auch erwischt mit Schnupfen"));
        }
     }
     return 0;
}
```

Programm 3.1 (main.cpp): Realisierung der main()-Funktion

Dieses Programm würde folgende Ausgabe erzielen:

```
1.ter Patient des Tages:
Arzt: Was kann ich fuer Sie tun?
Patient: Hust,hust, schnief...Ich glaube, ich bin erkaeltet.

2.ter Patient des Tages:
Arzt: Was kann ich fuer Sie tun?
Patient: Ich bin immer so muede.

-->Neuer Patient kommt...

3.ter Patient des Tages:
Arzt: Was kann ich fuer Sie tun?
Patient: Wollte nur mal guten Tag sagen
```

```
4.ter Patient des Tages:
Arzt: Was kann ich fuer Sie tun?
Patient: Ueberall tut es mir weh

-->Neuer Patient kommt...

5.ter Patient des Tages:
Arzt: Was kann ich fuer Sie tun?
Patient: Ich bin nervlich voellig am Ende!

6.ter Patient des Tages:
Arzt: Was kann ich fuer Sie tun?
Patient: Mich hat es glaub ich auch erwischt mit Schnupfen

-->Neuer Patient kommt...

7.ter Patient des Tages:
Arzt: Was kann ich fuer Sie tun?
Patient: Mich hat es glaub ich auch erwischt mit Schnupfen

8.ter Patient des Tages:
Arzt: Was kann ich fuer Sie tun?
Patient: Mich hat es glaub ich auch erwischt mit Schnupfen

-->Neuer Patient kommt...

9.ter Patient des Tages:
Arzt: Was kann ich fuer Sie tun?
Patient: Mich hat es glaub ich auch erwischt mit Schnupfen
```

Obwohl das Wartezimmer nur 6 Stühle hat, können 9 Patienten behandelt werden, weil ja zwischendurch auch immer wieder Patienten gehen.

Der Einsatz einer Queue macht natürlich erst dann Sinn, wenn das Eintragen und Abholen der Personen aus der Queue zeitlich entkoppelt ist. Das gewählte `main()` dient hier also lediglich als ganz simpler Test der Klassen `CQueue` und `CPerson`.

Im gewählten Beispiel haben wir die Aufgabe der Queue so gewählt, dass sie die Personen lediglich verwaltet, sie jedoch nicht direkt anspricht. Es wäre auch denkbar, die Queue intelligenter zu machen und z.B. eine Methode `Show_All()` zur Verfügung zu stellen, die alle

Elemente der Queue anzeigt. Die Queue würde die Nachricht `Show_All()` dann so umsetzen, dass sie das Anzeigen jeweils an die enthaltenen Elemente delegiert, indem sie für alle Personen `VortragenAnliegen( )` aufruft. Dies hätte jedoch den großen Nachteil, dass die Beziehung zwischen Queue und Personen enger ist. Die Queue muss damit das Verhalten einer Person kennen und wissen, dass die Methode zum Anzeigen `VortragenAnliegen()` heißt. In unserem Fall braucht die Queue nichts über das Verhalten der Person zu wissen, da sie nicht direkt mit der Person kommuniziert. Die Queue ist damit allgemein gültiger. Die einzigste Abhängigkeit, die in unserem Fall besteht, ist, dass unsere Queue speziell Personen verwaltet und nicht jeden beliebigen Typ verwalten kann. Wir werden aber in Kapitel 5.4, Templates, noch einen Mechanismus von C++ kennen lernen, um Klassen datentypunabhängig zu gestalten. Damit lässt sich dann eine Queue realisieren, die jeden x-beliebigen Typ verwalten kann.

Es kommt also stets darauf an, wie die Klasse eingesetzt werden soll, was also die Aufgabe der Klasse ist. Dementsprechend bietet es sich an, die Klasse speziell für die vorliegende Aufgabe intelligenter zu gestalten oder sie weniger speziell allgemein gültig zu entwerfen und damit offener für einen zukünftigen Einsatz zu sein.

Zwischen den Diagrammen, die während der Designphase erstellt werden, und der Implementierung besteht folgender Zusammenhang:

- Die Kästchen aus dem Klassendiagramm resultieren in der Klassenspezifikation (Schlüsselwort class)
- Die Botschaften / Nachrichten im Sequenzdiagramm resultieren in Methodenaufrufen.
  Die angesprochene Klasse muss also über eine entsprechende Methode verfügen.

Diese Tatsachen berücksichtigen auch CASE-Tools bei der automatischen Codegenerierung aus UML-Diagrammen.

3.3.4 ÜBUNG: Gemeinsamer Termin

In Gemeinschaften (Vereinen, Abteilungen, ...) gibt es oft das Problem, dass ein gemeinsamer Termin gefunden werden muss (z.B. für die gemeinsame Weihnachtsfeier). Üblicherweise wird dazu eine Tabelle erstellt, in der alle Kanditaten eintragen können, welcher Termin für sie möglich wäre und welcher nicht. Der Termin, an dem die meisten Personen Zeit haben, wird dann genommen.

Erstellen Sie eine Klasse `CTerminFinder`, die diese Aufgabe übernimmt. Diese Klasse soll über folgende Methoden verfügen:

- `Streichen(TerminNr);`
- `Freigeben(TerminNr);`
- `GetBestTermine();`

Der Einfachheit halber wird nicht gespeichert, welche Person ihre Stimme bereits abgegeben hat, sondern mit jedem `Freigeben()` wird ein Zähler für diesen Termin hochgezählt und für jedes `Streichen()` der Zähler für den Termin dekrementiert. Die Anzahl der Termine, die zur Auswahl stehen, wird beim Konstruktor angegeben.

Berücksichtigen Sie, dass es auch mehrere Termine geben kann, an denen die meisten Personen Zeit haben. Die Methode `GetBestTermine()` muss daher ein Array aus DateNummern zurückliefern statt nur eines Wertes. Hier bietet sich unsere Klasse `CIntArray` der Übung 3.2.15 förmlich an.

Implementieren Sie eine geeignete `main()`-Funktion, um die Klasse zu testen, z.B. könnten Sie folgende Situation fest codieren:

- Es wird jeweils ein Wochentag (5 mögliche Tage: MO-FR) gesucht, an dem man sich zum Kegeln treffen kann, und ein Tag zum Doom-Spielen.
- Hugo ist Kegler und Doomer und kann Montags und Mittwochs nie.
- Fritz ist nur Kegler und kann am Dienstag nicht.
- Anna spielt nur Doom und kann am Dienstag und Mittwoch nicht.
- Nachdem Anna aus einem Verein ausgeschieden ist, kann sie nun doch dienstags.

Geben Sie die jeweils besten Tage zum Kegeln und zum Doom-Spielen aus. Das Programm sollte dann in etwa Folgendes ausgeben:

```
Beste Termine fuer Kegeln : DO FR
Beste Termine fuer Doom : DI DO FR
```

(Da die beiden TerminFinder nicht synchronisiert sind, hätte Hugo nun ein Problem, wenn beide Termine auf Donnerstagabend festgelegt werden ... Aber so ist das eben im Leben ;-))

Es kommt immer darauf an, wie die Aufgabe einer Klasse definiert ist. Natürlich hätte hier auch die Ausgabe der besten Termine direkt in `CTerminFinder` erfolgen können, etwa in einer Methode `PrintBestTermine()`. Dann wäre der Einsatz der zweiten Klasse `CIntArray` überflüssig. Der Nachteil ist dann aber, dass die Klasse nicht so flexibel eingesetzt werden kann, etwa in GUI-Applikationen. In unserem Fall dagegen kümmert sich die Klasse lediglich um die Verwaltung der Terminliste und nimmt die Auswertung vor, ohne sie jedoch optisch aufzubereiten.

3.3.5 ÜBUNG: Vieleck

Realisieren Sie eine Klasse zur Verwaltung und Darstellung eines Vielecks. Ein Vieleck ist eine graphische Figur, bei der die einzelnen Ecken über Punkte angegeben sind und über Linien verbunden werden. Im Gegensatz zu einem Polygonzug (vgl. folgende Übung) ist bei einem Vieleck von Anfang an klar, wie viele Ecken die Figur besitzen kann. Außerdem ist ein Vieleck immer eine geschlossene Figur, während es auch offene Polygonzüge gibt.

Die Vieleck-Klasse kann daher beispielsweise wie folgt eingesetzt werden:

```
#include "Vieleck.h"
#include "Punkt.h"

int main(void)
{
   CVieleck dreieck1(3), dreieck2(3), viereck1(4),
            myFuenfeck(5);

   //...
   dreieck1.Set(0, CPunkt(2,3));    // 1. Punkt des Dreiecks
   dreieck1.Set(1, CPunkt(4,5));    // 2. Punkt des Dreiecks
```

```
   dreieck1.Set(2, CPunkt(2,8));    // 3. Punkt des Dreiecks

   //...
   // Der Anwender setzt 2.Punkt von dreieck1 um
   dreieck1.Set(1, CPunkt(4,6));

   dreieck1.Zeichnen();

   return 0;
}
```

Das Zeichnen erfolgt hier natürlich rein textuell. Das Programm könnte daher beispielsweise Folgendes ausgeben:

```
Verbinde folgende Punkte: P(2,3)  P(4,6)  P(2,8)
```

3.3.6 ÜBUNG: Polygonzug

Realisieren Sie eine Klasse zur Verwaltung und Darstellung eines Polygonzuges. Die einzelnen Punkte des Polygonzuges werden zur Laufzeit eingegeben – in einer graphischen Oberfläche etwa durch Klick auf die entsprechende Position.

Die Polygon-Klasse könnte daher beispielsweise wie folgt eingesetzt werden:

```
#include "Polygon.h"
#include "Punkt.h"

int main(void)
{
   CPolygon poly;    // Polygon anlegen; hier ist noch
                     // nicht festgelegt, wie groß es wird

   // ...
   // mit jedem hinzukommenden Punkt wächst der Polygonzug
   poly.Einfuegen( CPunkt(0,4));
   poly.Einfuegen( CPunkt(3,7));
   poly.Einfuegen( CPunkt(5,5));
   poly.Einfuegen( CPunkt(3,4));
   poly.Einfuegen( CPunkt(5,2));
   poly.Einfuegen( CPunkt(3,0));
   //...
```

```
    // Polygonzug zeichnen
    poly.Zeichnen();

    return 0;    // hier wird der Destruktor von poly
                 // durchlaufen und rekursiv der gesamte
                 // Polygonzug mit allen gespeicherten Punkten
                 // gelöscht
}
```

Wie beim Vieleck erfolgt das Zeichnen natürlich hier auch wieder rein textuell. Damit könnte das Programm beispielsweise Folgendes ausgeben:

```
P(0,4)
P(3,7)
P(5,5)
P(3,4)
P(5,2)
P(3,0)
```

3.3.7 ÜBUNG: Objektkopien

Programmieren Sie das Personen-Queue-Beispiel ohne Verwendung der Klasse `CStr`, indem Sie das Attribut `CPerson::m_Anliegen` als char* implementieren. Merken Sie, wie dadurch die Komplexität steigt?

3.4 Beziehungen zwischen Objekten

Der Ablauf in einem objektorientierten Programm entsteht dadurch, dass Objekte miteinander kommunizieren. Kommunikation zwischen Objekten bedeutet, dass die Objekte sich gegenseitig Nachrichten schicken, d.h. Methoden des anderen Objektes aufrufen, um entsprechende Aktionen anzustoßen. Voraussetzung für eine Kommunikation ist, dass sich die Objekte untereinander kennen.

Welche Beziehungen zwischen Objekten denkbar sind, wird im Folgenden erläutert.

3.4.1 UML-Beziehungen zwischen Objekten

Assoziationen (Benutzt-Beziehungen)

Eine *Assoziation* ist eine Beziehung zwischen verschiedenen Objekten einer oder mehrerer Klassen. Ein einfaches Beispiel hierfür ist eine Beziehung zwischen einem Menschen und einer Menge von Büchern:

Abbildung 3.17: Assoziationsbeziehung zwischen Mensch und Buch

Im einfachsten Fall wird eine Assoziation nur in Form einer Linie zwischen zwei Klassen angegeben. Üblicherweise werden aber bei Assoziationen zusätzlich noch möglichst viele weitere Informationen angegeben:

- Name
- Anzahl (*Kardinalität / Multiplizität*[5]), d.h. wie viele Objekte auf der einen Seite der Assoziation mit wie vielen auf der anderen verbunden sind.
  z.B.: 1 genau eins
  1,3,5 eins oder drei oder fünf
  0..3 null bis drei
  0..* größer oder gleich null (Standard, wenn Angabe fehlt)
  * dito
- Rollen, welche die Bedeutung der einzelnen Klassen bzw. Objekte näher beschreiben, wie z.B. Gärtner, Werkzeug, Arbeitgeber oder Arbeitnehmer.

Abbildung 3.18 zeigt Beispiele für Assoziationen mit Multiplizitäten- und Rollenangaben.

5 *Kardinalität:* Anzahl der Elemente <-> *Multiplizität:* Bereich erlaubter Kardinalitäten

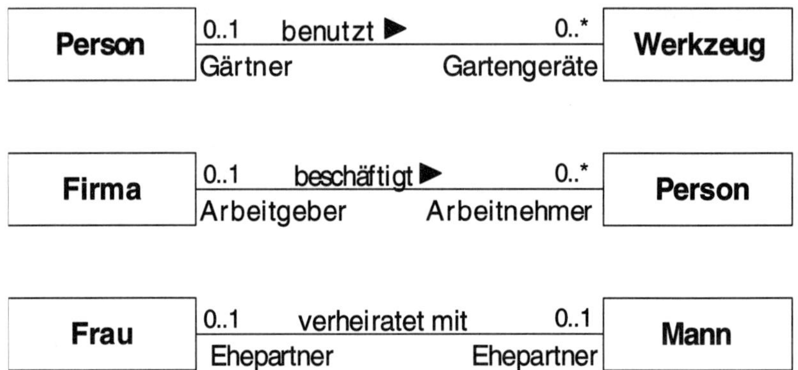

Abbildung 3.18: Assoziationen mit Multiplizitäten- und Rollenangaben

Assoziationen werden auch *Benutzt-Beziehungen* genannt. Allgemein kann man zwischen (einseitig) gerichteten, bidirektionalen und ungerichteten Assoziationen unterscheiden, wobei jedoch in UML eine Unterscheidung von bidirektionalen und ungerichteten Assoziationen nicht möglich ist, wie dies Abbildung 3.19 verdeutlicht.

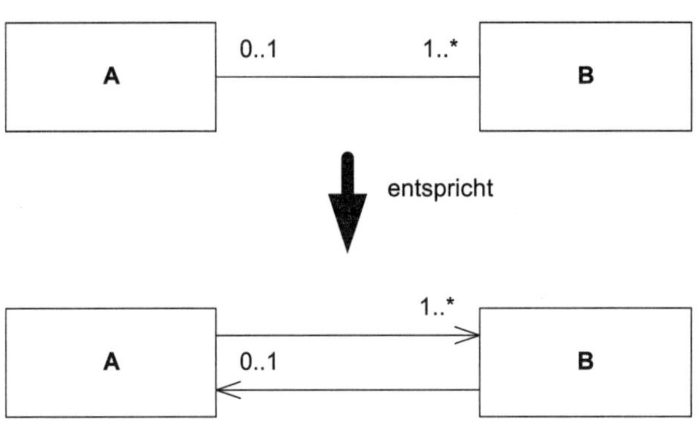

Abbildung 3.19: Gerichtete Assoziationen

Aggregationen (Hat-Beziehungen)

Eine *Aggregation* ist eine Sonderform der Assoziation: Bei einer Aggregation handelt es sich auch um eine Beziehung zwischen zwei Klassen, jedoch mit der Besonderheit, dass die Klassen zueinander in Beziehung stehen, wie ein Ganzes zu seinen Teilen. Eine Aggregation ist die Zusammensetzung eines Objektes aus einer Menge von Einzelteilen. Eine Stadt ist beispielsweise eine Aggregation aus Häusern, Straßen, Parks usw. Auch diese Teile können wiederum Aggregationen sein: ein Park besteht aus Bäumen, Sträuchern, Fußwege usw. Aggregationen sind *Hat-Beziehungen*: Eine Stadt hat Straßen. Aggregationen werden manchmal auch als *Teile-Ganzes-Hierarchie* bezeichnet. Um eine Beziehung als Aggregation zu kennzeichnen, wird auf der Seite des Ganzen eine Raute gezeichnet.

Abbildung 3.20 zeigt, wie die Aggregationsbeziehung zwischen Stadt, Park und Baum in der UML dargestellt werden kann.

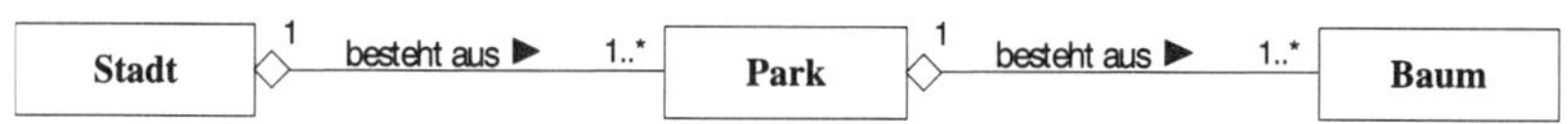

Abbildung 3.20: Beispiel für Aggregationen

Ein Aggregat kann zeitweise – und dies meistens am Anfang – auch die Kardinalität 0 haben, d.h. keine Teile beinhalten. Aggregate werden üblicherweise dazu verwendet, dass das Ganze stellvertretend für seine Einzelteile handelt, d.h. Operationen anbietet, die dann an die Einzelteile weitergeleitet (*propagiert /delegiert*) werden, z.B. eine Nachricht `Fahren()` an ein Objekt der Klasse `Pkw` könnte diese weiterleiten an ihre Bestandteile der Klasse `Rad` in Form der Nachricht `Drehen()`.

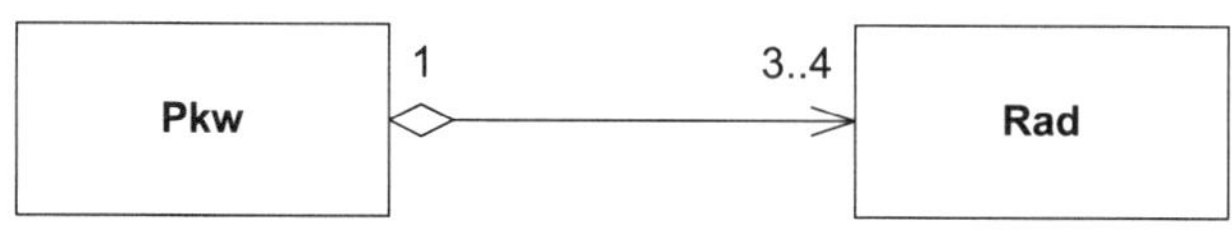

Abbildung 3.21: Aggregation mit möglicher Delegation bei Pkw und Rad

Teile von normalen Aggregationen, die keine Kompositionen (siehe weiter unten) sind, können gleichzeitig Teil verschiedener Aggregate sein, wobei diese Aggregate Objekte unterschiedlicher Klassen oder derselben Klasse sein können. Das folgende Beispiel zeigt, dass eine Person gleichzeitig in mehreren Sportvereinen aktiv sein kann, wie z.B. im Fußball- und Schützenverein. Dennoch wird der Verein als Aggregat eingestuft, da er eine Einheit ist, die aus mehreren Mitgliedern besteht. Abbildung 3.22 zeigt, wie diese Beziehung in der UML dargestellt wird.

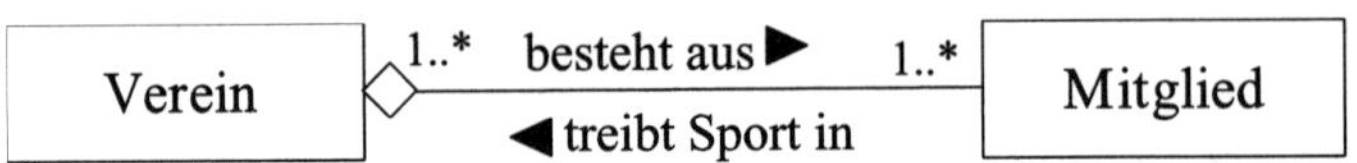

Abbildung 3.22: Aggregatsbeziehung zwischen Verein(en) und Mitglied(ern)

Kompositionen (Aggregationen mit existenzabhängigen Teilen)

Eine Sonderform der Aggregation liegt vor, wenn die Einzelteile vom Aggregat (dem Ganzen) existenzabhängig sind. Man spricht in diesem Fall von einer *Komposition*. Ein Beispiel hierfür ist die Beziehung zwischen Geheimnummer und Bankkonto. Eine Geheimnummer gehört immer zu einem bestimmten Bankkonto. Wenn das Ganze (z.B. Bankkonto) also gelöscht werden soll, so werden auch alle existenzabhängigen Einzelteile (z.B. Geheimnummer) mitgelöscht, da sie keine Existenzberechtigung mehr haben. Bei einer normalen Aggregation würde dagegen nur das eine Objekt und die Beziehung zum anderen Objekt gelöscht, aber das andere Objekt würde weiterbestehen. Ein Beispiel für eine normale Aggregation ist die Beziehung: »*Stadt hat Straßen*«. Die Straßen gehören zwar notwendigerweise zu einer Stadt, weshalb auch eine Aggregation vorliegt. Da die Straßen aber auch eigenständig betrachtet werden können, also unabhängig von der Stadt exististenzfähig sind, liegt bei dieser Beziehung eine normale Aggregation und keine Komposition vor.

Abbildung 3.23 verdeutlicht in der Gegenüberstellung den Unterschied zwischen Komposition und Aggregation:

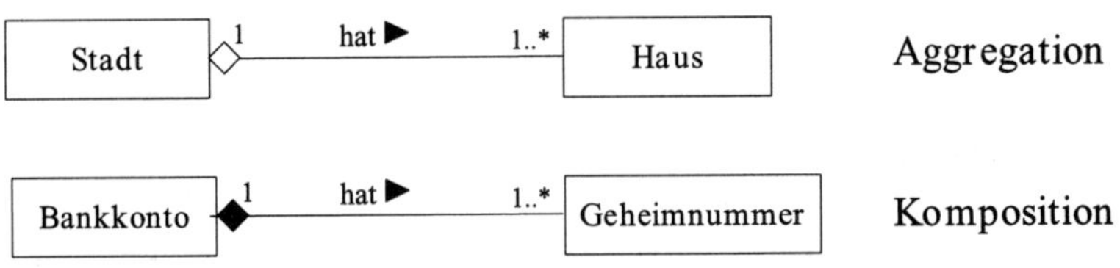

Abbildung 3.23: Aggregation versus Komposition

Kompositionen werden in UML durch gefüllte Rauten gekennzeichnet und haben auf der Seite des Aggregats immer die Multiplizität `1` oder `0..1`. Die Einzelteile einer existenzabhängigen Aggregation können immer nur zu einem Ganzen gehören und von diesem abhängig sein, da es alleine ohne seine Beziehung zum Aggregat nicht »lebensfähig« ist. Auf der anderen Seite ist es natürlich nicht möglich, dass ein

Einzelteil (wie z.B. die Geheimnummer) von verschiedenen Aggregaten (wie z.B. Bankkonto und PIN-Code für ein Handy) existenzabhängig ist; dies wäre ein Widerspruch. Ein Einzelteil kann jedoch neben der einen existenzabhängigen Beziehung beliebig viele normale Assoziationen und (nicht-existenzabhängige) Aggregationen zu anderen Klassen haben.

Abschließende Bemerkungen

Gerade für Anfänger ist die Entscheidung, ob es sich bei einer Beziehung um eine Assoziation oder eine Aggregation handelt, oftmals nicht ganz einfach. Dies liegt bereits darin begründet, dass die Wörter der deutschen Sprache an sich oftmals nicht ganz eindeutig sind und im Kontext betrachet werden müssen. So handelt es sich bei einer Aggregation um eine »Hat-Beziehung«. Bei der Aussage »Ein Mensch hat ein Fahrrad« handelt es sich jedoch nicht um eine Aggregation, da der Mensch nicht aus einem Fahrrad besteht. Aber auch das Verb »besteht aus« bzw »enthält« bedeutet nicht zwangläufig eine Aggregation. So kann es sich bei der Ausage »Eine Rechnung enthält eine Anschrift« auch nur um eine gewöhnliche Assoziation handeln, wenn die Anschrift kein fester Bestandteil der Rechnung ist, sondern die Rechnung lediglich auf eine Anschrift verweist.

Letzten Endes hängt die Stabilität einer OO-Software aber nicht von dem richtigen Symbol im Klassendiagramm (Raute oder nicht) ab. Viel entscheidender ist es, zu analysieren, wie eng die Beziehung zwischen den Klassen (genau genommen den Objekten der Klassen) ist und welche Konsequenzen sich daraus ergeben, z.B. ist die Beziehung zwischen Rechnung und Anschrift lediglich ein Verweis, so ist dies sicherlich weniger speicherintensiv als wenn jede Rechnung ihre eigene Anschrift aggregiert. Allerdings bedeutet dann ein Ändern der Anschrift, dass jede Rechnung – auch eine vergangene Rechnung – auf die geänderte Anschrift verweist. Inwieweit dies sinnvoll ist, hängt von der Applikation ab.

Bemerkenswert im Zusammenhang mit Objektbeziehungen ist, dass diese – wie bereits an mehreren Stellen ersichtlich wurde – im Klassendiagramm notiert werden. Häufig ist daher bei Assoziation auch von Beziehungen zwischen Klassen die Rede, obwohl die Beziehung genau genommen zwischen den Objekten der Klasse besteht. Eine weitere Konsequenz daraus ist, dass eine rekursive Assoziation modelliert werden muss, wenn zwei Objekte derselben Klasse miteinander in Beziehung treten, wie dies in Abbildung 3.24 der Fall ist. Der Rollenname muss hier angegeben werden, um die Verständlichkeit zu gewährleisten.

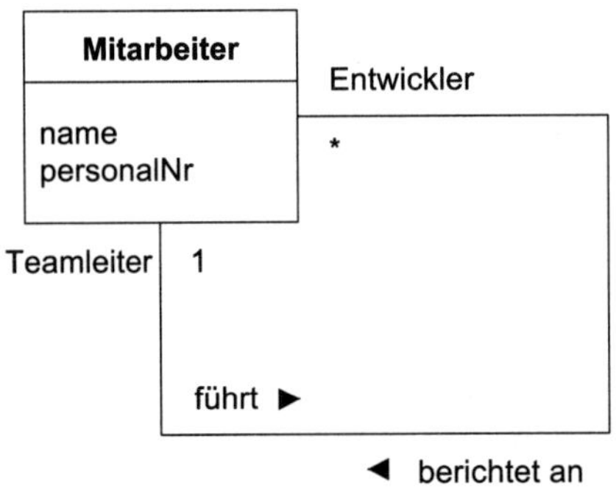

Abbildung 3.24: Rekursive Assoziation

In der OO-Literatur wird häufig noch die Vererbungs-Beziehung im Zuge der Objektbeziehungen genannt. Dies liegt daran, dass auch Vererbungsbeziehungen genauso wie Assoziationsbeziehungen (in all ihren Formen) im Klassendiagramm notiert werden. Bei einer Vererbungsbeziehung (vgl. Kapitel 3.5 über Vererbung) handelt es sich jedoch streng genommen nicht um eine Objektbeziehung, sondern um eine Klassenbeziehung. Es sind die Objekte, die miteinander kommunizieren, nicht die Klassen. In der Natur gibt es nur Objekte, Klassen sind ein Hilfsmittel, um unsere komplexe Welt zu strukturieren und so für unseren »beschränkten« Verstand begreifbar zu machen (vgl. Kapitel 3.2.2, Was ist eine Klasse und was nicht?). Vererbung ist ein Mechanismus, um die gefundenen Strukturen in einer hierarchischen Ordnung zu gliedern. Die abstrakt gefundenen Strukturen (Klassen) werden in der Vererbung in Bezug auf Generalisierung / Spezialisierung zueinander in Beziehung gesetzt, z.B. Tiger und Löwe sind beides (spezielle) Raubtiere (Vererbung). Wenn der Tiger Samurei mit dem Löwen Leo kämpfen will, genügt es nicht, dass beide Raubtiere sind und daher das Kämpfen beherrschen, sondern die beiden müssen sich schon konkret gegenübertreten und dies dann auch tun. Es muss also eine konkrete Beziehung zwischen dem Objekt Samurei und dem Objekt Leo geben.

3.4.2 C++-Beziehungen zwischen Objekten

Wie wir nun ausführlich diskutiert haben, ist die Voraussetzung für eine Kommunikation zwischen Objekten, dass diese sich kennen. Ein Objekt ruft dazu eine Methode eines anderen Objektes auf. Wiederholen wir an dieser Stelle daher noch einmal, welche Objekte eine C++-Methode kennt:

- globale Objekte
- lokale Objekte, z.B.

```
class CArzt
{
   ....
   void Behandeln()
   {
      CPerson patient;
      m_wartezimmer.Get(patient);
      patient.Untersuchen();
      ...
   }
}
```

- Parameter-Objekte, z.B

```
class CArzt
{
   ....
   void Behandeln(CPerson patient)
   {
      patient.Untersuchen();
      ...
   }
}
```

- Attribut-Objekte (Membervariablen), z.B

```
class CKreis
{
   CPunkt m_Position;
   ...
};
```

oder:

```
class CRechnung
{
   CAnschrift* m_Anschrift;
   ...
}
```

Wichtig ist, dass sich eine in UML modellierte Beziehung nicht 1:1 in Source-Code umsetzen lässt und umgekehrt.

In UML wird durch die Wahl Assoziation / Aggregation / Komposition die Festigkeit der Beziehung zum Ausdruck gebracht. Dies lässt sich in C++ jedoch unterschiedlich umsetzen.

Die *Assoziation* ist eine sehr lose, oftmals temporär begrenzte Beziehung. Diese könnte also in C++ umgesetzt sein als eine lokal in einer Methode angelegten Variable, als Parameter-Objekt oder als Membervariable vom Typ eines Zeigers.

Die *Komposition* ist die stärkste aller Bindungen. Da die Teile bei der Komposition vom Aggregat existenzabhängig sind, bedeutet dies, dass die Teile mit dem Aggregat gemeinsam angelegt werden und (spätestens) vernichtet werden, wenn auch das Aggregat zerstört wird. Dies wird also in C++ in den allermeisten Fällen so umgesetzt werden, dass die Teile als Membervariablen der Aggregatsklasse angelegt werden, und zwar als Wert. Denn dann ist automatisch gewährleistet, dass die Teile und das Aggregat gemeinsam angelegt und zerstört werden. Ist die aggregierte Membervariable ein Zeiger, so kann es sich auch um eine Komposition handeln, wenn der Speicher im Konstruktor allokiert und im Destruktor wieder freigegeben wird.

Eine *Aggregation* liegt zwischen Assoziation und Komposition. Das Aggregat wird wohl die Teile als Membervariablen aufnehmen, meist jedoch als Zeiger, z.B.

```
class CAuto
{
   CMotor* m_Motor;
   ...
}
```

In diesem Fall ist durch den Zeiger gewährleistet, dass auch ein Motorwechsel möglich ist. Ein Motor ist aber zweifelsohne ein Bestandteil eines Autos. Hier handelt es sich also designtechnisch gesehen um eine Aggregation.

Wir wollen an dieser Stelle noch einmal explizit betonen, dass die UML programmiersprachenunabhängig ist, d.h. eine UML-Beziehung macht keine Aussage darüber, wie die Beziehung programmtechnisch umgesetzt wird. Manche Programmiersprachen wie C++ verfügen über Zeiger, andere nicht.

Es ist auch gefährlich, nur die statische Beziehung zwischen jeweils zwei Objekten zu betrachten und diese stur in Programmcode umzusetzen. Es muss auch das Umfeld berücksichtigt werden und wie sich die Objekte darin verhalten, also auch der dynamische Aspekt. Dementsprechend kann z.B. die Verwendung eines Zeigers Sinn machen oder auch nicht. An dieser Stelle sind also gesunder Menschenverstand und Übung nötig, um ein Gefühl dafür zu entwickeln, wie die Umsetzung in C++ am besten erfolgt.

3.4.3 ÜBUNG: Das Spiel Moo

Das Spiel »Moo« ist die Computerversion zu dem bekannten Spiel »Superhirn« (auch unter dem Namen »Mastermind« bekannt).

In diesem Spiel ermittelt zunächst das Programm eine Zufallszahl (Nullen sind auch erlaubt), die der Spieler dann herausfinden muss.

Stimmen Ziffern überein, werden diese als 'Kühe' bezeichnet. Befinden sich die Ziffern sogar an der richtigen Stelle, werden sie als 'Bullen' bezeichnet (und nicht als Kühe gezählt). Bei einer vierstelligen Zahl entsprechen also 4 'Bullen' der gesuchten Zahl.

Erstellen Sie nun ein Programm zu diesem Spiel »Moo«. Realisieren Sie diese Aufgabenstellung vollkommen objektorientiert unter Einsatz mehrerer Klassen und Objekte. Stellen Sie zuvor ein Klassen- und ein Sequenzdiagramm zu dieser Aufgabenstellung auf.

Ein möglicher Ablauf dieses Programms wäre z.B.:

```
Das Spiel Moo
===============
Der Computer denkt sich eine Kombination aus 4 Ziffern aus
(doppelte moeglich).
Der Anwender hat 5 Versuche, um die resultierende Zahl zu
erraten.

1. Versuch -> Kombination?: 1234[↵]
 --> 1 Kuh; 1 Bulle
2. Versuch -> Kombination?: 1356[↵]
 --> 0 Kuehe; 1 Bulle
3. Versuch -> Kombination?: 1784[↵]
 --> 2 Kuehe; 0 Bullen
4. Versuch -> Kombination?: 2348[↵]
 --> 1 Kuh; 1 Bulle
5. Versuch -> Kombination?: 8310[↵]
 --> 0 Kuehe; 1 Bulle

** Spielauswertung **
-> Leider verloren!...Richtig waere gewesen: 4337
```

3.5 Vererbung (Beziehung zwischen Klassen)

Nehmen wir nochmals die Einteilung der Lebewesen, wie sie in Abbildung 3.25 gezeigt ist.

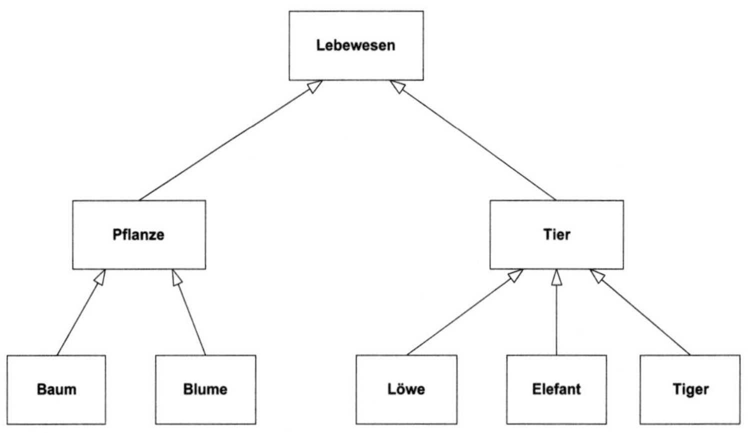

Abbildung 3.25: Mögliche Einteilung von Lebewesen

Kennzeichnend an dieser Hierarchie ist, dass alle Lebewesen einer Klasse über identische Eigenschaften verfügen und dass Klassen in einer tieferen Hierarchiestufe eine *Spezialisierung* der direkt übergeordneten Klasse darstellen. Die von einer Klasse abgeleiteten Unterklassen verfügen immer über alle Eigenschaften der Oberklasse. Eigenschaften werden also automatisch an Unterklassen weitervererbt.

Solche Hierachien lassen sich jedoch nicht nur für Lebewesen entwerfen, sondern ebenso für Daten und Konzepte, wie sie in der Softwareentwicklung vorkommen. Da eine solche Hierarchie wie ein Stammbaum aussieht und auch wie ein solcher die Eigenschaften einer Klasse zur nächsten vererbt, spricht man auch von *Vererbung*. Die Klasse, die Eigenschaften weitervererbt, wird *Oberklasse* (bzw. *Basisklasse* oder *Superklasse*) genannt, und Klassen, die etwas erben, heißen *Unterklassen* (bzw. *Subklassen*).

Im Zusammenhang mit der Vererbungshierarchie verwendet man zwei Begriffe:

- *Generalisierung:*
  Eine Oberklasse ist eine *Generalisierung* der Unterklasse.
- *Spezialisierung:*
  Eine Unterklasse ist eine *Spezialisierung* der Oberklasse.

Wichtig ist, dass es sich bei der Vererbung um eine Beziehung zwischen Klassen (und nicht Objekten) handelt.

Wie die Vererbung in UML dargestellt wird und wie sie in C++ realisiert werden kann, wird im Folgenden am Beispiel einer kleinen Grafikbibliothek gezeigt. Die zu entwickelnde Bibliothek ist zwar aufgrund des geringen Umfangs an Funktionalität in der Praxis kaum einsetzbar, aber sie zeigt den Mechanismus der Vererbung sehr anschaulich.

Unser Ziel ist es, für Softwareentwickler, die verschiedene graphische Anwendungen implementieren, eine Grafikbibliothek zur Verfügung zu stellen, die bereits einige Grafikobjekte enthält. Da dieses Beispiel in erster Linie der Demonstration des Vererbungsmechanismuses dient, ist die Funktionalität der Bibliothek sehr gering gewählt: Die Grafikobjekte sollen lediglich positioniert, verschoben und gezeichnet werden können. Als Grafikobjekte sollen zunächst nur Rechtecke und Kreise erzeugbar sein.

3.5.1 Vererbungsbeziehung in UML

Unsere Grafikbibliothek stellt also allgemein/*generell* Grafikobjekte zur Verfügung und derzeit *speziell* Rechtecke und Kreise. Es lässt sich demnach eine Vererbungshierarchie aufstellen, wie sie in Abbildung 3.26 in UML-Notation gezeigt ist.

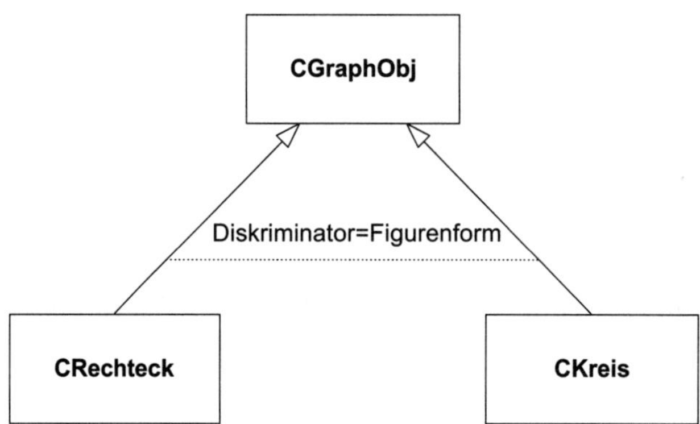

Abbildung 3.26: Vererbungshierarchie für Grafikobjekte in UML-Notation

In UML wird die Vererbungsbeziehung durch einen Pfeil von der Unterklasse auf die Oberklasse angezeigt.

Die Pfeile drücken eine *Ist-ein-Beziehung* aus, wie z.B. Ein Kreis (`CKreis`) *ist ein* Grafikobjekt (`CGraphObj`).

Die Pfeile können auch gebündelt werden, wie dies in Abbildung 3.29 erfolgt.

Die Unterscheidung zwischen Ober- und Unterklasse erfolgt häufig aufgrund eines vom Designer festgelegten Unterscheidungsmerkmals, welches auch als *Diskriminator* bezeichnet wird. Der Diskriminator in Abbildung 3.26 ist die Figurenform.

Abbildung 3.26 ist ein Beispiel für eine so genannte *Einfachvererbung*. Daneben sind auch *Mehrfachvererbungen* möglich, bei der eine Klasse auch mehr als eine Oberklasse besitzen kann, wie wir in Kapitel 3.7 sehen werden.

Wir wollen nun die im ersten Schritt gefundenen Klassen näher spezifizieren, d.h. die Attribute und Operationen angeben, über die die Klassen verfügen. Dazu machen wir uns nähere Gedanken über die Gemeinsamkeiten und die Unterschiede zwischen den Klassen (Diskriminator).

Alle Grafikobjekte verfügen über folgende Eigenschaften:

- Sie besitzen eine Position.
- Sie können verschoben werden.
- Sie können dargestellt/gezeichnet werden.

Da diese Eigenschaften für alle Figuren gelten sollen, werden sie in der Klasse `CGraphObj` untergebracht.

Da bei der Generalisierung bzw. Spezialisierung von Klassen eine Unterklasse die Eigenschaften ihrer Oberklasse erbt, kann damit automatisch nun z.B. auch ein Kreis an eine Position gesetzt, verschoben und dargestellt werden.

Worin unterscheidet sich dann aber z.B. ein Kreis von einer allgemeinen geometrischen Figur? Nun, ein Kreis stellt sich anders dar als ein Rechteck.

Welche Auswirkungen hat eine andere Figur noch? Ihre interne Verwaltung ist unter Umständen anders. Normalerweise wird ein Rechteck repräsentiert durch die linke obere und die rechte untere Ecke (x1,y1) - (x2,y2). Einen Kreis definiert man über seinen Mittelpunkt (xm,ym) und seinen Radius. Abbildung 3.27 bringt dies zum Ausdruck.

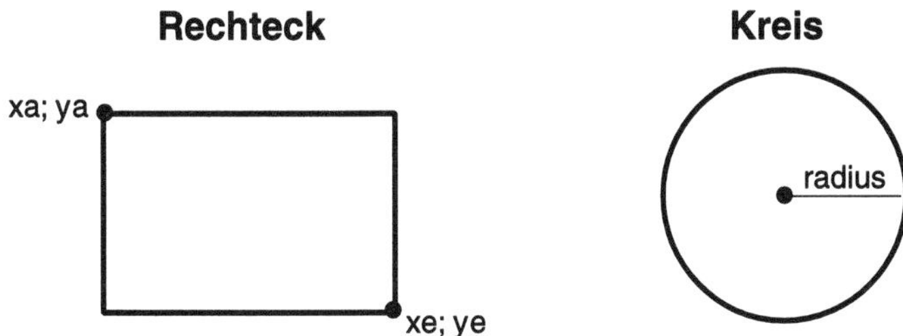

Abbildung 3.27: Darstellung der verschiedenen Grafikobjekte

Wenn wir diese Art der Verwaltung verwenden, wie sie in Abbildung 3.27 gezeigt ist, müssen wir für jede vorhandene Figur verschiedene Routinen zum Zeichnen und Verschieben verwenden. Für die Funktionalität »Anzeigen« lässt sich dies jedoch auch mit anderen Verwaltungsarten kaum vermeiden, da diese Aktion eng mit dem Aussehen der Figur zusammenhängt.

Beim Verschieben lässt sich hier jedoch etwas anderes finden. Betrachten wir jedes Grafikobjekt unabhängig von seiner Form einfach nur als großen Punkt, so stellen wir fest, dass alle »Punkte« um ein bestimmtes Delta-X und ein Delta-Y verschoben werden. Somit könnte das Verschieben verallgemeinert werden, indem wir statt des kompletten Grafikobjektes einfach nur einen Punkt verschieben. Wie erhalten wir aber nun die Formen der einzelnen Grafikobjekte? Nun, wir speichern die Koordinaten der einzelnen Figuren relativ zu unserem definierten Punkt (Mittelpunkt). Auch das Zeichnen der Grafikobjekte erfolgt dann relativ zum Mittelpunkt. Abbildung 3.28 verdeutlicht diesen Sachverhalt.

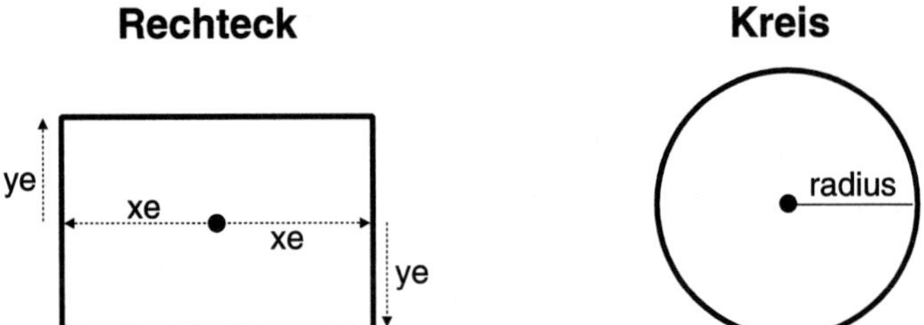

Abbildung 3.28: Deltas zu den Mittelpunkten der jeweiligen Grafikobjekte

Das Ergebnis unserer Überlegungen bringen wir in einem UML-Klassendiagramm zu Papier, das in Abbildung 3.29 gezeigt wird.

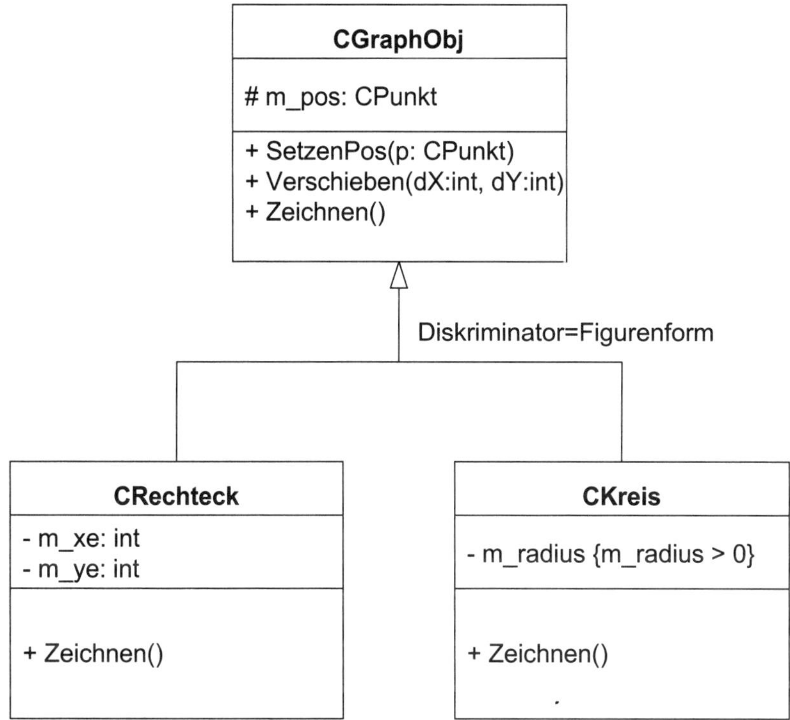

Abbildung 3.29: Erster UML-Entwurf der Grafikbibliothek

Wie wir bereits zuvor erkannt haben, muss die Methode `Zeichnen()`für jedes Grafikobjekt neu implementiert werden, da sie sich auf die Geometrie der Figuren bezieht. Die Methoden `SetzenPos()`und `Verschieben()` jedoch können aufgrund unserer Betrachtungsweise für alle Figuren verwendet werden; denn sie beziehen sich auf die Position des Grafikobjektes, die jede Figur besitzt. Also haben wir diese Methoden in der Klasse `CGraphObj` definiert. Durch unsere Klassenhierarchie erben die Unterklassen diese Methoden. Die Methode `Zeichnen()` wird jedoch innerhalb der Unterklasse explizit neu definiert, damit das Zeichnen der entsprechenden Figur auch korrekt ausgeführt wird. Die Methode `Verschieben()` dagegen wird innerhalb der vererbten Klassen nur noch verwendet.

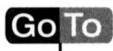

3.5.2 Vererbung in C++

Wie wird nun die Vererbung in C++ realisiert? Hierbei gilt die folgende Syntax der Vererbung von Klassen:

```
class Unterklasse : Zugriffsspezifizierer Basisklasse
{
   ... // Übliche Definitionen von Eigenschaften
       // und Methoden
};
```

`Unterklasse` ist hierbei der Name der neu zu definierenden Klasse. `Basisklasse` ist der Name der Klasse, deren Eigenschaften übernommen werden sollen. Der `Zugriffsspezifizierer` gibt an, wie auf die von der `Basisklasse` geerbten Eigenschaften und Methoden zugegriffen werden darf.

Hierbei gelten die folgenden Regeln:

1. Grundsätzlich kann auf **private**-Elemente der `Basisklasse` nicht zugegriffen werden, unabhängig davon, welcher Zugriffsspezifizierer für die Basisklasse in der abgeleiteten Klasse angegeben wird.
2. Ist **private** für die Basisklasse in der abgeleiteten Klasse angegeben, dann können die Methoden der abgeleiteten Klassen auf die geerbten **public**- und **protected**-Elemente der Basisklasse zugreifen. Dies gilt jedoch nicht für Unterklassen, die durch weitere Vererbung der abgeleiteten Klasse entstehen. Die **public**- und **protected**-Elemente der Basisklasse sind somit **private**-Elemente in der direkt abgeleiteten Unterklasse.
3. Wird **public** für die Basisklasse in der abgeleiteten Klasse angegeben, so können die Methoden der abgeleiteten Klasse auf alle **public**- und **protected**-Elemente der Basisklasse zugreifen. Dieses Zugriffsrecht wird auch an eventuelle weitere Unterklassen der abgeleiteten Klasse vererbt.

Nun wird auch deutlich, warum das Schlüsselwort **protected** eingeführt wurde. Ohne dieses Schlüsselwort müsste man alle Elemente einer Basisklasse, die weitervererbt werden sollen, als **public** einstufen. Dies würde diese Elemente aber auch dem Zugriff durch alle anderen Funktionen eines Programms preisgeben, womit das wichtigste Prinzip der Objektorientierung aufgehoben wäre. Um nun nur vererbten Klassen und nicht dem ganzen Programm Zugriff auf bestimmte Elemente einer Klasse zu erlauben, musste eine Zwischenstufe zwischen den beiden extremen Zugriffsarten **private** und **public** eingeführt werden, nämlich der Zugriffsspezifizierer **protected**.

In Tabelle 3.1 sind nochmals die möglichen Kombinationen von Zugriffsspezifizierern und die jeweils daraus resultierenden Zugriffsrechte in einer abgeleiteten Klasse auf die Basisklasse zusammengefasst.

Ableitung	Element in der Basisklasse	Element in der abgeleiteten Klasse
public	public protected private	public protected (nicht zugreifbar)
protected	public protected private	protected protected (nicht zugreifbar)
private	public protected private	private private (nicht zugreifbar)

Tabelle 3.1: Zugriffsrechte in abgeleiteten Klassen auf Elemente der Basisklasse

Die Klassen unserer Grafikbibliothek könnten also wie folgt in C++ realisiert werden.

Die Deklarationen der Klasse ist in Listing 3.13 (`graphik.h`), und die Implementierung ist in Listing 3.14 (`graphik.cpp`) gezeigt.

```
#include <iostream.h>
//----------------------------------------------------------
// Deklaration CPunkt
// (Hilfsklasse zur Verwaltung eines Punktes)
// ---------------------------------------------------------
class CPunkt
{
   int m_x, m_y;
public:
```

```
    CPunkt(int x=0, int y=0)
    {
       m_x=x;
       m_y=y;
    }
    void SetPoint(CPunkt p)
    {
       m_x=p.m_x;
       m_y=p.m_y;
    }
    void MovePoint(int dX=0, int dY=0)
    {
       m_x+=dX;
       m_y+=dY;
    }
    void Draw()
    {
       cout << "P(x,y)= " << m_x << ", " << m_y << endl;
    }
};
//---------------------------------------------------------
// Deklaration CGraphObj
// (Basisklasse für alle Grafikobjekte)
// --------------------------------------------------------
class CGraphObj
{
protected:
    CPunkt m_Pos;
public:
    CGraphObj(int x=0, int y=0);
    void SetzenPos(CPunkt p);
    void Verschieben(int dX, int dY);
    void Zeichnen();
};
//---------------------------------------------------------
// Deklaration CRechteck (abgeleitet von CGraphObj)
// --------------------------------------------------------
class CRechteck: public CGraphObj
{
    int m_xe, m_ye;
public:
    CRechteck();
    void Zeichnen();
};
//---------------------------------------------------------
```

```
// Deklaration CKreis (abgeleitet von CGraphObj)
// --------------------------------------------------------
class CKreis: public CGraphObj
{
   int m_radius;
public:
   CKreis();
   void Zeichnen();
};
```

Listing 3.13: (graphik.h): Deklaration der Grafikbibliothek-Klassen

```
#include "graphik.h"
#include <iostream.h>
//---------------------------------------------------------
// Implementierung CGraphObj
// (Basisklasse für alle Grafikobjekte)
// --------------------------------------------------------
CGraphObj::CGraphObj(int x, int y)
{
   m_Pos.SetPoint(CPunkt(x,y));
}
void CGraphObj::SetzenPos(CPunkt p)
{
   m_Pos.SetPoint(p);
}
void CGraphObj::Verschieben(int dX, int dY)
{
   m_Pos.MovePoint(dX,dY);
}
void CGraphObj::Zeichnen()
{
   m_Pos.Draw();
}
//---------------------------------------------------------
// Implementierung CRechteck (abgeleitet von CGraphObj)
// --------------------------------------------------------
CRechteck::CRechteck()
{
   m_xe=m_ye=1;
}
void CRechteck::Zeichnen()
{
   cout << "Rechteck(xe,ye): " << m_xe << ", " << m_ye
        << endl;
```

```
}
//-----------------------------------------------------
// Implementierung CKreis (abgeleitet von CGraphObj)
// ----------------------------------------------------
CKreis::CKreis()
{
   m_radius=1;
}
void CKreis::Zeichnen()
{
   cout << "Kreis(radius): " << m_radius << endl;
}
```

Listing 3.14: (graphik.cpp): Implementierung der Grafikbibliothek-Klassen

3.5.3 Unterklassen und ihre Elemente

Unterklassen verfügen über die geerbten Elemente der Basisklasse und den zusätzlich eigens definierten Elementen, d.h. unsere Klasse `CKreis` verfügt über folgende Elemente:

- Attribut `m_pos` (aus `CGraphObj`)
- Methode `SetzenPos()` (aus `CGraphObj`)
- Methode `Verschieben()` (aus `CGraphObj`)
- Methode `Zeichnen()` (aus `CGraphObj`)
- Attribut `m_radius` (aus `CKreis`)
- Methode `Zeichnen()` (aus `CKreis`)

Dass dies so ist, lässt sich an folgenden Punkten erkennen:

- Speicherbedarf
- Zur Verfügung stehende Methoden

Speicherbedarf

Der Speicherbedarf von `CKreis` ergibt sich aus dem Speicherbedarf von `CGraphObj` und den zusätzlichen Attributen in `CKreis`.

Dies kann anhand der folgenden `main()`-Funktion gezeigt werden:

```
void main()
{
   CGraphObj gr;
   CRechteck r;
   CKreis k;


   cout << "Speicher von gr: " << sizeof(gr) << endl;
   cout << "Speicher von r: " << sizeof(r) << endl;
   cout << "Speicher von k: " << sizeof(k) << endl;
}
```

Auf einem 32-Bit-System führt dieses Programm zu folgender Ausgabe:

```
Speicher von gr: 8
Speicher von r: 16
Speicher von k: 12
```

Das Grafikobjekt `gr` nimmt 8 Byte in Anspruch (2 * 4 Byte für die Integer von `CPunkt`).
Das Rechteck `r` nimmt 16 Byte in Anspruch (die Position (=8 Bytes) + int `m_xe`, `m_xy`)
Der Kreis `k` nimmt 12 Byte in Anspruch (die Position (=8Bytes) + int `m_radius`)

Wichtig ist, dass der Speicher in jedem Fall benötigt wird, auch wenn die Elemente in der abgeleiteten Klasse nicht zugreifbar sind, weil die Basisklasse z.B. private Membervariablen beinhaltet. Wird in `CGraphObj` z.B. (kurzzeitig zu Demozwecken) eine private Membervariable `int x` eingeführt, so erhöht sich der Speicherbedarf jeweils um 4 Byte:

```
class CGraphObj
{
   int x;
...
};
```

Das gleiche `main()` führt dann zu folgender Ausgabe:

```
Speicher von gr: 12
Speicher von r: 20
Speicher von k: 16
```

Zur Verfügung stehende Methoden

Die Methode `Verschieben()` kann auch für einen `CKreis` aufgerufen werden, obwohl sie in dieser Klasse nicht explizit erwähnt wurde.

Zum Beispiel wird folgender Code ohne Fehler übersetzt und ausgeführt:

```
void main()
{
   CKreis k;

   k.SetzenPos(CPunkt(2,3));
   k.Verschieben(4,5);
}
```

Dass die Methoden auch korrekt ausgeführt werden, lässt sich entweder durch den Debugger beweisen oder entsprechende `printf()` / `cout`-Anweisungen in den Methoden `SetzenPos()` und `Verschieben()`. Alternativ könnte im Anschluss an die Aufrufe die Methode `Zeichnen()` von `CGraphObj` und `CKreis` aufgerufen werden. Wie dies möglich ist, zeigt das folgende Kapitel.

3.5.4 Überschreiben von Funktionen

Obwohl `CKreis` bereits durch Vererbung von `CGraphObj` über eine Methode `Zeichnen()` verfügt, definiert `CKreis` eine eigene Methode mit der gleichen Signatur. Wird nun für einen Kreis die Methode `Zeichnen()` aufgerufen, so wird die Methode `CKreis::Zeichnen()` verwendet statt `CGraphObj::Zeichnen()`. Man sagt `CKreis::Zeichnen()` *überschreibt* oder *überdeckt* die geerbte Methode. Die Methode `CGraphObj::Zeichnen()` kann jedoch dennoch über den *Bereichszugriffsoperator* (::) aufgerufen werden, wie dies das folgende Programm zeigt:

```
void main()
{
   CKreis k;

   k.SetzenPos(CPunkt(2,3));
   k.Verschieben(4,5);

   k.Zeichnen();     // Eigene Methode Zeichnen() überdeckt
                     // die geerbte Methode von CGraphObj
```

```
    k.CGraphObj::Zeichnen();    // Expliziter Aufruf der
                                // Methode Zeichnen()
                                // der Klasse CGraphObj
}
```

Dieses Programm führt zu folgender Ausgabe:

```
Kreis(radius): 1
P(x,y)= 6, 8
```

Da beim Kreis stets der Mittelpunkt und der Radius interessieren und es nicht gerade anwenderfreundlich ist, wenn der Benutzer der Klasse dazu zwei Methoden aufrufen muss, macht es Sinn, die Methoden `Zeichnen()` der Klassen `CKreis` und `CRechteck` wie folgt zu implementieren:

```
void CKreis::Zeichnen()
{
   CGraphObj::Zeichnen();    // würde hier nur Zeichnen()
                             // aufgerufen werden, würde
                             // eine endlose Rekursion in
                             // Methodenaufrufen stattfinden
   cout << "Kreis(radius): " << m_radius << endl;
}

void CRechteck::Zeichnen()
{
   CGraphObj::Zeichnen();
   cout << "Rechteck(xe,ye): " << m_xe << ", " << m_ye
        << endl;
}
```

Das *Überschreiben* (*overriding*) wird auch als *Redefinition* (*redefinition*) bezeichnet. Verwechseln Sie diese nicht mit dem *Überladen* (*overloading*) von Funktionen. Beim Überladen wird derselbe Operationsname innerhalb einer Klasse mit verschiedenen Parameterschnittstellen verwendet. Beim Überschreiben hingegen wird eine Operation der Oberklasse mit der gleichen Signatur in der Unterklasse neu implementiert, wie dies Abbildung 3.30 zeigt.

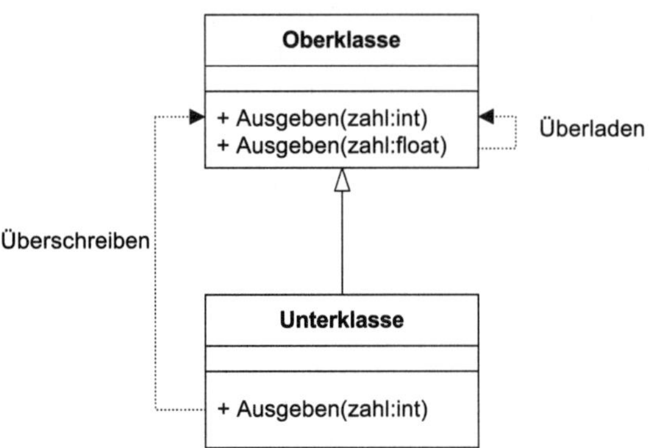

Abbildung 3.30: Überschreiben versus Überladen

3.5.5 Konstruktor- und Destruktor-Aufrufe

Konstruktoren und Destruktoren der Basisklasse werden nicht an Unterklassen vererbt und können daher auch nicht überschrieben werden.

Allerdings werden beim Anlegen eines Objektes implizit die *Standardkonstruktoren*[6] sämtlicher Basisklassen der aktuellen Unterklasse aufgerufen. Ebenso werden die Destruktoren sämtlicher Basisklassen bei der Zerstörung eines Objektes aufgerufen.

Grundsätzlich wird für ein Objekt einer abgeleiteten Klasse zuerst der Konstruktor der Basisklasse und danach der Konstruktor der abgeleiteten Klasse abgearbeitet. Bei den Destruktoren ist die Reihenfolge umgekehrt: Der Destruktor der abgeleiteten Klasse wird vor dem Destruktor der Basisklasse ausgeführt. So ist in allen Methoden einer abgeleiteten Klasse, also auch in den Konstruktoren und Destruktoren, sichergestellt, dass alle Daten der Basisklasse bereits bzw. noch (beim Destruktor) existieren und richtig initialisiert sind.

6 Der Standardkonstruktor ist der automatisch mit jeder Klassendefinition bereitgestellte Konstruktor, der keinerlei Parameter besitzt. Dieser Standardkonstruktor kann vom Benutzer auch durch eine eigene Definition neu implementiert werden, um ihn seinen Bedürfnissen anzupassen. In jedem Fall, ob nun explizit definiert oder implizit zur Verfügung gestellt, ist der Konstruktor, der keine Parameter besitzt, immer der Standardkonstruktor.

Dies zeigt sich an folgender `main()`-Funktion:

```
void main()
{
   CKreis k;

   k.Zeichnen();
}
```

Dieses Programm führt zu der Ausgabe:

```
P(x,y)= 0, 0
Kreis(radius): 1
```

Die Position des Kreises ist `P(0,0)`, da beim Anlegen des Kreises vorher der Konstruktor von `CGraphObj` durchlaufen wird und dort die Position einer Figur auf `P(0,0)` gesetzt wird.

Abbildung 3.31 verdeutlicht die Aufrufreihenfolge von Konstruktor und Destruktor in Bezug auf Ober- und Unterklasse.

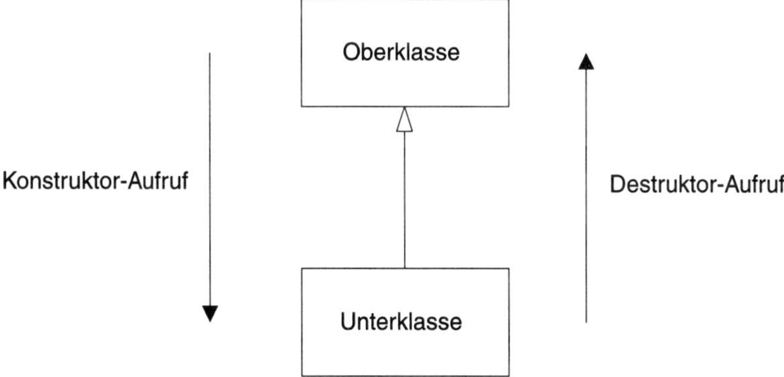

Abbildung 3.31: Reihenfolge bei Konstruktor- und Destruktor-Aufrufen

Als kleine Merkhilfe kann man sich also ein ,`U`' vorstellen:

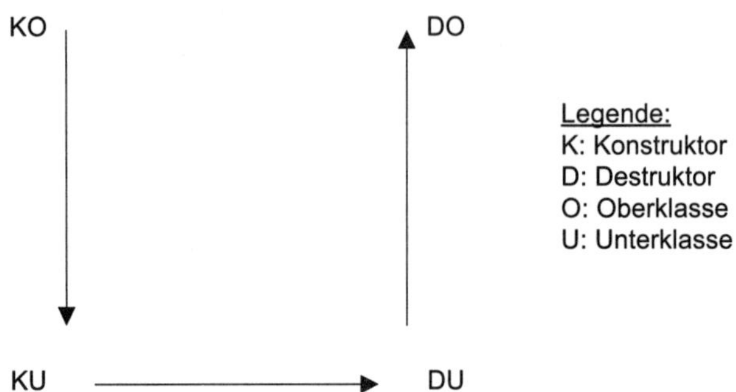

Abbildung 3.32: Merkhilfe für Reihenfolge bei Konstruktor-/Destruktor-Aufrufen

Übergabe von Argumenten an den Konstruktor der Basisklasse

Wie ist das Verhalten aber nun, wenn in der Unterklasse neue Konstruktoren mit verschiedenen Schnittstellen definiert werden? Nun, im Normalfall werden beim Aufruf eines solchen Konstruktors ebenfalls die Standardkonstruktoren sämtlicher Basisklassen aufgerufen. Hier hat jedoch der Programmierer die Möglichkeit, einzugreifen und bereits bei der Definition seines Konstruktors festzulegen, welcher der Konstruktoren der direkten Basisklasse aufzurufen ist. Dies geschieht, indem am Ende der Schnittstellendefinition des aktuellen Konstruktors, getrennt durch einen Doppelpunkt, der Basisklassenkonstruktor über den Basisklassennamen und die entsprechende Schnittstelle direkt aufgerufen wird. Die allgemeine Syntax des Basisklassenkonstruktor-Aufrufs ist wie folgt:

```
// Konstruktordefinition mit Aufruf des
// Basisklassenkonstruktors

Klasse::Klasse(paramliste) : Basisklasse(Argumente(aus
paramliste))
{
   // sonstige Initialisierungen für die aktuelle Klasse
}
```

Konstruktordeklarationen für die Grafikbibliothek

Für unsere Grafikbibliothek könnten wir also auch folgende Konstruktordeklarationen verwenden:

```
//---------------------------------------------------------
class CRechteck : public CGraphObj
{
   .....
public:
   .....
   CRechteck(int Xm=0, int Ym=0, int Xs=1, int Ys=1);
.....
};
//---------------------------------------------------------
class CKreis : public CGraphObj
{
   .....
public:
   .....
   CKreis(int Xm=0, int Ym=0, int Radius=1);
   .....
};
```

Die entsprechenden Konstruktor-Implementierungen sind dann wie folgt anzugeben:

```
//---------------------------------------------------------
CRechteck::CRechteck(int Xm, int Ym, int Xe, int Ye) :
CGraphObj(Xm, Ym)
{  // ruft zuerst den Konstruktor CGraphObj mit den
   //Argumenten (Xm, Ym) auf
   m_xe = Xe;
   m_ye = Ye;
}
//---------------------------------------------------------
CKreis::CKreis(int Xm, int Ym, int Radius) : CGraphObj(Xm, Ym)
{  // ruft zuerst den Konstruktor CGraphObj mit den
   //Argumenten (Xm, Ym) auf
   m_radius = Radius;
}
```

Aus den Ausführungen ergibt sich folgende Konsequenz:

Steht kein Standardkonstruktor in der Basisklasse zur Verfügung, weil dieser durch einen anderen (nicht Standard-)Konstruktor ersetzt wurde, so **muss** die Unterklasse bei ihren Konstruktoren den gewünschten Konstruktor der Basisklasse in der Initialisierungsliste angeben. Ansonsten kommt es zu einer Fehlermeldung des Compilers.

3.5.6 ÜBUNG: Überschreiben von Funktionen

Was würde das folgende Listing 3.15 (`dezahexa.cpp`) ausgeben?

```
#include <iostream.h>
//--------------------------------------------------------
class Dezimalziffer
{
public:
   Dezimalziffer(int z) { m_Ziffer = z; }
   void Ausgeben()
   {
      cout << "Dezimal: " << m_Ziffer << endl;
   }
private:
   int m_Ziffer;
};
//--------------------------------------------------------
class Hexaziffer : public Dezimalziffer
{
public:
   Hexaziffer(int z) :
                    Dezimalziffer(z<10 ? z : z-'A'+10)
   {
      m_Ziffer = z;
   }
   void Ausgeben();
private:
   int m_Ziffer;
};
//--------------------------------------------------------
void Hexaziffer::Ausgeben()
{
   Dezimalziffer::Ausgeben();  // Aufrufen der Methode
                               // aus der Basisklasse
   cout << "Hexadezimal: ";
   cout << (char) m_Ziffer << endl;
}
//--------------------------------------------------------
int main(void)
{
   Dezimalziffer d(10);
   d.Ausgeben();

   Hexaziffer h('D');
```

```
   h.Ausgeben();

   return 0;
}
```

Listing 3.15: (dezahexa.cpp): Übung zum Überschreiben von Funktionen

3.5.7 ÜBUNG: Konstruktor- / Destruktor-Aufrufe

Was gibt das folgende Listing 3.16 (`Blumen.cpp`) aus?

```
#include <iostream.h>
//-----------------------------------------------------
// Makro zur Definition von Konstruktor und Destruktor.
// Gibt aus, ob Konstr. oder Destr. und den übergebenen // Namen
(Gleiches Schema bei allen Klassen à Makro)
#define KD(KLASSE)                                    \
public:                                               \
   KLASSE(){cout << "Konstruktor " << #KLASSE << endl;}\
   ~KLASSE(){cout << "Destruktor " << #KLASSE << endl;}
//-----------------------------------------------------
class Pflanze
{
   KD(Pflanze)
};
//-----------------------------------------------------
class Bluetenblatt
{
   KD(Bluetenblatt)
};
//-----------------------------------------------------
class Blume: public Pflanze
{
   Bluetenblatt m_bluete[5];
   KD(Blume);
};
//-----------------------------------------------------
class Rose: public Blume
{
   KD(Rose)
};
//-----------------------------------------------------
int main(void)
{
   Rose Rosenstrauss[3];
```

```
    cout << "Alle Blumen welken..." << endl;

    return 0;
}
```

Listing 3.16: (Blumen.cpp): Übung zu Konstr.-/ Destr.-Aufrufen bei Vererbung

Beachten Sie bei dieser Übung auch das gezeigte Makro, mit dem man sich hier viel Tipparbeit sparen kann. Es gibt daher auch die eine oder andere C++-Bibliothek, die gerne von Makros in Zusammenhang mit Klassendefinitionen Gebrauch macht.

3.5.8 ÜBUNG: Linie in Grafikbibliothek

Erweitern Sie unsere Grafikbibliothek um eine Klasse für Linien.

Auch eine Linie lässt sich über einen Mittelpunkt und Deltas darstellen (ähnlich wie beim Rechteck). Stellen Sie sich dazu ein Rechteck um die Linie vor; die Deltas sind dann die Abstände zwischen dem Mittelpunkt und den Endpunkten der Linie.

3.5.9 ÜBUNG: Klassenmodell zu Autos, Dreirädern, ...

Erstellen Sie ein Klassenmodell zu folgenden Erkenntnissen:

- Autos, Dreiräder, Fahrräder, Motorräder können alle fahren.
- Wenn ein Auto fährt, macht es »Brumm brumm, tüt tüt« und ein Fahrrad macht »Kling kling«.

Setzen Sie Ihr Klassenmodell anschließend in C++ um. Das Fahren und die Geräusche simulieren Sie durch entsprechende `cout` – Anweisungen.

So könnte folgendes Programm ...

```
#include "Dreirad.h"
#include "Motorrad.h"
#include "Auto.h"
#include "Fahrrad.h"

int main(void)
{
    CAuto auto1, auto2;
```

```
    CDreirad dreiradPauli;
    CFahrrad blechEsel;
    CMotorrad mySuzi;

    auto1.Fahren();
    dreiradPauli.Fahren();
    blechEsel.Fahren();
    mySuzi.Fahren();
    auto2.Fahren();

    return 0;
}
```

... folgende Ausgabe erzielen:

```
---------------------------------
...faehrt und faehrt und faehrt...
......Brumm brumm, tuet tuet.
---------------------------------
...faehrt und faehrt und faehrt...
---------------------------------
...faehrt und faehrt und faehrt...
......Kling kling.
---------------------------------
...faehrt und faehrt und faehrt...
---------------------------------
...faehrt und faehrt und faehrt...
......Brumm brumm, tuet tuet.
```

3.5.10 Aspekte beim Entwurf der Klassenhierarchie

Wir haben bei unserer Grafikbibliothek die Betrachtungsweise gewählt, dass alle geometrischen Figuren über einen Mittelpunkt verfügen, und haben für die einzelnen Figuren dann jeweils die Deltas zum Mittelpunkt gespeichert.

Viele graphische Benutzeroberflächen gehen jedoch von einem anderen Ansatz aus. Zum Zeichnen der Figuren müssen meist konkrete Punkte (und keine Deltas) angegeben werden. Das Zeichnen einer Linie, eines Rechtecks und eines Kreises kann dann z.B. dadurch geschehen, dass ein Startpunkt und ein Endpunkt angegeben werden, z.B. Aufziehen eines Kreises: Der Anwender klickt auf die erste Position; während er die Maus bewegt, zieht sich ein Rechteck auf, innerhalb dessen ein Kreis – genau genommen eine Ellipse – gezeichnet wird. Abbildung 3.33 stellt diesen Sachverhalt dar.

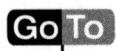

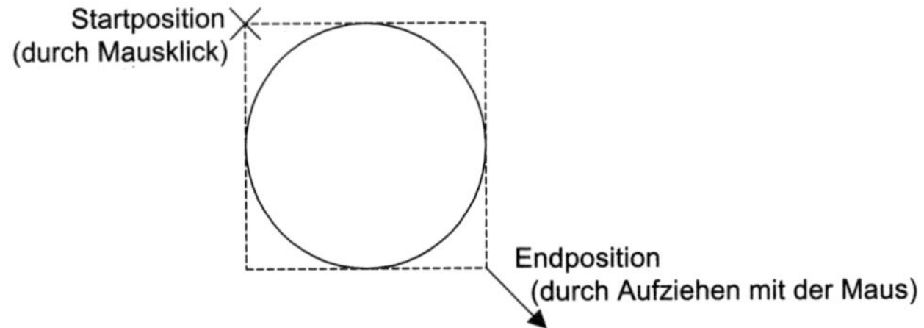

Abbildung 3.33: Häufige Funktionsweise beim Zeichnen eines Kreises

Wenn man bereits weiß, dass zur Realisierung der eigenen Grafikbibliothek auf eine bestehende Bibliothek für eine konkrete Benutzeroberfläche aufgesetzt wird, wäre unser erster Ansatz ziemlich umständlich, weil aus den gespeicherten Deltas dann erst wieder Punkte berechnet werden müssten. In diesem Fall wäre also ein Ansatz wie in Abbildung 3.34 vorteilhafter:

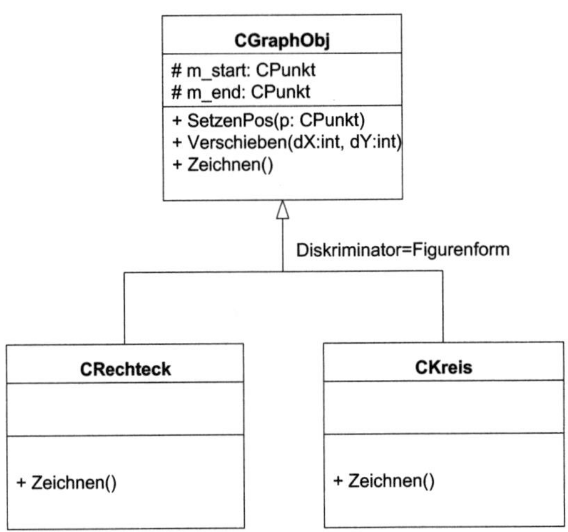

Abbildung 3.34: Zweiter Entwurf (CGraphObj mit Start- und Endpunkt)

Auch bei diesem Ansatz lässt sich das Verschieben verallgemeinert in der Basisklasse abhandeln, da dann einfach die beiden Punkte (Start- und Endpunkt) verschoben werden. Die abgeleiteten Klassen benötigen hier keine Extra-Daten, da sie durch Start- und Endpunkt bereits vollständig beschrieben sind; nur das Zeichnen an sich muss unterschiedlich geschehen.

Dieser gewählte Ansatz hat jedoch den Nachteil, dass sich nicht jede beliebige Figur durch einen Start- und Endpunkt beschreiben lässt, z.B. ein Dreieck. Die interne Verwaltung der Daten sollte daher vielleicht besser aus der Basisklasse genommen werden und jeder Figur individuell zugeordnet werden. Freilich besitzt jede Figur eine Position, aber diese lässt sich nicht bei jeder Figur über nur einen Punkt so abhandeln, dass sie dann auch performant gezeichnet werden kann.

Wir kommen damit zu einem Ansatz, wie in Abbildung 3.35 dargestellt.

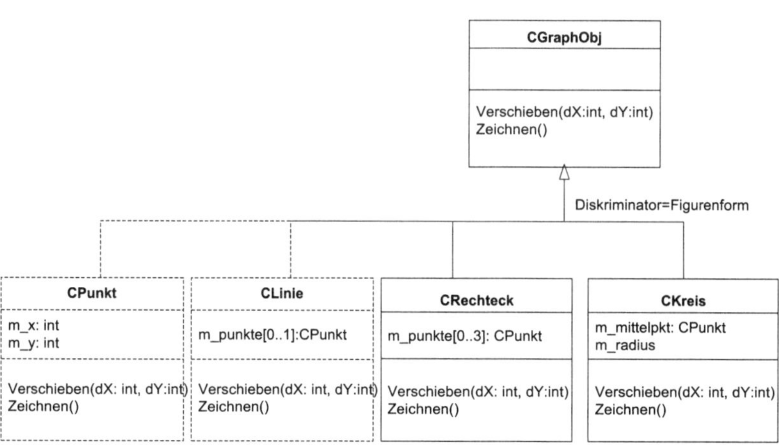

Abbildung 3.35: Dritter Entwurf (CPunkte in Unterklassen)

Dieser Ansatz betont den geometrischen Aspekt, und dies sogar noch stärker als der erste Ansatz mit dem Mittelpunkt und den Deltas. Der Punkt spielt in der Geometrie eine entscheidende Rolle. Ein Punkt kann verschoben, gespiegelt und um einen anderen Punkt rotiert werden. Wird eine Figur nun über Punkte definiert, so kann die Rotation einer Figur ganz leicht dadurch realisiert werden, dass die einzelnen Punkte der Figur rotiert werden. Eine Rotation mit dem ersten Ansatz lässt sich sicherlich nicht so einfach umsetzen.

Bei diesem Design könnte nun noch die Klasse `CRechteck` durch eine Klasse `CVieleck` ausgetauscht werden, die allgemein eckige Figuren repräsentiert. Es würde dann jedoch trotzdem Sinn machen, die Klasse `CLinie` beizubehalten, weil eine Linie im Gegensatz zu einem Vieleck kein Füllmuster besitzt und das Zeichnen daher anders erfolgt (man sollte stets zukünftige Aspekte mitbedenken).

Sehr gefährlich wäre allerdings ein Design, bei dem **ein** Punkt bereits in der Basisklasse `CGraphObj` definiert wird aufgrund der Argumentation: »Jede Figur hat mindestens einen Punkt.« Das stimmt zwar, aber die Punkte hätten dann unterschiedliche Bedeutung – beim Kreis wäre dies der Mittelpunkt, beim Rechteck vielleicht die linke, obere Ecke und bei der Linie der Startpunkt. So ein Design wird sehr schnell sehr unübersichtlich. Es darf nicht vergessen werden, dass jedes Objekt einen *Zustand* besitzt, der über die Attributwerte repräsentiert wird. Die Methoden einer Klasse sollten dafür sorgen, dass ein Objekt dieser Klasse nicht in einen unstabilen Zustand gelangen kann (vgl. Kapitel 3.2.7, Das Leben eines Objektes). Mit jeder Vererbungsstufe, bei der Daten vererbt werden, wird dies jedoch schwieriger. Denn die Unterklasse verfügt ja nicht nur über ihre eigenen Attribute, sondern auch über die geerbten Attribute. Sie muss also darauf achten, dass sie nicht konträr zu den Implementierungen der Basisklasse läuft. Die Daten zwischen Ober- und Unterklasse sollten daher klar aufgeteilt sein und keine semantische Abhängigkeit untereinander besitzen. Beispielsweise könnte `CGraphObj` noch über eine Farbe verfügen. Das prinzipielle Farbhandling sollte dann auch der Basisklasse zugeordnet sein. Es sollte aber nie ein Datum allein aus dem Grund in die Basisklasse gezogen werden, nur um Implementierung zu sparen oder eine Eigenschaft allen abgeleiteten Klassen zur Verfügung zu stellen. Das Handling des einen Punktes kann bei einer Linie sicherlich nicht getrennt von dem anderen Punkt der Linie betrachtet werden. Daher sollten die Punkte hier nicht aufgeteilt sein auf Ober- und Unterklasse.

Ebenso sollte eine Klasse nie *Zusicherungen* über die Attribute ihrer Basisklasse machen. Um dies zu verdeutlichen, wollen wir unsere Grafikbibliothek[7] um ein Quadrat erweitern. Da es sich bei einem Quadrat um eine spezielle Form eines Rechtecks handelt, liegt es nahe, die Klasse `CQuadrat` als eine Spezialisierung der Klasse `CRechteck` anzugeben. In einem Quadrat müssen die beiden Seiten gleich lang sein, was als Zusicherung `{ xa = xe }` im Klassendiagramm von Abbildung 3.36 angegeben ist.

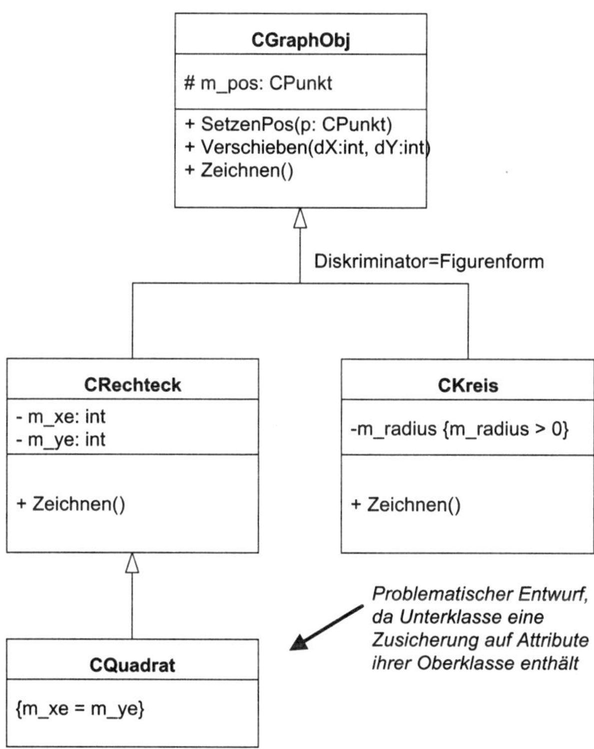

Abbildung 3.36: Quadrat als Spezialisierung von Rechteck

Objekte der Klasse `CQuadrat` enthalten dadurch ein redundantes Attribut (den Abstand `ye`), denn die Angabe des x-Abstandes `xe` vom Mittelpunkt würde genügen. Diese Redundanz kann man nicht vermeiden, da ein Quadrat eine Spezialform des Rechtecks ist. Um diese Redun-

7 Der Einfachheit halber bleiben wir bei unserem 1. Ansatz der Grafikbibliothek. In der Praxis sollte man natürlich keinen Aufwand scheuen, wenn man feststellt, dass sich ein anderes Design besser eignet ... Aber wir verwenden ja hier keine GUI und Rotationen der Figuren (☺).

danz zu vermeiden, müsste man das Rechteck als eine Spezialisierung von Quadrat realisieren, wobei die Klasse `CQuadrat` nur den x-Abstand `xe` enthält und die von ihr abgeleitete Unterklasse `CRechteck` zusätzlich noch den y-Abstand `ye`. Auch wenn dies Speicherplatzeinsparungen bringt, so ist doch von einem solchen Entwurf abzuraten, da man in diesem Fall keinen vernünftigen Diskriminator finden könnte.

Ein weiteres Argument gegen einen solchen Entwurf *»Rechteck als Spezialisierung von Quadrat«* ist die Tatsache, dass dies nicht der Realität entspricht. Der Satz *»Ein Rechteck ist ein Quadrat«* ist nicht sehr sinnvoll.

Nun aber zurück zur Klassenhierarchie in Abbildung 3.36, die auch nicht ganz unproblematisch ist, da die Klasse `CQuadrat` eine Zusicherung `{xe = ye}` auf Attribute ihrer Oberklasse enthält. Mag dies in diesem einfachen Beispiel noch überschaubar sein, so wird generell davon abgeraten, da Unterklassen, die solche Zusicherungen enthalten, nicht garantieren können, dass sich auch alle Operationen der Oberklassen daran halten. Diese Operationen kennen diese Zusicherungen nicht einmal, da nur in Richtung der Unterklassen vererbt wird und nicht umgekehrt.

Eine bessere und einfachere Lösung, um Rechtecke und Quadrate unterscheiden zu können, ist, dass man überhaupt keine eigene Klasse `CQuadrat` anbietet und stattdessen in der Klasse `CRechteck` einfach eine Methode `IstQuadrat()` hinzufügt:

```
bool IstQuadrat() { return xe==ye; }
```

Die Frage ist auch, inwieweit der Unterschied zwischen Rechteck und Quadrat überhaupt eine Rolle spielt.

Ein weiterer Aspekt, der beim Klassenentwurf berücksichtigt werden sollte, ist, ob es sich bei einer Eigenschaft um ein Attribut oder eine Methode handelt. In manchen Fällen ist es besser, eine Methode statt eines Attributes zu verwenden. Methoden haben den Vorteil, dass sie ein *Verhalten* beschreiben, das in den abgeleiteten Klassen anders implementiert werden kann, während ein Attribut nur über einen Wert verfügt. Beispielsweise verfügt jedes Tier über eine Fortbewegungsart, die je nach Tierart unterschiedlich ist. Wird die Fortbewegungsart als Methode realisiert statt eines einfachen Strings, so beschränkt sich der Unterschied zwischen Schwimmen, Fliegen, Laufen nicht nur auf die

Ausgabe des Strings, sondern kann tatsächlich – wie auch in der Natur – völlig anders realisiert werden.

Eine Methode ist auch eine gute Wahl, wenn die Beurteilung einer Fähigkeit von anderen Faktoren (Attributen) abhängt. Als Beispiel wollen wir unsere Grafikobjekte mit einer Angabe ausstatten, ob das vorliegende Grafikobjekt punktsymmetrisch ist. Auf den ersten Blick drängt sich hier ein Flag `m_PktSymFlag` in der Basisklasse `CGraphObj` auf, das in den entsprechenden Unterklassen auf **true** oder **false** gesetzt wird. Allerdings darf hier nicht übersehen werden, dass sich die Symmetrie z.B. bei einem Vieleck schlagartig ändern kann, wenn ein Punkt des Vielecks umpositioniert wird. Es muss dann ständig daran gedacht werden, dass das Attribut `m_PktSymFlag` umgesetzt werden muss, damit der insgesamte Zustand des Objektes wieder stimmt. Erschwerend kommt hinzu, dass das Flag in der Basisklasse definiert ist und so in der Klassenbeschreibung der konkreten Figur gar nicht so offensichtlich ist. Übersichtlicher ist es sicherlich, wenn man auf das Attribut `m_PktSymFlag` verzichtet und stattdessen eine Methode `IstPSymmetrisch()` einführt, die auf Anfrage mitteilt, ob die jeweilige Figur punktsymmetrisch ist. Unser Klassendiagramm könnte dann wie in Abbildung 3.37 gezeigt aussehen.

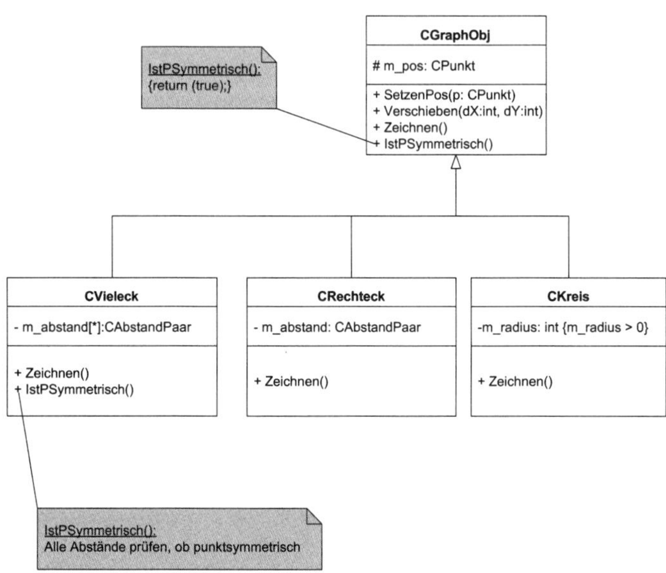

Abbildung 3.37: Realisierung der Punktsymmetrie bei Grafikobjekten

In Abbildung 3.37 wurde beim Rechteck für die Abstände `m_xe` und `m_ye` eine Klasse `CAbstandPaar` eingeführt, die dann auch beim Vieleck verwendet wird, um die einzelnen Abstände der Eckpunkte zum Mittelpunkt aufzunehmen. Die Methode `IstPSymmetrisch()` wird lediglich in der Klasse `CVieleck` überschrieben, da ein Rechteck und ein Kreis von Haus aus punktsymmetrisch sind.

Ist man sich nicht sicher, ob man lieber ein Attribut oder eine Methode einsetzen sollte, so ist im Zweifelsfall die Methode die bessere Wahl, da der Zustand eines Objektes immer über seine Attributwerte repräsentiert wird. Jedes neu hinzukommende Attribut kann daher die möglichen Zustände eines Objektes erhöhen, womit das Objekt unübersichtlicher werden kann, noch dazu wenn das Attribut sehr weit oben in der Vererbungshierarchie angesiedelt ist. Um die Übersichtlichkeit zu wahren, gilt als Faustregel ohnehin, dass die Vererbungshierarchie bei Klassen, die Attribute enthalten, eine Tiefe von drei Stufen nicht überschreiten sollte.

Wie wir gesehen haben, sollte die Generalisierung und Spezialisierung nicht nur unter Gesichtspunkten wie Speicherplatzeinsparungen oder Redundanzvermeidungen, sondern mit einem entsprechenden Weitblick vorgenommen werden. Ein solcher Weitblick sollte mögliche Konsequenzen und Auswirkungen miteinbeziehen, was oft nicht sehr einfach ist.

Vererbung ist nur ein Prinzip, das beim Design von Programmen eingesetzt werden kann. Daneben existieren aber auch andere Alternativen, wie z.B. *Delegation* oder *Aggregation* (vgl. Kapitel 6, Entwurfsprinzipien). Viele Designer überschätzen das Prinzip der Vererbung und versuchen es oft zwanghaft in Situationen anzuwenden, in denen der Einsatz von anderen Entwürfen wesentlich vorteilhafter gewesen wäre.

3.5.11 ÜBUNG: Klassenmodell Fahrzeuge erweitern

Autos, Dreiräder, ... besitzen Räder. Wenn eines dieser Fahrzeuge fährt, bedeutet dies, dass sich seine Räder drehen. Bauen Sie diese Erkenntnisse in Ihr Klassenmodell ein. Überlegen Sie gut, an welcher Stelle in der Klassenhierarchie Sie das Drehen der Räder ansiedeln wollen und warum gerade da.

Realisieren Sie Ihr Klassenmodell anschließend in C++.

Die gleiche `main()`-Funktion aus Übung 3.5.9 könnte dann beispielsweise zu folgender Ausgabe führen, bei der für jedes vorhandene Rad eine Rad-Drehung ausgeführt wird:

```
--------------------------------
Rad-Drehung Rad-Drehung Rad-Drehung Rad-Drehung
......Brumm brumm, tuet tuet.
--------------------------------
Rad-Drehung Rad-Drehung Rad-Drehung
--------------------------------
Rad-Drehung Rad-Drehung
......Kling kling.
--------------------------------
Rad-Drehung Rad-Drehung
--------------------------------
Rad-Drehung Rad-Drehung Rad-Drehung Rad-Drehung
......Brumm brumm, tuet tuet.
```

3.5.12 Substitutionsprinzip

Wird Spezialisierung bzw. Generalisierung richtig eingesetzt, so ist damit das so genannte *Substitutionsprinzip* verbunden. Das *Substitutionsprinzip* besagt, dass für die Objekte einer Basisklasse jederzeit Objekte der abgeleiteten Klassen eingesetzt werden können, da es sich ja bei der Vererbung um eine *Ist-ein-Beziehung* handelt, z.B. ein Kreis *ist ein* Grafikobjekt und ein Rechteck *ist ein* Grafikobjekt. Daher ist in C++ folgender Code möglich:

```
void main()
{
   CGraphObj gr;
   CRechteck r;
   CKreis k;

//...
   gr=k;
   gr=r;
// ...
}
```

Folgende Anweisung ist jedoch nicht erlaubt, da ein Grafikobjekt nicht zwangsläufig ein Kreis ist.

```
k=gr;    // NICHT ERLAUBT!
```

Betrachtet man die Attributwerte im Speicher, so geht bei der Zuweisung gr=k eine Information verloren, nämlich der Radius. Dieser ist aber für ein allgemeines Grafikobjekt auch nicht von Interesse. Abbildung 3.38 verdeutlicht diesen Sachverhalt.

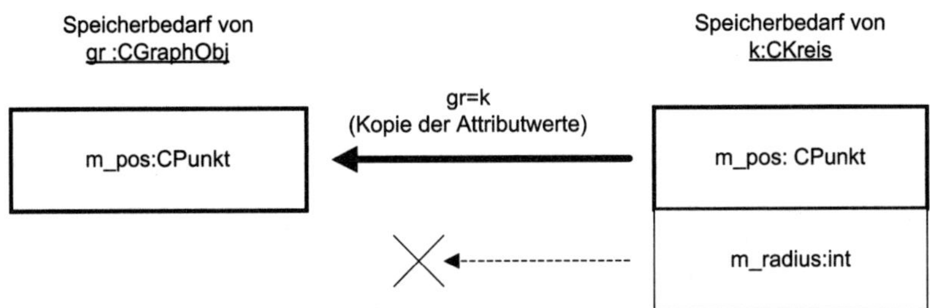

Abbildung 3.38: Speicher bei Zuweisung von Unterklasse an Oberklasse

Das Substitutionsprinzip ist Voraussetzung dafür, dass Objekte gemeinsam verwaltet werden können. So könnte man eine Zeichnung als eine Ansammlung von Grafikobjekten betrachten. Dies könnte man in C++ im einfachsten Fall als Array realisieren:

```
CGraphObj Zeichnung[5];
```

Nun könnte als erstes Zeichnungsobjekt ein Kreis gespeichert werden:

```
Zeichnung[5]=k;
```

Das Problematische ist dabei allerdings, dass dabei nun der Radius verloren gegangen ist. Besser wäre es daher, wenn das Array lediglich Zeiger auf Grafikobjekte enthalten würde:

```
CGraphObj* Zeichnung[5];
Zeichnung[0]=&k;
```

Nun verweist die Zeichnung auf unseren tatsächlich vorhandenen Kreis, und es gehen keine Informationen verloren. Abbildung 3.39 verdeutlicht diesen Sachverhalt.

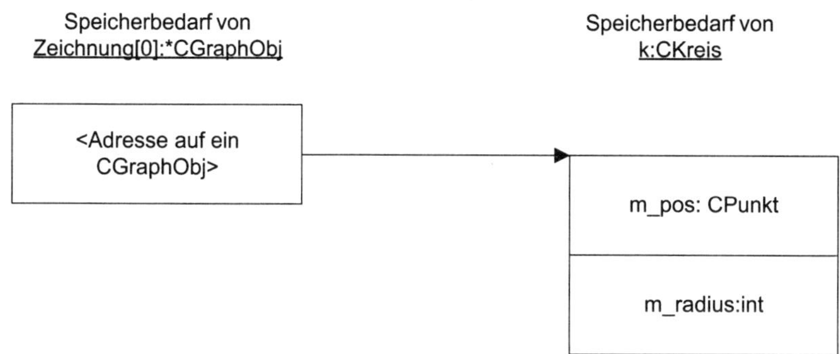

Abbildung 3.39: CGraphObj zeigt auf CKreis-Objekt*

Zeiger auf Basisklassen sind also ein sehr wichtiges Mittel, um gleichartige Objekte gemeinsam verwalten/ansprechen zu können. Sie werden daher auch mit einem speziellen Namen – nämlich als so genannte *Basispointer* – bezeichnet.

3.5.13 Virtuelle Methoden und Polymorphismus

Frühe und Späte Bindung (Polymorphismus)

Gehen wir nun davon aus, dass wir in unserer Zeichnung drei Kreise und zwei Rechtecke besitzen. Diese Zeichnung wollen wir komplett ausgeben und rufen daher für jedes Grafikobjekt im Array die Methode `Zeichnen()` auf, wie dies in Listing 3.17 (`drawAll.cpp`) gezeigt ist.

```
#include "graphik.h"
#include <iostream.h>

int main(void)
{

   CRechteck r1(4,5),r2;
   CKreis k1(1,1),
          k2(2,3,2),
          k3(2,2);

   CGraphObj* Zeichnung[5]={&k1,&k2,&r1,&r2,&k3};

   for(int i=0; i < 5; i++)
   {
      Zeichnung[i]->Zeichnen();
```

```
        cout << "--------------" << endl;
    }
    return 0;
}
```

Listing 3.17: (drawAll.cpp) Zeichnen aller Grafikobjekte in der Zeichnung

Listing 3.17 (`drawAll.cpp`) erzielt folgende Ausgabe:

```
P(x,y)= 1, 1
--------------
P(x,y)= 2, 3
--------------
P(x,y)= 4, 5
--------------
P(x,y)= 0, 0
--------------
P(x,y)= 2, 2
--------------
```

Wie wir an dieser Ausgabe sehen, wird stets die Methode `CGraphObj::Zeichnen()` aufgerufen, was sicherlich nicht gewünscht war. Denn schließlich soll sich ja ein Kreis so darstellen, wie es ein Kreis tut, nämlich mit `CKreis::Zeichnen()`.

Woran liegt das?

Der Grund hierfür ist, dass wir Zeiger auf `CGraphObj`-Objekte verwenden. Beim Linken wird daher bei der Anweisung `Zeichnung[i]->Zeichnen()` die Startadresse für `CGraphObj::Zeichnen()` eingetragen; denn woher soll der Linker wissen, auf welche Objekte der Pointer konkret zeigt – auf ein allgemeines Grafikobjekt, auf einen Kreis oder auf ein Rechteck? Der Zeiger kann ja während der Laufzeit jederzeit auf ein anderes Grafikobjekt gesetzt werden. Man spricht daher in diesem Zusammenhang von *früher Bindung* oder *statischer Bindung*, da zu einem frühen Zeitpunkt, nämlich bereits beim Linken, festgelegt wird, welche Methode aufgerufen wird.

Wie lässt sich das Problem dann aber lösen?

C++ bietet hierzu die Möglichkeit, Methoden mit dem Schlüsselwort **virtual** zu kennzeichnen. Wird eine solche virtuelle Methode aufgerufen, so wird beim Linken an dieser Stelle keine feste Sprungadresse eingetragen, sondern der Methodenaufruf wird erst zur Laufzeit des Programms der tatsächlichen Methode zugeordnet. Dies bezeichnet man daher auch als *späte Bindung* oder *dynamische Bindung*.

Soll die Methode `Zeichnen()` sich also auf das jeweilige Objekt beziehen, das hinter einem `CGraphObj`-Pointer steht, so muss vor die Methode `Zeichnen()` das Schlüsselwort **virtual** geschrieben werden:

```
class CGraphObj
{
protected:
   CPunkt m_Pos;
public:
   CGraphObj(int x=0, int y=0);
   void SetzenPos(CPunkt p);
   void Verschieben(int dX, int dY);
   virtual void Zeichnen();
};
```

Dieses kleine Wort bewirkt nun (bei gleicher `main()`-Funktion) folgende Ausgabe:

```
P(x,y)= 1, 1
Kreis(radius): 1
---------------
P(x,y)= 2, 3
Kreis(radius): 2
---------------
P(x,y)= 4, 5
Rechteck(xe,ye): 1, 1
---------------
P(x,y)= 0, 0
Rechteck(xe,ye): 1, 1
---------------
P(x,y)= 2, 2
Kreis(radius): 1
---------------
```

Das Schlüsselwort **virtual** muss nur in der Basisklasse angegeben werden. Es bietet sich jedoch aus dokumentarischen Gründen an, **virtual** auch vor den entsprechenden Methoden der abgeleiteten Klasse zu schreiben.

Die Eigenschaft, mit dem gleichen Methodenaufruf unterschiedliche Ergebnisse zu erzielen, wird auch als *Polymorphismus* bzw. *Polymorphie* (dt. wörtlich: »Vielgestaltigkeit«) bezeichnet. Oder objektorientiert ausgedrückt: Polymorphismus bedeutet, dass kompatible Objekte unterschiedlicher Klassen auf ein und dieselbe Nachricht unterschiedlich reagieren können. Dies findet sich ja auch häufig in der Realität wieder: Oder was passiert, wenn ein Franke und ein Hannoverianer beide »Suppenteller« sagen sollen? (vgl. Übung 3.5.14)

In der UML lassen sich Ansammlungen von Objekten unterschiedlicher Klassen, an die eine Botschaft geschickt wird, wie in Abbildung 3.40 darstellen. Damit kann der Polymorphismus beim Zeichnen unterschiedlicher Grafikobjekte gut zum Ausdruck gebracht werden. Wir stellen uns hierzu vor, dass unser Array `Zeichnung` in einer Klasse `CZeichenblatt` gekapselt ist.

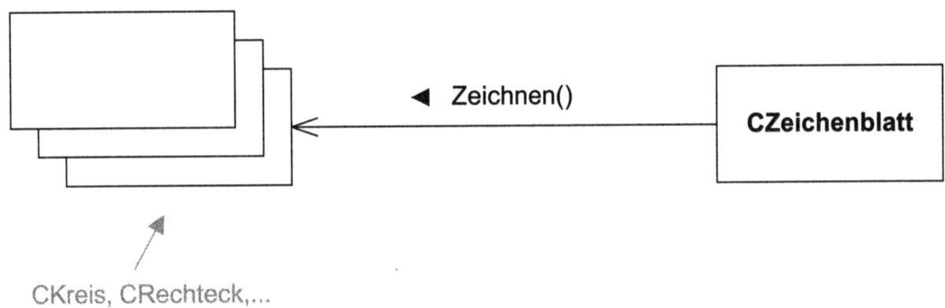

Abbildung 3.40: Mögliche Darstellung von Polymorphismus in UML

Wie wird nun die späte Bindung, die die Voraussetzung für Polymorphismus ist, intern durch den Compiler realisiert?

Der Trick ist, dass das Objekt selbst weiß, welche Methode in seinem Fall aufgerufen werden muss, indem es einen Zeiger auf eine Tabelle besitzt, in der die für ihn richtigen Einsprungadressen der virtuellen Methoden stehen. Welche virtuellen Methoden die richtigen sind, hängt von der Klasse ab, zu der das Objekt gehört. Denn jede Klasse, die mindestens eine virtuelle Funktion besitzt, verfügt über eine so genannte *Virtual Method Table (VMT)*, in der die Adressen auf die virtuellen Methoden gespeichert sind. Ein Objekt einer Klasse mit polymorphen Eigenschaften (=virtuellen Methoden) hat dann einen so genannten *virtual method pointer (vmp)*, der auf die für das Objekt gültige VMT zeigt. Der vmp ist ein verborgener (für den Programmierer nicht zugreifbarer) Zeiger, über den dann zur Laufzeit die richtige Methode aufgerufen wird.

Man kann sich dies so vorstellen, dass der Aufruf

```
Zeichnung[0]->Zeichnen();
```

etwa umgesetzt wird in

```
Zeichnung[0]->vmp[0]()
```

Abbildung 3.41 zeigt den Zusammenhang zwischen dem vmp im Objekt und der VMT der jeweiligen Klassen. Pro virtueller Methode gibt es in jeder VMT einen Eintrag, in unserem Fall für die Methoden `Zeichnen()`und `IstPSymmetrie()`. Gibt es eine abgeleitete Klasse, die keine virtuelle Methode der Basisklasse überlädt, so hat sie dennoch eine VMT. In unserem Fall könnte dies z.B. eine Klasse `CPunkt` sein, die beide Methoden aus der Basisklasse 1:1 übernimmt.

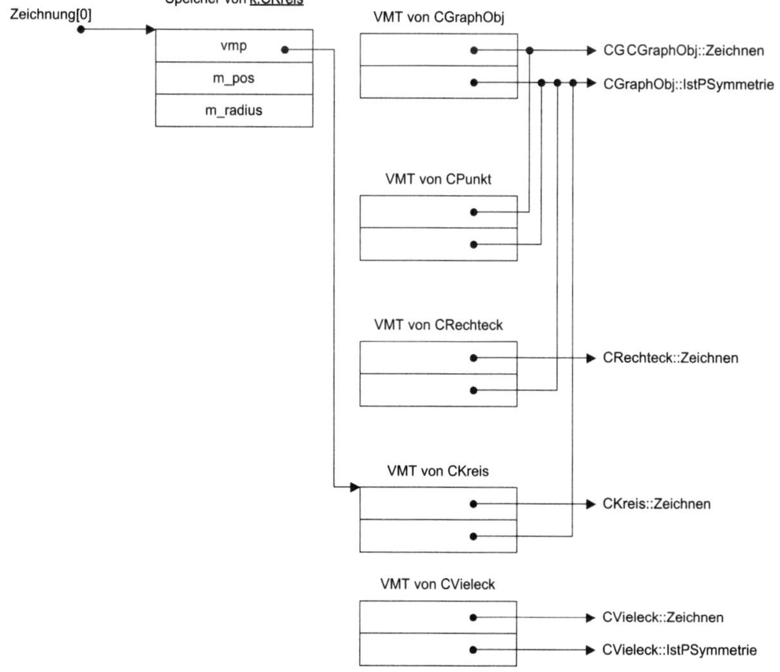

Abbildung 3.41: Interne Funktionsweise von Polymorphismus

Dass der vmp tatsächlich vorhanden ist, zeigt sich, wenn wir nun folgende – bereits bekannte – `main()`-Funktion noch einmal aufrufen:

```
void main()
{
   CGraphObj gr;
   CRechteck r;
   CKreis k;


   cout << "Speicher von gr: " << sizeof(gr) << endl;
   cout << "Speicher von r: " << sizeof(r) << endl;
   cout << "Speicher von k: " << sizeof(k) << endl;
}
```

Dieses Programm führt nun zu der Ausgabe:

```
Speicher von gr: 12
Speicher von r: 20
Speicher von k: 16
```

Entfernen wir (kurzzeitig zu Demozwecken) das Schlüsselwort **virtual** vor `CGraphObj::Zeichnen()` und `CGraphObj::IstPSymmetrie()` so erhalten wir wieder die Ausgabe:

```
Speicher von gr: 8
Speicher von r: 16
Speicher von k: 12
```

Die jeweils 4 Byte mehr entsprechen der Größe eines Zeigers (des vmp) auf einem 32-Bit-System. Die Ausgabe ändert sich auch nicht, wenn in der Klasse `CGraphObj` weitere virtuelle Methoden definiert werden.

Virtuelle Destruktoren

Konstruktoren dürfen nicht **virtuell** deklariert werden, da beim Erzeugen von Objekten immer die tatsächliche Klasse bereits zur Compilezeit festgelegt wird.

Bei Destruktoren ist dies anders: Ist ein Destruktor in der Basisklasse virtuell deklariert und wird z.B. `delete` mit einem Basisklassenzeiger auf ein Objekt der abgeleiteten Klasse aufgerufen, so werden alle Destruktoren entsprechend richtig abgearbeitet. Dies ist besonders wichtig, wenn es um Speicherverwaltung geht. Als Beispiel hierzu dient Listing 3.18 (virt_destr.cpp), in dem der Destruktor der Klasse CVater nicht virtuell deklariert ist, was zur Folge hat, dass bei der **delete**-Anweisung in main() der Destruktor von CVater aufgerufen wird statt der von CKind. Damit entsteht eine »Speicherleiche«, weil der in CKind dynamisch angelegte Speicher nicht mehr freigegeben wird (was im Destruktor von CKind geschehen würde).

```
#include <iostream.h>

class CVater
{
   int *m_vaterZgr, m_laenge;
public:
   CVater(int l)
   {
      m_vaterZgr = new int[l];
      m_laenge = l;
   }
   ~CVater()
   {
      if(m_vaterZgr)
         delete [] m_vaterZgr;
      cout << "Destruktor von CVater\n";
   }
};
//---------------------------------------------------------
class CKind : public CVater
{
   int *m_kindZgr, m_laenge;
public:
   CKind(int l) : CVater(l)
   {
      m_kindZgr = new int[l];
      m_laenge = l;
   }
   ~CKind()
   {
      if(m_kindZgr)
         delete [] m_kindZgr;
      cout << "Destruktor von CKind\n";
   }
};
```

```
//-------------------------------------------------------
int main(void)
{
   CVater* Vzgr;

   Vzgr = new CKind(10);
   delete Vzgr;

   return 0;
}
```

Listing 3.18: (virt_destr.cpp): Nicht virtueller Destruktor

Dass der Destruktor der Klasse `CKind` nicht aufgerufen wird und somit eine Speicherleiche entsteht, lässt sich an der folgenden Ausgabe von Listing 3.18 (`virt_destr.cpp`) erkennen:

```
Destruktor von CVater
```

Würde man in Listing 3.18 (`virt_destr.cpp`) beim Destruktor von CVater noch **virtual** angeben:

```
virtual ~CVater()
```

dann würde eine solche »Speicherleiche« vermieden, was sich an folgender Ausgabe erkennen lässt:

```
Destruktor von CKind
Destruktor von CVater
```

Polymorphie statt switch-Anweisung

Wir haben gesehen, dass bei Polymorphismus je nach Objekt eine andere Methode aufgerufen wird. Würde man in jedem Objekt eine ID mitführen, so könnte man den Polymorphismus für unser Zeichenbeispiel auch mit folgendem Pseudocode umschreiben:

```
#define GROBJ 0
#define KREIS 1
#define RECT  2
#define PKT   3

...
   switch(m_id)
   {
   case GROBJ:
```

```
case PKT:
   CGraphObj::Zeichnen()
   break;
case KREIS:
   CKreis::Zeichnen()
   break;
case RECT:
   CRechteck::Zeichnen()
   break;
...
}
```

Diese Anweisungen dienten hier wirklich nur zur Verdeutlichung. Jedem C++-Entwickler würden sich bei einem ähnlichen Code wie abgebildet die Haare sträuben, denn genau dafür gibt es den Polymorphismus! Es ist vielmehr so, dass eigentlich jede **switch**-Anweisung in C++ durch Polymorphismus ersetzt werden kann. Polymorphismus hat gegenüber einer **switch**-Anweisung den großen Vorteil, dass er sich nahezu automatisch (bis auf das Schlüsselwort **virtual**) vollzieht, während bei einer **switch**-Anweisung mit jeder neuen Unterklasse an sämtlichen Stellen an die zusätzlich nötige **case**-Marke gedacht werden müsste.

Wir wollen nun ein Programm erstellen, bei dem der Anwender festlegt, welche Grafikobjekte in der Zeichnung vorkommen sollen. Bevor Sie weiterlesen, überlegen Sie einmal, wie Sie die **switch**-Anweisung beim Einlesen der Auswahl vermeiden könnten, indem Sie stattdessen Polymorphismus einsetzen.

Das Listing 3.19 zeigt, wie in diesem Beispiel auf eine **switch**-Anweisung völlig verzichtet werden kann. Hintergrund der Überlegung ist, dass jedem Grafikobjekt die Fähigkeit verliehen wird, sich selbst zu reproduzieren. Ist dies geschehen, so muss von jeder Art lediglich ein Exemplar in einem Array hinterlegt werden. Über den Index wird dann das Exemplar ausgewählt, das vervielfältigt werden soll.

Die Klassen werden dazu mit zwei weiteren virtuellen Methoden ausgestattet:

- `CGraphObj* Kreieren()`
  Legt ein neues Objekt der eigenen Klasse (auf dem Heap) an und gibt den Zeiger darauf zurück.

- `char* ToString()`
  Liefert einen String (char*) für die Klasse zurück (für die Menu-Beschriftung)

Der folgende Codeausschnitt zeigt die Implementierungen der Methoden in `graphik.cpp`. Die Klassendeklarationen in `graphik.h` müssen natürlich entsprechend angepasst werden.

```
CGraphObj* CGraphObj::Kreieren()
{
   return new CGraphObj;
}
char* CGraphObj::ToString()
{
   return "Ein simples Grafik-Objekt";
}
//------------------------------------------------------------
CGraphObj* CRechteck::Kreieren()
{
   return new CRechteck;
}
char* CRechteck::ToString()
{
   return "Ein Rechteck";
}
//------------------------------------------------------------
CGraphObj* CKreis::Kreieren()
{
   return new CKreis;
}
char* CKreis::ToString()
{
   return "Ein Kreis";
}
```

Und so sieht unser Programm aus:

```
#include "graphik.h"
#include <iostream.h>

#define ANZ_GROBJ   3   // Anzahl GrObjekte in Zeichnung

int main(void)
{
```

```
// Zeichnung anlegen
CGraphObj* Zeichnung [ANZ_GROBJ];

// Eine Copy-Station anlegen
// (Von jeder Sorte ein Repräsentant)
CGraphObj* GrTyp[]={(new CKreis),
                    (new CRechteck),
               // mögliche Ergänzung des Arrays, z.B:
                 //.................................
                 // (new CLinie),
                 // (new CPunkt),
                 // (new CVieleck),
                 //.................................
                    };

int Max_GrTyp,   // Größter gültiger Index bei
                 // GrTyp[]
    Eingabe,     // Eingabe-Wahl (= Index in Copy-
                 // Station)
    x,y;         // jeweilige eingelesene Position
                 // des Grafikobjektes

// Max_GrTyp ermitteln
Max_GrTyp=sizeof(GrTyp) / sizeof(GrTyp[0])-1;


// Auswahl an Grafikobjekten treffen
cout << "\n\nGeben Sie " << ANZ_GROBJ
     << " Grafik-Objekte ein." << endl;
for (int i=0; i < ANZ_GROBJ; i++)
{
   // Menü erstellen
   cout << "-----------------------------------"
        << endl;
   for(int j=0; j<= Max_GrTyp; j++)
      cout << j << ":\t" << GrTyp[j]->ToString()
           << endl;

   do
   {
      cout << "\n\n" << i+1 << "). Welche Figur"
              "soll kreiert werden (0-"
           << Max_GrTyp << "): ";
      cin >> Eingabe;
   }while( (Eingabe < 0) || (Eingabe > Max_GrTyp) );
```

```
      // Grafikobjekt anlegen
      Zeichnung[i]= GrTyp[Eingabe]->Kreieren();

      // Position (Mittelpunkt) einlesen
      cout << "Position p(x,y):\n"
           << "x?: ";
      cin >> x;
      cout << "y?: ";
      cin >> y;
      Zeichnung[i]->SetzenPos(CPunkt(x,y));

      cout << endl;    // für nächsten Schleifen-
                       // Durchlauf
   }

   // Die Grafikobjekte zeichnen sich
   cout << "\n\nDie Zeichnung wird nun erstellt..."
        << endl;
   for (i=0; i < ANZ_GROBJ; i++)
   {
      cout << "\n****  " << (i+1) << ". Element ****"
           << endl;
      Zeichnung[i]->Zeichnen();
   }

   cout << "\n\n" << endl;

   // Speicher wieder freigeben
   for (i=0; i < ANZ_GROBJ; i++)
      delete Zeichnung[i];   // Speicher für Graphik-
                             //Elemente in der Zeichnung
   for(i=0; i < Max_GrTyp;i++)
      delete GrTyp[i];   // Speicher von Kopier-Station
   return 0;
}
```

Listing 3.19: (Zeichnung.cpp): Polymorphismus statt switch

Ein möglicher Ablauf von Listing 3.19 wäre:

```
Geben Sie 3 Grafik-Objekte ein.
------------------------------------------
0:      Ein Kreis
1:      Ein Rechteck
```

```
1). Welche Figur soll kreiert werden (0-1): 0[↵]
Position p(x,y):
x?: 17[↵]
y?: 4[↵]

------------------------------------------
0:      Ein Kreis
1:      Ein Rechteck


2). Welche Figur soll kreiert werden (0-1): 1[↵]
Position p(x,y):
x?: 8[↵]
y?: 3[↵]

------------------------------------------
0:      Ein Kreis
1:      Ein Rechteck


3). Welche Figur soll kreiert werden (0-1): 0[↵]
Position p(x,y):
x?: 4[↵]
y?: 3[↵]



Die Zeichnung wird nun erstellt...

****  1. Element ****
P(x,y)= 17, 4
Kreis(radius): 1

****  2. Element ****
P(x,y)= 8, 3
Rechteck(xe,ye): 1, 1

****  3. Element ****
P(x,y)= 4, 3
Kreis(radius): 1
```

Dass mit Hilfe von Polymorphismus **switch**-Anweisungen vermieden werden können, dürfte versierte C-Programmierer nicht verwundern, denn bereits mit C lassen sich bei Funktionsaufrufen **switch**-Anweisungen vermeiden, wenn man Arrays aus Funktionspointern einführt.

Und wie wir gesehen haben, setzt die interne Realisierung des Polymorphismus in C++ mit den VMTs auf ein ähnliches Prinzip.

Entscheidend am Polymorphismus ist jedoch nicht das Vermeiden von **switch**-Anweisungen, sondern die damit verbundene Philosophie: Artverwandte Objekte lassen sich gemeinsam verwalten, aber jedes Objekt reagiert auf seine eigene, evtl. ganz unterschiedliche Art und Weise.

Zuweilen wird unterschieden zwischen statischen und dynamischen Polymorphismus. *Statischer Polymorphismus* findet beim Überladen von Funktionen statt, wie es in Kapitel 3.5 vorgestellt wurde. Beim Überladen von Funktionen werden mehrere Funktionen mit gleichem Namen, aber unterschiedlichen Parameterlisten definiert. Welche Funktion dann auszuführen ist, entscheiden dabei die Anzahl und die Argumente beim Aufruf dieser Funktion. Beim statischen Polymorphismus wählt der Compiler bei einem Funktionsaufruf die entsprechende Funktion aus und »brennt« deren Adresse fest ins Programm ein. Hier findet also eine *statische/frühe Bindung* statt.

Dynamischer Polymorphismus dagegen setzt die *dynamische / späte Bindung* voraus. Wie wir gesehen haben, wird hier die Adresse der auszuführenden Funktion erst zur Laufzeit des Programms und nicht schon zur Compilezeit ermittelt. Die Signaturen der Methoden sind hier im Gegensatz zum statischen Polymorphismus identisch.

Es lässt sich darüber streiten, ob es sich beim statischen Polymorphismus überhaupt um Polymorphie handelt, da es eben nicht ein und die selbe Nachricht ist, die an unterschiedliche Objekte verwandter Art geschickt wird, denn die Nachricht unterscheidet sich streng genommen in der Signatur.

3.5.14 ÜBUNG: Fragen zur Lernkontrolle

Was würde das folgende Listing 3.20 (`virtsize.cpp`) ausgeben?

1. 32
2. 28
3. 24

4. 16

5. 8

```
#include  <iostream.h>
// -------------------------------------------------
class CGraphObj
{
public:
   virtual void Draw() {}
   CGraphObj() {}
   virtual ~CGraphObj() {}

protected:
   char m_farbe[20];
};
// -------------------------------------------------
class CPunkt : public CGraphObj
{
public:
   CPunkt(int x, int y)
   {
      m_x = x;
      m_y = y;
   }
   virtual ~CPunkt() {}
private:
   int m_x;
   int m_y;
};
// -------------------------------------------------
int main(void)
{
   CPunkt    myPoint(0, 0);

   cout << sizeof(myPoint)    << endl;

   return 0;
}
```

Listing 3.20: (virtsize.cpp): Übung zu virtuellen Funktionen

Welche Beziehung zwischen dem Speicherbedarf eines Objektes der Basisklasse und einer abgeleiteten Klasse ist richtig, wenn `CAuto` *von* `CFahrzeug` *abgeleitet ist?*

```
1. sizeof(CAuto) <= sizeof(CFahrzeug)
2. sizeof(CAuto) >  sizeof(CFahrzeug)
3. sizeof(CAuto) >= sizeof(CFahrzeug)
4. sizeof(CAuto) <  sizeof(CFahrzeug)
```

Übung: Was gibt das folgende Listing 3.21 (`virtfrank.cpp`*) aus?*

1. Suppenteller---Subbendeller---Suppenteller---
2. Suppenteller---Suppenteller---Suppenteller---
3. Keine der Antworten ist richtig.

```
#include <iostream.h>
#include <string.h>

class CMensch
{
public:
   void Sprechen(char *str) { cout << str; }
};
// ---------------------------------------------
class CFranke : public CMensch
{
public:
   void Sprechen(char *str)
   {
      for (int i=0; i<strlen(str); i++)
         switch (str[i]) {
            case 'p':  cout << 'b';    break;
            case 'P':  cout << 'B';    break;
            case 't':  cout << 'd';    break;
            case 'T':  cout << 'D';    break;
             default:  cout << str[i]; break;
         }
   }
};
// ---------------------------------------------
int main(void)
{
```

```
   CMensch *Entwickler[3], Heinrich, Ursula;
   CFranke  Schorsch;

   Entwickler[0] = &Heinrich;
   Entwickler[1] = &Schorsch;
   Entwickler[2] = &Ursula;

   for (int i=0; i<3; i++)
   {
      Entwickler[i]->Sprechen("Suppenteller");
      cout << "---";
   }
   cout << endl;

   return 0;
}
```

Listing 3.21: (virtfrank.cpp): Übung zum Überschreiben von Methoden

3.5.15 ÜBUNG: Parkplatz

Erstellen Sie eine `main()`-Funktion, die folgende Situation widerspiegelt:

Vor einem Geschäft gibt es einen Parkplatz mit 10 Parkbuchten. Bei Geschäftsschluss fahren alle dort parkenden Fahrzeuge vom Parkplatz. Die Fahrzeugklassen können Sie aus Übung 3.5.11 übernehmen.

Parken auf dem Parkplatz beispielsweise ein Fahrrad, ein Auto, ein Motorrad und noch ein Auto, so würde das Programm für den Geschäftsschluss Folgendes ausgeben:

```
---------------------------------
Rad-Drehung Rad-Drehung
......Kling kling.
---------------------------------
Rad-Drehung Rad-Drehung Rad-Drehung Rad-Drehung
......Brumm brumm, tuet tuet.
---------------------------------
Rad-Drehung Rad-Drehung
---------------------------------
Rad-Drehung Rad-Drehung Rad-Drehung Rad-Drehung
......Brumm brumm, tuet tuet.
```

3.6 Abstrakte Klassen

Klassen, von denen niemals Objekte erzeugt werden können, bezeichnet man als abstrakte Klassen.

3.6.1 Abstrakte Klassen in UML

Betrachten wir noch einmal die Klasse `CGraphObj` in unserer Grafikbibliothek. In der Realität wird es kaum Objekte dieser Klasse geben, sondern vielmehr Kreise, Rechtecke,... also Objekte der abgeleiteten Klassen. Es bietet sich daher an, die Klasse `CGraphObj` als abstrakte Klasse zu realisieren; denn sie ist nur vorhanden, um die gemeinsamen Eigenschaften der Unterklassen zu abstrahieren.

Abstrakte Klassen werden in einem UML-Klassendiagramm dadurch gekennzeichnet, dass entweder der Eigenschaftswert {*abstrakt*} unterhalb des Klassennamens oder aber der Klassenname selbst in kursiver Schreibweise angegeben wird. In Abbildung 3.42 ist die Klasse `CGraphObj` als abstrakte Klasse gekennzeichnet.

Da – wie wir festgestellt haben – ein allgemeines Grafikobjekt keinen Sinn macht, sind auch die Implementierungen für die Methoden `Kreieren()` und `ToString()` überflüssig. Wichtig ist nur, dass alle Grafikobjekte diese Methoden zur Verfügung stellen. Wir kennzeichnen diese Methoden daher als abstrakt, um auszudrücken, dass die Klasse für diese Methoden keine Implementierung vorsieht.

In Abbildung 3.42 haben wir auch die Methode `IstPSymmetrisch()` in `CGraphObj` abstrakt angegeben. Dies hat den Vorteil, dass nun jede abgeleitete Klasse diese Methode implementieren muss und damit gezwungen ist, sich über die Punktsymmetrie Gedanken zu machen. Bietet die Basisklasse dagegen bereits eine standardmäßige Implementierung, so kann es leicht passieren, dass eine abgeleitete Klasse übersieht, dass diese Implementierung für sie gar nicht zutrifft und die Methode daher fälschlicherweise nicht überschreibt.

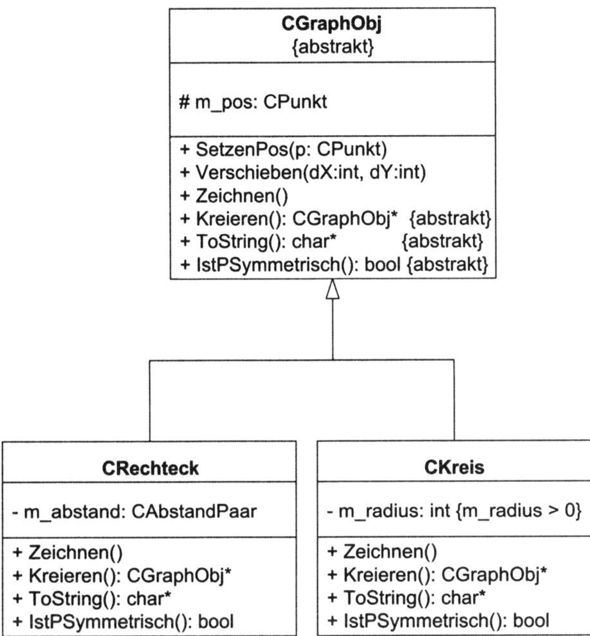

Abbildung 3.42: UML-Notation von abstrakten Klassen

3.6.2 Abstrakte Klassen in C++

Abstrakte Klassen dienen also dazu, bestimmte Konzepte, Schnittstellen, Methoden bzw. Eigenschaften vorzugeben, die dann in abgeleiteten Klassen entsprechend modifiziert werden können. In C++ wird eine Klasse zur abstrakten Klasse, indem mindestens eine ihrer virtuellen Methoden mit `0` (Null) initialisiert wird. Solche virtuelle Methoden werden auch als *reine virtuelle Methoden* (engl. *pur virtual methods*) bezeichnet.

Das folgende Programmkonstrukt zeigt, wie abstrakte Klassen in C++ definiert werden und wie sie benutzt werden können:

```
class KlassenName
{
// Reine virtuelle Methode
   virtual datentyp funktionsname (paramliste) = 0;
};
```

```
KlassenName  object_1;  // Ist nicht möglich, da KlassenName
                        // eine abstrakte Klasse ist
                        // → Compiler-Fehler
KlassenName* zgr;       // Zeiger von abstrakten Klasse sind
                        // dagegen erlaubt.
```

Wird eine solche reine virtuelle Methode in der abgeleiteten Unterklasse nicht neu definiert, ist die Unterklasse ebenfalls eine abstrakte Klasse.

Wie würde demnach nun unsere Klasse `CGraphObj` aus Abbildung 3.42 in C++ aussehen?

In `graphik.h` werden die rein virtuellen Methoden mit `0` (Null) initialisiert...

```
//------------------------------------------------------------
// Deklaration CGraphObj
// -----------------------------------------------------------
class CGraphObj
{
protected:
   CPunkt m_Pos;
public:
   CGraphObj(int x=0, int y=0);
   void SetzenPos(CPunkt p);
   void Verschieben(int dX, int dY);
   virtual void Zeichnen();
   virtual CGraphObj* Kreieren()=0;
   virtual char* ToString()=0;
   virtual bool IstPSymmetrisch()=0;
};
```

... in `graphik.cpp` wird keine Implementierung für diese Methoden angegeben.

```
//------------------------------------------------------------
// Implementierung CGraphObj
// -----------------------------------------------------------
CGraphObj::CGraphObj(int x, int y)
{
   m_Pos.SetPoint(CPunkt(x,y));
}
void CGraphObj::SetzenPos(CPunkt p)
{
```

```
   m_Pos.SetPoint(p);
}
void CGraphObj::Verschieben(int dX, int dY)
{
   m_Pos.MovePoint(dX,dY);
}
void CGraphObj::Zeichnen()
{
   m_Pos.Draw();
}
```

3.6.3 Abstrakte Klassen und Polymorphismus

Beim Polymorphismus geht es darum, dass Objekte gemeinsam angesprochen werden können, aber entsprechend ihrer Art reagieren. Um die Objekte gemeinsam ansprechen zu können, muss also garantiert sein, dass sie über die gleiche(n) Methode(n) verfügen. Genau hier bietet sich eine gemeinsame abstrakte Klasse an, die festlegt, über welche Methoden diese Objekte verfügen. Man könnte es sich so vorstellen, dass diese Basisklasse der »gemeinsame Griff« ist, über den ich alle Objekte »anpacken« kann.

Eine Basisklasse, die rein abstrakt ist, also nur aus abstrakten Methoden besteht, macht also durchaus sehr viel Sinn.

Unsere Basisklasse `CGraphObj` besitzt auch nicht abstrakte Methoden, da wir den Ansatz gewählt haben, dass alle Grafikobjekte einen Mittelpunkt haben. Methoden, die sich auf den Mittelpunkt beziehen, sind daher auch dort implementiert. Betrachten wir an dieser Stelle noch einmal den Ansatz, dass jedes Grafikobjekt seine Daten so verwaltet, wie es für das jeweilige Grafikobjekt am effektivsten ist, so lässt sich die Basisklasse `CGraphObj` auch als rein abstrakte Klasse definieren. Sie legt damit lediglich fest, über welche Methoden Grafikobjekte verfügen und stellt damit den »gemeinsamen Griff« dar, um diese Grafikobjekte gemeinsam verwalten zu können. Abbildung 3.43 zeigt das zugehörige Klassendiagramm.

Rein abstrakte Klassen werden auch als *Schnittstellenklassen* bezeichnet, da sie die gemeinsame Schnittstelle der abgeleiteten Klassen festlegen. Sie sind ein wichtiges Mittel im objektorientierten Entwurf, weswegen die UML dafür sogar eine eigene Notation besitzt (vgl. Kapitel 3.8, Schnittstellen auf Seite 237).

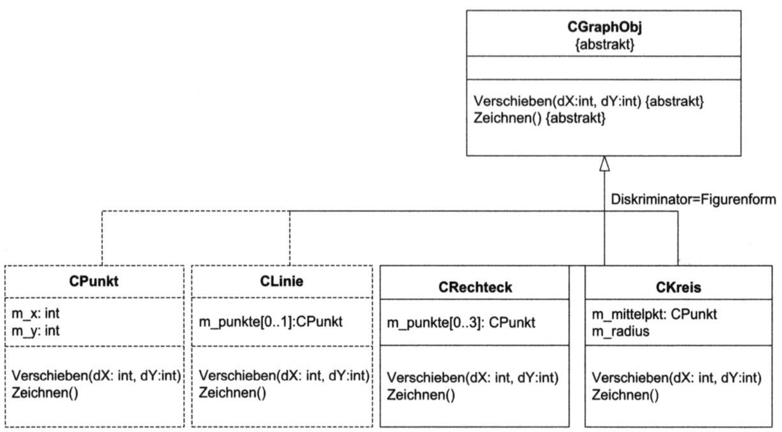

Abbildung 3.43: CGraphObj als rein abstrakte Basisklasse

3.6.4 ÜBUNG: Zoo

Erstellen Sie ein Programm, das einen Zoo simuliert, bei dem sich die einzelnen Bewohner wie folgt vorstellen:

Hallo, mein Name ist ....
Ich lebe ... (im Wasser / auf der Erde / in der Luft)
Ich bin ....<Tierart>

Folgende Tierarten sollen im Zoo vorhanden sein:
Hund, Katze, Maus, Schmetterling, Biene, Vogel, Wal, Hai

Der Zoo soll zufällig mit Tieren gefüllt werden. Die Namen werden dabei den Tieren ebenfalls zufällig zugeordnet. Als Namen könnten z.B. verwendet werden: »Wotan«, »Pluto«, »Maya«, »Lukas«, »Flipper«, »Tarzan«, »Kucki«, »Slappi«, »Fury«, »Moritz«.

Erstellen Sie vor der Implementierung ein Klassendiagramm.

Möglicher Ablauf des Programms (hier für 4 Tiere):

```
Die Tiere aus dem Zoo stellen sich vor:

**** TIER-NUMMER 1 ****
Hallo, mein Name ist Kucki.
Ich lebe auf dem Land.
```

```
Ich bin eine Maus.

**** TIER-NUMMER 2 ****
Hallo, mein Name ist Slappi.
Ich lebe in der Luft.
Ich bin eine Biene.

**** TIER-NUMMER 3 ****
Hallo, mein Name ist Wotan.
Ich lebe auf dem Land.
Ich bin eine Maus.

**** TIER-NUMMER 4 ****
Hallo, mein Name ist Tarzan.
Ich lebe im Wasser.
Ich bin ein Wal.
```

Wie bereits bei Übung 3.5.7 kann auch hier viel Tipparbeit gespart werden, wenn zum Definieren der Tiere ein geeignetes Makro (#define) erstellt wird.

3.7 Mehrfachvererbung

C++ erlaubt beim Ableiten von Klassen die Angabe mehrerer Basisklassen.

3.7.1 Mehrfachvererbung in C++

Bei einer *Mehrfachvererbung* erbt die abgeleitete Klasse die Eigenschaften aller Basisklassen, wobei grundsätzlich die gleichen Regeln wie beim Ableiten von nur einer Basisklasse gelten:

```
class A
{
  ...
};

class B
{
  ...
};
```

```
class C : public A, public B
{
  ...
};
```

Bei der Mehrfachvererbung gilt Folgendes:

- Die neue Klasse wird also wie bisher deklariert. Nach dem Doppelpunkt können nun aber mehrere Namen von Basisklassen angegeben werden, die durch ein Komma voneinander zu trennen sind.
- Vor jedem Namen einer Basisklasse kann ein Zugriffsspezifizierer (**public, protected, private**) angegeben werden. Wird der Zugriffsspezifizierer weggelassen, wird **private** angenommen.
- Die gesamten Daten und Methoden aller Basisklassen befinden sich nun automatisch in der neuen abgeleiteten Klasse. Hier können nun jedoch auch Erweiterungen vorgenommen werden. Die Probleme, die bei Namensgleichheit von Daten oder Methoden in Basisklassen auftreten können, werden wir später näher behandeln.
- Die Konstruktoren der Basisklassen werden in der Reihenfolge ihrer Deklaration ausgeführt.

Das Listing 3.22 (`mehrerb1.cpp`) verwendet die Mehrfachvererbung für die Implementierung der Klasse `CZeitpunkt`, die von den Klassen `CDatum` und `CZeit` abgeleitet ist. Die Klasse `CZeitpunkt` fasst nur bereits vorhandene Eigenschaften der Basisklassen zusammen, um eine neue Funktionalität anzubieten, nämlich die Methode `Ausgeben()`, die ihrerseits nur die Methode `Ausgeben()` der beiden Klassen `CDatum` und `CZeit` aufruft. Da in beiden Basisklassen und in der abgeleiteten Klasse eine Methode gleichen Namens (`Ausgeben()`) existiert, kann auf die Basisklassenmethoden nur mit der Angabe des Basisklassennamens gefolgt vom Bereichszugriffsoperator `::` zugegriffen werden. Würde der Name nur in einer Klasse auftreten, wäre das Voranstellen des Basisklassennamens mit dem Bereichzugriffsoperator nicht notwendig gewesen.

```
#include <stdio.h>

//................................. Basisklasse CDatum
class CDatum
{
protected:
```

```
   int m_tag, m_monat, m_jahr;
public:
   CDatum( int t, int m, int j )
   {
      m_tag = t; m_monat = m; m_jahr = j;
   }
   virtual void Ausgeben()
   {
      printf("%02d.%02d.%02d", m_tag, m_monat, m_jahr);
   }
};
//.................................. Basisklasse CZeit
class CZeit
{
protected:
   int m_std, m_min, m_sek;
public:
   CZeit( int h, int mi, int s )
   {
      m_std = h; m_min = mi; m_sek = s;
   }
   virtual void Ausgeben()
   {
      printf("%02d:%02d:%02d", m_std, m_min, m_sek);
   }
};
//............Klasse CZeitpunkt (erbt CDatum und CZeit)
class CZeitpunkt : public CZeit, public CDatum
{
public:
   CZeitpunkt(int t, int m, int j, int h, int mi, int s)
          : CDatum(t, m, j), CZeit(h, mi, s) { }
   void Ausgeben()
   {
      CDatum::Ausgeben(); // Aufruf von CDatum-Ausgeben
      printf(", ");
      CZeit::Ausgeben();  // Aufruf von CZeit-Ausgeben
   }
};
//....................................................
int main(void)
{
   CZeitpunkt  z(24, 12, 2001, 16, 35, 9);

   z.Ausgeben();       printf("\n");
```

```
    z.CDatum::Ausgeben(); printf("\n");
    z.CZeit::Ausgeben();  printf("\n");

    return 0;
}
```

Listing 3.22: (mehrerb1.cpp): Demoprogramm zur Mehrfachvererbung

Das Listing 3.22 (`mehrerb1.cpp`) liefert die folgende Ausgabe:

```
24.12.2001, 16:35:09
24.12.2001
16:35:09
```

3.7.2 Virtuelle Basisklassen

Ein wesentlicher Punkt ist bei der Mehrfachvererbung noch zu beachten. Eine Klasse darf nicht direkt von ein und derselben Klasse mehrfach abgeleitet werden. Dadurch würden Namenskonflikte entstehen, da jeder Name doppelt vorkommen würde.

```
class A
{ ... };

class B : A, A  // nicht erlaubt
{ ... };
```

Hier muss man einen Umweg wählen:

```
class A
{ ... };

class A1 : A
{ ... };

class A2 : A
{ ... };

class B : A1, A2
{ ... };
```

Hieraus resultiert dann eine Vererbungshierarchie, wie in Abbildung 3.44 gezeigt.

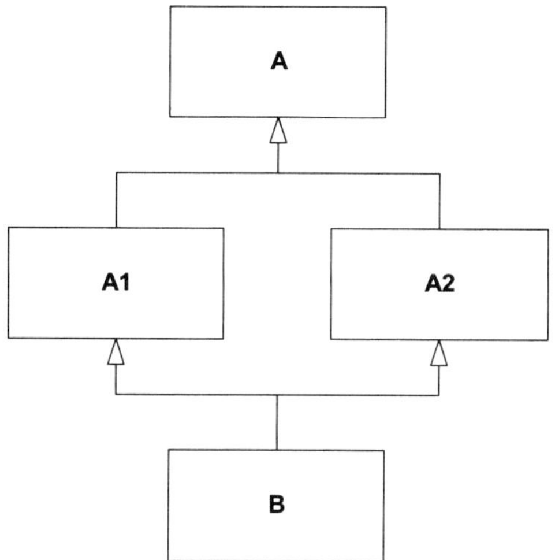

Abbildung 3.44: Mehrfachvererbung aus einer gemeinsamen Basisklasse

In diesem Fall existieren dann in Klasse `B` zweimal die gleichen Daten. Sollen alle Daten von Klasse `A` nur ein einziges Mal in Klasse `B` vorhanden sein, müssen die Klassen `A1` und `A2` *virtuell* von der Klasse `A` *abgeleitet* werden:

```
class A
{ ... };

class A1 : virtual A
{ ... };

class A2 : virtual A
{ ... };

class B : A1, A2  //.... virtual hier nicht mehr notwendig
{ ... };
```

Um dies weiter zu verdeutlichen, ziehen wir ein weiteres Beispiel heran, wie dies in Abbildung 3.45 gezeigt ist.

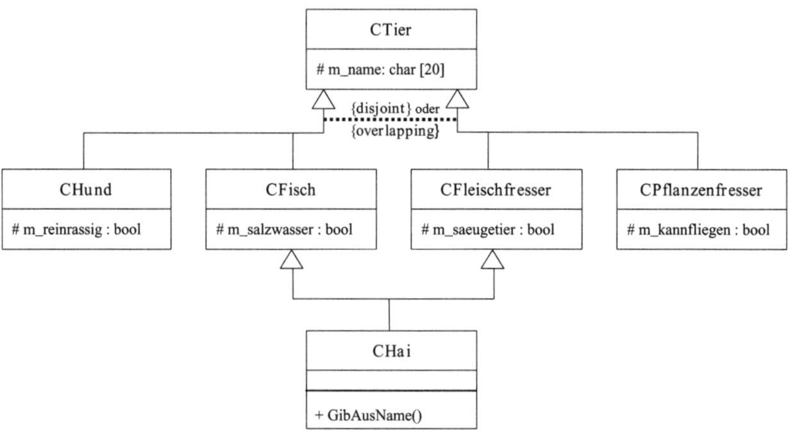

Abbildung 3.45: Hai als Fleisch fressender Fisch (Mehrfachvererbung)

Da standardmäßig Vererbungen immer *disjunkt* (*disjoint*) sind, würde die Klasse `CHai` das Attribut `m_name` doppelt erben, so dass das Listing 3.23 (`hai.cpp`) zu einer Compilerfehlermeldung führt, da z.B. in den Objekten `h1` und `h2` das Attribut `m_name` zweimal vorkommt, und der Compiler nicht entscheiden kann, welches er benutzen soll. Stellvertretend zeigt dies der linke Teil von Abbildung 3.46 für das Objekt `h1`.

Disjoint-Vererbung	Overlapping-Vererbung
h1	h2
m_name (von CFisch) m_name (von CFleischfresser) m_salzwasser m_saeugetier	m_name m_salzwasser m_saeugetier

Abbildung 3.46: Disjoint- und Overlapping-Vererbung

```
#include <iostream.h>
#include <string.h>
//-----------------------------------------------------
class CTier
{
   protected:
      char m_name[20];
};
//-----------------------------------------------------
class CHund : public CTier
{
   protected:
      bool m_reinrassig;
};
//-----------------------------------------------------
class CFisch : public CTier
{
   protected:
      bool m_salzwasser;
};
//-----------------------------------------------------
class CFleischfresser : public CTier
{
   protected:
      bool m_saeugetier;
};
//-----------------------------------------------------
class CPflanzenfresser : public CTier
{
   protected:
      bool m_kannfliegen;
};
//-----------------------------------------------------
class CHai : public CFisch, public CFleischfresser
{
   public:
      CHai(char *tiername)
      {
         strcpy(m_name, tiername); // FEHLER-Meldung
                                   // von Compiler!
         m_salzwasser = true;
         m_saeugetier = false;
      }
      void GibAusName() { cout << m_name << endl;}
};
```

```
//-----------------------------------------------------
int main(void)
{
   CHai  h1("Killer"),
         h2("Torpedo");

   h1.GibAusName();
   h2.GibAusName();

   return 0;
}
```

Listing 3.23: (hai.cpp): Disjunkte Vererbung mit Compilerfehlermeldung

Man könnte diese Fehlermeldung zwar umgehen, indem man in der Klasse `CHai` den gewünschten Namen mittels des Bereichzugriffsoperators `::` spezifiziert, wie z.B.

```
class CHai : public CFisch, public CFleischfresser
{
   public:
      CHai(char *tiername)
      {
         strcpy(CFisch::m_name, tiername);
         salzwasser = true;
         saeugetier = false;
      }
      void GibAusName() { cout << CFisch::name << endl; }
};
```

Diese Vorgehensweise hat jedoch den Nachteil, dass man nun den Speicherplatz für `CFleischfresser::m_name` überhaupt nicht nutzt und er sinnlos im Speicherplatz herumliegt. Die Lösung aus diesem Dilemma ist, dass man von der Klasse `CTier` **virtuell** ableitet:

```
class CHund : virtual public CTier
{...};
class CFisch : virtual public CTier
{...};
class CFleischfresser : virtual public CTier
{...};
class CPflanzenfresser : virtual public CTier
{...};
```

Es gilt dann das im rechten Teil von Abbildung 3.46 gezeigte Bild für die Overlapping-Vererbung, so dass dann dieses Programm fehlerfrei abläuft, da das Attribut `m_name` nur noch einmal in der Klasse `CHai` vorhanden ist, so dass das entsprechend abgeänderte Programm die folgende Ausgabe liefert:

```
Killer
Torpedo
```

Wie Sie anhand dieses einfachen Beispiels sehen konnten, wird ein Design, das von Mehrfachvererbung Gebrauch macht, sehr schnell sehr unübersichtlich[8] – besonders dann, wenn in der Basisklasse Membervariablen vorhanden sind. Aus diesem Grund sollte Mehrfachvererbung mit Daten sehr überlegt eingesetzt werden. Mehrfachvererbung ist jedoch sehr sinnvoll und nötig im Zusammenhang mit Schnittstellen, wie wir im nächsten Kapitel sehen werden.

3.8 Schnittstellen

3.8.1 Was sind Schnittstellen(-klassen)?

Schnittstellen spielen eine entscheidende Rolle beim objektorientierten Entwurf.

Der Begriff der Schnittstelle muss in diesem Zusammenhang neu betrachtet werden.

Unter einer *Schnittstelle* versteht man im weitesten Sinne die Spezifikation des externen Verhaltens eines Elements. Es interessiert dabei lediglich, *was* dieses Element an Funktionalität bietet, jedoch *nicht, wie* das Element dies realisiert.

Beispiele für Schnittstellen im Alltag:

- Geräte/Automaten
  Jedes Gerät/jeder Automat besitzt in der Regel mindestens eine Schnittstelle, die Schnittstelle zum Bediener. Für den Bediener repräsentiert sich ein Gerät über Knöpfe, Drehschalter, Displays etc.

8 Bei der funktionalen Programmierung sprach man bei unstrukturiertem Source-Code mit goto-Sprüngen von Spaghetti-Programmierung ... entsprechend kann man hier dann von Ravioli-Programmierung reden.

am Gehäuse. Hieran wird sichtbar, welche Funktionen das Gerät zur Verfügung stellt. Wie diese Funktionalität jedoch im Gehäuse realisiert ist, interessiert den Bediener nicht.

- Arbeitsaufträge
  Wenn der Vorgesetzte seinem Mitarbeiter einen Arbeitsauftrag erteilt, interessiert es ihn in der Regel nicht, wie die Arbeit im Einzelnen durchgeführt wird. Er gibt nur die Rahmenbedingungen vor und erwartet dann das Ergebnis. Der Arbeitsauftrag mit seinen Parametern stellt die (Kommunikations-) Schnittstelle zwischen Vorgesetzten und Mitarbeiter dar.

Beispiele für Schnittstellen in C:

- Funktionsdeklaration / Prototyp
  Der Prototyp einer Funktion drückt aus, was eine Funktion leistet. Er stellt die Schnittstelle zwischen dem Aufrufer der Funktion und der Realisierung der Funktion dar. Den Aufrufer der Funktion braucht die Implementierung im Funktionsrumpf nicht zu interessieren.

- Modultechnik
  Die als extern deklarierten Prototypen im Headerfile stellen die Schnittstelle eines Modules dar.

Überträgt man die C-Definition für Schnittstellen auf Klassen, so wäre die Schnittstelle einer Klasse die Klassenspezifikation im Header. Die Implementierung in der .cpp-Datei würde dann der versteckten Implementierung entsprechen. Allerdings führt C++ die Zugriffsspezifizierer ein. Da es bei Schnittstellen stets um das externe Verhalten geht, reduziert sich die Schnittstelle einer Klasse damit auf die public-Elemente, d.h. in der Regel die Operationen einer Klasse.

Eine mögliche Definition einer *Schnittstelle in C++* wäre damit:

Die Schnittstelle einer Klasse bzw. eines Objektes ist die Menge aller Signaturen, die von den (public) Operationen einer Klasse definiert werden.

Führt man den Schnittstellen-Gedanken konsequent weiter, d.h. dass nur das »was« interessiert und nicht das »wie«, so lassen sich sogar *Schnittstellenklassen* definieren, die lediglich eine Schnittstelle festlegen,

jedoch keine Aussage über die Implementierung treffen. Schnittstellenklassen entsprechen (rein) abstrakten Klassen, die ausschließlich abstrakte Operationen definieren.

Zum Beispiel ließe sich eine Schnittstelle ‚Tracebar' vorstellen, die festlegt, über welche Methoden eine Klasse verfügen muss, die »tracebar« ist. Tracebar bedeutet hier, dass ein Objekt dieser Klasse seine Werte auf `cerr` ausgeben kann. Die Schnittstelle könnte in einer Schnittstellenklasse ITraceable[9] definiert sein. Klassen, die diese Schnittstelle zur Verfügung stellen (man spricht hier von »implementieren«), würden sich dann von der abstrakten Schnittstellenklasse ableiten. Abbildung 3.47 zeigt dies beispielhaft.

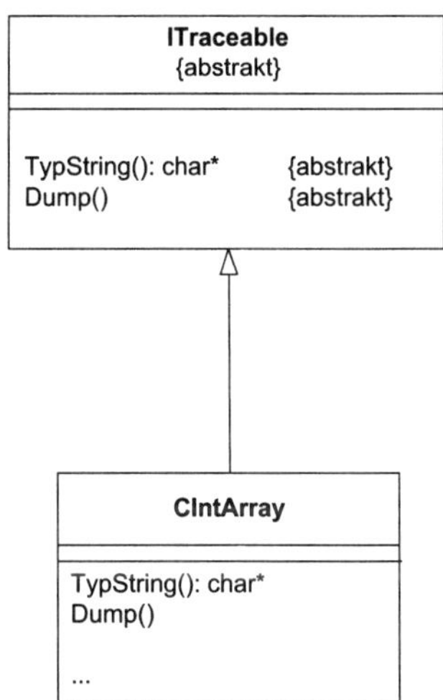

Abbildung 3.47: Schnittstellenklassen sind rein abstrakte Klassen

In Abbildung 3.47 implementiert die Klasse `CIntArray` die Schnittstelle `ITraceable`, d.h., sie verfügt über die dort festgelegten Methoden. `CIntArray` kann darüber hinaus auch noch weitere Methoden besitzen. Aber dass `CIntArray` die Schnittstelle `ITraceable` implementiert sagt aus, dass sie auf jeden Fall über das Verhalten verfügt, tracebar zu sein. Der Funktionsumfang, der hierzu nötig ist, ist in `ITraceable` festgelegt.

9 Häufig werden für Schnittstellenklassen eigene Namenskonventionen verwendet, um sie von einer gewöhnlichen Klasse abzuheben. Wir verwenden hier im Präfix des Klassennamens statt dem ‚C' (**c**lass) das ‚I' (**i**nterface).

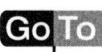

3.8.2 Schnittstellen in der UML

Da Schnittstellen in der objektorientierten Welt eine große Rolle spielen, gibt es in der UML eigene Notationen dafür, wie sie in Abbildung 3.48 und Abbildung 3.49 gezeigt sind.

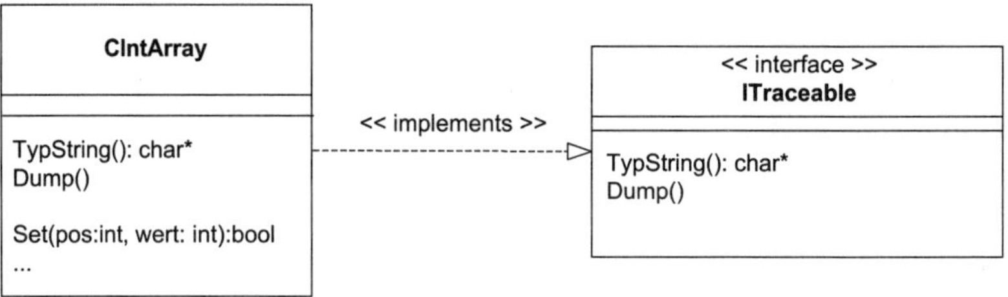

Abbildung 3.48: UML-Notation für Schnittstellenklasse

In der UML werden Schnittstellenklassen wie gewöhnliche Klassen notiert, sie tragen jedoch das Stereotyp <<*interface*>>. Ihre Operationen müssen nicht als {*abstract*} gekennzeichnet werden, da dies zwingend ist.

Die Beziehung zwischen der Klasse, die die Schnittstelle implementiert, und der Schnittstellenklasse wird mit dem Stereotyp <<*implements*>> gekennzeichnet. Es handelt sich hier um eine so genannte *Verfeinerungsbeziehung*, die in der UML als gestrichelter Generalisierungspfeil notiert wird. Verfeinerungsbeziehungen sind Beziehungen zwischen gleichartigen Elementen unterschiedlichen Detaillierungsgrades. Der Pfeil zeigt in Richtung der Orginal-Variante, d.h. in Richtung auf das gröbere bzw. weniger optimale Element. (Der Verfeinerungspfeil wird auch in der Template-Notation eingesetzt, vgl. Kapitel 4.4.3, Templates in der UML.)

Eine andere Möglichkeit, die Implementierung einer Schnittstelle darzustellen, ist die Notation mit dem *»Lolli«-Symbol* (ein kleiner nicht ausgefüllter Kreis, der durch eine Linie mit der Klasse verbunden ist, die die Schnittstelle anbietet). Neben dem Kreis wird der Name der Schnittstelle notiert, der dem Namen der zugehörigen Schnittstellenklasse entspricht.

Abbildung 3.49 zeigt die Lolli-Notation und entspricht vom dargestellten Inhalt der Abbildung 3.48.

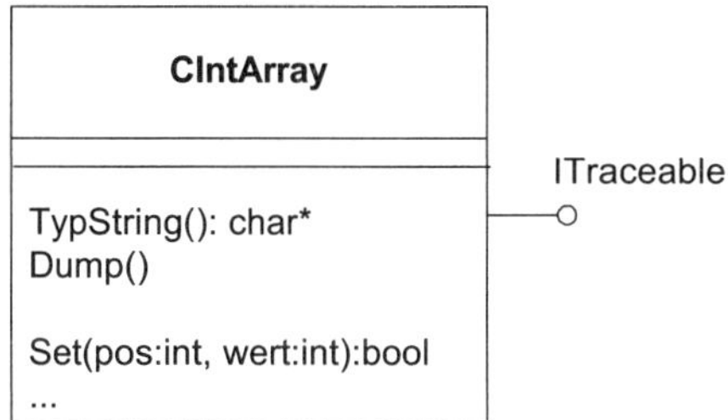

Abbildung 3.49: UML-Notation für Schnittstelle (Lolli-Variante)

Die Lolli-Variante hat den Nachteil, dass die Schnittstelle an sich bekannt sein muss. Hier kann nicht (wie bei der *<<implements>>- Variante*) abgelesen werden, welche Operationen die Schnittstelle beinhaltet. Die Lolli-Variante wird daher hauptsächlich dann verwendet, wenn die Betonung darauf liegt, wer eine Schnittstelle zur Verfügung stellt und wer sie nutzt. Abbildung 3.50 verdeutlicht dies.

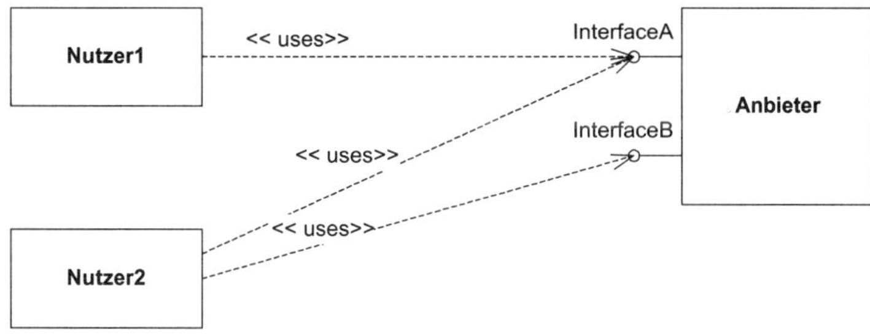

Abbildung 3.50: UML-Schnittstelle Nutzer und Anbieter

Die Beziehung zwischen Nutzer und Anbieter einer Schnittstelle kann durch eine *Abhängigkeitsbeziehung* (gestrichelter Pfeil) mit dem Stereotyp <<*uses*>> ausgedrückt werden.

Implementieren unterschiedliche Objekte die gleiche Schnittstelle, so können sie gemeinsam verwaltet werden. In Abbildung 3.51 arbeitet `CTracer` mit Objekten, die die Schnittstelle `ITraceable` implementieren. Welche Objekte dies konkret sind, ist für `CTracer` irrelevant. Für diese Klasse ist nur entscheidend, dass das entsprechende Objekt über die Schnittstelle `ITraceable` verfügt. Das Kapitel 6.4, Programmiere auf die Schnittstelle hin, vertieft diesen wichtigen objektorientierten Grundgedanken.

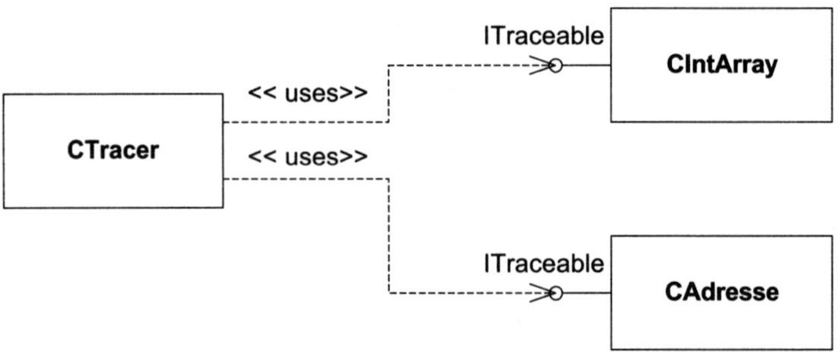

Abbildung 3.51: Gemeinsame Schnittstelle ermöglicht gemeinsame Verwaltung

Aus diesem Grund unterscheidet die objektorientierte Literatur streng genommen zwischen der *Klasse* und dem *Typ* eines Objektes. Die Klasse eines Objektes beschreibt, wie das Objekt implementiert ist. Im Gegensatz dazu bezieht sich der Typ eines Objektes lediglich auf seine Schnittstelle. Ein Objekt kann damit viele Typen haben (je nachdem wie viele Schnittstellen es realisiert) und die Objekte verschiedener Klassen können denselben Typ haben (wenn sie gleiche Schnittstellen realisieren).

Natürlich besteht ein Zusammenhang zwischen Klasse und Typ: Die Klasse definiert die Operationen, die ein Objekt ausführen kann, und legt somit ebenfalls den Typ fest.

Folgendes Beispiel verdeutlich den Unterschied zwischen Typ und Klasse eines Objektes.

Es wird eine weitere Schnittstelle `IDrawable` eingeführt. Klassen, die diese Schnittstelle implementieren, können sich zeichnen. Implementiert wird diese Schnittstelle von `CGraphObj`. `CGraphObj` soll nun aber zusätzlich noch unsere bereits bekannte Schnittstelle `ITraceable` implementieren, wie dies in Abbildung 3.52 dargestellt ist.

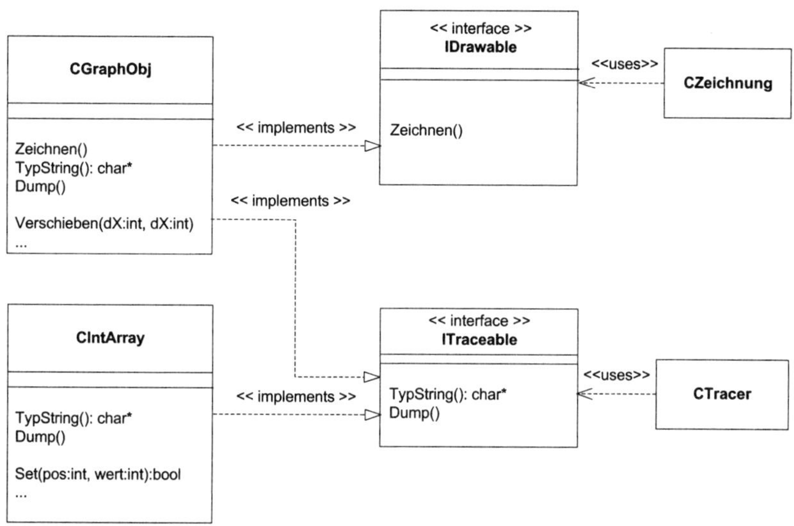

Abbildung 3.52: CRechteck implementiert mehrere Schnittstellen

`CZeichnung` verwaltet Objekte vom Typ `IDrawable`. `CTracer` verwaltet Objekte vom Typ `ITraceable`. Ein Objekt `rect1` der *Klasse* `CRechteck` (abgeleitet von `CGraphObj`) kann in beiden Listen verwaltet werden, da es vom *Typ* her sowohl ein `IDrawable` als auch ein `ITraceable` ist. Es ist dabei egal, in welcher Ebene der Vererbungshierarchie die in der Schnittstelle geforderten Methoden implementiert werden. Eine Implementierung der Methode `Zeichnen()` existiert bereits in der Basisklasse `CGraphObj`, die Methode `Dump()` ist dagegen in `CGraphObj` noch abstrakt und wird erst in `CRechteck` tatsächlich implementiert. `CGraphObj` implementiert damit quasi nur einen Teil der geforderten Schnittstelle wirklich selbst, die restlichen Methoden ‚fordert' es von seinen Unterklassen, d.h. sie bleiben in `CGraphObj` abstrakt. Abbildung 3.53 zeigt den Zusammenhang zwischen `IDrawable`, `ITraceable`, `CGraphObj` und deren abgeleiteten Klassen `CRechteck` und `CKreis`.

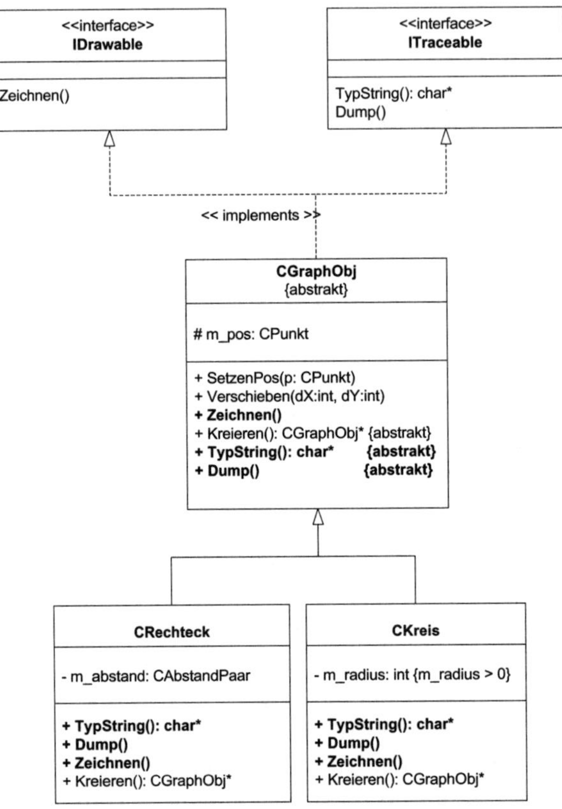

Abbildung 3.53: CGraphObj implementiert nur einen Teil der Schnittstellen wirklich

3.8.3 Schnittstellen in C++

Schnittstellenklassen werden in C++ über rein *abstrakte* Basisklassen realisiert. Die Klasse, die eine Schnittstelle implementiert, leitet sich von der Schnittstellenklasse ab.

Implementiert ein Objekt mehrere Schnittstellen, so wird dies in C++ über Mehrfachvererbung nachgebildet. Mehrfachvererbung ist an dieser Stelle auch nicht problematisch, da Schnittstellenklassen ausschließlich aus abstrakten Operationen bestehen.

Wie lässt sich also nun Abbildung 3.52 in C++ umsetzen?

Der Einfachheit halber werden in den Klassen `CZeichnung` und `CTracer` statt Listen wieder einfache Arrays verwendet.

Zuerst wollen wir uns die Schnittstellenklassen `IDrawable` und `ITraceable` in Listing 3.24 ansehen. Hier werden nur entsprechende .h–Dateien benötigt, da Schnittstellenklassen über keinerlei Implementierung verfügen.

```
//=========================================================
// IDrawable.h: Deklaration IDrawable
//=========================================================
class IDrawable
{
public:
   virtual void Zeichnen()=0;
};
//=========================================================
// ITraceable.h: Deklaration ITraceable
//=========================================================
class ITraceable
{
public:
   virtual char* TypString()=0;
   virtual void Dump()=0;
};
```

Listing 3.24: Deklaration der Schnittstellenklassen IDrawable und ITraceable

Unsere Grafikbibliothek sieht nun wie folgt in Listing 3.25 gezeigt aus:

```
//=========================================================
// Datei: grafik.h
//=========================================================
#include "IDrawable.h"
#include "ITraceable.h"
#include <iostream.h>
//---------------------------------------------------------
// Deklaration CPunkt
// (Hilfsklasse zur Verwaltung eines Punktes)
// --------------------------------------------------------
class CPunkt
{
   int m_x, m_y;
public:
   CPunkt(int x=0, int y=0)
```

```
   {
      m_x=x;
      m_y=y;
   }
   void SetPoint(CPunkt p)
   {
      m_x=p.m_x;
      m_y=p.m_y;
   }
   void MovePoint(int dX=0, int dY=0)
   {
      m_x+=dX;
      m_y+=dY;
   }
   void Draw()
   {
      cout << "P(x,y)= " << m_x << ", " << m_y
           << endl;
   }
   int GetX(){return m_x;};
   int GetY(){return m_y;};
};
//-----------------------------------------------------------
// Deklaration CAbstandPaar
// (Hilfsklasse zur Verwaltung eines AbstandPaares)
// ----------------------------------------------------------
class CAbstandPaar
{
   int m_DeltaX;
   int m_DeltaY;
public:
   void Set(int dX, int dY)
   {
      m_DeltaX=dX;
      m_DeltaY=dY;
   }
   int GetX(){ return m_DeltaX;}
   int GetY(){ return m_DeltaY;}
};
//-----------------------------------------------------------
// Deklaration CGraphObj
// (Basisklasse für alle Grafikobjekte)
// ----------------------------------------------------------
class CGraphObj: public IDrawable, public ITraceable
{
```

```
protected:
   CPunkt m_Pos;
public:
   CGraphObj(int x=0, int y=0);
   void SetzenPos(CPunkt p);
   void Verschieben(int dX, int dY);
   virtual CGraphObj* Kreieren()=0;

   // Implementierung IDrawable
   virtual void Zeichnen();
   // Implementierung ITraceable --> von Unterklassen
                                   // fordern
   virtual char* TypString()=0;
   virtual void Dump()=0;
};
//--------------------------------------------------------
// Deklaration CRechteck (abgeleitet von CGraphObj)
// -------------------------------------------------------
class CRechteck: public CGraphObj
{
   CAbstandPaar m_abstand;
public:
   CRechteck(int Xm=0, int Ym=0, int Xs=1, int Ys=1);
   virtual void Zeichnen();
   virtual CGraphObj* Kreieren();

   // Implementierung ITraceable
   virtual char* TypString();
   virtual void Dump();
};
//--------------------------------------------------------
// Deklaration CKreis (abgeleitet von CGraphObj)
// -------------------------------------------------------
class CKreis: public CGraphObj
{
   int m_radius;
public:
   CKreis(int Xm=0, int Ym=0, int Radius=1);
   virtual void Zeichnen();
   virtual CGraphObj* Kreieren();

   // Implementierung ITraceable
   virtual char* TypString();
   virtual void Dump();
};
```

```
//=====================================================
// Datei: grafik.cpp
//=====================================================
#include "graphik.h"
#include <iostream.h>
//-----------------------------------------------------
// Implementierung CGraphObj
// (Basisklasse für alle Grafikobjekte)
// ----------------------------------------------------
CGraphObj::CGraphObj(int x, int y)
{
   m_Pos.SetPoint(CPunkt(x,y));
}
void CGraphObj::SetzenPos(CPunkt p)
{
   m_Pos.SetPoint(p);
}
void CGraphObj::Verschieben(int dX, int dY)
{
   m_Pos.MovePoint(dX,dY);
}
void CGraphObj::Zeichnen()
{
   m_Pos.Draw();
}
//-----------------------------------------------------
// Implementierung CRechteck (abgeleitet von CGraphObj)
// ----------------------------------------------------
CRechteck::CRechteck(int Xm, int Ym, int Xe, int Ye) :
CGraphObj(Xm, Ym)
{  // ruft zuerst den Konstruktor CGraphObj mit den
   // Argumenten (Xm, Ym) auf
   m_abstand.Set(Xe,Ye);
}
void CRechteck::Zeichnen()
{
   CGraphObj::Zeichnen();
   cout << "Rechteck(xe,ye): " << m_abstand.GetX()
        << ", " << m_abstand.GetY() << endl;
}
CGraphObj* CRechteck::Kreieren()
{
   return new CRechteck;
}
char* CRechteck::TypString()
```

```
{
   return "Ein Rechteck";
}

void CRechteck::Dump()
{
   cerr << m_Pos.GetX() << ", " << m_Pos.GetY()
        << "    "
        << m_abstand.GetX() << ", " << m_abstand.GetY()
        << endl;
}
//-------------------------------------------------------
// Implementierung CKreis (abgeleitet von CGraphObj)
// ------------------------------------------------------
CKreis::CKreis(int Xm, int Ym, int Radius) : CGraphObj(Xm, Ym)
{  // ruft zuerst den Konstruktor CGraphObj mit den
   // Argumenten (Xm, Ym) auf
   m_radius = Radius;
}

void CKreis::Zeichnen()
{
   CGraphObj::Zeichnen();
   cout << "Kreis(radius): " << m_radius << endl;
}
CGraphObj* CKreis::Kreieren()
{
   return new CKreis;
}
char* CKreis::TypString()
{
   return "Ein Kreis";
}
void CKreis::Dump()
{
   cerr << m_Pos.GetX() << ", " << m_Pos.GetY()
        << "    " << m_radius;
}
```

Listing 3.25: Grafikbibliothek mit Schnittstellen IDrawable und ITraceable

Die Klasse CIntArray könnte wie folgt in Listing 3.26 gezeigt aussehen:

```
//==========================================================
// IntArray.h Deklaration CIntArray
//==========================================================
#ifndef H_INTARRAY
#define H_INTARRAY

#include "IDump.h"

class CIntArray : public ITraceable   // implementiert
                              // Schnittstelle ITraceable
{
   int* m_wert;      // gekapseltes Array
   int m_anz;        // Anzahl Elemente
public:
// Implementierung ITraceable
   virtual char* TypString();
   virtual void Dump();

   bool Get(int pos, int& wert);
   bool Set(int pos, int wert);
   CIntArray(int anzahl);
   virtual ~CIntArray();
};

#endif // v. ifndef(H_INTARRAY)

//==========================================================
// IntArray.cpp: Implementierung von CIntArray
//==========================================================
#include "IntArray.h"
#include <iostream.h>

CIntArray::CIntArray(int anzahl)
{

   m_wert=new int[anzahl];
   m_anz=m_wert? anzahl:0;
   for(int i=0; i < m_anz; i++)
      m_wert[i]=0;
}

CIntArray::~CIntArray()
```

```
{
   if(m_wert)
      delete[] m_wert;
}

bool CIntArray::Set(int pos, int wert)
{
   if(pos >= m_anz)
      return false;

   m_wert[pos]=wert;
   return true;
}

bool CIntArray::Get(int pos, int &wert)
{
   if(pos >= m_anz)
      return false;

   wert=m_wert[pos];
   return true;
}

char* CIntArray::TypString()
{
   return "Ein IntArray";
}

void CIntArray::Dump()
{
   for(int i=0; i < m_anz; i++)
      cerr << m_wert[i] << ' ';
   cerr << endl;
}
```

Listing 3.26: CIntArray mit Schnittstelle ITraceable

Die Realisierung der Klasse `CZeichnung` ist in Listing 3.27 gezeigt. Statt einer Liste enthält sie hier intern ein simples Array mit festen Einträgen. Hierin verwaltet sie `IDrawable`-Pointer. (Die Pointer sind Voraussetzung für Polymorphismus.)

```
//===================================================
// Zeichnung.h: Deklaration von CZeichnung
//===================================================
```

```
#ifndef H_ZEICHNUNG
#define H_ZEICHNUNG

#include "IDrawable.h"

#define ANZ      4   // Anzahl Elemente in der Liste
class CZeichnung
{
   IDrawable* m_liste[ANZ];
public:
   void Print();
   bool Set(int pos, IDrawable* p);
   bool Get(int pos, IDrawable* & p);

   CZeichnung();
   virtual ~CZeichnung(){};

};

#endif // ifndef (H_ZEICHNUNG)

//=========================================================
// Zeichnung.cpp: Implementierung von CZeichnung
//=========================================================
#include "ListErzeuger.h"
#include <stdlib.h>      // f. NULL
#include <iostream.h>

CZeichnung::CZeichnung()
{
   for(int i=0; i < ANZ; i++)
      m_liste[i]=NULL;
}

bool CZeichnung::Set(int pos, IDrawable* p)
{
   if(pos >= ANZ)
      return false;

   m_liste[pos]=p;
   return true;
}

bool CZeichnung::Get(int pos, IDrawable* & p)
{
```

```
   if(pos >= ANZ)
      return false;

   p=m_liste[pos];
   return true;
}

void CZeichnung::Print()
{
   for(int i=0; i < ANZ; i++)
      if(m_liste[i])
      {
         cout << "------------------\n";
         m_liste[i]->Zeichnen();
         cout << endl;
      }
}
```

Listing 3.27: CZeichnung verwaltet IDrawable-Objekte

Die Klasse `CTracer` ist analog zu `CZeichnung` aufgebaut. Sie verwaltet `ITraceable`-Pointer. Ihre Realisierung ist in Listing 3.28 gezeigt.

```
//=======================================================
// Tracer.h: Deklaration von CTracer
//=======================================================
#ifndef H_TRACER
#define H_TRACER

#include "ITraceable.h"

#define ANZ      4   // Anzahl Elemente in der Liste
class CTracer
{
   ITraceable* m_liste[ANZ];
public:
   void Print();
   bool Set(int pos, ITraceable* p);
   bool Get(int pos, ITraceable* & p);

   CTracer();
   virtual ~CTracer(){};
};

#endif // ifndef (H_TRACER)
```

```
//============================================================
// Tracer.cpp: Implementierung von CTracer
//============================================================
#include "Tracer.h"
#include <stdlib.h>      // f. NULL
#include <iostream.h>

CTracer::CTracer()
{
   for(int i=0; i < ANZ; i++)
      m_liste[i]=NULL;
}

bool CTracer::Set(int pos, ITraceable* p)
{
   if(pos >= ANZ)
      return false;

   m_liste[pos]=p;
   return true;
}

bool CTracer::Get(int pos, ITraceable* & p)
{
   if(pos >= ANZ)
      return false;

   p=m_liste[pos];
   return true;
}

void CTracer::Print()
{
   for(int i=0; i < ANZ; i++)
      if(m_liste[i])
      {
         cerr << "-------------------" << endl;
         cerr << m_liste[i]->TypString() <<": ";
         m_liste[i]->Dump();
      }
}
```

Listing 3.28: CTracer verwaltet ITraceable-Objekte

Folgende `main()`-Funktion in Listing 3.29 zeigt den Einsatz unserer Klassen.

```
#include <iostream.h>

#include "Zeichnung.h"
#include "Tracer.h"

#include "graphik.h"
#include "IntArray.h"

int main(void)
{
   CZeichnung zeichnung;
   CTracer tracer;

   CRechteck r1(1,2),r2(3,4);
   CKreis k1(5,6);
   CIntArray a1(2),a2(5);

   a1.Set(0,1);
   a1.Set(1,6);
   a1.Set(2,8);   // ungültigen Index fängt CIntArray ab

   a2.Set(0,134);

   zeichnung.Set(0,&r1);
   zeichnung.Set(1,&k1);
   //zeichnung.Set(2,&a2);   // Geht nicht, weil Array
                             // nicht drawable ist!

   tracer.Set(0,&a1);
   tracer.Set(1,&a2);
   tracer.Set(2,&r2);   // Geht! Rechteck ist auch
                        // traceable


   cout << "*** Drucke Zeichnung: " << endl;
   zeichnung.Print();
```

```
  cerr << "\n\n*** Drucke Tracer-Liste: " << endl;
  tracer.Print();

  return 0;
}
```

Listing 3.29: Einsatz von CZeichnung und CTracer

Das Listing 3.29 erzeugt folgende Ausgabe:

```
*** Drucke Zeichnung:
-------------------
P(x,y)= 1, 2
Rechteck(xe,ye): 1, 1

-------------------
P(x,y)= 5, 6
Kreis(radius): 1



*** Drucke Tracer-Liste:
-------------------
Ein IntArray: 1 6
-------------------
Ein IntArray: 134 0 0 0 0
-------------------
Ein Rechteck: 3, 4   1, 1
```

3.8.4 Vererbung von Schnittstellen

Vererbungsbeziehungen sind natürlich auch zwischen Schnittstellenklassen möglich. Man spricht davon, dass eine Schnittstelle eine andere Schnittstelle *erweitert*. Die UML sieht dafür sogar eine eigene Bezeichnung vor, das Stereotyp <<*extends* >>. Dabei ist zu beachten, dass bei einer Erweiterung einer Schnittstelle nur weitere abstrakte Operationen zugefügt werden dürfen und die Semantik der Schnittstellen-Oberklasse nicht eingeschränkt werden darf.

In unserem Beispiel könnte die Schnittstelle `IDrawable` erweitert werden um einige Attribute für das Zeichnen, z.B. Farbeinstellungen. Hierfür sehen wir eine eigene Schnittstellenklasse `IAttrDrawable` vor, die von `IDrawable` abgeleitet ist. Abbildung 3.54 zeigt die zugehörige UML-Notation.

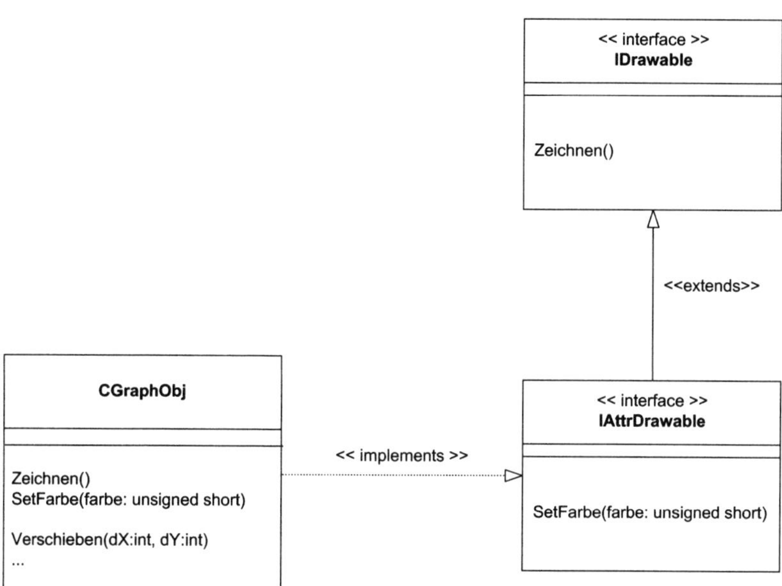

Abbildung 3.54: UML-Notation zur Erweiterung von Schnittstellen

In Abbildung 3.54 implementiert `CGraphObj` nun die Schnittstelle `IAttrDrawable`, die die Schnittstelle `IDrawable` erweitert. Daher muss `CGraphObj` die Methoden `Zeichnen()` und `SetFarbe()` zur Verfügung stellen.

3.8.5 Klassen- versus Schnittstellenvererbung

Das »Problematische« an C++ ist, dass es für Schnittstellen kein eigenes Sprachkonstrukt gibt. Schnittstellen sind eher eine Sache des objektorientierten Entwurfs als eine Sache von C++. Daher streiten sich die Geister manchmal darüber, was eine Schnittstelle in C++ ist: Ist die Schnittstelle jetzt bereits die zur Verfügung stehenden Methoden oder ist mit einer Schnittstelle eine Schnittstellenklasse gemeint, die ausschließlich abstrakte Methoden enthält.

Um eine gemeinsame Verwaltung von »tracebaren« Objekten zu erhalten, hätte auch gewöhnliche Vererbung eingesetzt werden können, wie dies in Abbildung 3.55 gezeigt ist.

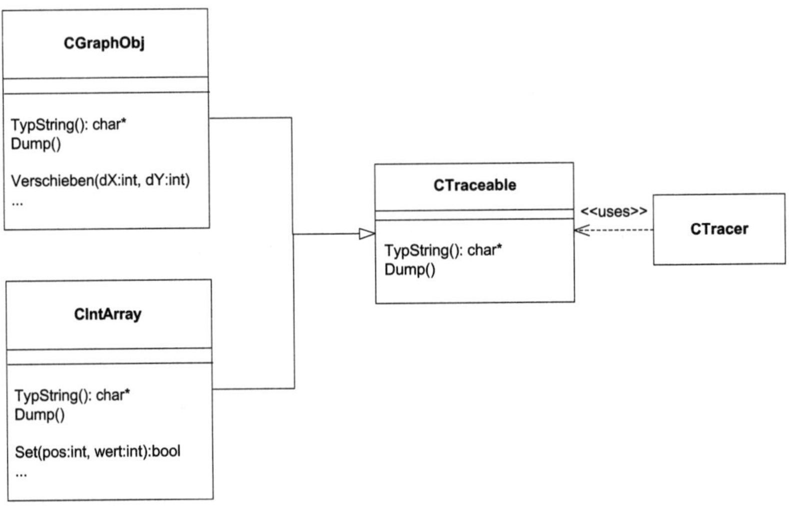

Abbildung 3.55: Schnittstellen mit Klassenvererbung

Bei gewöhnlicher Vererbung kann dann die Basisklasse `CTracebar` bereits Standardimplementierungen von `TypString()` und `Dump()` zur Verfügung stellen. Inwieweit dies sinnvoll ist, ist eine andere Frage und hängt stets vom Fall ab.

Die Objektorientierte Literatur unterscheidet an dieser Stelle die Begriffe *Klassenvererbung* und *Schnittstellenvererbung*.

Bei Klassenvererbung (ganz gewöhnliche Vererbung in C++) geht es in erster Linie darum, implementierten Code wiederzuverwenden. Im Gegensatz dazu beschreibt die Schnittstellenvererbung, wann ein Objekt anstelle eines anderen Objektes verwendet werden kann.

In C++ ist der Übergang zwischen Schnittstellenvererbung und Klassenvererbung fließend, da beide das Sprachmittel ‚Vererbung' verwenden.

Beide, Klassenvererbung und Schnittstellenvererbung, haben ihre Vor- und Nachteile; und da der Übergang zwischen beiden in C++ fließend ist, ist auch manchmal eine Mischform sinnvoll.

Kapitel 6.4, Programmiere auf die Schnittstelle hin, geht auf diese Aspekte näher ein.

3.8.6 ÜBUNG: Fragen zur Lernkontrolle

In Übung 3.5.14 wurde die Klasse `CFranke` *von* `CMensch` *abgeleitet und die Methode »sprechen« überlagert. Wäre es vorteilhafter gewesen, stattdessen eine Schnittstelle* `ISprechweise` *zu definieren, die von* `CFranke` *entsprechend implementiert worden wäre? Wenn ja, warum?*

3.8.7 ÜBUNG: Klassenhierarchie für verkettete Liste

Entwickeln und implementieren Sie ein Klassenmodell, das es jedem C++-Programm mit einem Minimum an Erweiterung ermöglicht, eine verkettete Liste als Speicherstruktur für seine Objekte zu verwenden. Die Herausforderung ist hier also, dass der Typ der verwalteten Objekte nicht fix ist.

Setzen Sie Ihre allgemein gültige verkettete Liste in der Klasse `CPolygon` als Speicherstruktur für deren Punkte ein. Die `main()`-Funktion aus Übung 3.3.6 sollte auch in diesem Fall zur gleichen Ausgabe führen.

3.9 Klassenhierarchie bei Streams

Wir haben die Streams `cin` und `cout` bereits in Kapitel 2.8 als neue Ein–/Ausgabemöglichkeit von C++ vorgestellt. Was wir dort verschwiegen haben, ist dass es sich bei `cin` und `cout` um Objekte bestimmter Klassen der C++-Standardbibliothek handelt, da Klassen zu diesem Zeitpunkt noch nicht bekannt waren.

Ein Bestandteil der C++-Standardbibliothek ist die so genannte Stream-Bibliothek, die sich in folgende Bereiche unterteilen lässt:

- Allgemeine Ein-/Ausgabe
- Datei- Ein-/Ausgabe
- Speicher-Ein-/Ausgabe

Die Gemeinsamkeit dieser drei Bereiche liegt darin, dass es jeweils um Ein-/Ausgabe geht. Letzten Endes handelt es sich um Datenströme (Streams), die eingelesen bzw. ausgegeben werden. Dabei können die Datenströme über Manipulatoren verändert werden, z.B. die Ausgabe einer Integerzahl als Hexzahl (vgl. Kapitel 2.8.2). Ob die Ausgabe nun

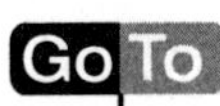

auf den Bildschirm oder in eine Datei oder in den Speicher erfolgt, ist zweitrangig. Analoges gilt für die Eingabe.

Die Stream-Bibliothek besitzt folgende Klassenhierarchie, wie sie in Abbildung 3.56 gezeigt ist.

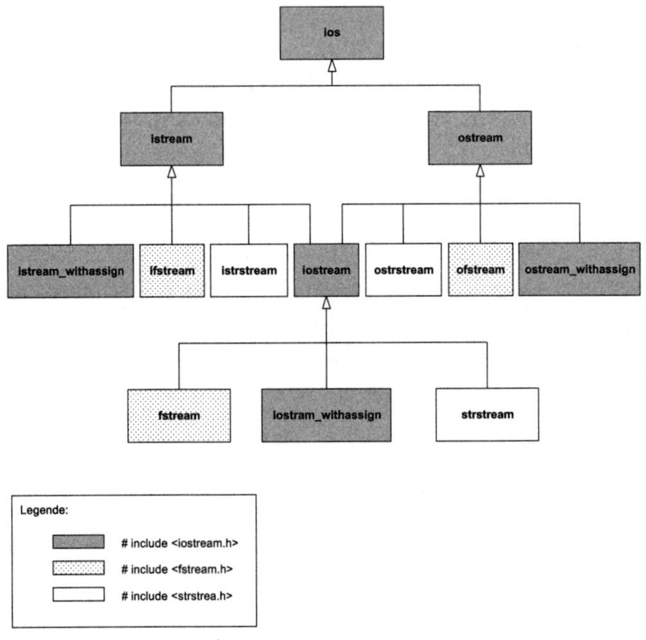

Abbildung 3.56: Klassenhierarchie der C++-Stream-Bibliothek

Da nach dem Substitutionsprinzip für eine Basisklasse jede abgeleitete Klasse eingesetzt werden kann, wäre es z.B. denkbar, eine Klasse `CArtikel` mit einer Methode `Ausgeben()` auszustatten, die als Parameter ein Objekt der Klasse `ostream` besitzt (genau genommen einen Zeiger bzw. eine Referenz auf die Klasse). Damit kann der Artikel entweder auf der Konsole oder in eine Datei ausgegeben werden. Für `CArtikel::Ausgeben()` spielt dies dabei keine Rolle, da sie mit der Schnittstelle arbeitet, die von der gemeinsamen Basisklasse `ostream` zur Verfügung gestellt wird. Das Klassendiagramm in Abbildung 3.57 verdeutlicht diesen Sachverhalt.

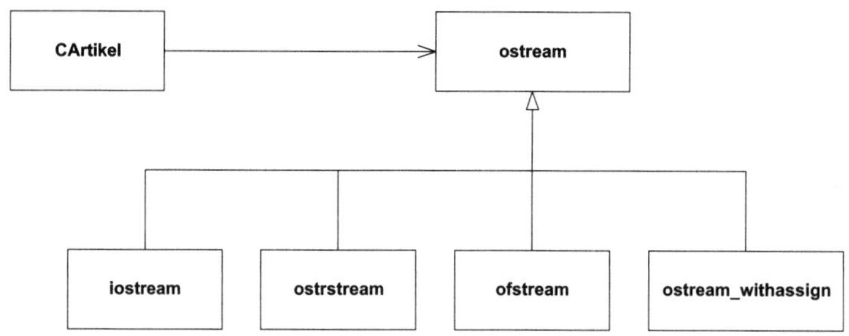

Abbildung 3.57: Variable Ausgabe eines CArtikels über ostream

Warum benutzen wir gerade die Klasse `ostream` und nicht `ios` oder `iostream`?

Die Klasse `ios` verfügt nicht über das Handling des ‚<<'-Operators. Die Klasse `iostream` würde dies zwar tun, jedoch ist `cout` ein globales Objekt der Klasse `ostream_withassign` und wir wollen auch die Möglichkeit haben, als Ausgabeobjekt `cout` angeben zu können.

Listing 3.30 (`artikel.h`) und Listing 3.31 (`artikel.cpp`) zeigen die Deklaration und Implementierung der Klasse `CArtikel`.

```
#include <iostream.h>
#define     MAX_TXT     20      // Maximale Anzahl von
                               // Zeichen f. Text

class CArtikel
{
public:
     void Ausgeben(ostream& out);
     CArtikel();
     void Set(char* txt, int code, double preis);

private:
     char m_text[MAX_TXT];  // Artikelbezeichnung
     long m_code;           // Barcode
     double  m_preis;       // Preis

};
```

Listing 3.30: (artikel.h): Deklaration von CArtikel (Ausgabe über ostream)

```
#include "Artikel.h"
#include <string.h>
#include <iomanip.h>

CArtikel::CArtikel()
{
     strcpy(m_text,"");
     m_code=0;
     m_preis=0;
}
//-------------------------------------------------------
void CArtikel::Set(char* txt, int code, double preis)
{
     strncpy(m_text,txt,MAX_TXT);
     if(strlen(txt) >= MAX_TXT)
          m_text[19]='\0';

     m_code=code;
     m_preis=preis;
}
//-------------------------------------------------------
void CArtikel::Ausgeben(ostream &out)
{
     out << "\n===================================="
          << "\nBezeichnung: " << m_text
          << "\nBarcode: " << m_code
          << setiosflags(ios::right| ios::fixed)
          << setprecision(2)
          << "\nPreis: " << m_preis
          << "\n===================================="
          << endl;
}
```

Listing 3.31: (artikel.cpp): Implementierung von CArtikel (Ausgabe über ostream)

Die Funktion `main()` in Listing 3.32 zeigt eine mögliche Anwendung der Klasse `CArtikel`.

```
#include "Artikel.h"
#include <iostream.h>      // f. cout
#include <fstream.h>       // f. ofstream

#define MAX_ART    3     // maximale Anzahl von Artikeln
```

```
int main(void)
{
   ofstream ofile("artikel.txt");    // Öffnet die Datei
                                     // artikel.txt zur
                                     // Ausgabe

   CArtikel waren[MAX_ART];

   // Preisliste:
   waren[0].Set("Brot", 1234556, 3.30);
   waren[1].Set("Kaese", 7676, 1.79);
   waren[2].Set("Butter",9987, 1.69);

   for(int i=0; i < MAX_ART; i++)
   {
        waren[i].Ausgeben(cout);    // Ausgabe auf
                                    // Bildschirm
        waren[i].Ausgeben(ofile);   // Ausgabe in Datei
   }

   return 0;
}
```

Listing 3.32: Anwendung von CArtikel (Ausgabe über ostream)

Listing 3.32 würde Folgendes auf dem Bildschirm ausgeben:

```
===================================
Bezeichnung: Brot
Barcode: 1234556
Preis: 3.30
===================================

===================================
Bezeichnung: Kaese
Barcode: 7676
Preis: 1.79
===================================

===================================
Bezeichnung: Butter
Barcode: 9987
Preis: 1.69
===================================
```

Nach Aufruf des Programmes existiert im aktuellen Verzeichnis eine Datei mit dem Namen `artikel.txt`, deren Inhalt der Programmausgabe 1:1 entspricht.

Im Beispiel wurde ein Objekt der Klasse `ofstream` verwendet. Die Klasse `ofstream` öffnet im Konstruktor die Datei mit dem angegebenen Namen zum Schreiben. Im Destruktor wird die Datei automatisch wieder geschlossen.

Analog dazu wird bei einem Objekt der Klasse `ifstream` die Datei mit dem angegebenen Namen im Konstruktor zum Lesen geöffnet und im Destruktor wieder geschlossen.

Ist eine Datei zum Schreiben geöffnet, kann sie nicht gleichzeitig zum Lesen geöffnet werden. Es bietet sich bei der Verwendung von `ifstream` und `ofstream` daher an, Objekte dieser Klassen lokal in entsprechenden Methoden zu verwenden, z.B. `ifstream` in einer Methode `Lesen()` und `ofstream` in einer Methode `Schreiben()`. Da am Ende der Methode dann der Destruktor der lokalen Objekte durchlaufen wird, ist gewährleistet, dass die Dateien nach den entsprechenden Anweisungen wieder geschlossen sind und damit wieder neu zum Lesen oder Schreiben geöffnet werden können.

Kann eine Datei im Konstruktor nicht geöffnet werden, kann dies wie folgt abgeprüft werden:

```
...
ifstream ifile("artikel.txt", ios::nocreate);
if(!ifile)      // !-Operator ist hier überladen
   cerr << "Datei konnte nicht geoeffnet werden!" << endl;
```

Das Öffnen der Datei im Konstruktor soll hier mit `ios::nocreate` erfolgen, damit die Datei nicht angelegt wird, wenn sie noch nicht existiert. Standardmäßig würde die Datei nämlich sonst angelegt werden.

3.9.1 ÜBUNG: Viereck-Daten über Streams

In Übung 3.3.5 wurde eine Klasse `CVieleck` erstellt. Ergänzen Sie diese Klasse um eine Methode zum Einlesen und zum Ausgeben der einzelnen Punkte in/aus einem Stream.

Anschließend soll folgende `main()`-Funktion möglich sein:

```
#include "Vieleck.h"
#include "Punkt.h"
#include <fstream.h>  // ifstream, ofstream
#include <iostream.h>

int main(void)
{
   CVieleck dreieck1(3), dreieck2(3), viereck1(4);

   ofstream outfile("dreieck.txt");
   if(!outfile)
      cerr << "Fehler beim Oeffnen der Datei dreieck.txt";

   dreieck1.Set(0, CPunkt(2,3));   // 1. Punkt des Dreiecks
   dreieck1.Set(1, CPunkt(4,5));   // 2. Punkt des Dreiecks
   dreieck1.Set(2, CPunkt(2,8));   // 3. Punkt des Dreiecks

   dreieck1.Zeichnen();
   cout << "Schreibe Dreieck1 nun in Datei dreieck.txt... "
        << endl;
   dreieck1.Ausgeben(outfile);

   outfile.close();       // dreieck.txt explizit schließen,
                          // da sie anschließend mit ifstream
                          // zum Lesen wieder geöffnet wird

   ifstream infile("dreieck.txt");
   if(!infile)
      cerr << "Fehler beim Oeffnen der Datei dreieck.txt";

   cout << "Punkte fuer Viereck?: ";
   viereck1.Einlesen(cin);
   viereck1.Zeichnen();

   cout << "Lese Dreieck2 nun von Datei dreieck.txt..."
        << endl;
   dreieck2.Einlesen(infile);
   dreieck2.Zeichnen();

   return 0;
}
```

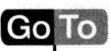

Ein möglicher Programmablauf hierzu wäre:

```
Verbinde folgende Punkte: P(2, 3)  P(4, 5)  P(2, 8)
Schreibe Dreieck1 nun in Datei dreieck.txt...
Punkte fuer Viereck?: 1 2:12  3: 4 5 : 8 2↵
Verbinde folgende Punkte: P(1, 2)  P(12, 3)  P(4, 5)  P(8, 2)
Lese Dreieck2 nun von Datei dreieck.txt...
Verbinde folgende Punkte: P(2, 3)  P(4, 5)  P(2, 8)
```

Nach Ablauf dieses Programms existiert im aktuellen Verzeichnis eine Datei `dreieck.txt` mit folgendem Aussehen:

```
2 3:4 5:2 8:
```

4 Weitere Features in C++

Willst du dich am Ganzen erquicken,
so musst du das Ganze im Kleinsten erblicken.
Goethe

In Kapitel 3 haben wir Sprachkonstrukte von C++ vorgestellt, über die die meisten objektorientierten Sprachen verfügen. Dieses Kapitel stellt nun darüber hinausgehende Features von C++ vor. Zum einen handelt es sich um Eigenheiten der Sprache, wie z.B. Casting (Laufzeittyp-Informationen), zum anderen um weitere sehr nützliche Sprachelemente, wie z.B. das Überladen von C++-Operatoren für eigene Klassen oder die generische Codeentwicklung (Templates). Hiermit stellt C++ weitere Mittel zur Verfügung, um Komplexität zu reduzieren und Wiederverwendbarkeit zu erhöhen.

4.1 Friends

Manchmal arbeiten Klassen mit einzelnen Funktionen oder mit anderen Klassen sehr eng zusammen. In diesen Fällen kann es sein, dass das strikte Prinzip der Datenkapselung sehr hinderlich ist.

In C++ ist es nun möglich, dass eine Klasse bestimmten globalen Funktionen oder auch Methoden anderer Klassen den Zugriff auf alle ihre Elemente (auch den **private**-Elementen) erlauben kann. Funktionen bzw. Klassen, denen dies möglich sein soll, werden als so genannte *Freunde* der Klasse angegeben. Dies geschieht dadurch, indem diese Funktionen (bzw. Klassen) innerhalb der Klasse mit dem Schlüsselwort **friend** deklariert werden. Abbildung 4.1 verdeutlicht die Zugriffsrechte von friend-Funktionen und Klassen im Gegensatz zu ‚normalen' Funktionen bzw. Klassen.

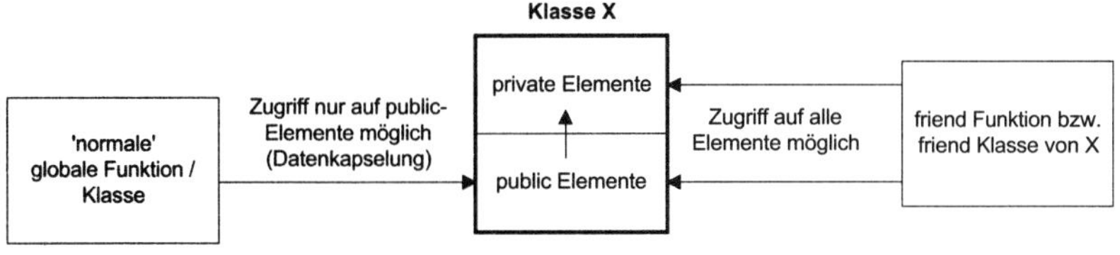

Abbildung 4.1: Zugriffsrechte von friend-Funktionen und Klassen

Wie die Abbildung 4.1 zeigt, wird durch solche Freunde das grundlegende Prinzip der Datenkapselung durchbrochen. Daher sollte dieses Sprachmittel mit Bedacht eingesetzt werden. Wir werden noch Fälle kennen lernen, wo **friend** durchaus Sinn macht bzw. nötig ist. Als einfaches Beispiel, um die prinzipielle Syntax zu erklären, sind diese Fälle jedoch nicht geeignet. Die folgenden Beispiele dienen lediglich der Demonstration der Syntax und sind nicht unter dem Blickwinkel der objektorientierten Programmierung zu sehen.

Als Beispiel stellen wir uns eine Klasse `CBruch` vor, die einen mathematischen Bruch repräsentiert. Da wir die Ausgabe nicht direkt in `CBruch` vornehmen wollen, sehen wir hierfür eine eigene globale Funktion `Ausgeben()` vor. Zur Ausgabe von Zähler und Nenner benötigen wir natürlich Zugriff auf die entsprechenden Attribute von `CBruch`. Daher deklarieren wir in `CBruch` die globale Funktion `Ausgeben()` als Freund, wie dies in Listing 4.1 gezeigt ist.

```
#include <iostream.h>
//-----------------------------------------------------
class CBruch
{

   long m_z;
   long m_n;

public:
   CBruch(long z=0, long n=1)
   {
      m_z=z;
      m_n=n;
   }

   friend void Ausgeben(CBruch b);

};

//-----------------------------------------------------
void Ausgeben(CBruch b)
{
   cout << b.m_z << " / " << b.m_n;
}
//-----------------------------------------------------
```

```
int main(void)
{
   CBruch b(1,2);

   cout << "Der Bruch lautet: ";
   Ausgeben(b);
   cout << endl;

   return 0;
}
```

Listing 4.1: Ausgeben als globale friend-Funktion von CBruch

Die globale Funktion `Ausgeben()` in Listing 4.1 muss das `CBruch`-Objekt, das sie ausgeben soll, natürlich als Parameter bekommen. Eine Methode `CBruch::Ausgeben()` hingegen bräuchte dies nicht.

Die **friend**-Deklaration in Listing 4.1 hätte vermieden werden können, indem `CBruch` z.B. zwei Methoden `GetZaehler()` und `GetNenner()` zur Verfügung gestellt hätte. Diese Methoden hätten dann aus Performance-Gründen natürlich **inline** deklariert werden sollen. Stehen diese Methoden allerdings zur Verfügung, so können sie dann auch von allen anderen Funktionen und Klassen genutzt werden, was in diesem Fall sicherlich kein Schaden wäre. Dieser Fakt sollte jedoch prinzipiell stets berücksichtigt werden.

Syntaktisch gesehen ist es egal, ob die **friend**-Deklaration im **private-**, **protected-** oder **public**-Bereich erfolgt. Es macht jedoch Sinn, diese im **public**-Bereich vorzunehmen, da sie eine Erweiterung des öffentlichen Zugriffs darstellt.

Freunde von Klassen können nicht nur globale Funktionen, sondern auch Methoden anderer Klassen sein. Dazu stellen wir uns vor, dass es eine Klasse `CKonsole` gibt, die die eine korrespondierende Methode `Ausgeben()` enthält, wie dies in Listing 4.2 gezeigt ist.

```
#include <iostream.h>
//----------------------------------------------------
class CBruch;  // Vorwärtsdeklaration von CBruch, da sie
               // in CKonsole::Ausgeben() als Parameter
               // verwendet wird

class CKonsole
```

```
{
public:
   void Ausgeben(CBruch b);
};
//-----------------------------------------------------------
class CBruch
{
   long m_z;
   long m_n;

public:
   CBruch(long z=0, long n=1)
   {
      m_z=z;
      m_n=n;
   }

   friend void CKonsole::Ausgeben(CBruch b);
};
//-----------------------------------------------------------
void CKonsole::Ausgeben(CBruch b)
{
   cout << b.m_z << " / " << b.m_n;
}
//-----------------------------------------------------------
int main(void)
{
   CBruch b(1,2);
   CKonsole con;

   cout << "Der Bruch lautet: ";
   con.Ausgeben(b);
   cout << endl;

   return 0;
}
```

Listing 4.2: CKonsole: : Ausgeben() als friend-Methode von CBruch

Bemerkenswert in Listing 4.2 ist die Reihenfolge der Deklarationen und Definitionen, denn es besteht eine gegenseitige Abhängigkeit von `CKonsole` und `CBruch`. Die Klasse `CKonsole` beinhaltet die Methode `Ausgeben()`, die als Parameter ein `CBruch`-Objekt hat. Damit muss `CBruch` vor `CKonsole` bekannt sein. Allerdings benötigt `CBruch` die vorherige

Definition von CKonsole für die **friend**-Deklaration. Für die Deklaration der Methode Ausgeben() in CKonsole genügt eine Vorwärtsdeklaration von CBruch, allerdings nicht für deren Definition. Daher darf die Methode CKonsole::Ausgeben() erst definiert werden, nachdem CBruch bekannt ist.

In Listing 4.2 wäre nur die Methode CKonsole::Ausgeben() ein Freund der Klasse CBruch. Eine weitere Methode CKonsole::Einlesen() hätte z.B. keinen Zugriff auf die privaten Elemente von CBruch. Sollen jedoch alle Methoden der Klasse CKonsole Freunde der Klasse CBruch sein, so kann dies vereinfacht dadurch geschehen, dass die Klasse CKonsole komplett als Freund der Klasse CBruch deklariert wird. Listing 4.3 zeigt dazu die entsprechende Syntax.

```
#include <iostream.h>

class CBruch;

class CKonsole
{
public:
   void Ausgeben(CBruch b);
   void Einlesen(CBruch& b);
};
//--------------------------------------------------------
class CBruch
{
   long m_z;
   long m_n;

public:
   CBruch(long z=0, long n=1)
   {
      m_z=z;
      m_n=n;
   }

   friend class CKonsole;

};
```

```
//----------------------------------------------------------
void CKonsole::Ausgeben(CBruch b)
{
   cout << b.m_z << " / " << b.m_n;
}
void CKonsole::Einlesen(CBruch& b)
{
   long zaehler, nenner;

   cout << "Zaehler?: ";
   cin >> zaehler;
   cout << "Nenner?: ";
   cin >> nenner;

   b.m_z=zaehler;
   b.m_n=nenner;
}
//----------------------------------------------------------
int main(void)
{
   CBruch b(1,2);
   CKonsole con;

   cout << "Bitte Bruch eingeben: " << endl;
   con.Einlesen(b);
   cout << "Der Bruch lautet: ";
   con.Ausgeben(b);
   cout << endl;

   return 0;
}
```

Listing 4.3: CKonsole als Friend-Klasse von CBruch

Ein möglicher Programmablauf zu Listing 4.3 könnte sein:

```
Bitte Bruch eingeben:
Zaehler?: 3↵
Nenner?: 4↵
Der Bruch lautet: 3 / 4
```

Wie bereits erwähnt, sind **friend**-Deklarationen aufgrund der Durchbrechung der Datenkapselung mit Bedacht einzusetzen. Allerdings sei in diesem Zusammenhang darauf hingewiesen, dass jede Klasse selbst bestimmt, wer ihr Freund ist. Die Datenkapselung kann also nicht beliebig unterlaufen werden; vielmehr liegt es in der Hand des Designers, Freundschaftsbeziehungen so einzusetzen, dass das Programm dennoch objektorientiert bleibt. Manchmal ist es sogar so, dass mit einer **friend**-Deklaration ein eleganterer Weg ermöglicht wird. Dies werden wir bei den Fallbeispielen noch sehen. Es gibt aber sogar Fälle, in denen eine **friend**-Deklaration nicht nur einen eleganteren, sondern den einzigsten Weg darstellt. Dies ist z.B. im Zusammenhang mit Operatoren der Fall, wie wir im nächsten Kapitel sehen werden.

4.2 Operatoren überladen

Eine Klasse sollte möglichst einfach und transparent benutzt werden können. Hierzu bietet C++ die Möglichkeit, Operatoren zu überladen, d.h. dass C++ -Operatoren auf beliebige Klassen angewendet werden können.

So ist es z.B. möglich, den Operator + auf eine eigene Klasse `CBruch` anzuwenden, um in einer sprechenden Schreibweise zwei Brüche zu addieren:

```
#include "Bruch.h"

int main(void)
{
   CBruch b1(1,4), b2(1,2),b3;

   b3=b1+b2;
   ...
   return 0;
}
```

Listing 4.4: Addition von zwei CBruch-Objekten mit dem Operator +

Damit die Syntax in Listing 4.4 möglich ist, muss die Klasse `CBruch` dem Compiler mitteilen, wie zwei Brüche zu addieren sind. Man sagt: Die Klasse `CBruch` muss den +-Operator *überladen*. Der Begriff »*Operator überladen*« erinnert an »*Funktion überladen*« und deutet bereits darauf hin, dass es sich bei Operatoren um Funktionen handelt.

Um einen Operator zu überladen, muss also eine so genannte *Operatorfunktion* implementiert werden. Dies kann in der Regel entweder als globale Funktion oder als Methode der Klasse geschehen.

Die Parameter einer Operatorfunktion richten sich in Anzahl und Typ nach den Operanden der Operation. Wie sicherlich aus C bekannt ist, unterscheidet man bei den Operatoren zwischen *binären* und *unären Operatoren*. Binäre Operatoren besitzen zwei Operanden (z.B. Additions-Operator +), unäre Operatoren nur einen (z.B. der Adress-Operator &). Daneben gibt es noch einen ternären Operator mit 3 Operanden, den ?:-Operator, der aber nicht überladen werden kann (vgl. Kapitel 4.2.5, Einschränkungen beim Überladen von Operatoren, auf Seite 283).

4.2.1 Operatorfunktionen für binäre Operatoren

Um in unserem Beispiel den binären Operator + zu überladen, könnte die Klasse CBruch wie folgt definiert werden:

```
class CBruch
{
   long m_z;
   long m_n;


public:
   CBruch(long z=0, long n=1)
   {
      m_z=z;
      m_n=n;
   }

   CBruch operator+(CBruch Op2)
   {
      CBruch sum;

      sum.m_z=m_z*Op2.m_n + Op2.m_z*m_n;
      sum.m_n=m_n*Op2.m_n;

      return sum;
   }
};
```

An diesem Beispiel lassen sich folgende Punkte erkennen:

- Eine Operatorfunktion setzt sich zusammen aus dem Schlüsselwort **operator** und dem jeweiligen Operator-Zeichen.
- Das Ergebnis der Operation ist der Rückgabewert der Operatorfunktion.
- Bei binären Operationen ist der 1. (linke) Operand durch die Klasse selbst repräsentiert, der 2. (rechte) Operand wird als Parameter übergeben.

Alternativ lässt sich die Operatorfunktion auch als globale Funktion definieren:

```
class CBruch
{
   long m_z;
   long m_n;

public:
   CBruch(long z=0, long n=1)
   {
      m_z=z;
      m_n=n;
   }

   friend CBruch operator+ (CBruch Op1, CBruch Op2);
};

CBruch operator+(CBruch Op1, CBruch Op2)
{
   CBruch sum;

   sum.m_z=Op1.m_z* Op2.m_n + Op2.m_z*Op1.m_n;
   sum.m_n=Op1.m_n*Op2.m_n;

   return sum;
}
```

Betrachtet man die Unterschiede zur Methodenvariante, so stellt man fest:

- Als Parameter bei der Operatorfunktion müssen nun beide Operanden übergeben werden, also der 1. (linke) und der 2. (rechte) Operand. (Bei der Methodenvariante ist der 1. Parameter automatisch versteckt durch den **this**-Pointer der Klasse vorhanden.)
- Die globale Funktion muss innerhalb der Klassendeklaration mit dem Schlüsselwort **friend** angegeben werden, damit diese auf die private-Elemente der Klasse zugreifen darf. (Alternativ könnte die Klasse public-Methoden zur Verfügung stellen, um die Eigenschaftswerte abzufragen, etwa `GetNenner()` und `GetZaehler()`.)

Die erste Variante (Operatorfunktion als Methode) ist sicherlich eher im Sinne der Objektorientierung, da die Operation auf die Klasse angewendet wird. Außerdem werden bei einer Operation oft die privaten Elemente einer Klasse benötigt und man erspart sich dann so das Schlüsselwort **friend**, das im Sinne der Objektorientierung stets erst einmal fragwürdig erscheint (vgl. Kapitel 4.1 auf Seite 267).

Tabelle 4.1 zeigt im Überblick alle syntaktischen Möglichkeiten zum Überladen eines binären Operators:

Methode	außerhalb der Klasse	typ_des_returnwertes klasse::**operator** symbol (typ parName) {/*Anweisungen */}
	innerhalb der Klasse	typ_des_returnwertes **operator** symbol (typ parName) {/*Anweisungen */}
globale Funktion		typ_des_returnwertes klasse::**operator** symbol (typ param1, typ param2) {/*Anweisungen */}
		Einer der beiden Parameter muss vom Typ her eine Klasse bzw. eine Referenz auf eine Klasse sein.

Tabelle 4.1: Definitionssyntax zum Überladen eines binären Operators

Es gibt Fälle, in denen man jedoch gar keine Wahl hat, ob die Operatorfunktion als Methode oder als globale Funktion implementiert wird, z.B:

- Manche Operatoren lassen sich nur als Methode überladen (vgl. Kapitel 4.2.5, Einschränkungen beim Überladen von Operatoren, auf Seite 283).

- Auf die globale Funktion muss zurückgegriffen werden, wenn der linke Operand ein Standarddatentyp ist, z.B.: `4 + bruch1;`

```
class CBruch
{
   ...
   friend CBruch operator+ (int Op1, CBruch Op2);

};
...
CBruch operator+ (int Op1, CBruch Op2)
{
   CBruch sum;

   sum.m_z=Op2.m_z + Op2.m_n*Op1;
   sum.m_n=Op2.m_n;
   return sum;
}
//--------------------------------------------------------
int main(void)
{
   CBruch b1(1,2),b2;

   b2=4+b1;
   cout << "Bruch b2= " << b2 << endl;
   return 0;
}
```

- Auf die globale Funktion muss zurückgegriffen werden, wenn der linke Operand eine Klasse ist, die man nicht verändern kann, weil es sich z.B. um eine Klasse aus einer Bibliothek handelt und der Source-Code nicht zur Verfügung steht, z.B. `ostream`.

Um die Klasse `CBruch` `ostream`-fähig zu machen, müsste daher wie in Listing 4.5 gezeigt verfahren werden.

```
#include <iostream.h>
//--------------------------------------------------------
class CBruch
{
   long m_z;
   long m_n;
```

```
public:
   CBruch(long z=0, long n=1)
   {
      m_z=z;
      m_n=n;
   }

   friend ostream& operator<< (ostream& Op1,CBruch Op2);

};
ostream& operator <<(ostream& Op1, CBruch Op2)
{

   Op1 << Op2.m_z << " / " << Op2.m_n;

   return Op1;
}
//--------------------------------------------------------
int main(void)
{
   CBruch b1(1,4);

   cout << "Bruch b1= " << b1 << endl;
   return 0;
}
```

Listing 4.5: Klasse CBruch ostream-fähig

In Listing 4.5 könnte die **friend**-Beziehung auch vermieden werden, wenn dafür entsprechende `Get()`-Methoden zur Verfügung gestellt würden. Die Vor- und Nachteile davon wurden bereits in Kapitel 4.1, Friends, diskutiert.

4.2.2 Operatorfunktionen für unäre Operatoren

Für *unäre Operatoren* gilt Analoges wie für binäre Operatoren, mit dem Unterschied, dass hier der rechte Parameter entfällt.

Damit ergeben sich grundsätzlich die in Tabelle 4.2 aufgeführten syntaktischen Möglichkeiten zum Überladen eines unären Operators.

Methode	außerhalb der Klasse	typ_des_returnwertes klasse::**operator** symbol () {/*Anweisungen */}
	innerhalb der Klasse	typ_des_returnwertes **operator** symbol () {/*Anweisungen */}
globale Funktion		typ_des_returnwertes klasse::**operator** symbol (klasse [&] parName) {/*Anweisungen */}

Tabelle 4.2: Definitionssyntax zum Überladen eines unären Operators

Eine gewisse Ausnahme in der Syntax bilden die Inkrement- und Dekrementoperatoren, die in einer Präfix- oder Postfix-Version möglich sind. Um Präfix- und Postfix voneinander zu unterscheiden, besitzen die Postfix-Varianten einen zusätzlichen, allerdings bedeutungslosen Formalparameter vom Typ **int** – vgl. Kapitel 4.2.3.

Als kleines Beispiel wollen wir in unserer Klasse `CBruch` den unären Vorzeichenoperator – in der Methodenvariante innerhalb der Klasse – überladen. Listing 4.6 zeigt den zugehörigen Source-Code.

```
#include <iostream.h>

class CBruch
{

   long m_z;
   long m_n;

public:
   CBruch(long z=0, long n=1)
   {
      m_z=z;
      m_n=n;
   }

   CBruch operator- ()
   {
      return (CBruch(-m_z,m_n));   // Erzeugt ein
                                  // unbenanntes CBruch-
                                  // Objekt, initialisiert
                                  // es mit -m_z und m_n und
                                  // gibt es als Wert zurück.
   }
};
```

```
//--------------------------------------------------
int main(void)
{
   CBruch b1(1,2),b2;

   b2=- b1;
   ...
   return 0;
}
```

Listing 4.6: Klasse CBruch mit unärem Vorzeichenoperator

4.2.3 Unterscheidung von Präfix und Postfix

Bei den Operatoren Inkrement (++) und Dekrement (--) gibt es in C++ bekanntlich den Unterschied zwischen *Präfix* (z.B. `b=++a`) und *Postfix* (z.B. `b=a++`).

Um die Präfix- und Postfix-Version des betreffenden Operators beim Überladen syntaktisch auseinander halten zu können, wird für die Postfix-Operatorfunktion ein zusätzlicher Formalparameter vom Typ **int** verwendet. Dieser dient einzig und allein als Kennung für die Postfix-Operatorfunktion und hat darüber hinaus keinerlei weitere Bedeutung.

Tabelle 4.3 zeigt die Syntax der möglichen Operatorfunktionen bezüglich Inkrement und Dekrement:

	Methode	**Globale Funktion**
Präfix	`r_typ operator++();` `r_typ operator--();`	`r_typ operator++(Klasse[&]);` `r_typ operator--(Klasse[&]);`
Postfix	`r_typ operator++(int);` `r_typ operator--(int);`	`r_typ operator++(Klasse[&],int);` `r_typ operator--(Klasse[&],int);`

Tabelle 4.3: Überladungssyntax für Inkrement- und Dekrementoperatoren

Um die semantische Bedeutung des Postfix-Operators beizubehalten, ist es bei der Implementierung wichtig, dass als Rückgabewert das ursprüngliche und nicht das modifizierte Objekt zurückgegeben wird, wie dies Listing 4.7 zeigt.

```
#include <iostream.h>
//-----------------------------------------------
class CBruch
{
   long m_z;
   long m_n;
public:
   CBruch(long z=0, long n=1)
   {
      m_z=z;
      m_n=n;
   }

   CBruch operator++()          // PRÄFIX
   {
      m_z+=m_n;
      return (*this);           // verändertes Objekt
                                // in Kopie zurückgeben
   }

   CBruch operator++(int)       // POSTFIX
   {
      CBruch tmp=*this;         // Objektwert sichern
      m_z+=m_n;

      return (tmp);             // Kopie des nicht
                                // veränderten Objektes
                                // zurückgeben
   }

   friend ostream& operator << (ostream& out, CBruch b);
};
//-----------------------------------------------
ostream& operator << (ostream& out, CBruch b)
{
   out << b.m_z << '/' << b.m_n;
   return out;
}
//-----------------------------------------------
```

```
int main(void)
{
  CBruch b1(1,2),b2;

  cout << "Wert von b1: " << b1 << endl;

  b2=++b1;
  cout << "Praefix->b1: " << b1
       << "\tb2: " << b2 << endl;

  b2=b1++;
  cout << "Postfix->b1: " << b1
       << "\tb2: " << b2 << endl;

  return 0;
}
```

Listing 4.7: Klasse CBruch mit Inkrementoperator (Präfix und Postfix)

Beachten Sie in Listing 4.7, dass wir bei der Postfix-Version für den **int**-Parameter keinen Namen angegeben haben; denn er wird ja nicht verwendet, sondern dient lediglich als Kennzeichnung für die Postfix-Version.

Listing 4.7 gibt Folgendes aus:

```
Wert von b1: 1/2
Praefix->b1: 3/2        b2: 3/2
Postfix->b1: 5/2        b2: 3/2
```

Diese Ausgabe verdeutlich noch einmal die Wirkungsweise von Präfix im Gegensatz zu Postfix. Das Objekt `b1` wird in jedem Fall inkrementiert. Bei der *Präfix*-Version findet die Inkrementierung *vor* der Zuweisung statt, bei der *Postfix*-Version *nach* der Zuweisung.

4.2.4 Funktionscharakter bei Operatorfunktionen

An dieser Stelle wollen wir noch einmal explizit darauf hinweisen, dass es sich beim Überladen von Operationen um Funktionen bzw. Methoden handelt.

Dies hat zur Konsequenz, dass hier die üblichen Regeln (bis auf eine Ausnahme) wie auch für normale Funktionen / Methoden gelten, z.B. sind auch hier möglich:

- mehrere Methoden mit gleichem Namen, aber unterschiedlicher Signatur (z.B. Addition eines int auf `CBruch`, aber auch Addition eines double, ...)
- virtuelle Methoden (vgl. Kapitel 3.5.13 auf Seite 207)
- Template-Funktionen (vgl. Kapitel 4.4.1 auf Seite 298)
- ...

Die große Ausnahme stellen Default-Parameter dar. Sie sind bei Operatorfunktionen nicht erlaubt (vgl. Kapitel 4.2.5 auf Seite 283).

Da es sich bei Operatorfunktionen um Funktionen handelt, ist es theoretisch auch möglich, die Funktionen direkt aufzurufen und nicht die Kurzform zu verwenden, z.B.

```
CBruch b1(1,4), b2(1,2), b3;

b3= b1.operator+(b2)       // entspricht der Kurzform:
                           // b3=b1+b2;
```

4.2.5 Einschränkungen beim Überladen von Operatoren

Für das Überladen von Operatoren gelten folgende Einschränkungen:

- Es können prinzipiell nur folgende Operatoren überladen werden:

```
( )       [ ]  ->   &    *    ~    +
 -        ++   --   new  delete->*
/         %    >>   <<   <    <=   >
>=        ==   !=   ^    |    &&   ||
=         +=   -=   *=   /=   %=   <<=
>>=       &=   ^=   |=   ,
```

  Der **sizeof**-Operator oder der **?:** Operator können z.B. nicht überladen werden.

- Die *Priorität* und *Assoziativität* eines Operators wird durch sein Überladen nicht verändert.
- Die Operandenzahl eines Operators kann durch Überladen nicht verändert werden, d.h. aus einem unären Operator lässt sich kein binärer Operator herstellen und umgekehrt (Ausnahme: **new** und **delete**).
- Es können keine neuen Operatorsymbole eingeführt werden.
- Eine Operatorfunktion ist stets klassenbezogen, d.h. dass sie entweder eine (nicht statische) Methode ist oder eine globale Funktion, die zumindest einen Parameter besitzt, der vom Typ her eine Klasse bzw. eine Referenz auf eine Klasse ist (Ausnahme: **new** und **delete**).

  Auf diese Weise wird erreicht, dass die vorgegebene Funktionsweise für Standard-Datentypen nicht verändert werden kann.
- Für die Parameter einer Operatorfunktion können keine Default-Werte vereinbart werden.
- Folgende Operatorfunktionen müssen als nicht statische Methoden implementiert werden (globale Funktionen sind hier nicht zulässig): *Zuweisungsoperator* =, *Funktionsaufrufoperator* `()`, *Indexoperator* `[ ]`, *Pfeiloperator* -> sowie der *cast-Operator.*

4.2.6 Die Operatoren new und delete

Die Operatoren **new** und **delete** nehmen in vielen Punkten eine Sonderstellung bei den Operatoren ein. Wir wollen an dieser Stelle nicht auf alle Details eingehen. Wichtig ist uns in diesem Zusammenhang darauf hinzuweisen, dass die Operatoren **new** und **delete** global für beliebige Datentypen überladen werden können. Dies sollte jedoch mit großer Vorsicht genossen werden, da so manche Bibliothek (z.B. die MFC) bereits die Operatoren **new** und **delete** global überlädt. Wird nun eine eigene globale Überladung vorgenommen, kann es zu Inkonsistenzen im Source-Code kommen, weil die Bibliotheksfunktionen und –klassen davon ausgehen, dass ‚ihre Version' von **new** und **delete** zum Einsatz kommt.

4.2.7 ÜBUNG: Uhrzeit-Rechner

Schreiben Sie eine Klasse `CUhrzeit`, die eine Uhrzeit verwaltet. Die Klasse sollte mindestens folgende Funktionalitäten besitzen:

- Addition von Uhrzeiten, z.B.
  -> Welche Uhrzeit ist in 5 Min und 3 Sek.
- Subtraktion von Uhrzeiten, z.B.
  -> Wie viel Uhr war es vor 12 Sekunden
  -> Wie viel schneller war Person 1 zu Person 2

Verwenden Sie dazu die arithmetischen Operatoren '+' und '-'.

Beispielsweise könnte die Klasse `CUhrzeit` folgendermaßen verwendet werden:

```
#include "Uhrzeit.h"
#include <iostream.h>

int main(void)
{
   CUhrzeit now(0,0,12);    // Mittag, Punkt 12 Uhr

   cout << "Mittag: " << now
        << endl;

   // Nun ist es 15 Minuten später
   now= now + CUhrzeit(0,15);
   cout << "15 Minuten spaeter: "
        << now
        << endl;

   cout << "70 Sekunden eher war es: "
        << now - CUhrzeit(70)
        << endl;

   return 0;
}
```

Dieses Programm gibt Folgendes aus:

```
Mittag: 12:0:0
15 Minuten spaeter: 12:15:0
70 Sekunden eher war es: 12:13:50
```

4.2.8 ÜBUNG: Operatoren für CBruch

Schreiben Sie eine Klasse `CBruch`, die das Rechnen mit Brüchen vereinfacht. Die Klasse soll so entworfen werden, dass die Anweisungen in folgender `main()`- Funktion möglich sind:

```
#include <iostream.h>
#include "Bruch.h"

int main(void)
{
   CBruch b1(7,5),b2(3,7),b3;

   b3 = b1 * b2;
   cout << b1 << " * " << b2
        << " = " << b3 << endl;

   cout << b3 << " *= 5/2"
        << " = " << (b3*= CBruch(5,2))
        << endl;

   b3 = 3 * b2 + 2;
   cout << "3 * " << b2 << " + 2"
        << " = " << b3 << endl;

   return 0;
}
```

Dieses Programm sollte dann Folgendes ausgeben:

```
7/5 * 3/7 = 3/5
3/2 *= 5/2 = 3/2
3 * 3/7 + 2 = 23/7
```

4.2.9 ÜBUNG: Operatoren für CStr

Erweitern Sie die Klasse `CStr`, die im Personen-Queue-Beispiel (Kapitel 3.3) verwendet wurde, so dass folgende Anweisungen möglich sind:

```
#include "Str.h"
#include <iostream.h>

int main(void)
{
```

```
   CStr s1("Gretchen"), s2 ("Mueller");

   s1+= " " + s2;
   cout << s1 << endl;

   return 0;
}
```

Dieses Programm sollte dann Folgendes ausgeben:

```
Gretchen Mueller
```

4.2.10 ÜBUNG: Index-Operator für CIntArray

Implementieren Sie für die Klasse CIntArray aus Übung 3.2.15 den Index-Operator, so dass folgende Anweisungen möglich sind:

```
#include <iostream.h>
#include "IntArray.h"

int main(void)
{
   CIntArray quad(7);

   // Quadrat-Zahlen verfüllen
   for(int i=0; i < quad.GetLen(); i++)
      quad[i]=(i*i);

   // Ausgabe der Quadrat-Zahlen
   for(i=0; i < quad.GetLen();i++)
   {
      cout << i << ": " << quad[i] <<endl;
   }

   return 0;
}
```

Dieses Programm gibt Folgendes aus:

```
0: 0
1: 1
2: 4
3: 9
4: 16
5: 25
6: 36
```

4.3 Laufzeit-Typinformationen

Die *Laufzeit-Typinformation* (engl. *run time type information, RTTI*) ermöglicht es zur Laufzeit eines Programmes Informationen über den Typ eines Objektes zu erhalten. Dazu stehen mit dem **dynamic_cast**-Operator, dem **typeid**-Operator und der `type_info`-Klasse drei Sprachelemente zur Verfügung.

RTTI ist vor allem im Zusammenhang mit Polymorphismus interessant. Polymorphismus ermöglicht es, Objekte und deren Aufgaben allgemein abstrakt zu betrachten und die Objekte damit gemeinsam verwalten zu können. (Erinnern Sie sich z.B. an das Zeichnen von verschiedenen Grafikobjekten einer Zeichnung, was wir in Kapitel 3.5.13 auf Seite 207ff diskutiert haben). In Ausnahmesituationen ist es jedoch nötig zu wissen, welches Objekt nun tatsächlich hinter dem Basispointer liegt, über den die Objekte gemeinsam verwaltet werden.

Es ist sogar so, dass RTTI nur bei *polymorphen Klassen* möglich ist, d.h. bei Klassen, die mindestens eine virtuelle Methode in der Basisklasse besitzen. Bei manchen Compilern muss die RTTI-Unterstützung auch explizit aktiviert werden (z.B. bei MS VC++ 6.0 unter Projekt/Einstellungen – Kommandozeilen-Parameter /Gr).

4.3.1 Der dynamic_cast-Operator

Mit dem **dynamic_cast-**Operator ist es möglich, während der Laufzeit eines Programmes einen Basispointer auf eine polymorphe Klasse in einen Zeiger einer abgeleiteten Klasse zu konvertieren bzw. zu überprüfen, ob die Konvertierung möglich ist, d.h. ob der Basispointer tatsächlich auf ein Objekt der abgeleiteten Klasse verweist.

Als Beispiel wollen wir noch einmal unsere Grafikbibliothek betrachten. Sollen Grafikobjekte gemeinsam verwaltet werden – z.B. als Elemente einer Zeichnung – kann dies über die gemeinsame Basisklasse geschehen. Polymorphismus ermöglicht es dabei, dass jedes abgeleitete Element individuell auf die gleiche Botschaft (`Zeichnen()`) reagiert. Da die gemeinsame Verwaltung aber über Basispointer geschieht, können die Objekte nur Botschaften empfangen, die in der Basisklasse definiert sind. Abbildung 4.2 verdeutlicht dies noch mal.

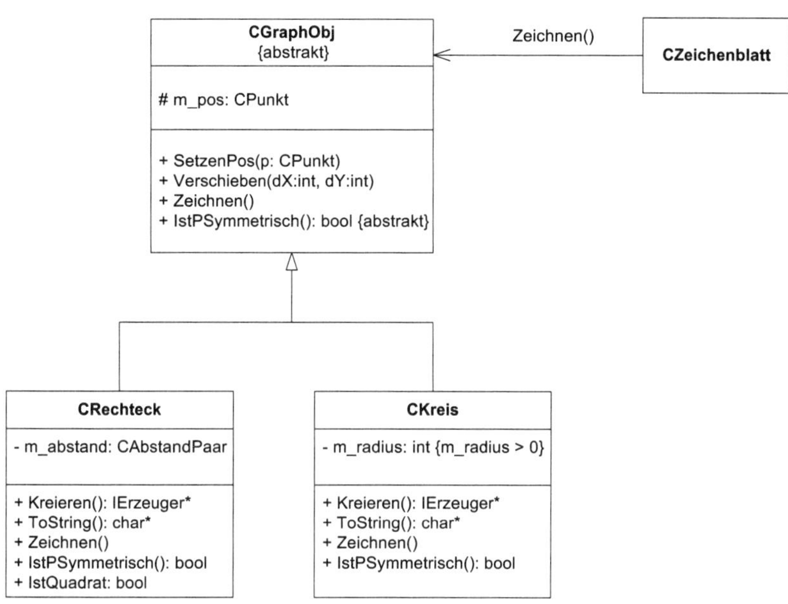

Abbildung 4.2: Zeichnen ist bei allen CGraphObj-Objekten (polymorph) möglich

Wie in Abbildung 4.2 zu sehen ist, ist es jedoch nicht möglich, die Methode `IstQuadrat()` der Klasse `CRechteck` über einen `CGraphObj*` aufzurufen, da in der Klasse `CGraphObj` die Methode `IstQuadrat()` nicht definiert ist. Der entsprechende Zeiger `CGraphObj*` muss also erst in einen `CRechteck*` umgewandelt werden. Dies ist mit Hilfe des **dynamic_cast**-Operators möglich. Ist die Typumwandlung nicht möglich, weil der entsprechende `CGraphObj*` z.B. auf einen Kreis zeigt und nicht auf ein Rechteck, so ist das Ergebnis des **dynamic_cast**-Operators ein `NULL`-Pointer.

Die Syntax für den **dynamic_cast**-Operator lautet allgemein:

```
dynamic_cast <zieltyp> (ausdruck)
```

Listing 4.8 zeigt die Anwendung des **dynamic_cast-**Operators. Um den Source-Code hier möglichst gering zu halten, haben wir die Implementierung der Methoden `Zeichnen()` und `IstQuadrat()` inline direkt in den Klassen vorgenommen. Ebenso haben wir sämtliche, für dieses Beispiel nicht benötigte Membervariablen und Konstruktoren weggelassen.

```
////////////////////////////////////////////////////////
// Datei: grafik.h
// Beschreibung: Eine Minimalrealisierung der
//               Grafikbibliothek zur Demonstration
//               von Polymorphismus und dynamic_cast
////////////////////////////////////////////////////////

#ifndef H_GRAFIK
#define H_GRAFIK

#include <iostream.h>
//---------------------------------------------------------
class CGraphObj
{
    public:
        virtual void Zeichnen()
        {
          //evtl. Zeichnen des Mittelpunktes
        };
};
//---------------------------------------------------------
class CLinie: public CGraphObj
{
    public:
        virtual void Zeichnen()
        {
            cout << "--> Linie gemalt." << endl;
        }
};
//---------------------------------------------------------
class CRechteck: public CGraphObj
{

    int m_xe;
    int m_ye;

    public:
        CRechteck(int Xm=0, int Ym=0, int Xe=1, int Ye=1)
        {
          // Xm, Ym ist der Mittelpunkt, der in
          // CGraphObj gespeichert wäre
           m_xe = Xe;
           m_ye = Ye;
        }
```

```
        virtual void Zeichnen()
        {
            cout << "--> Rechteck gemalt." << endl;
        }
        bool IstQuadrat()
        {
           return (m_xe==m_ye);
        }
};
//-----------------------------------------------------
class CKreis: public CGraphObj
{
    public:
        virtual void Zeichnen()
        {
            cout << "--> Kreis gemalt." << endl;
        }
};

#endif

////////////////////////////////////////////////////////
// Datei: main.cpp
// Beschreibung: Zeigt die Verwendung von dynamic_cast
////////////////////////////////////////////////////////

#include <stdlib.h>     // f. NULL
#include "grafik.h"

#define GR_MAX  10

int main(void)
{
   CGraphObj* Zeichnung[GR_MAX]={NULL};

   CRechteck* pRecht;

   Zeichnung[0]= new CLinie;
   Zeichnung[1]= new CKreis;
   Zeichnung[2]= new CRechteck(2,3,1,1); // Ein Quadrat
                                          // (1==1)
   Zeichnung[3]= new CRechteck(0,0,4,5); // Kein Quadrat
                                          // (4 != 5)
   Zeichnung[4]= new CLinie;
```

```
   for(int i=0; i < GR_MAX; i++)
   {
      if(Zeichnung[i])
         Zeichnung[i]->Zeichnen();

      // Überprüfen, ob Zeichenelement ein Rechteck
      // ist und wenn ja, ausgeben, ob es Quadrat ist
      if(pRech=dynamic_cast<CRechteck*> (Zeichnung[i]))
           cout << "Rechteck ist "
                << (pRecht->IstQuadrat()? "ein": "kein")
                << " Quadrat." << endl;
   }

   return 0;
}
```

Listing 4.8: Beispiel zu dynamic_cast bei der Grafikbibliothek

Listing 4.8 erzeugt folgende Ausgabe:

```
--> Linie gemalt.
--> Kreis gemalt.
--> Rechteck gemalt.
Rechteck ist ein Quadrat.
--> Rechteck gemalt.
Rechteck ist kein Quadrat.
--> Linie gemalt.
```

In Listing 4.8 ist der Zeiger `pRecht` vom Typ `CRechteck*`, damit darüber die Methode `IstQuadrat()` aufgerufen werden kann. Der Zeiger `pRechteck` wird über den **dynamic_cast**-Operator ermittelt, der als Quelle jeweils den Zeiger `Zeichnung[i]` des Typs `CGraphObj*` bekommt. Erhält `pRecht` dabei den Wert `NULL`, so ist die Typumwandlung nicht möglich, d.h. `Zeichnung[i]` zeigt nicht auf ein Objekt der Klasse `CRechteck`.

Dieses Beispiel diente lediglich der Demonstration des **dynamic_cast**-Operators. Es ist allerdings sehr fragwürdig, ob dies ein stabiles Design darstellt. Denn prinzipiell sollten ‚Extra-Locken' vermieden werden, da sie das Programm auf Dauer unübersichtlich und daher schwer wartbar machen. Der große Vorteil des Polymorphismus, allgemein gültig programmieren zu können, wird hier ausgehebelt. Es gibt andere Anwendungen des **dynamic_cast**-Operators, die wesentlich mehr

Sinn machen. Um einen solchen Fall aufzuzeigen, hätten wir allerdings weiter ausholen müssen. Wir wollen stattdessen auf die Fallbeispiele in Kapitel 9 verweisen. An dieser Stelle im Buch ging es lediglich um die Funktionsweise des **dynamic_cast**-Operators, der sich an diesem einfachen Beispiel gut demonstrieren lässt.

Neben dem dynamic_cast-Operator kennt C++ weitere Operatoren zur expliziten Typumwandlung. Diese sollen insgesamt im Überblick an dieser Stelle kurz erläutert werden. Die neuen C++-Operatoren zur Typumwandlung tun im Prinzip nichts anderes als der cast-Operator von C, allerdings wesentlich differenzierter. Sie dokumentieren damit, worin nun die Typumwandlung besteht. Die Verwendungssyntax ist für jeden Operator die gleiche:

```
operator <zieltyp> (ausdruck)
```

- **static_cast**
  Dieser Operator hat prinzipiell die gleiche Bedeutung wie der C-Cast mit den gleichen Einschränkungen, z.B. kann ein **int** nicht in eine **struct** umgewandelt werden. Darüber hinaus kann auch **const** nicht aufgehoben werden, weil es hierfür extra den Operator **const_cast** gibt.

  ```
  z.B.:
  double ert= static_cast<double> (zahl1)/zahl2
  ```

- **const_cast**
  Dieser Operator dient zur Entfernung der **const**-Eigenschaft (bzw. der **volatile**-Eigenschaft).

  ```
  z.B.
  void f(int &zahl);
  ...
  const int x=5;
  f(x);   // Fehler; Konvertierung von const int
            // in int& unzulässig
  f(const_cast <int&> (x));   // OK; explizite
                              // Konvertierung
                              // mit const_cast.
  ```

- **reinterpret_cast**
  Dieser Operator dient dazu, den Inhalt einer Speicherstelle neu zu interpretieren, und zwar völlig unabhängig vom ursprünglichen Datentyp. Nicht möglich ist hiermit allerdings das Entfernen der

const-Eigenschaft. Da das Ergebnis oft implementations- und hardwareabhängig ist, sollte der Operator wegen der geringen Portabilität mit sehr großen Bedacht eingesetzt werden. Am häufigsten wird dieser Operator beim Casting von Pointern eingesetzt, gerade zum Umwandeln von Funktionspointern.

```
z.B.
typedef void (*FktPtr)();    // FktPtr ist ein
                    // Zeiger auf eine Funktion
                    // ohne Argumente und ohne
                    // Rückgabewert (void)

FktPtr fktPtrArray[5]; // Array aus 10
                       //Funktionszeigern
cout << hex << reinterpret_cast<long&>(x)
     << endl;
....
int AnyFunction();

fktPtrArray[0]=&AnyFunction; // Fehler,keine
                             // Typübereinstimmung
fktPtrArray[0]=
        reinterpret_cast<FktPtr> (&AnyFunction);
                           // OK; wird compiliert
```

- **dynamic_cast**
  Dieser Operator wurde in diesem Kapitel besprochen. Er führt die Typumwandlung nicht zur Übersetzungszeit, sondern zur Laufzeit des Programms durch und kann nur auf polymorphe Klassen angewendet werden.

4.3.2 typeid-Operator und type_info-Klasse

Mit Hilfe des **typeid**-Operators kann der Typ eines Datenobjektes ermittelt werden. Als Parameter können an den Operator entweder ein Ausdruck oder eine Typbezeichnung übergeben werden. Die Syntax für den **typeid**-Operator lautet damit:

```
typeid(ausdruck)
typeid(typname)
```

Der Rückgabewert des **typeid**-Operators ist eine Referenz auf ein Objekt der Klasse `type_info`, die in `typeinfo.h` bzw. `typeinfo` definiert ist. Zu den **public**-Methoden der Klasse gehören die Operatoren ==

und !=, mit denen die Gleichheit bzw. Ungleichheit von zwei Typen überprüft werden kann. Eine weitere interessante Methode dieser Klasse ist name(). Diese liefert den Typnamen in Form eines Strings.

Listing 4.9 demonstriert die Verwendung des Operators **typeid**.

```
/////////////////////////////////////////////////////////
// Datei: main2.cpp
// Beschreibung: Zeigt die Verwendung von typeid und
//               type_info
/////////////////////////////////////////////////////////

#include "grafik.h"
#include <typeinfo.h>      // GNU-Compiler: <typeinfo>
#include <iostream.h>

#define GR_MAX  10

int main(void)
{
   CGraphObj* Zeichnung[GR_MAX]={NULL};

   Zeichnung[0]= new CLinie;
   Zeichnung[1]= new CKreis;
   Zeichnung[2]= new CRechteck(2,3,1,1); // Ein Quadrat
                                         // (1==1)
   Zeichnung[3]= new CRechteck(0,0,4,5); // Kein Quadrat
                                         // (4 != 5)
   Zeichnung[4]= new CLinie;

   for(int i=0; i < GR_MAX; i++)
   {
      if(Zeichnung[i])
      {
         Zeichnung[i]->Zeichnen();

         cout << "...Typ (typeid): "
              << typeid(*Zeichnung[i]).name() << endl;

         if(typeid(*Zeichnung[i]) == typeid(CLinie))
            cout << " ... Wow - eine Linie" << endl;
```

```
            if(i >0 && typeid(*Zeichnung[i]) ==
                                typeid(*Zeichnung[i-1]))
               cout << "... Wow - gleicher Typ wie "
                       "Vorgaenger!" << endl;
         }
      }

      return 0;
   }
```

Listing 4.9: Beispiel zu typeid und type_info bei der Grafikbibliothek

Listing 4.9 führt zu folgender Ausgabe:

```
--> Linie gemalt.
...Typ (typeid): class CLinie
 ... Wow - eine Linie
--> Kreis gemalt.
...Typ (typeid): class CKreis
--> Rechteck gemalt.
...Typ (typeid): class CRechteck
--> Rechteck gemalt.
...Typ (typeid): class CRechteck
... Wow - gleicher Typ wie Vorgaenger!
--> Linie gemalt.
...Typ (typeid): class CLinie
 ... Wow - eine Linie
```

In Listing 4.9 wird nun nach dem Zeichnen jeweils der Typ des Objektes als String ausgegeben, auf das `Zeichnung[i]` zeigt.

Die anschließenden **if**-Anweisungen zeigen die Anwendung des **typeid**-Operators beim Vergleich von Objekttypen. Wie hier deutlich wird, kann als Parameter sowohl ein Ausdruck verwendet werden als auch ein Typname (`typeid(CLinie)`).

Der **typeid**-Operator kann nicht nur auf polymorphe Klassen angewendet werden, sondern auch auf beliebige andere Datentypen. Allerdings wird dann der Typ nicht dynamisch zur Laufzeit über die VMT ermittelt, sondern statisch bereits zum Kompilierungszeitpunkt. Dies lässt sich schnell zeigen, indem man kurzfristig zu Demonstrationszwecken die Methode `Zeichnen()` in `CGraphObj` nicht virtuell gestaltet:

```
class CGraphObj
{
    public:
        virtual void Zeichnen()
        {
          //evtl. Zeichnen des Mittelpunktes
        };
};
```

Durch diese kleine Änderung ergibt sich nun folgende Programmausgabe:

```
...Typ (typeid): class CGraphObj
...Typ (typeid): class CGraphObj
... Wow - gleicher Typ wie Vorgaenger!
...Typ (typeid): class CGraphObj
... Wow - gleicher Typ wie Vorgaenger!
...Typ (typeid): class CGraphObj
... Wow - gleicher Typ wie Vorgaenger!
...Typ (typeid): class CGraphObj
... Wow - gleicher Typ wie Vorgaenger!
```

Es ist nunmehr der Typ des Zeigers relevant und nicht der Typ des tatsächlichen Objektes, auf das der Zeiger zeigt. Dieser ist ja flexibel und muss daher zur Laufzeit jedesmal über die VMT ermittelt werden. Die VMT ist allerdings nur vorhanden, wenn es sich um eine polymorphe Klasse handelt, was nun durch unsere kleine Änderung nicht mehr der Fall ist.

Wie auch der **dynamic_cast**-Operator sollte der **typeid**-Operator nicht dazu missbraucht werden, um unnötige Fallunterscheidungen durchzuführen und die durch den Polymorphismus gewonnene Allgemeingültigkeit unnötig zu zerstören. Er sollte daher ebenso mit Bedacht eingesetzt werden.

4.4 Templates

Ein wichtiges Sprachmittel in C++ sind *Templates*. Templates sind Schablonen, mit Hilfe derer sich theoretisch unbegrenzt viele Varianten einer Funktion oder einer Klasse durch eine einzige Definition erzeugen lassen. Der Compiler generiert hierbei zum Übersetzungszeitpunkt den allgemein formulierten Code konkret für die angegebenen Typen.

Templates besitzen damit folgenden Nutzen:

- Es wird Code reduziert, was sich positiv auf die Fehleranfälligkeit auswirkt (☺).
- Die Implementierung wird abstrakter, was für eine bessere Wiederverwendung des Codes sorgt.

Templates lassen sich auf Funktionen und Klassen anwenden.

4.4.1 Funktionstemplates

Im folgenden Beispiel soll eine Funktion `Max(Wert1,Wert2)` implementiert werden, die das Maximum zweier Werte zurückgibt. Herkömmlich könnte die Implementierung folgendermaßen aussehen:

```
double Max(double Wert1,double Wert2)
{
   if(Wert1>Wert2)
      return Wert1;
   else
      return Wert2;
}
```

Diese Funktion würde für die meisten Datentypen funktionieren, da als Datentyp **double** gewählt wurde und die meisten der Datentypen damit implizit in einen **double** umgewandelt werden. Allerdings wird der Compiler eine Warnung anzeigen, wenn beispielsweise die Funktion `Max()` mit zwei **int**-Werten aufgerufen wird und der Returnwert ebenfalls wieder einem **int**-Wert zugewiesen wird, wie im folgenden Beispiel:

```
int main(void)
{
   int erg,wert1=0 ,wert2=500;

   erg=Max(wert1,wert2);
   return 0;
}
```

Noch problematischer wird die Situation, wenn mit gemischen Typen gearbeitet wird:

```
int main(void)
{
   int wert1=20
   double wert2=50.30;
   int erg;

   erg=Max(wert1,wert2); // Fehler:
                         // erg = 50 und nicht etwa 50.3

   return 0;
}
```

Dieser Code dürfte streng genommen nicht erlaubt werden, da der Wert von `erg` in jedem Fall nicht mit dem Maximum aus `wert1` und `wert2` identisch ist. Der Entwickler bekommt jedoch nur eine Warnung.

Wesentlich typsicherer ist hier der Einsatz einer Template-Funktion.

Für die Definition einer Template-Funktion gibt es zwei syntaktische Varianten, die sich lediglich dadurch unterscheiden, dass in der einen Version das Schlüsselwort **class** und in der anderen Version das Schlüsselwort **typename** verwendet wird:

```
// ältere Syntax mit class:
template < class typ [, class typ2, class typ3, ...] >
funktiondefinition

// neuere Syntax mit typename:
template < typename typ [, typename typ2, typename typ3,
                                                    ...]>
funktionsdefinition
```

Durch das Schlüsselwort **template** wird ein Template eingeleitet. In den spitzen Klammern folgen dann die variablen Typen des Templates. Ein Template kann ein oder auch mehrere Parameter haben (was in der Syntaxbeschreibung durch die optionalen eckigen Klammern ausgedrückt ist). Die Typ-Parameter `typ`, `typ2`, `typ3` etc. sind Platzhalter für die später vom Compiler generierten Datentypen. Das Schlüsselwort **class** besagt nicht, dass nur Klassen für die Typ-Parameter eingesetzt werden können, vielmehr wird dadurch angedeutet, dass das Template auch für benutzerdefinierte Typen geeignet ist (und nicht nur für Standard-Datentypen). Wichtig ist, dass alle Typdefinitionen, die in den spitzen Klammern verwendet werden, auch mindestens einmal in den Parametern der Funktion verwendet werden.

Ein Template wird üblicherweise in einer Headerdatei definiert, da der Compiler zum Übersetzungszeitpunkt für den Aufruf der Funktion und die Codegenerierung die komplette Implementierung kennen muss!

In unserem Fall würde die Template-Funktion `Max()` dann wie folgt aussehen:

```
template<class Type>
Type Max(Type Wert1,Type Wert2)
{
   if(Wert1>Wert2)
      return Wert1;
   else
      return Wert2;
}
```

Man beachte, dass das Template selbst noch keine Funktion ist, sondern nur eine Vorlage, nach der die aktuell benötigte Funktion erzeugt wird. Die Generierung erfolgt zur Übersetzungszeit erst beim entsprechenden Aufruf der Funktion.

Der Aufruf der Funktion `Max()` würde dann z.B. wie folgt aussehen:

```
int main(void)
{
   double d1=0 ,d2=500;
   double d_erg;
   d_erg=Max(d1,d2);     //Der Compiler erzeugt eine
                         //Funktion double Max(double,double)

   int i1=0 ,i2=500;
   int i_erg;
   i_erg=Max(i1,i2);     //Der Compiler erzeugt eine
                         //Funktion int Max(int,int)

   return 0;
}
```

Es ist auch möglich, den Compiler zu einer bestimmte Implementierung zu zwingen. Dazu gibt man beim Aufruf den Datentyp in spitzen Klammern mit an:

```
   i_erg=Max<int>(i1,i2);     //Der Compiler erzeugt eine
                              //Funktion int Max(int,int)
```

4.4.2 Klassentemplates

Klassentemplates werden in analoger Weise erzeugt wie Funktionstemplates, wie man an der folgenden Definitionssyntax sieht:

```
template<parameterliste> klassendefinition
```

Für die Parameterliste gilt all das, was bei Funktionstemplates beschrieben wurde, z.B. speziell unter Verwendung des Schlüsselwortes **class** und eines Template-Parameters würde die Syntax wie folgt aussehen:

```
template<class Type>
class CName
{
... //Implementierung
};
```

Wie bei Template-Funktionen solltes auch bei Template-Klassen der komplette Code im Header vorhanden sein!

Als Beispiel für eine Template-Klasse wird die Klasse `CStack` aus dem Kapitel 3.2.6 auf Seite 111ff in eine Template-Klasse umgewandelt. Listing 4.10 zeigt den resultierenden Source-Code.

```
template <class StackType>
class CStack
{
   public:
      CStack(int maxEntries)
      {
         m_Max=0;
         m_Top=-1;   // Stack ist zunächst leer

         m_pStack= new StackType[maxEntries];
         if (m_pStack != NULL)
            m_Max=maxEntries-1;
      }
      //-----------------------------------------
      virtual ~CStack()
      {
         if(m_pStack)
            delete [] m_pStack;
      }
      //-----------------------------------------
```

```
        bool Push(StackType value)
        {
           if(m_Top == m_Max)
              return false;
           m_pStack[++m_Top] = value;
              return true;
        }
        //-----------------------------------------------
        bool Pop(StackType& value)
        {
           if (m_Top < 0)
              return false;
           value =m_pStack[m_Top--];
           return true;

        }
        //-----------------------------------------------
        bool IsEmpty()
        {
           return (m_Top < 0);
        }

     private:
        StackType* m_pStack;    // Pointer auf Einträge
                                // im Stack
        int m_Max;              // maximal gültiger Index
        int m_Top;     // Index, an dem oberster Wert liegt
};
```

Listing 4.10: Klasse CStack als Template

Das Umschreiben wurde nach einem einfachen Schema durchgeführt:

1. Alle Methoden wurden inline definiert, da sie ja so oder so im Header liegen müssen.
2. Der Typ von `m_pStack` wurde von **int** auf `StackType` geändert.
3. Vor die Klasse wurde `template<class StackType>` geschrieben.

Wie man an diesem Beispiel gut sieht, ist es relativ einfach, eine bereits bestehende Klasse in eine Template-Klasse umzuwandeln. Allerdings musste in diesem Beispiel die Methode `Pop()` etwas modifiziert werden, denn `CStack::Pop()` aus Kapitel 3.2.6 ging fest davon aus, dass der Rückgabewert vom Typ **int** ist. Im Fehlerfall wurde hier –1 zurückgegeben. Dieser Code lässt sich so natürlich nicht 1:1 übernehmen, denn bei der Benutzung des Templates könnte für `StackType` ja z.B. auch eine Klasse angegeben werden.

Den Einsatz unserer templatisierten Stack-Klasse wollen wir zunächst an der von Kapitel 3.2.6 bekannten `main()` -Funktion zeigen. Die geänderten Stellen sind im folgenden Listing 4.11 fett markiert.

```
#include "Stack.h"       // Template-Stack-Klasse
#include <iostream.h>
#include <stdio.h>       // f. getchar

int main(void)
{
   CStack<int>  stack(100);
   int     zeich;

   cout << "Bitte geben Sie einen String ein: " << endl;

   while ((zeich=getchar()) !='\n' && stack.Push(zeich))
      ;

   cout << "Der String lautet rueckwaerts:" << endl;

   while (!stack.IsEmpty())
   {
      stack.Pop(zeich);
      cout << (char)zeich;
   }

   cout << endl;

   return 0;
}
```

Listing 4.11: Einsatz der Template-Stack-Klasse mit int

Möglicher Programmablauf von Listing 4.11:

```
Bitte geben Sie einen String ein:
hallo anna[↵]
Der String lautet rueckwaerts:
anna ollah
```

Unsere Templateklasse kann nun natürlich auch mit jedem anderen Datentyp eingesetzt werden, wie dies Listing 4.12 demonstriert:

```
#include "Stack.h"       // Template-Stack-Klasse
#include <iostream.h>
#include "graphik.h"

int main(void)
{
   CStack<CGraphObj*>  stack(3);  // Bewusst nur 3 Stück
   CGraphObj*  p;

   stack.Push(new CRechteck(1,1,2,2));
   stack.Push(new CKreis(3,3,3));
   stack.Push(new CKreis);
   stack.Push(new CRechteck);  // passt nicht mehr in
                               // Stack

   cout << "Graphikelemente vom Stack holen und "
           "zeichnen:" << endl;

   while (!stack.IsEmpty())
   {
      cout << "----------------------------" << endl;
      stack.Pop(p);
      p->Zeichnen();
      delete p;
   }

   cout << endl;

   return 0;
}
```

*Listing 4.12: Einsatz der Template-Stack-Klasse mit CGraphObj**

Wir haben in Listing 4.12 als `StackType` Zeiger verwendet, damit das Zeichnen der Grafikobjekte polymorph geschieht. Auch das Löschen der Objekte findet damit polymorph statt, wenn die Destruktoren in `graphik.h` als **virtual** angegeben wurden. Um dies zu demonstrieren, haben wir in den Destruktoren entsprechende `cout`-Anweisungen eingefügt.

Listing 4.12 führt zu folgender Programmausgabe:

```
Graphikelemente vom Stack holen und zeichnen:
----------------------------
P(x,y)= 0, 0
Kreis(radius): 1
Destruktor CKreis
Destruktor CGraphObj
----------------------------
P(x,y)= 3, 3
Kreis(radius): 3
Destruktor CKreis
Destruktor CGraphObj
----------------------------
P(x,y)= 1, 1
Rechteck(xe,ye): 2, 2
Destruktor CRechteck
Destruktor CGraphObj
```

Wie man an der Ausgabe sieht, bleibt eine Speicherleiche für das letzte Rechteck, denn dieses wurde in `main()` mit **new** angelegt, konnte jedoch nicht in den nur 3 Elemente großen Stack aufgenommen werden. Es werden aber in Listing 4.12 nur die Elemente mit **delete** gelöscht, die im Stack enthalten sind.

Wann Templates speziell eingesetzt werden sollten, d.h. wann sich eine Umwandlung lohnt, wird bei den Entwurfsprinzipien in Kapitel 6.6, Generische Code-Entwicklung vermeidet Fehler, näher erläutert.

- Die Implementierung der Methoden kann auch außerhalb der Klassendefinition erfolgen; allerdings sollten sie trotzdem im Header sein.
- Auch in einer nicht templatisierten Klasse kann eine einzelne Methode templatisiert werden.

4.4.3 Templates in der UML

Obwohl Templateklassen über die Grundphilosophie der Objektorientierung hinausgehen und auch nicht in allen objektorientierten Sprachen vorhanden sind, kennt die UML hierfür ein eigenes Symbol.

Templateklassen werden in der UML auch als *parametrisierbare Klassen* oder als *generische Klassen* bezeichnet.

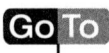

Die mit Hilfe einer parametrisierbaren Klasse entstandene Klasse wird *parametrisierte Klasse* genannt (engl. *parameterized class, bound element*).

In der UML gibt es zwei Notationen für Templates, die anhand des folgenden Beispiels gezeigt werden:

```
// Definition des Templates
// ------------------------
template <class Element>
class CWarteschlange{
   ...
   public:
      void Anfuegen(<Element>* i);
      void Entnehmen(<Element>* i);
      ...
};

// Verwendung des Templates
// ------------------------
class CPatient;
class CPkw;
...
CWarteschlange<CPatient> Wartezimmer;
CWarteschlange<CPkw> Stau;
```

Da ein Template keine konkrete Klasse ist, sondern nur eine Schablone für eine Klasse, gibt es eine Darstellungsform, in der nur die konkreten parametrisierten Klassen notiert werden, wie dies in Abbildung 4.3 zu sehen ist.

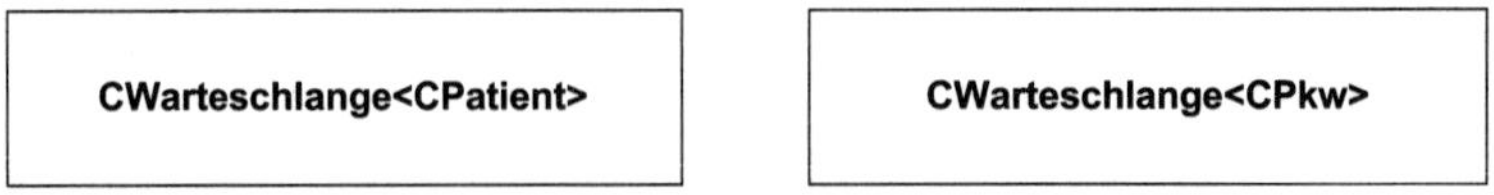

CWarteschlange<CPatient>	**CWarteschlange<CPkw>**

Abbildung 4.3: UML-Notation für parametrisierte Klassen

In der anderen Darstellungsform wird der Zusammenhang zwischen Template und prametrisierter Klasse deutlich. Man spricht hier von *Bindung* bzw. davon, dass die *parametrisierte Klasse* an die *generische Klasse gebunden* ist. Daher wird die parametrisierte Klasse auch als *bound element* bezeichnet.

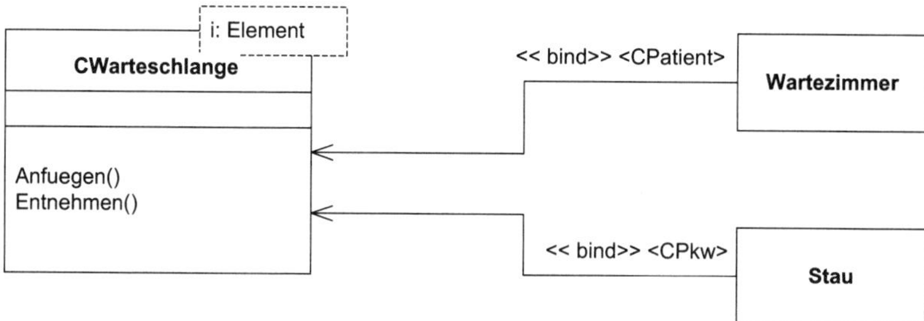

Abbildung 4.4: UML-Notation für Bindung von Template und parametrisierte Klassen

Ein Template wird in der graphischen Notation wie eine Klasse dargestellt, jedoch zusätzlich mit einem gestrichelten Rechteck in der rechten oberen Ecke, in dem die Parameter aufgeführt werden, wie dies in Abbildung 4.4 gezeigt ist.

4.4.4 ÜBUNG: Queue-Template

Im Personen-Queue-Beispiel aus Kapitel 3.3 verwaltet die Klasse `CQueue` CPersonen-Objekte. Schreiben Sie die Klasse `CQueue` in ein Template um, so dass dann Queues von beliebigen Typen möglich sind.

Testen Sie diese Klasse sowohl mit Objekten des Typs `CPerson` als auch mit Integer-Werten.

4.5 Namensbereiche

In sehr großen Projekten kann es leicht zu Namenskonflikten kommen, da hier häufig bereits erstellte Module oder Klassenbibliotheken eingesetzt werden. Es ist dabei nicht auszuschließen, dass Bezeichner plötzlich doppelt vorhanden sind, z.B. liegt es sehr nahe, dass eine Klasse, die einen String repräsentiert, `string`, `String` oder `CString` heißt.

Um Namenskonflikte bei globalen Bezeichnern zu vermeiden, ermöglicht C++ die Bildung von *Namensbereichen* (engl. *namespaces*). Der Programmierer kann damit Gültigkeitsbereiche für eine Gruppe von Funktions-, Typ- und Variablennamen definieren, ähnlich wie bei einer Klasse. Innerhalb des Namensbereiches können die Bezeichner dann verwendet werden – ohne Rücksicht darauf, ob sie bereits außerhalb definiert wurden.

Die Syntax für die Definition eines Namensbereiches sieht wie folgt aus:

```
namespace [Name_des_Namensbereiches]
{
   Deklaration_oder_Definition_der_Elemente_des_Namensbereiches
}
```

Beispielsweise könnten in einem Namensbereich folgende Elemente enthalten sein:

```
namespace MeinSuperTollesProjekt
{
   // globale Daten
   int x=1;
   const double pi=3.14159265;

   // globale Funktionen
   int Inc() {return ++x;}
   int Dec(); // nur Funktionsdeklaration

   // Klassen
   class CKreis
   {
      double m_radius;
   public:
      CKreis(){m_radius=1;};
      double GetUmfang(){ return 2* m_radius * pi;}

   };
}
```

Soll auf ein Element eines Namensbereiches außerhalb des Bereiches zugegriffen werden, so ist dies mit dem Bereichzugriffsoperator :: nach folgender Syntax möglich:

```
Name_des_Namensbereiches::Name_des_Elementes
```

Die Definition der globalen Funktion `Dec()` im Namensbereich `MeinSuperTollesProjekt` könnte also auch außerhalb des Namensbereiches wie folgt geschehen:

```
int MeinSuperTollesProjekt::Dec()
{
   return --x;
}
```

Ebenso erfolgt der Zugriff auf die globalen Daten oder Funktionen beispielsweise wie in folgender `main()`-Funktion gezeigt:

```
const double pi= 3;    // zur Demo: Dieser Wert ist sehr
                       // ungenau
                       // In CKreis::GetUmfang() wird pi
                       // aus dem Namensbereich verwendet.
int main(void)
{
   // Verwendung globaler Variablen und Funktionen aus dem
   // Namensbereich
   cout << "globale Var. x aus Namensbereich: "
        << MeinSuperTollesProjekt::x
        << endl;
   cout << "Inkrementieren von x: "
        << MeinSuperTollesProjekt::Inc()
        << endl;

   // Anlegen eines CKreis-Objektes aus dem Namensbereich
   MeinSuperTollesProjekt::CKreis   kreis1;

   cout << "Umfang des Kreises: "
        << kreis1.GetUmfang() << endl;

   return 0;
}
```

Dieses Programm führt zu folgender Ausgabe:

```
globale Var. x aus Namensbereich: 1
Inkrementieren von x: 2
Umfang des Kreises: 6.28319
```

Obwohl es auch eine global definierte Variable `pi` (außerhalb des Namensbereiches) gibt, kommt es zu keinerlei Namenskonflikt bei der Übersetzung. Die Programmausgabe macht deutlich, dass bei `CKreis::GetUmfang()` die Variable `pi` aus dem Namensbereich verwendet wird.

Bei der Definition eines Namensbereiches ist zu beachten, dass diese nur global oder innerhalb von anderen Namensbereichen erfolgen darf, aber z.B. nicht lokal im Rumpf einer Funktion.

Innerhalb derselben Source-Code-Datei kann ein Namensbereich auch in mehrere Teile aufgeteilt werden, wie dies im Folgenden skizziert ist:

```
namespace MeinSuperTollesProjekt
{
   // s. oben
}
namespace EinAndererNamensBereich
{
   void Gruss(){ cout << "Hallo!" << endl; }
}

namespace MeinSuperTollesProjekt
{
   void Gruss()
   {
      cout << "Hallo im supertollen Projekt!" << endl;
   }
}
```

Durch diese Code-Zeilen wird der bereits existierende Namensbereich `MeinSuperTollesProjekt` um die Methode `Gruss()` erweitert. Es ist damit folgende `main()`-Funktion möglich:

```
int main(void)
{
   // Verwendung globaler Variablen und Funktionen aus dem
   // Namensbereich
   cout << "globale Var. x aus Namensbereich: "
        << MeinSuperTollesProjekt::x
        << endl;
   cout << "Inkrementieren von x: "
        << MeinSuperTollesProjekt::Inc()
        << endl;

   // Anlegen eines CKreis-Objektes aus dem Namensbereich
   MeinSuperTollesProjekt::CKreis   kreis1;

   cout << "Umfang des Kreises: " << kreis1.GetUmfang()
        << endl;
```

```
    // Gruesse aus unterschiedlichen Namensbereichen
    EinAndererNamensBereich::Gruss();
    MeinSuperTollesProjekt::Gruss();

    return 0;
}
```

Die beiden fett markierten Anweisungen bewirken folgende Programmausgabe:

```
Hallo!
Hallo im supertollen Projekt!
```

4.5.1 Aliasnamen

Für einen bereits definierten Namensbereich kann ein neuer zusätzlicher Name, ein sogenannter Aliasname vergeben werden. Die Elemente des Namensbereiches sind dann sowohl über den alten als auch über den neuen Aliasnamen erreichbar. Die Syntax zur Definition eines Aliasnamens lautet:

```
namespace Aliasname=Name_des_Namensbereiches;
```

Aliasnamen sind z.B. recht nützlich, um den Zugriff auf die Elemente eines Namensbereiches zu vereinfachen, wenn z.B. ein sehr langer Name vergeben wurde. Beispielsweise könnte für unseren Namensbereich `MeinSuperTollesProjekt` ein kürzerer Aliasname `mp` (my project) eingeführt werden:

```
namespace mp=MeinSuperTollesProjekt;
```

Um ein Objekt der Klasse `CKreis` aus dem Namensbereich `MeinSuperTollesProjekt` anzulegen, könnte dann statt

```
MeinSuperTollesProjekt::CKreis kreis1;
```

vereinfacht

```
mp::CKreis kreis1;
```

geschrieben werden.

4.5.2 using-Deklaration

Als weitere Vereinfachung für den Zugriff auf die Elemente eines Namensbereiches ist die **using**-Deklaration gedacht. Die Syntax hierfür lautet:

```
using Name_des_Namensbereiches::Elementname;
```

Mit der using-Deklaration wird ein Bezeichner aus einem Namensbereich in den aktuellen Geltungsbereich eingeführt. Beispielsweise wird nach der Anweisung

```
using MeinSuperTollesProjekt::CKreis;
```

für den Bezeichner `CKreis` der Namensbereich `MeinSuperTollesProjekt` zur Standardvorgabe. Die Anweisung

```
CKreis kreis1;
```

legt dann ein Objekt der Klasse `CKreis` aus dem Namensbereich `MeinSuperTollesProjekt` an. Die folgende `main()`-Funktion verdeutlicht dies noch.

```
int main(void)
{
   using MeinSuperTollesProjekt::CKreis;

   CKreis k1;
   cout << "Umfang des Kreises: " << k1.GetUmfang() << endl;

   // ...

   CKreis k2; // noch ein Kreis
   cout << "Umfang des Kreises: " << k2.GetUmfang() << endl;

   return 0;
}
```

4.5.3 using-Direktive

Mit der **using**-Direktive können alle Bezeichner eines bestimmten Namensbereiches sichtbar gemacht werden. Die Syntax hierfür lautet:

```
using namespace Name_des_Namensbereiches;
```

Beispielsweise sind nach der Anweisung

```
using namespace MeinSuperTollesProjekt;
```

alle Bezeichner unmittelbar ansprechbar, die im Namensbereich `MeinSuperTollesProjekt` liegen. Die eingangs verwendete `main()`-Funktion hätte also auch folgendermaßen geschrieben werden können:

```
int main(void)
{
   using namespace MeinSuperTollesProjekt;

   // Verwendung globaler Variablen und Funktionen aus dem
   // Namensbereich
   cout << "globale Var. x aus Namensbereich: "
        << x << endl;
   cout << "Inkrementieren von x: "
        << Inc() << endl;

   // Anlegen eines CKreis-Objektes aus dem Namensbereich
   CKreis   kreis1;

   cout << "Umfang des Kreises: " << kreis1.GetUmfang()
        << endl;

   return 0;
}
```

Beachten Sie, dass die *using-Direktive* im Unterschied zu einer *using-Deklaration* die Bezeichner des Namensbereiches so behandelt, als wären die Elemente außerhalb des Namensbereiches an der Stelle definiert bzw. deklariert, an der der Namensbereich definiert ist, d.h. sozusagen global. Eine Folge davon ist, dass lokale Namen gleich lautende Elemente des Namensbereiches überdecken, wie dies folgende `main()`-Funktion demonstriert.

```
int main(void)
{
   using namespace MeinSuperTollesProjekt;
   int x=0;

   cout << "Wert von x: " << x << endl;
   return 0;
}
```

Dieses Programm führt zur Ausgabe:

```
Wert von x: 0
```

Wird statt der using-Direktive dagegen eine using-Deklaration nur für die Variable x verwendet, meldet bereits der Compiler einen Fehler:

```
// Using-Direktive - Überdecken von lokalen Var
// ----------------------------------------------
int main(void)
{
   using MeinSuperTollesProjekt::x;

   int x=0;     // Compiler-Fehler: x redefinition

   cout << "Wert von x: " << x << endl;

   return 0;
}
```

Eine weitere Folge der »Globalisierung« der Namenbereichs-Elemente durch die using-Direktive ist, dass es zu Namenskonflikten kommt, wenn gleich lautende globale Bezeichner existieren. Das folgende Programm lässt sich daher nicht übersetzen:

```
const double pi= 3;   // zur Demo: Dieser Wert ist sehr
                      // ungenau
                      // In CKreis::GetUmfang() wird pi
                      // aus dem Namensbereich verwendet.

int main(void)
{
   using namespace MeinSuperTollesProjekt;

   cout << "Pi ist: " << pi << endl;  // Compiler-Fehler:
                                      // pi - ambiguous symbol

   return 0;
}
```

Wird stattdessen die using-Deklaration nur für die Variable `pi` verwendet, so ist eindeutig klar, dass mit der lokal verwendeten Variablen `pi` die Variable `MeinSuperTollesProjekt::pi` gemeint ist:

```
const double pi= 3;     // zur Demo: Dieser Wert ist sehr
                        // ungenau
                        // In CKreis::GetUmfang() wird pi aus
                        // dem Namensbereich verwendet.

int main(void)
{
   using MeinSuperTollesProjekt::pi;

   cout << "Pi ist: " << pi << endl;

   return 0;
}
```

Dieses Programm führt daher zu folgender Ausgabe:

```
Pi ist: 3.14159
```

4.5.4 Abschließende Bemerkungen

Wie wir gesehen haben, ist der Einsatz von Namensbereichen an einigen Stellen mit etwas Aufwand verbunden – denn es müssen dann entsprechende using-Deklarationen bzw. –Direktiven verwendet werden. Viele unterschiedliche Namensbereiche machen daher ein Projekt sicherlich auch nicht gerade übersichtlicher. Dies sollte bedacht werden, wenn Namensbereiche eingesetzt werden sollen. Sinn machen Namensbereiche vor allem im Zusammenhang mit Bibliotheken. Wird eine eigene allgemein gültige Bibliothek erstellt, so können Namenskonflikte bei der Nutzung der Bibliothek vermieden werden, indem die Klassen der Bibliothek in einen Namensbereich gelegt werden. Ebenso macht es Sinn, wenn beim Einsatz von fertigen Bibliotheken Namenskonflikte auftreten, die eigenen Klassen in einen Namensbereich zu legen. Dies ist oft der einfachere Weg, wenn die Bibliothek nicht als Source-Code zur Verfügung steht und viele eigene Klassen umbenannt werden müssten, um die Namenskonflikte aufzulösen. Es macht jedoch wenig Sinn, prinzipiell pro Entwickler einen eigenen Namensbereich zu verwenden, um Namenskonflikte im Projekt von vornherein zu vermeiden. Hier ist es wesentlich einfacher und übersichtlicher, im Projekt klare Namensregelungen zu treffen, z.B. durch die Einführung von klar festgelegten Präfixen bei den Bezeichnern etwa pro Subkomponente.

Ein Beispiel für eine Bibliothek, die ihre globalen Bezeichner in einen Namensbereich legt, ist die C++-Standardbibliothek selbst. Ihre globalen Bezeichner liegen im Namensbereich `std`. (vgl. Kapitel 4.6, Die Standard Template Library (STL)).

Typdefinitionen und Typnamendefinitionen innerhalb von Klassen

Namenskonflikte bei Typdefinitionen können auch dadurch vermieden werden, indem Typdefinitionen innerhalb von Klassen vorgenommen werden. Denn in einer Klassendefinition können neben Membervariablen und Methoden auch Typdefinitionen und – mittels **typedef** – auch die Definition von Typnamen eingefügt werden. Beispielsweise wäre folgende Definition einer Klasse denkbar:

```
class CNrSchild
{
   // Typdefinitionen
   //-----------------

   typedef unsigned short zahl_t;

   enum monat_e {  jan=1, feb, mrz, apr, mai, jun,
                     jul, auf, sep, okt, nov, dez};

public:

   class CDimension
   {
      zahl_t m_hoehe;
      zahl_t m_breite;
   };


   // Membervariablen
   // ----------------

private:

   // Tüv-Plakete
   monat_e          m_TuevMonat;
   zahl_t           m_TuevJahr;

   // Ausmaß Nummernschild (für Montage)
   CDimension m_Ausmass;
```

```
    // Kennzeichen
    char      m_bezirk[3];
    char      m_alpha[2];
    zahl_t    m_nr;

    // Methoden:
    // ----------
    // ...
};
```

Sollen innerhalb einer Klasse vorgenommene Definitionen außerhalb verwendet werden, so kann dies über den Bereichszugriffsoperator `::` geschehen. Voraussetzung hierfür ist allerdings, dass die Definitionen in der Klasse **public** sind.

```
CNrSchild::CDimension d; // OK
CNrSchild::zahl_t zahl;  // Compiler-Fehler:
                         // cannot access private typedef...
```

Es ist jedoch im Einzelfall stets zu überlegen, ob die »Schachtelung« von Klassendefinitionen besser ist, oder ob die Definition der Klassen nicht einfach nebeneinander stehen sollte und die eine Klasse dann einfach ein Objekt der anderen Klasse als Membervariable aggregiert.

4.6 Die Standard Template Library (STL)

Die *Standard Template Library* (*STL*) ist eine Klassenbibliothek aus templatisierten Klassen, deren Schwerpunkt auf allgemein gültigen Datenstrukturen und Algorithmen liegt.

Die STL wurde ursprünglich bei Hewlett-Packard in jahrelanger Forschungsarbeit entwickelt und 1994 als Teil des ISO/ANSI C++-Standards akzeptiert. Seitdem gehört sie als ein Bestandteil der C++-Standardbibliothek zum Sprachumfang von C++.

Wir möchten an dieser Stelle die STL nur kurz vorstellen. Für ein tieferes Verständnis wollen wir auf entsprechende Literatur verweisen (z.B. [7]). Uns ist hier vor allem ein Grundverständnis für die STL aus Anwendersicht wichtig, um Klassen der STL einsetzen zu können, statt das Rad noch einmal neu zu erfinden, wenn es z.B. darum geht eine fundamentale Datenstruktur wie eine verkettete Liste zu verwenden.

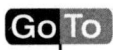

4.6.1 Das grundlegende Konzept der STL

Die STL ist eine Klassenbibliothek von templatisierten Klassen, die größtenteils nebeneinander stehen und nicht voneinander abgeleitet sind. Sie baut fast ausschließlich auf die Template-Mechanismen von C++ auf. Durch ihre hohe Abstraktion ist es möglich, mit einer kleinen Anzahl von Klassen einen Großteil von Standardproblemen abzudecken.

Der Schwerpunkt der STL liegt auf Datenstrukturen und Algorithmen, die auf die Datenstrukturen angewendet werden. Die STL unterscheidet dazu:

- *Container:*
  Container (»Behälter«) sind Klassen, die Objekte eines Datentyps aufnehmen und verwalten, z.B. eine Liste von Integern. Alle Container sind als Templates realisiert.
- *Iteratoren:*
  Jeder Container verfügt über Iteratoren, mit deren Hilfe auf ein einzelnes Datenelement des Containers zugriffen werden kann.
- *Algorithmen:*
  Algorithmen sind Template-Funktionen, die eine gewisse Funktionalität implementieren, die auf einen Container bzw. auf dessen Iterator angewendet werden kann, z.B. Sortieren.

Hinsichtlich der Verwendung der STL-Klassen gilt:

- Die Headerdateien der STL besitzen nicht die Extension `.h`.
- Sämtliche Bezeichner der STL sind im Standard-Namensbereich `std` enthalten.
- Im Zusammenhang mit Klassen der STL sollte die Headerdatei `iostream` statt `iostream.h` verwendet werden; Analoges gilt für alle anderen C++-Headerdateien, z.B `fstream`. Für reine C-Headerdateien, wie z.B. `stdlib.h`, gibt es keine Variante ohne `.h`; sie werden also nach wie vor verwendet.

Die STL ist so aufgebaut, dass die verschiedenen Container möglichst in der gleichen Weise benutzt werden können:

- Der Zugriff auf die Elemente im Container ist über *Iteratoren* möglich.
- Methoden für gleichartige Operationen besitzen den gleichen Namen, z.B. gibt die Methode `size()` prinzipiell die Anzahl der Elemente im Container zurück, egal um welchen Containertyp es sich handelt.

Diese Gleichbehandlung ist zum einen für den STL-Nutzer von Vorteil zum anderen ist sie ein entscheidendes Mittel, um verschiedene Algorithmen mit den verschiedenen Containern zusammenarbeiten zu lassen.

Wir wollen nun zunächst das Prinzip der Iteratoren anhand eines Containers vorstellen und die wichtigsten prinzipiell vorhandenen Methoden nennen. Erst dann werden wir einige Container betrachten, wobei Sie in den dortigen Beispielen die Verwendung der vorgestellten Prinzipien sehen werden.

4.6.2 Das Prinzip der Iteratoren

Wie bereits erwähnt, verfügt jeder Container über einen oder mehrere zugehörige *Iterator(en)*. Das Prinzip des Iterators werden wir im Folgenden am Beispiel der STL- Liste erklären. Alle anderen Container arbeiten nach dem gleichen Prinzip.

Die STL-Klasse `list` repräsentiert eine *doppelt verkettete Liste.* (Dieser Begriff wird bei der Beschreibung des Containers ‚Liste' in Kapitel 4.6.4 noch einmal genauer erklärt.)

Zunächst legen wir uns eine Liste von Integern an und verfüllen diese mit einigen Werten. Listing 4.13 zeigt den zugehörigen Source-Code.

```
#include <list>
using namespace std;

int main(void)
{
   list<int> myList;
```

```
    myList.push_back(15);
    myList.push_back(7);
    myList.push_back(18);
    myList.push_back(300);

    return 0;
}
```

Listing 4.13: STL-Liste mit Integern

Listing 4.13 führt zu einer Liste mit folgendem Aussehen:

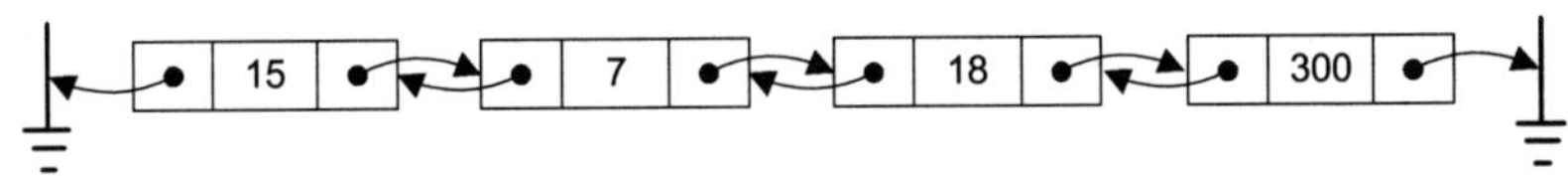

Abbildung 4.5: STL-Liste zu Listing 4.13

Um diese Liste komplett ausgeben zu können, benötigen wir einen Iterator. Dieser ermöglicht es uns, auf die einzelnen Elemente zuzugreifen.

Iteratoren sind Klassen, die innerhalb des jeweiligen Containers definiert sind, und stehen daher über den `::` -Operator zur Verfügung. Unser Iterator wird demnach wie folgt angelegt:

```
list<int>::iterator it;
```

Dieser Iterator entspricht zum einen einem Zeiger auf den Containertyp (in unserem Fall: **int**) und zum anderen hat er Zusatzfunktionalität (++ -Operator), um durch die Liste zu iterieren.

Als Erstes muss dieser Iterator mit der Startposition der Liste initialisiert werden:

```
it=myList.begin();
```

Nach dieser Anweisung zeigt der Iterator auf das Container-Element mit dem Wert 15. Da der Iterator auch ein Zeiger auf das Element ist, kann der Wert dieses Elementes nun wie folgt ausgegeben werden:

```
cout << *it;
```

Das Ende einer Liste wird durch einen Ende-Iterator gekennzeichnet, der mit der Methode `end()` abgefragt werden kann. Zeigt ein Iterator auf dieses Element, heißt dies, dass er auf das NULL-Element zeigt, das nicht mehr ausgegeben werden kann. Möchte man nun die ganze Liste ausgeben, könnte man dies mit folgendem Code tun:

```
for(it=myList.begin(); it != myList.end(); ++it)
   cout << *it << endl;
```

Neben dem Iterator gibt es bei den meisten Containern auch einen Reverse-Iterator. Dieser arbeitet nach denselben Prinzipien wie der Iterator, nur dass Beginn und Ende vertauscht sind. Die entsprechenden Methoden lauten `rbegin()` und `rend()`.

Damit könnte unsere Liste wie folgt rückwärts ausgegeben werden:

```
list<int>::reverse_iterator rit;
for(rit=myList.rbegin(); rit != myList.rend(); ++rit)
   cout << *rit << endl;
```

4.6.3 Wichtige Methoden von Containern

In diesem Kapitel wollen wir die zentralen Methoden aufführen, über die die Container verfügen. Auch hier gilt wieder, dass dies nicht längst alle Methoden sind und im Zweifelsfall beim Einsatz des entsprechenden Containers in weiterführender Literatur nachgeschlagen werden sollte.

Anfang und Ende des Containers ermitteln

Jeder Container verfügt über Methoden, um auf das Ende- und Beginn-Element direkt zuzugreifen:

`back()` // Gibt den Wert des letzten Elementes zurück

`front()` // Gibt den Wert des ersten Elementes zurück

`begin()` // Gibt den Iterator auf das erste Element zurück

`end()` // Gibt den Iterator auf das Ende-Element zurück

// Element nach dem letzten Element (= NULL-Element)

`rbegin()` // Gibt den Reverse-Iterator auf das erste Element von
// hinten zurück

// (= das letzte Element)

```
rend()      // Gibt den Reverse-Iterator auf das Element nach dem
            // letzten Element von hinten zurück

            //(= Ein Element vor dem begin(), ist auch NULL-Element)
```

Größe eines Containers

```
size()      // Gibt die Anzahl der Elemente zurück

maxsize()// Gibt die maximale mögliche Größe für den aktuellen
            // Container zurück

empty()     // Gibt true zurück, falls der Container leer ist, sonst false
```

Einfügen von Elementen

```
insert() // Einfügen eines Elementes
```

Die Methode `insert()` hat je nach Container unterschiedliche Parameter. Bei Containern, die ihre Elemente *unsortiert* halten, wird ein Iterator benötigt, um die Stelle des Einfügens zu kennzeichnen. Bei *sortierten* Containern ist dies (logischerweise) nicht nötig.

Container, die ihre Elemente *unsortiert* halten, verfügen außerdem über folgende Methoden:

```
push_back()    // Anhängen am Ende

push_front() // Anhängen am Beginn

pop_back()     // Entfernen am Ende

pop_front()    // Entfernen am Beginn
```

Löschen von Elementen

Beim Löschen gibt es zwei Varianten:

```
erase()        // löscht ein Element bzw. Element-Bereich eines
               // Containers

clear()        // löscht alle Elemente des Containers
```

Suchen von Elementen in sortierten Containern

Sortierte Container bieten eine Methode `find()` zum Suchen eines Wertes innerhalb des Containers. Das Ergebnis der Suche ist ein Iterator. Wenn kein Element gefunden wird, wird `end()` geliefert.

4.6.4 Die grundlegenden Container der STL

In diesem Kapitel werden die grundlegenden Container der STL vorgestellt. Auch hier kann und soll nicht auf alle Funktionalitäten der Container eingegangen werden. Jeder Container (und die hier aufgeführten sind längst nicht alle) wäre ein eigenes, umfangreicheres Kapitel wert. Dies ist aber nicht Ziel des Buches. Aus unserer Sicht ist es wichtig, die Grundtypen und Prinzipien zu kennen.

Die Liste

Eine *Liste* verwaltet den jeweiligen Datentyp in einer aufeinander folgenden Reihe. Das Besondere an einer Liste ist, dass an jeder beliebigen Stelle einfach Elemente eingefügt und gelöscht werden können. Die STL-Liste ist als doppelt verkettete Liste realisiert, bei der jedes Element seinen Vorgänger und Nachfolger kennt. (Im Gegensatz zu einer einfach verketteten Liste, bei der jedes Element lediglich seinen Nachfolger kennt.) Abbildung 4.6 zeigt das Prinzip einer doppelt verketteten Liste.

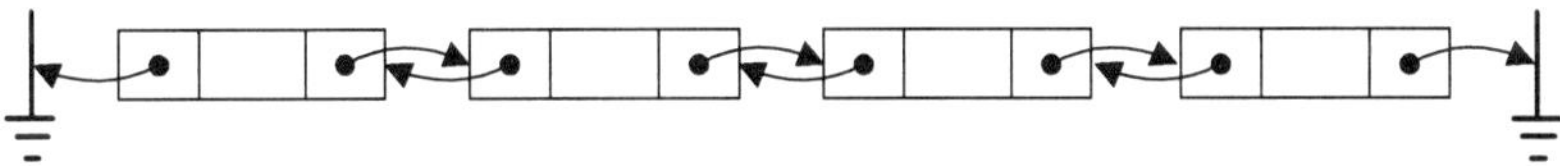

Abbildung 4.6: Eine STL-Liste (doppelt verkettete Liste)

Die Verwendung einer STL-Liste haben wir bereits beim Prinzip der Iteratoren in Kapitel 4.6.2 auf Seite 319f gezeigt. Der Vollständigkeit halber wollen wir hier jedoch noch ein zweites Beispiel in Listing 4.14 zeigen.

```
#include "Punkt.h"
#include <list>          // STL-Klasse list
#include <iostream>      // (ohne .h!)
using namespace std;

int main(void)
{
   list<CPunkt>  polygon; // STL-Liste aus Punkten

   // Polygonzug erstellen
   polygon.push_back(CPunkt(1,2));
   polygon.push_back(CPunkt(3,4));
   polygon.push_back(CPunkt(5,6));
```

```
   // Einzelne Punkte des Polygonzug ausgeben
   list<CPunkt>::iterator it;
   for(it=polygon.begin(); it != polygon.end(); ++it)
   {
      it->Zeichnen();
      cout << "  ";
   }
   cout << endl;

   return 0;
}
```

Listing 4.14: Verwendung einer STL-Liste

Listing 4.14 gibt Folgendes aus:

```
P(1,2)  P(3,4)  P(5,6)
```

Damit die Ausgabe in der erwarteten Reihenfolge stattfindet, sollte die Methode `CPunkt::Zeichnen()` ebenfalls `iostream` inkludieren. Wird stattdessen `iostream.h` verwendet, so führt dies bei manchen Compilern zu folgender Ausgabe:

```
P(1,2)P(3,4)P(5,6)
```

In der ersten Zeile werden sechs (3*2) Leerzeichen ausgegeben und ein Return, in der zweiten Zeile alle Punkte (ohne Trennzeichen). Der Grund hierfür ist, dass manche Compiler bei `iostream` und `iostream.h` zwei unterschiedliche Streams verwenden, die jedoch beide mit der Konsole verbunden sind. Der Inhalt eines jeden Ausgabe-Streams wird mit dem nächsten << `endl` (bzw. << `flush`) auf die Konsole geschrieben, spätestens jedoch bei Programmende. Während der Stream von `iostream.h`, den `CPunkt::Zeichnen()` verwendet, also dann erst bei Programmende auf den Bildschirm geschrieben wird (Zweite Ausgabezeile), erfolgt die Ausgabe des Streams von `iostream`, der in `main()` verwendet wird, bereits bei der Anweisung `cout << endl` nach der **for**-Schleife (Erste Ausgabezeile).

Die richtige Ausgabe würde in jedem Fall erzielt werden, wenn die Methode `CPunkt::Zeichnen()` folgendermaßen realisiert wäre:

```
void CPunkt::Zeichnen()
{
   cout << "P(" << m_x << "," << m_y << ")" << flush;
}
```

Es ist hier allerdings für den Leser des Sourcecodes unverständlich, warum <<flush verwendet wird; dann doch lieber in einem Projekt, in dem die STL verwendet wird, konsequent iostream statt iostream.h verwenden.

Der Vektor

Ein *Vektor* entspricht einem Array im Sinne von C mit dem Unterschied, dass dieses Array dynamisch wachsen kann, wie dies in Abbildung 4.7 dargestellt ist.

Der Hauptvorteil eines Vektors gegenüber einer Liste ist, dass hier auf das n.te Element direkt über den Index-Operator zugriffen werden kann. Bei der Liste dagegen muss Element für Element durchgegangen werden, bis das n.te Element erreicht ist. Das Anhängen und Löschen von Elementen am Ende des Vektors ist optimal schnell, jedoch nicht in der Mitte des Containers.

Abbildung 4.7: Ein STL-Vektor

Listing 4.15 zeigt die Verwendung der STL-Klasse vector.

```
#include <vector>           // STL-Klasse Vektor
#include <iostream>
using namespace std;

int main(void)
{
   vector<int> zahlen(5);  //int-Vektor mit 5 Elementen

   // Vektor füllen über Index-Operator
   for(int i=0; i < zahlen.size(); i++)
      zahlen[i]=i;

   // Vektor vergrößert sich bei Bedarf
   zahlen.insert(zahlen.end(),10);  // Zahl 10 anhängen

   // Ausgabe des Vektors als Array
   for(i=0; i < zahlen.size(); i++)
      cout << zahlen[i] << "  ";
```

```
    cout << endl;

    // Ausgabe des Vektors über Iterator
    cout << "-----------------------" << endl;
    vector<int>::iterator it;
    for(it=zahlen.begin(); it != zahlen.end(); ++it)
       cout << *it << "  ";
    cout << endl;

    return 0;
}
```

Listing 4.15: Verwendung eines STL-Vektors

Listing 4.15 gibt Folgendes aus:

```
0  1  2  3  4  10
-----------------------
0  1  2  3  4  10
```

Die Deque

Deque ist die Abkürzung für *double ended queue.* Sie ist darauf optimiert, dass man schnell Elemente am Anfang oder Ende anfügen kann. Das Einfügen von Elementen in der Mitte dauert dagegen länger. Die Deque eignet sich für alle Aufgaben, bei denen ein *FIFO* oder *LIFO-Puffer* benötigt wird. Abbildung 4.8 zeigt das Prinzip einer STL-Deque.

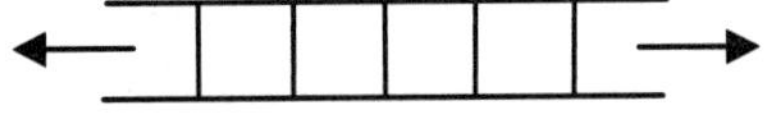

Abbildung 4.8: Eine STL-Deque

Listing 4.16 zeigt die Verwendung der STL-Klasse deque:

```
#include <deque>       // STL-Klasse deque
#include <iostream>
using namespace std;

int main(void)
{
    deque<int>   dq;      // Eine deque

    // Deque hinten füllen
    for(int i=0; i < 10; i++)
       dq.push_back(i);
```

```
    // Benutzung der Deque als FIFO
    while(!dq.empty())
    {
       cout << *dq.begin() << "  ";
       dq.pop_front();
    }
    cout << endl;

    // Deque erneut hinten füllen
    for(i=0;i< 5; i++)
       dq.push_back(i);

    // Benutzung der Deque als LIFO
    cout << "--------------------------" << endl;
    while(!dq.empty())
    {
       cout << *(dq.end()-1) << "  ";
       dq.pop_back();
    }
    cout << endl;

    return 0;
}
```

Listing 4.16: Verwendung einer STL-Deque

Die Methoden `pop_front()` und `pop_back()` entfernen das erste bzw. letzte Element der Sequenz. Das Element selbst wird dabei nicht zurückgegeben. Der Zugriff darauf muss daher, wie in Listing 4.16 gezeigt, vorher erfolgen. Da der Ende-Iterator immer hinter das letzte Element zeigt, muss beim Zugriff über `end()` immer auf das vorherige Element zugegriffen werden (`dq.end()-1`).

Listing 4.16 gibt Folgendes aus:

```
0  1  2  3  4  5  6  7  8  9
--------------------------
4  3  2  1  0
```

Der Stack und die Queue

In der STL gibt es auch die Klassen `stack` und `queue`, die nach den Prinzipien arbeiten, die wir bereits im Laufe dieses Buches kennen gelernt haben. Für einen FIFO-Puffer könnte damit auch die STL-Klasse `queue`, für einen LIFO-Puffer die STL-Klasse `stack` benutzt werden.

Die Benutzung von stack bzw. queue erscheint dabei einfacher als die der deque, weil beim Zugriff auf die Elemente kein Iterator benötigt wird. Denn für den Zugriff auf die Elemente gibt es bei stack und queue eigene Methoden. Intern arbeiten die beiden Klassen jedoch mit einer Containerklasse, die sie aggregieren. Anfragen an die Klasse werden dann an den *aggregierten Container* entsprechend *delegiert.*

Standardmäßig arbeiten stack und queue mit dem Container deque. Es kann aber auch im Konstruktor ein anderer Container gewählt werden, wie dies in Listing 4.17 gezeigt ist. Hier werden alle Zahlen von 0 bis 9 in eine Queue gestellt und anschließend wieder ausgelesen, um sie dann auf einen Stack zu packen. Dann werden die Werte vom Stapel wieder gelesen und ausgegeben. Der Stack benutzt als internen Container eine deque (Vorgabe), während die Queue eine Liste (list) verwendet.

```
#include <iostream>
#include <iomanip>   // f. setw() (-> auch ohne .h!)
#include <stack>
#include <queue>
#include <list>
using namespace std;

int main(void)
{
   // int-Queue mit list-Container
   queue<int,list<int> > myQueue;

   // int-Stack mit default Container (deque)
   stack<int> myStack;

   int wert;      // Ein Wert aus Queue bzw. Stack


   // Zahlen von 0 bis 9 in die Queue stellen
   for(int i=0; i< 10 ; i++)
      myQueue.push(i);            // Q-Wert schreiben

   // Zahlen von der Queue holen und in den Stack
   // stellen
   cout << setw(25) << setiosflags(ios::left)
       << "Werte von der Queue: ";
```

```
   while(!myQueue.empty())
   {
      wert=myQueue.front();        // Q-Wert lesen
      cout << wert << "  ";
      myQueue.pop();               // Q-Wert löschen
      myStack.push(wert);          // S-Wert schreiben
   }
   cout << endl;

   // Zahlen aus dem Stack holen und anzeigen
   cout << setw(25) << "Werte vom Stack: ";
   while(!myStack.empty())
   {
      wert=myStack.top();          // S-Wert lesen
      cout << wert << "  ";
      myStack.pop();               // S-Wert löschen
   }
   cout << endl;

   return 0;
}
```

Listing 4.17: Verwendung eines STL-Stacks und einer STL-Queue

Beachten Sie in Listing 4.17, dass beim Anlegen von `myQueue` der zweite Template-Parameter wiederum eine Template-Klasse (`list<int>`) ist. Damit folgen zwei schließende spitze Klammern aufeinander. Diese sind in Listing 4.17 durch ein Leerzeichen getrennt, da der Compiler sonst Probleme bekommt, weil er sie sonst nicht von einem Schiebeoperator nach rechts (>>) unterscheiden kann.

Listing 4.17 gibt Folgendes aus:

```
Werte von der Queue:     0  1  2  3  4  5  6  7  8  9
Werte vom Stack:         9  8  7  6  5  4  3  2  1  0
```

Der String

Der *String* ist eine Sonderform eines Containers. Dieser Container entspricht einem **char**-Array mit Verwaltungsfunktionalität. Es ist sehr empfehlenswert in Programmen – soweit möglich – mit der Klasse `string` zu arbeiten und nicht mit **char***, da die Klasse `string` bereits Operatoren zum Vergleichen und zum Anfügen von Strings enthält und außerdem die Verwaltung des nötigen Speicherplatzes übernimmt.

Listing 4.18 zeigt exemplarisch, wie die Klasse `string` den Umgang mit Strings vereinfacht.

```
#include <string>      // STL-Klasse string
#include <iostream>

using namespace std;

int main(void)
{
   string myfirstString;  // ein leeres string Objekt

   myfirstString= "Hallo!";
   myfirstString+="Ich bin ein String.";
   cout << myfirstString << endl;

   cout << "Neuer String?: ";
   cin >> myfirstString;
   cout << "String jetzt: " << myfirstString << endl;

   return 0;
}
```

Listing 4.18: STL-Klasse string vereinfacht Umgang mit Strings

Wie Listing 4.18 beispielhaft zeigt, wird der nötige Speicherplatz stets automatisch verwaltet. Außerdem sind in der Klasse einige Operatoren entsprechend überladen (z.B. der Zuweisungsoperator und der Operator +=) und die Klasse ist `cin`- und `cout`-fähig.

In Bezug auf `cin` verhält sich die Klasse `string` wie **char***, d.h. es wird mit dem Operator >> nur das erste eingegebene Wort eingelesen und nicht die ganze Zeile, wie dies bei `cin.getline()` der Fall wäre.

Ein möglicher Programmablauf zu Listing 4.18 ist daher:

```
Hallo!Ich bin ein String.
Neuer String?: Halli hallo[↵]
String jetzt: Halli
```

Das Set

Das *Set* ist eine Menge von Objekten, bei der jedes Element *nur einmal vorkommen* darf. Die Werte sind zu jedem Zeitpunkt *sortiert.* Damit kann z.B. effizient gesucht werden, ob ein Wert vorhanden ist oder nicht. Abbildung 4.9 zeigt, wie man sich das Set vorstellen kann (im Gegensatz zur Map – vgl. Abbildung 4.10).

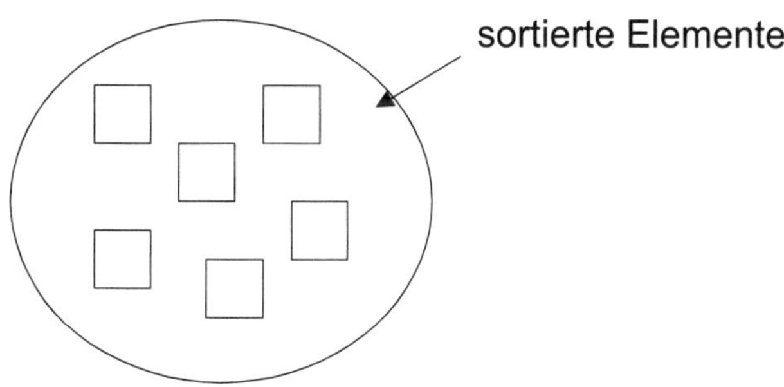

Abbildung 4.9: Ein STL-Set

Listing 4.19 zeigt die Verwendung der STL-Klasse set:

```
#pragma warning(disable:4786)   // bei VC++ nötig
#include <set>        // STL-Klasse set
#include <iostream>
using namespace std;

int main(void)
{
   set<int> mySet;     // ein STL Set
   int zahl;

   // Verfüllen des Sets
   for(int i=0; i < 6; i++)
   {
      cout << i+1 << ".te Zahl?: ";
      cin >> zahl;
      mySet.insert(zahl);
   }

   // Loeschen eines Wertes
   cout << "\nWelche Zahl loeschen?: ";
   cin >> zahl;
```

```
    set<int>::iterator it=mySet.find(zahl);

    if(it==mySet.end())
       cout << "Zahl wurde nicht gefunden!" << endl;
    else
    {
       mySet.erase(it);
       cout << "Zahl geloescht. Es sind nun noch "
            << mySet.size() << " Elemente im Set."
            << endl;
    }

    // Ausgabe der Set-Werte
    cout << "\nInhalt des Sets:" << endl;
    for(it=mySet.begin(); it != mySet.end(); it++)
       cout << *it << "  ";
    cout << endl;

    return 0;
}
```

Listing 4.19: Verwendung eines STL-Sets

Da die Werte im Set sortiert gehalten werden, kann nach einem Wert auch mit der Methode `find()` gesucht werden. Wie man in Listing 4.19 sieht, liefert diese Methode einen Iterator auf das gefundene Element zurück. Wird das Element nicht gefunden, so entspricht der Rückgabewert dem Ende-Iterator. Da die Position des Elementes nun bekannt ist, kann es mit der Methode `erase()` aus dem Set gelöscht werden.

Listing 4.19 enthält in der ersten Zeile eine **pragma**-Anweisung. Diese begründet sich darauf, dass es Compiler gibt, die (auch in der heutigen Zeit noch) Probleme mit Bezeichnern > 255 Zeichen sehen. Die STL ist aber derart generisch aufgebaut, dass die Template-Klassen intern wiederum andere Template-Klassen enthalten. Sehr schnell können dabei Bezeichner > 255 Zeichen entstehen, so z.B. bei der Klasse `set`. Damit die **pragma**-Anweisung Wirkung zeigt, muss sie vor den Headerdateien der STL platziert werden.

Möglicher Programmablauf von Listing 4.19:

```
1.te Zahl?: 12↵
2.te Zahl?: 3↵
3.te Zahl?: 17↵
```

```
4.te Zahl?: 9↵
5.te Zahl?: 3↵
6.te Zahl?: 1↵

Welche Zahl loeschen?: 12↵
Zahl geloescht. Es sind nun noch 4 Elemente im Set.

Inhalt des Sets:
1  3  9  17
```

Dieses Ablaufbeispiel demonstriert noch einmal, dass in einem Set ein Wert nur einmal vorkommen darf. Der Wert 3 ist nur einmal im Set, obwohl versucht wurde, ihn zweimal ins Set einzufügen.

Neben dem Set kennt die STL auch die Klasse `multiset`. Im Gegensatz zum Set dürfen beim Multiset auch Elemente mit *gleichem Wert mehrfach* vorkommen.

Würde in Listing 4.19 die Klasse `set` gegen die Klasse `multiset` ausgetauscht werden, so würde dies – bei gleichen Zahleneingaben – daher zu folgender Ausgabe führen:

```
1.te Zahl?: 12
2.te Zahl?: 3
3.te Zahl?: 17
4.te Zahl?: 9
5.te Zahl?: 3
6.te Zahl?: 1

Welche Zahl loeschen?: 12
Zahl geloescht. Es sind nun noch 5 Elemente im Set.

Inhalt des Sets:
1  3  3  9  17
```

Als Template-Parameter beim Set kann natürlich ein beliebiger Datentyp angegeben werden, also auch eine eigene Klasse. Beispielsweise wäre es damit möglich, mit Hilfe eines Sets eine sortierte Adressenliste zu verwalten, wie dies Listing 4.20 zeigt:

```
#pragma warning(disable:4786)    // bei VC++ nötig
#include "Adresse.h"
#include <set>         // STL-Klasse set
#include <iostream>
using namespace std;
```

```
int main(void)
{
   /*multi*/set<CAdresse> mySet;     // ein STL Set

   mySet.insert(CAdresse("Pauli","Neustadt"));
   mySet.insert(CAdresse("Pauli","Muenchen"));
   mySet.insert(CAdresse("Donald", "Entenhausen"));
   mySet.insert(CAdresse("Daisy", "Entenhausen"));
   mySet.insert(CAdresse("Donald", "Entenhausen"));
   mySet.insert(CAdresse("Petrus","Himmelreich"));

   // Loeschen von Pauli aus Neustadt
   /*multi*/set<CAdresse>::iterator it;
   it=mySet.find(CAdresse("Pauli","Neustadt"));

   if(it==mySet.end())
      cout << "Adresse wurde nicht gefunden!" << endl;
   else
   {
      mySet.erase(it);
      cout << "Adresse geloescht. Es sind nun noch "
           << mySet.size() << " Elemente im Set."
           << endl;
   }

   // Ausgabe der Set-Werte
   cout << "\nInhalt des Sets:" << endl;
   for(it=mySet.begin(); it != mySet.end(); it++)
      it->Ausgeben();

   return 0;
}
```

Listing 4.20: Verwendung eines STL-Sets mit CAdresse-Elementen

Listing 4.20 gibt Folgendes aus:

```
Adresse geloescht. Es sind nun noch 4 Elemente im Set.

Inhalt des Sets:
Daisy, Entenhausen
Donald, Entenhausen
Petrus, Himmelreich
Pauli, Muenchen
```

Damit die Klasse set weiß, wie sie die Elemente sortieren soll, muss der <-Operator für das Element realisiert sein. Bei Standard-Datentypen ist dies der Fall, ebenso bei der STL-Klasse string. Für unsere eigene Klasse CAdresse müssen wir also den <-Operator noch überladen, damit das Set das Sortierkriterium kennt. Listing 4.21 zeigt eine mögliche Implementierung der Klasse CAdresse:

```
//////////////////
// Adresse.h
//////////////////
#ifndef ADRESSE_H
#define ADRESSE_H

#include <string>
#include <iostream>
using namespace std;

class CAdresse
{
   string m_name;
   string m_ort;
public:
   CAdresse(string name="", string ort="");
   virtual ~CAdresse(){};

   void Ausgeben();
   bool operator<(const CAdresse adr2) const;
};

#endif // v. ifndef(ADRESSE_H)

///////////////////
// Adresse.cpp
///////////////////
#include "Adresse.h"
#include <iostream>
using namespace std;

CAdresse::CAdresse(string name, string ort)
{
   m_name=name;
   m_ort=ort;
}
//---------------------------------------------
```

```
void CAdresse::Ausgeben()
{
   cout << m_name << ", " << m_ort << endl;
}
//-----------------------------------------
bool CAdresse::operator<(const CAdresse adr2) const
{
   if(m_name < adr2.m_name)
      return true;
   else if(m_ort < adr2.m_ort)
      return true;
   else
      return false;
}
```

Listing 4.21: Definition und Implementierung von CAdresse (»set-fähig«)

Beim Überladen des <-Operators muss man wissen, dass die Klasse set den Vergleich mit **const**-Objekten durchführt, d.h. sowohl der Parameter muss **const** sein als auch die Methode selbst. Denn in C++ können **const**-Objekte nur auf **const-**Methoden zugreifen. Dies ist ein gewisser Selbstschutz, denn der Compiler überprüft, dass in einer mit **const** gekennzeichneten Methode der Zugriff auf die Membervariablen nur lesend und nicht schreibend erfolgt.

Bemerkenswert ist in diesem Zusammenhang auch, dass der <-Operator sowohl bei der Methode find() als auch bei der Methode insert() verwendet wird; d.h. würde sich der Vergleich lediglich auf den Namen beziehen und den Ort außer Acht lassen, so würden Personen mit gleichem Namen nicht ins Set aufgenommen werden.

Folgende Implementierung des <-Operators würde daher zu nachfolgender Ausgabe führen:

```
bool CAdresse::operator<(const CAdresse adr2) const
{
   return(m_name < adr2.m_name);
}
```

Ausgabe:

```
Adresse geloescht. Es sind nun noch 3 Elemente im Set.

Inhalt des Sets:
```

```
Daisy, Entenhausen
Donald, Entenhausen
Petrus, Himmelreich
```

Es fehlt Pauli aus München. Er wurde nie ins Set aufgenommen, da der ursprünglich vorhandene Pauli aus Neustadt vorher ins Set eingefügt wurde und damit bereits ein Pauli vorhanden war.

Die Map

Die *Map* ist ein so genanntes *Assoziativ-Array*, d.h. es werden zwei Datentypen angegeben, zwischen denen eine Assoziation (eine Verbindung) besteht. Man spricht von *Schlüssel-Werte*-Paaren; zu jedem Element gehört neben dem eigentlichen Wert ein identifizierender Schlüssel, nach dem *sortiert* wird. Damit stellt sich die Map im Gegensatz zum Set wie in Abbildung 4.10 gezeigt dar.

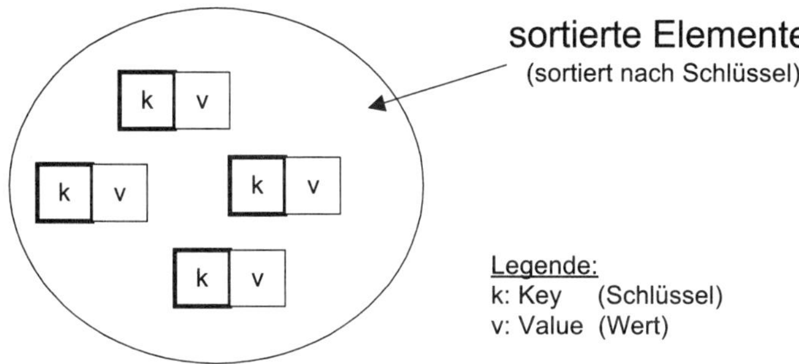

Abbildung 4.10: Eine STL-Map

Eine STL-Map wird wie folgt angelegt:

```
include <map>
...
map<int,bool> myfirstMap;
```

Der erste Datentyp (bei uns: **int**) entspricht dem *Schlüssel*, der zweite Datentyp (bei uns: **bool**) entspricht dem *Wert*. Der erste Datentyp kann als Index verwendet werden. Das Ergebnis ist dann vom zweiten Datentyp.

```
bool erg;
erg=myfirstMap[25];
```

Das Besondere bei der Map ist, dass sie einem Array entspricht, dessen Index-Typ durch den ersten Datentyp bestimmt wird. Dadurch kann die Map wie ein Array benutzt werden, allerdings kann das Array Definitionslücken haben. Es kann sein, dass es einen Wert 25 gibt und der nächstfolgende ist 100. Maps werden vor allen Dingen verwendet, um Wertepaare sortiert zu halten, z.B. Kundennummer zu Adresse (`map<int,CAdresse>`).

Die Verwendung einer Map sieht auf den ersten Blick etwas anders aus als die der anderen Container; denn der Iterator zeigt hier nicht direkt auf einen der angegebenen Containertypen (Schlüssel oder Wert), sondern auf eine Klasse `pair`, die beide Containertypen enthält.

Listing 4.22 zeigt die Verwendung der STL-Klasse `map`.

```
#pragma warning(disable:4786)
#include <string>
#include <map>        // STL-Klasse map
#include <iostream>

using namespace std;

int main(void)
{
   map<string,int> myMap; // Map anlegen

   // Map über Indexoperator verfüllen
   myMap["hugo"]=30;

   // Weitere Werte mit insert() eintragen
   // -> hier ist ein pair notwendig
   pair<string,int> paar;
   paar.first="berta";
   paar.second=55;
   myMap.insert(paar);
   myMap.insert(pair<string,int>("fritzi",18));

   // Zu einem Namen nach dem Alter suchen
   string name;
   cout << "Name?: ";
   cin >> name;
```

```
   map<string, int>::iterator it;
   it=myMap.find(name);
   if(it==myMap.end())
      cout << name << " ist nicht in der Liste!\n"
           << "Der Wert ist daher: " << myMap[name]
           << endl;
   else
      // Die Ausgabe ist über Iterator und über
      // Indexoperator möglich
      cout << name << " ist " << it->second
           << " Jahre alt..." << endl
           << "... wirklich, schon: " << myMap[name]
           << " Jahre." << endl;

   // Kompletten Inhalt der Map anzeigen
   cout << "\nDie Liste: " << endl;
   for(it=myMap.begin(); it != myMap.end(); ++it)
      cout << "Name: " << it->first
           << "\tAlter: " << it->second << endl;

   return 0;
}
```

Listing 4.22: Verwendung einer STL-Map

Wie man in Listing 4.22 bei der Ausgabe sieht, zeigt der Iterator eben nicht direkt auf einen `string` oder **int**, sondern auf ein `pair` aus `string` und **int**. Auf die Elemente des pairs kann über die **public**-Eigenschaften `first` und `second` zugegriffen werden. Auch die Methode `insert()` verlangt als Parameter ein `pair`.

Möglicher Programmablauf zu Listing 4.22:

```
Name?: fritzi [↵]
fritzi ist 18 Jahre alt...
... wirklich, schon: 18 Jahre.

Die Liste:
Name: berta     Alter: 55
Name: fritzi    Alter: 18
Name: hugo      Alter: 30
```

Diese Ausgabe verdeutlicht, dass die Map ihre Elemente sortiert nach dem Schlüssel hält.

Nun noch ein weiterer möglicher Programmablauf zu Listing 4.22:

```
Name?: susi [↵]
susi ist nicht in der Liste!
Der Wert ist daher: 0

Die Liste:
Name: berta     Alter: 55
Name: fritzi    Alter: 18
Name: hugo      Alter: 30
Name: susi      Alter: 0
```

Nun ist `susi` auch in der Liste, weil bei der Ausgabe auf `myMap[susi]` zugegriffen wurde. Würde dieser Zugriff nicht erfolgen, so ergäbe sich folgender Programmablauf:

```
Name?: susi [↵]
susi ist nicht in der Liste!

Die Liste:
Name: berta     Alter: 55
Name: fritzi    Alter: 18
Name: hugo      Alter: 30
```

Analog zur Klasse `set` muss auch bei der Map für den Schlüsseltyp der <-Operator realisiert sein, damit das Einfügen (`insert()`) und Finden (`find()`) funktionieren kann. (Für die Klasse `string` ist dies ja bekanntlich der Fall.)

Neben der Map kennt die STL auch die Klasse `multimap`. Im Gegensatz zur Map dürfen bei der Multimap die *Schlüsselwerte auch mehrfach* vorkommen (analog zum Multiset).

4.6.5 Algorithmen

Algorithmen sind Funktionen, die auf einen Container bzw. auf dessen Iteratoren angewendet werden. Jeder Algorithmus kann Anforderungen an einen Container-Datentyp und an den Container stellen. Es gibt z.B. einen Algorithmus `sort()`, der es ermöglicht, einen `vector` oder eine `deque` zu sortieren. Voraussetzung ist, dass der verwaltete Datentyp den < -Operator zur Verfügung stellt.

Beispiel:

```
vector<int> myVector;

myVector.push_back(80);
myVector.push_back(10);
myVector.push_back(120);
myVector.push_back(17);

sort(myVector.begin(),myVector.end());
```

Nach der letzten Code-Zeile ist der Vektor sortiert. Dies ist hier möglich, weil Standard-Datentypen den < -Operator ‚von Haus aus' besitzen. Würde ein Datentyp / eine Klasse verwendet werden, die keinen < -Operator hat, würde der Compiler aufgrund der Generizität (Template) einen Fehler melden.

Es gibt die verschiedensten Algorithmen, um einen Vektor zu sortieren. Die Funktion `sort()` dient hier nur als Beispiel. Auf welche Art sortiert werden sollte, hängt von der Datenbeschaffenheit ab. Nicht jeder Algorithmus eignet sich für jede Datenmenge gleich gut, z.B. ist ein Quicksort – trotz seines Namens – nicht immer die schnellste Methode, um eine Menge zu sortieren.

Neben den Sortier-Algorithmen gibt es noch eine Vielzahl anderer Algorithmen, um Container zu bearbeiten. Ihr Nutzen ist zum Teil sehr speziell und sollte deshalb auch nur bei speziellen Problemkreisen angesehen werden. Auch hier möchten wir wieder auf entsprechende Literatur verweisen (z.B. [7]).

Manche Algorithmen erwarten als Parameter einen Funktionspointer. Ein schönes Beispiel hierfür ist der Algorithmus `for_each()`. Er itereriert durch einen Container und ruft für jedes Element eine Funktion auf, die übergeben wird.

Als Beispiel wird in Listing 4.23 die Liste vom Anfang des Kapitels mit `for_each()` ausgegeben. Hierin müssen wir die Headerdatei `<algorithm>` inkludieren, da sie die Funktions-Templates der Algorithmen enthält.

```
#include <iostream>
#include <list>
#include <algorithm> // für for_each()

using namespace std;
//----------------------------------
void ausgabe(int aus)
{
   cout << aus << endl;
}
//----------------------------------
int main(void)
{

   list<int> myList;

   myList.push_back(15);
   myList.push_back(7);
   myList.push_back(18);
   myList.push_back(300);

   for_each(myList.begin(), myList.end(),ausgabe);

   return 0;
}
```

Listing 4.23: STL-Algorithmus for_each mit Funktion

Listing 4.23 erzeugt folgende Ausgabe:

```
15
7
18
300
```

In Listing 4.23 wird für jedes Element der Liste die Funktion `ausgabe()` aufgerufen. Dadurch ist es möglich, auf Schleifen und die damit verbundene Fehleranfälligkeit weitestgehend zu verzichten. Allerdings darf nicht übersehen werden, dass der zusätzlich nötige Code (hier die Funktion `ausgabe()`) auch Fehler enthalten kann.

Eine weitere Möglichkeit, die bei `for_each()` benutzt werden kann, sind Funktionsklassen. Hier handelt es sich um Klassen, die den Funktionsoperator überladen haben. Damit ist es möglich, von einem zum nächsten Aufruf einen Kontext mitzuführen, wie dies in Listing 4.24 gezeigt ist.

```
#include <iostream>
#include <list>
#include <algorithm> // für for_each()

using namespace std;
//-----------------------------------
class CAusgabe
{
   int m_counter;

public:
   CAusgabe()
   {
      m_counter=0;
   }
   void operator() (int aus)
   {
      m_counter++;
      cout << m_counter << ": " << aus << endl;
   }
};
//-----------------------------------
int main(void)
{
   list<int> myList;
   CAusgabe aus;

   myList.push_back(15);
   myList.push_back(7);
   myList.push_back(18);
   myList.push_back(300);

   for_each(myList.begin(), myList.end(),aus);

   return 0;
}
```

Listing 4.24: STL-Algorithmus for_each() mit Klasse

Listing 4.24 erzeugt folgende Ausgabe:

```
1: 15
2: 7
3: 18
4: 300
```

Auch bei den Algorithmen gibt es wieder mehr, als wir im Rahmen dieses Kapitels vorstellen können. Diese hier alle zu beschreiben würde den Umfang und das Ziel des Buches verfehlen. Uns war bei diesem Kapitel vor allem auch wichtig, dass der generische Ansatz der STL deutlich wird. Das Besondere an der STL und ihren Algorithmen ist, dass man mit einer kleinen Anzahl von Funktionen und Methoden viel bewirken kann.

In den Fallbeispielen (Kapitel 9) werden je nach Bedarf STL-Konstrukte eingesetzt. Wenn es sich dabei um Konstrukte handelt, die im Rahmen dieses Kapitels nicht erklärt werden konnten, so werden diese dann dort entsprechend kurz erläutert.

4.6.6 Fehlerbehandlung

Die STL hat so gut wie keine Fehlerbearbeitung, da hier die Philosophie herrscht, dass der Programmierer dafür verantwortlich ist, keine Fehler zu machen; d.h. wenn Sie z.B. versuchen, auf einen Ende-Iterator schreibend zuzugreifen, wird das höchstwahrscheinlich zu einem Programm-Absturz führen.

Löscht man ein Element mit `erase()` und greift hinterher mit einem Iterator auf das Element zu, ist nicht sicher, wie das Programm reagiert.

Um es kurz zu sagen: Der Programmierer ist dafür verantwortlich, nur sinnvolle Operationen auszuführen.

Der Vorteil dieser Philosophie ist, dass die STL eine sehr hohe Performance hat, da sie sich nicht um Fehlerhandling kümmert.

4.6.7 ÜBUNG: Fragen zur Lernkontrolle

Welche Gründe sprechen für einen Einsatz der STL in eigenen Projekten?

4.6.8 ÜBUNG: Sortierte Namensliste

Schreiben Sie ein Programm, das zunächst beliebig viele Namen einliest und diese dann sortiert wieder ausgibt.

Ein möglicher Programmablauf könnte sein:

```
Eingabe der Namen:
==================
Name? (Abbruch mit x): Hugo↵
Name? (Abbruch mit x): Anton↵
Name? (Abbruch mit x): Pauli↵
Name? (Abbruch mit x): Berta↵
Name? (Abbruch mit x): x↵

Ausgabe der sortierten Liste:
=============================
Anton
Berta
Hugo
Pauli
```

4.6.9 ÜBUNG: Geburtstagsverwaltung

Schreiben Sie unter Verwendung der STL ein Programm zur Verwaltung von Geburtstagen. Mit diesem Programm soll es möglich sein, alle Personen auszugeben, die in den nächsten `X` Tagen Geburtstag haben. Der Wert `X` ist dabei vom Benutzer vorzugeben.

Wenn Sie nicht nur die Geburtstage persistent machen, sondern auch `X`, können Sie dieses kleine Programm als Memo verwenden, das Sie jeden Tag beim Start Ihres Systems an die bevorstehenden Geburtstage erinnert. Unter Linux/ Unix bietet sich hier z.B. ein Eintrag in der `.profile` an, unter Windows NT in der `Autostart`.

Wenn das Programm beispielsweise am 12.05. gestartet wird, könnte ein möglicher Programmablauf etwa sein:

```
Geburtstage in den naechsten 10 Tagen:
12.05.1938      Ewald
13.05.1976      Lotti OhneSorge

Was wollen Sie tun?
e: Ende
l: Liste komplett zeigen
x: Anzahl der vorausschauenden Tage setzen
n: neuen Eintrag in die Liste vornehmen
```

```
>> l↵
Geburtstagsliste:
13.04.1995      Paulchen
12.05.1938      Ewald
13.05.1976      Lotti OhneSorge
23.05.1900      Benjamin Blume
27.06.1971      Susi
06.12.2000      Nikolaus
24.12.0000      Christkind

Was wollen Sie tun?
e: Ende
l: Liste komplett zeigen
x: Anzahl der vorausschauenden Tage setzen
n: neuen Eintrag in die Liste vornehmen

>> n↵
Geburtstag (tag monat jahr)?: 1 5 2001↵
Name?: Baby Newborn↵

Was wollen Sie tun?
e: Ende
l: Liste komplett zeigen
x: Anzahl der vorausschauenden Tage setzen
n: neuen Eintrag in die Liste vornehmen

>> x↵
Wie viele Tage vorausblicken?: 20↵
Geburtstage in den naechsten 20 Tagen:
12.05.1938      Ewald
13.05.1976      Lotti OhneSorge
23.05.1900      Benjamin Blume

Was wollen Sie tun?
e: Ende
l: Liste komplett zeigen
x: Anzahl der vorausschauenden Tage setzen
n: neuen Eintrag in die Liste vornehmen

>> e↵
Und tschuess...
```

Die zugehörige Daten-Datei könnte z.B. (nach dem Programm) folgendes Aussehen haben:

```
20

13 4 1995:Paulchen
1 5 2001 :Baby Newborn
12 5 1938:Ewald
13 5 1976:Lotti OhneSorge
23 5 1900:Benjamin Blume
27 6 1971:Susi
6 12 2000:Nikolaus
24 12 0:Christkind
```

4.6.10 ÜBUNG: PrintContainer

Schreiben Sie eine Funktion `PrintContainer()`, die den Inhalt eines Containers ausgibt, indem sie durch den angegebenen Container iteriert.

Die folgende `main()`-Funktion in Listing 4.25 zeigt, wie die globale Funktion `PrintContainer()` beispielsweise verwendet werden kann:

```
#pragma warning(disable: 4786)
#include "PrintContainer.h" // f. PrintContainer()
#include <list>
#include <vector>
#include <set>
#include <stdlib.h>     // f. srand()
#include <time.h>       // f. srand()
#include <iostream>

using namespace std;

int main(void)
{
   int zz;         // Zufallszahl
   list<int> aList;
   vector<char> aVector;
   set<int> aSet;

   // Container mit Zufallszahlen verfüllen
   srand(time(NULL));
   for(int i=0; i < 5; i++)
   {
      zz=rand() % 26;
      aList.push_back(zz);
      aVector.push_back('A' + zz);
```

```
        aSet.insert(zz);
    }

    // Container ausgeben
    PrintContainer(aList,"--");
    PrintContainer(aVector, ", ");
    PrintContainer(aSet);

    return 0;
}
```

Listing 4.25: Verwendung der Funktion PrintContainer()

Wie in Listing 4.25 zu sehen ist, kann die gleiche globale Funktion für unterschiedliche Containertypen verwendet werden, hier beispielhaft für `list`, `vector` und `set`.

Möglicher Programmablauf von Listing 4.25:

```
11--12--25--3--15--
L, M, Z, D, P,
3 11 12 15 25
```

4.7 Ausnahmebehandlung

In jedem Programm können Fehlersituationen auftreten, durch die der Ablauf des Programms gestört wird, z.B. Fehler beim Dateizugriff, falsche Eingaben des Benutzers, zu wenig Speicherplatz usw. Eine wichtige Aufgabe des Programmierers ist, solche Fehlersituationen im Voraus zu erkennen und entsprechend darauf zu reagieren. Die Fehlerbehandlung in einem Projekt darf nicht unterschätzt werden.

Mit den Sprachmitteln der Sprache C wird der Fehler meist da behandelt, wo er auftritt bzw. über den Returnwert der aufrufenden Funktion mitgeteilt. Diese Art der Fehlerbehandlung hat jedoch einige Nachteile:

- Wird als Rückgabewert der Datentyp **bool** verwendet, so kann darüber lediglich ausgedrückt werden, ob die Funktion / Methode erfolgreich war oder nicht. Welcher Fehler jedoch aufgetreten ist und eventuell weitere Informationen zum Fehler können hierüber nicht weitergereicht werden. Dies müsste dann zusätzlich über eine zentrale Stelle in irgendeiner Form erfragt werden können.

- Wird als Rückgabewert der Datentyp **int** verwendet, so stellt sich die Frage, welcher Wert einem Fehler entspricht. Dieser Fehlerwert schränkt dann aber den **int**-Wertebereich ein.
- Konstruktoren haben überhaupt keinen Rückgabewert.
- Bei verschachtelten Aufrufen muss jede Funktion wieder überprüfen, ob ein Fehler aufgetreten ist, z.B.

```
#include <fstream.h>
#include <iostream.h>
//---------------------------------------------------------
bool f1()
{
   ifstream infile("test.txt", ios::nocreate);

   if(! infile)   // Fehler, z.B. Datei existiert nicht
      return false;

   //...
   return true;
}
//---------------------------------------------------------
bool f2()
{
   if(!f1())
      return false;

   //...
   return true;
}
//---------------------------------------------------------
bool f3()
{
   if(!f2())
      return false;

   //...
   return true;
}
//---------------------------------------------------------
int main(void)
{
   if(!f3())
```

```
        // Fehlerbehandlung
        cerr << "Fehler!" << endl;
    return 0;
}
```

- Ist die Fehlerbehandlung über das Programm verstreut, wird das Programm sehr schnell sehr unübersichtlich.
- Manchmal kann an der Stelle, an der der Fehler auftritt, auch gar nicht entschieden werden, wie darauf reagiert werden soll. Dies ist vor allem bei Bibliotheken der Fall. Der Programmierer einer Bibliothek kann z.B. Laufzeitfehler erkennen, weiß aber im Allgemeinen nicht, wie er darauf reagieren soll, da dies von der Anwendung abhängt. Der Nutzer der Bibliothek im Gegenzug weiß, wie er Fehler behandeln kann, kann sie aber unter Umständen nicht entdecken, da sie erst in der Bibliothek auftreten.

4.7.1 Konzept der C++-Ausnahmebehandlung

Die Sprache C++ stellt mit der so genannten *Ausnahmebehandlung* (engl. *exception handling*) ein alternatives Konzept zur Behandlung von Fehlersituationen zur Verfügung. Dieses Konzept beruht darauf, dass die Fehlerbehandlung vom normalen Programmablauf getrennt wird:

Für einen Programmteil wird festgelegt, wie das Programm auf bestimmte Fehler reagiert, die in diesem Programmteil auftreten. Abbildung 4.11 zeigt das Prinzip der Ausnahmebehandlung, das im Folgenden kurz erläutert wird.

Der Programmteil, für den eine Fehlerbehandlung durchgeführt werden soll, wird in einen so genannten **try**-Block eingeschlossen. Zu jedem **try**-Block gibt es eine Reihe von Fehlerbehandlungsroutinen für mögliche Fehler, die in diesem Programmteil aufteten können. Die Fehlerbehandlungsroutinen werden auch als **catch**-Handler bezeichnet, da sie die Ausnahmen abfangen, die innerhalb des Programmteiles ausgelöst werden.

Wird nun innerhalb dieses Programmteils eine Ausnahme mit der so genannten **throw**-Anweisung ausgelöst, so wird die Ausführung vorzeitig beendet und an der zugehörigen Fehlerbehandlungsroutine fortgeführt. Dabei ist es auch möglich, Informationen über die Fehler weiterzugeben, die dann in der Behandlungsroutine ausgewertet werden können.

Es ist dabei egal, ob die Ausnahme direkt im **try**-Block geworfen wird oder in einer dort aufgerufenen Funktion, egal welcher Tiefe.

Durch das Prinzip **throw** und **catch** (Werfen und Fangen) können die Fehler des Programmteils an einer zentralen Stelle behandelt werden, und das Programm bleibt übersichtlich.

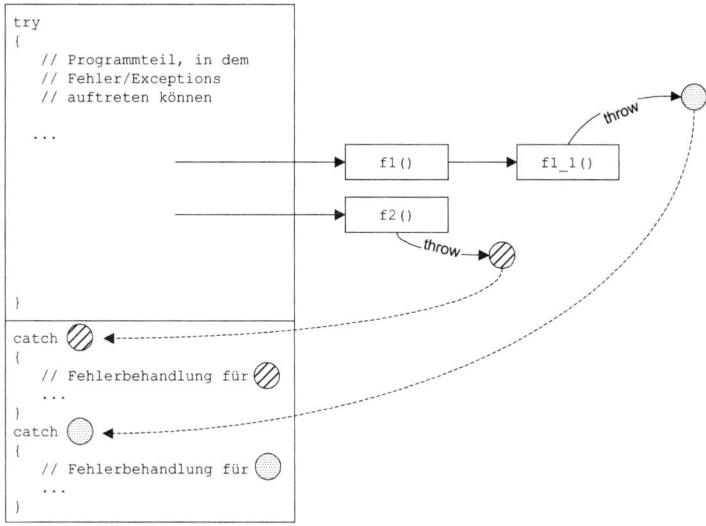

Abbildung 4.11: Prinzip der C++-Ausnahmebehandlung

4.7.2 Auslösen einer Ausnahme (throw)

Das Auslösen einer Ausnahme geschieht mit Hilfe der **throw**-Anweisung. Die Syntax für eine **throw**-Anweisung lautet:

```
throw FehlerObjekt;
```

Das `FehlerObjekt` kann dabei von einem beliebigen Datentyp sein, mit Ausnahme des Datentyps **void**. Über das `FehlerObjekt` können Informationen über den Fehler an die Behandlungsroutine übermittelt werden. Zudem entscheidet der Typ des FehlerObjektes darüber, welche Behandlungsroutine aufgerufen wird.

Somit können innerhalb einer Methode je nach Fehlersituation unterschiedliche Fehlerobjekte geworfen werden, wie dies in Listing 4.26 gezeigt wird.

```
#include <string.h>
#include <fstream.h>
#include <iostream.h>

class CErrDB
{
   char m_Name[20];
public:
   CErrDB(char* name)
   {
      strncpy(m_Name,name,20);
   }
   void Ausgeben()
   {
      cout << "Probleme mit Database: " << m_Name
           << endl;
   }
};
//-------------------------------------------------------
class CDatensatz
{
   int m_Nr;

   // ...

public:
   void Laden(char * filename)
   {

      ifstream database(filename, ios::nocreate);

      if(!database)    // Fehler, z.B. Datei
                       // existiert nicht
         throw CErrDB(filename);

      database >> m_Nr;

      if(m_Nr < 0)
         throw m_Nr;
   }
```

```
   void Ausgeben()
   {
      cout << "Nummer: " << m_Nr << endl;
   }
};
```

Listing 4.26: Werfen unterschiedlicher Fehlerobjekte (Ausnahmen)

In Listing 4.26 wird in der Methode `CDatensatz::Laden()`ein Objekt der Klasse `CErrDB` geworfen, falls das Anlegen des Objektes `database` schief geht. Prinzipiell kann beim Werfen eines Objektes entweder ein bereits bestehendes Objekt angegeben werden oder – wie in Listing 4.26 geschehen – das Objekt erst bei der **throw**-Anweisung angelegt werden. Die **throw**-Anweisung wirft im Übrigen stets eine Kopie des angegebenen Fehlerobjektes, so dass anschließend stets der Kopierkonstruktor aufgerufen wird.

Im Fall, dass die aus der Datei gelesene Nummer negativ ist, wird als Fehlerobjekt die Nummer selbst geworfen, die vom Typ **int** ist.

Wird eine Ausnahme ausgelöst, so wird der Programmablauf an dieser Stelle unterbrochen und bei der Fehlerbehandlungsroutine fortgesetzt. Die restlichen Anweisungen in der Methode `Laden()` werden dann nicht mehr ausgeführt. Dies wird im folgenden Kapitel deutlich, in dem gezeigt wird, wie die Ausnahmen abgefangen werden können.

4.7.3 Behandeln von Ausnahmen (try-catch)

Das Behandeln von Ausnahmen erfolgt in zwei Schritten:

1. Festlegen des Programmteils, für den eine Ausnahmebehandlung durchgeführt werden soll. Die Anweisungen dieses Programmteils werden dazu in einem so genannten try-Block nach folgender Syntax eingeschlossen:

   ```
   try
   {
      // Code der eine Exception auslösen kann
   }
   ```

2. Definition der Fehlerbehandlungsroutinen für die verschiedenen Typen der Exceptions, die in dem Programmteil auftreten können. Dies geschieht nach folgender Syntax:

```
catch(parameter)
{
   // Anweisungen
}
```

Der Typ des Parameters richtet sich nach dem Typ des Fehlerobjektes, das aufgefangen werden soll.

Beispielsweise ließen sich unsere Exceptions der Methode `CDatensatz::Laden()` wie in Listing 4.27 gezeigt abfangen.

```
#include "Datensatz.h"
#include <iostream.h>

int main(void)
{
   try    // Programmteil, der Exceptions auslösen kann
   {
      CDatensatz  ds;

      ds.Laden("Adr.txt");
      ds.Ausgeben();
   }
   // Es folgen die einzelnen catch-Handler für den
   // Programmteil
   catch(int nr)
   {
      cout << "Catch-Handler fuer Int: Nummer ist: "
           << nr << endl;
   }
   catch(CErrDB e)
   {
      cout << "Catch-Handler fuer CErrDB: " << endl;
      e.Ausgeben();
   }

   cout << "\nAnweisung nach try-catch-Block" << endl;

   return 0;
}
```

Listing 4.27: Abfangen von Ausnahmen

Existiert eine Datei `Adr.txt` mit folgendem Inhalt

```
121 3 456
```

so würde dieses Programm folgende Ausgabe erzielen:

```
Nummer: 121

Anweisung nach try-catch-Block
```

Besitzt die Datei `Adr.txt` dagegen folgenden Inhalt

```
-34 3 456
```

so würde dieses Programm folgende Ausgabe erzielen:

```
Catch-Handler fuer Int: Nummer ist: -34

Anweisung nach try-catch-Block
```

Existiert die Datei `Adr.txt` dagegen überhaupt nicht, so würde es zu folgender Ausgabe kommen:

```
Catch-Handler fuer CErrDB:
Probleme mit Database: Adr.txt

Anweisung nach try-catch-Block
```

Am Listing 4.27 lassen sich noch einmal gut die Abläufe bei einer C++-Ausnahmebehandlung erkennen:

Tritt während der Ausführung der Anweisungen im **try**-Block eine Exception auf, so wird die Ausführung an der Stelle unterbrochen, an der die Exception geworfen wird, und der entsprechende **catch**-Handler aufgerufen. Welcher **catch**-Handler dies ist, hängt vom Typ des Fehlerobjektes ab, das geworfen wird. Über das Fehlerobjekt können Informationen über den Fehler an den **catch**-Handler weitergereicht werden. In unserem Fall war dies z.B. der Dateiname der Datenbasis bzw. der Wert der negativen Nummer.

Die Anweisungen nach dem **try**-**catch**-Block werden in jedem Fall durchlaufen.

Wie bereits eingangs erwähnt, ist es beim Abfangen einer Ausnahme egal, ob diese direkt im **try**-Block oder in einer aufgerufenen Funktion ausgelöst wurde. Auch die Tiefe des Funktionsaufrufes ist nicht entscheidend; so hätte das Auslösen der Nummern-Ausnahme auch in einer weiteren Methode erfolgen können, wie dies in Listing 4.28 gezeigt ist.

```
class CDatensatz
{
   int m_Nr;

   // ...

   void NummerAuswerten()
   {
      if(m_Nr < 0)
         throw m_Nr;

      // ....
   }

public:
   void Laden(char * filename)
   {

      ifstream database(filename, ios::nocreate);

      if(!database)
         throw CErrDB(filename);

      database >> m_Nr;

      NummerAuswerten();
   }
   void Ausgeben()
   {
      cout << "Nummer: " << m_Nr << endl;
   }
};
```

Listing 4.28: Die Ausnahme kann überall (auch in Unterfunktion) geworfen werden

Default-Handler

Analog zu einer **switch**-Anweisung kann auch ein Default-Handler eingerichtet werden, der immer dann aufgerufen wird, wenn kein passender anderer Handler gefunden wird. In diesem Fall wird für den Parmater beim **catch**-Handler ... (drei Punkte) angegeben. Als Beispiel wollen wir unseren Handler für die Nummern-Ausnahme durch einen allgemeinen Handler ersetzen, wie dies in Listing 4.29 gezeigt ist.

```
// ...
int main(void)
{
   try   // Programmteil, der Exceptions auslösen kann
   {
      CDatensatz  ds;

      ds.Laden("Adr.txt");
      ds.Ausgeben();
   }
   // Es folgen die einzelnen catch-Handler für den
   // Programmteil

   catch(CErrDB e)
   {
      cout << "Catch-Handler fuer CErrDB: " << endl;
      e.Ausgeben();
   }
   catch(...)
   {
      cout << "Fehler beim Lesen des Datensatzes."
           << endl;
   }

   cout << "\nAnweisung nach try-catch-Block" << endl;

   return 0;
}
```

Listing 4.29: Default-Handler für Ausnahmen

Ist in der Datei nun ein negativer Wert enthalten, so führt Listing 4.29 zu folgender Ausgabe:

```
Fehler beim Lesen des Datensatzes.

Anweisung nach try-catch-Block
```

Wichtig bei der Verwendung eines allgemeinen **catch**-Handlers ist, dass dieser als letzter Handler definiert wird. Denn analog zu einer **switch**-Anweisung erfolgt die Überprüfung des Compilers, welcher Handler zutrifft, in der Reihenfolge der Definition. Der erste passende Handler wird dann aufgerufen. Da **catch(...)** auf alle Typen passt, würde ein anschließend definierter Handler nie aufgerufen werden.

Stack-Unwinding

Wird ein **try**-Block aufgrund einer Exception vorzeitig verlassen, so wird der passende **catch**-Handler übrigens nicht unmittelbar angesprungen, sondern der Stack wird vorher sauber abgebaut. Dies wird auch als *Stack-Unwinding* bezeichnet. Beispielsweise werden lokal angelegte Objekte vom Stack korrekt gelöscht und deren Destruktoren durchlaufen. Dies verdeutlicht das folgende Listing 4.30.

```
class CAnyClass
{
public:
   CAnyClass(){ cout << "Konstruktor CAnyClass."
                     << endl;}
   ~CAnyClass(){ cout << "Destruktor CAnyClass."
                      << endl;}
};
//---------------------------------------------------------
int main()
{
   try   // Programmteil, der Exceptions auslösen kann
   {
      CAnyClass demo1; // Zur Demo: Stack wird vor
                       // Aufruf des Catch-Handlers
                       // sauber abgebaut.

      cout << "CAnyClass Objekt wurde angelegt"
              " - DS wird nun gelesen..." << endl;

      CDatensatz  ds;

      ds.Laden("Adr.txt");
      ds.Ausgeben();
   }
   catch(...)
   {
      cout << "Fehler beim Lesen des Datensatzes."
           << endl;
   }

   cout << "\nAnweisung nach try-catch-Block" << endl;

   return 0;
}
```

Listing 4.30: Ausnahmebehandlung baut den Stack sauber ab (Stack-Unwinding)

Listing 4.30 gibt bei einem Fehlerfall Folgendes aus:

```
Konstruktor CAnyClass.
CAnyClass Objekt wurde angelegt - DS wird nun gelesen...
Destruktor CAnyClass.
Fehler beim Lesen des Datensatzes.

Anweisung nach try-catch-Block
```

Schachtelung von try-catch-Blöcken

Try-catch-Blöcke können auch ineinander geschachtelt werden. Wird hierbei eine ausgelöste Ausnahme in einem inneren **try-catch**-Block nicht abgefangen, so wird sie an den äußeren Block weitergereicht. Listing 4.31 demonstriert dies:

```
int main(void)
{
   try
   {
      try
      {
         cout << "Irgenwas tun..." << endl;
         throw 123;
      }
      catch(char* str)
      {
         cout << str;
      }
   }
   catch(int nr)
   {
      cout << "Fehler Nr. " << nr << " aufgetreten."
           << endl;
   }
   catch(...)
   {
      cout << "Fehler aufgetreten." << endl;
   }

   return 0;
}
```

Listing 4.31: Schachtelung von try-catch-Blöcken

Listing 4.31 gibt Folgendes aus:

```
Irgenwas tun...
Fehler Nr. 123 aufgetreten.
```

Es kann auch sein, dass im inneren Block der Fehler nur teilweise behandelt werden kann. In diesem Fall macht es Sinn, dass der innere Handler nach der Fehlerbehandlung die Ausnahme erneut auslöst, um sie an die umgebenden Blöcke weiterzuleiten. Bei der Weiterleitung einer Ausnahme wird bei der **throw**-Anweisung das Fehlerobjekt weggelassen. Zur Demonstration wandeln wir das Listing 4.31 etwas ab, wie dies in Listing 4.32 gezeigt ist.

```
int main(void)
{
   try
   {
      try
      {
         cout << "Irgendwas tun..." << endl;
         throw 123;
      }
      catch(char* str)
      {
         cout << str;
      }
      catch(int n)
      {
         cout << "Innere Fehlerbehandlung von " << n
              << " ..." << endl;
         throw;
      }
   }
   catch(int nr)
   {
      cout << "Fehler Nr. " << nr << " aufgetreten."
           << endl;
   }
   catch(...)
   {
      cout << "Fehler aufgetreten." << endl;
   }
```

```
   return 0;
}
```

Listing 4.32: Weiterleiten einer bereits behandelten Ausnahme

Das Programm aus Listing 4.32 gibt nun Folgendes aus:

```
Irgendwas tun...
Innere Fehlerbehandlung von 123 ...
Fehler Nr. 123 aufgetreten.
```

Nicht behandelte Ausnahmen

Wird eine ausgelöste Ausnahme überhaupt nicht abgefangen, so wird das Programm durch den Aufruf von `terminate()` beendet. Standardmäßig ruft `terminate()` die Funktion `abort()` auf, und das Programm wird mit einer Meldung »abnormal program termination« beendet. Wünscht man dies nicht, so kann man die Funktion `terminate()` durch eine eigene Funktion ersetzen, die als Rückgabewert **void** hat und keine Parameter besitzt. Diese Funktion muss dann mit der Funktion `set_terminate()` registriert werden, wie dies in folgendem Listing 4.33 gezeigt wird:

```
#include <iostream.h>
#include <exception>     // für set_terminate()
#include <stdlib.h>      // für exit()

// Eigene Terminate-Funktion, die statt std::terminate()
// verwendet wird.
void myTerminate()
{
   cout << "*** Programmende auf Grund eines Fehlers!"
        << endl;
   exit(1);
}
//-----------------------------------------------------
int main(void)
{
   // Eigene Terminate-Funktion registrieren
   set_terminate(myTerminate);

   try
   {
      cout << "Irgenwas tun..." << endl;
      throw 123;
   }
   catch(char* str)
```

```
    {
        cout << str;
    }
    // Schade eigentlich - es ist kein Handler für int
    // vorhanden
    // => es wird terminate() aufgerufen bzw. die dafür
    // registrierte Ersatzfunktion

    return 0;
}
```

Listing 4.33: Eigene terminate-Funktion

Listing 4.33 gibt Folgendes aus:

```
Irgendwas tun...
*** Programmende auf Grund eines Fehlers!
```

Gruppieren von Fehlerobjekten

Sollen unterschiedliche Fehlerobjekte gemeinsam behandelt werden, so kann dies dadurch geschehen, indem eine gemeinsame Basisklasse für die Fehlerobjekte eingeführt wird. Denn ein **catch**-Handler, der als Parameter eine Basisklasse besitzt, kann sowohl Fehlerobjekte der Basisklasse als auch alle Objekte abgeleiteter Klassen auffangen. Das folgende Listing 4.34 demonstriert dies.

```
#include <iostream.h>

//-----------------------------------------------------
// Klassenhierarchie für Fehlerobjekte
class CErrBasis
{
};
class CErr1: public CErrBasis
{
};
class CErr2: public CErrBasis
{
};
class CErr11: public CErr1
{
};
class CErr12: public CErr1
{
};
//-----------------------------------------------------
```

```
int main(void)
{

   int n;

   do{
      cout << "Exception-Nr? (Abbruch mit 0): ";
      cin >> n;

      try
      {
         switch(n)
         {
         case 0:
            break;
         case 1:
            throw CErr1();
            break;
         case 2:
            throw CErr2();
            break;
         case 11:
            throw CErr11();
            break;
         case 12:
            throw CErr12();
            break;
         default:
            cout << "nicht vorgesehen!" << endl;
            break;
         }
      }
      catch(CErr1)
      {
         cout << "Err1-Behandlung" << endl;
      }
      catch(CErrBasis)
      {
         cout << "Basis-Fehlerbehandlung!" << endl;
      }
   }while(n);

   return 0;
}
```

Listing 4.34: Verwenden einer Basisklasse als Fehlerobjekt beim catch-Handler

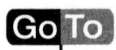

Ein möglicher Programmablauf von Listing 4.34 wäre:

```
Exception-Nr? (Abbruch mit 0): 12[↵]
Err1-Behandlung
Exception-Nr? (Abbruch mit 0): 1[↵]
Err1-Behandlung
Exception-Nr? (Abbruch mit 0): 11[↵]
Err1-Behandlung
Exception-Nr? (Abbruch mit 0): 2[↵]
Basis-Fehlerbehandlung!
Exception-Nr? (Abbruch mit 0): 13[↵]
nicht vorgesehen!
Exception-Nr? (Abbruch mit 0): 0[↵]
```

Alle Fehlerobjekte des Typs `CErr1` und davon abgeleitete werden im **catch**-Handler für `CErr1` abgefangen. Fehlerobjekte der Basisklasse `CErrBasis` und davon abgeleitete werden im **catch**-Handler für `CErrBasis` abgefangen. Da auch `CErr1` von `CErrBasis` abgeleitet ist, ist es wichtig, dass der `CErr1`-Handler vor dem `CErrBasisHandler` aufgeführt wird. Denn wie wir bereits bei den Default-Handlern gesehen haben, wird aus allen Handlern der erste Handler ausgewählt, der das Fehlerobjekt auffangen kann. Auf die Reihenfolge der Handlerdefinitionen muss daher auch hier besonders geachtet werden.

4.7.4 Abschließende Bemerkung

Fehlerhandling ist kein triviales Unterfangen. Das neue C++-Sprachkonstrukt der Ausnahmebehandlung bildet zwar eine gute Basis für ein Konzept zur Fehlerbehandlung, allerdings sind dabei noch einige Fragen offen, die projektspezifisch in der Designphase geklärt werden müssen, z.B.:

- In welche Teile gliedert sich das Programm hinsichtlich Fehlerbehandlung? Wo werden die **try-catch**-Blöcke sinnvollerweise angesiedelt?
- Welche prinzipiellen Fehlerobjekte gibt es?
- Wie sieht das prinzipielle Fehlerhandling aus? Gibt es z.B. eine Log-Datei, in der alle Fehler mitprotokolliert werden? Welche Fehler werden dem Benutzer mitgeteilt? In welchen Fällen ist ein Programmende wirklich unvermeidbar? Wie sieht das so genannte Rollback aus, d.h., welche Aktionen müssen wie rückgängig gemacht werden, damit das Programm trotz aufgetretenem Fehler wieder in einem stabilen Zustand ist?

Diese Fragen haben weniger etwas mit Objektorientierung zu tun als mit professioneller Software-Entwicklung. Ein vernünftiges Fehlerbehandlungskonzept ist aber essentiell, damit das Programm übersichtlich und damit wartbar bleibt. Eine höhere Wiederverwendbarkeit und Wartbarkeit des Codes verspricht man sich aber gerade von objektorientierten Programmen.

4.7.5 ÜBUNG: Ausnahmen bei CStack

Ersetzen Sie das Fehlerhandling in der Klasse `CStack` aus Kapitel 4.4.2, Klassentemplates, auf Seite 301 durch das Konzept der C++-Ausnahmebehandlung. Bei Stack-Overflow und Stack-Underflow soll nun eine Ausnahme ausgelöst werden, statt den Fehlerfall über den Returnwert mitzuteilen.

Wo sehen Sie bei der Klasse `CStack` *Vor- und Nachteile für den Einsatz der C++-Ausnahmebehandlung?*

4.7.6 ÜBUNG: Ausnahmen bei CIntArray

Wie wir in Übung 4.2.10 gesehen haben, ist es gerade bei der Klasse `CIntArray` besonders vernünftig, die C++ Ausnahmebehandlung einzusetzen.

Lösen Sie im Falle einer falschen Indizierung eine Ausnahme `IndexOutOfBounds` aus. Testen Sie das Fehlerhandling in einer geeigneten `main()`-Funktion.

Sollte Ihrer Meinung nach auch im Konstruktor eine Ausnahme ausgelöst werden, wenn der Speicher nicht allokiert werden konnte? Begründen Sie Ihre Meinung.

5 Weitere UML-Konstrukte hinsichtlich OOD

Auch das Geringste kann Dir einst von Nutzen sein.
Lafontaine

5.1 Pakete / Packages

Ein *Paket* (engl. *package*) fasst Modellelemente (z.B. Klassen) zusammen. Pakete dienen dazu, das Gesamt-Modell in kleinere überschaubare Einheiten zu gliedern. Ein Paket kann selbst Pakete enthalten. Das alleroberste Paket beinhaltet das gesamte System.

Zwischen den Paketen werden häufig noch Abhängigkeitsbeziehungen modelliert.

Abbildung 5.1 zeigt die Darstellung von Paketen in UML.

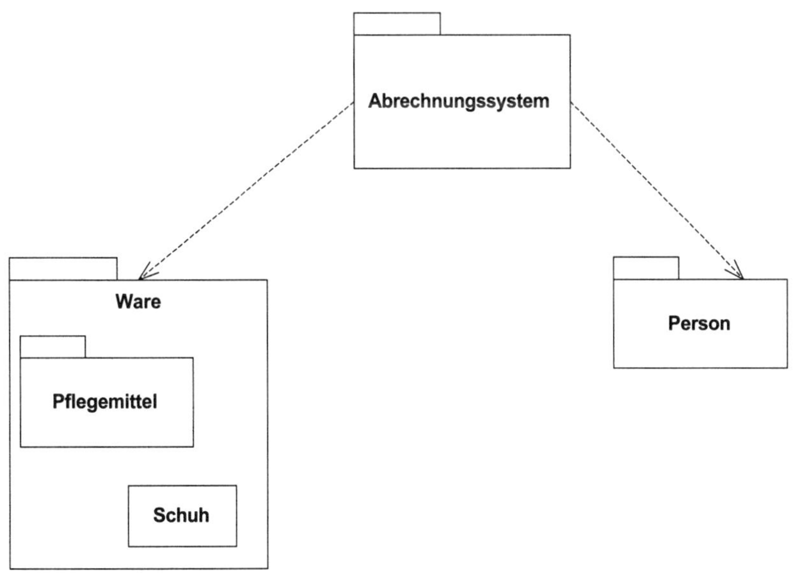

Abbildung 5.1: UML-Notation für Pakete

Pakete haben nicht zwangsläufig etwas mit der Aufteilung der Klassen auf physikalische Programmeinheiten (z.B. DLLs) zu tun. Pakete betonen in der UML mehr die logische Sicht auf das System. Für die physikalische Aufteilung des Systems in z.B. DLLs gibt es in der UML ein weiteres Element, die Komponente (vgl. folgendes Kapitel). Trotzdem verwenden viele Entwickler hauptsächlich die Darstellungsform des Paketes.

5.2 Komponenten

Eine *Komponente* ist ein physikalisch vorhandenes Softwaremodul, z.B. eine Quellcode-Datei, Binärcode, DLL oder ausführbares Programm.

Ein zentraler Aspekt einer Komponente ist, welche Schnittstellen sie nach außen zur Verfügung stellt.

Im *Komponentendiagramm* können die Abhängigkeitsbeziehungen zwischen den Komponenten dargestellt werden.

Abbildung 5.2 zeigt die möglichen Darstellungsformen von Komponenten in UML.

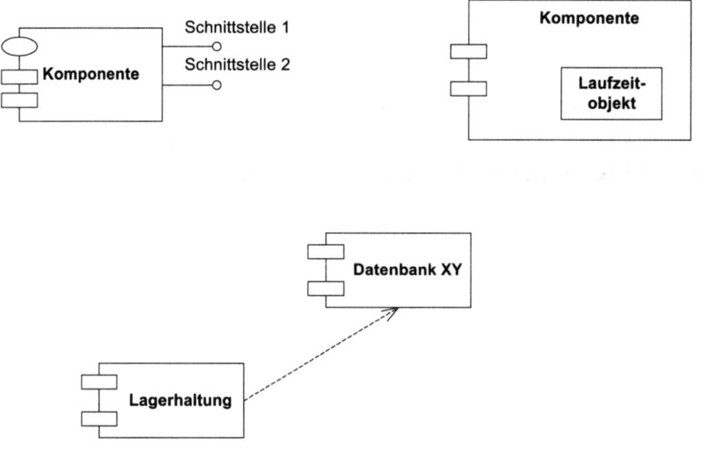

Abbildung 5.2: UML-Notationen für Komponenten

5.3 Verteilungsdiagramm

Ein *Verteilungsdiagramm* (engl. *deployment diagram*) zeigt, welche Komponenten und Objekte auf welchen pysikalisch vorhandenen so genannten *Knoten* (Prozessen, Prozessoren, Computern) laufen.

Die Knoten (engl. *node*) werden in der UML als Quader dargestellt. Knoten werden entweder nur mit ihrem Namen bezeichnet oder mit ihrem Namen plus der Angabe des Knotentyps in der Form `Name: Knotentyp`. Knoten, die miteinander kommunizieren, werden über eine Assoziationslinie miteinander verbunden.

Abbildung 5.3 zeigt ein Verteilungsdiagramm in UML.

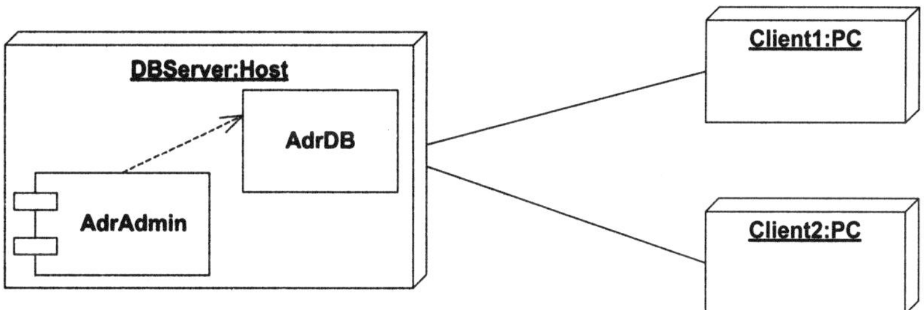

Abbildung 5.3: UML-Verteilungsdiagramm

Da Diagramme dieser Art häufig mit herkömmlichen Zeichenprogrammen erstellt werden, werden statt der Quader dann meistens Clip-Arts verwendet (Computer-, Workstation-, Server-Bildchen etc.)

6 Entwurfsprinzipien

Gegen das Fehlschlagen eines Plans
gibt es keinen besseren Trost, als
auf der Stelle einen neuen zu machen.
J. Paul

Allein die Verwendung der Sprache C++ oder von Klassenbibliotheken garantiert noch keine Wiederverwendbarkeit des Codes. Viel entscheidender ist ein stabiles, objektorientiertes Design unter Berücksichtigung der Mittel, die C++ zur Verfügung stellt.

Dieses Kapitel nennt Grundprinzipien, um auch bei komplexeren Aufgabenstellungen ein stabiles objektorientiertes Design zu erzielen.

Die folgenden Grundprinzipien stellen Facetten ein und desselben Problemkreises dar; d.h., jedes für sich wird letzten Endes nicht alleine angewendet werden. Vielmehr wird der Leser im Laufe des Kapitels feststellen, dass die Grundprinzipien ineinander greifen.

Ziele aller Grundprinzipien sind stets:

- Komplexität reduzieren
- Wiederverwendbarkeit erhöhen
- Wartbarkeit erhöhen

6.1 Analysiere das Design iterativ nach Vor- und Nachteilen

Bei diesem Prinzip geht es eher um das Vorgehen, wie man zu einem stabilen Design kommt, als um einen Entwurfsaspekt, der berücksichtigt werden sollte.

Für die Lösung einer Problemstellung gibt es oft mehrere Möglichkeiten, die jeweils ihre Vor- und Nachteile besitzen. Dies haben wir bereits an einigen Stellen im Buch gesehen – denken wir nur an das Personen-Queue-Beispiel und unsere Grafikbibliothek.

Der erste Entwurf muss daher nicht der letzten Endes eingesetzte Entwurf sein. Wichtig ist, dass man stets die Vor- und Nachteile der möglichen Entwürfe analysiert, sich überlegt, wie man die Nachteile eventuell auflösen kann bzw. die mit dem Entwurf verbundenen Nachteile bewusst in Kauf nimmt, weil die Vorteile des Entwurfs bestechender sind.

Ein Entwurf kann schrittweise in einem *evolutionären Prozess* verfeinert werden, wie dies in der Abbildung 6.1 dargestellt ist.

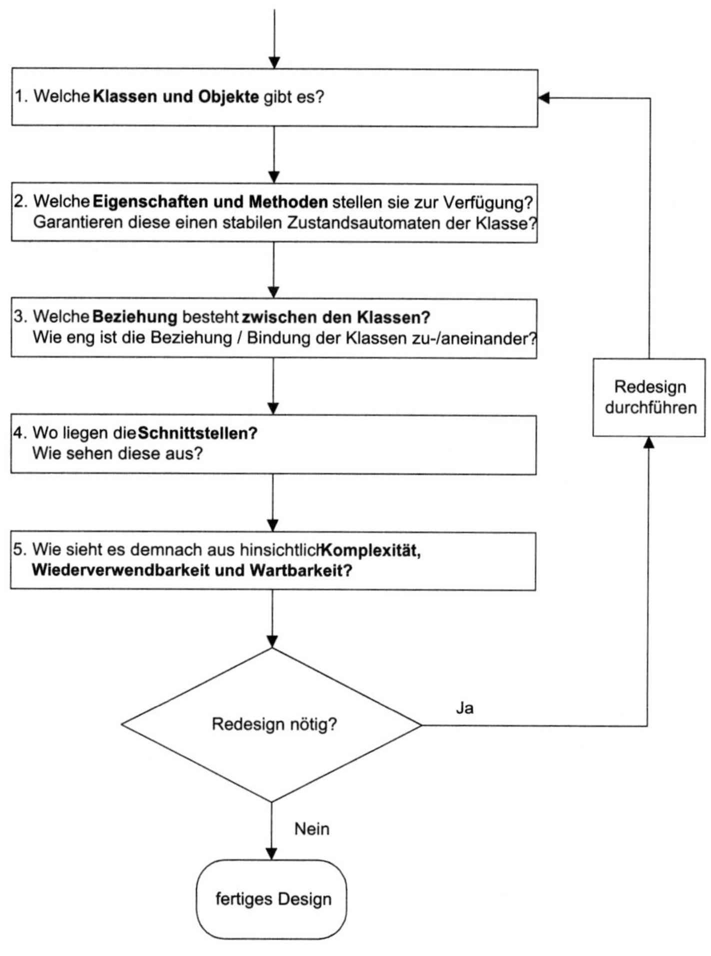

Abbildung 6.1: Evolutionärer Prozess beim objektorientierten Design

Als ganz einfaches Beispiel für unterschiedliche Designmöglichkeiten wollen wir einen Bruchrechner erstellen. Aus einer ersten Analyse ergibt sich eine Klasse `CBruch`, die einen Bruch repräsentiert und das Rechnen mit diesem zulässt. Betrachtet man jedoch die Ein- und Ausgabe der Brüche näher, ergeben sich hierfür mehrere Möglichkeiten. (Wir betrachten an dieser Stelle nur einmal die Ausgabe; Analoges gilt dann für die Eingabe.)

1. **CBruch::Ausgeben(void)**
   Die Klasse `CBruch` wird um eine Methode `Ausgeben()` erweitert, die die Ausgabe übernimmt.

   Vorteil:
   Kein hoher Aufwand bei der Ersterstellung der Problemlösung (nur eine Klasse)

   Nachteil:
   Die Ausgabe ist fest mit der Bruchklasse verbunden. Soll die Ausgabe anders erfolgen, z.B. Ausgabe in einem speziellen Window oder auf dem Drucker, muss die Klasse modifiziert werden.

   Der Grad der Wiederverwendbarkeit ist hier eher niedrig.

2. **CBruch::Ausgeben(ostream& out)**
   Die Klasse `CBruch` wird um eine Methode `Ausgeben(ostream& out)` erweitert, die in den Stream ausgibt, der als Parameter übergeben wurde.

   Vorteil:
   Diese Methode ist flexibler als die der ersten Möglichkeit. Denn hier kann durch das Stream-Konzept von C++ jeder Ausgabestrom angegeben werden, der von `ostream` abgeleitet ist. Auf diese Weise kann die Ausgabe z.B. sowohl direkt auf Konsole (`cout`) oder in Datei (`ofstream`) als auch in einen String (`ostrstream`) ausgegeben werden.

   Nachteil:
   Die Ausgabe ist trotzdem nach wie vor mit der Bruchklasse verbunden. Die gewonnene Flexibilität erstreckt sich nur auf Streams, eine Ausgabe in ein spezielles Fenster wäre hier nur über den Umweg String-Stream möglich.

3. **CBruchIO::Out(CBruch& b)**
   Es wird eine neue Klasse `CBruchIO` eingeführt, deren Aufgabe die Ausgabe eines Bruches ist. Der Bruch, der ausgegeben werden soll, wird als Parameter an eine Methode der Klasse übergeben.

   Vorteil:
   Die Ausgabe ist komplett von `CBruch` entkoppelt. Wird eine andere Ausgabe für den Bruch gewünscht, so muss lediglich die Klasse `CBruchIO` komplett ausgetauscht werden, die Klasse `CBruch` bleibt jedoch davon unberührt.

   Nachteil:
   Es muss eine eigene Klasse `CBruchIO` erstellt werden.

Wir entscheiden uns für die dritte Möglichkeit, da hier die Wiederverwendbarkeit der Klasse `CBruch` am höchsten ist.

Abbildung 6.2 zeigt das zugehörige Klassenmodell. Abbildung 6.3 ein zugehöriges Sequenzdiagramm, in dem das Szenario der Addition zweier Brüche (`b1` und `b2`) dargestellt wird.

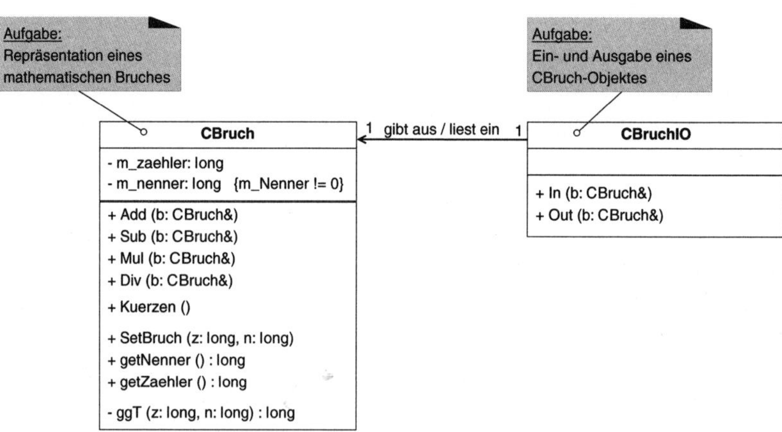

Abbildung 6.2: Klassendiagramm zum CBruch / CBruchIO-Beispiel

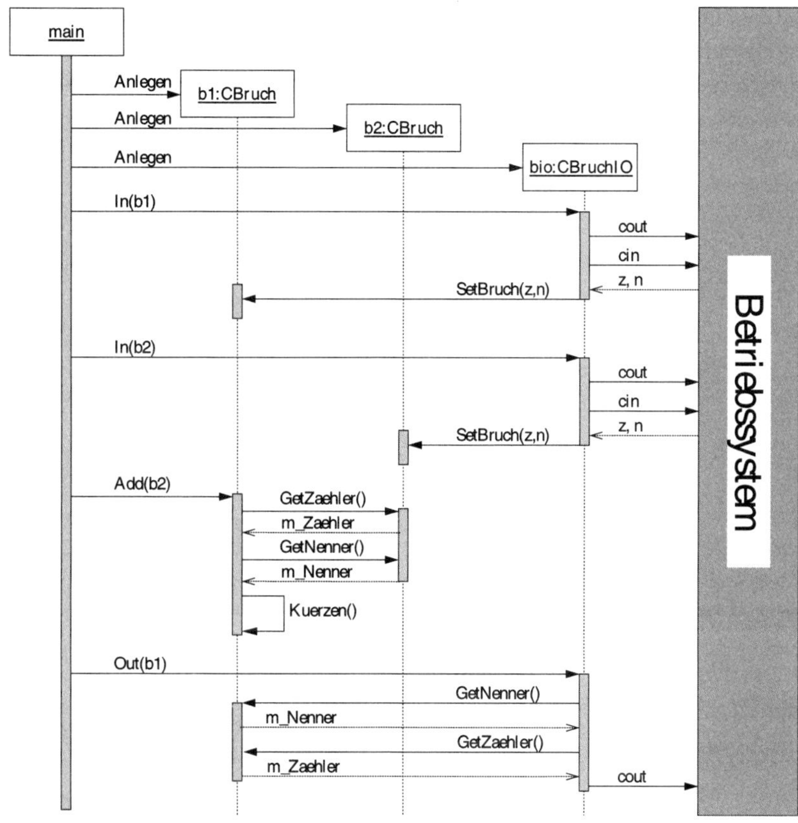

Abbildung 6.3: Sequenzdiagramm zum CBruch / CBruchIO-Beispiel

Um lediglich ein Programm zur Bruchrechnung zu erstellen, wäre es natürlich ‚overdesigned', die Ein- und Ausgabe des Bruches vom eigentlichen Bruch zu trennen. Ist nicht abzusehen, dass eine derartige Bruchklasse auch in späteren Projekten verwendbar ist, stellt sich die Frage, ob der Mehraufwand für die Erstimplementierung gerechtfertigt ist. Das Sequenzdiagramm macht auch deutlich, welcher Kommunikationsaufwand durch Einführung der Klasse `CBruchIO` während der Laufzeit des Programms entsteht; auch wenn dieser wohl kaum auf die Performance schlägt, wenn die Methoden `GetNenner()`, `GetZaehler()` und `SetBruch()` **inline** definiert werden.

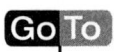

Dieses einfache Beispiel sollte verdeutlichen, dass es stets Sinn macht, die Vor- und Nachteile der unterschiedlichen Designs gegeneinander abzuwägen. Klassen- und Sequenzdiagramm können dabei gut helfen.

Der Blick für Vor- und Nachteile eines Designs wird durch die Lektüre der weiteren Entwurfsprinzipien geschult werden. Viele der Prinzipien würde der eine oder andere Leser jedoch nach reiflichen Überlegungen (und entsprechenden Projekterfahrungen) mit Hilfe seines »gesunden Menschenverstandes« auch selbst herausfinden.

6.2 Abstrahiere auf die Zukunft hin

Um eine flexible und wiederverwendbare Software zu erhalten, ist es wichtig, dass das Design nicht nur die heutige Realität widerspiegelt, sondern auch die von morgen.

Der Schlüssel hierzu ist ein möglichst hoher Grad an Abstraktion, d.h. dass möglichst viele Teile allgemein gültig gelöst sind.

Besonders wichtig ist die Abstraktion an den Stellen im System, an denen sich am wahrscheinlichsten Änderungen ergeben werden. Daher gilt es, genau diese Stellen im System ausfindig zu machen.

Einen hohen Grad an Abstraktion erreicht man besonders durch:

- allgemein gültige Schnittstellen
  (vgl. Kapitel 6.4, Programmiere auf die Schnittstelle hin, auf Seite 381)
- Generische Code-Entwicklung
  (vgl. Kapitel 6.6, Generische Code-Entwicklung vermeidet Fehler, auf Seite 390)

Oftmals ist es – gerade für Neueinsteiger – nicht offensichtlich, an welchen Stellen Abstraktionen besonders Sinn machen. Hier ist ein gewisser Weitblick erforderlich. Hilfestellung können jedoch leisten:

- Entwurfsmuster (vgl. Kapitel 6.8.1, Verwendung von Entwurfsmustern, und Kapitel 9, Fallbeispiele)

- Fallbeispiele (vgl. Kapitel 9)
- last but not least: kompetente, erfahrene Kollegen / Consultants

6.2.1 ÜBUNG: Lehrer-Kreide-Tafel

Erstellen Sie ein Klassendiagramm zu folgender Aussage: »Der Lehrer schreibt mit der Kreide an die Tafel.«

An welchen Stellen könnten hier Abstraktionen Sinn machen?

Ist die Fähigkeit des Schreibens an Kreide und Tafel gebunden ... oder kann der Lehrer vielleicht auch mit Kuli auf einen Block schreiben? Was wäre zukünftig noch denkbar? Wie könnten all diese Fälle abstrahiert werden?

6.3 Eine Klasse – eine Aufgabe

Das Prinzip »Eine Klasse – eine Aufgabe« bedeutet, dass jede Klasse eine klar umrissene Aufgabe haben sollte. Wichtig dabei ist, dass der Entwickler und der Anwender der Klasse diese Aufgabe auch überblicken können.

Besonders die Definition, wo sich die Grenze einer Aufgabe befindet und wo eine neue beginnt, ist sehr subjektiv und wird daher häufig von Entwickler zu Entwickler unterschiedlich empfunden. Deshalb ist es wichtig, in der Praxis ein Maß zu haben, an dem ich erkennen kann, ob die jeweils definierte Aufgabe zu komplex ist oder nicht.

Ein entscheidender Faktor für die Komplexität einer Klasse ist die *Zeit, die zum Erklären ihrer Aufgabe benötigt wird.* Liegt diese Zeit über 20-30 Minuten, ist die Klasse sehr wahrscheinlich zu komplex gewählt. (Frei nach Luther: »Predige über was Du willst, aber nicht über 20 Minuten.«) Hintergrund hierfür ist, dass die Aufnahmefähigkeit der meisten Menschen bei ca. 20 Minuten liegt. Wird diese Zeit überschritten, kann der Zuhörer die Informationen meist nicht mehr aufnehmen. Die Aufgabe der Klasse ist dann zu komplex gewählt.

Ein weiteres Kriterium für die Komplexität einer Klasse ist die *Anzahl der unterschiedlichen Partner, mit denen die Klasse kommuniziert.* Werden dies zu viele, ist die Aufgabe zu komplex. Denn jede Partner-Art muss berücksichtigt werden.

Das folgende Beispiel zeigt, wie Komplexität aufgelöst werden kann.

Ein häufiges Problem in der Praxis ist ein dynamischer NLS-Support (NLS: *Native Language Support*) für Programme, d.h. die Realisierung von Mehrsprachigkeit. Im einfachsten Fall geht es darum, dass alle Texte, die das Programm ausgibt – je nach Konfiguration – in einer anderen Sprache ausgegeben werden sollen.

Hierfür könnte man eine Klasse `CNlsSupport` implementieren, die dieses Problem löst. Diese Klasse könnte wie in Abbildung 6.4 gezeigt aussehen.

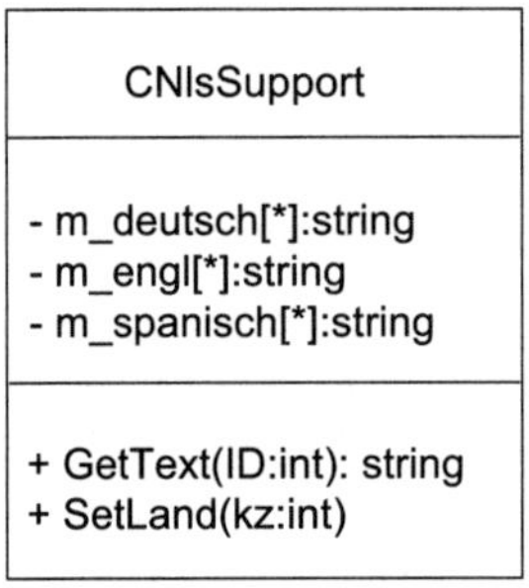

CNlsSupport
- m_deutsch[*]:string - m_engl[*]:string - m_spanisch[*]:string
+ GetText(ID:int): string + SetLand(kz:int)

Abbildung 6.4: NLS-Support realisiert in einer Klasse

Die Klasse `CNLSSupport` aus Abbildung 6.4 würde über eine Methode `GetText()` verfügen, mit der anhand einer übergebenen ID ein landesspezifischer Text ermittelt werden kann. Mit der Methode `SetLand()` wird die Landessprache festgelegt, in der der Text ausgegeben werden soll.

Der Anwender der Klasse hat es hier recht einfach, weil er nur zwei Methoden und deren Funktion kennen muss.

Der Implementierer der Klasse hat das große Problem, dass er »im Bauch« der Klasse `CNlsSupport` die komplette Verwaltung realisieren muss. Der unerfahrene Programmierer wird dies in aller Regel über einige Arrays und zusätzliche private Hilfsmethoden erledigen. Dadurch wird allerdings das Problem mit jeder dazukommenden Landessprache komplexer und unüberschaubarer. Deshalb ist bei konsequenter Implementierung eine Aufteilung in viele kleine Klassen fast zwingend notwendig.

Pro Landessprache bietet sich hier eine Klasse an, die das intern verwendete Sprach-Array kapselt. Damit ist der Änderungsaufwand bei `CNlsSupport` zwar immer noch hoch, wenn eine neue Landessprache hinzukommt, aber insgesamt ist die Struktur übersichtlicher, wie dies Abbildung 6.5 zeigt.

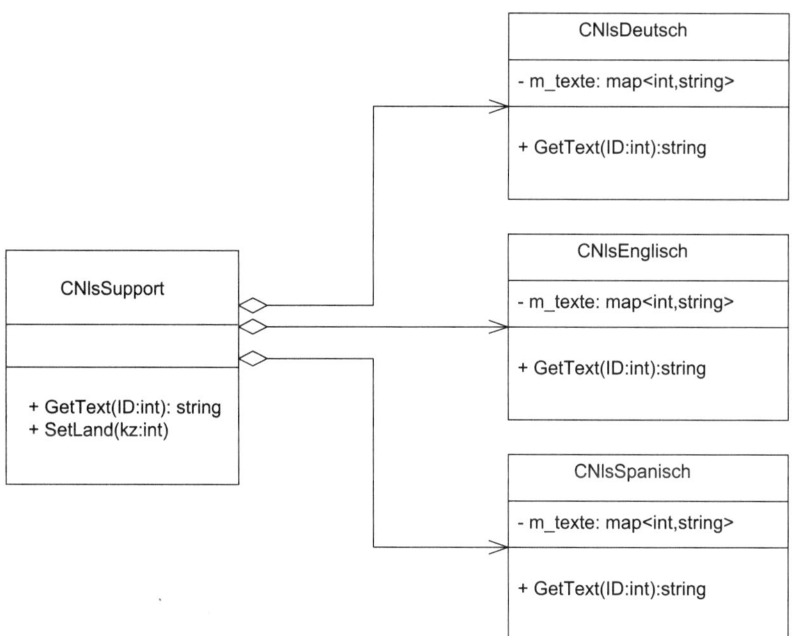

Abbildung 6.5: NLS-Support arbeitet mit verschiedenen Sprachklassen

Das Mittel, das wir hier eingesetzt haben, um die Komplexität zu reduzieren, ist *Delegation*. Die Anfrage `GetText()`eines User-Objektes an `CNlsSupport` wird delegiert an die jeweilige Sprachklasse, die für die eigentliche Übersetzung zuständig ist. `CNlsSupport` übernimmt nur noch die Verwaltung der Sprachklassen. (Prinzip: »Teile und herrsche«)

Wie die Komplexität weiter reduziert werden kann, liegt fast auf der Hand. Denn bei unserem jetzigen Entwurf würde `CNlsSupport` mit jeder neuen Landessprache einen weiteren Kommunikationspartner erhalten; dabei lässt sich die Aufgabe von `CNlsSupport` doch ganz einfach allgemein beschreiben: Sie verwaltet Sprachklassen und leitet Anfragen entsprechend an sie weiter.

Wir können demnach hier das Mittel der *Verallgemeinerung/Generalisierung* einsetzen und führen eine Basisklasse `CNlsSprache` für alle Sprachen ein. Damit erhalten wir ein Klassendiagramm, wie es in Abbildung 6.6 gezeigt ist.

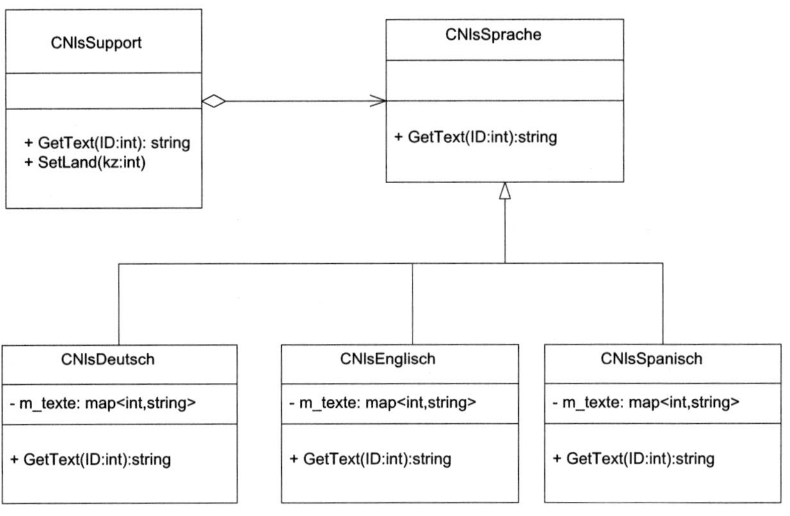

Abbildung 6.6: NLS-Support delegiert an verallgemeinerte Basisklasse

Auf diese Weise hat `CNlsSupport` stets lediglich einen Kommunikationspartner, nämlich `CNlsSprache`. Über diese Basisklasse lassen sich nun alle Sprachen gemeinsam verwalten. Wird eine weitere Sprache eingeführt, so hat dies keine Auswirkung mehr auf `CNlsSupport`, da diese Klasse nur mit `CNlsSprache` in Beziehung steht. Damit bleibt eine Erweiterung um weitere Sprachen überschaubar und ist mit wesentlich weniger Änderungsaufwand verbunden.

In diesem Fall wurde also neben der Reduzierung der Komplexität gleichzeitig auch die Flexibilität und Wiederverwendung erhöht.

Das hier verwendete Mittel der Verallgemeinerung führt in konsequenter Weiterentwicklung zur nächsten Regel (»Programmiere auf die Schnittstelle hin«), die im folgenden Unterkapitel erläutert wird.

6.4 Programmiere auf die Schnittstelle hin

Den Nutzer einer Klasse interessieren nur die **public**-Methoden der Klassen. Sie stellen die *Schnittstelle* des Objektes dar. Sie legen die Anfragen fest, auf die das Objekt reagieren kann. Um zu gewährleisten, dass ein Objekt leicht zu verwenden ist, muss der Entwickler der Klasse die Schnittstelle übersichtlich und einfach gestalten. Den Nutzer interessiert lediglich, **welche** Methoden es gibt (d.h. wie die Schnittstelle aussieht), jedoch nicht, **wie** die Methoden implementiert sind.

Ziel ist es also, die komplexe Funktionalität eines Objektes über wenige, einfach zu verstehende Methoden abzubilden.

Wie auch im alltäglichen Leben kommt es zu den meisten Missverständnissen an den Schnittstellen. Und die Missverständnisse werden meist umso größer je komplexer die Kommunikationsabläufe sind. Daher ist es wichtig, die Anzahl und den *Umfang der Schnittstellen so weit wie möglich zu reduzieren* (idealerweise gegen Null). Dies kann z.B. dadurch geschehen, dass man Schnittstellen verallgemeinert, d.h. eine gemeinsame Schnittstelle findet für unterschiedliche Realisierungen.

Abbildung 6.7: Beziehung zwischen Auto(marke) und Fahrer

Eine *gemeinsame Schnittstelle* sorgt dafür, dass der Nutzer der Schnittstelle davon entbunden ist, zu wissen, mit welcher Implementierung er es zu tun hat. Dadurch wird die Implementierung austauschbar. Dieses Prinzip findet in vielen Bereichen des alltäglichen Lebens Anwendung. Ein schönes Beispiel ist die Bedienung eines PKWs: Wenn man in der Fahrschule einmal gelernt hat, wie man mit Kupplung, Gaspedal, Bremse und Schaltung umzugehen hat, ist es ein Leichtes, diese Schnittstelle PKW auf andere Fahrzeugtypen anzuwenden. Diese Tatsache wird im Klassendiagramm in Abbildung 6.7 zum Ausdruck gebracht.

Das Entscheidende hierbei ist, dass sowohl der Fahrer als auch der Konstrukteur des Fahrzeugs eine klare Vorstellung davon hat, wie die Schnittstelle auszusehen hat. Dadurch fällt es dem Konstrukteur leichter, das Fahrzeug zu konstruieren, da die Bedürfnisse des Fahrers bereits geklärt sind und nicht jedesmal wieder neu individuell darauf eingegangen werden muss. Im Gegenzug fällt es dem Fahrer leichter, das Fahrzeug zu führen, da er nicht wissen muss, wie der Konstrukteur das Fahrzeug konstruiert hat.

Das Negativ-Beispiel wäre, dass jede Automarke ihr eigenes Bedienkonzept für einen PKW hätte.

An diesem Beispiel lässt sich schön erkennen, wie wichtig es ist, einheitliche leicht verständliche bzw. übersichtliche Schnittstellen zu haben. Wären die Bedienkonzepte von Computern und Software-Applikationen soweit vereinheitlicht, wie dies beim Auto der Fall ist, wäre es ein Leichtes für jeden Laien, den Umgang mit dem PC zu erlernen.

Softwaretechnisch findet die Verallgemeinerung von Schnittstellen über Vererbung statt, d.h., die allgemeine Schnittstelle wird in eine gemeinsame Basisklasse gelegt. Wie dies in C++ realisiert wird, haben wir bereits in Kapitel 3.8.3, Schnittstellen in C++, auf Seite 244 ausführlich behandelt.

Wir wollen an dieser Stelle noch einmal das Tierwelt-Beispiel aus der Übung 3.6.4 (Zoo) aufgreifen, um die zentralen Punkte beim Schnittstellengedanken zusammenzufassen. Dazu führen wir hier für den Zoo noch eine eigene Klasse `CZoo` ein, die Zoo-Tiere aufnimmt, genau genommen Elemente vom Typ `IZooTier`. Die Zoo-Tierwelt würde sich dann wie im Klassendiagramm in Abbildung 6.8 gezeigt darstellen.

In Abbildung 6.8 stellt `IZooTier` die Schnittstelle dar, die alle Zoo-Tiere gemeinsam haben. Dadurch muss der Nutzer, der ein Zoo-Tier anspricht, nicht wissen, um was für eine konkrete Implementierung es sich handelt. Er braucht implementierungstechnisch lediglich einen Pointer vom Typ der Zoo-Tier-Schnittstelle, um mit einem x-beliebigen Zoo-Tier zu kommunizieren.

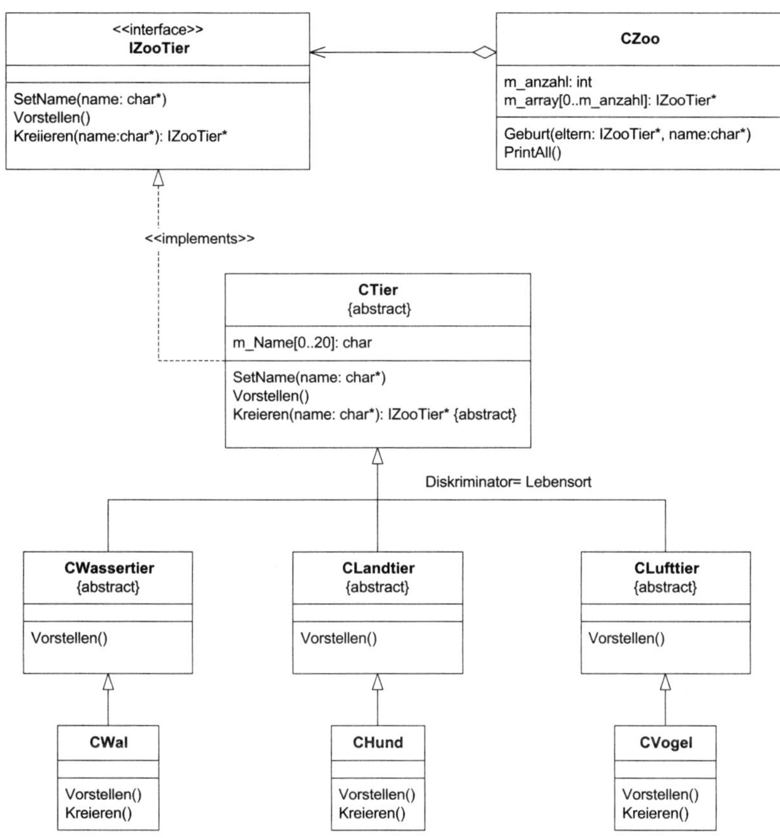

Abbildung 6.8: Klassendiagramm zum Zoo/Tierwelt

Ein weiterer Vorteil der gemeinsamen Schnittstelle ist, dass erst sie es ermöglicht, dass alle Zoo-Tiere gemeinsam in einem Container (z.B. Array, Verkettete Liste,...) verwaltet werden können. Auf diese Weise kann ein Zoo konstruiert werden, der jedes Tier aufnehmen kann, das die Schnittstelle `IZooTier` realisiert. Durch Polymorphismus ist dennoch gewährleistet, dass jedes Tierobjekt individuell auf jede Botschaft der Schnittstelle reagiert.

Auch zukünftige Tiere können jederzeit (ohne dass `CZoo` modifiziert werden muss) in den Zoo aufgenommen werden, solange diese die Zoo-Tier-Schnittstelle realisieren, wie dies im Klassendiagramm von Abbildung 6.9 zum Ausdruck gebracht wird.

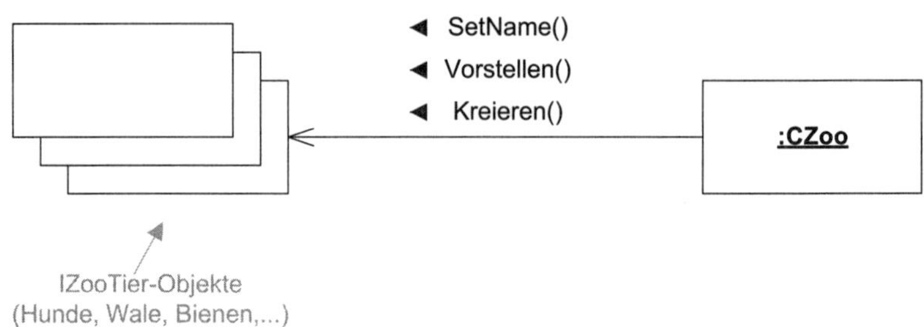

Abbildung 6.9: Polymorphismus beim Zoo-Tier-Beispiel

Ein Zoo hätte natürlich auch mit `CTier*` realisiert werden können. Dann stellt aber quasi die Klasse `CTier` die Schnittstelle dar. Das heißt, wenn sich an `CTier` im Nachhinein etwas ändert, so wirkt sich dies unter Umständen compilierungstechnisch auch auf `CZoo` aus (z.B. andere Virtual Funktion Table bei zusätzlicher virtueller Funktion), obwohl die zusätzliche Änderung an `CTier` nur ein Tier an sich betrifft und für den Zoo vielleicht irrelevant ist. Verwaltet `CZoo` dagegen `IZooTier*` und ist damit von `CTier` entkoppelt, so könnte die Vererbungshierarchie auch im Nachhinein ganz anders aufgebaut werden, ohne dass dies `CZoo` tangiert. Denn für `CZoo` ist es egal, in welcher Hierarchiestufe die Klasse steht, die die Schnittstelle `IZooTier` implementiert bzw. auf welche Hierarchiestufen sich die Implementierung aufteilt.

Noch ein Vorteil der gemeinsamen Schnittstelle ist, dass Definition und Implementierung der Schnittstellenfunktionalität *zeitlich entkoppelt* ist. Dadurch könnte compilierungstechnisch bereits der Zoo realisiert werden, ohne dass eine konkrete Tierklasse vorhanden sein muss. Die konkreten Tierobjekte müssten erst zur Laufzeit vorhanden sein. Dadurch ist es z.B. möglich, dass ein Entwickler eine Schnittstelle definiert und dann andere Entwickler gleichzeitig verschiedene Klassen für diese Schnittstelle implementieren. Von dieser Tatsache wird auch bei der *Komponentenorientierten Software-Entwicklung* (*CORBA, COM*) Gebrauch gemacht.

Wie wir in Kapitel 3.8, Schnittstellen, auf Seites 237ff gesehen haben, sieht C++ für den Umgang mit Schnittstellen kein eigenes Sprachkonstrukt vor. Das Mittel hierfür ist Ableitung. In der Regel werden Schnittstellen in C++ über **abstrakte** Basisklassen (Betonung liegt auf abstrakt) realisiert. Es ist jedoch nicht zwangsläufig nötig, dass die Basisklasse abstrakt ist, um eine gemeinsame Schnittstelle zu erhalten und von Polymorphismus Gebrauch machen zu können.

Allerdings sollten folgende Dinge berücksichtigt werden:

- Es liegt in der Natur der Sache, dass Schnittstellen keine Daten enthalten, sondern nur Methoden.
- Es interessiert bei einer Schnittstelle nur, welche Methoden es gibt und nicht, wie diese realisiert sind. Insofern genügt eine Schnittstellenklasse, die ausschließlich aus rein virtuellen (= abstrakten) Methoden besteht.

  Die Struktur der Software bleibt so übersichtlicher, als wenn Definition und Implementierung der Schnittstelle in einer Klasse gemeinsam vorhanden sind.
- Bei Schnittstellenklassen wird der Implementierer der abgeleiteten Klasse gezwungen, das komplette Interface zu implementieren und muss damit nichts über die Basisklasse wissen – außer der Schnittstelle.

  Die Gefahr, dass er mit seiner Implementierung konträr zu der Implementierung der Basisklasse läuft, ist damit nicht gegeben.

Wie wir ebenfalls gesehen haben, unterscheidet die Objektorientierte Literatur an dieser Stelle die Begriffe *Klassenvererbung* und *Schnittstellenvererbung*.

Bei Klassenvererbung (ganz gewöhnliche Vererbung in C++) geht es in erster Linie darum, implementierten Code wiederzuverwenden. Im Gegensatz dazu beschreibt die Schnittstellenvererbung, wann ein Objekt anstelle eines anderen Objektes verwendet werden kann. Dies wird in C++ am einfachsten dadurch realisiert, dass sich die Objekte von einer gemeinsamenen Schnittstellenklasse (mit ausschließlich abstrakten Methoden) ableiten. Wird keine Schnittstellenklasse verwendet, besteht die Gefahr, dass Flexibilität verloren geht, weil z.B. das Schlüsselwort **virtual** vergessen wird und damit kein Polymorphismus stattfindet.

Klassenvererbung hat den Vorteil, dass Arbeit gespart wird, da bereits bestehender Code verwendet wird. Allerdings muss dann die abgeleitete Klasse die Funktionalität der Basisklasse kennen, um nicht konträr zu laufen.

Der große Vorteil der Schnittstellenvererbung ist die Flexibilität. Ein Nachteil ist, dass bei der Lösung über Schnittstellenklassen mit jeder Erweiterung der Schnittstelle alle abgeleiteten Klassen diese implementieren müssen, da die Methoden ja abstrakt sind. Es ist daher wichtig, dass die Schnittstellen möglichst frühzeitig im Projekt vollständig definiert werden.

In C++ ist der Übergang zwischen Schnittstellenvererbung und Klassenvererbung fließend, da beide das Sprachmittel ‚Vererbung' verwenden. Es ist daher auch eine Mischform denkbar und unter Umständen sogar sinnvoll.

Sollen bestehende Objekte um *zusätzliche Schnittstellenfunktionalität* erweitert werden, so ist zu überlegen, ob eine bestehende Schnittstelle erweitert wird oder dafür eine neue Schnittstelle eingeführt wird. Es ist dabei auch stets zu analysieren, ob die neue Funktionalität zwangsläufig etwas mit der existierenden Schnittstelle zu tun hat. Eine weitere Schnittstelle hat nämlich den Vorteil, dass dann nicht alle Klassen beide Schnittstellen realisieren müssen; sondern jede Klasse realisiert die Schnittstelle, die tatsächlich für sie relevant ist.

Anzahl und Umfang von Schnittstellen interessieren besonders auch zwischen Klassen aus unterschiedlichen Packages bzw. Komponenten. Es ist wichtig, die Kommunikation zwischen den verschiedenen Packages und Subprojekten (z.B. HW-Steuerung, Datenhaltung, GUI) möglichst gering zu halten. Ist dies nicht der Fall, wird das Projekt schnell unübersichtlich und damit fehleranfällig. Um dies zu vermeiden, sollten sich die externen Klassen eines Packages in der Regel als reine Schnittstelle nach außen darstellen, d.h. in C++ als rein abstrakte Klassen implementiert werden.

Abbildung 6.10 verdeutlicht, dass Schnittstellenklassen die Kommunikationswege zwischen Packages übersichtlicher gestalten.

Eine gemeinsame Schnittstelle wirkt sich auch positiv auf den *Test* der implementierenden Klassen bzw. des Packages aus; denn es kann dann auf die Schnittstelle hin gestestet werden. Die Anzahl der Testfälle kann so reduziert werden. Die gleichen Testfälle, die sich auf die gemeinsame Schnittstelle beziehen, können auf alle Implementierungen der Schnittstelle angewendet werden.

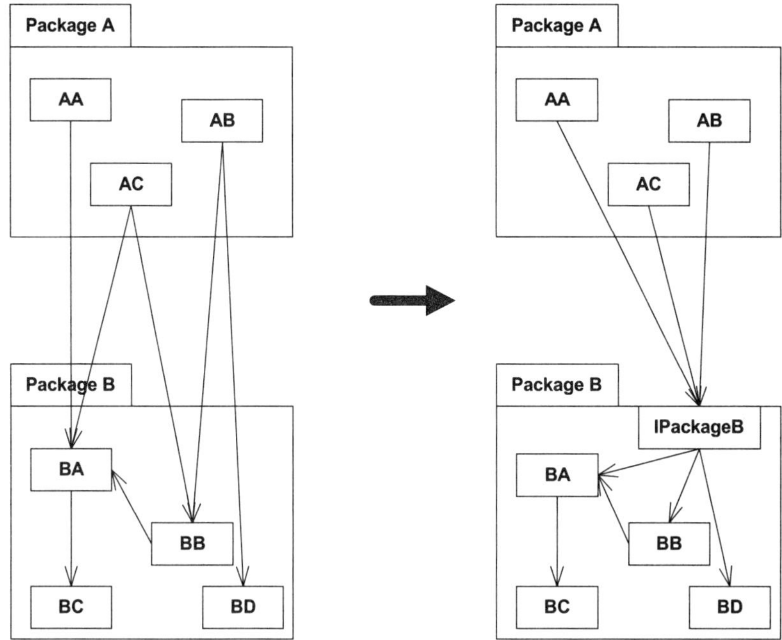

Abbildung 6.10: Schnittstellenklasse macht Kommunikationswege übersichtlicher

6.5 Ziehe Aggregation der Vererbung vor

Die meisten Programmierer empfinden Vererbung, wenn sie diese neu kennen lernen, als eine »tolle Sache«; denn damit haben sie endlich das Mittel, sich vom Allgemeinen hin zum Speziellen zu bewegen ... und so werden die Programme dann auch aufgebaut.

Ein schönes Beispiel hierfür ist so manche GUI-Bibliothek. In diesen Bibliotheken gibt es dann meist eine sehr mächtige Basisklasse »Fenster«, von der sich alle ableiten und durch Veränderung der Methoden ihre eigenen speziellen Fenster entwickeln. Abbildung 6.11 zeigt einen möglichen Ausschnitt aus einer solchen Klassenhierarchie.

Dieses Vorgehen ist auf den ersten Blick angenehm und spart auch scheinbar Arbeit, da ja in der Basisklasse `CFenster` die Grundfunktionalität (z.B. Größe, Reaktion auf Mausklicks und Tastendrücke, ...) bereits implementiert ist und beim Knopf nur noch Kleinigkeiten, z.B. die Gestalt des Rahmens, geändert werden müssen.

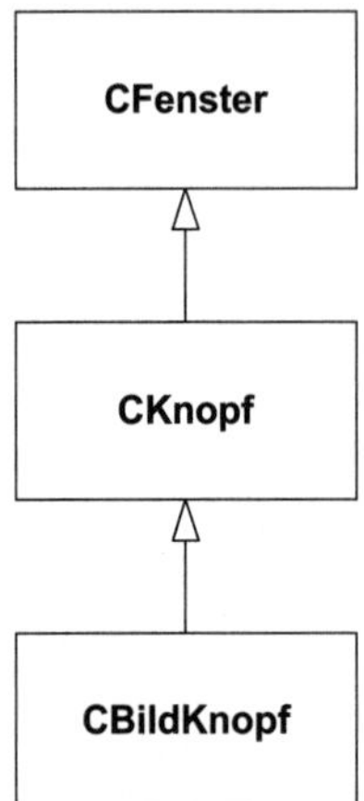

Abbildung 6.11: Mögliche Klassenhierarchie (Ausschnitt) einer GUI-Bibliothek

Das Fatale an diesem Vorgehen wird allerdings erst im Laufe der Zeit offensichtlich. Stellen wir uns vor, der Entwickler muss ein weiteres Fenster zum Darstellen von Bildern programmieren. Jetzt hat er die Wahl: Er kann sich entweder von `CFenster` ableiten und muss die Bildfunktionalität, die bei `CBildKnopf` vorhanden ist, neu implementieren, oder er leitet sich von `CBildKnopf` ab und muss die veränderten Funktionalitäten von `CKnopf` durch Überschreiben rückgängig machen.

Umso komplexer die Anzahl und Vielfältigkeit der Fenster wird, umso mehr Redundanz bekommt der Entwickler in seinen Source-Code. Dadurch sinkt die Wartbarkeit des Quellcodes.

Um diesen Sachverhalt noch zu verdeutlichen, wurde in folgender Abbildung 6.12 zusätzlich eine weitere Darstellungsform (Movie) eingefügt.

Aggregation wäre hier ein wesentlich besseres Stilmittel. Im einfachsten Fall würde eine eigene Klasse `CFenDarstellung` geschrieben, die die Darstellungen im Fensterbereich übernimmt. Diese Klasse erhält dann verschiedene Ausprägungen, z.B. `CFenDarstBild` zur Darstellung eines Bildes oder `CFenDarstText` zur Darstellung eines Textes.

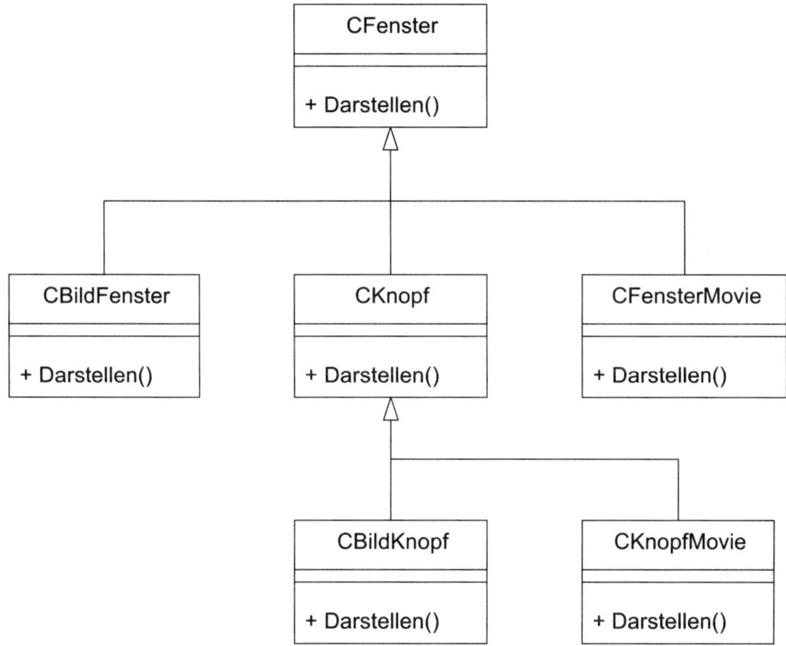

Abbildung 6.12: Darstellung bei Fenster und Knopf über Ableitung

Abbildung 6.13 zeigt, wie unsere Fensterbibliothek dann aussehen würde:

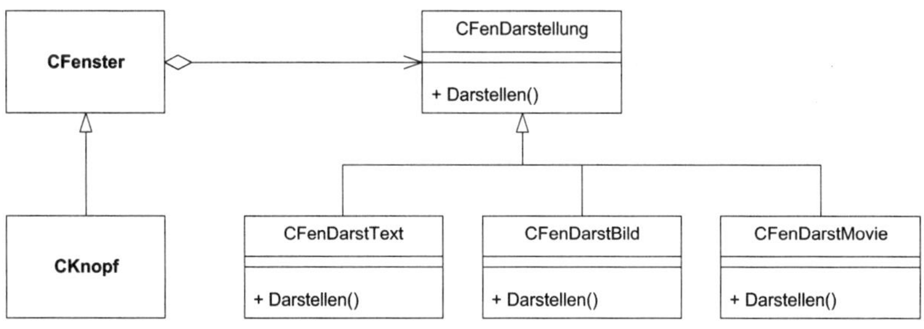

Abbildung 6.13: Darstellung bei Fenster und Knopf über Ableitung

In Abbildung 6.13 ist die Fensterklasse `CFenster` nun unvollständig; sie stellt ein Fenster ohne die Möglichkeit der Ausgabe dar. Nur zusammen mit einem Objekt zur Fensterausgabe (`CFenDarstellung`) ist die vollständige Funktionalität gegeben.

Mit anderen Worten: Die Klasse `CFenster` und die Klasse `CFenDarstellung` bilden zusammen ein ‚Team' und lösen gemeinsam eine Problemstellung. Dadurch dass beide Teampartner – je nach Problemstellung – austauschbar sind, wird ein wesentlich höherer Grad an Flexibilität erreicht.

Das Prinzip lässt sich auch im alltäglichen Leben wiederfinden. Um einen »Wiener im Schlafrock« zu vertreiben, wird ein Bäckermeister kaum das Handwerk des Metzgers dazu lernen (würde Vererbung entsprechen). Vielmehr bezieht der Bäcker die fertigen Wiener vom Metzger und integriert/aggregiert sie in seinem Backteig (Aggregation).

So ist es auch im richtigen Leben effektiver, ‚Teams' zu bilden als eine einzelne Person so zu spezialisieren, dass sie alle Aufgaben des Teams übernehmen kann.

Natürlich sollte nicht verheimlicht werden, dass Aggregation nicht das All-Heilmittel ist. Eine übermäßige Aufteilung einer Problemstellung auf verschiedene Klassen führt immer zu einem erhöhten Kommunikationsaufwand zwischen den Objekten. Dieser Kommunikationsaufwand erschwert die Fehlersuche und kann zu Performance-Einbußen führen (wie im richtigen Leben!).

6.5.1 ÜBUNG: Segelboot

Beim Klassendiagramm in Abbildung 6.14 entsteht die Klasse Segelboot durch Mehrfachvererbung. Lösen Sie diese Mehrfachvererbung auf, indem Sie stattdessen Aggregation einsetzen.

6.5.2 ÜBUNG: Ente

In Übung 3.6.4 (Zoo) haben wir die Tiere nach Lebensort kategorisiert. Wenn man an eine Ente denkt, ist dieser Klassenentwurf vielleicht nicht ganz so glücklich, denn eine Ente lebt sowohl im Wasser als auch auf der Erde als auch in der Luft. Wie könnte dieses ‚Problem' durch eine andere Klassenstruktur gelöst werden?

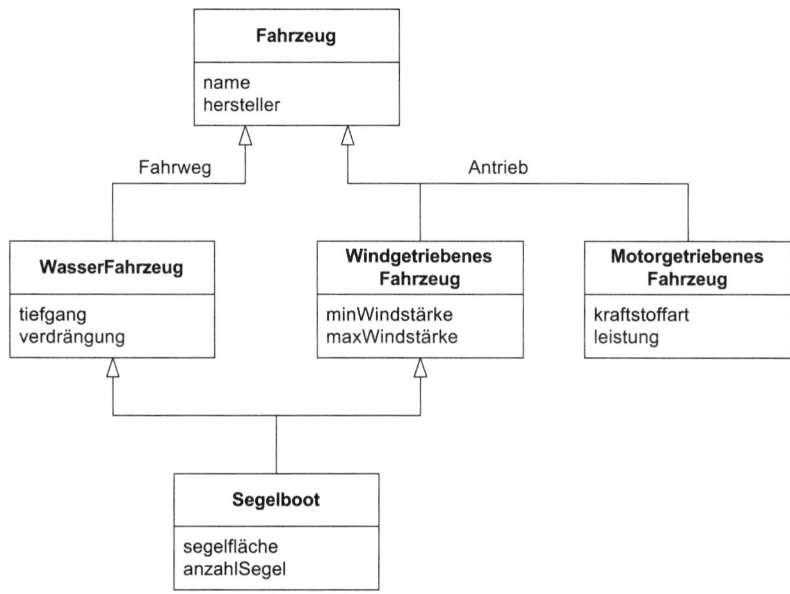

Abbildung 6.14: Mehrfachvererbung beim Segelboot

6.6 Generische Code-Entwicklung vermeidet Fehler

Dass generische Code-Entwicklung Fehler vermeidet, beruht auf folgender Tatsache:

Es kann immer nur die Anwesenheit eines Fehlers bewiesen werden, nie dessen Abwesenheit. Daher garantiert nur nicht vorhandener Code eine 100%ige Fehlerfreiheit oder anders ausgedrückt: Je weniger Code vorhanden ist, desto wartbarer ist die Software.

Diese These ist natürlich etwas überzogen, da sie bei konsequenter Anwendung dafür sorgen würde, dass Code aus dem Programm gestrichen wird, was zu Lasten der Funktionalität gehen kann.

Gerade C++ bietet eine sehr effiziente Möglichkeit, Source-Code einzusparen: nämlich durch Templates. Dies wollen wir noch einmal an einem Beispiel verdeutlichen:

In der objektorientierten Welt werden häufig Konstrukte benötigt, die eine ganze Anzahl gleichartiger Objekte aufnehmen und verwalten können. Klassen, die eine solche Aufgabe wahrnehmen, bezeichnet man auch als *Containerklassen*.

Stellen wir uns vor, wir wollten eine Adressverwaltung realisieren. Hier liegt es nahe, eine Containerklasse `CAdressenListe` zu implementieren, die eine Liste von `CAdresse`-Objekten verwalten kann.

Müsste ein weiterer Container für eine andere Problemstellung, z.B das Verwalten von Grafikobjekten, geschrieben werden (`CGrObj`), müsste auch eine neue Klasse `CGrObjListe` implementiert werden. Das Problematische hieran ist, dass es kein triviales Unterfangen ist, eine doppelt verkettete Liste zu implementieren. Hier können viele Fehler gemacht werden. Wenn man sich allerdings den Code von `CGrObjListe` und `CAdressenListe` anschauen würde, würde man feststellen, dass die Implementierung nahezu identisch ist. Deshalb eignet sich hier eine Implementierung mit Hilfe von Templates.

Ohne Template-Sprachkonstrukt könnte die hier benötigte Verallgemeinerung der Problemstellung nur durch eine *gemeinsame Schnittstelle* gelöst werden. Abbildung 6.15 und Abbildung 6.16 stellen die beiden Alternativen gegenüber.

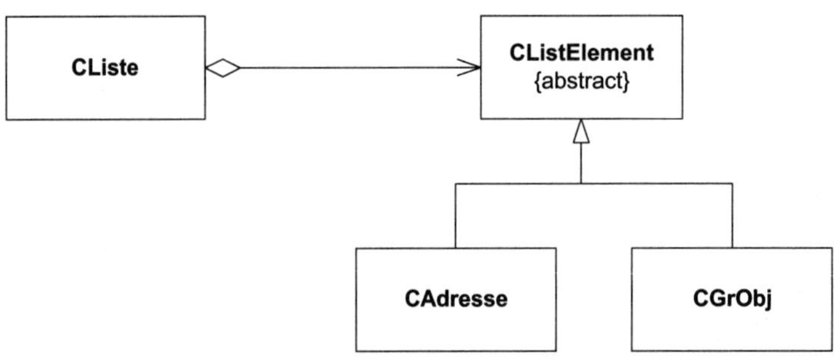

Abbildung 6.15: Realisierung einer allgemeinen Liste über Ableitung

Abbildung 6.16: Realisierung einer allgemeinen Liste über Template

Beide Varianten sparen durch Verallgemeinerung / Abstraktion der Problemstellung Code ein. Dennoch hat die Template-Variante Vorteile:

- Bei der Template-Variante wird auf Vererbung verzichtet. Das Klassendiagramm (und die Software) bleibt dadurch eine Stufe übersichtlicher.

  Mit Hilfe der Template-Liste kann ohne weiteres eine Liste einer x-beliebigen Klasse realisiert werden. Bei der Variante mit Ableitung muss bei Klassen, die bereits eine Basisklasse besitzen, auf Mehrfachvererbung zurückgegriffen werden.

- Die Template-Liste stellt sicher, dass sich in der Liste immer nur Objekte desselben Typs befinden (in unserem Beispiel entweder nur Adressen oder nur Grafikobjekte). Streng genommen macht es keinen Sinn, eine gemeinsame Basisklasse für Adressen und Grafikobjekte zu haben, weil diese nichts miteinander zu tun haben.

  Werden in einem Projekt zwei Listen unterschiedlichen Typs benötigt, kann es leicht durch Copy-Paste-Aktionen passieren, dass ein Objekt aus Versehen in die falsche Liste eingefügt wird. Bei der Template-Variante würde diesen Fehler der Compiler feststellen, bei der Variante mit der Ableitung nicht. Eine entsprechende Überprüfung müsste also zur Laufzeit stattfinden. Dies bedeutet nicht nur eine weitere Fehlerquelle, sondern wirkt sich auch negativ auf die Performance aus.

Viele Containerklassen muss man in C++ nicht mehr implementieren, weil hierfür die STL bereits fertige Lösungen bietet (vgl. Kapitel 4.6).

Um Anhaltspunkte dafür zu geben, worauf bei der Entwicklung von eigenen Templates zu achten ist, wollen wir als weiteres Beispiel eine Containerart verwenden, die es in der STL so nicht gibt, nämlich einen Ringpuffer. Dieser Ringpuffer entspricht von der Funktionsweise in etwa einer STL-Queue, allerdings hat er eine begrenzte Anzahl von Einträgen, die maximal im Ringpuffer sein können. Außerdem ist der Methodenumfang im Beispiel auf ein Minimum beschränkt, um Übersicht zu bewahren. Der Vorteil eines Ringpuffers ist, dass er während des Betriebes ohne **new** und **delete** auskommt und damit eine sehr hohe Performance hat, die vor allem bei Kommunikation mit hardwarenahen Schichten wichtig wird. In den allermeisten Anwendungsfällen wird die Performance der STL-Queue bei weitem ausreichen, für Spezialfälle, in denen man völlig auf **new** und **delete** verzichten muss, funktioniert allerdings nur der klassische Ringpuffer.

Abbildung 6.17 zeigt die Funktionsweise unseres Ringpuffers:

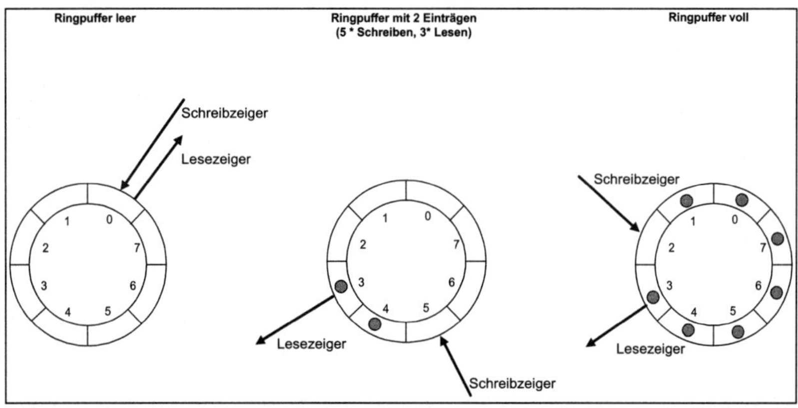

Abbildung 6.17: Funktionsweise von CRing

Wie in Abbildung 6.17 zu sehen ist, enthält unser Ringpuffer einen Speicherplatz mehr als er Einträge besitzt. Dadurch kann die Implementierung einfach gehalten werden, denn es ist klar geregelt, dass der Ringpuffer dann voll ist, wenn der Schreibzeiger einen Eintrag vor dem Lesezeiger steht. Ist dies der Fall, so bleibt der Eintrag leer und der Schreibzeiger wird nicht mehr inkrementiert. (Ohne den leeren Eintrag würden Schreib- und Lesezeiger in zwei Fällen an der gleichen Position sein: wenn der Puffer voll und wenn er leer ist.)

Listing 6.1 zeigt die Implementierung der Ringpuffer-Klasse. Entscheidend sind die Methoden `Lese()` und `Schreibe()`. Mit `Schreibe()` wird ein neuer Eintrag in den Ringpuffer eingefügt, mit `Lese()` ein Eintrag aus dem Ringpuffer gelesen. Intern ist der Ringpuffer über ein statisches Array realisiert (`m_Slot`). Dadurch ist es möglich, auf **new** und **delete** komplett zu verzichten. Die Größe des Arrays wird über den Template-Parameter `Size` realisiert, d.h., beim Festlegen des Typs wird bereits die Größe des Ringpuffers festgelegt. Damit ist bei Verwendung eines statischen Ringpuffer-Objektes bereits zum Übersetzungszeitpunkt klar, ob genügend Speicher für das Objekt vorhanden ist. Ein Laufzeit-Fehler kann nur entstehen, wenn der Ringpuffer mit **new** angelegt wird.

```
//===================================
// ring.h : Die Templateklasse CRing
//===================================
#ifndef INC_RING
#define INC_RING

template<class RingType,int Size=20>
class CRing
{
   RingType m_Slots[Size+1];
   int m_Schreibe;
   int m_Lese;

   void Inc(int &Pos)
   {
      Pos=(Pos+1)%(Size+1);
   }
public:
   //--------------------------------------------
   CRing()
   {
      m_Schreibe=0; //Schreib-Position
      m_Lese=0;     //Lese-Position
   }
   //--------------------------------------------
   bool Voll() //Ringpuffer voll?
   {
      int Neu=m_Schreibe;
      Inc(Neu);

      return (Neu==m_Lese);
   }
   //--------------------------------------------
   bool Leer() //Ringpuffer leer?
   {
      return (m_Lese==m_Schreibe);
   }
   //--------------------------------------------
   bool Lese(RingType &Slot) //Wert aus dem
                             // Ringpuffer lesen
   {
      if(Leer())
         return false;
      Slot=m_Slots[m_Lese];
      Inc(m_Lese);
```

```
      return true;
   }
   //-------------------------------------------
   bool Schreibe(const RingType &Slot)  //Wert in den
                                        // Ringpuffer schreiben
   {
      if(Voll())
         return false;
      m_Slots[m_Schreibe]=Slot;
      Inc(m_Schreibe);

      return true;
   }
};

//-----------------------------------
#endif

//=============================================
// Ringpuffer.cpp: Demo: Verwendung von CRing
//=============================================

#include "stdafx.h"
#include "Ring.h"
#include <iostream.h>

int main(void)
{
   CRing<short,26> RingShort;
   short s=0;

   for(int i=0;i<60;i++)
   {
      RingShort.Schreibe(s);
      s++;
   }
   while(RingShort.Lese(s))
   {
      cout << "Short: " << s <<endl;
   }
   return 0;
}
```

Listing 6.1: Implementierung der Klasse CRing

Durch die Implementierung des Ringpuffers als Template müssen die entsprechenden Methoden der Klasse nur einmal implementiert werden. Dies wirkt sich auch positiv auf den *Test* der Klasse aus: Die Klasse an sich muss nur einmal mit einem beliebigen Datentyp getestet werden. Ab dann kann von einem richtigen Funktionieren der `CRing`-Klasse ausgegangen werden. Zu beachten ist hierbei allerdings, dass bei jedem Template natürlich Annahmen über die Parameter-Typen gemacht werden. Es muss also bei der Verwendung einer Template-Klasse der verwendete Parametertyp im Hinblick auf die Annahmen untersucht werden.

In unserem Fall werden über den Template-Parameter `Ringtype` folgende Annahmen gemacht:

- `Ringtype` verfügt über einen **public** Default-Konstruktor.
- `Ringtype` verfügt über einen **public** Zuweisungsoperator.
- Sowohl Default-Konstruktor als auch Zuweisungsoperator dürfen keine Fehler produziern, da diese von `CRing` nicht abgefangen werden. Sind diese Methoden nicht fehlerfrei zu implementieren, muss mit Exception-Handling gearbeitet werden.

  Zum Beispiel könnte es ein Problem geben, wenn tiefe Objekte verwendet werden; denn diese bräuchten im Zuweisungsoperator ein **new**. Bei **new** muss jedoch immer damit gerechnet werden, dass auch kein Speicher reserviert werden kann.

Werden diese Annahmen von dem eingesetzten `Ringtype` erfüllt, ist die Implementierung des Templates funktionstüchtig.

Daraus folgt: Wird in konkreten Projekten eine Template-Klasse eingesetzt, sollte Folgendes beachtet werden:

1. Die Annahmen, die die Template-Klasse macht, sollten klar dokumentiert sein.

   Zu beachten ist hier, dass der Compiler stets nur die Syntax, aber nicht die Semantik überprüfen kann; z.B. wenn eine Template-Klasse davon ausgeht, dass der Parametertyp über eine Methode `Copy()` verfügt, kann der Compiler feststellen, wenn diese Methode fehlt. Er kann aber nicht überprüfen, ob die Methode auch so funktioniert, wie es das Template erwartet. Gerade hier ist die Dokumentation deshalb sehr wichtig.

2. Die eingesetzten Typen sollten darauf hin untersucht/ getestet werden, dass die Annahmen auch zu 100% erfüllt werden.

Templates richtig eingesetzt erniedrigen die Fehlerwahrscheinlichkeit des Programmes, da sich ein Großteil der Fehler bereits zum Compilierungszeitpunkt finden lässt und das Template mit einigen wenigen Typen komplett getestet werden kann.

Die hier implementierte Ringpuffer-Klasse wird in der Praxis so eher selten vorkommen, da Ringpuffer meist im Umfeld von Multithreading-Applikationen benötigt werden und damit über entsprechende Synchronisationsmechanismen verfügen müssen.

6.7 Beachte Ownership des Speichers

Ein wichtiger Aspekt der objektorientierten Programmierung unter C++ ist das so genannte *Ownership*, d.h., wer legt Speicher an und wer gibt diesen Speicher wieder frei und wie viele Objekte greifen zwischenzeitlich auf diesen Speicher zu? (Ownership = Wem gehört der Speicher?)

Man unterscheidet drei verschiedene Arten von Ownership:

1. *Exclusive Ownership*:
   Wer den Speicher anlegt, gibt ihn auch wieder frei. Kein anderes Objekt darf den Speicher nutzen.

   Beispielsweise gilt Exclusive Ownership beim Attribut `m_Slot` der Klasse `CRing`, weil `CRing` als einzigster mit diesem Speicher arbeiten kann.

2. *Forward Ownership*:
   Einer legt den Speicher an (meist mit **new**) und »verschenkt« ihn an ein anderes Objekt. Dieses Objekt gibt ihn entweder wieder frei oder »verschenkt« ihn weiter.

3. *Common Ownership*:
   Einer legt den Speicher an, viele Objekte arbeiten mit dem Speicher. Wenn keiner mehr mit dem Speicher arbeitet, wird er von irgendjemanden freigegeben.

Aus objektorientierter Sicht ist es ideal, wenn ein Programm ausschließlich mit *Exclusive Ownership* arbeitet. Dadurch ist zu jedem Zeitpunkt klar, wem welcher Speicher gehört, wie der Speicher angelegt wurde und wie er gelöscht werden muss. Es können kaum Fehler passieren. Allerdings resultiert Exclusive Ownership in häufigen Kopieraktionen, um Speicher zwischen den Objekten auszutauschen, was sich sehr schlecht auf die Performance auswirkt. `CRing` aus Kapitel 6.6, Generische Code-Entwicklung vermeidet Fehler, ist komplett als Exclusive Ownership realisiert, d.h., jeder Aufruf der Methode `Lese()` bzw. `Schreibe()` resultiert in einem Kopieren des Objektes, das gelesen bzw. in den Puffer geschrieben wird. Dies wirkt sich besonders bei großen Objekten stark auf die Performance aus.

Etwas schwieriger wird es bereits bei *Forward Ownership*, da sich hier Erzeuger und Zerstörer des Objektes einig sein müssen. Ein Problem könnte beispielsweise entstehen, wenn Klasse `A` eine bestehende C-Funktion verwendet, die Speicher mit `malloc()` anlegt und dann den Pointer auf den Speicher an Klasse B weitergibt. Klasse `B` weiß vielleicht nicht, wie Klasse `A` den Speicher reserviert hat und gibt den Speicher mit **delete** wieder frei. Dies kann je nach Implementierung des Compilers zu Fehlern führen, da `malloc()` und **new** nicht zwingend auf dem gleichen Heap arbeiten.

Ferner könnte Klasse `B` das Freigeben natürlich auch komplett vergessen. Es ist eben eine Absprache zwischen dem Implementierer der Klasse `A` und der der Klasse `B` notwendig.

Der komplexeste Fall ist das *Common Ownership*. Hier benötigt man für ein Programm idealerweise eine Regelung, die im gesamten Projekt einheitlich Anwendung findet (vgl. Kapitel 6.8, Achte auf Gleichförmigkeit des Codes), z.B. *Reference-Counting*.

Beim Reference Counting wird mitgezählt, wie viele Referenzen augenblicklich auf das jeweilige Objekt bestehen. Wir wollen dies anhand des Ringpufferbeispiels zeigen. Stellen wir uns vor, wir benötigen einen Ringpuffer, der nicht Objekte, sondern Pointer auf Objekte verwaltet. Wir benötigen hierzu zwei Klassen: Eine Klasse `CData`, die für ein Datum Reference Counting realisiert, und eine Klasse `CRingPtr`, die in einem Ringpuffer Pointer auf Objekte verwaltet, die Reference-Counting realisieren.

Unsere Klasse CRingPtr könnte wie in Listing 6.2 gezeigt aussehen.

```
// Datei: Ringptr.h
// -----------------
#ifndef H_RING_PTR
#define H_RING_PTR

/////////////////////////////////////////////////////////
// Klasse CRingPtr:
// ----------------
// realisiert einen Ringpuffer für Datenelemente, die
// über Reference-Counting verfügen.
// Ein Datenelement (RingType) muss folgende Methoden zur
// Verfügung stellen:
// * AddRef() zum Erhöhen des Reference-Counters
//
// Hinweis:
// Beim Lesen gilt Forward Ownership, d.h. der Nutzer
// der Klasse ist für das Erniedrigen des Reference-
// Counters selbst zuständig.
// Die Klasse RingType muss daher natürlich auch
// eine Methode zum Erniedrigen des Reference-Counters
// besitzen, etwa ReleaseRef(). Diese wird in CRingPtr
// jedoch nicht verwendet.
/////////////////////////////////////////////////////////
//
template<class RingType,int Size=20>
class CRingPtr
{
   RingType  m_Slots[Size+1];    // Einträge
   int m_Schreibe;      // Schreib-Position
   int m_Lese;          // Lese-Position

   void Inc(int &Pos)
   {
      Pos=(Pos+1)%(Size+1);
   }
public:
   //--------------------------------------------
   CRingPtr()
   {
      m_Schreibe=0;
      m_Lese=0;
   }
```

```
    //-------------------------------------------
    bool Voll() //Ringpuffer voll?
    {
       int neu=m_Schreibe;
       Inc(neu);

       return (neu==m_Lese);
    }
    //-------------------------------------------
    bool Leer() //Ringpuffer leer?
    {
       return (m_Lese==m_Schreibe);
    }
    //-------------------------------------------
    bool Lese(RingType &Slot) // Wert aus dem
                              // Ringpuffer lesen
                    // Achtung: Forward Ownership. Das
                    // gelesene Element steht dem
                    // Aufrufer direkt zur Verfügung;
                    // es erfolgte kein ReleaseRef()
    {
       if(Leer())
          return false;
       Slot=m_Slots[m_Lese];
       Inc(m_Lese);

       return true;
    }
    //-------------------------------------------
    bool Schreibe(const RingType &Slot)  //Wert in den
                              //Ringpuffer schreiben
    {
       if(Voll())
          return false;
       m_Slots[m_Schreibe]=Slot;
       Slot->AddRef();
       Inc(m_Schreibe);

       return true;
    }
};
//-------------------------------------------
#endif
```

Listing 6.2: Realisierung der Klasse CRingPtr

Unsere Klasse CData könnte das Reference-Counting wie Listing 6.3 gezeigt realisieren:

```
///////////////////////////////////////////////////////
// Klasse CData:
// ----------------
// Kapselt ein Datum, um ein Reference-Counting
// ausführen zu können. Das Reference-Counting
// entspricht den Anforderungen von CRingPtr.
////////////////////////////////////////////////////////
class CData
{
   int m_Cntr;        // Zähler für die Referenzen
   int m_Data;        // eigentliches Datum

protected:
   ~CData(){};        // Destruktor ist protected!

public:
   virtual void RelaseRef()
   {
      m_Cntr--;
      if(m_Cntr==0)
      {
         //Nur für Debugzwecke
         cout << "Release: " << m_Data << "\n";
         delete this;
      }
   }
   //---------------------------------------------
   virtual void AddRef()
   {
      m_Cntr++;
   }

   //---------------------------------------------
   ostream &Print(ostream &out)
   {
      return out << m_Data;
   }
   //---------------------------------------------
   CData(int Data=0)
   {
      m_Cntr=0;
```

```
      m_Data=Data;
   }
};
//==================================================
ostream &operator <<(ostream &out,CData *Data)
{
   return Data->Print(out);
}
```

Listing 6.3: Realisierung der Klasse CData

Das Zusammenspiel beider Klassen testen wir durch folgende `main()`-Funktion:

```
int main(void)
{
   CRingPtr<CData*,5> RingData1;
   CRingPtr<CData*,5> RingData2;
   int Zufall;

   // Ringpuffer 1 und 2 "zufällig" verfüllen
   for(int i=0;i<10;i++)
   {
      CData *pD=new CData(i); // Anlegen...
      pD->AddRef();           // ... und registrieren
      Zufall=i%3;
      if(Zufall==0 || Zufall==1)
      {
         RingData1.Schreibe(pD);
      }
      if(Zufall==0 || Zufall==2)
      {
         RingData2.Schreibe(pD);
      }
      pD->RelaseRef(); // main() braucht *pD nicht mehr
               // (wurde ja im Ringpuffer gespeichert)
   }

   //Leser 1 liest aus Ringpuffer 1
   cout << "Leser1\n";
   CData *pR;
```

```
    while(RingData1.Lese(pR))
    {
        cout << "Wert: " << pR <<endl;
        pR->RelaseRef(); // Leser 1 braucht *pR nicht mehr
                         // (wurde ja jetzt ausgegeben)
    }

    //Leser 2 liest aus Ringpuffer 2
    cout << "Leser2\n";
    while(RingData2.Lese(pR))
    {
        cout << "Wert: " << pR <<endl;
        pR->RelaseRef(); // Leser 2 braucht *pR nicht mehr
                         // (wurde ja jetzt ausgegeben)
    }
    return 0;
}
```

Listing 6.4: Programm für Zusammenspiel von CRingPtr und CData

Das Programm aus Listing 6.4 gibt Folgendes aus:

```
Release: 7
Release: 8
Release: 9
Leser1
Wert: 0
Wert: 1
Release: 1
Wert: 3
Wert: 4
Release: 4
Wert: 6
Leser2
Wert: 0
Release: 0
Wert: 2
Release: 2
Wert: 3
Release: 3
Wert: 5
Release: 5
Wert: 6
Release: 6
```

In Listing 6.4 generiert die Funktion `main()` 10 Werte, die sie »zufällig« (nach einem bestimmten Schema, damit die Programmausgabe nachvollziehbar bleibt) auf die beiden Ringpuffer 1 und 2 verteilt. Die Werte werden durch die Klasse `CData` verwaltet. Beim Anlegen eines Objektes (`new CData`) registriert sich `main()` bei diesem Objekt, denn es hat nun einen Zeiger darauf. Nachdem der Zeiger an den Ringpuffer übergeben wurde, gibt `main()` den Anspruch darauf frei (`pD->RelaseRef()`).

Aus Sicht des Ringpuffers erfolgt ein Besitzanspruch auf das `CData`-Objekt ab dem Zeitpunkt des Hineinschreibens. Es mag vielleicht auf den ersten Blick etwas seltsam erscheinen, dass dieser nicht wieder beim Lesen freigegeben wird. Stattdessen gibt `main()` den Besitzanspruch frei, nachdem der Zeiger nach der Ausgabe nicht mehr benötigt wird (`pR->RelaseRef()`). Der Grund hierfür ist, dass beim Lesen ein Forward Ownership erfolgt, d.h. dass der Ringpuffer den Speicher weiterreicht an den Aufrufer; denn es ist beim Lesevorgang fest davon auszugehen, dass das Objekt anschließend vom Aufrufer verwendet wird. Warum also im Puffer erst ein `ReleaseRef()` tätigen, wenn anschließend gleich wieder ein `AddRef()` erfolgen wird. Solche »Absprachen« sind durchaus legitim, sollten jedoch entsprechend kommentiert sein (vgl. Dokumentation in Listing 6.2).

Die Template-Klasse `CRingPtr` stellt also gegenüber `CRing` eine weitere Anforderung an `RingType`:

- `RingType` muss die Verwaltung des Reference-Counting übernehmen und dabei über die Methode `AddRef()` verfügen.

Ferner sollte für `RingType`-Klassen Folgendes beachtet werden:

- Aus Sicherheitsgründen sollten Klassen mit Reference-Counting nur dynamisch angelegt werden können. Dies erfordert einen **protected** Destruktor.
- `AddRef()` und `ReleaseRef()` sollten virtuell implementiert sein, damit auch Basispointer richtig über den Ringpuffer weitergegeben werden können.

6.7.1 ÜBUNG: Smart Pointer für Reference Counting

Smart Pointer sind Objekte, die sich wie Zeiger verhalten und sich wie Zeiger benutzen lassen, aber eine größere Funktionalität anbieten. Es handelt sich also um intelligente Zeiger, eben *»smart«* Pointer. Die zusätzliche Funktionalität erledigen sie automatisch im Hintergrund, weswegen sie bisweilen als *Auto Pointer* bezeichnet werden. Die enthaltene Intelligenz muss natürlich programmiert werden. Um einen Smart Pointer zu realisieren, verwendet man eine Template-Klasse, die den eigentlichen C++-Pointer kapselt. Der Template-Parameter spezifiziert den Typ, auf den gezeigt wird. Eine Smart-Pointer-Klasse sieht typischerweise ungefähr wie in Listing 6.5 gezeigt aus:

```
// Zeigt eine typische Smart-Pointer-Klasse
template < class T>
class CSmartPtr
{
private:
   T* m_Ptr;            // der gekapselte Pointer

public:
   CSmartPtr(T* realPtr=0)    // Standardkonstruktor
   {
      m_Ptr=realPtr;
   }
   ~CSmartPtr();           // Destruktor

   // Objektkopien
   CSmartPtr(const CSmartPtr& Ptr); // Kopierkonstruktor
   CSmartPtr& operator=(const CSmartPtr& Ptr);
                                    // Zuweisungsoperator

   // Dereferenzierungsoperatoren
   T* operator->();
   T& operator*();
};
```

Listing 6.5: Typische Smart-Pointer-Klasse

Damit sich Objekte dieser Klasse wie Zeiger verhalten, werden die Dereferenzierungsoperatoren ('->' und '*') überladen. Auch Objektkopien werden bedacht, so dass der Zuweisungsoperator und der Kopierkonstruktor überladen werden.

Ihre Aufgabe ist es nun, einen Smart Pointer zu entwickeln, der das Reference-Counting auf Objekte, auf die er zeigt, im Hintergrund übernimmt. Mit Hilfe dieses Smart Pointers sollte dann wieder die Klasse `CRing` verwendet werden können, da das Reference-Counting nun nicht mehr Aufgabe des Ringpuffers ist, sondern sich der Smart Pointer selbst darum kümmert. Auch die `main()`-Funktion wird um einiges einfacher, denn auch hier braucht man sich keine Gedanken mehr zu machen um `AddRef()` und `ReleaseRef()`.

Die `main()`-Funktion sieht damit dann wie in Listing 6.6 gezeigt aus:

```
int main(void)
{
   // 2 Ringpuffer anlegen mit Smart Pointern auf CData
   CRing<CRefPtr<CData>,5> RingData1;
   CRing<CRefPtr<CData>,5> RingData2;

   // Ringpuffer 1 und 2 "zufällig" verfüllen
   int Zufall;
   for(int i=0;i<10;i++)
   {
      CRefPtr<CData> pD=new CData(i);
      Zufall=i%3;
      if(Zufall==0 || Zufall==1)
      {
         RingData1.Schreibe(pD);
      }
      if(Zufall==0 || Zufall==2)
      {
         RingData2.Schreibe(pD);
      }
   }

   //Leser 1 liest aus Ringpuffer 1
   cout << "Leser1\n";
   CRefPtr<CData> pR;
   while(RingData1.Lese(pR))
   {
      cout << "Wert: " << pR <<endl;
   }

   //Leser 2 liest aus Ringpuffer 2
   cout << "Leser2\n";
```

```
    while(RingData2.Lese(pR))
    {
        cout << "Wert: " << pR <<endl;
    }

    return 0;
}
```

Listing 6.6: main() zu Smart Pointer für Reference-Counting

Statt `CData*` wird nun der Smart Pointer `CRefPtr` eingesetzt, der auf ein `CData`-Objekt zeigt, also ein `CRefPtr<CData>`. An der Klasse `CData` muss dabei nichts geändert werden, sie enthält nach wie vor die Methoden `AddRef()` und `ReleaseRef()`. Diese Methoden werden nun jedoch nicht vom Ringpuffer genutzt, sondern vom Smart Pointer.

Da nun überall statt `CData*` der Smart Pointer `CRefPtr<CData>` verwendet wird, sieht die globale Funktion zum Überladen des <<-Operators für `cout` folgendermaßen aus:

```
ostream &operator <<(ostream &out,CRefPtr<CData> &Data)
{
    return Data->Print(out);
}
```

Wenn Sie keine Idee haben, wie Sie den Smart Pointer `CRefPtr` implementieren sollen, so sollen Ihnen die folgenden Überlegungen helfen:

- Der Reference-Counter der eingesetzten Klasse (in unserem Fall `CData`) muss erhöht werden (`AddRef()`), wenn ein neuer Smart Pointer angelegt wird oder ein bestehender Smart Pointer kopiert wird. Hierbei sollte beachtet werden, dass bei einer Zuweisung der gekapselte Pointer vorher auf ein anderes Objekt zeigen kann, dessen Reference-Counter dann natürlich vorher erniedrigt werden muss, bevor der Pointer auf das neue Objekt gesetzt wird.
- Der Reference-Counter der eingesetzten Klasse muss erniedrigt werden (`ReleaseRef()`), wenn der Pointer zerstört wird.
- Die Dereferenzierungsoperatoren besitzen in diesem Fall keine besondere Intelligenz, sondern geben entsprechend den intern gekapselten Pointer nach außen.

6.8 Achte auf Gleichförmigkeit des Codes

Eine Gleichförmigkeit des Codes ist besonders bei größeren oder/und länger lebigen Projekten wichtig; gerade auch dann, wenn mehrere Entwickler beteiligt sind.

Nicht selten scheitert die Wiederverwendung der Programm(teile)e daran, dass der Source-Code zu unübersichtlich ist und sich durch falsche Verwendung / Erweiterung der bestehenden Klassen Fehler einschleichen. Zudem wird die Einarbeitung von neuen Mitarbeitern in bestehenden, unübersichtlichen Source-Code schnell teuer.

Die beste Übersichtlichkeit und Transparenz des Source-Codes erzielt man durch Gleichförmigkeit des Codes, d.h. dass es einige wenige Prinzipien gibt, die konsequent im Projekt angewendet werden.

Die folgenden Unterkapitel nennen solche möglichen Prinzipien.

6.8.1 Verwendung von Entwurfsmustern

Was sind Entwurfsmuster

Entwurfsmuster (engl. *design patterns*) sind bewährte, generalisierte Lösungsideen zu immer wiederkehrenden Entwurfsproblemen. Sie sind jedoch keine fertig codierten Lösungen, sie beschreiben lediglich den Lösungsweg.

Entwurfsmuster sind keine fertige Theorie; es gibt lediglich verschiedene Autoren, die solche Lösungsideen systematisch gesammelt und veröffentlicht haben.

Man tut gut daran, sich mit den Publikationen auseinander zu setzen. Als ein Standardwerk kann hier [4] angesehen werden.

Die Vorteile, solche Entwurfsmuster im eigenen Software-Design einzusetzen, liegen auf der Hand:

- Das ‚Rad muss nicht noch mal neu erfunden werden‘!
- Da jedes Entwurfsmuster einen Namen hat, weiß in einschlägigen Software-Kreisen eben jeder, was gemeint ist, wenn es z.B. heißt: »Hier setzen wir eine Abstrakte Fabrik ein.«

Es macht keinen Sinn, an dieser Stelle sämtliche Entwurfsmuster aufzuführen. Hier soll lediglich anhand eines Beispiels verdeutlicht werden, was ein Entwurfsmuster ist und wie sich dieses in C++ umsetzten lässt.

Beispiel: Abstrakte Fabrik

Als Beispiel für ein Entwurfsmuster wollen wir die so genannte *Abstrakte Fabrik* (engl. *Abstract Factory*) vorstellen. Ein anderer, jedoch nicht so häufig verwendeter Name für dieses Entwurfmuster ist *Kit*.

Stellen wir uns vor, wir wollen in einer Steuerungs-Software die Anbindung an die Hardware abstrahieren.

Die Ansteuerung der Hardware-Komponenten soll sowohl über das CAN-BUS-Protokoll als auch über die RS 232-Schnittstelle möglich sein.

Beispielhaft verwenden wir als HW-Komponenten: Motoren und Kolben.

Um die Ansteuerung der HW-Komponenten zu abstrahieren, führen wir für jede HW-Komponente eine abstrakte Basisklasse ein. In konkreten abgeleiteten Klassen wird dann eine Realisierung für CAN und RS232 angeboten. Abbildung 6.18 zeigt das zugehörige Klassendiagramm.

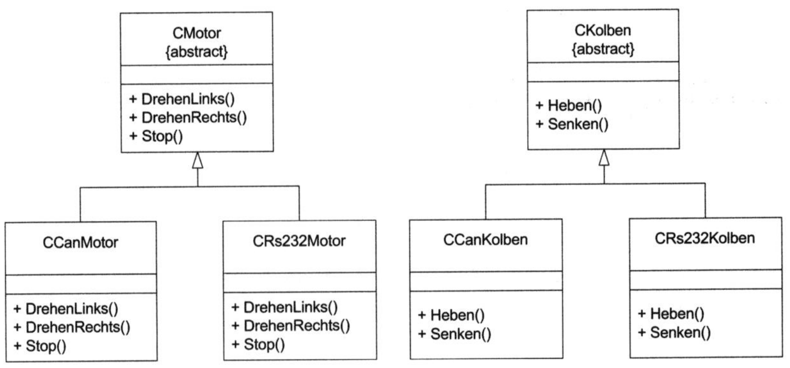

Abbildung 6.18: Klassendiagramm zu HW-Komponenten (Motoren und Kolben)

Nun können wir im Programm über die abstrakte Basisklasse einen Motor anhalten (`CMotor::Stop()`), ohne zu wissen, ob es sich um einen CAN-Motor oder einen RS232-Motor handelt.

Allerdings haben wir dadurch ein Problem noch nicht gelöst: Beim Anlegen der Motoren-Objekte müssen wir (für den **new**-Operator) jedesmal wissen, ob wir einen CAN-Motor oder einen RS232-Motor haben wollen. Viel schöner wäre es, wenn wir lediglich an einer Stelle im Programm angeben müssten, ob wir nun mit RS232 arbeiten wollen oder mit CAN.

Die Lösung des Problems liegt darin, dass wir auch den Erzeugungsprozess selbst abstrahieren. Dazu führen wir eine abstrakte Klasse `CHWKompFabrik` ein, die das Erzeugen von Hardware-Komponenten übernimmt. In abgeleiteten Klassen (`CCanFabrik` und `CRs232Fabrik`) wird das konkrete Anlegen der jeweiligen Komponente realisiert. Abbildung 6.19 zeigt das zugehörige Klassendiagramm.

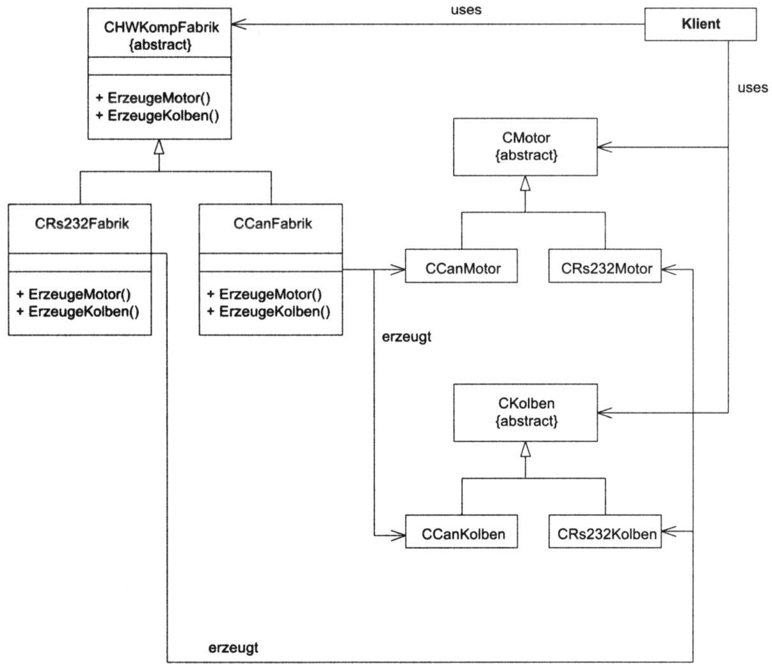

Abbildung 6.19: Abstrakte Fabrik für HW-Komponenten (Motoren und Kolben)

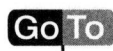

Nun müssen wir nur noch an einer Stelle im Programm wissen, ob wir die HW-Komponenten via CAN oder RS232 ansprechen wollen. An jeder anderen Stelle im Programm (selbst beim Erzeugen der Komponenten) sind wir durch die abstrakten Klassen unabhängig vom verwendeten HW-Protokoll.

Dies verdeutlicht die Implementierung des Beispiels in C++. In Listing 6.7 zeigen wir zunächst die Benutzung der Klassen aus Sicht des Klienten (hier `main()`), bevor wir dann in Listing 6.8 die Implementierung der einzelnen Klassen betrachten.

```
#include "HWKomp.h"

int main(void)
{
   int konfig;

   cout << "Konfiguration (CAN: 0, RS232:1)?: ";
   cin >> konfig;

   // Basispointer HWKompFabrik:
   // Hier entscheidet sich, ob CAN oder RS232
   CHWKompFabrik* pFabrik;
   if(konfig==0)
      pFabrik= new CCanFabrik;
   else
      pFabrik= new CRs232Fabrik;

   // ...

   // Motor anlegen
   CMotor* pMotor=pFabrik->ErzeugeMotor();
   pMotor->DrehenLinks();

   // Kolben anlegen
   CKolben* pKolben=pFabrik->ErzeugeKolben();
   pKolben->Heben();

   // noch ein Motor
   CMotor* pMotor2=pFabrik->ErzeugeMotor();
   pMotor2->DrehenLinks();
```

```
    // Fabrik und alle fabrizierten Objekte löschen
    delete pFabrik;
    delete pMotor;
    delete pKolben;
    delete pMotor2;

    return 0;
}
```

Listing 6.7: Nutzung der Abstrakten Fabrik

In Listing 6.7 wird lediglich am Anfang entschieden, welche Fabrik nun verwendet wird, `CCanFabrik` oder `CRs232Fabrik`. Wird nun ein Motor benötigt, so muss nicht mehr unterschieden werden, ob nun ein CAN-Motor angelegt wird oder ein RS232-Motor; denn dies ergibt sich automatisch aus der Wahl der Fabrik am Anfang.

Wie im richtigen Leben ist die Fabrik nur für die Produkt-Erzeugung zuständig und liefert das erzeugte Produkt an den Auftraggeber; für die ‚Entsorgung' nach dem Gebrauch ist der Verbraucher selbst zuständig. Es gilt hier also Forward Ownership. Daher müssen alle erzeugten Objekte nach Gebrauch (bei uns am Ende von `main()`) wieder gelöscht werden.

Die Einführung einer HWKomponentenFabrik hat einen positiven Nebeneffekt: Sie sichert die Abhängigkeiten zwischen den konkreten HWKomponentenKlassen ab. Es macht keinen Sinn, einen CAN-Motor zusammen mit einem RS232Kolben zu verwenden. Diese Konsistenzbedingung ergibt sich automatisch aus der HWKomponenten-Fabrik.

Wie die einzelnen Klassen nun implementiert sind, zeigt Listing 6.8. Wir haben hier der Einfachheit halber alle Klassen in einer Datei definiert. In einem ernsthaften Projekt würde man die Klassen natürlich auf entsprechende `.h` und `.cpp` Dateien aufteilen. Es bietet sich sogar an, für die einzelnen Realisierungen, CAN und RS232, jeweils eigene DLLs vorzusehen und dann je nach Konfiguration nur die entsprechende DLL zu laden. Beim Laden könnte dann gleich automatisch die entsprechende konkrete Fabrik angelegt werden.

```
#include <iostream.h>

//==================================================
// Motoren
//==================================================
class CMotor
{
public:
   virtual ~CMotor(){};
   virtual void DrehenLinks()=0;
   // ... DrehenRechts(), Stop
};
//--------------------------------------------------
class CCanMotor: public CMotor
{
public:
   virtual ~CCanMotor(){};
   virtual void DrehenLinks()
   {
      cout << "CAN-Motor links gedreht" << endl;
   }
   // ... DrehenRechts(), Stop()
};
//--------------------------------------------------
class CRs232Motor: public CMotor
{
public:
   virtual ~CRs232Motor(){}
   virtual void DrehenLinks()
   {
      cout << "RS232-Motor links gedreht" << endl;
   }
   // ... DrehenRechts(), Stop()
};
//==================================================
// Kolben
//==================================================
class CKolben
{
public:
   virtual ~CKolben(){};
   virtual void Heben()=0;
   // ... Senken()
};
//--------------------------------------------------
```

```
class CCanKolben: public CKolben
{
public:
   virtual ~CCanKolben(){ cout << "DCK" << endl;}
   virtual void Heben()
   {
      cout << "CAN-Kolben gehoben" << endl;
   }
   // ... Senken()
};
//-----------------------------------------------
class CRs232Kolben: public CKolben
{
public:
   virtual ~CRs232Kolben(){}
   virtual void Heben()
   {
      cout << "RS232-Kolben gehoben" << endl;
   }
   // ... Senken()
};
//===============================================
// Fabriken für HardwareKomponenten
//===============================================
class CHWKompFabrik     // abstrakte Fabrik
{
public:
   virtual ~CHWKompFabrik(){}
   virtual CMotor* ErzeugeMotor()=0;
   virtual CKolben* ErzeugeKolben()=0;
};
//-----------------------------------------------
class CCanFabrik: public CHWKompFabrik
{
   virtual ~CCanFabrik(){}
   virtual CMotor* ErzeugeMotor(){return new CCanMotor;}
   virtual CKolben* ErzeugeKolben()
                           {return new CCanKolben;};
};
//-----------------------------------------------
```

```
class CRs232Fabrik: public CHWKompFabrik
{
   virtual ~CRs232Fabrik(){cout << "DRF" << endl;}
   virtual CMotor* ErzeugeMotor()
                        {return new CRs232Motor;}
   virtual CKolben* ErzeugeKolben()
                        {return new CRs232Kolben;};
};
```

Listing 6.8: Realisierung der HW-Komponenten und deren Fabriken

Da die Klassen CMotor, CKolben und CHWKompFabrik in Listing 6.8 abstrakte Klassen sind, enthalten sie nur abstrakte Methoden, d.h. sie sind in C++ *pur virtual*. Außer den abstrakten Methoden sollte auch der Destruktor **virtual** definiert werden, damit dann beim Löschen des Objektes über den Basispointer auch der Destruktor der konkreten Klasse durchlaufen wird. Da ein Destruktor natürlich nicht rein virtuell angegeben werden kann, ist hier eine leere Implementierung ({}) angegeben. Lediglich bei CRs232Fabrik und CCanKolben haben wir eine entsprechende cout-Anweisung eingefügt, um bei der Ausgabe zu demonstrieren, dass hier auch richtig die Destruktoren der konkreten Objekte durchlaufen werden.

Listing 6.7 führt damit zu folgenden möglichen Programmabläufen:

```
Konfiguration (CAN: 0, RS232:1)?: 0[↵]
CAN-Motor links gedreht
CAN-Kolben gehoben
CAN-Motor links gedreht
DCK
```

oder:

```
Konfiguration (CAN: 0, RS232:1)?: 1[↵]
RS232-Motor links gedreht
RS232-Kolben gehoben
RS232-Motor links gedreht
DRF
```

Was wir hier anhand unseres HW-Komponente-Beispiels gezeigt haben, lässt sich auch allgemein für Produkte/ Objekte und deren Erzeugung beschreiben. Wir erhalten damit ein Entwurfsmuster. Denn die Eigenschaft eines Entwurfsmusters besteht darin, dass Lösungsideen allgemein (ohne auf einen konkreten Anwendungsfall abzuzielen) beschrieben werden können.

Das Entwurfsmuster, das wir hier erhalten, wurde in Fachkreisen als *Abstrakte Fabrik* bezeichnet und ist im Klassendiagramm in Abbildung 6.20 dargestellt.

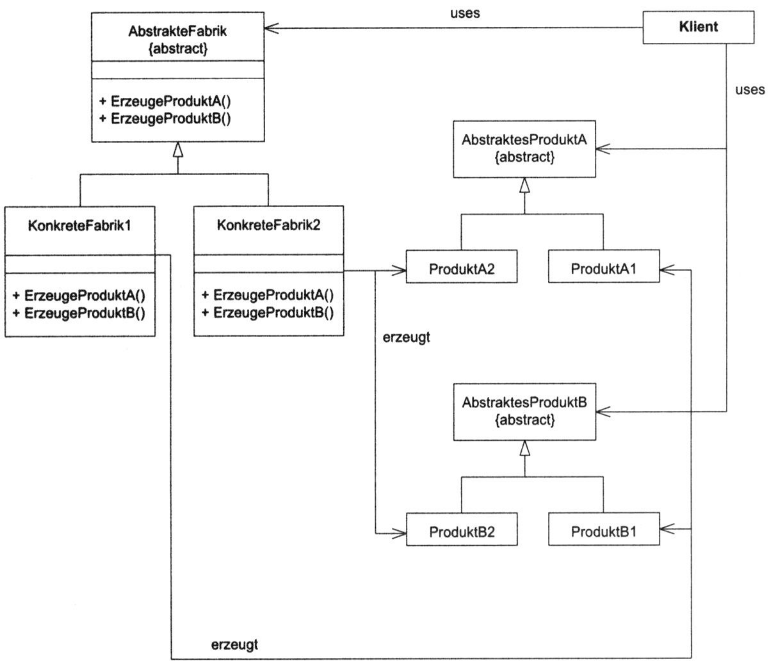

Abbildung 6.20: Entwurfsmuster Abstrakte Fabrik

Entwurfsmuster lösen in der Regel immer nur **kleine** Probleme allgemein gültig. Eine weitere Kunst besteht daher darin, bei der eigenen Problemstellung zu erkennen, wo welche Entwurfsmuster bei der Lösung helfen können. Im nächsten Schritt müssen die gefundenen Entwurfsmuster dann richtig kombiniert für den eigenen konkreten Anwendungsfall umgesetzt werden. Im Rahmen der Fallbeispiele werden weitere Entwurfsmuster vorgestellt und deren Zusammenspiel exemplarisch gezeigt.

Neben den weltweit publizierten Entwurfsmustern macht es aus genannten Gründen auch Sinn, Lösungsideen im eigenen Unternehmen zu sammeln und zu katalogisieren.

Können diese Lösungsideen dann auch allgemein gültig (z.B. durch Templates) realisiert werden, können daraus firmenspezifische Klassenbibliotheken und Frameworks entstehen, die wiederkehrende Problematiken im Umfeld des Unternehmens allgemein lösen.

Die größte Gleichförmigkeit des Codes erreicht man dadurch, dass man nach dem Baustein-Prinzip möglichst viele kleine Patterns und Lösungsansätze kombiniert verwendet, um das gesamte Problem zu lösen.

Hinsichtlich Gleichförmigkeit ist es prinzipiell besser, einen Lösungsansatz zu verwenden, der nur zu 90% auf das Problem passt, aber allgemein (im Unternehmen oder weltweit) bekannt ist und eine 10%-Anpassung vorzunehmen, als die Lösung speziell für den vorliegenden Fall völlig neu zu entwerfen.

ÜBUNG: Anwendung der Abstrakten Fabrik auf GUI-Elemente

Sie (bzw. Ihre Kollegen) haben beschlossen, dass die Elemente in der GUI so entworfen werden sollen, dass sowohl eine Motif-Oberfläche als auch eine MFC-Oberfläche unterstützt wird. Zeigen Sie anhand von Editfeld und Knopf, wie das prinzipielle Design der Oberflächenelemente dazu aussehen könnte, so dass nur an einer Stelle im Source-Code entschieden werden muss, ob nun Motif oder MFC eingesetzt wird.

ÜBUNG: Entwurfsmuster Kompositum

In dieser Übung wird schrittweise das Entwurfsmuster *Kompositum* (engl. *Composite*) erarbeitet.

Diese Übung soll verdeutlichen, dass es auch möglich ist, selbst Entwurfsmuster zu finden, ohne die publizierten Muster studiert zu haben. (Was nicht heißt, dass man sich die Lektüre eines solchen Werkes sparen sollte – siehe Gründe für den Einsatz von Entwurfsmustern.)

Führen Sie diese Übung in den beschriebenen Schritten durch.

1. Schritt:
   In Grafikprogrammen ist es möglich, Grafikobjekte (Kreis, Linie, Rechteck,...) zu verschieben. Grafikobjekte können in der Regel auch gruppiert werden. In der Folge davon könnte dann auch ein

einzelnes Grafikobjekt gleichzeitig mit einer Gruppe von Grafikobjekten verschoben werden.

Entwickeln Sie ein Klassenmodell, das es ermöglicht, in einer verketteten Liste sowohl einzelne Grafikobjekte als auch Gruppen von Grafikobjekten zu verwalten und diese z.B. gemeinsam zu verschieben oder zu zeichnen.

2. Schritt:
In einer Stückliste sollen alle Teile aufgeführt werden, die benötigt werden, um ein bestimmtes Gerät zu bauen. In der Stückliste können als Teile auch wiederum Geräte aufgeführt sein.

   Entwickeln Sie ein Klassenmodell, das es ermöglicht, alle Elemente einer solchen Stückliste zu drucken.

3. Schritt:
Arbeiten Sie die Gemeinsamkeiten zwischen dem Klassendiagramm der Grafikobjekte und dem der Stückliste heraus. Formulieren Sie diese Gemeinsamkeiten allgemein gültig.

   (Lösung für Gemeinsamkeiten:

   - beide verwenden eine Teile-Ganze-Hierarchie (rekursive Aggregation)
   - Klienten können alle Objekte (egal ob zusammengesetzte oder einzelne Objekte) einheitlich behandeln.

4. Schritt:
Wie sieht ein Klassenmodell aus, das die Gemeinsamkeiten allgemein gültig beschreibt?

   Dieses Klassenmodell zeigt die grundlegende Struktur des *Kompositum*-Musters.

Als Zusatzübung können Sie das im ersten Schritt gefundene Klassendiagramm in C++-Source-Code umsetzen.

6.8.2 Einhaltung von Coding Guidelines

Ein weiterer Punkt, um möglichst gleichförmigen Code zu erreichen, ist die Einhaltung von *Programmierrichtlinien* (engl. *coding guidelines*).

Obwohl diese in erster Linie auf die Phase der Implementierung abzielen, gibt es doch einige Regeln, die sich bereits auf das Design auswirken; dies betrifft vor allem die Regeln für die Namensgebung von z.B. Klassen und Methoden, die bereits im (Fein-)Design beachtet werden sollten.

Die folgenden Unterkapitel führen einige Richtlinien auf, mit Hilfe derer die Gleichförmigkeit des Codes gesteigert werden kann.

Namensgebung

Auch wenn ein Sprichwort sagt »Namen sind Schall und Rauch«, so ist dies für die Transparenz des Codes tödlich.

Mögliche Namenskonventionen können z.B. sein:

- Klassennamen haben stets ein Präfix, um diese als Klasse zu kennzeichnen. Um Namenskonflikte in größeren Projekten zu vermeiden, bieten sich Präfixe pro Arbeitspakete an, z.B. **CView**Bruch.

  Membervariablen werden durch das Präfix `m_` deutlich von lokalen Variablen unterschieden.
- Eine Klasse, die Zugriff auf ihre Attribute ermöglicht, tut dies stets über eine entsprechende `Set`- und `Get`-Methode.
  Die `Get`-Methode teilt den Wert nicht via Returnwert, sondern mittels Call by Reference mit.

  z.B. `CBruch::GetNenner( long& nenner);`
- Die Namen der Methoden sollten gemäß ihrer Funktionalität einheitlich sein, z.B. verfügt eine Klasse über die Eigenschaft, sich zu vervielfältigen, sollte dies stets über die Methode `Clone()` erfolgen, und nicht einmal über `Clone()`, einmal über `Copy()` und ein andermal über z.B. `Vervielfältigen()`.

  Auf diese Weise kann sich eine Dienstklasse darauf verlassen, dass sich ein Objekt reproduzieren kann, sobald es in der Klasse eine Methode `Clone()` gibt. Fehlverwendungen einer Klasse werden damit vermieden.

Methodengröße

Es sollte im **gesamten** Projekt darauf geachtet werden, dass die Anzahl der Lines of Code in den Methoden möglichst klein gehalten wird.

Die Erfahrung zeigt, dass die Fehleranfälligkeit mit der Größe einer Methode steigt.

(Was in der funktionalen Programmierung gilt, zählt analog auch für die objektorientierte Programmierung.)

Stabile Klassen

Um den stabilen Einsatz einer Klasse zu garantieren, sollte sich bei einer Klasse prinzipiell über folgende Punkte Gedanken gemacht werden:

- Konstruktor und Destruktor
- Zuweisungsoperator (nur bei tiefer Kopie nötig)
- Kopierkonstruktor (nur bei tiefer Kopie nötig)

Um abzusichern, dass diese Punkte bei **jeder** Klasse beachtet wurden, macht es evtl. (je nach Projektsituation) Sinn, einen entsprechenden Kommentar vorzuschreiben, wenn mindestens einer der Punkte für die Klasse nicht realisiert werden muss (weil z.B. die Klasse keine Zeiger enthält -> flache Kopie).

Ist man der Meinung, dass einer der obigen Punkte nicht realisiert werden muss, weil er im Projekt nicht zum Einsatz kommt, so sollte man ihn dennoch definieren, jedoch **private**. Auf diese Weise ist sichergestellt, dass ihn nicht irgendeiner aus Versehen benutzt.

Ein Fall, bei dem es z.B. Sinn macht, den Kopierkonstruktor bewusst **private** zu deklarieren, ist bei Objekten, die einen sehr großen Speicherbedarf haben, z.B. ein Array mit insgesamt 10 MB (was bei Bildverarbeitung leicht passieren kann). Durch einen **private** Kopierkonstruktor wird verhindert, dass das Objekt Call-by-Value übergeben wird; es kann dann nur noch Call-by-Reference übergeben werden, was hier einen Performance-Gewinn bedeutet.

Vorsicht ist geboten, wenn eine Klasse um Attribute in Form von Zeigern erweitert wird; denn dann muss über den Kopierkonstruktor und den Zuweisungsoperator neu nachgedacht werden!

6.9 Verwendung eines MVC-Designs

MVC steht für *Model-View-Controller* und ist ein Architekturmuster, das aus der Programmiersprache Smalltalk stammt. Der Grundgedanke der MVC-Architektur ist, dass die eigentlichen Daten von ihrer Präsentation getrennt werden. So kann ein Datum mehrere Views besitzen, wie dies in Abbildung 6.21 dargestellt ist.

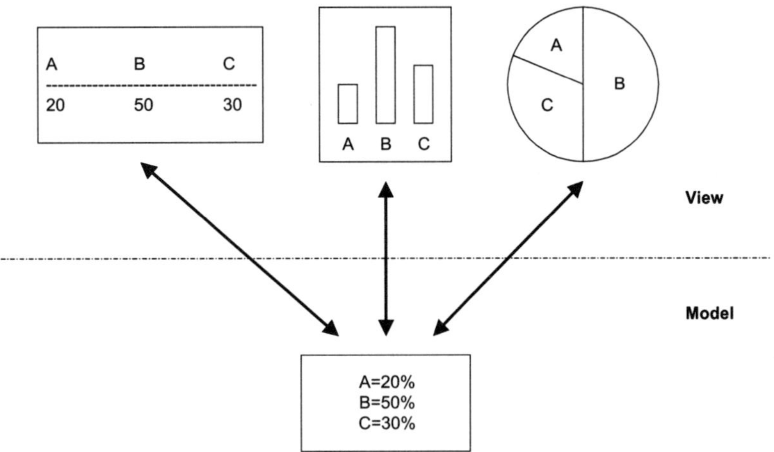

Abbildung 6.21: Ein Model mit mehreren Views

Ein weiterer Grund der Trennung zwischen Model (Daten) und View (Präsentation) ist, dass die Präsentation häufig einem anderen Gliederungsschema folgt als dies bei der Strukturierung der intern verwendeten Objekte Sinn macht. Bei einer grafischen Benutzeroberfläche folgt die Dialoghierarchie sicherlich anderen Kriterien als die der verwendeten Objekte; es ist sogar möglich, dass das gleiche Datum in unterschiedlichen Dialogen dargestellt wird, und dies vielleicht auch auf unterschiedliche Weise.

Beim MVC-Prinzip kommt nun noch ein weiterer Part hinzu: der Controller. Dieser übernimmt die Interaktion mit dem Anwender (z.B. Reaktion auf Mausereignisse und andere Eingaben) und stellt damit die Sicht auf die technische Ablaufsteuerung dar.

Der zentrale Aspekt bei einer MVC-Architektur ist, dass das Model völlig unabhängig von Controller und View ist. Dem Model kommt die zentrale Rolle zu. Es repräsentiert das Fachkonzept und trägt das eigentliche Fachwissen in sich. Wenn View- oder Controllerobjekte geändert oder ausgetauscht werden, ist das Model davon nicht betroffen. Damit können Model-Klassen unabhängig von ihrer Repräsentation und Ansteuerung entworfen und realisiert werden und es ist möglich, dass es für ein Model mehrere unterschiedliche Views gibt, ohne dass dies zu Änderungen im Model führen muss. Die folgende Abbildung 6.22 zeigt die Zusammenhänge zwischen Model, View und Controller.

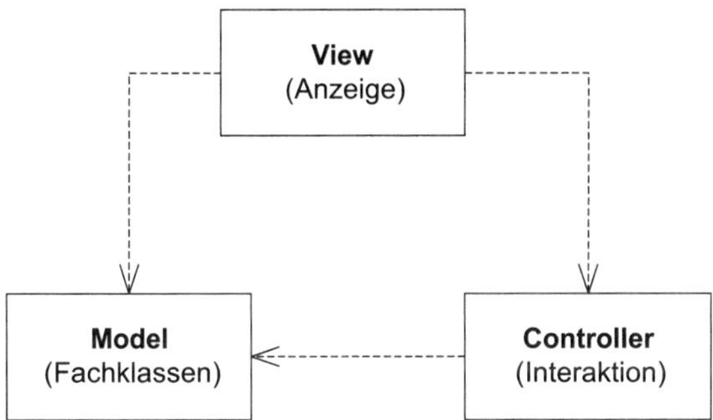

Abbildung 6.22: Zusammenhang zwischen Model, View und Controller

In Abbildung 6.22 beziehen sich die eingezeichneten Pfeilrichtungen auf die Abhängigkeiten der drei Teile untereinander und nicht auf die Kommunikationsrichtung, d.h wenn sich am Model etwas ändert, wird sich höchstwahrscheinlich auch am View (an der Darstellung der Daten) etwas ändern, weil der View das Model nutzt. Wenn aber etwas am View geändert wird, hat dies keine Auswirkungen auf das Model. Zuweilen wird die Beziehung zwischen Controller und View auch beidseitig dargestellt. Dies hängt davon ab, wie unabhängig diese Teile voneinander realisiert sind. Die Beziehung V-M und C-M ist allerdings nie beidseitig, da der zentrale Aspekt der MVC-Architektur ist, dass das Model vom VC-Teil völlig unabhängig ist. Unabhängigkeit heißt dabei aber nicht, dass das Model den View nicht kennen darf. Es weiß nur nicht, wie seine Daten auf der Oberfläche dargestellt werden und darf nicht direkt auf die Daten des Views zugreifen. (Analoges gilt für die Beziehung M-C.) So kann bei einer Wert-Änderung die Triggerung (Ansteuerung) des Views durch den Controller oder direkt durch das Model erfolgen. Beispielsweise sind hier folgende dynamische Abläufe denkbar, wie sie in Abbildung 6.23 und Abbildung 6.24 dargestellt sind:

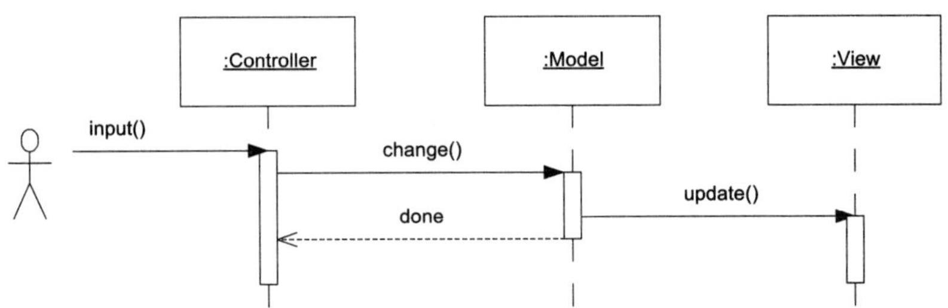

Abbildung 6.23: Dynamischer Ablauf beim MVC-Design (Variante 1)

oder:

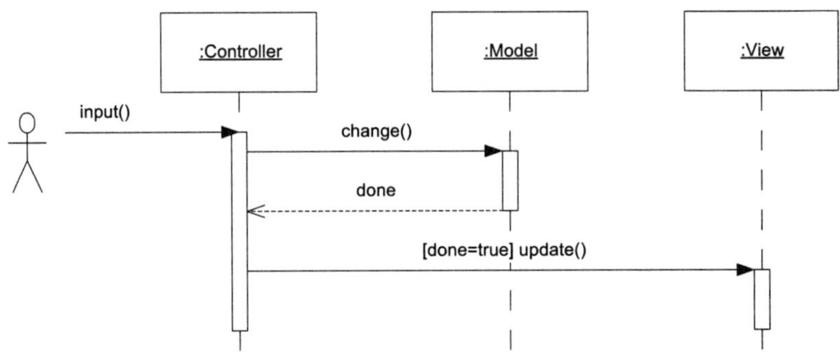

Abbildung 6.24: Dynamischer Ablauf beim MVC-Design (Variante 2)

Den Einsatz einer MVC-Architektur wollen wir anhand des einfachen Beispiels »Wecker« zeigen. Ein Wecker verwaltet Zeiten, die aktuelle Zeit und eine Alarmzeit (Model). Die Präsentation dieser Zeiten (View) könnte durch unterschiedliche Anzeigen erfolgen. Die Zeiten können wie folgt angesteuert werden (Controller): Die Zeiten können durch den Benutzer des Weckers eingestellt werden. (Ein weiterer Controller wäre z.B. der Taktgeber, der die Zeit zyklisch inkrementiert.) Wir wollen beim Einstellen der Zeit annehmen, dass die eigentliche Zeit nur von einem Administrator modifiziert werden darf, das Stellen der Weckzeit ist dagegen jedem User erlaubt. Das folgende Listing 6.9 zeigt eine mögliche Realisierung eines solchen Weckers mit einer MVC-Architektur:

```
#include <iostream.h>

//-------------------------------------------------
class CViewer   // Basisklasse für alle Views
{
public:
   virtual void Update()=0;
};
//-------------------------------------------------
class CModelUhr
{
   int m_std;
   int m_min;
   int m_sec;
   CViewer* m_pView;     // Das Model kennt einen View
                         // (Basisklasse!), der bei
                         // Bedarf upgedatet wird

public:
   void AddViewer(CViewer *pV)
   {
      m_pView=pV;
   }
   void Update()
   {
      if(m_pView)
         m_pView->Update();
   }
   CModelUhr()
   {
      m_pView=0;
      SetUhr(0,0,0);
   }
   void Inc()
   {
      m_sec++;
      if(m_sec==60)
      {
         m_sec=0;
         m_min++;
      }
```

```
        if(m_min==60)
        {
            m_min=0;
            m_std++;
            m_std%=24;
        }

    }

    bool SetUhr(int std,int min,int sec)
    {
        //Konsistenzcheck.....
        m_min=min%60;
        m_std=std%24;
        m_sec=sec%60;
        Update();

        return true;
    };
    bool GetUhr(int &std,int &min,int &sec)
    {
        min=m_min;
        std=m_std;
        sec=m_sec;

        return true;
    };
};
//--------------------------------------------------
class CViewUhr :public CViewer
{
    CModelUhr *m_pUhr;        // Der UhrView kennt das
                              // UhrModel
    const char *m_pName;
public:

    CViewUhr(CModelUhr *pUhr,const char *Name)
    {
        m_pUhr=pUhr;
        m_pName=Name;
    }
    virtual void Update()
    {
        int h,m,s;
        m_pUhr->GetUhr(h,m,s);
```

```
        cout <<m_pName << h << ":" << m << ":" << s
             << endl;
    }
};
//---------------------------------------------------
class CCtrl       // Basisklasse für alle Controller
{
    public:
        virtual void DoIt()=0;
};
//---------------------------------------------------
class CCtrlSetUhr :public CCtrl
{
    CModelUhr *m_pUhr;   // Der UhrController kennt das
                         // UhrModel
public:
    CCtrlSetUhr(CModelUhr *pU)
    {
        m_pUhr=pU;
    }
    void DoIt()
    {
        int h,m,s;
        cout << "Stunde:?\n>";
        cin  >> h;
        cout << "Minuten:?\n>";
        cin >> m;
        cout << "Sekunden:?\n>";
        cin >> s;
        m_pUhr->SetUhr(h,m,s);
    }
};
//---------------------------------------------------
int main(void)
{
    CModelUhr Uhr;
    CModelUhr Wecker;

    CViewUhr VUhr(&Uhr,"Uhrzeit: ");
    CViewUhr VWecker(&Wecker,"Weckzeit: ");

    CCtrlSetUhr Admin(&Uhr);
    CCtrlSetUhr Benutzer(&Wecker);

    Uhr.AddViewer(&VUhr);
```

```
    Wecker.AddViewer(&VWecker);

    Admin.DoIt();
    Benutzer.DoIt();

    return 0;
}
```

Listing 6.9: Implementierung der MVC-Architektur bei einem Wecker

Wie dieses kleine Beispiel eindrucksvoll zeigt, ist keines der drei Teile (M-V-C) alleine ausführbar, sondern sie arbeiten zusammen. Es können jedoch unterschiedliche Instanzen der entsprechenden Ausprägungen angelegt werden. Welche Instanzen dann konkret miteinander arbeiten, wird in `main()` festgelegt. Da die Verbindungen recht »locker« sind, könnten sie jederzeit leicht ausgetauscht werden.

Ein möglicher Ablauf von Listing 6.9 wäre:

```
Stunde:?
>12 ↵
Minuten:?
>45 ↵
Sekunden:?
>13 ↵
Uhrzeit: 12:45:13
Stunde:?
>7 ↵
Minuten:?
>99 ↵
Sekunden:?
>12 ↵
Weckzeit: 7:39:12
```

An diesem Ablauf zeigt sich der Konsistenzcheck der Daten, der stets Aufgabe des Models ist.

Der Einsatz von Controllern in Programmen ist manchmal gering. Ein Controller macht nämlich vor allem erst dann richtig Sinn, wenn die damit verbundene Funktionalität komplexer ist, z.B. wenn durch eine Aktion an der Benutzeroberfläche mehrere Modelklassen betroffen sind. Beschränkt sich die Funktionalität des Controllers lediglich auf das Setzen eines Wertes, so wird dafür vielleicht gar keine eigene Controller-Klasse eingeführt und diese Funktionalität z.B. dem View zugeordnet. Manche Klassenbibliotheken (z.B. die **M**icrosoft **F**oundation **C**lasses) fassen View und Controller-Anteil völlig zusammen, womit jedoch in bestimmten Fällen Flexibilität verloren geht.

Flexibilität wird erreicht, indem Teile voneinander unabhängig entworfen werden und damit leichter austauschbar sind. Dies betrifft nicht nur die Anbindung an das Model (Fachkonzeptschicht), sondern auch die Anbindung an andere Teile des Systems, z.B. die Anbindung an eine evtl. hinter dem Model liegende Datenbank oder die Anbindung an eine externe Hardware. Dieser Aspekt dürfte nicht neu sein, da wir ihn bereits in mehreren vorhergehenden Kapiteln immer wieder angesprochen haben, z.B. in Kapitel 6.4, Programmiere auf die Schnittstelle hin.

In vielen Software-Architekturen wird die Anwendung in Schichten unterteilt. Diese Schichten werden dann als *layers* oder *tiers* bezeichnet. Eine typische *three-tier architecture* sieht z.B. wie in Abbildung 6.25 gezeigt aus:

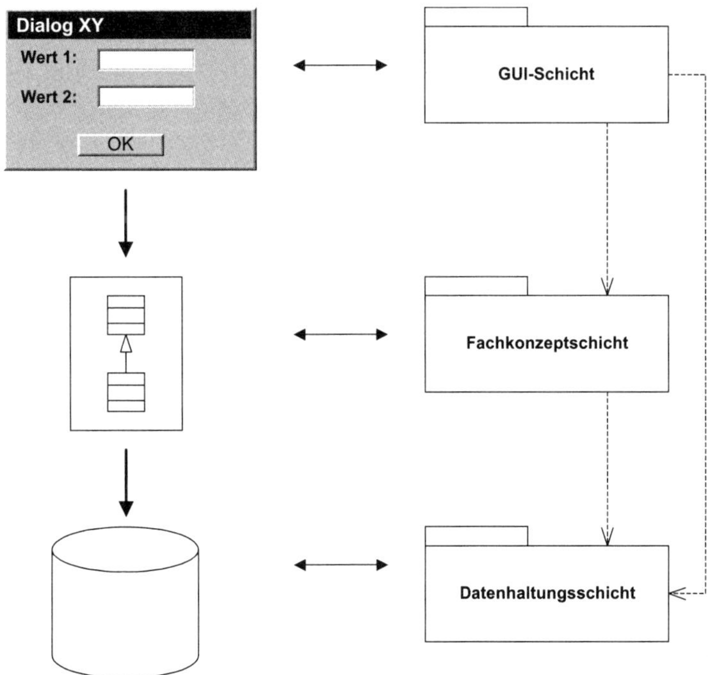

Abbildung 6.25: Eine typische Drei-Schicht-Architektur (three tier architecture)

6.10 Ausblick

Die in diesem Kapitel genannten Entwurfsprinzipien bieten eine gute Ausgangslage, um ein stabiles objektorientiertes Design zu erhalten. Daneben gibt es aber auch noch weitere Aspekte, die beim OOD berücksichtigt werden müssen, z.B. Nebenläufigkeit. Die Thematik »Objektorientierung und Multithreading« darf nicht unterschätzt werden. Da dies aber nicht alle Projekte betrifft und wir den Rahmen des Buches nicht sprengen wollen, haben wir uns bewusst auf die unserer Meinung nach zentralen Entwurfsprinzipien beschränkt.

Objektorientierung ist eine Philosophie und Kunst, die letzten Endes nur dadurch gelernt werden kann, indem an Projekten mitgearbeitet wird – nach dem Prinzip »*Learning by Doing*«. Um sich jedoch (vorprogrammierte) Fehltritte zu ersparen, sollte darauf geachtet werden, dass im Projekt erfahrene OO-Entwickler beteiligt sind, die die Neueinsteiger coachen und deren Arbeit kritisch unter die Lupe nehmen.

Für einen ersten Einstieg sind die Fallbeispiele in Kapitel 9 sehr hilfreich, die den Einsatz der Entwurfsprinzipien bei etwas umfangreicheren Aufgabenstellungen zeigen.

7 Objektorientierte Vorgehensweise

Wo ein Adler nicht fort kann,
findet eine Fliege noch zehn Wege.
Sprichwort

Die UML ist lediglich eine Notation, um objektorientierte Systeme zu beschreiben. Sie macht jedoch keine Aussagen darüber, wie man ein objektorientiertes System erhält.

Wir wollen in diesem Kapitel zentrale Aspekte zusammentragen, wie man in einem Projekt vorgehen kann, um ein objektorientiertes System zu erhalten. Wir wollen hier kein vollständiges Verfahrensmodell aufstellen oder beschreiben. Vielmehr sollen hier grundlegende Prinzipien aufgeführt werden, um ein Grundverständnis für objektorientierte Projekte zu erlangen und darin erfolgreich mitarbeiten zu können.

7.1 Grundprinzipien der objektorientierten Software-Entwicklung

Objektorientierte Software-Entwicklung (OOSE) erfolgt

- anwendungsfallgetrieben
- architektur- und komponentenzentriert
- iterativ und inkrementell

In den folgenden Unterkapiteln werden die einzelnen Begriffe nun näher erläutert.

7.1.1 Anwendungsfallgetrieben

Anwendungsfallgetrieben bedeutet, dass zur Ermittlung der Anforderungen an das System sämtliche mögliche Anwendungsfälle beleuchtet werden. Die Anwendungsfälle beschreiben die grundsätzlichen Abläufe aus Sicht des Anwenders.

Nach der systematischen Erarbeitung der Anwendungsfälle können diese priorisiert werden, um festzulegen, welche Anwendungsteile zuerst realisiert werden.

7.1.2 Architekturzentriert

Architekturzentriert bedeutet, dass die Software-Architektur im Mittelpunkt der Entwicklung steht. Die Software-Architektur beschreibt, wie das System prinzipiell aufgebaut ist, d.h. in welche Komponenten, Subsysteme und Schichten sich das System gliedern lässt und wie diese zusammenwirken. Das Vorgehen und die Entwicklung des Systems müssen darauf abgestimmt sein.

Die Software-Architektur muss vor allem die zentralen Anwendungsbereiche des Systems und die damit verbundenen Problematiken, die so genannten *Domain Problems* berücksichtigen. Denn die Wünsche und Anforderungen des Kunden werden sich höchstwahrscheinlich (bereits während der Entwicklung) ändern, die Hauptproblematik bleibt jedoch die gleiche, z.B. wird im Zentrum einer Bildverarbeitung das Verwalten und Bearbeiten von Bildern stehen. Hieran wird sich nichts ändern, es können sich aber durchaus Änderungen bei den einzelnen Features ergeben.

Die aufgestellte Architektur muss anschließend kritisch mit den erfassten Anwendungsfällen gegengeprüft werden, ob sie diesen (und auch zukünftig zu erwartenden) standhält.

7.1.3 Iterativ und inkrementell

Iterativ und *inkrementell* bedeutet, dass das System in mehreren Schritten entwickelt wird.

Es werden dabei in jedem Schritt immer wieder die Phasen Analyse (was ist zu tun), Design (wie wird es getan), Implementierung und Test durchlaufen – im Gegensatz zum klassischen Wasserfallmodell, bei dem das gesamte System zuerst komplett analysiert, dann designed, anschließend implementiert und getestet wurde.

Die zu Beginn erfassten Anwendungsfälle stellen also lediglich eine grobe Anforderungsbeschreibung dar, die dann im Laufe der Entwicklungsschritte immer detaillierter wird.

Wichtig ist bei der Zerlegung des Systems in die Entwicklungsschritte, dass am Ende jeder *Iteration* ein Teilergebnis vorliegt und somit die Gesamtfunktionalität des zu entwickelnden Systems mit jedem Schritt wächst (*inkrementell*).

Auf diese Weise können Fehler (egal ob Realisierungsfehler oder Spezifikationsfehler) zu einem frühen Zeitpunkt erkannt werden.

7.2 Weitere UML-Konstrukte (Schwerpunkt Analyse)

Wir haben bisher im Zuge von OOD bereits folgende UML-Diagramme kennen gelernt:

- *Klassen-/Objektdiagramm* (siehe Kapitel 3.3.1)
- *Sequenz- und Kollaborationsdiagramm* (siehe Kapitel 3.3.2)
- *Zustandsdiagramm* (siehe Kapitel 3.2.7)

Diese Diagramme sind nicht auf das Design beschränkt und können auch bereits in der Analysephase eingesetzt werden. Die Betrachtung ist in diesem Fall dann einfach gröber. Den Klassen/Objekten kommt dann eher eine semantische Bedeutung zu. Die Klassen aus der Analyse werden kaum 1:1 in eine C++-Klasse umgesetzt werden, so kann z.B. eine Klasse `Artikel` aus der Analyse im Design in mehreren Klassen `CArtikel`, `CArtikelView` und `CArtikelData` realisiert werden, wenn eine MVC-Architektur (vgl. Kapitel 6.9) verwendet wird. Ein anderes Beispiel sind Containerklassen, wie z.B. eine Liste, die in der Analyse kaum vorkommen wird, weil hier nicht interessiert, wie die Verwaltung umgesetzt wird. Ebenso sind Schnittstellenklassen und Polymorphismus eher Aspekte des Designs.

Wird in der Analyse ein Zustandsdiagramm eingesetzt, so beziehen sich die Zustände dann weniger auf ein konkretes Objekt, sondern auf die Zustände des Systems.

In den folgenden Unterkapiteln lernen wir weitere UML-Konstrukte kennen, die hauptsächlich in der Analyse eingesetzt werden.

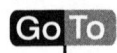

7.2.1 Anwendungsfalldiagramm (Use Case Diagram)

Ein *Anwendungsfalldiagramm* (engl. *use case diagramm*) zeigt den Zusammenhang zwischen *Anwendungsfällen* und den daran beteiligten *Akteuren*.

Ein *Anwendungsfall* beschreibt eine typische Interaktion zwischen dem Anwender und dem System, d.h., er stellt das externe Systemverhalten aus der Sicht des Anwenders dar. Der Anwender wird dabei als so gennanter *Akteur* dargestellt. Ein Akteur ist genau genommen eine außerhalb des Systems liegende »Klasse«, d.h., es könnte sich auch um ein externes, angeschlossenes System handeln. Ein Anwendungsfall wird durch einen Akteuer (typischerweise der Anwender des Systems) angestoßen und muss zu einem für den Akteur wahrnehmbaren Ergebnis führen.

Ein Anwendungsfall beschreibt einen typischen Arbeitsablauf. Ein anderer Begriff dafür ist auch *Geschäftsprozess.*

Als Beispiel wollen wir ein Arztsystem betrachten. Die folgende Abbildung 7.1 zeigt die dort vorkommenden Geschäftsprozesse. Ein Geschäftsprozess/Anwendungsfall wird als Oval dargestellt, ein Akteur durch ein Strichmännchen. Eine Linie zwischen Akteur und Geschäftsprozess bedeutet, dass eine Kommunikation stattfindet.

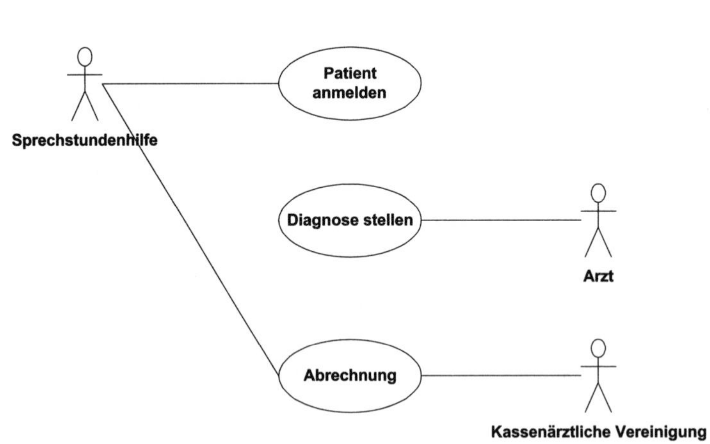

Abbildung 7.1: Use Case Diagram zu Arztsystem

Ein Geschäftsprozess setzt sich meist aus Einzelschritten zusammen, die auch als *Aktivitäten* bezeichnet werden.

Ähneln sich Abläufe, so können diese in eigenen Anwendungsfällen herausgelöst werden, um sie nicht doppelt beschreiben zu müssen. Die Beziehung zwischen dem eigentlichen Anwendungsfall und den herausgelösten Fällen wird durch die Stereotypen `<<uses>>` oder `<<extends>>` beschrieben, je nachdem ob es sich um eine Benutzt- oder Erweiterungsbeziehung handelt:

- `<<uses>>`
  wird verwendet, wenn das gleiche Stück Anwendungsfallbeschreibung in verschiedenen Anwendungsfällen vorkommt. Der Pfeil (vom Aussehen wie ein Vererbungspfeil) zeigt auf den mitbenutzten Anwendungsfall.
- `<<extends>>`
  wird verwendet, um Variationen eines Anwendungsfalles zu zeigen, beispielsweise Fehler- und Ausnahmesituationen, spezielle Abweichungen oder Erweiterungen des Standardfalles.

Abbildung 7.2 zeigt die Benutzt- und Erweiterungsbeziehung im Klassendiagramm.

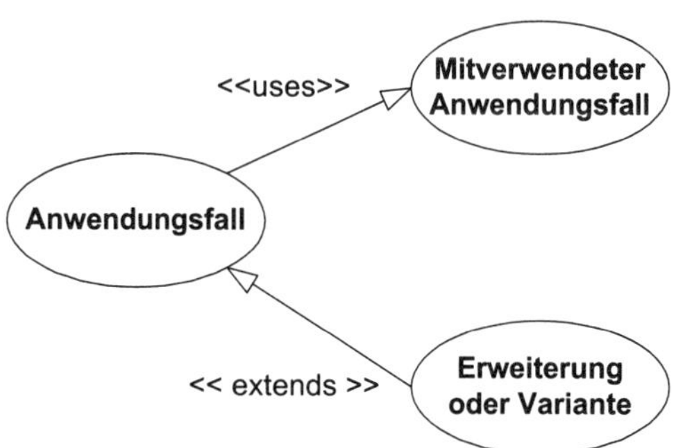

Abbildung 7.2: Benutzt- und Erweiterungsbeziehung bei Anwendungsfällen

Die Stereotypen <<uses>> und <<extends>> könnten also in unserem Beispiel wie in Abbildung 7.3 gezeigt eingesetzt werden:

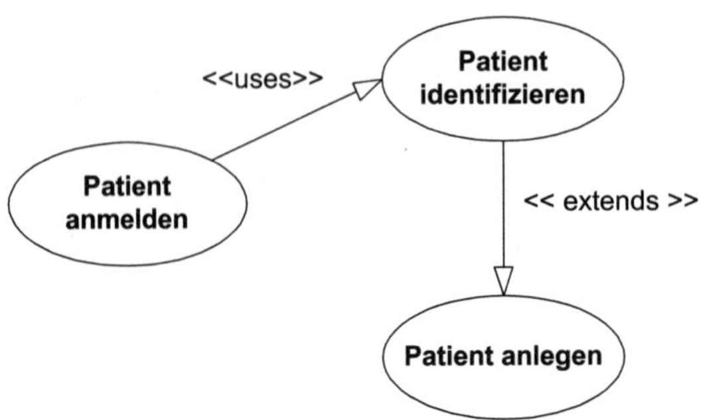

Abbildung 7.3: Benutzt- und Erweiterungsbeziehung beim Arztsystem

Wie man an diesem Beispiel sieht, können mit <<uses>> und <<extends>> Zusammenhänge angedeutet werden, allerdings ist nicht klar, inwiefern die Benutzung bzw. die Erweiterung erfolgt. Dies muss zusätzlich beschrieben werden. Daher wird auf diese Darstellungsform häufig verzichtet.

Da Anwendungsfälle rein textuell beschrieben werden, werden Anwendungsfalldiagramme häufig durch Verhaltensdiagramme detailliert und illustriert. Meist wird als Verhaltensdiagramm hier das *Aktivitätsdiagramm* (siehe das folgende Kapitel) eingesetzt, in manchen Fällen auch das *Sequenz-*, *Kollaborations-* oder *Zustandsdiagramm*.

Anwendungsfalldiagramme sind lediglich eine Notationsform, um Anwendungsfälle zu beschreiben. Die Beschreibung derselben kann natürlich auch in anderen Formen erfolgen, z.B. innerhalb der *Anforderungs-Spezifikation* / des *Pflichtenheftes*. Wichtig ist, dass sich über sämtliche mögliche Anwendungsfälle Gedanken gemacht wird und diese dem Kunden zur Gegenprüfung vorgelegt werden, um sicherzustellen, dass das System vollständig analysiert ist.

7.2.2 Aktivitätsdiagramm

Ein *Aktivitätsdiagramm* (engl. *activity diagram*) beschreibt die Ablaufmöglichkeiten eines Systems. Im Diagramm werden die einzelnen Aktivitä-

ten und deren Zusammenhänge notiert, z.B. ob die Aktivitäten sequentiell oder parallel stattfinden, ob sie von irgendwelchen Bedingungen abhängig sind, etc. Neben den Aktivitäten können auch Zustände im Aktivitätsdiagramm notiert werden, wenn durch die Aktivität ein Zustandswechsel erfolgt. Aktivitätsdiagramme werden daher auch als eine spezielle Form des Zustandsdiagramms betrachtet. Der Fokus liegt hier aber eindeutig auf den Aktivitäten.

Aktivitätsdiagramme erinnern an prozeduale Flussdiagramme, allerdings sind im Aktivitätsdiagramm die Aktivitäten eindeutig Objekten zugeordnet.

Das Aktivitätsdiagramm in Abbildung 7.4 beschreibt die Ablaufmöglichkeiten beim Bezahlen einer Ware. Oben werden die beteiligten Objekte notiert, die die jeweilige Aktivität auslösen.

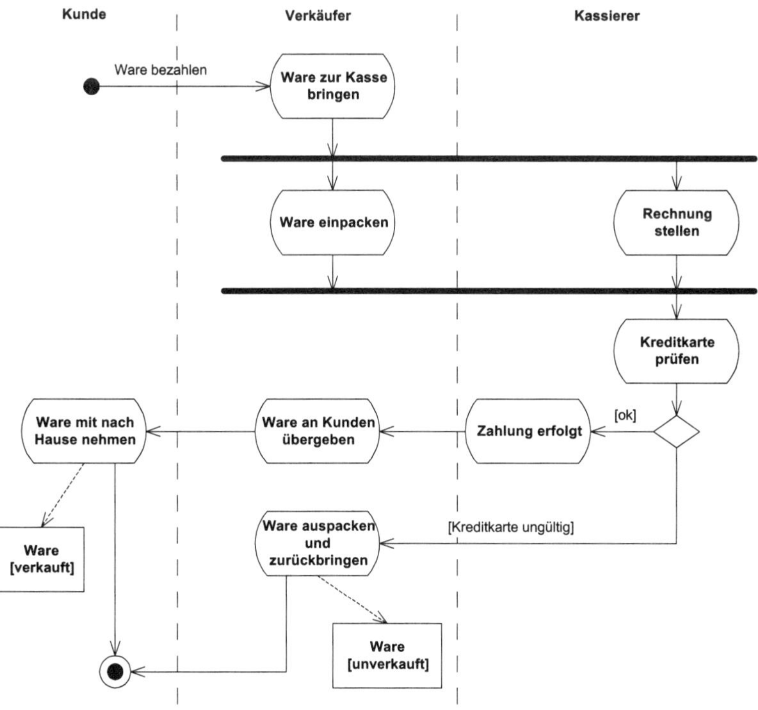

Abbildung 7.4: Aktivitätsdiagramm zum Vorgang 'Ware bezahlen'

Die folgende Abbildung 7.5 zeigt die wichtigsten Elemente eines Aktivitätsdiagrammes im Überblick:

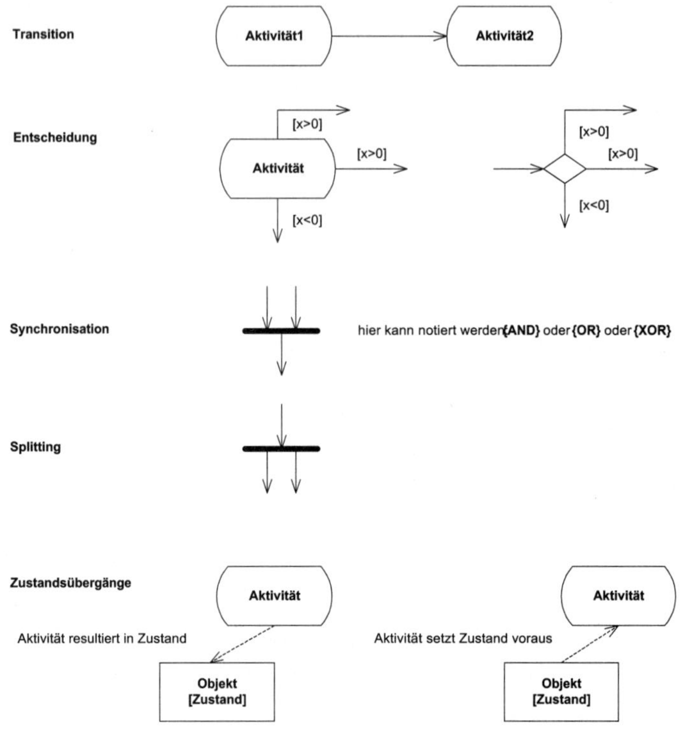

Abbildung 7.5: Die wichtigsten Notations-Elemente eines Aktivitätsdiagrammes

Da eine Aktivität ein einzelner Schritt in einem Verarbeitungsablauf ist, werden die Aktivitätsdiagramme auch gerne im Zusammenhang mit Anwendungsfallbeschreibungen eingesetzt.

7.2.3 CRC-Karten

CRC-Karten werden hauptsächlich während der Analysephase eingesetzt, um während einer Diskussion im Team ein erstes OOA-Klassendiagramm zu modellieren.

CRC-Karten sind Karteikarten, auf denen die Klasse, ihre Verantwortlichkeiten und andere Beteiligte festgehalten werden. *CRC* ist die Abkürzung für *Class-Responsibilities-Collaborators*, was zu deutsch soviel wie *Klasse-Verantwortlichkeiten-Beteiligte* bedeutet. Der Einfachheit halber spricht man oft auch nur von *Klassenkarten*. Neben dem Teilwort Klasse, das auf den vorhergehenden Seiten ausführlich behandelt wurde, bedeuten die beiden restlichen Worte, aus denen die Abkürzung CRC resultiert, Folgendes:

Responsibilities (Verantwortlichkeiten)
Eine Klasse ist verantwortlich für die Informationen (*Attribute*), über die ihre Objekte verfügen sollen, und für die *Operationen*, die ihre Objekte ausführen müssen, um die an sie gestellten Aufgaben und Anforderungen zu erfüllen. Zu erwähnen ist, dass Verantwortlichkeiten nicht nur die Daten, sondern auch Operationen auf die Daten umfasst.

Collaborators (Beteiligte)
Dies sind die anderen Klassen, mit denen eine Klasse *kooperieren* muss, um die an sie gestellten Aufgaben und Anforderungen zu erfüllen, denn meist kann eine Klasse nicht alle Verantwortlichkeiten alleine und ohne Hilfe erfüllen. Beteiligte sind somit Partnerklassen, auf deren Hilfe eine Klasse angewiesen ist.

Abbildung 7.6 zeigt einen Ausschnitt einer möglichen CRC-Karte für eine Klasse Rechnung.

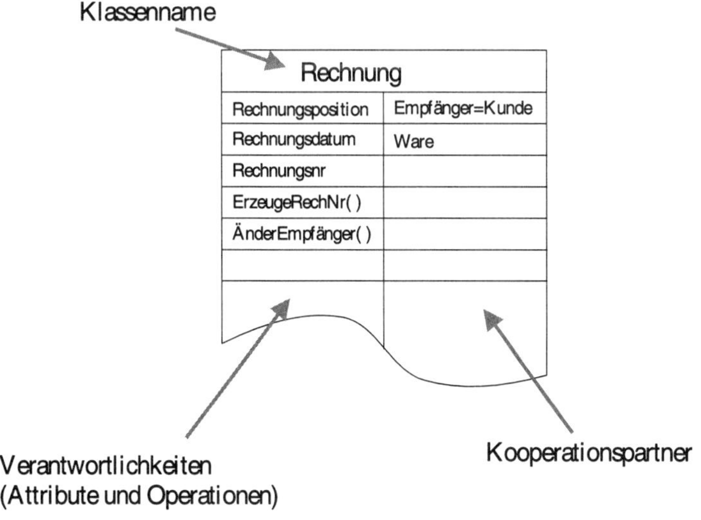

Abbildung 7.6: Ausschnitt einer CRC-Karte für eine Rechnung

Zusammenfassend kann über CRC-Karten Folgendes festgehalten werden:

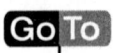

- Sie ermöglichen die Strukturierung und Ausarbeitung von Begriffen aus dem Anwendungsbereich und sind ein Schritt in Richtung Klassendiagramme. Hierfür werden Klassenkarten erstellt, und zwar für jede mögliche Klasse eine.
- Sie dienen zur Modellierung eines Systems an Pinnwänden und so zur Diskussion eines Entwurfs in einem Team, um entsprechende Gruppierungen und Verbindungen von Klassen aufzustellen.
- Sie dienen dazu, die unterschiedlichen Rollen herauszufinden, die Objekte in verschiedenen Situationen einnehmen können.

7.3 Entwicklungsphasen im Überblick

Der *Entwicklungsprozess* lässt sich grob in die Phasen Analyse, Grob-Design, Realisierung und Systemtest mit -einführung unterteilen, wie dies in der folgenden Abbildung 7.7 gezeigt ist:

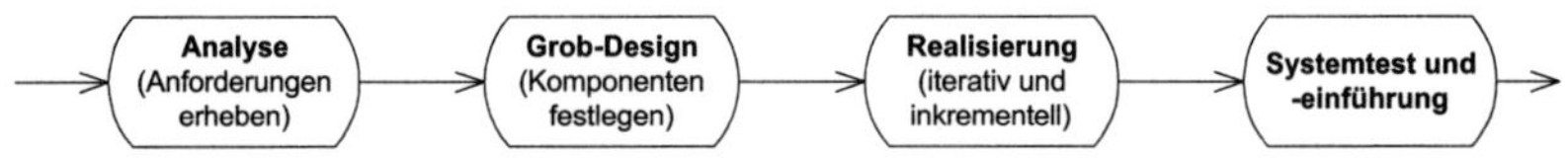

Abbildung 7.7: Mögliche Phasen in einem objektorientierten Entwicklungsprozess

Während der *Analysephase* werden die Anforderungen an das System (im groben) ermittelt. Eventuell erfolgt in dieser Phase vorher eine Vorstudie, die kurz beschreibt, worin die Aufgabe bzw. das Problem überhaupt besteht und welche grundsätzlichen Lösungsalternativen es gibt. Typische Tätigkeiten in der Analysephase sind:

- Erfassen aller Anwendungsfälle, evtl. mit Hilfe von Use-Case-Diagrammen
- Erstellen eines Architekturmodells
- Erstellen eines Prototypen (vor allem in GUI-Applikationen)
- Erstellen eines fachlichen Glossars, in dem zentrale Begriffe im Projekt geklärt werden

- Erstellen einer Anforderungs-Spezifikation als Vertragsgrundlage
- Priorisierung der Anwendungsfälle
- Festlegung von Entwicklungsrichtlinien
- Toolauswahl
- Aufwandsabschätzung
- ...

Während der *Grob-Design-Phase* werden aus den Erkenntnissen der Analyse-Phase sinnvolle Entwicklungseinheiten (Komponenten) für die weitere Anwendungsentwicklung identifiziert und beschrieben. Hier macht eine iterative und inkrementelle Vorgehensweise noch keinen Sinn.

Die *Realisierungsphase* erfolgt iterativ und inkrementell, d.h., für jede Komponente werden wiederum (diesmal in Feinplanung) die Phasen Analyse, Design, Implementierung und Test durchlaufen, während das System mit jedem Inkrement an Gesamtfunktionalität gewinnt. Natürlich wird der Analyse- und Design-Anteil mit jeder weiteren Iteration geringer. Damit eine iterative und inkrementelle Vorgehensweise möglich ist, müssen die Teilergebnisse der Komponententeams regelmäßig synchronisiert werden. Auch wenn die Komponenten weitgehend unabhängig voneinander entwickelt werden, müssen zu festgelegten Zeitpunkten bestimmte vereinbarte Ergebnisse erzielt werden, so genannte *Meilensteine*.

Der *Systemtest* ist häufig Voraussetzung für eine Abnahme des Systems beim Kunden. Sofern Komponenten oder Subsysteme vor anderen komplett fertig gestellt wurden, können die Abnahmen hierfür auch bereits früher erfolgen und das System eventuell schrittweise beim Kunden eingeführt werden. Für diese Phase darf die Vorarbeit nicht unterschätzt werden: Testfälle und -daten für die Abnahme müssen vorbereitet sein, ebenso die Systemumgebung zur Integration beim Kunden; Rückfalllösungen sollten einkalkuliert werden und die Schulung der Anwender darf ebenfalls nicht vergessen werden.

7.4 Ausblick

Was im Rahmen eines Projektes nie vergessen werden darf, sind *Projektmanagement*, *Qualitätssicherung* und *Konfigurationsmanagement*. Objektorientierte Projekte erfordern sicherlich an der einen oder anderen Stelle andere Verfahren als Projekte im prozedualen Programmierstil. Durch die iterative und inkrementelle Vorgehensweise muss z.B. gerade auch im Projektmanagement ein Umdenkungsprozess stattfinden.

8 Portable GUI-Programmierung mit Qt

Was im Leben uns verdrießt,
Man im Bilde gern genießt.
Goethe

Bevor wir uns unseren Fallbeispielen widmen, wird hier eine kurze Einführung in die *Qt-Klassenbibliothek* gegeben, da diese in den Projekten des nächsten Kapitels zur GUI-Programmierung[1] verwendet wird.

Dieses Kapitel klärt zunächst einmal, was Qt überhaupt ist und welche Vorteile Qt gegenüber anderen GUI-Produkten besitzt, bevor der wichtige Qt-Begriff *Widget* eingeführt wird. Die nächsten Absätze gehen dann kurz auf die bei Qt mitgelieferte Dokumentation ein, bevor abschließend auf die Generierung von Qt-Programmen mit *make* sowie mit dem eigens von den Qt-Entwicklern angebotenen Tool *tmake* zur automatischen Erstellung von Makefiles eingegangen wird.

Anschließend stellt dieses Kapitel anhand einfach nachzuvollziehender Beispielprogramme die grundlegenden Konzepte und Konstrukte von Qt vor, bevor dann im nächsten – etwas umfangreicheren – Kapitel ein kleines Malprogramm entwickelt wird, das schrittweise erweitert wird, um so den Leser mit wichtigen Qt-Elementen vertraut zu machen.

Abschließend wird ein Überblick über die wichtigsten Qt-Widgets gegeben.

Natürlich kann in diesem Kapitel Qt nicht vollständig beschrieben werden, da dies den Rahmen dieses Buches sprengen würde. Stattdessen werden nur die wesentlichen Aspekte von Qt hier kurz vorgestellt, um in den nachfolgenden Projekten eine plattformunabhängige GUI-Programmierung durchzuführen. Werden bei der späteren Vorstellung der Projekte Qt-Konstrukte verwendet, die nicht weitgehend selbsterklärend sind, so wird an den entsprechenden Stellen eine Erklärung zu diesen Qt-Konstrukten eingeschoben.

---

1 *GUI* steht für ***G**raphical **U**ser **I**nterface.*

Leser, die an einer tiefergehenden Erläuterung von Qt interessiert sind, seien auf das bei SuSE Press erschienene Buch »*Das Qt-Buch – Plattformunabhängige GUI-Programmierung unter Linux/Unix/Windows*« [8] verwiesen.

8.1 Was ist Qt und warum Qt ?

Qt ist eine einfache und portable C++-Klassenbibliothek zur GUI-Programmierung

Qt ist eine von der norwegischen Firma *Troll Tech* entwickelte C++-Klassenbibliothek, die eine einfache und portable GUI-Programmierung ermöglicht. Manche Programmierer behaupten sogar, dass Qt die einfachste GUI-Programmierung überhaupt unter den vielen angebotenen GUI-Toolkits erlaubt. Daneben sind mit Qt entwickelte Programme sowohl unter allen Linux/Unix- wie allen Windows-Systemen lauffähig.

Qt ist ein GUI-Toolkit

GUI-Toolkits sind in der MS-Windows-Welt kaum bekannt, dafür aber umso mehr in der Unix-Welt. Der Grund hierfür ist, dass die Windows-GUI-Schnittstelle API schon von sich aus eine *High-level*-Schnittstelle ist, die z.B. Buttons, Laufbalken oder Funktionen zum Ändern von Farben und Fonts anbietet.

Anders verhält sich dagegen die unter Linux/Unix angebotene Schnittstelle des X Window Systems, die zwar sehr flexibel ist, aber nur *Low-level*-Funktionen anbietet, wie z.B. zum Zeichnen von primitiven Grafiken (Linien, Rechtecke usw.) oder zum Setzen der Hinter- und Vordergrundfarbe. Diese X-Window-Schnittstelle bietet keine High-level-Funktionen zum Erzeugen von Buttons, Laufbalken, Dialogboxen usw. Dies ist der Grund, warum einige Toolkits entwickelt wurden, um die GUI-Programmierung unter Linux/Unix zu vereinfachen. Der bekannteste Toolkit dürfte *Motif* sein, was nicht nur ein Toolkit, sondern auch eine Spezifikation für ein bestimmtes *look-and-feel* ist. Allerdings ist die Verwendung von Motif sehr schwierig und äußerst mühsam, was sich daran erkennen lässt, dass Motif-Programme wesentlich länger sind als Qt-Programme, die das Gleiche leisten. Nichtsdestotrotz ist Motif ein Standard, besonders im Look-and-feel-Bereich. Qt ist nun ein GUI-Toolkit, der dieses look-and-feel von Motif mit einer wesentlich einfacheren GUI-Programmierschnittstelle zur Verfügung stellt.

Nun noch einmal zurück zum Windows-API, das Funktionen anbietet, um GUI-Elemente (wie Buttons, Menüs usw.) zu erzeugen, Farben zu ändern usw. Diese API-Schnittstelle ist zwar wesentlich einfacher als das direkte Programmieren des X Window Systems, aber sie ist immer noch nicht benutzerfreundlich genug.

Daneben existiert noch die *Microsoft Foundation Classes (MFC)*, welche zwar High-level-Funktionen anbietet, aber doch sehr komplex in ihrer Verwendung ist. Bei der Benutzung von MFC muss der Benutzer immer noch sehr viel Zeit aufwenden, um eine Bedienoberfläche zu erzeugen, statt sich auf den eigentlichen Kern seiner Aufgabe zu konzentrieren.

Qt ist nun ein so genanntes *application framework*, das alle die eben erwähnten Nachteile vermeidet. Unter einem *Framework* versteht man ein komplettes Programmiersystem, das dem Programmierer die Low-level-Arbeiten abnimmt. Dazu stellt es ihm eine Bibliothek von Klassen zur Verfügung, so dass er sich Objekte definieren kann, die genau ein *User-interface*-Element repäsentieren (wie z.B. einen Button oder ein Menü), und er so über die vom Programmiersystem bereitgestellten Konstrukte alle Anwenderinteraktionen mit diesen Elementen verwalten kann.

Vorteile von Qt

Für die Verwendung von Qt bei der Entwicklung neuer Software sprechen die folgenden Vorzüge von Qt:

- *Qt ist für Unix-Systeme (wie Linux, FreeBSD oder Solaris) frei*, wenn man freie Software für diese Systeme schreibt.
- *Qt ist portabel und einfach*
  Programme, die mit Qt geschrieben werden, sind sowohl unter Linux/Unix als auch unter Windows lauffähig, was z.B. für MFC nicht gilt, denn mit MFC entwickelte Programme sind nur unter Windows-Systemen lauffähig. Zudem stufen viele Programmierer, die sowohl mit MFC als auch mit Qt gearbeitet haben, Qt als einfacher ein.
- *Qt ist schnell*
  Programme, die mit Qt geschrieben sind, laufen sehr schnell ab.

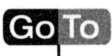

8.2 Der Begriff Widget

Qt arbeitet mit so genannten Widgets. Dieser Begriff wird unter Linux/ Unix für Windows (Fenster) verwendet: *Widget* ist eine Wortschöpfung aus den beiden Begriffen *Windows* und *Gadget* (entspricht *Controls* unter Windows-Betriebssystemen). Nahezu alles, was man auf einer in Qt geschriebenen Oberfläche sieht, ist ein Widget: Buttons, Laufbalken, Dialogboxen usw. Widgets können ihrerseits wieder Subwidgets enthalten, wie z.B. Buttons oder Texteingabefelder in einer Dialogbox.

In Qt ist ein Widget ein Objekt einer Klasse, die von der Klasse `QWidget` abgeleitet ist. Qt enthält viele vordefinierte Widgets, allerdings kann der Qt-Programmierer auch seine eigenen Widgets definieren.

8.3 Die Qt-Online-Dokumentation

Qt-Online-Dokumentation im HTML-Format

Qt bietet eine hervorragende Online-Dokumentation im HTML-Format an. Deswegen ist es in dieser Qt-Einführung auch nicht notwendig, eine vollständige Qt-Referenz anzugeben, da mit jeder Qt-Distribution eine vollständige Online-Qt-Referenz mitgeliefert wird. Um diese Online-Dokumentation zu lesen, muss ein Web-Browser wie z.B. *Netscape Navigator* oder *Internet Explorer* verwendet werden. Andere Browser wie z.B. *arena* oder *lynx* unter Linux sind auch möglich, da die Qt-Online-Dokumentation weder spezielle HTML-Konstrukte verwendet noch Java oder JavaScript voraussetzt.

Im Browser ist dann zuerst die Datei `index.html` im Directory `doc` der entsprechenden Qt-Installation zu öffnen (unter Linux/Unix-Systemen meist `/usr/lib/qt2/doc/html`), um die Titelseite der Qt-Dokumentation einzublenden (siehe auch Abbildung 8.1).

Um einen Eindruck zu bekommen, wie der Qt-Klassenbaum organisiert ist, sollte man zunächst den Punkt *Annotated Class List* anklicken. Man bekommt dann eine Liste aller Qt-Klassen, die **public** sind, mit einer einzeiligen Kurzbeschreibung angezeigt. Später, nachdem man etwas mehr mit Qt vertraut ist, kann man dann meist direkt von der Startseite zum Punkt *Alphabetical Class List* wechseln. Die dann eingeblendete Liste enthält keine Kurzbeschreibung und zeigt mehr Klassen auf einer Seite.

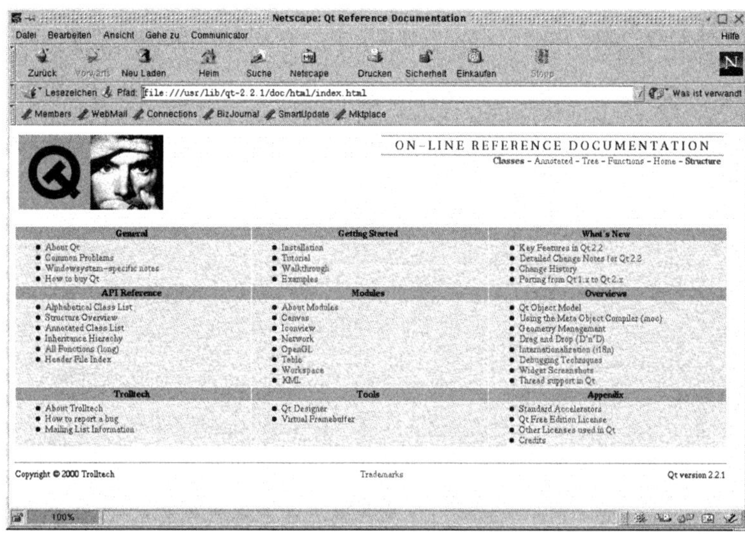

Abbildung 8.1: Startseite der Qt-Referenz-Dokumentation

Um einen ersten Eindruck über die Beschreibung der einzelnen Klassen zu bekommen, kann man z.B. auf den Link `QButton` klicken. `QButton` ist die Klasse, die für die Erzeugung von Buttons und deren Interaktionen mit dem Programm zuständig ist (siehe auch Abbildung 8.2).

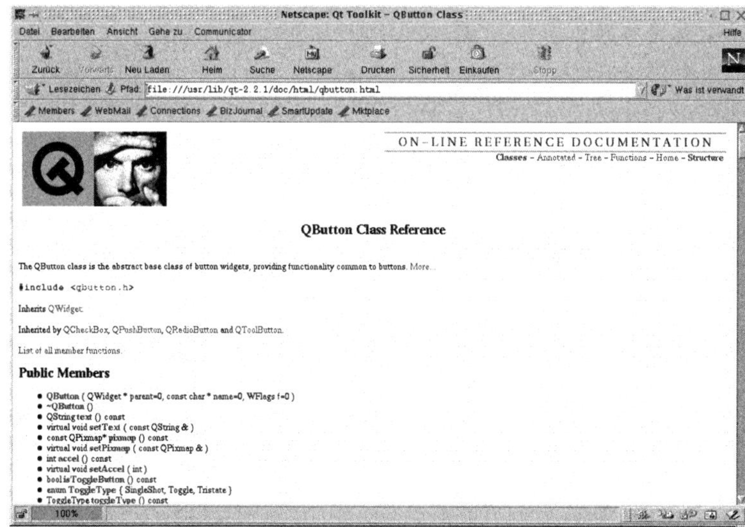

Abbildung 8.2: Die Referenz-Dokumentation für QButton

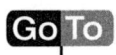

In Abbildung 8.2 sieht man als erste Zeile eine Kurzbeschreibung der jeweiligen Klasse.

In der zweiten Zeile ist dann der Name der Headerdatei angegeben, in der diese Klasse definiert ist.

Es folgt dann der Name der Basisklasse, von der diese Klasse abgeleitet ist, bevor in der nächsten Zeile eine Liste der Klassen angegeben ist, die wiederum von dieser Klasse (hier `QButton`) abgeleitet sind, was in Abbildung 8.2 die Klassen `QCheckBox`, `QPushButton`, `QRadioButton` und `QToolButton` sind.

Der Link *List of all member functions* ist wichtig für den Fall, dass man einen Überblick über alle Memberfunktionen haben möchte, also nicht nur die Memberfunktionen, die in der Klasse selbst definiert sind, sondern auch über die, welche diese Klasse von ihren übergeordneten Klassen erbt.

Als Nächstes folgt eine Liste aller *Public Members*, die direkt in dieser Klasse definiert sind, sowie etwaige Listen von *Public Slots*, *Signals* oder *Protected Members*, die diese Klasse anbietet.

Nach diesen Listen wird eine detaillierte Beschreibung der entsprechenden Klasse gegeben, die oft ganze Beispiele enthält, wie diese Klasse zu verwenden ist.

Die Qt-Dokumentation als Postscript-Datei

Die Qt-Herstellerfirma *Troll Tech* bietet eine sehr gute Qt-Dokumentation als Postscript-Dateien auf ihrem Webserver an der Webadresse *http://www.trolltech.com* zum Herunterladen an. Diese heruntergeladenen Dateien kann man sich dann an einem Postscriptdrucker ausgeben lassen.

8.4 Kompilieren von Qt-Programmen

Um Qt-Programme zu kompilieren, existieren zwei Möglichkeiten:

- die *direkte Eingabe der Kommandozeile*, was mit der Zeit sehr mühsam ist, oder aber
- das *Arbeiten mit Makefiles*.

Direkte Eingabe der Kommandozeile[2]

Arbeitet man mit dem Microsoft Visual-C++ Compiler unter einem Windows-Betriebssystem, muss man die beiden folgenden Kommandozeilen eingeben, wenn Qt im Directory `c:\qt` installiert wurde.

```
cl -c -nologo -W3 -O1 -DNO_DEBUG -I"C:\qt\include" -Fo prog.obj
prog.cpp
link /NOLOGO /SUBSYSTEM:windows /OUT:myprog.exe myprog.obj
C:\qt\lib\qt.lib user32.lib gdi32.lib comdlg32.lib imm32.lib
ole32.lib uuid.lib wsock32.lib
```

Auf Unix-Systemen sollte zunächst die Environmentvariable `QTDIR` gesetzt werden (wie z.B. `export QTDIR=/usr/lib/qt2`). Um dann ein Qt-Programm zu kompilieren, muss die folgende Kommandozeile eingegeben werden:

```
c++ -I$QTDIR/include -L$QTDIR/lib -lqt -o prog prog.cpp
```
[3]

Arbeiten mit Makefiles

In diesem Fall ist das von Firma *Troll Tech* zur Verfügung gestellte Tool *tmake* sehr hilfreich. Für *tmake* muss man nur eine entsprechende `.pro`-Datei erstellen, wie z.B. die folgende Datei `myprog.pro`:

```
TEMPLATE = app
CONFIG   = qt warn_on release
HEADERS  = cannon.h gamebrd.h lcdrange.h
SOURCES  = cannon.cpp gamebrd.cpp lcdrange.cpp main.cpp
unix:LIBS= -lm
TARGET   = myprog
```

Um sich nun das entsprechende Makefile[4] erstellen zu lassen, muss man dann nur noch Folgendes aufrufen:

---

2 Hier wird nur exemplarisch die Programmgenerierung für den Compiler *Visual C++* (auf Windows-Betriebssystemen) und den Compiler *GNU C++* (auf Linux/Unix-Systemen) vorgestellt. Daneben existieren weitere Möglichkeiten der Programmgenerierung, wie z.B. für den Compiler *Borland C++* (auf Windows-Betriebssystemen) und für nahezu alle in der Unix-Welt bekannten Compiler. Diese werden hier nicht alle vorgestellt, da dies den Rahmen dieses Buches sprengen würde. Jedoch entspricht die Programmgenerierung auch für diese Compiler im wesentlichen der hier vorgestellten Vorgehensweise.

3 Abhängig vom jeweiligen Unix-System kann diese Kommandozeile auch etwas anders aussehen. Die obige Kommandozeile gilt jedenfalls für alle Systeme, die den GNU C++-Compiler verwenden.

4 Das Tool *make* und die Syntax von *Makefiles* ist im Buch "*Linux-Unix Profitools; Helmut Herold; Addison-Wesley*" [9] detailliert beschrieben.

```
tmake myprog.pro -o Makefile -win32   (für Windows-Systeme)
tmake myprog.pro -o Makefile -unix    (für Unix-Systeme)
```

Das von *tmake* erzeugte Makefile hat z.B. für Windows-Betriebssysteme, unter denen mit Visual-C++ gearbeitet wird, folgendes Aussehen[5]:

```
####### Compiler, tools and options
CC      = cl
CXX     = cl
CFLAGS  = -nologo -W3 -O1 -DNO_DEBUG
CXXFLAGS= -nologo -W3 -O1 -DNO_DEBUG
INCPATH = -I"$(QTDIR)\include"
LINK    = link
LFLAGS  = /NOLOGO /SUBSYSTEM:windows
LIBS    = $(QTDIR)\lib\qt.lib user32.lib gdi32.lib comdlg32.lib
imm32.lib ole32.lib uuid.lib wsock32.lib
MOC     = moc
ZIP     = zip -r -9
####### Files
HEADERS = cannon.h   gamebrd.h   lcdrange.h
SOURCES = cannon.cpp gamebrd.cpp lcdrange.cpp main.cpp
OBJECTS = cannon.obj gamebrd.obj lcdrange.obj main.obj
SRCMOC  = moc_cannon.cpp moc_gamebrd.cpp moc_lcdrange.cpp
OBJMOC  = moc_cannon.obj moc_gamebrd.obj moc_lcdrange.obj
DIST    =
TARGET  = myprog.exe
####### Implicit rules
.SUFFIXES: .cpp .cxx .cc .c
.cpp.obj:
      $(CXX) -c $(CXXFLAGS) $(INCPATH) -Fo$@ $<
.cxx.obj:
      $(CXX) -c $(CXXFLAGS) $(INCPATH) -Fo$@ $<
.cc.obj:
      $(CXX) -c $(CXXFLAGS) $(INCPATH) -Fo$@ $<
.c.obj:
      $(CC) -c $(CFLAGS) $(INCPATH) -Fo$@ $<
####### Build rules
all: $(TARGET)

$(TARGET): $(OBJECTS) $(OBJMOC)
      $(LINK) $(LFLAGS) /OUT:$(TARGET) $(OBJECTS) $(OBJMOC)
```

5 Wurde aus Platzgründen etwas komprimiert.

```
$(LIBS)
moc: $(SRCMOC)

tmake: Makefile

Makefile: myprog.pro
	tmake myprog.pro -o Makefile
dist:
	$(ZIP) myprog.zip myprog.pro $(SOURCES) $(HEADERS) $(DIST)
clean:
	-del cannon.obj
	-del gamebrd.obj
	-del lcdrange.obj
	-del main.obj
	-del moc_cannon.cpp
	-del moc_gamebrd.cpp
	-del moc_lcdrange.cpp
	-del moc_cannon.obj
	-del moc_gamebrd.obj
	-del moc_lcdrange.obj
	-del $(TARGET)
####### Compile
cannon.obj:   cannon.cpp cannon.h
gamebrd.obj:  gamebrd.cpp gamebrd.h lcdrange.h cannon.h
lcdrange.obj: lcdrange.cpp lcdrange.h
main.obj:     main.cpp gamebrd.h lcdrange.h cannon.h
moc_cannon.obj:   moc_cannon.cpp cannon.h
moc_gamebrd.obj:  moc_gamebrd.cpp gamebrd.h lcdrange.h cannon.h
moc_lcdrange.obj: moc_lcdrange.cpp lcdrange.h
moc_cannon.cpp: cannon.h
	$(MOC) cannon.h -o moc_cannon.cpp
moc_gamebrd.cpp: gamebrd.h
	$(MOC) gamebrd.h -o moc_gamebrd.cpp
moc_lcdrange.cpp: lcdrange.h
	$(MOC) lcdrange.h -o moc_lcdrange.cpp
```

Nachdem dieses Makefile automatisch erstellt wurde, muss man nur noch

```
nmake
```

aufrufen, um ein ausführbares Programm zu generieren. Die von *tmake* unter Unix-Systemen erzeugten Makefiles sehen weitgehend ähnlich aus, nur dass sie z.B. andere Pfadnamen für die Headerdateien und

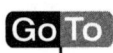

Bibliotheken sowie eventuell auch andere Makronamen im Makefile enthalten. Unter Linux/Unix muss man dann

```
make
```

aufrufen, um ein ausführbares Programm zu generieren.

8.5 Grundlegende Konzepte und Konstrukte von Qt

Dieses Kapitel gibt einen Überblick über die wesentlichen Konzepte und Konstrukte von Qt.

Es startet mit einem einfachen ersten Qt-Programm, das den *grundsätzlichen Aufbau eines Qt-Programms* zeigt.

Im zweiten Abschnitt wird dann zunächst ein zweites Qt-Programm erstellt, um an diesem das wichtige *Signal-Slot-Konzept* von Qt zu verdeutlichen, bevor ein weiteres Programmbeispiel aufzeigt, wie man sich eigene Slots in Qt definieren kann.

8.5.1 Erstes Qt-Programm mit Text und Buttons

Hier wird ein erstes Qt-Programm erstellt, um an diesem die grundlegenden Konzepte aufzuzeigen, die nahezu für jedes Qt-Programm gelten. Dieses erste Listing 8.1 (`zwei_buttons.cpp`) erzeugt ein kleines Window, in dem in der Mitte ein Text (*Label*) steht, über und unter dem sich ein Button befindet (siehe Abbildung 8.3). Beide Buttons sind für die Beendigung des Programms gedacht. Sie unterscheiden sich jedoch in folgender Weise: Der obere Button wird schon aktiviert, wenn man auf ihm nur die linke Maustaste drückt, während der untere Button erst nach einem vollständigen Klick (Drücken und Loslassen) der linken Maustaste aktiviert wird. In beiden Fällen wird jedenfalls das Programm beendet, wodurch auch dieses Window geschlossen wird.

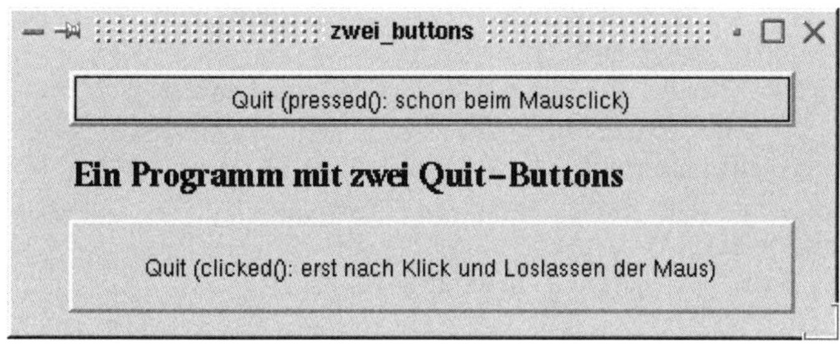

Abbildung 8.3: Window zum Listing 8.1 (zwei_buttons.cpp)

```
#include <qapplication.h> // in Qt-Programmen notw.
#include <qlabel.h>       // für Klasse QLabel
#include <qpushbutton.h>  // für Klasse QPushbutton
#include <qfont.h>        // für Klasse QFont

int main( int argc, char* argv[] )
{
      //... Instantiierung eines QApplication-Objekts
      //... ist immer  notwendig
   QApplication myapp( argc, argv );

      //... Hauptwidget, in dem Buttons und Text
      //... untergebracht werden
   QWidget* mywidget = new QWidget();
       //... horiz. Position, vertikale Position,
       //... Breite, Höhe in Pixel
   mywidget->setGeometry( 200, 100, 450, 150 );

      //... Instantiierung eines ersten Buttons
   QPushButton* erster_button = new QPushButton(
           "Quit (pressed(): schon beim Mausclick)",
           mywidget );
      //... Relative Position (30,10) in mywidget
      //... (400 breit, 30 hoch)
   erster_button->setGeometry( 30, 10, 400, 30 );
      //... Wenn Signal 'pressed' bei erster_button
      //... auftritt, ist der SLOTcode 'quit'
      //... (Verlassen des Programms) aufzurufen
   QObject::connect( erster_button,SIGNAL(pressed()),
                     &myapp, SLOT(quit()) );

      //... Instantiierung eines Labels (nur Text)
   QLabel* mylabel = new QLabel(
```

```
                  "Ein Programm mit zwei Quit-Buttons",
                  mywidget );
         //... Relative Position (30,40) in mywidget
         //... (400 breit, 50 hoch)
      mylabel->setGeometry( 30, 40, 400, 50 );
         //... Als Font Times-18-Bold verwenden
      mylabel->setFont( QFont( "Times", 18,
                              QFont::Bold ) );

         //... Instantiierung eines zweiten Buttons
      QPushButton* zweiter_button = new QPushButton(
                   "Quit (clicked(): erst nach Klick "
                   "und Loslassen der Maus)",
                   mywidget );
         //... Relative Position (30,90) in mywidget
         //... (400 breit, 50 hoch)
      zweiter_button->setGeometry( 30, 90, 400, 50 );
         //... Wenn Signal 'clicked' bei zweiter_button
         //... auftritt, ist der SLOTcode 'quit'
         //... (Verlassen des Programms) aufzurufen
      QObject::connect(zweiter_button,SIGNAL(clicked()),
                       &myapp, SLOT(quit()) );

          //... 'mywidget' ist Hauptwidget (mainwidget)
      myapp.setMainWidget( mywidget );
          //... Zeige mainwidget mit
          //... allen seinen Subwidgets an
      mywidget->show();
          //... Übergabe der ganzen Kontrolle an
          //... Methode 'exec' von QApplication
      return myapp.exec();
}
```

Listing 8.1: (zwei_buttons.cpp): Erstes Qt-Programm mit Window, das zwei Buttons und Text enthält

Die ersten vier Zeilen des Listing 8.1(`zwei_buttons.cpp`) inkludieren Qt-Headerdateien. In den meisten Fällen haben die Headerdateien den gleichen Namen (ohne `.h`) wie die entsprechenden Klassennamen, die dort deklariert sind. In einigen wenigen Ausnahmen befinden sich mehrere Klassen in einer Headerdatei, wie z.B. die beiden Klassendeklarationen `QListView` und `QListViewItem` in `<qlistview.h>`. Nachfolgend werden nun die wichtigsten Anweisungen aus dem Programm `zwei_buttons.cpp` näher erläutert.

```
10     QApplication myapp( argc, argv );
```

Dieses Objekt, das für das ganze *Event-Handling* verantwortlich ist, wird immer innerhalb von Qt-Programmen benötigt. Die Übergabe der Kommandozeilenargumente an den Konstruktur des `QApplication`-Objekts ist notwendig, da `QApplication` einige spezielle Kommandozeilenoptionen kennt, die es – wenn solche angegeben sind – selbst auswertet und dann aus `argv` mit entsprechender Dekrementierung von `argc` entfernt. Eine solche spezielle Qt-Option ist z.B. `-style`, die es dem Aufrufer einer Qt-Applikation unter Linux/Unix oder auch unter Windows-Systemen ermöglicht, einen speziellen Widget-Stil für die Applikation festzulegen. Falls das Anwendungsprogramm eigene Kommandozeilenargumente anbietet, sollte es diese grundsätzlich erst nach der Instantiierung des `QApplication`-Objekts auswerten.

```
14     QWidget* mywidget = new QWidget();
```

Diese Anweisung erzeugt das Hauptwidget `mywidget`, das als Container für die später erzeugten Subwidgets (Text und zwei Buttons) dient.

An dieser Stelle ist darauf hinzuweisen, dass Widgets (Hauptwidget, Buttons, Schiebebalken usw.) immer im Heap angelegt werden sollten, da sie automatisch gelöscht werden, wenn ihr Elternwidget gelöscht wird. Die direkte Instantiierung eines Widgets im Stack, also ohne **new**, ist ein häufiger Fehler von Qt-Anfängern, der zu schwerwiegenden und schwer auffindbaren Fehlern im späteren Programmablauf führt.

Nachfolgend wird mit

```
17     mywidget->setGeometry( 200, 100, 450, 150 );
```

die Methode `setGeometry()` aufgerufen. Da diese Methode in der Klasse `QWidget` (Hauptwidget) definiert ist und an alle Subwidgets vererbt wird, steht sie auch allen nachfolgend erzeugten Subwidgets (Label und zwei Buttons) zur Verfügung (siehe Zeilen 25, 38 und 50 im vorherigen Listing). Der dritte Parameter legt dabei die Breite und der vierte die Höhe des betreffenden Widgets in Pixel fest. Die horizontalen und vertikalen Positionen (ersten beiden Argumente) sind immer relativ zum Elternwidget. Da `mywidget` das Hauptwidget ist und somit kein Elternwidget hat, beziehen sich die in Zeile 17 angegebenen

Koordinaten auf den ganzen Bildschirm, während sie sich bei den folgenden Anweisungen:

```
erster_button->setGeometry( 30, 10, 400, 30 );
mylabel->setGeometry( 30, 40, 400, 50 );
zweiter_button->setGeometry( 30, 90, 400, 50 );
```

relativ auf die linke obere Ecke ihres Hauptwidgets (Objekt `mywidget`) beziehen.

```
QPushButton* erster_button = new QPushButton(
        "Quit (pressed(): schon beim Mausclick)",
        mywidget );
```

Mit dieser Anweisung wird ein erster Button erzeugt. Der erste Parameter des Konstruktors `QPushButton` legt den im Button anzuzeigenden Text und der zweite Parameter das Elternwidget fest, in dem dieser Button (hier `mywidget`) erscheinen soll. Bevor wir zur nächsten Anweisung kommen, sollte noch erwähnt werden, dass bei einem Klick mit der linken Maustaste auf einen Button dieser automatisch das Signal `pressed()` schickt.

```
QObject::connect( erster_button,SIGNAL(pressed()),
                  &myapp, SLOT(quit()) );
```

Mit dieser Anweisung wird Folgendes festgelegt: Wenn der Button `erster_button` das vordefinierte Signal `pressed()` schickt, wird dieses an den hier angegebenen Slot geschickt. Über einen Slot kann dann die Aktion festgelegt werden, die auszuführen ist, wenn das entsprechende Signal geschickt wird. Hier wird mit der Methode `connect()` (von der Klasse `QObject`) als Reaktion auf das Eintreffen des Signals `pressed()` (von `erster_button`) der von `QApplication` vordefinierte Slotcode `quit()` eingerichtet, der zur sofortigen Beendigung des Programms führt.

Das *Signal-Slot-Konzept* ist wohl einer der wichtigsten Punkte, die man beim Programmieren mit Qt kennen und beherrschen muss. Anders als in anderen GUI-Toolkits werden in Qt die Signale, die ein Widget schicken kann, streng von den Aktionen (Slots) getrennt, deren Code auszuführen ist, wann immer ein Signal eintrifft. Das Widget, das ein Signal schickt, weiß nicht, wem dieses Signal zugeleitet wird, da diese Verbindung erst vom Programmierer mit der Methode `connect()` hergestellt wird. Bei den meisten Programmen wird wohl ein Großteil der vordefinierten Signale

mit überhaupt keinem Slot verbunden, so dass beim Eintreffen dieser Signale auch keinerlei Aktion ausgelöst wird. Auf der anderen Seite muss man beim Erstellen eines Slots noch nicht wissen, welche Signale einmal mit ihm verbunden werden. Im nächsten Kapitel, 8.5.2, wird nochmals detaillierter auf Signale und Slots eingegangen.

```
33    QLabel* mylabel = new QLabel(
34                "Ein Programm mit zwei Quit-Buttons",
35                mywidget );
38    mylabel->setGeometry( 30, 40, 400, 50 );
40    mylabel->setFont( QFont( "Times", 18,
41                           QFont::Bold ) );
```

Mit der Anweisung in Zeile 33 wird ein Label erzeugt. Der erste Parameter des Konstruktors `QLabel` legt den in diesem Label anzuzeigenden Text und der zweite Parameter das Elternwidget (hier `mywidget`) fest, in dem dieses Label erscheinen soll. Mit der von der Klasse `QWidget` (Hauptwidget) geerbten Methode `setGeometry()` wird dann die relative Position dieses Labels im Hauptwidget (Objekt `mywidget`) festgelegt, bevor mit der ebenfalls vom Hauptwidget geerbten Methode `setFont()` der Zeichensatz unter Verwendung der Klasse `QFont` für den auszugebenden Text festgelegt wird.

```
44    QPushButton* zweiter_button = new QPushButton(
45                 "Quit (clicked(): erst nach Klick "
46                 "und Loslassen der Maus)",
47                 mywidget );
50    zweiter_button->setGeometry( 30, 90, 400, 50 );
54    QObject::connect(zweiter_button,SIGNAL(clicked()),
55                    &myapp, SLOT(quit()) );
```

Mit der Anweisung in Zeile 44 wird ein zweiter Button erzeugt. Der erste Parameter des Konstruktors `QPushButton` legt wieder den im Button anzuzeigenden Text und der zweite Parameter das Elternwidget fest, in dem dieser Button (hier `mywidget`) erscheinen soll.

Mit der von der Klasse `QWidget` (Hauptwidget) geerbten Methode `setGeometry()` wird anschließend die relative Position dieses Buttons im Hauptwidget (Objekt `mywidget`) festgelegt.

Mit der Anweisung in Zeile 54/55 wird Folgendes festgelegt: Wenn der Button `zweiter_button` das vordefinierte Signal `clicked()` schickt, wird der von `QApplication` vordefinierte Slotcode `quit()` ausgeführt, der zur sofortigen Beendigung des Programms führt. Anders als das zuvor verwendete Signal `pressed()` wird das Signal `clicked()` erst dann ausgelöst, wenn nach einem Drücken der linken Maustaste über dem Button diese wieder losgelassen wird.

```
58    myapp.setMainWidget( mywidget );
```

Mit dieser Anweisung wird dem `QApplication`-Objekt mitgeteilt, dass `mywidget` die Rolle des Hauptwidgets übernimmt. Die Besonderheit eines Hauptwidgets ist, dass das jeweilige Programm vollständig beendet wird, wenn man dieses Hauptwidget schließt.

```
61    mywidget->show();
```

Diese Anweisung legt fest, dass das Hauptwidget mit allen seinen Subwidgets auf dem Bildschirm angezeigt werden soll. Hier ist zu erwähnen, dass jedes Widget entweder sichtbar oder aber auch versteckt (nicht sichtbar) sein kann. Es ist die Voreinstellung, dass Widgets, die keine Subwidgets von einem anderen sichtbaren Widget sind, unsichtbar bleiben.

```
64    return myapp.exec();
```

Mit dieser letzten Anweisung wird die vollständige Kontrolle des Programmablaufs an das zu Beginn erzeugte Objekt `myapp` (der Klasse `QApplication`) übergeben.

Hier können wir also festhalten, dass unsere Qt-Programme von nun an die folgende Grundstruktur haben:

```
#include <q...h>
...

int main( int argc, char* argv[] )
{
   QApplication myapp( argc, argv );
   QWidget* mywidget = new QWidget();
   mywidget->setGeometry( x_pos, y_pos, breite, hoehe );
   ...
   ...
   myapp.setMainWidget( mywidget );
   mywidget->show();
   return myapp.exec();
}
```

8.5.2 Mehr zum Signal-Slot-Konzept von Qt

Hier wird zunächst ein zweites Qt-Programm erstellt, um an diesem das wichtige Signal-Slot-Konzept von Qt zu verdeutlichen, bevor ein weiteres Programmbeispiel aufzeigt, wie man sich eigene Slots in Qt definieren kann.

Schiebebalken und Buttons zum Erhöhen/Erniedrigen von LCD-Nummern

Das hier vorgestellte Listing 8.2 (`schieb_balk.cpp`) erzeugt ein kleines Window, in dem in der Mitte eine 7-Segment-LCD-Nummer anzeigt wird, die sich sowohl über den darüber angezeigten Schiebebalken (*Slider*) als auch über die beiden darunter angezeigten Buttons erhöhen bzw. erniedrigen lässt (siehe Abbildung 8.4).

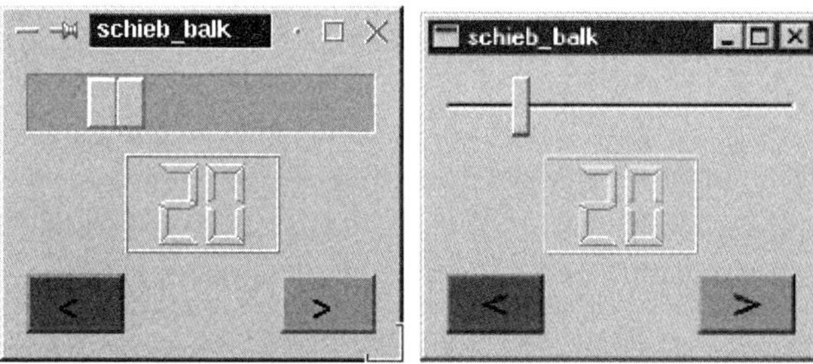

Abbildung 8.4: Inkrementieren bzw. Dekrementieren einer LCD-Nummer über Schiebebalken bzw. über Buttons (im Motif- und Windows-Stil)

In Listing 8.2 (`schieb_balk.cpp`) sind neu eingeführte Konstrukte fett hervorgehoben.

Nachfolgend werden nun die neuen Anweisungen, die zum Verständnis von Listing 8.2 (`schieb_balk.cpp`) benötigt werden, näher erläutert.

```
QSlider* myslider = new QSlider(
             0,  // kleinstmögl. Wert
            99,  // größtmögl. Wert
             1,  // Schrittweite
            20,  // Startwert
            QSlider::Horizontal,  // Ausrichtung
            mywidget );           // Elternwidget
```

Mit dieser Anweisung wird ein QSlider-Widget (Schiebebalken) erzeugt. Über die Argumente des zugehörigen Konstruktors wird dabei dieser Schiebebalken entsprechend konfiguriert.

```
    QLCDNumber* mylcdnum = new QLCDNumber(
                        2,          // Ziffernzahl
                        mywidget ); // Elternwidget
```

Mit dieser Anweisung wird ein QLCDNumber-Widget (Anzeige einer LCD-Nummer) erzeugt. Über das erste Argument des zugehörigen Konstruktors wird dabei festgelegt, wie viele LCD-Ziffern dieses Widget nebeneinander anzeigen können soll.

```
    mylcdnum->display( 20 ); // zeige Startwert an
```

Hiermit wird festgelegt, dass beim ersten Einblenden des mylcdnum-Widgets als Startwert die Nummer 20 zu verwenden ist. display() ist eigentlich keine Methode der Klasse QLCDNumber, sondern ein von dieser Klasse zur Verfügung gestellter Slot. Wie diese Anweisung aber zeigt, können Slots genauso wie Methoden verwendet werden, was umgekehrt nicht gilt: Methoden können nämlich nicht wie Slots in einem connect()-Aufruf mit einem Signal verbunden werden.

```
#include <qapplication.h>
#include <qpushbutton.h>
#include <qslider.h>
#include <qlcdnumber.h>

int main( int argc, char* argv[] )
{
    QApplication myapp( argc, argv );

    QWidget* mywidget = new QWidget();
    mywidget->setGeometry( 400, 300, 200, 150 );

    //.... Erzeugen eines Schiebebalkens
    QSlider* myslider = new QSlider(
                  0,  // kleinstmögl. Wert
                 99,  // größtmögl. Wert
                  1,  // Schrittweite
                 20,  // Startwert
                 QSlider::Horizontal,  // Ausrichtung
                 mywidget );           // Elternwidget
```

```
myslider->setGeometry( 10, 10, 180, 30 );

//.... Erzeugen eines Objekts zur
//.... Anzeige von LCD-Nummern
QLCDNumber* mylcdnum = new QLCDNumber(
                2,          // Ziffernzahl
                mywidget ); // Elternwidget
mylcdnum->setGeometry( 60, 50, 80, 50 );
mylcdnum->display( 20 ); // zeige Startwert an

// Verbinde Schiebebalken und Nummernanzeige
QObject::connect(
     myslider, SIGNAL( valueChanged( int ) ),
     mylcdnum, SLOT( display( int ) ) );

// Zwei Buttons zum schrittweisen Erhöhen und
// Erniedrigen der Schiebebalken-Werte
QPushButton* decrement =
               new QPushButton( "<", mywidget );
 decrement->setGeometry( 10, 110, 50, 30 );
 decrement->setFont( QFont( "Times", 18,
                            QFont::Bold ) );
 decrement->setPalette(
      QPalette( QColor(255, 0, 0), Qt::white ) );

QPushButton* increment =
               new QPushButton( ">", mywidget );
 increment->setGeometry( 140, 110, 50, 30 );
 increment->setFont( QFont( "Times", 18,
                            QFont::Bold) );
 increment->setPalette(
      QPalette( QColor(0, 255, 0), Qt::white ) );

// Verbinde das clicked()-Signal der Buttons
// mit den Slots, die den Schiebebalken-Wert
//  erhöhen bzw. erniedrigen
QObject::connect(
           decrement, SIGNAL( clicked() ),
           myslider, SLOT( subtractStep() ) );
QObject::connect(
           increment, SIGNAL( clicked() ),
           myslider, SLOT( addStep() ) );

myapp.setMainWidget( mywidget );
mywidget->show();
```

```
    return myapp.exec();
}
```

*Listing 8.2: (**schieb_balk.cpp**): LCD-Nummer, die mit Schiebebalken bzw. Buttons verändert werden kann*

```
    QObject::connect(
         myslider, SIGNAL( valueChanged( int ) ),
         mylcdnum, SLOT( display( int ) ) );
```

Mit dieser Anweisung wird festgelegt, dass bei jeder Änderung des Schiebebalken-Werts der Slotcode `display(int)` mit dem aktuellen Schiebebalken-Wert aufzurufen ist. Bei jeder Änderung des Schiebebalken-Werts wird vom `myslider`-Widget das Signal `valueChanged(int)` mit dem aktuellem Schiebebalken-Wert als Argument geschickt, und dieses Argument wird als Argument an `display(int)` weitergereicht.

```
     decrement->setPalette(
          QPalette( QColor(255, 0, 0), Qt::white ) );
     increment->setPalette(
          QPalette( QColor(0, 255, 0), Qt::white ) );
```

Mit diesen beiden Anweisungen wird für den Button `decrement` als Hintergrundfarbe rot und für den Button `increment` grün festgelegt.

```
    QObject::connect(
              decrement, SIGNAL( clicked() ),
              myslider, SLOT( subtractStep() ) );
    QObject::connect(
              increment, SIGNAL( clicked() ),
              myslider, SLOT( addStep() ) );
```

Dieser Codeausschnitt legt fest, dass beim Schicken des Signals `clicked()` von einem der beiden Buttons `decrement` bzw. `increment` der vordefinierte Slotcode `subtractStep()` bzw. `addStep()` des `myslider`-Widgets auszuführen ist.

Schiebebalken und Buttons zum Ändern der Schriftgröße mit Textanzeige

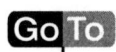

Hier werden wir kennen lernen, wie man sich eigene Slots definieren kann und was dabei bei der Generierung des Programms zu beachten ist. Das hier vorgestellte Listing 8.3 (`text_groes.cpp`) ist eine Erweiterung zum vorherigen Listing 8.2 (`schieb_balk.cpp`), indem es die angezeigte LCD-Nummer als Schriftgröße interpretiert und das Aussehen eines Textes mit dieser Schriftgröße immer exemplarisch rechts anzeigt (siehe Abbildung 8.5).

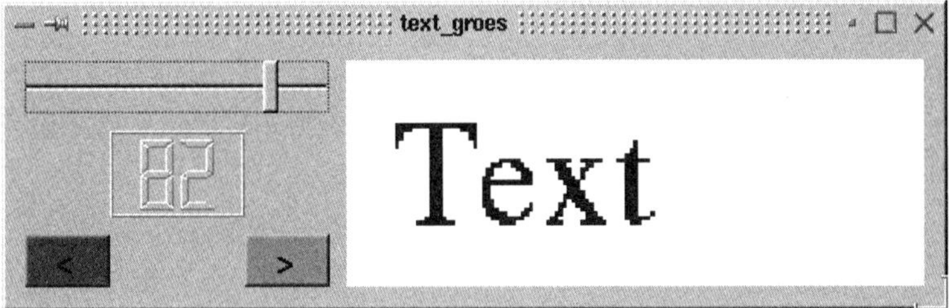

Abbildung 8.5: Schiebebalken und Buttons zum Ändern der Schriftgröße mit Textanzeige

Für dieses Listing 8.3 (`text_groes.cpp`) soll ein eigener Slot definiert werden, der immer aufzurufen ist, wenn der Schiebebalken-Wert sich ändert. Dieser Slot ist für die Darstellung des Textes mit der neuen Schriftgröße, die dem Schiebebalken-Wert entspricht, zuständig.

Für das Signal-Slot-Konzept hat Qt einige neue Schlüsselwörter eingeführt, die vom Präprozessor in die entsprechende C++-Syntax übersetzt wird. Um sich Klassen zu definieren, die eigene Slots und/oder Signale deklarieren, muss die folgende Qt-Syntax eingehalten werden:

```
Class MyClass : public QObject
{
   Q_OBJECT
   ...
signals:
   // hier werden die entsprechenden Signale deklariert, wie
   // z.B.:
   void  buchstabe_a_gedrueckt();
....
public slots:
   // hier werden die public Slots deklariert, wie z.B.:
   void  lasse_text_blinken();

private slots:
   // hier werden die privaten Slots deklariert, wie z.B.:
   void  ich_bin_interner_slot();

   // Weitere Deklarationen sind hier möglich
}
```

Bei der Deklaration von Slots und Signalen sind die folgenden Punkte zu beachten:

1. Die Deklaration von Slots und Signalen ist nur innerhalb von C++-Klassen erlaubt. Die Deklaration einer Funktion, die als Slotcode dienen soll, oder eines Signals außerhalb einer Klasse ist also nicht möglich, was im Übrigen ja auch der C++-Philosophie widersprechen würde.
2. Jede Klasse, die eigene Slots und/oder Signale deklariert, muss direkt oder indirekt von der Klasse `QObject` abgeleitet sein. Da man wohl in den meisten Fällen beim Programmieren mit Qt sowieso Klassen verwendet, die direkt oder indirekt von der Klasse `QWidget` abgeleitet sind, ist dies keine große Einschränkung, da `QWidget` seinerseits von `QObject` abgeleitet ist.
3. Jede Definition einer Klasse, die eigene Slots und/oder Signale deklariert, muss das Makro `Q_OBJECT` enthalten. Es ist zu beachten, dass hinter diesem Makro kein Semikolon angegeben werden darf.

Mit diesen Kenntnissen können wir uns nun eine eigene Klasse `CSchrift` definieren, die von der Klasse `QLabel` abgeleitet ist und einen eigenen Slot `stelle_neu_dar(int)` zur Neuanzeige des Textes (mit Schiebebalken-Wert als Schriftgröße) anbietet. Dazu erstellen wir eine eigene Headerdatei `text_groes.h`:

```
class CSchrift : public QLabel
{
   Q_OBJECT   // notwendig, da CSchrift Slots enthält
public:
   CSchrift( char const* text, QWidget *parent ) :
                                QLabel( text, parent ){ }
public slots:
   void stelle_neu_dar( int groesse )
   {
      setFont(QFont("Times", groesse));
      repaint();
   }
};
```

Im Slot `stelle_neu_dar(int groesse)` wird als neue Schriftgröße für den auszugebenden Text der über den Parameter `groesse` gelieferte Wert eingestellt. Mit der Methode `repaint()` wird dann veranlasst, dass

der Text in diesem Label auch mit diesem neuen Font wirklich angezeigt wird. Mit dieser neuen Klassendefinition können wir nun unser Programm `text_groes.cpp` erstellen. In Listing 8.3 (`text_groes.cpp`) sind die gegenüber dem vorherigen

Listing 8.2 (`schieb_balk.cpp`) neu hinzugekommenen Konstrukte fett hervorgehoben.

```
#include <qapplication.h>
#include <qpushbutton.h>
#include <qslider.h>
#include <qlcdnumber.h>
#include <qlabel.h>
#include "text_groes.h" //enthaelt Klasse 'CSchrift'

int main( int argc, char* argv[] )
{
   QApplication myapp( argc, argv );

   QWidget* mywidget = new QWidget();
   mywidget->setGeometry( 400, 300, 550, 150 );

   //.... Erzeugen eines Schiebebalkens
   QSlider* myslider = new QSlider(
               0,  // kleinstmögl. Wert
              99,  // größtmögl. Wert
               1,  // Schrittweite
              20,  // Startwert
              QSlider::Horizontal,  // Ausrichtung
              mywidget );           // Elternwidget
   myslider->setGeometry( 10, 10, 180, 30 );

   //.... Erzeugen eines Objekts zur
   //.... Anzeige von LCD-Nummern
   QLCDNumber* mylcdnum = new QLCDNumber(
                   2,         // Ziffernzahl
                   mywidget ); // Elternwidget
   mylcdnum->setGeometry( 60, 50, 80, 50 );
   mylcdnum->display( 20 ); // zeige Startwert an

   // Verbinde Schiebebalken und Nummernanzeige
   QObject::connect(
        myslider, SIGNAL( valueChanged( int ) ),
        mylcdnum, SLOT( display( int ) ) );
```

```
// Zwei Buttons zum schrittweisen Erhöhen und
// Erniedrigen der Schiebebalken-Werte
 QPushButton* decrement =
               new QPushButton( "<", mywidget );
 decrement->setGeometry( 10, 110, 50, 30 );
 decrement->setFont( QFont( "Times", 18,
                            QFont::Bold ) );
 decrement->setPalette(
      QPalette( QColor(255, 0, 0), Qt::white ) );

QPushButton* increment =
               new QPushButton( ">", mywidget );
 increment->setGeometry( 140, 110, 50, 30 );
 increment->setFont( QFont( "Times", 18,
                            QFont::Bold) );
 increment->setPalette(
      QPalette( QColor(0, 255, 0), Qt::white ) );

// Verbinde das clicked()-Signal der Buttons
// mit den Slots, die den Schiebebalken-Wert
//  erhöhen bzw. erniedrigen
QObject::connect(
           decrement, SIGNAL( clicked() ),
           myslider, SLOT( subtractStep() ) );
QObject::connect(
           increment, SIGNAL( clicked() ),
           myslider, SLOT( addStep() ) );

// Label zur Anzeige der Schrift(-groesse)
CSchrift* anzeige =
             new CSchrift( " Text", mywidget );
anzeige->setGeometry( 200, 10, 340, 130 );
anzeige->setFont(QFont("Times", 20) );
anzeige->setPalette(
            QPalette( Qt::white, Qt::white ) );

// Verbinde Schiebebalken und
// Label (für Textanzeige)
QObject::connect(
     myslider, SIGNAL( valueChanged( int ) ),
     anzeige, SLOT( stelle_neu_dar( int ) ) );

myapp.setMainWidget( mywidget );
mywidget->show();
```

```
82     return myapp.exec();
83 }
```

*Listing 8.3: (**text_groes.cpp**): Schiebebalken und zwei Buttons zum Ändern der Größe eines Textes*

Nachfolgend werden nun die neuen Anweisungen, die zum Verständnis von Listing 8.3 (`text_groes.cpp`) benötigt werden, näher erläutert:

In Zeile 67/68 wird zunächst ein Objekt `anzeige` der Klasse `CSchrift` angelegt, was ein Label-Widget ist, da die Klasse `CSchrift` von der Klasse `QLabel` abgeleitet ist. In diesem Label wird der Text `" Text"` angezeigt.

Die Zeile 69 legt die Position und Größe des Widgets `anzeige` fest, und die Zeile 70 legt den zu verwendenden Font des auszugebenden Textes fest.

In Zeile 71/72 wird als Hintergrund für das Label-Widget `anzeige` die Farbe Weiß (`Qt::white`) festgelegt.

In den Zeilen 76-78 wird festgelegt, dass bei Änderung des Schiebebalken-Werts, was durch Schicken des Signals `valueChanged(int)` angezeigt wird, der von `anzeige` definierte Slotcode `stelle_neu_dar(int)` auszuführen ist, was zu einer neuen Anzeige des Textes mit der neuen Schriftgröße führt, die dem Schiebebalken-Wert entspricht.

Immer wenn man Klassen definiert, die eigene Slots und/oder Signale definieren, muss man diese zunächst mit dem bei der Qt-Distribution mitgelieferten *Meta-Object-Compiler moc* kompilieren. Verwendet man *tmake* zum Erstellen des Makefiles, so erkennt dieses Tool automatisch, dass ein entsprechender *moc*-Aufruf im Makefile generiert werden muss. Nehmen wir z.B. für unser Programm hier die folgende Datei `text_groes.pro`:

```
TEMPLATE  = app
CONFIG    = qt warn_on release
SOURCES   = text_groes.cpp
HEADERS   = text_groes.h
unix:LIBS = -lm
TARGET    = text_groes
```

und rufen dann `tmake text_groes.pro -o Makefile` auf, so generiert dieser Aufruf ein Makefile (hier für Visual C++), in dem sich z.B. die folgenden Einträge befinden:

```
........
HEADERS = text_groes.h
SOURCES = text_groes.cpp
OBJECTS = text_groes.obj
SRCMOC  = moc_text_groes.cpp
OBJMOC  = moc_text_groes.obj
TARGET  = text_groes.exe
####### Implicit rules
.SUFFIXES: .cpp .cxx .cc .c
.cpp.obj:
     $(CXX) -c $(CXXFLAGS) $(INCPATH) -Fo$@ $<
.cxx.obj:
     $(CXX) -c $(CXXFLAGS) $(INCPATH) -Fo$@ $<
.cc.obj:
     $(CXX) -c $(CXXFLAGS) $(INCPATH) -Fo$@ $<
.c.obj:
     $(CC) -c $(CFLAGS) $(INCPATH) -Fo$@ $<
####### Build rules
all: $(TARGET)

$(TARGET): $(OBJECTS) $(OBJMOC)
     $(LINK) $(LFLAGS) /OUT:$(TARGET) $(OBJECTS) $(OBJMOC)
$(LIBS)
moc: $(SRCMOC)
......
####### Compile
text_groes.obj: text_groes.cpp text_groes.h
moc_text_groes.obj: moc_text_groes.cpp text_groes.h
moc_text_groes.cpp: text_groes.h
     $(MOC) text_groes.h -o moc_text_groes.cpp
```

Ein Aufruf von *nmake* führt dann zu folgenden Generierungsschritten:

```
cl -c -nologo -W3 -O1 -DNO_DEBUG -I"C:\qt\include" -
Fotext_groes.obj text_groes.cpp
moc text_groes.h -o moc_text_groes.cpp
cl -c -nologo -W3 -O1 -DNO_DEBUG -I"C:\qt\include" -
Fomoc_text_groes.obj moc_text_groes.cpp
link /NOLOGO /SUBSYSTEM:windows /OUT:text_groes.exe
```

```
text_groes.obj moc_text_groes.obj C:\qt\lib\qt.lib user32.lib
gdi32.lib comdlg32.lib imm32.lib ole32.lib uuid.lib wsock32.lib
```

Neben dem expliziten Dazulinken einer von einem *moc*-Aufruf erzeugten *moc*-Datei besteht auch die Möglichkeit, eine solche *moc*-Datei mittels `#include "mocdatei.cpp"` in der entsprechenden Quelldatei zu inkludieren.

Regeln für die Deklaration eigener Slots und/oder Signale

Hier werden nochmals die wichtigsten Regeln, die beim Signal-Slot-Konzept gelten, zusammengefasst. Nachfolgend sind nicht nur die bereits kennen gelernten Regeln aufgezählt, sondern es sind auch noch einige weitere angegeben, die bisher nicht explizit erwähnt wurden:

1. Die Deklaration von Slots und Signalen ist nur innerhalb von C++-Klassen erlaubt. Die Deklaration einer Funktion, die als Slotcode dienen soll, oder eines Signals außerhalb einer Klasse ist also nicht möglich.
2. Jede Klasse, die eigene Slots und/oder Signale deklariert, muss von der Klasse `QObject` abgeleitet sein. Da man wohl in den meisten Fällen beim Programmieren mit Qt sowieso Klassen verwendet, die direkt oder indirekt von der Klasse `QWidget` abgeleitet sind, ist dies keine große Einschränkung, da `QWidget` seinerseits von `QObject` abgeleitet ist.
3. Jede Definition einer Klasse, die eigene Slots und/oder Signale deklariert, muss das Makro `Q_OBJECT` (ohne abschließendes Semikolon) enthalten.
4. Slots können wie jede andere C++-Methode deklariert und implementiert werden. Slots sind eigentlich Methoden, die auch wie diese außerhalb eines `connect()`-Aufrufs direkt aufgerufen werden können. Umgekehrt können Methoden nicht als Argument eines `connect()`-Aufrufs angegeben werden.
5. Bei der Definition von Slots muss nur zuvor das Schlüsselwort **slots** zum entsprechenden Schutztyp-Schlüsselwort **public** bzw. **private** hinzugefügt werden. Natürlich ist es auch möglich, **protected slots:** zu definieren und diese **virtual** zu deklarieren. Das Einzige, was bei Slots im Gegensatz zu Methoden nicht erlaubt ist, ist dass man diese als **static** deklariert.

6. Slots können wie Methoden Parameter besitzen. Es ist dabei nur zu beachten, dass das bei einem `connect()`-Aufruf angegebene Signal die gleichen Parametertypen besitzt wie der entsprechende Slot. Ein Slot kann dabei jedoch auch weniger Parameter haben als das mit ihm verbundene Signal, wenn er diese vom Signal gelieferten Parameter nicht alle benötigt.

7. Die Syntax für Slot-Namen entspricht der für Methoden. Einige Programmierer betten jedoch die Zeichenkette `slot` in den Namen von Slots ein, um diese sofort als Slots identifizieren zu können. Dieser Konvention folgt allerdings Qt bei den Namen seiner vordefinierten Slots nicht.

8. Um Signale in einer Klasse zu definieren, muss zuvor das Schlüsselwort **signals:** angegeben werden. Ansonsten entspricht die Deklaration von Signalen derer von anderen Memberfunktionen, bis auf die Ausnahme, dass Signale nur deklariert und niemals direkt implementiert werden dürfen.

9. Zum Senden eines Signals in einer Komponente steht das Qt-Schlüsselwort **emit** zur Verfügung. Wenn z.B. das Signal `void farbe_geaendert(int)` in der Klassendefinition deklariert wurde, dann ist folgender Aufruf möglich:

   ```
   emit farbe_geaendert(173);
   ```

10. Die Verbindung von Signalen und Slots erfolgt mit der Methode `QObject::connect()`. Diese Methode wird in überladenen Varianten angeboten, hier aber werden wir nur die statische Variante mit vier Parametern verwenden:

    ```
    QObject::connect(
            signal_object, // Objekt, das Signal schickt
            SIGNAL(signal_name(...)), // Signal, das mit
                                      // Slot zu
                                      // verbinden
            slot_object,              // Objekt, das
                                      // Signal empfängt
            SLOT(slot_name(...)) );   // Slot, der mit
                                      // Signal zu
                                      // verbinden
    ```

    Es können sowohl eine beliebige Anzahl von Slots mit einem Signal als auch umgekehrt eine beliebige Anzahl von Signalen mit einem

Slot verbunden werden. Da bisher die Reihenfolge, in der Slots aufgerufen werden, noch nicht von Qt festgelegt ist, kann man sich nicht darauf verlassen, dass Slots auch in der Reihenfolge aufgerufen werden, in der sie mittels `connect()` mit Signalen verbunden wurden.

8.6 Malprogramm mit Menüs, Events und mehr

In diesem Kapitel wird unter Zuhilfenahme der Klasse `QPainter` ein kleines Malprogramm zum Zeichnen mit der Maus auf dem Bildschirm erstellt, welches in den nächsten Absätzen dann schrittweise erweitert wird, indem Menüs und Laufbalken hinzugefügt werden. In seiner letzten Version ist es sogar möglich, die gemalten Bilder zu speichern und wieder neu zu laden.

Die Klasse `QPainter` bietet Methoden zum Zeichnen von grafischen Figuren wie Linien, Kreise, Rechtecke, Bezier-Kurven usw. an. Zusätzlich unterstützt sie verschiedene Koordinatensysteme und geometrische Transformationen, wie z.B. Rotieren, Vergrößern, Verkleinern usw.

Bevor wir uns nun an die Realisierung unseres Malprogramms wagen, müssen wir hier aber zunächst etwas in die Qt-Philosophie von Events eintauchen, da Qt zwischen High-level- und Low-level-Events unterscheidet:

- *High-level-Events* (*semantic events*) sind dabei Ereignisse, die eine semantische Bedeutung haben, wie z.B. ein Mausklick auf einen Button oder auf einen Menüpunkt. Solche High-level-Events werden im Qt über *Signale* gemeldet, die sich mit einem *Slot* verbinden lassen.
- *Low-level-Events* (*syntactic events*) dagegen sind Ereignisse, die lediglich eine syntaktische Bedeutung haben, wie z.B. ein Mausklick in einem Zeichenfenster. Einem solchen Event kann keine eindeutige Bedeutung zugeordnet werden: Soll bei einem solchen Mausklick in einem Zeichenfenster ein Pixel gemalt werden oder aber ist dies als der Startpunkt einer Linie zu interpretieren oder ...? Solche Low-level-Events wie Mausklick, Mausbewegung, Tastendruck usw. werden in Qt über *virtuelle Methoden* gemeldet.

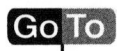

8.6.1 Erste einfache Version eines Malprogramms

Nun aber zu unserer ersten Version des Malprogramms `malprog1.cpp` (siehe Listing 8.4), das dem Benutzer durch Ziehen der Maus bei gedrückter Maustaste am Bildschirm zeichnen lässt (siehe auch Abbildung 8.6).

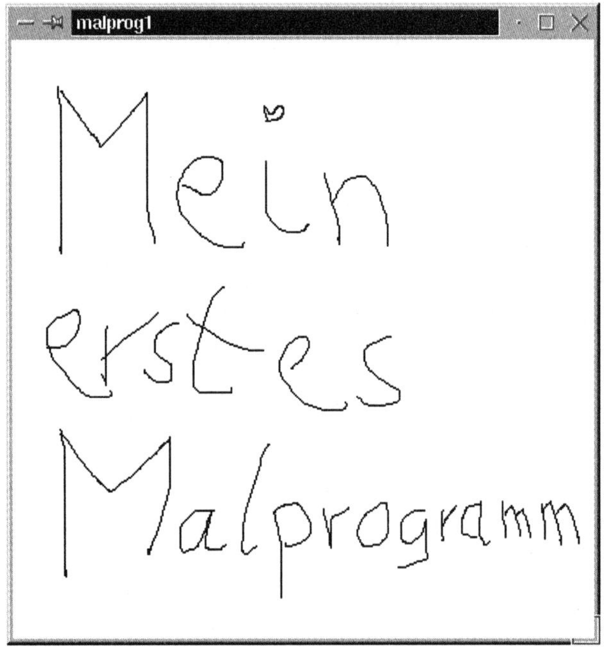

Abbildung 8.6: Malfenster nach einem Zeichnen mit gedrückter Maustaste

Listing 8.4 (`malprog1.cpp`) hat das folgende Aussehen:

```
#include <qapplication.h>
#include <qwidget.h>
#include <qpainter.h>
#include <qpixmap.h>

//-------------------------------- class CMalFenster
class CMalFenster : public QWidget
{
public:
   CMalFenster()
```

```
    {
            // beim Neumalen nicht loeschen
        setBackgroundMode( NoBackground );
    }

protected:
        //... Diese virtuelle Methode wird immer
        //... aufgerufen, wenn Benutzer auf eine
        //... Maustaste über diesem Fenster klickt
    virtual void mousePressEvent( QMouseEvent* event)
    {
            // Speichere die Koordinaten vom Event
        m_letztepos = event->pos();
    }

        //... Diese virtuelle Methode wird immer
        //... aufgerufen, wenn Benutzer
        //... die Maus bei gedrueckter Taste bewegt
    virtual void mouseMoveEvent( QMouseEvent* event)
    {
            // erzeugen QPainter-Object
        QPainter wMaler; // ... zum Zeichnen im Window
        QPainter pMaler; // ... zum Zeichnen im Puffer

            // Start des Zeichnens
        wMaler.begin( this );      // ... im Window
        pMaler.begin( &m_puffer ); // ... im Puffer

            // zeichnet Linie im Window
        wMaler.drawLine( m_letztepos, event->pos() );
            // zeichnet Linie im Puffer
        pMaler.drawLine( m_letztepos, event->pos() );

        wMaler.end(); // Ende des Zeichnens im Window
        pMaler.end(); // Ende des Zeichnens im Puffer

        m_letztepos = event->pos(); // merkt sich die
                                    // akt. Mausposition
    }

        //... Diese virtuelle Methode wird immer
        //... aufgerufen, wenn neues Malen erforder-
        //... lich ist, z.B. wenn das Bild durch ein
        //... anderes Fenster verdeckt wurde und nun
        //... wieder sichtbar sein soll.
```

```
    virtual void paintEvent( QPaintEvent* )
    {
              // kopiert Puffer-Bild auf Bildschirm
        bitBlt( this, 0, 0, &m_puffer );
    }

        //... Diese virtuelle Methode wird immer
        //... aufgerufen, wenn die
        //... Fenstergroesse sich aendert.
    virtual void resizeEvent( QResizeEvent* event )
    {
            // Sichern des Bildes im Puffer `save'
        QPixmap save( m_puffer );
            // Puffergroesse auf neue Bildgroesse setzen
        m_puffer.resize( event->size() );
            // Pufferinhalt mit weiss ueberschreiben
        m_puffer.fill( white );
            // Temporaeren Puffer `save' in den
            // Puffer `m_puffer' kopieren.
        bitBlt( &m_puffer, 0, 0, &save );
    }

private:
    QPoint      m_letztepos;
    QPixmap     m_puffer;
};

//-------------------------------------------- main
int main( int argc, char* argv[] )
{
    QApplication myapp( argc, argv );

    CMalFenster* mywidget = new CMalFenster();
    mywidget->setGeometry( 50, 50, 400, 400 );

    myapp.setMainWidget( mywidget );
    mywidget->show();
    return myapp.exec();
}
```

*Listing 8.4: **(malprog1.cpp)**: Erste einfache Version eines Malprogramms*

Nachfolgend werden nun die wesentlichen Anweisungen, die zum Verständnis von Listing 8.4 (`malprog1.cpp`) benötigt werden, näher erläutert.

In diesem Programm `malprog1.cpp` wird eine Klasse `CMalFenster` definiert, die von `QWidget` abgeleitet ist, wobei die vier virtuellen Methoden `mousePressEvent()`, `mouseMoveEvent()`, `paintEvent()` und `resizeEvent()` in dieser Klasse reimplementiert werden. Der Konstruktor ruft nur `setBackgroundMode(NoBackground)` auf, um das Flackern zu reduzieren, wenn das Window auf dem Bildschirm neu angezeigt werden muss.

Die virtuelle Methode `mousePressEvent()` wird immer dann aufgerufen, wenn der Benutzer über der Malfläche auf eine Maustaste drückt. Die hier neu implementierte Methode merkt sich dann in der **private**-Variablen `m_letztepos` die aktuelle Mausposition (`event->pos()`).

Die virtuelle Methode `mouseMoveEvent()` wird immer dann aufgerufen, wenn der Benutzer über der Malfläche die Maus bei gedrückter Maustaste bewegt. In dieser neu implementierten Methode wird eine Linie von der zuletzt gemerkten Mausposition (in `m_letztepos`) zu der aktuellen Mausposition gezeichnet:

```
virtual void mouseMoveEvent( QMouseEvent* event)
{
      // erzeugen QPainter-Object
   QPainter wMaler; // ... zum Zeichnen im Window
   QPainter pMaler; // ... zum Zeichnen im Puffer

      // Start des Zeichnens
   wMaler.begin( this );      // ... im Window
   pMaler.begin( &m_puffer ); // ... im Puffer

       // zeichnet Linie im Window
   wMaler.drawLine( m_letztepos, event->pos() );
       // zeichnet Linie im Puffer
   pMaler.drawLine( m_letztepos, event->pos() );

   wMaler.end(); // Ende des Zeichnens im Window
   pMaler.end(); // Ende des Zeichnens im Puffer

   m_letztepos = event->pos(); // merkt sich die
                               // akt. Mausposition
}
```

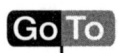

Dieser Code bedarf einer Erklärung: Die meisten von Qt bereitgestellten Widgets, wie z.B. Buttons oder Schiebebalken, können sich nach einem Verdecken durch ein anderes Window und anschließendem Aufdecken wieder selbst neu darstellen, da sie alle erforderlichen Daten dazu selbst verwalten. Andere Widgets dagegen, wie z.B. eine Malfläche (`QPainter`-Widget), sind dazu nicht in der Lage, da die erforderlichen Daten zum Neuzeichnen von Qt nicht verwaltet werden. Bei solchen Widgets ist es also in der Verantwortung des Programmierers, die entsprechenden Daten selbst zu sichern, um bei Bedarf ein solches Widget neu darzustellen. Im obigen Code wird dies dadurch realisiert, dass jedes Zeichnen einer Linie nicht nur auf dem Bildschirm durchgeführt wird, sondern parallel dazu in einem Puffer, der somit immer eine aktuelle Kopie der am Bildschirm gezeigten Malfläche enthält. Qt stellt für ein solches Zeichnen in einen Puffer die Klasse `QPixmap` zur Verfügung.

Um nun das Zeichnen sowohl am Bildschirm als auch in einem Puffer durchführen zu lassen, wurden in der obigen Methode zwei `QPainter`-Objekte definiert:

```
QPainter wMaler; // ... zum Zeichnen im Window
QPainter pMaler; // ... zum Zeichnen im Puffer
```

Um in einem `QPainter`-Objekt zu zeichnen, muss dieses zuerst geöffnet werden:

```
wMaler.begin( this );        // ... im Window
pMaler.begin( &m_puffer ); // ... im Puffer
```

Bei der dazu von `QPainter` angebotenen Methode `begin()` muss die Adresse eines `QPaintDevice`-Objekts (wie z.B. eines `QWidget`- oder eines `QPixmap`-Objekts) angegeben werden. Das Zeichnen der Linie in beiden geöffneten `QPainter`-Objekten erfolgt dabei mit den beiden folgenden Zeilen:

```
wMaler.drawLine( m_letztepos, event->pos() );
pMaler.drawLine( m_letztepos, event->pos() );
```

Nach dem Abschluss der Zeichenoperationen müssen die entsprechenden `QPainter`-Objekte wieder geschlossen werden:

```
      wMaler.end(); // Ende des Zeichnens im Window
      pMaler.end(); // Ende des Zeichnens im Puffer
```

Die letzte Anweisung in der Methode mouseMoveEvent():

```
      m_letztepos = event->pos(); // merkt sich die
                                  // akt. Mausposition
```

merkt sich dann die neue Mausposition als Startpunkt für die nächste zu zeichnende Linie.

Die virtuelle Methode paintEvent() wird immer dann aufgerufen, wenn eine neue Darstellung eines QPainter-Objekts notwendig ist. In dieser neu implementierten Methode wird lediglich die im Puffer gespeicherte Kopie, was ja das anzuzeigende Bild ist, in das Window kopiert:

```
virtual void paintEvent( QPaintEvent* )
{
         // kopiert Puffer-Bild auf Bildschirm
   bitBlt( this, 0, 0, &m_puffer );
}
```

Hierzu wird die von der Klasse QPaintDevice angebotene Funktion bitBlt() verwendet, mit der man rechteckige Bildbereiche kopieren kann. Da durch den Kopiervorgang die Malfläche vollständig überschrieben wird, ist kein vorheriges Löschen der Malfläche notwendig, was auch durch den Aufruf von setBackgroundMode(NoBackground) im CMalFenster-Konstruktor festgelegt wurde.

Die virtuelle Methode resizeEvent() wird immer dann aufgerufen, wenn die Fenstergröße sich ändert. In dieser neu implementierten Methode wird sichergestellt, dass der Puffer immer die gleiche Größe wie die am Bildschirm angezeigte Malfläche hat.

```
virtual void resizeEvent( QResizeEvent* event )
{
      // Sichern des Bildes im Puffer `save'
   QPixmap save( m_puffer );
      // Puffergroesse auf neue Bildgroesse setzen
   m_puffer.resize( event->size() );
      // Pufferinhalt mit weiss ueberschreiben
   m_puffer.fill( white );
```

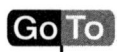

```
        // Temporaeren Puffer `save' in den
        // Puffer `m_puffer' kopieren.
    bitBlt( &m_puffer, 0, 0, &save );
}
```

Hier wird zunächst der Pufferinhalt in einen temporären Puffer namens `save` kopiert, bevor die Größe des eigentlichen Puffers der neuen Größe der Malfläche angepasst wird. Um sicherzustellen, dass ein nun etwa größerer Puffer keine undefinierten Werte beinhaltet, wird der Puffer mit weißen Pixeln ausgefüllt, bevor als letztes der temporäre Puffer `save` in den Puffer zurückkopiert wird.

Diese Methode `resizeEvent()` wird im Übrigen das erstemal aufgerufen, wenn in `main()` die Geometrie des Fensters festgelegt wird:

```
mywidget->setGeometry( 50, 50, 400, 400 );
```

Danach wird sie immer nur dann aufgerufen, wenn der Benutzer die Größe des Malfensters verändert.

8.6.2 Zweite etwas erweiterte Version des Malprogramms

In dieser zweiten Version des Malprogramms soll folgende zusätzliche Funktionalität zum Malprogramm hinzugefügt werden:

1. Bewegt der Benutzer die Maus bei gedrückter rechter Maustaste, so sind dickere Linien zu zeichnen als wenn er die Maus bei gedrückter linker bzw. mittlerer Maustaste bewegt.
2. Es soll nicht nur ein Malen mit schwarzer Farbe, sondern eben auch mit anderen Farben möglich sein. Der Benutzer kann eine neue Farbe durch Drücken einer der folgenden Tasten einstellen: `W`=Weiß, `S`=Schwarz, `R`=Rot, `B`=Blau, `G`=Grün und `L`=Gelb.
3. Bei einem Doppelklick auf eine Maustaste soll die Malfläche gelöscht werden.

Um diese zusätzliche Funktionalität zu erreichen, sind die folgenden Änderungen im Listing 8.4 (`malprog1.cpp`) erforderlich:

Nach der Zeile 80 ist eine weitere **private**-Variable zu definieren, die immer die aktuell eingestellte Farbe beinhaltet:

```
QColor      m_farbe;
```

Da die voreingestellte Farbe bei Beginn des Programms schwarz sein soll, muss dieser Variablen `m_farbe` im `CMalFenster`-Konstruktor nach Zeile 11 die vordefinierte Farbe `black` zugewiesen werden.

```
m_farbe = black;
```

Andere vordefinierte Farben sind: `white`, `darkGray`, `gray`, `lightGray`, `red`, `green`, `blue`, `cyan`, `magenta`, `yellow`, `darkRed`, `darkGreen`, `darkBlue`, `darkCyan`, `darkMagenta`, `darkYellow`.

Um bei Eingabe einer der oben angegebenen Tasten eine neue Farbe einzustellen, muss die virtuelle Methode `keyPressEvent()` reimplementiert werden, z.B. indem man den folgenden Code in Zeile 77 im Listing 8.4 (`malprog1.cpp`) hinzufügt:

```
virtual void keyPressEvent( QKeyEvent* event )
   {
      switch( event->key() ) {
         case Key_W:  m_farbe = white;  break;
         case Key_S:  m_farbe = black;  break;
         case Key_R:  m_farbe = red;    break;
         case Key_B:  m_farbe = blue;   break;
         case Key_G:  m_farbe = green;  break;
         case Key_L:  m_farbe = yellow; break;
      }
   }
```

Alle von Qt angebotenen Tastencodes haben Namen, die mit `Key_` beginnen und können in der Headerdatei `<qkeycode.h>` nachgeschlagen werden. Ansonsten sollte dieser Codeausschnitt weitgehend selbsterklärend sein.

Um nun bei gedrückter rechter Maustaste dicker malen zu lassen als bei einer anderen gedrückten Maustaste, muss in der Methode `mouseMoveEvent()` in Zeile 38 im Listing 8.4 (`malprog1.cpp`) folgender Code hinzufügt werden:

```
// bei rechter Maustaste dicker malen
     if ( event->state() & RightButton )
     {
        QPen stift;
           // Stift
        stift.setWidth( 15 ); // -Dicke auf 15
        stift.setColor( m_farbe ); // -Farbe setz.
        wMaler.setPen( stift ); // f. Window setz.
        pMaler.setPen( stift ); // f. Puffer setz.
     }
     else
     {
        wMaler.setPen( m_farbe ); // -Farbe Window
        pMaler.setPen( m_farbe ); // -Farbe Puffer
     }
```

Hiermit wird festgelegt, dass bei gedrückter rechter Maustaste ein QPen-Objekt namens stift erzeugt wird, das als Stiftdicke nicht 1, sondern eben 15 benutzt. Unabhängig von der gedrückten Maustaste wird hier nun die in m_farbe gespeicherte Farbe als Zeichenfarbe verwendet.

Als Letztes muss nun folgender Codeausschnitt im **protected**-Teil der Klasse CMalFenster hinzugefügt werden, um bei einem doppelten Mausklick die Malfläche löschen zu lassen:

```
       //... Diese virtuelle Methode wird immer
      //... bei einem Maus-Doppelklick aufgerufen
   virtual void mouseDoubleClickEvent( QMouseEvent* )
   {
         // Uebermale parallel
         // mitgefuehrten Puffer weiss
      m_puffer.fill( white );
         // und kopiere ihn ueber das Window
      bitBlt( this, 0, 0, &m_puffer );
   }
```

8.6.3 Dritte Version des Malprogramms mit Menüs

In der dritten Version des Malprogramms wollen wir nun Menüs hinzufügen, wie dies in Abbildung 8.7 gezeigt ist. Die einzelnen Submenüs (Popupmenüs) zu dieser Menüleiste sind in Abbildung 8.8 gezeigt.

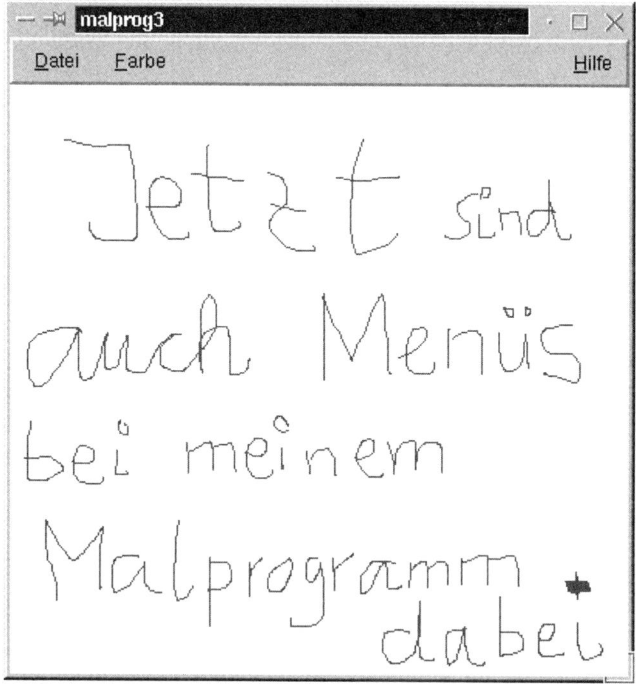

Abbildung 8.7: Dritte Version des Malprogramms mit einer Menüleiste

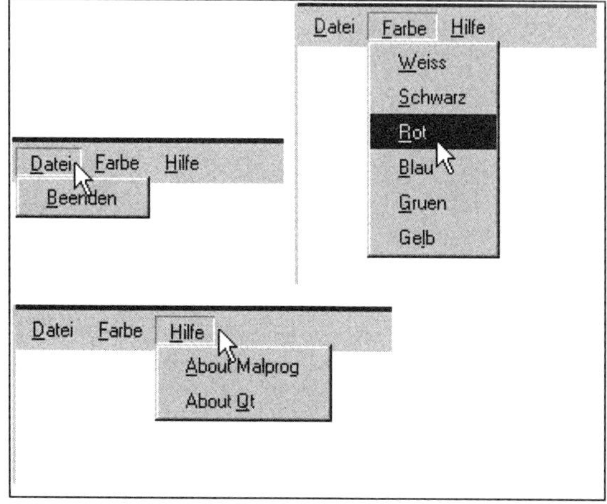

Abbildung 8.8: Die Submenüs zu der Menüleiste in Abbildung 8.7

Ein Klick auf den Submenü-Eintrag ABOUT MALPROG zeigt die oben in Abbildung 8.9 gezeigte Nachricht an, und ein Klick auf den Submenü-Eintrag ABOUT QT blendet die unten in Abbildung 8.9 gezeigte Nachricht ein.

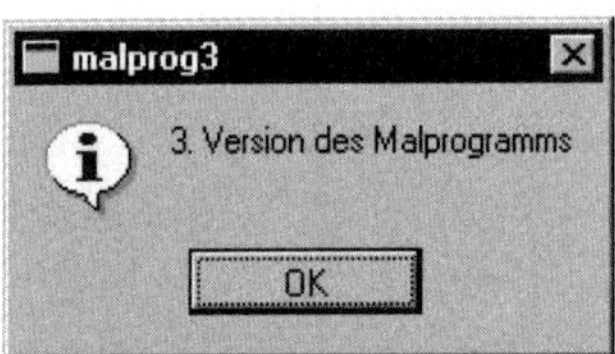

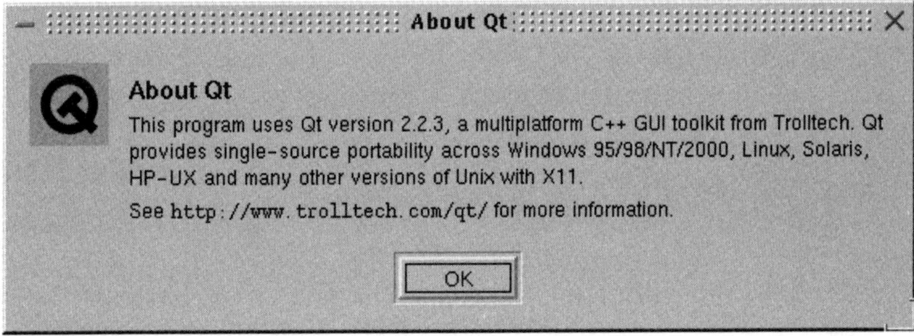

Abbildung 8.9: Widgets, die von den beiden Submenü-Einträgen des Hilfe-Menüs eingeblendet werden

Um Menüs zu erzeugen, stellt Qt die beiden Klassen `QMenuBar` (zum Anlegen einer Menüleiste) und `QPopupMenu` (zum Eintragen von Menüeinträgen) zur Verfügung, die beide von der Basisklasse `QMenuData` abgeleitet sind. Eine Menüleiste beinhaltet also die einzelnen Menüs, welche `QPopupMenu`-Objekte sind. Diese Menüs können ihrerseits wieder andere Submenüs enthalten, die wiederum `QPopupMenu`-Objekte sind. Daneben ist es auch möglich, Popup-Menüs direkt einzublenden, z.B. wenn der Benutzer die rechte Maustaste drückt.

Nun wollen wir uns der Realisierung der Menüs zuwenden, wobei wieder nur die erforderlichen Änderungen gegenüber der zweiten Version dieses Malprogramms (`malprog2.cpp`) vorgestellt werden. Die erste erforderliche Erweiterung ist, dass man noch folgende Headerdateien zusätzlich inkludieren muss:

```
#include <qmenubar.h>
#include <qpopupmenu.h>
#include <qmessagebox.h>
```

Als Nächstes müssen so genannte Kennungen (*IDs*) für die einzelnen Farben eingeführt werden, bevor der Konstruktor entsprechend erweitert werden muss, um die Menüs einzurichten. Nachfolgend sind die neu hinzuzufügenden Zeilen fett hervorgehoben:

```
enum { WEISS, SCHWARZ, ROT, BLAU, GRUEN, GELB };

//-------------------------------- class CMalFenster
class CMalFenster : public QWidget
{
    Q_OBJECT  // notwendig, da CMalFenster
              // Slots enthaelt
public:
   CMalFenster()
   {
      m_farbe = black;
            // beim Neumalen nicht loeschen
      setBackgroundMode( NoBackground );

        //... erzeugt ein Datei-Menu
      m_dateimenu = new QPopupMenu;
      m_dateimenu->insertItem( "&Beenden",
                               qApp, SLOT(quit()) );
         //... erzeugt ein Farbe-Menu
      m_farbemenu = new QPopupMenu;
      m_farbemenu->insertItem( "&Weiss",   WEISS );
      m_farbemenu->insertItem( "&Schwarz", SCHWARZ);
      m_farbemenu->insertItem( "&Rot",     ROT );
      m_farbemenu->insertItem( "&Blau",    BLAU );
      m_farbemenu->insertItem( "&Gruen",   GRUEN );
      m_farbemenu->insertItem( "Ge&lb",    GELB );
      QObject::connect(
          m_farbemenu, SIGNAL( activated( int ) ),
          this, SLOT( farbeMenuSlot( int ) ) );
         //... erzeugt ein Hilfe-Menu
      m_hilfemenu = new QPopupMenu;
      m_hilfemenu->insertItem(
         "&About Malprog", this, SLOT( AboutSlot()));
      m_hilfemenu->insertItem(
         "About &Qt", this, SLOT( AboutQtSlot()));
```

```
        //... erzeugt einen Menu-Balken
        m_menubalken = new QMenuBar( this );
        m_menubalken->insertItem("&Datei",m_dateimenu);
        m_menubalken->insertItem("&Farbe",m_farbemenu);
        m_menubalken->insertSeparator();
        m_menubalken->insertItem("&Hilfe",m_hilfemenu);
    }

    ~CMalFenster() {} // noch kein Code fuer Destruktor
```

In diesem Konstruktor werden zunächst die einzelnen Menüs erzeugt. Zuerst wird dabei der Menüeintrag für das DATEI-Menü mit den folgenden Codezeilen erzeugt:

```
m_dateimenu = new QPopupMenu;
m_dateimenu->insertItem( "&Beenden",
                         qApp, SLOT(quit()) );
```

Die von `QMenuData` angebotene Methode `insertItem()` zum Einfügen von Menüeinträgen in einem Menü wird in vielen überladenen Varianten angeboten, die hier nicht alle vorgestellt werden.

Hier jedenfalls wird mit dieser Methode ein Menüeintrag BEENDEN kreiert. Durch Voranstellen von `&` kann man ein Zeichen festlegen, das beim Einblenden des Popupmenüs unterstrichen angezeigt wird. Solche Zeichen werden als Tastatur-Kurzbefehle (*Shortcuts*) bezeichnet, da nach dem Einblenden des entsprechenden Popupmenüs der entsprechende Menüeintrag dann nicht nur mit der Maus, sondern auch durch Eingabe dieses unterstrichenen Zeichens auf der Tastatur direkt ausgewählt werden kann.

Als zweites Argument wird hier bei der Methode `insertItem()` die globale Variable `qApp` angegeben, die in `<qapplication.h>` definiert ist. Diese Variable enthält immer einen Zeiger auf das ganze `QApplication`-Objekt. Das dritte Argument legt die Slotroutine fest, die auszuführen ist, wenn dieser Menüeintrag vom Benutzer angewählt wird. In diesem Fall ist also ein `quit()` für das `QApplication`-Objekt durchzuführen, was somit zur Beendigung des Programms führt.

Mit den folgenden Codezeilen werden dann die Menüeinträge für das FARBE-Menü erzeugt:

```
//... erzeugt ein Farbe-Menu
      m_farbemenu = new QPopupMenu;
      m_farbemenu->insertItem( "&Weiss",   WEISS );
      m_farbemenu->insertItem( "&Schwarz", SCHWARZ);
      m_farbemenu->insertItem( "&Rot",     ROT );
      m_farbemenu->insertItem( "&Blau",    BLAU );
      m_farbemenu->insertItem( "&Gruen",   GRUEN );
      m_farbemenu->insertItem( "Ge&lb",    GELB );
      QObject::connect(
          m_farbemenu, SIGNAL( activated( int ) ),
          this, SLOT( farbeMenuSlot( int ) ) );
```

Hier wird eine andere Variante der Methode `insertItem()` zum Einfügen von Menüeinträgen verwendet: Wie zuvor legt das erste Argument den anzuzeigenden Text mit *Shortcut*-Buchstaben fest. Das zweite Argument legt hier nun aber eine Kennung (*ID*) fest, die dem entsprechenden Menüeintrag zuzuordnen ist. Abschließend wird dann das gesamte `farbemenu` über das Signal `activated(int)` mit der noch zu definierenden Slotroutine `farbeMenuSlot(int)` verbunden. Der Parameter des Signals `activated(int)` identifiziert dabei den entsprechenden Menüeintrag, der vom Benutzer ausgewählt wurde. In der weiter unten vorgestellten Slotroutine `farbeMenuSlot(int)` kann dann die von der Benutzerwahl abhängige Aktion durchgeführt werden.

Mit den folgenden Codezeilen werden dann beide Menüeinträge für das HILFE-Menü erzeugt:

```
//... erzeugt ein Hilfe-Menu
      m_hilfemenu = new QPopupMenu;
      m_hilfemenu->insertItem(
         "&About Malprog", this, SLOT( AboutSlot()));
      m_hilfemenu->insertItem(
         "About &Qt", this, SLOT( AboutQtSlot()));
```

Hier werden die Slotroutinen, die bei Auswahl eines Menüeintrags aufzurufen sind, anders als zuvor, wieder direkt beim Aufruf der Methode `insertItem()` angegeben. Beide Slotroutinen werden weiter unten noch definiert.

Nachdem nun alle Menüs erzeugt sind, kann man eine Menüleiste anlegen und die einzelnen Menüs mit der Methode `insertItem()` dort einfügen, was mit den folgenden Codezeilen erreicht wird.

```
//... erzeugt einen Menu-Balken
      m_menubalken = new QMenuBar( this );
      m_menubalken->insertItem("&Datei",m_dateimenu);
      m_menubalken->insertItem("&Farbe",m_farbemenu);
      m_menubalken->insertSeparator();
      m_menubalken->insertItem("&Hilfe",m_hilfemenu);
```

Mit der von `QMenuData` angebotenen Methode `insertSeparator()` können in Popupmenüs horizontale Trennlinien zwischen einzelnen Menüpunkten festgelegt werden. Bei `QMenuBar`-Objekten hat die Methode `insertSeparator()` im Windows-Stil überhaupt keine Auswirkung, während sie im Motif-Stil bewirkt, dass die restlichen Menüeinträge (hier HILFE) rechtsbündig in der Menüleiste angezeigt werden.

Nun müssen noch die einzelnen Slotroutinen und entsprechende **private**-Variablen für die Popupmenüs und die Menüleiste definiert werden. Die dazu erforderlichen Codezeilen, die man am Ende der `CMalFenster`-Klasse einfügen muss, sind nachfolgend gezeigt, wobei jedoch nur die fettgedruckten Zeilen wirkliche neue Zeilen sind:

```
private slots:
   void AboutSlot()
   {
      QMessageBox::information( this, "malprog3",
                 "3. Version des Malprogramms\n");
   }

   void AboutQtSlot()
   {
      QMessageBox::aboutQt( this, "About Qt" );
   }

   void farbeMenuSlot( int farbeId )
   {
      switch( farbeId ) {
         case WEISS:   m_farbe = white;  break;
         case SCHWARZ: m_farbe = black;  break;
         case ROT:     m_farbe = red;    break;
         case BLAU:    m_farbe = blue;   break;
```

```
            case GRUEN:    m_farbe = green;  break;
            case GELB:     m_farbe = yellow; break;
        }
    }

private:
    QPoint        m_letztepos;
    QPixmap       m_puffer;
    QColor        m_farbe;

    QMenuBar*     m_menubalken;
    QPopupMenu*   m_dateimenu;
    QPopupMenu*   m_farbemenu;
    QPopupMenu*   m_hilfemenu;
};

#include "malprog3.moc"  // notwendig, da eigene
                         // Slots definiert wurden
```

In der ersten definierten Slotroutine `AboutSlot()` wird eine so genannte `QMessageBox` eingeblendet, die das Aussehen hat, wie es oben in Abbildung 8.9 gezeigt ist.

```
void AboutSlot()
{
   QMessageBox::information( this, "malprog3",
             "3. Version des Malprogramms\n");
}
```

Weitere von der Klasse `QMessageBox` angebotene statische Methoden neben `information()` sind `warning()` und `critical()`. Üblicherweise übergibt man dabei als erstes Argument das Elternwidget, als zweites den Fenstertitel und als letzes Argument den im `QMessageBox`-Widget anzuzeigenden Text. In der Slotroutine `AboutQtSlot()` wird eine weitere von `QMessageBox` angebotene statische Methode aufgerufen:

```
void AboutQtSlot()
{
   QMessageBox::aboutQt( this, "About Qt" );
}
```

Diese Methode `aboutQt()` liefert Informationen zu Qt (siehe unten in Abbildung 8.9).

Die letzte fehlende Slotroutine ist `farbeMenuSlot(int)`, die bei Auswahl eines Eintrags aus dem FARBE-Menü angesprungen wird.

```
void farbeMenuSlot( int farbeId )
{
   switch( farbeId ) {
      case WEISS:   m_farbe = white;  break;
      case SCHWARZ: m_farbe = black;  break;
      case ROT:     m_farbe = red;    break;
      case BLAU:    m_farbe = blue;   break;
      case GRUEN:   m_farbe = green;  break;
      case GELB:    m_farbe = yellow; break;
   }
}
```

Die vom Signal `activated(int)` über den Parameter gelieferte Kennung identifiziert den entsprechenden Menüeintrag, so dass hier über eine **switch**-Anweisung leicht die vom Benutzer im Menü ausgewählte Farbe eingestellt werden kann. Hier wäre auch eine andere Vorgehensweise denkbar: Man definiert sich ein Array mit den entsprechenden Farben:

```
QColor farb_array[] = { white, black, red, blue, green,
                        yellow };
```

und benutzt dann die gelieferte Kennung als Index für dieses Array, so dass diese Slotroutine dann wie folgt verkürzt werden könnte:

```
void farbeMenuSlot( int farbeId )
{
   m_farbe = farb_array[farbeId];
}
```

8.6.4 Vierte Version des Malprogramms mit Laufbalken

Das Malprogramm soll nun weiter ausgebaut werden, so dass die Malfläche nicht nur auf die Größe des Anwendungsfensters begrenzt ist. Durch Hinzufügen von vertikalen und horizontalen Laufbalken kann dabei der Benutzer auf einer Malfläche malen, die wesentlich größer als das angezeigte Mal-Fenster ist. Mit der von Qt angebotenen Klasse `QScrollView` können sehr leicht einem Widget Laufbalken zugeordnet werden.

Wenn wir z.B. in unserem Malprogramm für das Anwendungsfenster ein eigenes Widget namens `CMalFenster` erstellen:

```
CMalFenster* malfenster = new CMalFenster();
malfenster->setGeometry( 50, 50, 400, 400 );
```

und im Konstruktor der Klasse `CMalFenster` ein eigenes Subwidget `malflaeche` für das eigentliche Malen erzeugen, das wesentlich größer als sein Elternwidget `malfenster` ist:

```
m_malflaeche = new CMalFlaeche();
m_malflaeche->setGeometry( 0, 0, 1000, 1000 );
```

dann lassen sich im Konstruktor von `CMalFenster` dem `malfenster`-Subwidget Laufbalken wie folgt zuordnen:

```
m_scrollview = new QScrollView( this );
m_scrollview->setGeometry(
        0, m_menubalken->height(),
        width(), height()-m_menubalken->height());
```

Nun muss man nur noch das Subwidget angeben, auf das sich die Laufbalken beziehen:

```
m_scrollview->addChild( m_malflaeche );
```

Listing 8.5 (`malprog4.cpp`) zeigt diese Version unseres Malprogramms mit Laufbalken (siehe auch Abbildung 8.10).

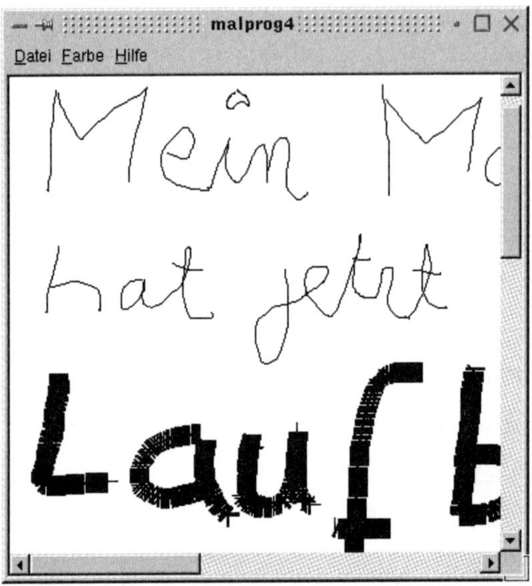

Abbildung 8.10: Aussehen der vierten Versions des Malprogramms mit Laufbalken

Listing 8.5 (`malprog4.cpp`) hat das folgende Aussehen:

```
#include <qapplication.h>
#include <qwidget.h>
#include <qpainter.h>
#include <qpixmap.h>
```

```
#include <qmenubar.h>
#include <qpopupmenu.h>
#include <qmessagebox.h>
#include <qscrollview.h>

enum { WEISS, SCHWARZ, ROT, BLAU, GRUEN, GELB };

//-------------------------------- class CMalFlaeche
class CMalFlaeche : public QWidget
{
    Q_OBJECT  // notwendig, da CMalFlaeche
              // Slots enthaelt
public:
   CMalFlaeche()
   {
      m_farbe = black;
            // beim Neumalen nicht loeschen
      setBackgroundMode( NoBackground );
   }

  ~CMalFlaeche() {} // noch kein Code fuer Destruktor

public slots:
   void setzeFarbe( QColor neu_farbe )
   {
      m_farbe = neu_farbe;
   }

protected:
      //... Diese virtuelle Methode wird immer
      //... aufgerufen, wenn Benutzer auf eine
      //... Maustaste über diesem Fenster klickt
   virtual void mousePressEvent( QMouseEvent* event)
   {
         // Speichere die Koordinaten vom Event
      m_letztepos = event->pos();
   }

      //... Diese virtuelle Methode wird immer
      //... aufgerufen, wenn Benutzer
      //... die Maus bei gedrueckter Taste bewegt
   virtual void mouseMoveEvent( QMouseEvent* event)
   {
         // erzeugen QPainter-Object
```

```
      QPainter wMaler; // ... zum Zeichnen im Window
      QPainter pMaler; // ... zum Zeichnen im Puffer

         // Start des Zeichnens
      wMaler.begin( this );      // ... im Window
      pMaler.begin( &m_puffer ); // ... im Puffer

        // bei rechter Maustaste dicker malen
      if ( event->state() & RightButton )
      {
         QPen stift;
            // Stift
         stift.setWidth( 15 ); // -Dicke auf 15
         stift.setColor( m_farbe ); // -Farbe setz.
         wMaler.setPen( stift ); // f. Window setz.
         pMaler.setPen( stift ); // f. Puffer setz.
       }
       else
       {
         wMaler.setPen( m_farbe ); // -Farbe Window
         pMaler.setPen( m_farbe ); // -Farbe Puffer
       }

         // zeichnet Linie im Window
      wMaler.drawLine( m_letztepos, event->pos() );
         // zeichnet Linie im Puffer
      pMaler.drawLine( m_letztepos, event->pos() );

      wMaler.end(); // Ende des Zeichnens im Window
      pMaler.end(); // Ende des Zeichnens im Puffer

      m_letztepos = event->pos(); // merkt sich die
                                  // akt. Mausposition
   }

      //... Diese virtuelle Methode wird immer
      //... aufgerufen, wenn neues Malen erforder-
      //... lich ist, z.B. wenn das Bild durch ein
      //... anderes Fenster verdeckt wurde und nun
      //... wieder sichtbar sein soll.
   virtual void paintEvent( QPaintEvent* )
   {
           // kopiert Puffer-Bild auf Bildschirm
      bitBlt( this, 0, 0, &m_puffer );
   }
```

```
      //... Diese virtuelle Methode wird immer
      //... aufgerufen, wenn die
      //... Fenstergroesse sich aendert.
   virtual void resizeEvent( QResizeEvent* event )
   {
         // Sichern des Bildes im Puffer `save'
      QPixmap save( m_puffer );
         // Puffergroesse auf neue Bildgroesse setzen
      m_puffer.resize( event->size() );
         // Pufferinhalt mit weiss ueberschreiben
      m_puffer.fill( white );
         // Temporaeren Puffer `save' in den
         // Puffer `m_puffer' kopieren.
      bitBlt( &m_puffer, 0, 0, &save );
   }

      //... Diese virtuelle Methode wird immer
      //... bei einem Maus-Doppelklick aufgerufen
   virtual void mouseDoubleClickEvent( QMouseEvent* )
   {
         // Uebermale parallel
         // mitgefuehrten Puffer weiss
      m_puffer.fill( white );
         // und kopiere ihn ueber das Window
      bitBlt( this, 0, 0, &m_puffer );
   }

      //... Diese virtuelle Methode wird immer
      //... aufgerufen, wenn eine Taste auf der
      //... Tastatur gedrueckt wird
   virtual void keyPressEvent( QKeyEvent* event )
   {
      switch( event->key() ) {
         case Key_W:  m_farbe = white;  break;
         case Key_S:  m_farbe = black;  break;
         case Key_R:  m_farbe = red;    break;
         case Key_B:  m_farbe = blue;   break;
         case Key_G:  m_farbe = green;  break;
         case Key_L:  m_farbe = yellow; break;
      }
   }

private:
   QPoint      m_letztepos;
   QPixmap     m_puffer;
```

```
   QColor      m_farbe;
};

//--------------------------------- class CMalFenster
class CMalFenster : public QWidget
{
    Q_OBJECT  // notwendig, da CMalFenster
              // Slots enthaelt
public:
   CMalFenster()
   {
        //... erzeugt ein Datei-Menu
      m_dateimenu = new QPopupMenu;
      m_dateimenu->insertItem( "&Beenden",
                               qApp, SLOT(quit()) );
        //... erzeugt ein Farbe-Menu
      m_farbemenu = new QPopupMenu;
      m_farbemenu->insertItem( "&Weiss",   WEISS );
      m_farbemenu->insertItem( "&Schwarz", SCHWARZ);
      m_farbemenu->insertItem( "&Rot",     ROT );
      m_farbemenu->insertItem( "&Blau",    BLAU );
      m_farbemenu->insertItem( "&Gruen",   GRUEN );
      m_farbemenu->insertItem( "Ge&lb",    GELB );
      QObject::connect(
         m_farbemenu, SIGNAL( activated( int ) ),
         this, SLOT( farbeMenuSlot( int ) ) );
        //... erzeugt ein Hilfe-Menu
      m_hilfemenu = new QPopupMenu;
      m_hilfemenu->insertItem(
        "&About Malprog", this, SLOT( AboutSlot()));
      m_hilfemenu->insertItem(
        "About &Qt", this, SLOT( AboutQtSlot()));
         //... erzeugt einen Menu-Balken
      m_menubalken = new QMenuBar( this );
      m_menubalken->insertItem("&Datei",m_dateimenu);
      m_menubalken->insertItem("&Farbe",m_farbemenu);
      m_menubalken->insertSeparator();
      m_menubalken->insertItem("&Hilfe",m_hilfemenu);

      m_malflaeche = new CMalFlaeche();
      m_malflaeche->setGeometry( 0, 0, 1000, 1000 );

      m_scrollview = new QScrollView( this );
      m_scrollview->setGeometry(
          0, m_menubalken->height(),
```

```
         width(), height()-m_menubalken->height());
      m_scrollview->addChild( m_malflaeche );

      QObject::connect(
         this, SIGNAL( farbeGeaendert( QColor ) ),
         m_malflaeche, SLOT(setzeFarbe(QColor)) );
   }

  ~CMalFenster() {} // noch kein Code fuer Destruktor

private slots:
   void AboutSlot()
   {
      QMessageBox::information( this, "malprog4",
                 "4. Version des Malprogramms\n");
   }

   void AboutQtSlot()
   {
      QMessageBox::aboutQt( this, "About Qt" );
   }

   void farbeMenuSlot( int farbeId )
   {
      switch( farbeId )
      {
        case WEISS:
                emit farbeGeaendert( white );  break;
        case SCHWARZ:
                emit farbeGeaendert( black );  break;
        case ROT:
                emit farbeGeaendert( red );    break;
        case BLAU:
                emit farbeGeaendert( blue );   break;
        case GRUEN:
                emit farbeGeaendert( green );  break;
        case GELB:
                emit farbeGeaendert( yellow ); break;
      }
   }

signals:
   void farbeGeaendert( QColor );

protected:
```

```
   virtual void resizeEvent( QResizeEvent* )
   {
      m_scrollview->setGeometry(
          0, m_menubalken->height(),
          width(), height()-m_menubalken->height() );
   }

private:
   QMenuBar*    m_menubalken;
   QPopupMenu*  m_dateimenu;
   QPopupMenu*  m_farbemenu;
   QPopupMenu*  m_hilfemenu;
   QScrollView* m_scrollview;
   CMalFlaeche* m_malflaeche;
};

#include "malprog4.moc"  // notwendig, da eigene
                         // Slots definiert wurden

//------------------------------------------ main
int main( int argc, char* argv[] )
{
   QApplication myapp( argc, argv );

   CMalFenster* mywidget = new CMalFenster();
   mywidget->setGeometry( 50, 50, 400, 400 );

   myapp.setMainWidget( mywidget );
   mywidget->show();
   return myapp.exec();
}
```

*Listing 8.5: **(malprog4.cpp)**: Vierte Version des Malprogramms mit Menüs und Laufbalken*

Listing 8.5 (`malprog4.cpp`) enthält einige wichtige Änderungen gegenüber seiner vorherigen dritten Version:

1. Um zu verhindern, dass die Menüleiste auch dem Laufbalken zugeordnet ist, was sicherlich äußerst ungeschickt wäre, wurde die vorherige Klasse `CMalFenster` in `CMalFlaeche` (eigentliche Malfläche) umbenannt, und eine neue Klasse `CMalFenster` eingeführt, welche das Hauptwidget darstellt, dem die Menüleiste und die Malfläche als Subwidgets zugeordnet werden. Die Klasse `CMalFlaeche` behielt dabei alle Methoden, die sich auf das eigentliche Zeichnen beziehen. Lediglich das Anlegen der Menüs und die dazugehörigen Slots

wurden vom Konstruktor der Klasse CMalFlaeche an den Konstruktor der Klasse CMalFenster abgegeben.

2. Zusätzlich ist der Konstruktor der Klasse CMalFenster für die Erzeugung eines CMalFlaeche-Objekts und der Laufbalken zuständig:

```
m_malflaeche = new CMalFlaeche();
m_malflaeche->setGeometry( 0, 0, 1000, 1000 );

m_scrollview = new QScrollView( this );
m_scrollview->setGeometry(
      0, m_menubalken->height(),
      width(), height()-m_menubalken->height());
m_scrollview->addChild( m_malflaeche );
```

3. Während die beiden Slotroutinen AboutSlot() und AboutQtSlot() unverändert von der Klasse CMalFlaeche in die Klasse CMalFenster verschoben werden konnten, waren bei der Slotroutine farbeMenuSlot() doch einige Änderungen erforderlich, da die **private**-Variable m_farbe sinnvollerweise weiterhin der Klasse CMalFlaeche zugeordnet bleiben sollte. Um nun von der Slotroutine farbeMenuSlot(), die immer bei Auswahl einer neuen Farbe durch den Benutzer aufgerufen wird, die **private**-Variable m_farbe der Klasse CMalFlaeche entsprechend setzen zu lassen, schickt diese Methode ein Signal farbeGeaendert(QColor):

```
void farbeMenuSlot( int farbeId )
{
   switch( farbeId )
   {
     case WEISS:
            emit farbeGeaendert( white ); break;
     case SCHWARZ:
            emit farbeGeaendert( black ); break;
     case ROT:
            emit farbeGeaendert( red );   break;
     case BLAU:
            emit farbeGeaendert( blue );  break;
     case GRUEN:
            emit farbeGeaendert( green ); break;
     case GELB:
            emit farbeGeaendert( yellow ); break;
   }
}
```

Dieses Signal `farbeGeaendert(QColor)` wird im `CMalFenster`-Konstruktor mit der ebenfalls neuen Slotroutine `setzeFarbe(QColor)` der Klasse `CMalFlaeche` verbunden:

```
QObject::connect(
        this, SIGNAL( farbeGeaendert( QColor ) ),
        m_malflaeche, SLOT(setzeFarbe(QColor)) );
```

Auf diese Weise wurde die Auswahl einer neuen Farbe klar von dem Setzen und der Verwendung der Farbe getrennt, was bei eventuellen späteren Erweiterungen sehr von Vorteil sein kann, da man dieses Signal dann auch an andere Slotroutinen, die sich auch in anderen Klassen befinden können, weiterleiten kann.

4. Eine letzte wichtige Änderung gegenüber der Vorgängerversion ist noch die Neuimplementierung der virtuellen Methode `resizeEvent()` für die Klasse `CMalFenster`:

```
protected:
  virtual void resizeEvent( QResizeEvent* )
  {
    m_scrollview->setGeometry(
       0, m_menubalken->height(),
       width(), height()-m_menubalken->height() );
  }
```

8.6.5 Fünfte Version des Malprogramms mit einigen Erweiterungen

In dieser fünften Version des Malprogramms sollen die folgenden Erweiterungen hinzugefügt werden:

1. In der Menüleiste soll die Pinseldicke über ein zusätzliches Popupmenü ausgewählt werden können, das entsprechende Linien mit der jeweiligen Dicke anzeigt (siehe oben in Abbildung 8.11).
2. Bei einem Klick auf die rechte Maustaste innerhalb der Malfläche soll ein Popupmenü eingeblendet werden, das eine neue Pinselfarbe einstellen bzw. auch das ganze gemalte Bild löschen lässt (siehe unten in Abbildung 8.11).
3. Ein Verschieben der Laufbalken soll nicht nur mit der Maustaste, sondern auch von der Tastatur mit den Tasten [Bild↑], [Bild↓], [↑], [↓], [←] und [→] möglich sein.

4. Ein Vergrößern bzw. Verkleinern der Pinseldicke soll nicht nur über die Menüleiste, sondern auch von der Tastatur mit den Tasten > (Größer) und < (Kleiner) möglich sein.
5. Ein Zeichnen mit der linken Maustaste bei gedrückter ⇧-Taste bewirkt unabhängig von der eingestellten Pinseldicke ein Malen mit einer Stiftdicke von 10.

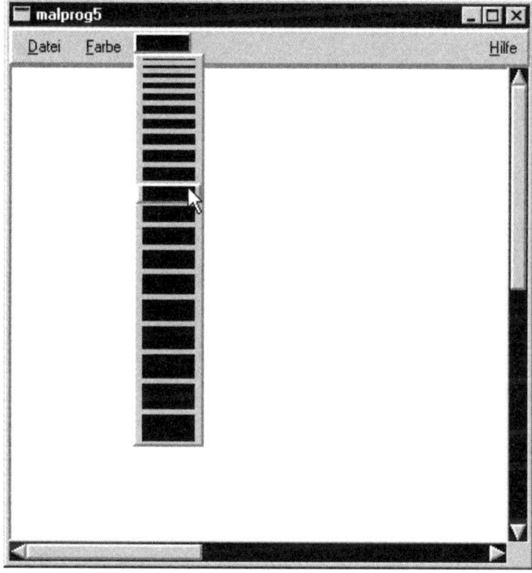

Abbildung 8.11: Einige wesentliche Erweiterungen in der fünften Versions des Malprogramms

In Listing 8.6 (malprog5.cpp) sind die wesentlichen Änderungen fett hervorgehoben.

```
#include <qapplication.h>
#include <qwidget.h>
#include <qpainter.h>
#include <qpixmap.h>
#include <qmenubar.h>
#include <qpopupmenu.h>
#include <qmessagebox.h>
#include <qscrollview.h>

enum { WEISS, SCHWARZ, ROT, BLAU, GRUEN, GELB };

class CMalFenster;

//-------------------------------- class CMalFlaeche
class CMalFlaeche : public QWidget
{
    Q_OBJECT  // notwendig, da CMalFlaeche
              // Slots enthaelt
public:
   CMalFlaeche( CMalFenster * );

  ~CMalFlaeche()
   {
      delete m_popupmenu; // loescht Popup-Menue
   }

   QColor getFarbe()  { return m_farbe;  }
   int    getBreite() { return m_breite; }

public slots:
   void setzeFarbeBreite( QColor neu_farbe,
                          int neu_breite )
   {
      m_farbe  = neu_farbe;
      m_breite = neu_breite;
   }

   void sendeFarbeGeaendertSignal( int menupunkt )
   {
      switch ( menupunkt )
      {
         case WEISS:
```

```
            emit stiftGeaendert( white, m_breite );
            break;
         case SCHWARZ:
            emit stiftGeaendert( black, m_breite );
            break;
         case ROT:
            emit stiftGeaendert( red, m_breite );
            break;
         case BLAU:
            emit stiftGeaendert( blue , m_breite);
            break;
         case GRUEN:
            emit stiftGeaendert( green, m_breite );
            break;
         case GELB:
            emit stiftGeaendert( yellow, m_breite );
            break;
      }
   }

   void sendeBreiteGeaendertSignal( int breite )
   {
      emit stiftGeaendert( m_farbe, breite );
   }

   void sendeBreiteTasteGeaendertSignal( int delta )
   {
      if (m_breite+delta >= 1 && m_breite+delta <= 20)
         emit stiftGeaendert( m_farbe,
                              m_breite+delta );
   }

protected:
   virtual void mousePressEvent( QMouseEvent* event)
   {
      if ( event->button() == RightButton )
         m_popupmenu->exec( QCursor::pos() );
      else
         m_letztepos = event->pos();
   }

   virtual void mouseMoveEvent( QMouseEvent* );

   virtual void paintEvent( QPaintEvent* )
   {
```

```
      bitBlt( this, 0, 0, &m_puffer );
   }

   virtual void resizeEvent( QResizeEvent* event )
   {
      QPixmap save( m_puffer );
      m_puffer.resize( event->size() );
      m_puffer.fill( white );
      bitBlt( &m_puffer, 0, 0, &save );
   }

   virtual void mouseDoubleClickEvent( QMouseEvent* )
   {
      LoescheFlaecheSlot();
   }

private slots:
   void LoescheFlaecheSlot()
   {
      m_puffer.fill( white );
      bitBlt( this, 0, 0, &m_puffer );
   }

signals:
   void stiftGeaendert( QColor, int );

private:
   QPoint       m_letztepos;
   QPixmap      m_puffer;
   QColor       m_farbe;
   int          m_breite;
   QPopupMenu*  m_popupmenu;
};

//-------------------------------- class CMalFenster
class CMalFenster : public QWidget
{
    Q_OBJECT  // notwendig, da CMalFenster
              // Slots enthaelt
public:
   CMalFenster();
  ~CMalFenster() {}

public slots:
   void AendereMenu( QColor farbe, int breite )
```

```
{
   QPixmap pixmap( 40, breite);
   pixmap.fill( farbe );
   m_menubalken->changeItem( pixmap,
                             m_breitemenu_id );
   for (int i=1; i<=20; i++)
   {
      pixmap.resize( 40, i);
      pixmap.fill( farbe );
      m_breitemenu->changeItem(
                  pixmap, m_breitemenusub_id[i] );
   }
   m_menubalken->repaint();
}

virtual void keyPressEvent( QKeyEvent* event )
{
   switch (event->key())
   {
      case Key_Up   :
         m_scrollview->scrollBy( 0, -10);
         break;
      case Key_Down :
         m_scrollview->scrollBy( 0, 10);
         break;
      case Key_Left :
         m_scrollview->scrollBy( -10, 0);
         break;
      case Key_Right:
         m_scrollview->scrollBy( 10, 0);
         break;
      case Key_PageUp:
         m_scrollview->scrollBy( 0,
          -QMAX(m_scrollview->contentsHeight()/10,
                10) );
         break;
      case Key_PageDown: m_scrollview->scrollBy( 0,
          QMAX(m_scrollview->contentsHeight()/10,
               10) );
          break;
      case Key_W:
         emit farbeTasteGedrueckt(WEISS);
         break;
      case Key_S:
         emit farbeTasteGedrueckt(SCHWARZ);
```

```
            break;
         case Key_R:
            emit farbeTasteGedrueckt(ROT);
            break;
         case Key_B:
            emit farbeTasteGedrueckt(BLAU);
            break;
         case Key_G:
            emit farbeTasteGedrueckt(GRUEN);
            break;
         case Key_L:
            emit farbeTasteGedrueckt(GELB);
            break;

         case Key_Less:
            emit breiteTasteGedrueckt(-1);
            break;
         case Key_Greater:
            emit breiteTasteGedrueckt(1);
            break;
      }
   }

private slots:
   void AboutSlot()
   {
      QMessageBox::information( this, "malprog5",
                 "5. Version des Malprogramms\n");
   }

   void AboutQtSlot()
   {
      QMessageBox::aboutQt( this, "About Qt" );
   }

signals:
   void farbeTasteGedrueckt( int );
   void breiteTasteGedrueckt( int );

protected:
   virtual void resizeEvent( QResizeEvent* )
   {
      m_scrollview->setGeometry(
          0, m_menubalken->height(),
          width(), height()-m_menubalken->height() );
```

```
   }

private:
   QMenuBar*    m_menubalken;
   QPopupMenu*  m_dateimenu;
   QPopupMenu*  m_farbemenu;
   QPopupMenu*  m_breitemenu;
   int          m_breitemenu_id;
   int          m_breitemenusub_id[30];
   QPopupMenu*  m_hilfemenu;
   QScrollView* m_scrollview;
   CMalFlaeche* m_malflaeche;
};

#include "malprog5.moc"  // notwendig, da eigene
                         // Slots definiert wurden

//-------------------- Konstruktor fuer CMalFlaeche
CMalFlaeche::CMalFlaeche( CMalFenster *m )
{
   m_farbe = black; // voreingest. Farbe ist schwarz
   setBackgroundMode( NoBackground );
   m_breite = 4;    // voreingest. Pinselbreite ist 4

   m_popupmenu = new QPopupMenu; // erzeugt PopupMenu
   QPixmap pixmap( 40, 20);
   pixmap.fill( white );
   m_popupmenu->insertItem( pixmap, WEISS);
   pixmap.fill( black );
   m_popupmenu->insertItem( pixmap, SCHWARZ );
   pixmap.fill( red );
   m_popupmenu->insertItem( pixmap, ROT );
   pixmap.fill( blue );
   m_popupmenu->insertItem( pixmap, BLAU );
   pixmap.fill( green );
   m_popupmenu->insertItem( pixmap, GRUEN );
   pixmap.fill( yellow );
   m_popupmenu->insertItem( pixmap, GELB );
   m_popupmenu->insertItem(
         "&Clear", this, SLOT(LoescheFlaecheSlot()));

   QObject::connect(
     m_popupmenu, SIGNAL( activated( int ) ),
     this, SLOT( sendeFarbeGeaendertSignal( int ) ) );
   QObject::connect(
```

```
      this, SIGNAL( stiftGeaendert( QColor, int ) ),
      this, SLOT( setzeFarbeBreite( QColor, int ) ) );
   QObject::connect(
      this, SIGNAL( stiftGeaendert( QColor, int ) ),
      m, SLOT( AendereMenu( QColor, int ) ) );
}

//--------------- mouseMoveEvent() fuer CMalFlaeche
void CMalFlaeche::mouseMoveEvent( QMouseEvent* event )
{
      // erzeugen QPainter-Object
   QPainter wMaler; // ... zum Zeichnen im Window
   QPainter pMaler; // ... zum Zeichnen im Puffer

      // Start des Zeichnens
   wMaler.begin( this );      // ... im Window
   pMaler.begin( &m_puffer ); // ... im Puffer

   if ( (event->state() & LeftButton) &&
        (event->state() & ShiftButton) )
   {
      wMaler.setPen( QPen(m_farbe, 10) );
      pMaler.setPen( QPen(m_farbe, 10) );
   }
   else
   {
      wMaler.setPen( QPen(m_farbe, m_breite) );
      pMaler.setPen( QPen(m_farbe, m_breite) );
   }

       // zeichnet Linie im Window
   wMaler.drawLine( m_letztepos, event->pos() );
       // zeichnet Linie im Puffer
   pMaler.drawLine( m_letztepos, event->pos() );

   wMaler.end(); // Ende des Zeichnens im Window
   pMaler.end(); // Ende des Zeichnens im Puffer

   m_letztepos = event->pos(); // merkt sich die
                               // akt. Mausposition
}

//-------------------- Konstruktor fuer CMalFenster
CMalFenster::CMalFenster()
{
```

```
m_malflaeche = new CMalFlaeche( this );
m_malflaeche->setGeometry( 0, 0, 1000, 1000 );

  //... erzeugt ein Datei-Menu
m_dateimenu = new QPopupMenu;
m_dateimenu->insertItem( "&Beenden",
                         qApp, SLOT(quit()) );
   //... erzeugt ein Farbe-Menu
m_farbemenu = new QPopupMenu;
m_farbemenu->insertItem( "&Weiss",   WEISS );
m_farbemenu->insertItem( "&Schwarz", SCHWARZ);
m_farbemenu->insertItem( "&Rot",     ROT );
m_farbemenu->insertItem( "&Blau",    BLAU );
m_farbemenu->insertItem( "&Gruen",   GRUEN );
m_farbemenu->insertItem( "Ge&lb",    GELB );
QObject::connect(
    m_farbemenu, SIGNAL( activated( int ) ),
    m_malflaeche,
    SLOT(sendeFarbeGeaendertSignal(int)));
   //... erzeugt ein Breite-Menu
m_breitemenu = new QPopupMenu;
for (int i=1; i<=20; i++)
{
   QPixmap pixmap( 40, i);
   pixmap.fill( m_malflaeche->getFarbe() );
   m_breitemenusub_id[i] =
         m_breitemenu->insertItem( pixmap, i );
}
QObject::connect(
    m_breitemenu, SIGNAL( activated( int ) ),
    m_malflaeche,
    SLOT( sendeBreiteGeaendertSignal( int ) ) );
   //... erzeugt ein Hilfe-Menu
m_hilfemenu = new QPopupMenu;
m_hilfemenu->insertItem(
   "&About Malprog", this, SLOT( AboutSlot()));
m_hilfemenu->insertItem(
   "About &Qt", this, SLOT( AboutQtSlot()));
    //... erzeugt einen Menu-Balken
m_menubalken = new QMenuBar( this );
m_menubalken->insertItem("&Datei",m_dateimenu);
m_menubalken->insertItem("&Farbe",m_farbemenu);
  QPixmap pixmap( 40, m_malflaeche->getBreite() );
  pixmap.fill( m_malflaeche->getFarbe() );
  m_breitemenu_id =
```

```
        m_menubalken->insertItem(pixmap, m_breitemenu);
    m_menubalken->insertSeparator();
    m_menubalken->insertItem("&Hilfe",m_hilfemenu);

    m_scrollview = new QScrollView( this );
    m_scrollview->setGeometry(
         0, m_menubalken->height(),
         width(), height()-m_menubalken->height());
    m_scrollview->addChild( m_malflaeche );

    QObject::connect(
          m_malflaeche,
          SIGNAL( stiftGeaendert( QColor, int ) ),
          m_malflaeche,
          SLOT( setzeFarbeBreite( QColor, int ) ) );
    QObject::connect(
          m_malflaeche,
          SIGNAL( stiftGeaendert( QColor, int ) ),
          this, SLOT( AendereMenu( QColor, int ) ) );
    QObject::connect(
          this, SIGNAL( farbeTasteGedrueckt( int ) ),
          m_malflaeche,
          SLOT( sendeFarbeGeaendertSignal( int ) ) );
    QObject::connect(
          this, SIGNAL( breiteTasteGedrueckt( int ) ),
          m_malflaeche,
          SLOT(sendeBreiteTasteGeaendertSignal(int)));
}

//------------------------------------------ main
int main( int argc, char* argv[] )
{
    QApplication myapp( argc, argv );

    CMalFenster* mywidget = new CMalFenster();
    mywidget->setGeometry( 50, 50, 400, 400 );

    myapp.setMainWidget( mywidget );
    mywidget->show();
    return myapp.exec();
}
```

*Listing 8.6: (**malprog5.cpp**): Fünfte Version des Malprogramms*

Nachfolgend werden nur die wichtigsten Neuheiten im Listing 8.6 (malprog5.cpp) kurz erläutert:

Eine erste wichtige Neuheit ist das Einfügen von Pixmaps in Menüs und in der Menüleiste. Dies geschieht mit den folgenden Codezeilen im Konstruktor der Klasse CMalFenster:

```
   m_breitemenu = new QPopupMenu;
   for (int i=1; i<=20; i++)
   {
      QPixmap pixmap( 40, i);
      pixmap.fill( m_malflaeche->getFarbe() );
      m_breitemenusub_id[i] =
            m_breitemenu->insertItem( pixmap, i );
   }
   QObject::connect(
       m_breitemenu, SIGNAL( activated( int ) ),
       m_malflaeche,
       SLOT( sendeBreiteGeaendertSignal( int ) ) );
...
   //...zeigt aktuelle Pinselstärke als Linie mit
   //   entsprechender Dicke in der Menüleiste an
   QPixmap pixmap( 40, m_malflaeche->getBreite() );
   pixmap.fill( m_malflaeche->getFarbe() );
   m_breitemenu_id =
       m_menubalken->insertItem(pixmap, m_breitemenu);
```

In dem Konstruktor zur Klasse CMalFenster wird auch eine eigene Slotroutine AendereMenu() angeboten, die immer dann aufgerufen wird, wenn sich die Farbe oder die Breite des Malpinsels geändert hat. Diese Slotroutine ist dafür verantwortlich, dass die aktuelle Pinselfarbe und -stärke in der Menüleiste als Pixmap für die Auswahl der Pinselstärke angezeigt wird.

```
void AendereMenu( QColor farbe, int breite )
   {
      QPixmap pixmap( 40, breite);
      pixmap.fill( farbe );
      m_menubalken->changeItem( pixmap,
                                m_breitemenu_id );
      for (int i=1; i<=20; i++)
      {
         pixmap.resize( 40, i);
         pixmap.fill( farbe );
```

```
        m_breitemenu->changeItem(
                    pixmap, m_breitemenusub_id[i] );
    }
    m_menubalken->repaint();
}
```

Eine zweite wichtige Neuheit ist das Popupmenü, das eingeblendet wird, wenn die rechte Maustaste in der Malfläche gedrückt wird. Dieses so genannte Kontextmenü wird im Konstruktor der Klasse CMalFlaeche erzeugt:

```
m_popupmenu = new QPopupMenu; // erzeugt PopupMenu
QPixmap pixmap( 40, 20);
pixmap.fill( white );
m_popupmenu->insertItem( pixmap, WEISS);
pixmap.fill( black );
m_popupmenu->insertItem( pixmap, SCHWARZ );
pixmap.fill( red );
m_popupmenu->insertItem( pixmap, ROT );
pixmap.fill( blue );
m_popupmenu->insertItem( pixmap, BLAU );
pixmap.fill( green );
m_popupmenu->insertItem( pixmap, GRUEN );
pixmap.fill( yellow );
m_popupmenu->insertItem( pixmap, GELB );
m_popupmenu->insertItem(
      "&Clear", this, SLOT(LoescheFlaecheSlot()));

QObject::connect(
  m_popupmenu, SIGNAL( activated( int ) ),
  this, SLOT( sendeFarbeGeaendertSignal( int ) ) );
```

Man kann erkennen, dass solche Kontext-Popupmenüs – wie andere Menüs auch – QPopupMenu-Objekte sind. Anders als andere Menüs werden diese Menüs jedoch nicht mit der Methode insertItem() in der Menüleiste untergebracht, sondern erst bei Bedarf (hier ein Klick auf die rechte Maustaste) mit der Methode exec() bzw. popup() eingeblendet:

```
virtual void mousePressEvent( QMouseEvent* event)
{
   if ( event->button() == RightButton )
      m_popupmenu->exec( QCursor::pos() );
   else
      m_letztepos = event->pos();
}
```

Während die Methode exec() blockierend ist, was bedeutet, dass sie erst zurückkehrt, wenn der Benutzer einen der Menüeinträge ausgewählt hat oder aber an einer anderen Stelle auf eine Maustaste klickt, wirkt die Methode popup() nicht blockierend, was bedeutet, dass sie sofort zurückkehrt, wenn das auslösende Ereignis (hier der rechte Mausklick) entweder mit Auswahl eines Menüeintrags oder auch nicht beendet wird.

Soll ein solches Kontextmenü immer in einem bestimmten Widget an der gleichen Position eingeblendet werden, muss man die Koordinaten dieses Widgets mit der Methode QWidget::mapToGlobal() in globale umrechnen lassen, wobei man dieser Methode dann die relativen Koordinaten, an denen das Kontextmenü anzuzeigen ist, als Argumente übergibt, wie z.B.:

```
popupmenu->exec( widget->mapToGlobal( QPoint(20, 20) ) );
```

Diese Anweisung legt fest, dass das Kontextmenü 20 Pixel rechts und 20 Pixel tief von der linken oberen Ecke des widget anzuzeigen ist.

Eine weitere wichtige Neuheit in der fünften Version unseres Malprogramms ist die Möglichkeit des Verschiebens der Laufbalken nicht nur mit der Maustaste, sondern auch von der Tastatur mit den Tasten [Bild↑], [Bild↓], [↑], [↓], [←] und [→]. Dies wird mit dem folgenden Code erreicht:

```
virtual void keyPressEvent( QKeyEvent* event )
{
   switch (event->key())
   {
      case Key_Up   :
         m_scrollview->scrollBy( 0, -10);
         break;
      case Key_Down :
         m_scrollview->scrollBy( 0, 10);
         break;
      case Key_Left :
         m_scrollview->scrollBy( -10, 0);
         break;
      case Key_Right:
         m_scrollview->scrollBy( 10, 0);
         break;
```

```
            case Key_PageUp:
               m_scrollview->scrollBy( 0,
                -QMAX(m_scrollview->contentsHeight()/10,
                     10) );
               break;
            case Key_PageDown: m_scrollview->scrollBy( 0,
                QMAX(m_scrollview->contentsHeight()/10,
                    10) );
                break;
            case Key_W:
               emit farbeTasteGedrueckt(WEISS);
               break;
            case Key_S:
               emit farbeTasteGedrueckt(SCHWARZ);
               break;
            case Key_R:
               emit farbeTasteGedrueckt(ROT);
               break;
            case Key_B:
               emit farbeTasteGedrueckt(BLAU);
               break;
            case Key_G:
               emit farbeTasteGedrueckt(GRUEN);
               break;
            case Key_L:
               emit farbeTasteGedrueckt(GELB);
               break;

            case Key_Less:
               emit breiteTasteGedrueckt(-1);
               break;
            case Key_Greater:
               emit breiteTasteGedrueckt(1);
               break;
         }
      }
```

Hier wird die von der Klasse `QScrollView` angebotene Methode `scrollBy()` verwendet, um das dem Laufbalken zugeordnete Widget (hier `malflaeche`) relativ mit den entsprechenden Cursortasten zu verschieben.

Beim Drücken der Tasten [Bild↑] bzw. [Bild↓] wird das Sichtfenster auf die Malfläche um ein Zehntel ihrer ganzen vertikalen Länge nach oben bzw. unten verschoben oder, wenn dies nicht mehr möglich ist, nur um 10 Pixel.

Im obigen Codeausschnitt ist auch das Vergrößern und Verkleinern der Pinseldicke über die Tasten > und < realisiert.

Eine letzte wichtige Neuheit in der fünften Version unseres Malprogramms ist das Zeichnen mit der Pinselstärke 10 unabhängig von der gerade eingestellten Pinselstärke, wenn der Benutzer die Maus bei gedrückter linker Maustaste und gedrückter [⇧]-Taste bewegt. Dies wird durch den folgenden Code in der virtuellen Methode `mouseMoveEvent()` in der Klasse `CMalFlaeche` erreicht:

```
if ( (event->state() & LeftButton) &&
     (event->state() & ShiftButton) )
{
   wMaler.setPen( QPen(m_farbe, 10) );
   pMaler.setPen( QPen(m_farbe, 10) );
}
else
{
   wMaler.setPen( QPen(m_farbe, m_breite) );
   pMaler.setPen( QPen(m_farbe, m_breite) );
}
```

Noch zu erwähnen ist, dass in der Klasse `CMalFlaeche` zwei neue Methoden `getFarbe()` und `getBreite()` zum Erfragen der aktuell gesetzten Farbe und Breite definiert wurden. Die erste Methode wird im Konstruktor der Klasse `CMalFenster` zum Anlegen eines Breitemenüs (mit allen verfügbaren Pinseldicken und der aktuell gesetzten Farbe) in der Menüleiste benötigt:

```
m_breitemenu = new QPopupMenu;
for (int i=1; i<=20; i++)
{
   QPixmap pixmap( 40, i);
   pixmap.fill( m_malflaeche->getFarbe() );
   m_breitemenusub_id[i] =
         m_breitemenu->insertItem( pixmap, i );
}
```

```
QObject::connect(
    m_breitemenu, SIGNAL( activated( int ) ),
    m_malflaeche,
    SLOT( sendeBreiteGeaendertSignal( int ) ) );
```

Daneben werden diese beiden Methoden im Konstruktor der Klasse `CMalFenster` noch zum Eintragen der aktuell gesetzten Pinseldicke und Farbe in der Menüleiste benötigt:

```
QPixmap pixmap( 40, m_malflaeche->getBreite() );
pixmap.fill( m_malflaeche->getFarbe() );
m_breitemenu_id =
    m_menubalken->insertItem(pixmap, m_breitemenu);
```

In der Klasse `CMalFlaeche` wird ein eigenes Signal definiert, das geschickt wird, wenn die aktuelle Farbe oder Breite sich ändert:

```
signals:
   void stiftGeaendert( QColor, int );
```

Zudem bietet die Klasse `CMalFlaeche` neue Slotroutinen an:

```
void setzeFarbeBreite( QColor neu_farbe,
                       int neu_breite )
{
   m_farbe  = neu_farbe;
   m_breite = neu_breite;
}

void sendeFarbeGeaendertSignal( int menupunkt )
{
   switch ( menupunkt )
   {
      case WEISS:
         emit stiftGeaendert( white, m_breite );
         break;
      case SCHWARZ:
         emit stiftGeaendert( black, m_breite );
         break;
      case ROT:
         emit stiftGeaendert( red, m_breite );
         break;
      case BLAU:
         emit stiftGeaendert( blue , m_breite);
         break;
```

```
      case GRUEN:
         emit stiftGeaendert( green, m_breite );
         break;
      case GELB:
         emit stiftGeaendert( yellow, m_breite );
         break;
    }
  }

  void sendeBreiteGeaendertSignal( int breite )
  {
    emit stiftGeaendert( m_farbe, breite );
  }

  void sendeBreiteTasteGeaendertSignal( int delta )
  {
    if (m_breite+delta >= 1 && m_breite+delta <= 20)
       emit stiftGeaendert( m_farbe,
                            m_breite+delta );
  }
```

Die Slotroutine setzeFarbeBreite() wird sowohl in der Klasse CMalFlaeche als auch in der Klasse CMalFenster mit dem Signal stiftGeaendert() verbunden:

```
  // CMalFlaeche
  QObject::connect(
    this, SIGNAL( stiftGeaendert( QColor, int ) ),
    this, SLOT( setzeFarbeBreite( QColor, int ) ) );

  // CMalFenster
  QObject::connect(
        m_malflaeche,
        SIGNAL( stiftGeaendert( QColor, int ) ),
        m_malflaeche,
        SLOT( setzeFarbeBreite( QColor, int ) ) );
```

Die Slotroutine sendeFarbeGeaendertSignal() wird im Konstruktor der Klasse CMalFlaeche mit dem Signal activated() des jeweiligen Kontext-Popupmenüs verbunden, das bei einem Klick auf die rechte Maustaste eingeblendet wird:

```
QObject::connect(
     m_popupmenu, SIGNAL( activated( int ) ),
     this, SLOT( sendeFarbeGeaendertSignal( int ) ) );
```

Daneben wird die Slotroutine `sendeFarbeGeaendertSignal()` noch im Konstruktor der Klasse `CMalFenster` mit dem Signal `activated()` des Farbemenüs aus der Menüleiste und dem Signal `farbeTasteGedrueckt()` verbunden, das geschickt wird, wenn der Benutzer eine neue Farbe über das Kontextmenü bzw. über die Eingabe einer entsprechenden Taste auswählt:

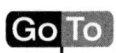

```
QObject::connect(
       m_farbemenu, SIGNAL( activated( int ) ),
       m_malflaeche,
       SLOT(sendeFarbeGeaendertSignal(int)));
QObject::connect(
         this, SIGNAL( farbeTasteGedrueckt( int ) ),
         m_malflaeche,
         SLOT( sendeFarbeGeaendertSignal( int ) ) );
```

8.6.6 Letzte Version des Malprogramms mit Speichern und Laden von Dateien

In der letzten Version des Malprogramms (`malprog6.cpp`) soll noch das Abspeichern eines gemalten Bilds in einer Datei sowie das Laden eines gespeicherten Bilds realisiert werden. Dazu wird dem Benutzer ein `QFileDialog`-Objekt (siehe Abbildung 8.12) eingeblendet:

Abbildung 8.12: Letzte Version des Malprogramms mit Speichern und Laden von Bilddateien

In Listing 8.7 (`malprog6.cpp`) sind die neu hinzugekommenen bzw. geänderten Konstrukte fett hervorgehoben.

```
#include <qapplication.h>
#include <qwidget.h>
#include <qpainter.h>
#include <qpixmap.h>
#include <qmenubar.h>
#include <qpopupmenu.h>
#include <qmessagebox.h>
#include <qscrollview.h>
#include <qfiledialog.h>

enum { WEISS, SCHWARZ, ROT, BLAU, GRUEN, GELB };

class CMalFenster;

//-------------------------------- class CMalFlaeche
class CMalFlaeche : public QWidget
{
    Q_OBJECT  // notwendig, da CMalFlaeche
              // Slots enthaelt
public:
   CMalFlaeche( CMalFenster * );

  ~CMalFlaeche()
   {
      delete m_popupmenu; // loescht Popup-Menue
   }

   QColor getFarbe()  { return m_farbe;  }
   int    getBreite() { return m_breite; }
   bool   istGesichert() { return m_gesichert; }

public slots:
   void setzeFarbeBreite( QColor neu_farbe,
                          int neu_breite )
   {
      m_farbe  = neu_farbe;
      m_breite = neu_breite;
   }
```

```
void sendeFarbeGeaendertSignal( int menupunkt )
{
   switch ( menupunkt )
   {
      case WEISS:
         emit stiftGeaendert( white, m_breite );
         break;
      case SCHWARZ:
         emit stiftGeaendert( black, m_breite );
         break;
      case ROT:
         emit stiftGeaendert( red, m_breite );
         break;
      case BLAU:
         emit stiftGeaendert( blue , m_breite);
         break;
      case GRUEN:
         emit stiftGeaendert( green, m_breite );
         break;
      case GELB:
         emit stiftGeaendert( yellow, m_breite );
         break;
   }
}

void sendeBreiteGeaendertSignal( int breite )
{
   emit stiftGeaendert( m_farbe, breite );
}

void sendeBreiteTasteGeaendertSignal( int delta )
{
   if (m_breite+delta >= 1 && m_breite+delta <= 20)
      emit stiftGeaendert( m_farbe,
                           m_breite+delta );
}
void LoadSlot( const char* dateiname )
{
   if ( !m_puffer.load( dateiname ) )
      QMessageBox::warning( 0, "Load error",
                      "Kann Datei nicht laden" );
   repaint();
}
```

```
   void SaveSlot( const char* dateiname )
   {
      if ( !m_puffer.save( dateiname, "BMP" ) )
         QMessageBox::warning( 0, "Save error",
                      "Kann Datei nicht speichern" );
      else
         m_gesichert = true;
   }
protected:
   virtual void mousePressEvent( QMouseEvent* event)
   {
      if ( event->button() == RightButton )
         m_popupmenu->exec( QCursor::pos() );
      else
         m_letztepos = event->pos();
   }

   virtual void mouseMoveEvent( QMouseEvent* );

   virtual void paintEvent( QPaintEvent* )
   {
      bitBlt( this, 0, 0, &m_puffer );
   }

   virtual void resizeEvent( QResizeEvent* event )
   {
      QPixmap save( m_puffer );
      m_puffer.resize( event->size() );
      m_puffer.fill( white );
      bitBlt( &m_puffer, 0, 0, &save );
   }

   virtual void mouseDoubleClickEvent( QMouseEvent* )
   {
      LoescheFlaecheSlot();
   }

private slots:
   void LoescheFlaecheSlot()
   {
      m_puffer.fill( white );
      bitBlt( this, 0, 0, &m_puffer );
   }

signals:
   void stiftGeaendert( QColor, int );
```

```
private:
   QPoint      m_letztepos;
   QPixmap     m_puffer;
   QColor      m_farbe;
   bool        m_gesichert;
   int         m_breite;
   QPopupMenu* m_popupmenu;
};

//-------------------------------- class CMalFenster
class CMalFenster : public QWidget
{
    Q_OBJECT  // notwendig, da CMalFenster
              // Slots enthaelt
public:
   CMalFenster();
  ~CMalFenster() {}

public slots:
   void AendereMenu( QColor farbe, int breite )
   {
      QPixmap pixmap( 40, breite);
      pixmap.fill( farbe );
      m_menubalken->changeItem( pixmap,
                                m_breitemenu_id );
      for (int i=1; i<=20; i++)
      {
         pixmap.resize( 40, i);
         pixmap.fill( farbe );
         m_breitemenu->changeItem(
                     pixmap, m_breitemenusub_id[i] );
      }
      m_menubalken->repaint();
   }

   virtual void keyPressEvent( QKeyEvent* event )
   {
      switch (event->key())
      {
         case Key_Up   :
            m_scrollview->scrollBy( 0, -10);
            break;
         case Key_Down :
            m_scrollview->scrollBy( 0, 10);
            break;
```

```
    case Key_Left :
      m_scrollview->scrollBy( -10, 0);
      break;
    case Key_Right:
      m_scrollview->scrollBy( 10, 0);
      break;
    case Key_PageUp:
      m_scrollview->scrollBy( 0,
       -QMAX(m_scrollview->contentsHeight()/10,
             10) );
      break;
    case Key_PageDown: m_scrollview->scrollBy( 0,
       QMAX(m_scrollview->contentsHeight()/10,
            10) );
       break;
    case Key_W:
      emit farbeTasteGedrueckt(WEISS);
      break;
    case Key_S:
      emit farbeTasteGedrueckt(SCHWARZ);
      break;
    case Key_R:
      emit farbeTasteGedrueckt(ROT);
      break;
    case Key_B:
      emit farbeTasteGedrueckt(BLAU);
      break;
    case Key_G:
      emit farbeTasteGedrueckt(GRUEN);
      break;
    case Key_L:
      emit farbeTasteGedrueckt(GELB);
      break;

    case Key_Less:
      emit breiteTasteGedrueckt(-1);
      break;
    case Key_Greater:
      emit breiteTasteGedrueckt(1);
      break;
  }
}
```

```
private slots:
   void AboutSlot()
   {
      QMessageBox::information( this, "malprog6",
                  "6. Version des Malprogramms\n");
   }

   void AboutQtSlot()
   {
      QMessageBox::aboutQt( this, "About Qt" );
   }

   void LoadSlot()
   {
      if ( !m_malflaeche->istGesichert() )
         if (!QMessageBox::information(
                  this, "Speichern?",
                  "Bild ist noch nicht gespeichert",
                  "Sichern", "Nicht sichern" ) )
              SaveSlot();
       QString dateiname =
          QFileDialog::getOpenFileName(
                              ".", "*.bmp", this );
      if ( !dateiname.isEmpty() )
         emit load( dateiname );
   }

   void SaveSlot() {
      QString dateiname =
          QFileDialog::getSaveFileName(
                              ".", "*.bmp", this );
      if ( !dateiname.isEmpty() )
         emit save( dateiname );
   }

   void QuitSlot() {
      if ( !m_malflaeche->istGesichert() )
         if (!QMessageBox::information(
                  this, "Speichern?",
                  "Bild ist noch nicht gespeichert",
                  "Sichern", "Nicht sichern" ) )
              SaveSlot();
      qApp->quit();
   }
```

```
signals:
   void farbeTasteGedrueckt( int );
   void breiteTasteGedrueckt( int );
   void load( const char* );
   void save( const char* );

protected:
   virtual void resizeEvent( QResizeEvent* )
   {
      m_scrollview->setGeometry(
          0, m_menubalken->height(),
          width(), height()-m_menubalken->height() );
   }

private:
   QMenuBar*    m_menubalken;
   QPopupMenu*  m_dateimenu;
   QPopupMenu*  m_farbemenu;
   QPopupMenu*  m_breitemenu;
   int          m_breitemenu_id;
   int          m_breitemenusub_id[30];
   QPopupMenu*  m_hilfemenu;
   QScrollView* m_scrollview;
   CMalFlaeche* m_malflaeche;
};

#include "malprog6.moc"  // notwendig, da eigene
                         // Slots definiert wurden

//-------------------- Konstruktor fuer CMalFlaeche
CMalFlaeche::CMalFlaeche( CMalFenster *m )
{
   m_farbe = black; // voreingest. Farbe ist schwarz
   setBackgroundMode( NoBackground );
   m_breite = 4;    // voreingest. Pinselbreite ist 4
   m_gesichert = true; // Anfangs keine Aenderungen
   m_popupmenu = new QPopupMenu; // erzeugt PopupMenu
   QPixmap pixmap( 40, 20);
   pixmap.fill( white );
   m_popupmenu->insertItem( pixmap, WEISS);
   pixmap.fill( black );
   m_popupmenu->insertItem( pixmap, SCHWARZ );
   pixmap.fill( red );
   m_popupmenu->insertItem( pixmap, ROT );
   pixmap.fill( blue );
```

```
   m_popupmenu->insertItem( pixmap, BLAU );
   pixmap.fill( green );
   m_popupmenu->insertItem( pixmap, GRUEN );
   pixmap.fill( yellow );
   m_popupmenu->insertItem( pixmap, GELB );
   m_popupmenu->insertItem(
         "&Clear", this, SLOT(LoescheFlaecheSlot()));

   QObject::connect(
     m_popupmenu, SIGNAL( activated( int ) ),
     this, SLOT( sendeFarbeGeaendertSignal( int ) ) );
   QObject::connect(
     this, SIGNAL( stiftGeaendert( QColor, int ) ),
     this, SLOT( setzeFarbeBreite( QColor, int ) ) );
   QObject::connect(
     this, SIGNAL( stiftGeaendert( QColor, int ) ),
     m, SLOT( AendereMenu( QColor, int ) ) );
}

//---------------- mouseMoveEvent() fuer CMalFlaeche
void CMalFlaeche::mouseMoveEvent( QMouseEvent* event )
{
      // erzeugen QPainter-Object
   QPainter wMaler; // ... zum Zeichnen im Window
   QPainter pMaler; // ... zum Zeichnen im Puffer

      // Start des Zeichnens
   wMaler.begin( this );      // ... im Window
   pMaler.begin( &m_puffer ); // ... im Puffer

   if ( (event->state() & LeftButton) &&
        (event->state() & ShiftButton) )
   {
      wMaler.setPen( QPen(m_farbe, 10) );
      pMaler.setPen( QPen(m_farbe, 10) );
   }
   else
   {
      wMaler.setPen( QPen(m_farbe, m_breite) );
      pMaler.setPen( QPen(m_farbe, m_breite) );
   }

       // zeichnet Linie im Window
   wMaler.drawLine( m_letztepos, event->pos() );
       // zeichnet Linie im Puffer
   pMaler.drawLine( m_letztepos, event->pos() );
```

```
   wMaler.end(); // Ende des Zeichnens im Window
   pMaler.end(); // Ende des Zeichnens im Puffer

   m_letztepos = event->pos(); // merkt sich die
                               // akt. Mausposition
   m_gesichert = false;
}

//-------------------- Konstruktor fuer CMalFenster
CMalFenster::CMalFenster()
{
   m_malflaeche = new CMalFlaeche( this );
   m_malflaeche->setGeometry( 0, 0, 1000, 1000 );

     //... erzeugt ein Datei-Menu
   m_dateimenu = new QPopupMenu;
   m_dateimenu->insertItem( "&Laden",   this,
                            SLOT( LoadSlot() ) );
   m_dateimenu->insertItem( "&Sichern", this,
                            SLOT( SaveSlot() ) );
   m_dateimenu->insertSeparator();
   m_dateimenu->insertItem( "&Beenden", this,
                            SLOT( QuitSlot() ) );
      //... erzeugt ein Farbe-Menu
   m_farbemenu = new QPopupMenu;
   m_farbemenu->insertItem( "&Weiss",   WEISS );
   m_farbemenu->insertItem( "&Schwarz", SCHWARZ);
   m_farbemenu->insertItem( "&Rot",     ROT );
   m_farbemenu->insertItem( "&Blau",    BLAU );
   m_farbemenu->insertItem( "&Gruen",   GRUEN );
   m_farbemenu->insertItem( "Ge&lb",    GELB );
   QObject::connect(
       m_farbemenu, SIGNAL( activated( int ) ),
       m_malflaeche,
       SLOT(sendeFarbeGeaendertSignal(int)));
      //... erzeugt ein Breite-Menu
   m_breitemenu = new QPopupMenu;
   for (int i=1; i<=20; i++)
   {
      QPixmap pixmap( 40, i);
      pixmap.fill( m_malflaeche->getFarbe() );
      m_breitemenusub_id[i] =
            m_breitemenu->insertItem( pixmap, i );
   }
```

```
QObject::connect(
    m_breitemenu, SIGNAL( activated( int ) ),
    m_malflaeche,
    SLOT( sendeBreiteGeaendertSignal( int ) ) );
   //... erzeugt ein Hilfe-Menu
m_hilfemenu = new QPopupMenu;
m_hilfemenu->insertItem(
   "&About Malprog", this, SLOT( AboutSlot()));
m_hilfemenu->insertItem(
   "About &Qt", this, SLOT( AboutQtSlot()));
    //... erzeugt einen Menu-Balken
m_menubalken = new QMenuBar( this );
m_menubalken->insertItem("&Datei",m_dateimenu);
m_menubalken->insertItem("&Farbe",m_farbemenu);
  QPixmap pixmap( 40, m_malflaeche->getBreite() );
  pixmap.fill( m_malflaeche->getFarbe() );
  m_breitemenu_id =
    m_menubalken->insertItem(pixmap, m_breitemenu);
m_menubalken->insertSeparator();
m_menubalken->insertItem("&Hilfe",m_hilfemenu);

m_scrollview = new QScrollView( this );
m_scrollview->setGeometry(
     0, m_menubalken->height(),
     width(), height()-m_menubalken->height());
m_scrollview->addChild( m_malflaeche );

QObject::connect(
      m_malflaeche,
      SIGNAL( stiftGeaendert( QColor, int ) ),
      m_malflaeche,
      SLOT( setzeFarbeBreite( QColor, int ) ) );
QObject::connect(
      m_malflaeche,
      SIGNAL( stiftGeaendert( QColor, int ) ),
      this, SLOT( AendereMenu( QColor, int ) ) );
QObject::connect(
      this, SIGNAL( farbeTasteGedrueckt( int ) ),
      m_malflaeche,
      SLOT( sendeFarbeGeaendertSignal( int ) ) );
QObject::connect(
      this, SIGNAL( breiteTasteGedrueckt( int ) ),
      m_malflaeche,
      SLOT(sendeBreiteTasteGeaendertSignal(int)));
```

```
   QObject::connect(
         this, SIGNAL( save( const char* ) ),
         m_malflaeche,
         SLOT( SaveSlot( const char* ) ) );
   QObject::connect(
         this, SIGNAL( load( const char* ) ),
         m_malflaeche,
         SLOT( LoadSlot( const char* ) ) );
}

//-------------------------------------------- main
int main( int argc, char* argv[] )
{
   QApplication myapp( argc, argv );

   CMalFenster* mywidget = new CMalFenster();
   mywidget->setGeometry( 50, 50, 400, 400 );

   myapp.setMainWidget( mywidget );
   mywidget->show();
   return myapp.exec();
}
```

*Listing 8.7: **(malprog6.cpp)**: Letzte Version des Malprogramms mit Speichern/Laden von Bilddateien*

Die neu hinzugekommenen Konstrukte in Listing 8.7 werden nachfolgend erläutert:

Zunächst musste die Headerdatei `<qfiledialog.h>` inkludiert werden. Des Weiteren wurde eine **private**-Variable `m_gesichert` in der Klasse `CMalFlaeche` hinzugefügt, die anzeigt, ob ein Bild bereits gespeichert wurde oder nicht. Sobald an einem Bild Veränderungen vorgenommen werden, wird diese Variable auf **false** gesetzt. Um von der Klasse `CMalFenster` aus den aktuellen Wert dieser Variablen zu erfragen, wurde eine Methode `istGesichert()` zur Klasse `CMalFlaeche` hinzugefügt.

Neu hinzugekommen zu der Klasse `CMalFlaeche` sind auch die beiden folgenden Slotroutinen:

```
void LoadSlot( const char* dateiname )
{
   if ( !m_puffer.load( dateiname ) )
      QMessageBox::warning( 0, "Load error",
                   "Kann Datei nicht laden" );
```

```
    repaint();
}

void SaveSlot( const char* dateiname )
{
    if ( !m_puffer.save( dateiname, "BMP" ) )
        QMessageBox::warning( 0, "Save error",
                    "Kann Datei nicht speichern" );
    else
        m_gesichert = true;
}
```

Diese beiden Methoden sind für das Laden bzw. Speichern eines Bilds zuständig. Dazu rufen sie die von der Klasse `QPixmap` angebotenen Methoden `load()` und `save()` auf. Sollte die entsprechende Operation nicht erfolgreich sein, was an dem Rückgabewert **false** erkennbar ist, wird eine Warnung ausgegeben. Ist beim Laden kein Bildformat angegeben, versucht Qt automatisch zu erkennen, um welches Bildformat es sich bei der entsprechenden Datei handelt. Beim Speichern geben wir das sowohl unter Windows- wie auch Linux/Unix-Systemen verfügbare Bildformat `BMP` an. Diese beiden Slotroutinen werden aufgerufen, wenn das Signal `load()` bzw. das Signal `save()` geschickt wird, was durch die beiden folgenden Anweisungen im `CMalFenster`-Konstruktor festgelegt wird:

```
QObject::connect(
        this, SIGNAL( save( const char* ) ),
        m_malflaeche,
        SLOT( SaveSlot( const char* ) ) );
QObject::connect(
        this, SIGNAL( load( const char* ) ),
        m_malflaeche,
        SLOT( LoadSlot( const char* ) ) );
```

Um dem Benutzer den Dateinamen eines zu speichernden bzw. zu ladenden Bildes auswählen zu lassen, wurden die folgenden beiden Slotroutinen zur Klasse `CMalFenster` hinzugefügt:

```
void LoadSlot()
{
    if ( !m_malflaeche->istGesichert() )
        if (!QMessageBox::information(
                this, "Speichern?",
```

```
            "Bild ist noch nicht gespeichert",
            "Sichern", "Nicht sichern" ) )
        SaveSlot();
     QString dateiname =
        QFileDialog::getOpenFileName(
                           ".", "*.bmp", this );
    if ( !dateiname.isEmpty() )
       emit load( dateiname );
}

void SaveSlot() {
    QString dateiname =
        QFileDialog::getSaveFileName(
                           ".", "*.bmp", this );
    if ( !dateiname.isEmpty() )
       emit save( dateiname );
}
```

In der Slotroutine `SaveSlot()` wird mit der von der Klasse `QFileDialog` angebotenen Methode `getSaveFileName(...)` ein `QFileDialog`-Widget eingeblendet, das dem Benutzer die Auswahl bzw. die Eingabe eines Dateinamens ermöglicht (ähnlich zu Abbildung 8.12). Ist der vom Benutzer ausgewählte und von dieser Methode zurückgelieferte Dateiname nicht leer, wird das Signal `save(dateiname)` geschickt, was zum Aufruf der zuvor vorgestellten Methode `SaveSlot(dateiname)` in der Klasse `CMalFlaeche` führt.

In der Slotroutine `LoadSlot()` wird zunächst überprüft, ob das gerade angezeigte Bild seit der letzten Sicherung verändert wurde. Wenn dies der Fall ist, wird der Benutzer zunächst gefragt, ob er das aktuelle Bild vor dem Laden eines neuen Bilds sichern möchte. Wenn ja, wird zunächst die Slotroutine `SaveSlot()` aufgerufen. Danach wird in jedem Fall mit der von der Klasse `QFileDialog` angebotenen Methode `getOpenFileName()` ein `QFileDialog`-Widget eingeblendet, das dem Benutzer die Auswahl bzw. die Eingabe eines zu ladenden Dateinamens ermöglicht (siehe auch Abbildung 8.12). Ist der vom Benutzer ausgewählte Dateiname und von dieser Methode zurückgelieferte Dateiname nicht leer, wird das Signal `load(dateiname)` geschickt, was zum Aufruf der zuvor vorgestellten Methode `LoadSlot(dateiname)` in der Klasse `CMalFlaeche` führt.

Eine weitere in der Klasse `CMalFenster` hinzugefügte Slotroutine ist die folgende, die aufgerufen wird, wenn der Benutzer das Programm über den DATEI-BEENDEN-Menüeintrag beenden möchte:

```
void QuitSlot() {
     if ( !m_malflaeche->istGesichert() )
        if (!QMessageBox::information(
              this, "Speichern?",
              "Bild ist noch nicht gespeichert",
              "Sichern", "Nicht sichern" ) )
           SaveSlot();
     qApp->quit();
}
```

In dieser Slotroutine wird zunächst überprüft, ob das gerade angezeigte Bild seit der letzten Sicherung verändert wurde. Ist dies der Fall, wird der Benutzer zunächst gefragt, ob er das aktuelle Bild vor dem Laden eines neuen Bilds sichern möchte. Wenn ja, wird zunächst die Slotroutine `SaveSlot()` aufgerufen. Danach wird in jedem Fall mit Aufruf der Methode `quit()` das Programm beendet.

Die letzte Änderung betrifft die Erweiterung des DATEI-Menüs im `CMalFenster`-Konstruktor:

```
m_dateimenu->insertItem( "&Laden",   this,
                         SLOT( LoadSlot() ) );
m_dateimenu->insertItem( "&Sichern", this,
                         SLOT( SaveSlot() ) );
m_dateimenu->insertSeparator();
m_dateimenu->insertItem( "&Beenden", this,
                         SLOT( QuitSlot() ) );
```

8.7 Die wesentlichen Qt-Widgets

In diesem Kapitel wird ein kurzer Überblick über die wichtigsten von Qt angebotenen Widgets gegeben. Für weitere nicht sooft benötigte Widgets sei der Leser auf die Qt-Online-Dokumentation verwiesen, auf die früher oder später jeder Qt-Programmierer zurückgreifen muss.

Buttons

`QPushButton`	Pushbutton mit einem Text oder einer Pixmap als Label.

`QRadioButton`	Radiobutton mit einem Text oder einer Pixmap als Label. Radiobuttons erlauben dem Benutzer, aus mehreren Alternativen eine auszuwählen.
`QCheckBox`	Checkbox mit einem Text oder einer Pixmap als Label. Checkboxen erlauben dem Benutzer, aus mehreren Alternativen keine, eine oder auch mehrere auszuwählen.
`QButtonGroup`	Mehrere zu einer Gruppe zusammengefasste Buttons.

Auswahl-Widgets

`QListBox`	Liste von Alternativen, die durchblättert (gescrollt) werden kann.
`QComboBox`	Kombination aus einem Button und einer Listenbox.

Schiebebalken-, Drehknopf- und Spinbox-Widgets

`QSlider`	Horizontaler oder vertikaler Schiebebalken.
`QDial`	Drehknopf zum Einstellen eines Wertes.
`QSpinBox`	Texteingabefeld mit zwei Pfeil-Buttons zum Erhöhen bzw. Erniedrigen der Zahl im Texteingabefeld; eine direkte Eingabe der gewünschten Zahl im Texteingabefeld ist dabei auch möglich.

Widgets zum Anzeigen von Informationen

`QLabel`	Anzeige von Text, einer Pixmap oder einer Animation.
`QTextView`	Komfortable Anzeige von Text im RichText-Format und mit Laufbalken bei größeren Texten.
`QLCDNumber`	Anzeige einer Zahl oder eines Textes in 7-Segment-LCD-Darstellung.

Texteingabefelder

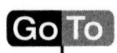

`QLineEdit`	Einzeiliges Texteingabefeld.
`QMultiLineEdit`	Widget zur Eingabe von mehrzeiligem Text.

Menüs

`QMenuData`	Basisklasse für Menüs, insbesondere für `QMenuBar` und `QPopupMenu`. Diese Klasse enthält Methoden zum Einfügen von Menüpunkten.
`QMenuBar`	Horizontale Menüleiste, in der Menüeintrage eingefügt werden können.
`QPopupMenu`	Popupmenüs, die typischerweise eingeblendet werden, wenn die rechte Maustaste gedrückt oder ein Menüpunkt in der Menüleiste angeklickt wird.

Hauptfenster mit Menüleiste, Werkzeugleisten, Statuszeile und Hilfstexten

`QMainWindow`	Typisches Hauptfenster für eine Applikation mit einer Menüleiste, einer oder mehreren Werkzeugleisten und einer Statuszeile.
`QToolBar`	Werkzeugleiste, in der Pushbuttons (der Klasse `QToolButton`) in Form von Pixmaps oder als Text eingefügt werden können.
`QToolButton`	Pushbuttons für eine Werkzeugleiste (der Klasse `QToolBar`).
`QToolTip`	Einblenden einer kurzen Information zu einem Widget, wie z.B. zu einem Pushbutton in einer Werkzeugleiste.
`QToolTipGroup`	Einblenden einer kurzen Information zu einem Widget mit gleichzeitiger Anzeige einer eventuell anderen (längeren) Hilfsinformation in der Statuszeile.

`QWhatsThis`	Einblenden einer umfangreicheren Information zu einem Widget, wie z.B. zu einem Menüpunkt oder zu einem Pushbutton in einer Werkzeugleiste.
`QStatusBar`	Horizontale Statuszeile zur Anzeige von Statusmeldungen.

Füllbalken

`QProgressBar`	Horizontaler Füllbalken.
`QProgressDialog`	Dialogfenster mit einem Text, einem Füllbalken und einem *Cancel*-Button.

Listenansichten

`QListView`	Widget zum Anzeigen von Informationen in Baumform.
`QListViewItem`	Einträge in einem `QListView`-Widget. Die einzelnen Einträge umfassen dabei immer eine Zeile, welche die entsprechende Information in mehreren Spalten anzeigen kann. Untereinander können die einzelnen Einträge hierarchisch, also in Baumform organisiert werden.

Fenster mit Laufbalken (Scrollviews)

`QScrollView`	Widget mit einer Fensterfläche, zu der zwei Laufbalken hinzugefügt sind, die automatisch verwaltet werden.
`QScrollBar`	Vertikale oder horizontale Laufbalken, die als eigene Widgets existieren.

Tabellen

`QTableView`	Anzeige von Information in Tabellenform.
`QTable`	Komfortable Tabellen im Spreadsheet-Stil.
`QHeader`	Tabellenbeschriftungen oben und links.

8.8 Allgemeine Widget-Methoden und -Parameter

Allgemeine Widget-Methoden

Alle in diesem Kapitel vorgestellten Widgets sind von der Klasse `QWidget` abgeleitet und bieten somit auch die Methoden, Slots und Signale dieser Klasse an. Einige wichtige solcher allgemein verfügbaren Methoden bzw. Slots sind:

- **setEnabled(bool enable)** *virtual slot*
  legt fest, ob ein Widget Benutzerinteraktionen entgegennimmt oder nicht.
- **setFont(const QFont & font)** *virtual*
  legt den im Widget zu verwendenden Zeichensatz für Textausgaben fest. Die Klasse `QFont` bietet die folgenden Konstruktoren an:

```
QFont( const QString& family, int pointSize=12,
       int weight=Normal, bool italic=false )

QFont( const QString& family, int pointSize,
       int weight, bool italic, CharSet charSet )

QFont( const QFont & )
```

- **setPalette(const QPalette & p)** *virtual*
  legt die im Widget zu verwendende Farbpalette fest.
- **setGeometry(int x, int y, int w, int h)** *virtual slot*
  setGeometry(const QRect &) *virtual slot*
  legt die Position des Widgets in einem Elternwidget bzw. auf dem Bildschirm fest.

Die Klasse `QRect` bietet die folgenden Konstruktoren an:

```
QRect( const QPoint & topleft, const QPoint & bottomright )
QRect( const QPoint & topleft, const QSize & size )
QRect( int left, int top, int width, int height )
```

Die Klasse `QPoint` ihrerseits bietet den folgenden Konstruktor an:

```
QPoint ( int xpos, int ypos )
```

und die Klasse `QSize` stellt folgenden Konstruktor zur Verfügung:

```
QSize( int w, int h )
```

- **setMinimumSize(int minw, int minh)** *virtual*
  setMinimumSize(const QSize & size)
  legt die minimale Größe fest, auf die ein Widget verkleinert werden kann.

- **setMaximumSize(int maxw, int maxh)** *virtual*
  setMaximumSize(const QSize & size)
  legt die maximale Größe fest, auf die ein Widget vergrößert werden kann.

- **setMinimumWidth (int minw)**
  setMaximumWidth (int maxw)
  setMinimumHeight (int minh)
  setMaximumHeight (int maxh)
  legen die minimale bzw. maximale Breite bzw. Höhe fest, auf die ein Widget verkleinert bzw. vergrößert werden kann.

- `QSize` **minimumSizeHint()** *const virtual*
  `QSize` **sizeHint()** *const virtual*
  liefert eine Empfehlung für die (minimale) Größe des entsprechenden Widgets, oder aber eine ungültige Größe, wenn dies nicht möglich ist.

- `bool` **QSize::isValid()** *const*
  liefert **true**, wenn sowohl die Breite als auch die Höhe des entsprechenden Widgets größer oder gleich 0 ist, ansonsten liefert diese Methode **false**.

Parameter-Konventionen für die meisten Konstruktoren

Die meisten Qt-Konstruktoren für Widgets verfügen über eine gleiche Teil-Schnittstelle, nämlich die folgenden Parameter, die auch immer in dieser Reihenfolge vorliegen:

```
QWidget *parent = 0      // Elternwidget
const char *name = 0     // interner Widgetname
                         // (für Debugging-Zwecke)
WFlags f = 0             // Widgetflags; dieser kaum benutzte
                         // Parameter wird jedoch nur bei
                         // Widgets angeboten, die Toplevel-
                         // Widgets sein können.
```

Da die Default-Werte dieser Parameter 0 sind, kann man Toplevel-Widgets ohne Angabe jeglicher Argumente beim Aufruf des Konstruktors erzeugen. Bei Widgets, die keine Toplevel-Widgets sind, muss immer zumindest das Elternwidget (`parent`) angegeben werden. Einige Klassen bieten weitere überladene Konstruktoren an, die zusätzliche Parameter besitzen, wie z.B. Text, der in einem Widget anzuzeigen ist. Grundsätzlich hält sich Qt jedoch an der Konvention, dass sich zusätzliche Parameter in einem Konstruktor immer vor den drei obigen Standard-Parametern befinden. Um diese Qt-Konventionen für Konstruktoren weiter zu verdeutlichen, sind nachfolgend einige Beispiele für Widget-Konstruktoren aufgelistet:

```
QPushButton( QWidget * parent, const char * name=0 )
QPushButton( const QString & text, QWidget * parent,
             const char * name=0 )

QCheckBox( QWidget * parent, const char * name=0 )
QCheckBox( const QString & text, QWidget * parent,
           const char * name=0 )

QSlider( QWidget * parent, const char * name=0 )
QSlider( Orientation, QWidget * parent, const char * name=0 )
QSlider( int minValue, int maxValue, int pageStep, int value,
         Orientation, QWidget * parent, const char * name=0 )

QMainWindow( QWidget * parent = 0, const char * name = 0,
             WFlags f = WType_TopLevel )

QWidget( QWidget * parent=0, const char * name=0, WFlags f=0 )
```

```
QListBox( QWidget * parent=0, const char * name=0, WFlags f=0 )

QButtonGroup( QWidget * parent=0, const char * name=0 )
QButtonGroup( const QString & title, QWidget * parent=0,
              const char *name=0 )
QButtonGroup( int columns, Orientation o, QWidget *parent=0,
              const char *name=0)
QButtonGroup( int columns, Orientation o, const QString & title,
              QWidget * parent=0, const char * name=0 )
```

8.9 Der Widget-Stil

Qt ist in der Lage, Widgets im Windows-Stil unter Linux/Unix oder aber auch Widgets im Motif-Stil unter Windows anzuzeigen. Es ist sogar möglich, Widgets mit unterschiedlichen Stilen in einer Anwendung zu mischen, was nicht empfehlenswert ist. Zum Festlegen des zu verwendenden Widgets-Stils gibt es mehrere Möglichkeiten:

1. durch Aufruf von `setStyle(new QWindowsStyle())` oder `setStyle (new QMotifStyle())` für das entsprechende Widget. Von dieser Möglichkeit sollte jedoch – wie bereits zuvor erwähnt – nicht Gebrauch gemacht werden.
2. durch Aufruf der statischen Methode `QApplication::setStyle(new QWindowsStyle())` bzw. `QApplication::setStyle(new QMotifStyle())`. Dadurch wird als Voreinstellung für alle Widgets der entsprechende Stil festgelegt. Der Aufruf sollte jedoch erfolgen, bevor bereits ein Widget erzeugt wurde, andernfalls ist eine Neudarstellung aller bereits existierenden Widgets notwendig, was doch einige Zeilen Code erfordert.
3. durch Angabe einer der beiden Optionen `–style=windows` oder `–style=motif` auf der Kommandozeile beim Programmaufruf. Diese Möglichkeit funktioniert jedoch nur, wenn keine der beiden vorherigen Möglichkeiten verwendet wird.

Neben den beiden hier erwähnten Stilarten `QWindowsStyle` (`-style=windows`) und `QMotifStyle` (`-style=motif`) bietet Qt noch weitere Stilarten (*look-and-feel*) an:

QmotifPlusStyle (-style=motifplus)	Verbessertes Motif-look-and-feel
QCDEStyle (-style=cde)	CDE (*Common Desktop Environment*)-look-and-feel
QSGIStyle (-style=sgi)	SGI-look-and-feel
QPlatinumStyle (-style=platinum)	Platinum-look-and-feel; ähnlich zum MacIntosh-GUI-Stil

Tabelle 8.1: Von Qt angebotene look-and-feels

Ruft man z.B. Listing 8.3 (`text_groes.cpp`) wie folgt auf:

```
text_groes -style=platinum
```

so blendet es ein Fenster im Platinum-Stil ein, wie dies in Abbildung 8.13 gezeigt ist.

Abbildung 8.13: Fenster zum Listing 8.3 (`text_groes.cpp`) im Platinum-Stil

Dieser »Qt-Crashkurs« hat einen kurzen Einblick in die wesentlichen Konzepte und Konstrukte von Qt gegeben. Dieser Einblick sollte ausreichen, um den in den späteren Projekten benutzten Qt-Code zu verstehen.

Werden bei der späteren Vorstellung der Projekte Qt-Konstrukte verwendet, die nicht weitgehend selbsterklärend sind, so wird an den entsprechenden Stellen eine Erklärung zu diesen Qt-Konstrukten eingeschoben.

Leser, die an einer tiefergehenden Erläuterung von Qt interessiert sind, seien auf das bei SuSE Press erschienene Buch »*Das Qt-Buch – Plattformunabhängige GUI-Programmierung unter Linux/Unix/Windows*« [8] verwiesen. Diese Buch enthält auch zahlreiche Übungen zu Qt.

8.10 Abschließende Ideen für Übungen

Wir wollen an dieser Stelle keine neuen Aufgaben stellen, vielmehr wollen wir auf bestehende Übungen dieses Buches verweisen. Hier gibt es einige Programme, die als GUI-Applikation mit Qt realisiert werden könnten, z.B. Gemeinsamer Termin (vgl. Kapitel 3.3.4), das Spiel Moo (vgl. Kapitel 3.4.3), Geburtstagsverwaltung (vgl. Kapitel 4.6.9),... Versehen Sie diese Programme mit einer ansprechenden Benutzeroberfläche. Überprüfen Sie dabei kritisch, wie gut diese Programme auf eine neue Ein-/ Ausgabe vorbereitet waren. Wie ließe sich das Design jeweils verbessern, damit ein möglichst hoher Anteil an Programmcode wiederverwendet werden kann, wenn sowohl eine GUI-Variante als auch eine Konsolen-Variante existieren soll?

9 Fallbeispiele

Lang ist der Weg durch Lehren der Theorie,
kurz und erfolgreich durch Beispiele der Praxis.
Seneca

Zum Abschluss dieses Buches wollen wir in diesem Kapitel etwas komplexere Aufgabenstellungen vorstellen und damit verdeutlichen, was objektorientierte Programmierung mit C++ bedeutet.

An dieser Stelle war ein kleiner Spagat nötig zwischen einem Umfang, der im Rahmen eines Buches Sinn macht, und einem Umfang, bei dem Objektorientierung erst richtig zur Geltung kommt. Der Leser soll hier an tatsächliche C++-Projekte herangeführt werden. Aus diesem Grund haben wir bewusst professionelle Techniken eingesetzt, auch wenn diese vielleicht an der einen oder anderen Stelle etwas ‚overdesigned' wirken, wenn man nur das eine Fallbeispiel an sich betrachtet. Vielleicht erschrickt der eine oder andere Leser zunächst auch, wenn er den Source-Code allein betrachtet, und fragt sich, wie man auf solch einen Ansatz kommt. Im Grunde genommen ist es jedoch nur eine Kombination aus all den Prinzipien, die wir im Laufe des Buches erläutert haben. Sehen Sie dieses Kapitel als Chance, einen Einstieg in die Lösung komplexerer Aufgabenstellungen zu bekommen.

Dieses Kapitel enthält keine separaten Übungen. Als Übung kann sich der Leser selbst überlegen, wie er mit der Aufgabenstellung umgegangen wäre bzw. zunächst versuchen, das Problem selbst zu lösen, bevor er verfolgt, wie das Fallbeispiel gelöst wurde. Weitere Übungen bestehen darin, die Fallbeispiele durch weitere, eigene Features zu ergänzen.

9.1 Einige nützliche Klassen vorweg

Bevor wir uns den einzelnen Fallbeispielen widmen, wollen wir einige allgemein gültige Klassen vorstellen, die wir in den Fallbeispielen nutzen wollen.

Diese Klassen sind so allgemein gültig, dass sie nicht nur für unsere Fallbeispiele nützlich sind, sondern auch sehr gut in Projekten eingesetzt werden können, um auch dort die Arbeit zu erleichtern. Diese Klassen sind es daher auch wert, in einer Bibliothek hinterlegt zu werden.

Wir werden in den folgenden Kapiteln auch die Implementierung der Klassen zeigen und erläutern, da man daran sehr viel lernen kann. Sie müssen die Implementierung der Klassen jedoch nicht notwendigerweise verstehen, um sie einsetzen zu können. Sollten Sie die Implementierung der Klassen daher auf Anhieb nicht verstehen, so können Sie trotzdem mit der Lektüre des Buches fortfahren und einfach akzeptieren, dass die Klassen wie beschrieben funktionieren.

9.1.1 Der Clone-Pointer

Wendet man das Schnittstellenprinzip in C++ konsequent an, so bedeutet dies für den Nutzer einer Klasse, dass er mit Basispointern arbeitet. Die dahinter liegenden (von der Basisklasse abgeleiteten) Klassen brauchen den Nutzer nicht zu interessieren. Basispointer sind auch die Voraussetzung für Polymorphismus. Es kommt also in Programmen zwangsläufig häufig vor, dass man über weite Strecken mit Pointern arbeiten muss. Damit ist allerdings ein großes Problem verbunden: Man muss als Anwender darauf achten, dass das *Ownership* zu jedem Zeitpunkt klar definiert ist, sonst kann es vorkommen, dass man mit einem Pointer arbeitet, der bereits nicht mehr gültig ist. Eine Lösung hierfür ist es, dass jeder, der mit einem Objekt arbeiten will, mit einer eigenen Kopie des Objektes arbeitet, was dann zu *Exclusive Ownership* führt. Dies kann so realisiert werden, dass in der Basisklasse eine virtuelle Methode `Clone()` vorgesehen wird, die eine Kopie des eigenen Objektes zurückliefert, wie dies in Listing 9.1 gezeigt ist.

```
class CBase
{
public:
   virtual CBase *Clone()=0;
   virtual void Print()=0;
   virtual ~CBase(){};
};
//---------------------------------------------
class CA : public CBase
{
   int m_D;
public:
```

```
   CA(int D=0) {m_D=D;};
   void Print()
   {
      cout << "CA" << m_D
           << "--> myAdress: " << this
           << endl;
   };
   virtual CBase *Clone(){return new CA (*this);}
   virtual ~CA(){}
};
//---------------------------------------------------------
class CB : public CBase
{
   int m_D;
public:
   CB(int D=0) {m_D=D;};
   void Print()
   {
      cout << "CB" << m_D
           << "--> myAdress: " << this
           << endl;
   }
   virtual CBase *Clone(){return new CB(*this);}
   virtual ~CB(){}
};
```

Listing 9.1: Objektkopien für Exclusive Ownership vorsehen

Durch diese Vorgehensweise hat nun der Anwender der Bibliothek zu jeder Zeit die Möglichkeit, sich eine Kopie eines Objektes zu erzeugen. Durch den Polymorphismus bei der Methode `Clone()` bekommt er dabei nicht ein Objekt der Basisklasse (in unserem Fall `CBase`), sondern ein Objekt vom gleichen Typ des vorhandenen Objektes (in unserem Fall `CA` bzw. `CB`).

Dieser Klassenentwurf ermöglicht es dem Anwender prinzipiell, Exclusive Ownership zu benutzen. Allerdings ist der Anwender dafür verantwortlich, dass er die `Clone()`-Methode korrekt benutzt. Um ihn von dieser Arbeit zu entlasten und damit Fehler zu vermeiden, kann man einen *Smart Pointer* schreiben, der diese Arbeit automatisch übernimmt. (Wir haben einen Smart Pointer bereits in Übung 6.7.1 kennen gelernt.) Wir nennen diesen Smart Pointer Clone-Pointer, weil er automatisch im Hintergrund dafür sorgt, dass er stets mit einem Klon des Objektes arbeitet, auf das er zeigt.

Abbildung 9.1 und Abbildung 9.2 verdeutlichen den Unterschied zwischen einer Zuweisung eines Objektes an einen normalen Basispointer und einer Zuweisung eines Objektes an einen Clone-Pointer.

CBasis* pBasis = &objA;

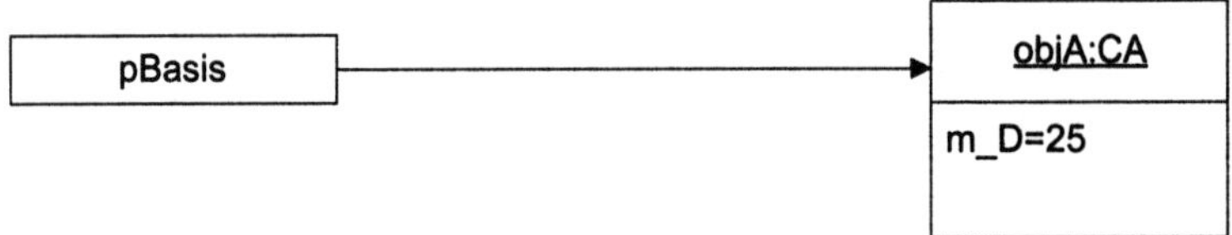

Abbildung 9.1: Zuweisung eines Objektes CA an einen normalen Basispointer

CClonePtr<CBasis> pBasis = &objA

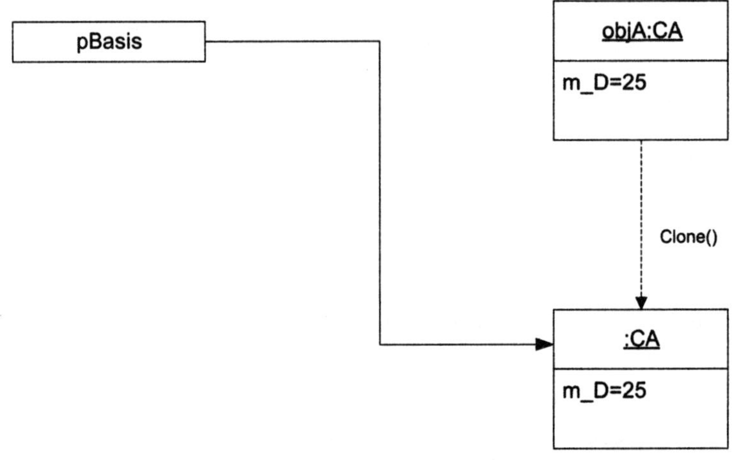

Abbildung 9.2: Zuweisung eines Objektes CA an einen Clone-Pointer

Wie man in Abbildung 9.2 sieht, ist der Clone-Pointer über eine Templateklasse (`CClonePtr`) realisiert.

Damit der Clone-Pointer ein in sich schlüssiges Verhalten aufweist, muss er folgendermaßen realisiert werden:

- Beim Erzeugen eines Objektes muss er das übergebene Objekt kopieren und den Pointer auf die Kopie speichern.
- Beim Zuweisen eines Objektes muss er ein bereits bestehendes Objekt löschen, eine Kopie des zuzuweisenden Objektes erstellen und den Pointer darauf speichern.
- Beim Zerstören des Clone-Pointers muss er auch den Klon, den er referenziert, löschen.
- Für besseres Handling stellt er einen !-Operator, den -> -Operator, den cast-Operator und den *-Operator zur Verfügung.

Das folgende Listing 9.2 zeigt die Implementierung des Clone-Pointers:

```
#ifndef INC_CLONEPTR
#define INC_CLONEPTR

// Makro für Trace-Anweisungen
#ifndef TRACE_CL
   #define TRACE_CL(var)
#else
   #include <typeinfo.h>
#endif

//=======================================================
// Globale Funktionen, um die Abhängigkeit zu den
// geforderten Methoden des Clone-Pointers (CClonePtr)
// zu entkoppeln.
//
template<class ObjType>
ObjType *ClonePtr(const ObjType *pPtr)
{
   TRACE_CL(cerr << "Aufruf der Clone-Methode fuer "
              << typeid(ObjType).name() << endl;)

   ObjType *P= const_cast<ObjType *>(pPtr);
   return P->Clone();
}
```

```
template<class ObjType>
void DeletePtr(ObjType *pPtr)
{
   TRACE_CL(cerr << "Aufruf der Delete-Methode fuer "
                 << typeid(ObjType).name() << endl;)

   delete pPtr;
}

//==========================================================
// Die Clone-Pointer-Klasse:
//
// Bei einer Zuweisung an den Pointer wird der Pointer
// nicht direkt auf das zugewiesene Objekt gestellt,
// sondern auf eine Kopie des Objektes. Damit dies
// möglich ist, muss die zugewiesene Klasse die Methode
// Clone() realisieren bzw. die globale Funktion
// ClonePtr() entsprechend überschreiben.

template<class ObjType>
class CClonePtr
{
   ObjType *m_pPtr;      // der gekapselte Pointer

public:
   //------------------------------------------------------
   // Konstruktor
   CClonePtr<ObjType>(const ObjType *pPtr=0)
   {
      TRACE_CL(cerr << "Konstruktor von CClonePtr fuer "
                 << typeid(ObjType).name() << endl;)

      m_pPtr=0;
      Init(pPtr);
   }
   // Kopierkonstruktor
   CClonePtr<ObjType>(const CClonePtr<ObjType> &Ptr)
   {
      TRACE_CL(cerr << "KopierKonstruktor von CClonePtr"
                       " fuer "
                    << typeid(ObjType).name() << endl;)

      m_pPtr=0;
      Init(Ptr);
   }
```

```
// Destruktor
~CClonePtr<ObjType>()
{
   TRACE_CL(cerr << "Destruktor von CClonePtr fuer "
                 << typeid(ObjType).name() << endl;)

   Init(0);
}
//--------------------------------------------------
// Zuweisungsoperatoren (es ist sowohl die Zuweisung
// eines Pointers möglich als auch die Zuweisung
// eines Wertes. Es wird dann automatisch dessen
// Adresse als Pointer verwendet).
const CClonePtr<ObjType> &operator =
                                (const ObjType *pPtr)
{
   TRACE_CL(cerr<<"Zuweisung eines Pointers vom Typ "
                << typeid(ObjType).name()
                <<" an CClonePtr" << endl;)

   Init(pPtr);
   return *this;
}
const CClonePtr<ObjType> &operator =
                                 (const ObjType &Ptr)
{
   TRACE_CL(cerr<<"Zuweisung eines Objektes vom Typ "
                << typeid(ObjType).name()
                <<" an CClonePtr"<< endl;)

   Init(&Ptr);
   return *this;
}
const CClonePtr<ObjType> &operator =
                      (const CClonePtr<ObjType> &Ptr)
{
   TRACE_CL(cerr << "Zuweisung eines anderen "
                    "CClonePtr von "
                 << typeid(ObjType).name()
                 <<" an CClonePtr"<< endl;)

   Init(Ptr);
   return *this;
}
```

```
//--------------------------------------------------
// Dereferenzierungsoperatoren
ObjType* operator ->() const
{
   TRACE_CL(cerr << "Dereferenzierung von "
                 << typeid(ObjType).name()
                 <<" Pointer mit ->"<< endl;)

   return m_pPtr;
}
ObjType& operator* () const
{
   TRACE_CL(cerr << "Dereferenzierung von "
                 << typeid(ObjType).name()
                 <<" Pointer mit *"<< endl;)

   return *m_pPtr;
}
//--------------------------------------------------
bool operator !() const
{
   TRACE_CL(cerr << "Logische Negation von CClonePtr"
                    " fuer "
                 << typeid(ObjType).name() << endl;)

   return !m_pPtr;
}
//--------------------------------------------------
// Cast-Operator:
// Rückgabetyp beim cast-Operator ist automatisch
// Referenz auf Typ, der angegeben ist; er entfällt
// daher beim Funktionskopf.
operator ObjType* () const
{
   TRACE_CL(cerr << "Casting auf "
                 << typeid(ObjType).name()
                 <<" Pointer "<< endl;)

   return m_pPtr;
}

// --------------------------------------------------
// Funktion, um Pointer direkt zu erfragen
ObjType* Ptr() const
{
```

```
        return m_pPtr;
    }
    //-----------------------------------------------
    // Methode, um die Clone-Funktion selbst aufzurufen
    ObjType *Clone() const
    {
        if(!m_pPtr)
            return 0;
        return ClonePtr(m_pPtr);
    }

private:
    void Init(const ObjType *pPtr)
    {
        if(m_pPtr)
        {
            DeletePtr(m_pPtr);
        }
        m_pPtr=0;
        if(pPtr)
        {
            m_pPtr=ClonePtr(pPtr);
        }
    }
};

#endif   // v. ifndef(INC_CLONEPTR)
```

Listing 9.2: Implementierung des Clone-Pointers

In Listing 9.2 wird die eigentliche Arbeit des Clone-Pointers von der Methode `Init()` erledigt, die von allen Konstruktoren und Zuweisungsoperatoren genutzt wird. Diese Methode verwendet die globalen Templatefunktionen `ClonePtr()` und `DeletePtr()`.

Das Klonen des Objektes (`ClonePtr()`) und das Löschen des Klons (`DeletePtr()`) wurden deshalb in eine globale Templatefunktion ausgelagert, um den Clone-Pointer noch flexibler zu gestalten. Denn auf diese Weise können auch Klassenbäume adaptiert werden, die ein anderes Löschen bzw. eine andere Art des Klonens benötigen, z.B. könnte es sein, dass es einen Klassenbaum gibt, der auch über einen Clone-Mechanismus verfügt, allerdings hierzu eine Methode mit Namen `Klonen()` statt `Clone()` verwendet. Dadurch dass die beiden Funktionen ausgelagert sind, muss nur passend für diesen Klassenbaum eine Funktion ClonePtr() mit der Signatur der entsprechenden Basisklasse implementiert werden. Denn konkret definierte Funktionen überschreiben allgemein formulierte Templatefunktionen.

Im Listing 9.2 haben wir aus Test- und Nachvollziehbarkeitsgründen ein Makro TRACE_CL verwendet, so dass bei entsprechender Definition Trace-Ausgaben erfolgen.

Damit lässt sich anhand der Ausgabe von Listing 9.3 die Wirkungsweise des Clone-Pointers sehr schön nachvollziehen. Zusätzlich fügen wir noch in den Klassen CA und CB entsprechende Trace-Ausgaben in der Methode Clone() und im Destruktor ein, wie dies in Listing 9.3 für Klasse CA gezeigt wird.

```
#define TRACE_CL(var) var; // Tracen einschalten

#include "ClonePtr.h"
#include <iostream>
using namespace std;

class CBase
{
   // (siehe oben)
};

class CA : public CBase
{
   int m_D;
public:
   CA(int D=0) {m_D=D;};
   void Print()
   {
      cout << "CA" << m_D
           << "--> myAdress: " << this
           << endl;
   };

   virtual CBase *Clone()
   {
      TRACE_CL(cerr << "Clone CA " << endl;)

      return new CA(*this);
   };
```

```
   virtual ~CA()
   {
      TRACE_CL(cerr << "Destruktor von CA" << endl;)
   }
};

class CB : public CBase
{
   // (siehe oben, erweitert um Traces analog zu CA)
};
//-----------------------------------------------------
int main(void)
{
   CClonePtr<CBase> pBasis;

   CA objA(25);
   CB objB(7);

   cout << "\n*** Referenzieren von objA(25)..."
        << endl;
   pBasis=&objA;
   objA.Print();
   pBasis->Print();

   cout << "\n*** Und nun objB(7)..." << endl;
   pBasis=objB;
   objB.Print();
   pBasis->Print();

   return 0;
}
```

Listing 9.3: Verwendung des Clone-Pointers

Listing 9.3 gibt Folgendes aus:

```
Konstruktor von CClonePtr fuer class CBase

*** Referenzieren von objA(25)...
Zuweisung eines Pointers vom Typ class CBase an CClonePtr
Aufruf der Clone-Methode fuer class CBase
Clone CA
CA25--> myAdress: 0012FF68
Dereferenzierung von class CBase Pointer mit ->
CA25--> myAdress: 004A0060
```

```
*** Und nun objB(7)...
Zuweisung eines Objektes vom Typ class CBase an CClonePtr
Aufruf der Delete-Methode fuer class CBase
Destruktor von CA
Aufruf der Clone-Methode fuer class CBase
Clone CB
CB7--> myAdress: 0012FF60
Dereferenzierung von class CBase Pointer mit ->
CB7--> myAdress: 004A0060
Destruktor von CB
Destruktor von CA
Destruktor von CClonePtr fuer class CBase
Aufruf der Delete-Methode fuer class CBase
Destruktor von CB
```

An dieser Ausgabe sieht man anhand der Adressen deutlich, dass die Objekte `objA` und `objB` tatsächlich geklont wurden. Die Ausgabe verdeutlicht außerdem, dass auch das Löschen richtig funktioniert, d.h., der Clone-Pointer sorgt selbst dafür, dass der von ihm angelegte Klon auch wieder gelöscht wird, wenn er nicht mehr benötigt wird (Zuweisung eines anderen Objektes bzw. bei der eigenen Zerstörung).

Wir können einen Clone-Pointer also dazu einsetzen, um mit dem referenzierten Objekt nicht im Orginal zu arbeiten, sondern mit einer Kopie davon. Auf diese Weise ist die Nutzung des Objektes von der Existenz des Orginal-Objektes *zeitlich entkoppelt*. Dies ist vor allem dann interessant, wenn eine Komponente ein Objekt erzeugt und als Ergebnis einen Pointer darauf liefert, über den dann die aufrufende Komponente mit dem erzeugten Objekt arbeiten kann. Arbeitet die Nutzer-Komponente mit einer Kopie, so ist eine Zerstörung der Fabrik-Komponente für sie irrelevant, im anderen Fall unter Umständen jedoch tödlich.

9.1.2 Der Reference-Pointer

Es gibt Fälle, in denen man nicht mit der Kopie eines Objektes arbeiten kann oder will (schon allein aus Performance-Gründen). Referenzieren dann mehrere Pointer ein und dasselbe Objekt, so besteht für das Objekt *Common Ownership* und es stellt sich die Frage: Wer löscht das Objekt? Am besten verfährt man hier nach der Devise: »Der Letzte macht das Licht aus.« Damit man weiß, wer der Letzte ist, muss ein Zähler mitgeführt werden, der entsprechend inkrementiert und dekrementiert wird.

In Kapitel 6.7, Beachte Ownership des Speichers, haben wir dieses Problem anhand der Elemente eines Ringpuffers bereits diskutiert und in der Übung 6.7.1 einen `Smart Pointer` für *Reference-Counting* vorgestellt. Diesen Smart Pointer wollen wir nun etwas komfortabler gestalten. Denn bei der Klasse `CRefPtr` aus Übung 6.7.1 musste die Klasse, die als Template-Parameter angegeben wurde, über die Methoden `AddRef()` und `ReleaseRef()` verfügen. Wir wollen im Folgenden eine Implementierung vorstellen, die keinerlei Anforderungen an die referenzierte Klasse stellt, außer dass der Destruktor **public** sein muss.

Der Zähler für die Referenzen (Pointer) muss damit im Reference-Pointer selbst hinterlegt sein. Natürlich handelt es sich nicht um **einen** Zähler (Betonung liegt auf einen), sondern jedes Objekt, das referenziert wird, benötigt einen eigenen Zähler. Entscheidend ist hier die Erkenntnis, dass die Adressen der referenzierten Objekte eindeutig sind. Dies führt zu einer Map, die für jede Objekt-Adresse einen Zähler mitführt, wie dies in Abbildung 9.3 dargestellt ist:

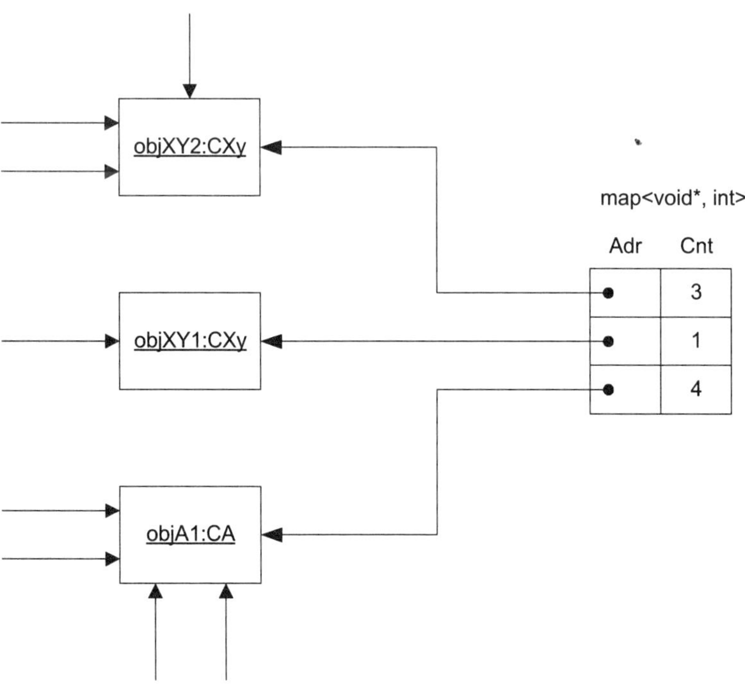

Abbildung 9.3: Prinzip der Map im Reference-Pointer

Da die Map die zentrale Verwaltung für alle Objekte ist, muss sie in der Klasse `CRefPtr` **static** sein. Sie darf aber nicht direkt in der Template-Klasse definiert sein, weil sie sonst für jede parametrisierte Klasse neu vorhanden wäre. Daher wird eine Basisklasse `CRefCntrBase` eingeführt, die die Verwaltung der Map übernimmt. Die Methoden hierin sind **protected**; denn die Klasse ist speziell für `CRefPtr` entworfen – ein genereller **public** Zugriff von außen soll daher nicht möglich sein.

Listing 9.4 zeigt nun zunächst die Implementierung der Basisklasse `CRefCntrBase`:

```
///////////////////////
// RefCntrBase.h
////////////////////////
#ifndef INC_REFCNTRBASE
#define INC_REFCNTRBASE
#include <map>
using namespace std;

//====================================================
// Klasse CRefCtrBase
//
// Basisklasse, speziell für CRefPtr, die das
// eigentliche Reference-Counting übernimmt.
//
class CRefCntrBase
{
   static map<void *,int> *m_pCntrMap;

protected:
   CRefCntrBase();
   ~CRefCntrBase();
   bool AddRef(void *p);
   bool ReleaseRef(void *p);

};

#endif // v. ifndef(INC_REFCNTRBASE)
```

```
///////////////////////
// RefCntrBase.cpp
////////////////////////
#include "Trace.h"         // Einschalten der Traces
#include "RefCntrBase.h"
#include <iostream>
using namespace std;

map<void *,int> *CRefCntrBase::m_pCntrMap=0;
//------------------------------------------
CRefCntrBase::CRefCntrBase(){}

CRefCntrBase::~CRefCntrBase(){}
//------------------------------------------
bool CRefCntrBase::AddRef(void *p)
{

   if(!m_pCntrMap)
   {
      m_pCntrMap=new map<void*,int>();
      if(!m_pCntrMap)
      {
         return false;
      }
   }
   (*m_pCntrMap)[p]++;

   TRACE_REF(cerr << "AddRef, Wert nun: "
               << (*m_pCntrMap)[p] << endl;)
   return true;
}
//-----------------------------------------------
// Die Counter-Map wird dann gelöscht, wenn der letzte
// Referenz-Pointer gelöscht wird.
bool CRefCntrBase::ReleaseRef(void *p)
{
   if(!m_pCntrMap)
      return false;
   map<void*,int>::iterator i=m_pCntrMap->find(p);
   if(i!=m_pCntrMap->end())
   {
      i->second--;
      TRACE_REF(cerr << "ReleaseRef, Wert nun: "
               << i->second << endl;)
      if(i->second==0)
```

```
        {
           m_pCntrMap->erase(i);
           if(m_pCntrMap->empty())
           {
              delete m_pCntrMap;
              TRACE_REF(cerr << "Map geloescht! "
                             << endl;)
              m_pCntrMap=0;
           }
           return true;
        }
     }
     return false;
}
```

Listing 9.4: Implementierung der Basisklasse CRefCntrBase

Beachten Sie in Listing 9.4, dass die Map (`m_pCntrMap`) als Pointer definiert ist. Der Grund hierfür ist, dass sichergestellt sein muss, dass die Map existiert, wenn das erste Mal darauf zugegriffen wird. Ein Zugriff zwischen zwei statischen Objekten könnte jedoch zum Fehler führen, da die Reihenfolge der Konstruktorenaufrufe für statische Objekte vom Linker bestimmt wird. Beispielsweise gäbe es sonst Probleme, wenn ein statischer Reference-Pointer vor der Map angelegt werden würde.

Und nun zur Klasse `CRefPtr` selbst, die den Reference-Pointer darstellt. Ihre Implementierung ist in Listing 9.5 gezeigt:

```
///////////////////////
// RefPtr.h
////////////////////////

#ifndef INC_CREFPTR
#define INC_CREFPTR
#include "RefCntrBase.h"

// Makro für Trace-Anweisungen
#ifndef TRACE_REF
   #define TRACE_REF(var)
#else
   #include <typeinfo.h>
#endif
```

```
//===========================================================
// Globale Funktion, um das Löschen des referenzierten
// Objektes flexibler zu gestalten.
//
template<class ObjType>
void DeleteRefPtr(ObjType *Ptr)
{
   TRACE_REF(cerr << "Aufruf der Delete-Methode fuer "
              << typeid(ObjType).name() << endl;)

   delete Ptr;
}

//===========================================================
// Die Reference-Pointer-Klasse:
//
// Beim Referenzieren eines Objektes über einen
// Reference-Pointer wird ein Zähler für die
// referenzierte Objektadresse inkrementiert. Wird der
// Pointer wieder einem anderen Objekt zugewiesen, so
// wird der Zähler für das ursprünglich referenzierte
// Objekt wieder dekremtiert, ebenfalls beim Destruktor
// des Reference-Pointers.
// Tatsächlich gelöscht wird das referenzierte Objekt
// erst, wenn der zugehörige Zähler auf 0 ist. Dies
// geschieht über die globale Templatefunktion
// DeleteRefPtr(), die bei Bedarf überschrieben werden
// kann. Der Reference-Pointer verfügt also sozusagen
// über eine automatische Garbage Collection.
//

template<class ObjType>
class CRefPtr  : public CRefCntrBase
{
   ObjType *m_pPtr;

public:
   // Konstruktoren
   CRefPtr<ObjType>(const ObjType *pPtr=0)
   {
      TRACE_REF(cerr << "Konstruktor von CRefPtr fuer "
              << typeid(ObjType).name() << endl;)
      m_pPtr=0;
      Init(pPtr);
   }
```

```
template<class ParamType>
CRefPtr<ObjType>(const CRefPtr<ParamType> &Ptr)
{
   TRACE_REF(cerr << "Konstruktor von CRefPtr "
                    "mit Init. einer Unterklasse "
                    "fuer "
                  << typeid(ObjType).name() << endl;)
   m_pPtr=0;
   Init(Ptr.Ptr());
}
// Destruktor
~CRefPtr<ObjType>()
{
   TRACE_REF(cerr << "Destruktor von CRefPtr fuer "
                 << typeid(ObjType).name() << endl;)
   Init(0);
}
//-------------------------------------------------------
// Kopierkonstruktor
CRefPtr<ObjType>(const CRefPtr<ObjType> &Ptr)
{
   TRACE_REF(cerr << "Kopierkonstruktor von CRefPtr "
                    "fuer "
                  << typeid(ObjType).name() << endl;)
   m_pPtr=0;
   Init(Ptr);
}
//-------------------------------------------------------
// Zuweisungsoperatoren
template<class ParamType>
const CRefPtr<ObjType> &operator =
                      (const CRefPtr<ParamType> &Ptr)
{
   TRACE_REF(cerr << "Zuweisungsop. von CRefPtr "
                    "bei Zuweisung einer Unterklasse"
                    " fuer "
                  << typeid(ObjType).name() << endl;)
   Init(Ptr.Ptr());
   return *this;
}

const CRefPtr<ObjType> &operator =
                        (const CRefPtr<ObjType> &Ptr)
{
   TRACE_REF(cerr << "Zuweisungsop. von CRefPtr "
```

```
                    "bei Zuweisung eines anderen "
                    "Reference-Pointers fuer "
                  << typeid(ObjType).name() << endl;)
   Init(Ptr);
   return *this;
}

const CRefPtr<ObjType> &operator =
                                (const ObjType *pPtr)
{
   TRACE_REF(cerr << "Zuweisungsop. von CRefPtr "
                    "bei Zuweisung eines 'normalen' "
                    "Pointers fuer"
                  << typeid(ObjType).name() << endl;)
   Init(pPtr);
   return *this;
}
//---------------------------------------------------
// Dereferenzierung-Operatoren
ObjType& operator *() const
{
   TRACE_REF(cerr << "Dereferenzierung von "
              << typeid(ObjType).name()
              <<" Pointer mit *"<< endl;)

   return *m_pPtr;
}
ObjType* operator ->() const
{
   TRACE_REF(cerr << "Dereferenzierung von "
              << typeid(ObjType).name()
              <<" Pointer mit ->"<< endl;)

   return m_pPtr;
}
//---------------------------------------------------
// Weitere Operatoren
bool operator !() const
{
   TRACE_REF(cerr << "Logische Negation von CRefPtr "
                    "fuer "
                  << typeid(ObjType).name() << endl;)
   return !m_pPtr;
}
operator ObjType *() const
{
```

```
        TRACE_REF(cerr << "Casting auf "
                       << typeid(ObjType).name()
                       <<" Pointer "<< endl;)

        return m_pPtr;
    }
    //-----------------------------------------------------
    // Methoden
    ObjType *Ptr() const
    {
        return m_pPtr;
    }
private:
    void Init(const ObjType *pPtr)
    {
        // Nur was tun, wenn wirklich nötig
        if(pPtr==m_pPtr)
            return;

        // Aktuell referenziertes Objekt
        // freigeben, dabei überprüfen, ob
        // letztes Release
        if(m_pPtr && ReleaseRef(m_pPtr))
        {
            // referenziertes Objekt löschen
            DeleteRefPtr(m_pPtr);
        }

        // Wenn pPtr ein neues Objekt ist,
        // Zugriffszähler auf neues Objekt erhöhen
        m_pPtr=const_cast<ObjType *>(pPtr);
        if(m_pPtr)
            AddRef(m_pPtr);
    }
};

#endif
```

Listing 9.5: Implementierung des Reference-Pointers (CRefPtr)

Im Listing 9.5 nimmt die Methode `Init()` eine zentrale Rolle ein – analog zum Clone-Pointer. Hier werden die Methoden der Basisklasse `AddRef()` und `ReleaseRef()` entsprechend aufgerufen. Zum Löschen des referenzierten Objektes wird auch hier wieder eine globale Templatefunktion verwendet, so dass bei Bedarf ein spezielles Löschen, das über einen **delete**-Aufruf hinausgehen muss, jederzeit implementiert werden kann.

Wir wollen anhand von Listing 9.7 zunächst die prinzielle Wirkungsweise des Reference-Pointers verdeutlichen, bevor wir auf einige besondere Konstruktoren und Zuweisungsoperatoren näher eingehen. In Listing 9.7 wurde dazu wieder das Tracen eingeschaltet, dieses Mal durch Inkludieren von trace.h.

```
///////////////////
// trace.h
///////////////////
#ifndef INC_TRACE
#define INC_TRACE

#define TRACE_CL(var) var  // Tracen für Clone-Pointer
                           // einschalten
#define TRACE_REF(var) var // Tracen für Reference-Pointer
                           // einschalten
#endif (v. ifndef(INC_TRACE)
```

Listing 9.6: Die Headerdatei trace.h

```
#include "Trace.h"         // Einschalten der Traces
#include "RefPtr.h"
#include <iostream>
using namespace std;

int main(void)
{
   CRefPtr<CA>    pRefA=new CA(66);
   CRefPtr<CBase> pRefBase1,
                  pRefBase2=new CB(33);

   // Ausgabe von pRefA (CA) und pRefBase2 (CB)
   cout << "*** pRefA(CA) und pRefBase2 (CB):" << endl;
   pRefA->Print();
   pRefBase2->Print();

   // pRefBase1 auf pRefA stellen
   cout << "\n*** pRefBase1 (pRefBase1=pRefA): "
        << endl;
   pRefBase1=pRefA;         // hier CA
   pRefBase1->Print();
```

```
    // nun zeigt pRefBase1 auf pRefBase2
    cout <<"\n*** pRefBase1 (pRefBase1=pRefBase2): "
         << endl;
    pRefBase1=pRefBase2;    // hier CB
    pRefBase1->Print();

    // Nun stellen wir pRefBase2 auf pRefA
    // -> CB wird nicht mehr referenziert
    cout <<"\n*** pRefBase2 (pRefBase2=pRefA): " << endl;
    pRefBase2=pRefA;
    pRefBase2->Print();

// Programmende -> Es folgen Destruktor-Aufrufe
    cout << "\n***Programmende..." << endl;
    return 0;
}
```

Listing 9.7: Verwendung des Reference-Pointers

Listing 9.7 verwendet die Klassen `CA`, `CB` und `CBase`, die bereits bei der Demonstration des Clone-Pointers eingesetzt wurden und hier der Einfachheit halber wieder benutzt wurden. Das bedeutet aber nicht, dass der Reference-Pointer nur für Klassen eingesetzt werden kann, die zueinander über eine Vererbungshierarchie in Beziehung stehen; er kann für jede beliebige Klasse eingesetzt werden.

Listing 9.7 gibt Folgendes aus:

```
Konstruktor von CRefPtr fuer class CA
AddRef, Wert nun: 1
Konstruktor von CRefPtr fuer class CBase
Konstruktor von CRefPtr fuer class CBase
AddRef, Wert nun: 1
*** pRefA(CA) und pRefBase2 (CB):
Dereferenzierung von class CA Pointer mit ->
CA66--> myAdress: 004A1F30
Dereferenzierung von class CBase Pointer mit ->
CB33--> myAdress: 004A0070

*** pRefBase1 (pRefBase1=pRefA):
Zuweisungsop. von CRefPtr bei Zuweisung einer Unterklasse fuer
class CBase
AddRef, Wert nun: 2
Dereferenzierung von class CBase Pointer mit ->
CA66--> myAdress: 004A1F30
```

```
*** pRefBase1 (pRefBase1=pRefBase2):
Zuweisungsop. von CRefPtr bei Zuweisung eines anderen Reference-
Pointers fuer cl
ass CBase
Casting auf class CBase Pointer
ReleaseRef, Wert nun: 1
AddRef, Wert nun: 2
Dereferenzierung von class CBase Pointer mit ->
CB33--> myAdress: 004A0070

*** pRefBase2 (pRefBase2=pRefA):
Zuweisungsop. von CRefPtr bei Zuweisung einer Unterklasse fuer
class CBase
ReleaseRef, Wert nun: 1
AddRef, Wert nun: 2
Dereferenzierung von class CBase Pointer mit ->
CA66--> myAdress: 004A1F30

***Programmende...
Destruktor von CRefPtr fuer class CBase
ReleaseRef, Wert nun: 1
Destruktor von CRefPtr fuer class CBase
ReleaseRef, Wert nun: 0
Aufruf der Delete-Methode fuer class CBase
Destruktor von CB
Destruktor von CRefPtr fuer class CA
ReleaseRef, Wert nun: 0
Map geloescht!
Aufruf der Delete-Methode fuer class CA
Destruktor von CA
```

Diese Ausgabe verdeutlicht sehr schön das Inkrementieren und Dekrementieren der referenzierten Objekte und zeigt, wann die Objekte und die Map gelöscht werden. Anhand der Adressen-Ausgaben wird die Common Ownership deutlich.

Im Listing 9.7 wird mit **new** Speicher dynamisch angelegt, der vom Reference-Pointer automatisch im Hintergrund gelöscht wird, wenn das Objekt nicht mehr referenziert wird. Man könnte hier von einer automatischen *Garbage Collection* sprechen. Ein expliziter **delete**-Aufruf auf einen Reference-Pointer darf daher nie ausgeführt werden!

In Listing 9.7 haben wir sowohl einen Reference-Pointer einer Basisklasse (`CRefPtr<CBase> pRefBase1`) als auch einen Reference-Pointer einer abgeleiteten Klasse verwendet (`CRefPtr<CA> pRefA`). Wie selbstverständlich haben wir dem Reference-Pointer der Basisklasse den Pointer der abgeleiteten Klasse zugewiesen (`pRefBase1=pRefA`) – was ja für ‚normale' Pointer auch möglich ist. Damit dies aber auch bei einem Smart Pointer möglich ist, muss der Smart Pointer entsprechende Zuweisungsoperatoren und Konstruktoren zur Verfügung stellen. Das Problem ist, dass der Typ des Zuweisungsoperators dem Typ des zugewiesenen Objektes entsprechen muss, d.h., es müsste hier so viele geben, wie es abgeleitete Klassen von der Basis gibt. Da dies sehr viel Implementierungsaufwand bedeuten würde und für die Zukunft nicht flexibel wäre, bietet sich hierfür eine Template-Methode an, die das Problem allgemein löst, wie in unserer Implementierung in Listing 9.5 geschehen.

Wie dieses Kapitel gezeigt hat, besitzt der Reference-Pointer als Smart Pointer viel ‚Intelligenz' und Sie können sich vielleicht vorstellen, dass er die Arbeit sehr erleichtern kann. Er und der Clone-Pointer lösen im Hintergrund automatisch die Speicherproblematiken, die mit Zeigern zwangsläufig immer verbunden sind. Der Benutzer dieser Klassen hat damit den Kopf frei, um sich auf die Lösung seiner eigentlichen Problemstellung zu konzentrieren.

9.1.3 Abschließende Bemerkung

Wie wir gesehen haben, kann objektorientierte Vorgehensweise auch so aussehen, dass man durch geeignete Hilfsklassen zunächst »kleine« Probleme löst und aus der Welt schafft, bevor man sich den applikationspezifischen Klassen widmet. Natürlich ist es hierbei von Vorteil, wenn man da auf einen entsprechenden Erfahrungsschatz bzw. entsprechende Bibliotheken zurückgreifen kann, denn oftmals sind Probleme verwaltungstechnischer Natur allgemein gültig zu lösen.

Wie bei der prozedualen Programmierung gibt es also auch bei der objektorientierten Programmierung immer zwei Wege, sich einer Lösung zu nähern: *top down* und *bottom up*. Bei *top down* wird das große Problem schrittweise in kleinere zerlegt, bei *bottom up* werden kleine Probleme gelöst und mit Hilfe der vielen kleinen Lösungen größere Funktionseinheiten gebildet. Oft wechseln sich die beiden Lösungswege in der Praxis während der Entwicklung ab, was man dann auch als *Jo-Jo-Effekt* bezeichnet (nach dem Spiel Jo-Jo, bei dem es ständig auf und ab geht).

9.2 Funktionsplotter

9.2.1 Aufgabenstellung

Im technischen Umfeld sind Funktionsplotter sehr interessant. Funktionsplotter ermöglichen die graphische Darstellung einer mathematischen Funktion. Beispielsweise stellt sich die mathematische Funktion `y= f(x) = 3+2 * x` wie folgt dar:

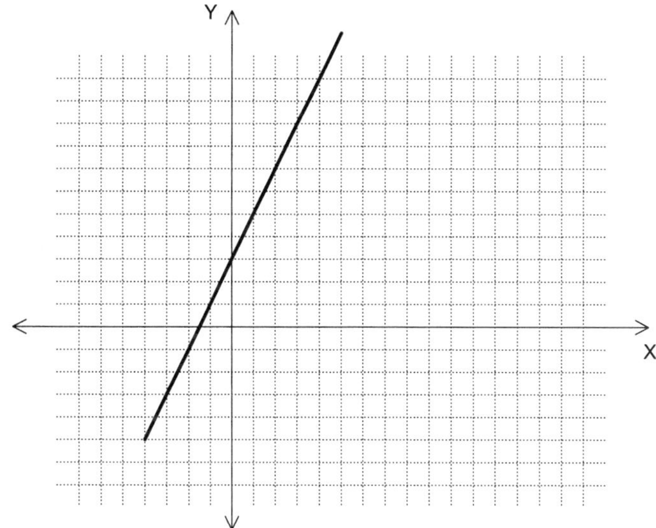

*Abbildung 9.4: Darstellung von f(x)= 3+ 2*x;*

Aufgabe ist es nun, eine solche Funktionsplotter-Applikation zu erstellen. Die Herausforderung hierbei ist, dass die mathematische Funktion vom Anwender als String eingegeben werden können soll. Die Applikation muss also den String so zerlegen, dass sie intern damit rechnen kann.

9.2.2 Analyse

GUI-Prototyp

Der Funktionsplotter wird als GUI-Applikation realisiert. Daher bietet es sich an, die GUI (Benutzeroberfläche) näher zu beleuchten und diese zur Klärung der Aufgabenstellung heranzuziehen. Dies kann entweder durch schematische Zeichnungen geschehen oder durch eine Prototyp-Applikation, die nur die Elemente in der GUI zeigt, jedoch über keinerlei Funktionalität verfügt. Dadurch wird sowohl für den Entwickler als auch für den Kunden die Vorstellung vom fertigen Produkt konkreter, was für die Aufgabenklärung nur dienlich ist.

Unsere Funktionsplotter-Applikation soll sich in etwa wie in Abbildung 9.5 dargestellt am Bildschirm repräsentieren:

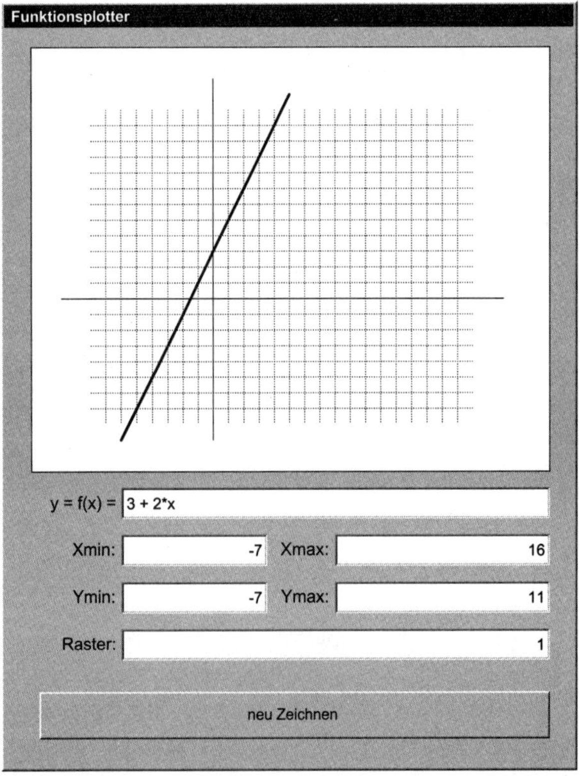

Abbildung 9.5: Schematischer Aufbau der GUI zum Funktionsplotter

Aus der Oberfläche lassen sich nun Use-Cases ableiten. Natürlich sollten im Gegenzug die Use-Cases auch noch unabhängig von der Oberfläche betrachtet werden und im Anschluss daran die Oberfläche darauf hin überprüft werden.

Use-Cases

Bei dieser Aufgabenstellung lassen sich z.B. zwei Anwendungsfälle finden, wie sie in Abbildung 9.6 dargestellt und im Folgenden beschrieben werden.

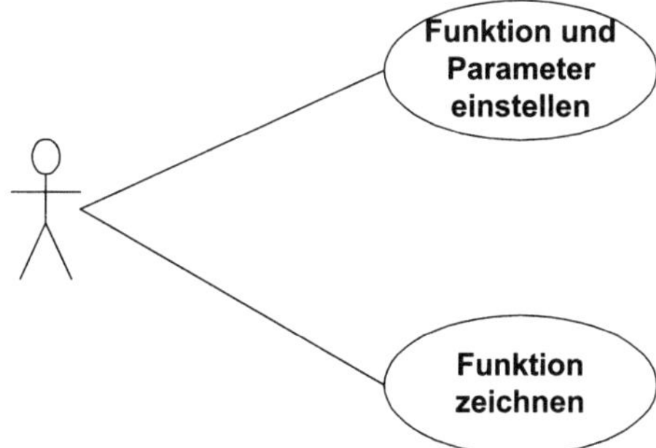

Abbildung 9.6: Use-Cases zum Funktionsplotter

- *Funktion und Parameter einstellen:*
  In diesem Fall verändert der Anwender die Daten, die zur Berechnung der Funktion verwendet werden. Dies sind:
  - String, der die Funktion beschreibt (`f(x)`)
  - Berechneter und dargestellter Wertebereich für die x (`Xmin` und `Xmax`)
  - Dargestellter Wertebereich für die y (`Ymin` und `Ymax`)
  - Schrittweite beim dargestellten Raster (für x- und y-Achse gleich)
- *Funktion zeichnen:*
  Der Funktionsstring wird ausgewertet und die Funktion entsprechend der eingestellten Parameter gezeichnet.

Anforderungen

Die Anforderungen an den Funktionsplotter könnten in einem eigenen Dokument, z.B. einer Anforderungsspezifikation, festgehalten werden. Diese würde sinnigerweise das Use-Case-Diagramm und das

Layout der Oberfläche enthalten bzw. referenzieren. Zudem könnten dort z.B. folgende weitere Punkte geklärt sein:

- Betriebssystem, unter dem die Applikation laufen soll (bei uns Linux/Unix und Windows); daher wird Qt eingesetzt.
- Geforderte Flexibilität für die Zukunft, z.B. Achsenbeschriftungen, drei-dimensionale Funktionen darstellbar, Farben ...
- ...

Domain-Problem

Innerhalb eines Wertebereiches für x müssen korrespondierende Werte für y berechnet und graphisch dargestellt werden. Berechnung und entsprechende Darstellung müssen also mehrmals (für jeden Wert des Wertebereiches) durchgeführt werden.

Das *Grundsätzliche Problem (Domain Problem)* besteht darin, dass die Funktion und die Parameter intern so zur Verfügung stehen sollten, dass die *Berechnung und Darstellung effektiv* läuft. Dazu muss der Funktionsstring, der vom Anwender vorgegeben wird, in eine passende Struktur zerlegt werden.

Architekturmodell

Bei dieser Aufgabenstellung bietet sich ein klassisches *MVC-Design* an. Die Berechnung kann von der Darstellung getrennt betrachtet werden. Ein anderer View für die Rechenergebnisse (z.B. Ausgabe auf der Konsole) ist jederzeit denkbar.

9.2.3 OOA-Modell / Grob-Design

Unsere bisherigen Überlegungen könnten zu einem ersten Klassenmodell führen, wie es in Abbildung 9.7 dargestellt ist.

Da unser Projekt keinen allzu großen Umfang hat (zumindest im Vergleich zu den meisten industriellen Projekten), verschwimmen hier die Phasen Analyse und Grob-Design ineinander, d.h. unsere Überlegungen sind bereits so weit gediehen, dass unser erstes Klassenmodell in Abbildung 9.7 bereits ein Grob-Design darstellt.

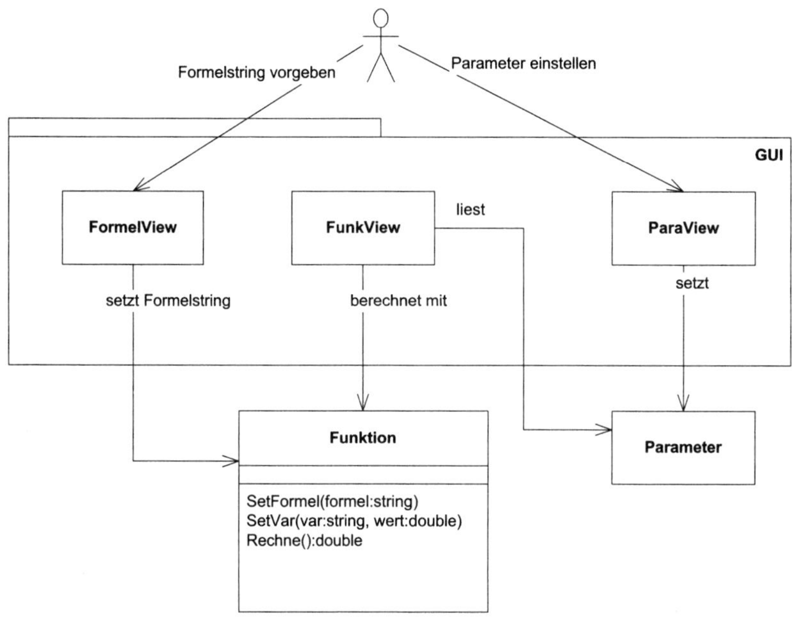

Abbildung 9.7: Erstes Klassenmodell (OOA) zu Funktionsplotter

Die Klassen `FormelView`, `FunkView` und `ParaView` beziehen sich auf die GUI und werden daher unter Benutzung von Qt gelöst werden. Die Klassen haben dabei folgende Bedeutung:

- `FormelView` verwaltet das Editfeld, in dem der String für die Funktion/Formel eingegeben wird. Der String selbst wird jedoch von der GUI-unabhängigen Klasse `Funktion` verwaltet.
- `ParaView` übernimmt die Schnittstelle zum Anwender bezüglich der eingestellten Parameter. Die Parameter selbst werden jedoch von der GUI-unabhängigen Klasse `Parameter` verwaltet.
- `FunkView` berechnet die einzelnen Funktionswerte und stellt die resultierende graphische Funktion im dafür vorgesehenen Fenster dar. Die Berechnung erfolgt mit Hilfe der GUI-unabhängigen Klasse `Funktion`. Hierbei wird zunächst mit der Methode `Funktion::SetVar()` der jeweilige Wert für die Unbekannte vorgegeben (z.B. `SetVar("x", 2)`) und anschließend mit der Methode `Funktion::Rechne()` der resultierende Funktionswert erfragt. Dieser

kann dann im Koordinatensystem entsprechend eingetragen werden. Die Wertegrenzen für die Berechnung und die Darstellung erfragt `FunkView` von der GUI-unabhängigen Klasse `Parameter`, die die Parameter verwaltet.

Die Klassen `Funktion` und `Parameter` sind also völlig unabhängig von der GUI (MVC-Design) und haben folgende Bedeutung:

- `Funktion` verwaltet den Funktionsstring, so dass damit gerechnet werden kann.
- `Parameter` verwaltet die Parameter.

Bei Abbildung 9.7 handelt es sich um unser erstes Klassenmodell. Die hierin vorkommenden Klassen müssen daher nicht zwangsläufig Klassen im Sinne von C++ sein. Vielmehr werden sich die C++-Klassen erst durch weitere designtechnische Betrachtungen ergeben. Daher haben wir hier auch bei den Klassennamen das Präfix ‚C' weggelassen und werden im Folgenden statt von Klassen von Komponenten sprechen, wenn wir die Klassen aus Abbildung 9.7 meinen. Der Begriff Komponente soll in diesem Zusammenhang ausdrücken, dass es sich allgemein um ein Stück Software handelt; er macht hier keinerlei Aussage darüber, wie viele Klassen darin enthalten sind und hat in diesem Kontext auch nichts mit einer bestimmten Realisierungstechnik (Dll, COM/CORBA o.Ä.) zu tun. Statt des Klassensymbols hier jeweils das Package-Symbol zu verwenden, erschien uns an diesen Stellen zu übertrieben, und man sollte einfach auch klar unterscheiden zwischen den Klassen der Analyse und den Klassen des Feindesigns bzw. der Implementierung.

Grobplanung – Meilensteine

Wir beginnen mit der Entwicklung der internen Struktur für den Funktionsstring (`Funktion`), da diese uns derzeit noch unklar ist, aber von essentieller Bedeutung ist (vgl. Domain-Problem). Unser erster Meilenstein ist daher die Realisierung dieses Software-Teils als Konsolen-Applikation.

Der zweite Meilenstein ist dann die eigentliche Applikation mit einer ansprechenden GUI.

Da der Faktor Time-To-Market nicht unerheblich ist, sehen wir für unsere Applikation mehrere Versionen vor, die schrittweise um weitere Features ergänzt wird. In einer ersten Version beschränken wir uns auf die vier Grundrechenarten (Addition, Subtraktion, Multiplikation, Division) und Potenzieren – inklusive Klammersetzung natürlich. Laut unserer Spezifikation gibt es außerdem in dieser Version nur eine Unbekannte im Funktionsstring und es wird vorerst auf Druckfunktionalität verzichtet. (Natürlich geht es in dem Buch auch darum, den Umfang nicht ins Unermessliche steigen zu lassen. Aber in der Praxis ist es äußerst wichtig, bereits in der Analysephase eine Versionsplanung vorzunehmen. Sie macht deutlich, an welchen Stellen auf jeden Fall Flexibilität gefragt ist.)

9.2.4 Realisierung der Komponente Funktion

Das Entscheidende an `Funktion` ist die Verwaltung des Funktionsstrings, so dass damit gerechnet werden kann, d.h. der String muss interpretiert werden können. Dies geschieht in zwei Schritten:

1. *Lexikalische Analyse*:
   Zerlegung des Strings in einzelne interpretierbare Teile (*Tokens*). Wir werden hier im weiteren Verlauf des Buches vom *Lexer* sprechen.
2. *Syntaktische Analyse*:
   Interpretieren der einzelnen Tokens, sie in Zusammenhang stellen (Prioritäten der Operatoren) und damit das Rechnen ermöglichen. Dies ist die eigentliche Aufgabe eines so genannten *Parsers*[1]. Wir werden daher hier auch im weiteren Verlauf des Buches vom *Parser* sprechen.

Der Lexer

Der *Lexer* zerlegt den vorgegebenen String in einzelne Tokens und erstellt als Ergebnis eine Liste von Tokens. Pro Token kann er dabei eine Wertigkeit feststellen, aber auch einen Tokentyp, wie dies Abbildung 9.8 verdeutlicht:

1. Manche Fachleute sprechen hin und wieder auch allgemein von einem *Parser*, wenn sie streng genommen eine Komponente meinen, die Lexer und Parser enthält.

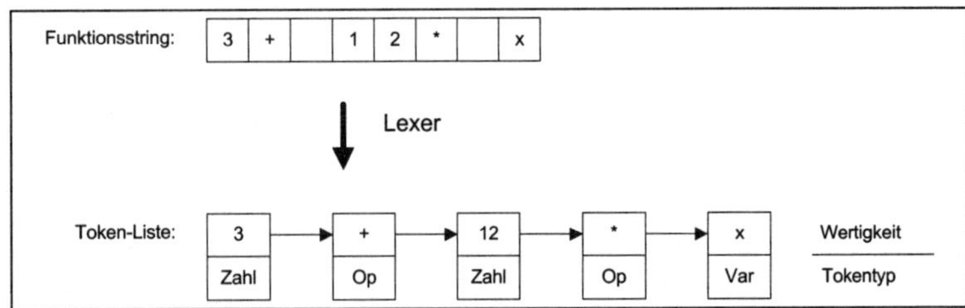

Abbildung 9.8: Aufgabe eines Lexers

In einem Funktionsstring können als Tokentypen vorkommen:

- Zahlen (`Zahl`)
- Operatoren (`Op`)
- Variablen (`Var`)
- Whitespaces (unsichtbare Zeichen, z.B. Leerzeichen, Return, Tab) Diese haben eine Sonderstellung, da sie nicht in die Tokenliste aufgenommen werden.

Ein Token als Element der Liste ist also ein Paar aus Wertigkeit und Tokentyp. Damit bieten sich bei Einsatz der STL folgende Typ-Definitionen in der Klasse an:

```
typedef pair<string,int> Token;
typedef list<Token> TokenList;
```

Wie kann nun die Zerlegung des Strings in Tokens geschehen?
Wir verwenden hier das Prinzip *»try and error«*, indem wir versuchen, unterschiedliche Token-Regeln auf den String anzuwenden. Die Regeln werden nacheinander durchlaufen, wobei jede Regel versucht, einen Token vom String abzutrennen. Schlägt dies fehl, so ist die nächste Regel an der Reihe. Das Verfahren läuft so lange, bis der String komplett zerlegt ist bzw. im Fehlerfall keine Regel mehr greift. Abbildung 9.9 veranschaulicht das Prinzip.

In Abbildung 9.9 kann auf das erste Zeichen die Regel 1 angewendet werden. Beim zweiten Zeichen ist Regel 1 nicht erfolgreich, denn es kann hieraus kein Zahl-Token gebildet werden, daher kommt Regel 2 an die Reihe, die erfolgreich ist. Beim dritten Zeichen ist erst Regel 4 erfolgreich. Zeichen vier und fünf werden von Regel 1 extrahiert und daraus ein Zahl-Token gebildet ... und so weiter.

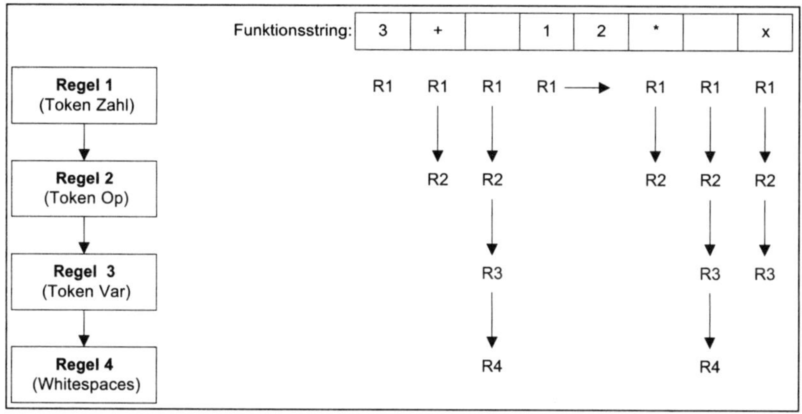

Abbildung 9.9: Anwenden der Regeln beim Lexer

Es bietet sich damit an, auch die Regeln in einer verketteten Liste zu hinterlegen, die dann entsprechend durchlaufen wird. Damit alle Regeln gemeinsam verwaltet werden können, sollten Sie über eine gemeinsame Schnittstelle verfügen, die wir `ILexer` nennen. `ILexer` sollte folgende Methoden besitzen:

- `Scannen()`
  Die Regel scannt den Funktionsstring nach ihren Regeln. Wenn sie Erfolg hat, extrahiert sie die betreffenden Zeichen aus dem String. Dies kann dadurch geschehen, indem sie einen Anfang-Iterator entsprechend weiterschaltet. Die Token-Regeln benötigen als Parameter außerdem die Tokenliste, an die sie den aus den extrahierten Zeichen gebildeten Token anhängen. Die Schnittstellen-Methode `Scannen()` benötigt daher folgende *Parameter:*

  - `iterator  &begin,    // Iterator auf den Beginn`
    `                     // des Strings`
  - `iterator  &end,      // Iterator auf das Ende`
    `                     // des Strings`
  - `string    &funk,     // der Funktionsstring`
  - `TokenList &L         // die Tokenliste, an die`
    `                     // das Token gehängt wird`

  Über den *Rückgabewert* der Methode `Scannen()` wird mitgeteilt, ob der Scanversuch erfolgreich war.

- `Clone()`
  Es bietet sich an, die Elemente der Liste als Clone-Pointer zu realisieren, damit die Liste die Regeln im Exclusive Ownership vorliegen hat. Damit dies möglich ist, müssen die Regeln über die Methode `Clone()` verfügen.

Welche Klassen benötigen wir nun für die Implementierung der Regeln?

Bei Regel 1 bis Regel 3 verläuft das Scannen nach demselben Prinzip: Es wird im String nach gültigen Zeichen für den zu bildenden Token gesucht. Wird die Regel fündig, extrahiert sie die Zeichen aus dem String, bildet daraus einen Token und hängt ihn an die Tokenliste an. Der String wird im Gegenzug um die extrahierten Zeichen verkürzt. Ein Token kann dabei aus mehreren Zeichen bestehen (z.B. eine mehrstellige Zahl). Bei der Gültigkeit der Zeichen kann es dabei einen Unterschied machen, ob das Zeichen an erster Stelle oder an einer folgenden Stelle steht, z.B. ist bei Variablen an erster Stelle nur ein Buchstabe erlaubt, in der Folge jedoch Ziffern und Buchstaben. Damit lässt sich für Regel 1 bis Regel 3 eine Klasse `CSequenz` definieren, die aus dem Funktionsstring mehrere Zeichen extrahieren und daraus einen Token bilden kann, der dann in die Tokenliste eingefügt wird. Da wir beim Extrahieren für die Gültigkeit zwischen Start- und Folgezeichen unterscheiden, hat diese Klasse als Attribut entsprechend zwei Strings, die die gültigen Zeichen enthalten. Außerdem besitzt sie als Attribut den Tokentyp, der beim Token miteingetragen wird. Die Werte für diese Attribute werden von den drei Instanzen Regel 1 bis Regel 3 beim Anlegen über den Konstruktor gesetzt. Abbildung 9.10 zeigt das zugehörige Klassendiagramm:

Für Regel 4 unterscheidet sich das Scannen insofern, dass kein Token gebildet wird, sondern die Whitespaces einfach extrahiert werden. Da wir also eine andere Implementierung von Scannen benötigen, führen wir hier eine eigene Klasse `CSkip` ein, die diese Aufgabe wahrnimmt. Damit kommen wir insgesamt zu dem Klassendiagramm in Abbildung 9.11:

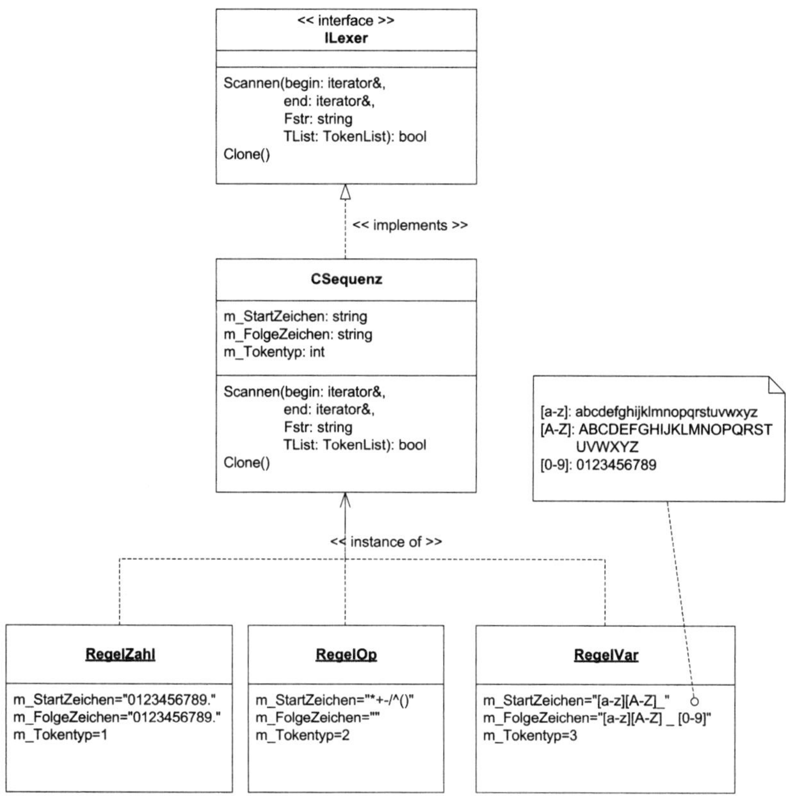

Abbildung 9.10: Klassen- und Objektdiagramm zu CSequenz (Regel1 bis Regel3)

In Abbildung 9.11 lässt sich ansatzweise das so genannte Entwurfmuster *Strategie* (engl. *strategy*) entdecken, das allgemein ausgedrückt folgende Struktur hat, wie sie in Abbildung 9.12 gezeigt ist.

Zweck des Strategiemusters ist es, eine Familie von Algorithmen zu definieren, wobei jeder einzelne Algorithmus gekapselt und damit austauschbar wird. Damit ermöglicht es das Strategiemuster, den Algorithmus unabhängig von den ihn genutzten Klienten zu variieren.

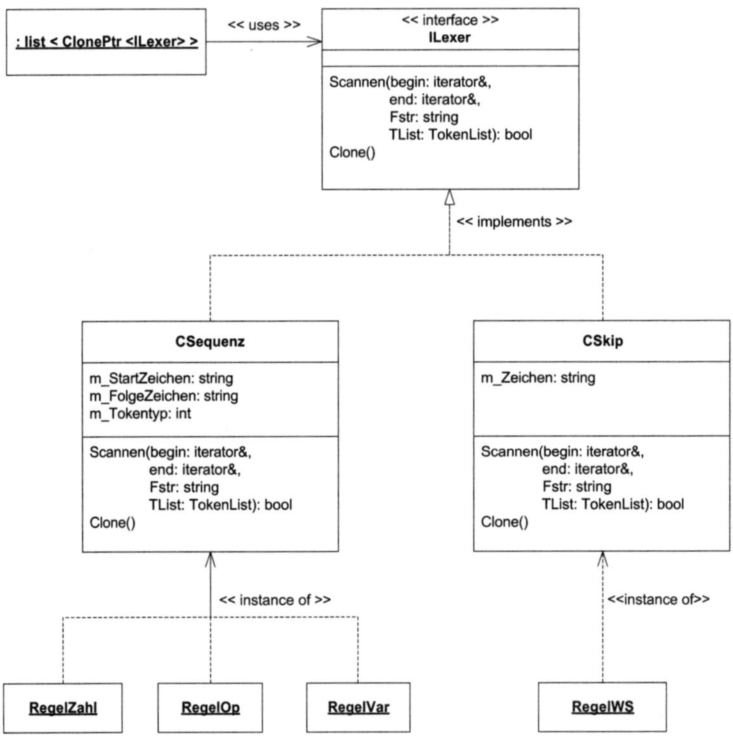

Abbildung 9.11: Klassendiagramm zur Regelliste für Lexer

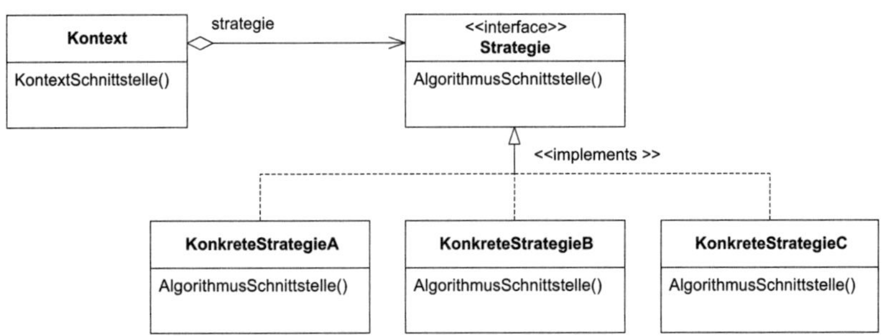

Abbildung 9.12: Struktur des Strategiemusters

In unserem Fall ist die Strategie das Scannen, das unterschiedlich verlaufen kann. Der Kontext für das Scannen ist bei uns der zu scannende String und die Tokenliste, die bei uns allerdings als Parameter an das

Scannen übergeben werden. Diese hier in eine eigene Kontext-Klasse auszulagern und dann eine Kontext-Schnittstelle zur Verfügung zu stellen, die den Strategieobjekten den Zugriff auf die Kontext-Daten ermöglicht, wäre an dieser Stelle overdesigned.

Wir wollen nun unser Klassenmodell aus Abbildung 9.11 in C++-Code umsetzen, um zunächst einmal den Lexer zu testen, bevor wir uns mit dem Parser näher auseinander setzen. Listing 9.8 bis Listing 9.11 zeigen die Definitionen und Implementierungen der einzelnen Klassen. Listing 9.12 zeigt dann den Einsatz unserer Lexer-Klassen anhand einer kleinen `main()`-Funktion.

```
#ifndef INC_ILEXER
#define INC_ILEXER

#include <string>
#include <map>
#include <list>
using namespace std;

#include "ClonePtr.h"

class ILexer
{
public:
  typedef string::iterator iterator;
  typedef pair<string,int> Token;
  typedef list<Token> TokenList;

  virtual ~ILexer() {};

  virtual bool Scannen(  iterator  &begin,
                         iterator  &end,
                        string    &funk,
                        TokenList &L)=0;

  virtual ILexer * Clone()=0;
};

typedef CClonePtr<ILexer> ILexerPtr;
#endif
```

Listing 9.8: Die Schnittstellenklasse ILexer

```
//////////////
// Sequenz.h:
//////////////

#ifndef INC_SEQUENZ
#define INC_SEQUENZ

#include "ILexer.h"

class CSequenz : public ILexer
{
  string m_StartZeichen;
  string m_FolgeZeichen;
  string m_NewToken;
  int m_TokenType;
public:

  CSequenz( int    TokenType,
            string StartZeichen,
            string FolgeZeichen);

  virtual ~CSequenz();
  // Implementierung von Schnittstelle ILexer:
  //-----------------------------------------
  virtual bool Scannen( iterator &begin,
                        iterator &end,
                        string   &funk,
                        TokenList &L);

  virtual ILexer * Clone()
  {
    return new CSequenz(*this);
  };
};
#endif // v. ifndef(INC_SEQUENZ)
////////////////
// Sequenz.cpp:
////////////////
#include "Sequenz.h"

CSequenz::CSequenz(int TokenType,
                   string StartZeichen,
                   string FolgeZeichen)
{
  m_StartZeichen=StartZeichen;
```

```
  m_FolgeZeichen=FolgeZeichen;
  m_TokenType=TokenType;
}

CSequenz::~CSequenz(){}

bool CSequenz::Scannen(iterator &begin,
                       iterator &end,
                       string &funk,
                       TokenList &L)
{
  iterator It=begin;
  string NewToken;

  //Erstes Zeichen der Sequenz
  if(m_StartZeichen.find(*It)==string::npos)
    return false;

  //Folgezeichen lesen bis keins mehr kommt...
  NewToken+=(*It);
  for(++It;It!=end;++It)
  {
    if(m_FolgeZeichen.find(*It)==string::npos)
      break;
    NewToken+=(*It);

  }
  begin=It;
  L.push_back(Token(NewToken,m_TokenType));
  return true;
}
```

Listing 9.9: (Sequenz.h und .cpp): Realisierung von CSequenz

In Listing 9.9 wird die Methode `find()` der STL-Klasse `string` verwendet. Diese liefert als Returnwert nicht – wie die `find()`-Methoden der anderen Container – einen Iterator, sondern die Position, an der das Zeichen das erste mal gefunden wurde. Wird das Zeichen nicht gefunden, ist der Rückgabewert `string::npos`;

```
//////////
// Skip.h:
//////////

#ifndef INC_SKIP
#define INC_SKIP

#include "ILexer.h"

class CSkip : public ILexer
{
  string m_Zeichen; // zu übergehende Zeichen

public:
  CSkip(string Zeichen);
  virtual ~CSkip();

  // Implementierung von Schnittstelle ILexer:
  //-----------------------------------------
  virtual bool Scannen( iterator &begin,
                       iterator &end,
                       string &funk,
                       TokenList &L);

  virtual ILexer * Clone()
  {
    return new CSkip(*this);
  };

};

#endif // v. ifndef (INC_SKIP)
/////////////
// Skip.cpp:
/////////////
#include "Skip.h"

CSkip::CSkip(string Zeichen)
{
  m_Zeichen=Zeichen;
}

CSkip::~CSkip(){}
```

```
bool CSkip::Scannen(iterator &begin,iterator &end,
                    string &funk,TokenList &L)
{
  bool ret=false;
  for(iterator It=begin;It!=end;++It)
  {

     // Wenn kein Whitespace
     // -> dann gleich Schleife verlassen
    if(m_Zeichen.find(*It)==string::npos)
      break;

    ret=true;
  }

  // Whitespaces entfernen
  begin=It;

  return ret;
}
```

Listing 9.10: (Skip.h und .cpp): Realisierung von CSkip

Den Algorithmus zum Durchlaufen der Regel-Liste legen wir in eine globale Funktion mit Namen `ScanString()`. Es lohnt sich hier nicht, nur wegen eines Algorithmus eine neue Klasse zu definieren, noch dazu da der Algorithmus ziemlich allgemein gültig ist. Objektorientiert zu programmieren bedeutet nicht, dass auf Biegen und Brechen alles in Klassen verpackt werden muss. Auch die STL verwendet für ihre Algorithmen globale Funktionen (vgl. Kapitel 4.6.5, Algorithmen).

Listing 9.11 zeigt die Implementierung der globalen Funktion `ScanString()`.

```
///////////////////
// ParserHelper.h
///////////////////
#ifndef INC_PARSERHELPER
#define INC_PARSERHELPER

#include "ILexer.h"
```

```
extern void ScanString(string& str,
                list<ILexerPtr>& RegelList,
                ILexer::TokenList& Tok);
}
#endif // v. ifndef (INC_PARSERHELPER)

///////////////////
// ParserHelper.cpp
///////////////////
#include "ILexer.h"
#include "ParserHelper.h"

void ScanString(string& str,
                list<ILexerPtr>& RegelList,
                ILexer::TokenList& Tok)
{
   // Anfang und Ende des Funktionsstrings
   string::iterator begin=str.begin();
   string::iterator end=str.end();

   // Funktionsstring Zeichen für Zeichen
   // scannen und Regeln nacheinander anwenden
   do
   {
      list<ILexerPtr>::iterator It;

      for(It=RegelList.begin();It!=RegelList.end();++It)
      {
         // Wenn Scan-Versuch der entsprechenden Regel
         // erfolgreich war -> Schleifenende
         if((*It)->Scannen(begin,end,str,Tok) )
            break;

      }

      // Wenn keine Regel erfolgreich war
      // -> Zeichen wegwerfen
      if(It==RegelList.end())
         ++begin;

   } while(begin!=end); // Solange noch Zeichen im
                        // String
}
```

Listing 9.11: (ParserHelper.h): globale Hilfsfunktionen für Lexer und Parser

Mit Hilfe der folgenden `main()`-Funktion in Listing 9.12 testen wir unseren Lexer. Bitte beachten Sie, dass dieses `main()` keinen vollständigen Komponententest darstellt. Hierzu müssten wesentlich mehr Testfälle abgedeckt werden. Dies würde den Rahmen des Buches jedoch sprengen; daher testen wir unsere Klassen und Komponenten hier immer nur minimal.

```
#include "ILexer.h"
#include "Skip.h"
#include "Sequenz.h"
#include "ParserHelper.h"
#include <string>
#include <algorithm>
#include <iostream>
#include <iomanip>   // f. setw
using namespace std;

//---------------------------------------------
// globale Funktion zum Ausgeben der Tokenliste
void Print(ILexer::Token &T)
{
   cout << setw(5) << T.first<< " - " << T.second << endl;
}
//---------------------------------------------
// Enum für Tokentyp
enum Tokentyp_e
  {
    ZAHL=1,
    OPERATOR,
    NAME
};
//---------------------------------------------

int main(int argc, char* argv[])
{
   //Lexer bauen... nur zu Testzwecken....

   // Strings für die Regeln
   string  Txt="abcdefghijklmnopqrstuvwxyz"
                "ABCDEFGHIJKLMNOPQRSTUVWXYZ_";
   string  Z="0123456789";
   string  Komma=".";
   string  Op="*+-/^()";
   string  Leer=" \t";
```

```
    // Die Regeln
    CSequenz RegelZahl(ZAHL,Z+Komma,Z+Komma);
    CSequenz RegelOp(OPERATOR,Op,"");
    CSequenz RegelVar(NAME,Txt,Txt+Z);
    CSkip    RegelWS(Leer);

    // Die Regel-Liste
    list<ILexerPtr> Regeln;  // Liste aus ILexer-
                             // ClonePointer

    Regeln.push_back(&RegelZahl);
    Regeln.push_back(&RegelOp);
    Regeln.push_back(&RegelVar);
    Regeln.push_back(&RegelWS);

    // Der Funktionsstring:
    string  FunkStr(" 3+ 12 *       (x +1) ");

    // Die Tokenliste
    list<ILexer::Token> Tokens;

    // Tokenliste generieren:
    ScanString(FunkStr,Regeln,Tokens);

    // Tokenliste ausgeben:
    cout << "Die Tokenliste (Token - typ): \n"
            "------------------------------" << endl;
    for_each(Tokens.begin(),Tokens.end(),Print);

    return 0;
}
```

Listing 9.12: Mini-Test unserer Lexer-Komponente durch main()

Listing 9.12 bewirkt folgende Ausgabe:

```
Die Tokenliste (Token - typ):
------------------------------
   3 - 1
   + - 2
  12 - 1
   * - 2
   ( - 2
   X - 3
```

```
+ - 2
1 - 1
) - 2
```

Der Parser

Der *Parser* setzt die einzelnen Token aus der Tokenliste zueinander in semantische Beziehung und ermöglicht die Berechnung.

Betrachtet man die Berechnung eines mathematischen Terms, so erfolgt diese schrittweise, indem für jede Operation ein Ergebnis gebildet wird und dieses Ergebnis in die nächste Operation einfließt. Beispielsweise wird der Term 3+5*6 wie in Abbildung 9.13 aufgelöst:

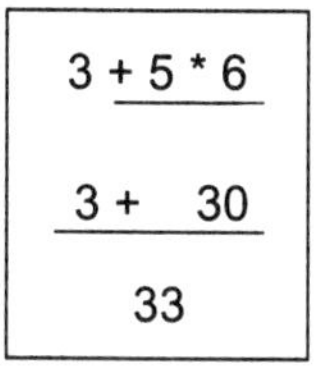

3 + 5 * 6

3 + 30

33

*Abbildung 9.13: Schrittweise Berechnung des Terms 3+5*6*

Wie in Abbildung 9.13 gezeigt, müssen bei der schrittweisen Auflösung die Prioritäten der Operatoren berücksichtigt werden, wie z.B. Punkt-vor-Strich. Damit bei Verwendung von Unbekannten die Auswertung der Prioritäten nicht jedesmal neu erfolgen muss, bietet sich eine Baum-Struktur an, die die einzelnen Elemente des Terms (die Tokens) nach der Reihenfolge ihrer Berechnung sortiert hält. Eine solche Baumstruktur würde für obigen Term 3+5*6 wie in Abbildung 9.14 gezeigt aussehen:

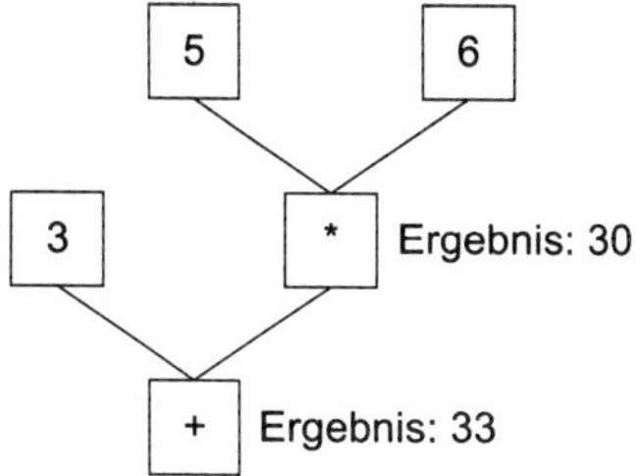

*Abbildung 9.14: Baumstruktur für Term 3+5*6*

Die Baum-Elemente oder auch ‚Knoten' verfügen alle über ein Ergebnis. Bei Operatoren ist dies das Ergebnis der Operation aus linken und rechten Nachbarn, bei einem Wert ist das Ergebnis der Wert selbst. Damit ließe sich zur gemeinsamen Verwaltung der Knoten eine Schnittstelle `INode` definieren, die eine Methode `Erg()` zur Ermittlung des Ergebnisses enthält. Da wegen Polymorphismus die verwalteten Knoten-Objekte Pointer sein müssen, bietet sich auch hier wieder die Verwendung des Clone-Pointers, so dass wir uns um das Speichermanagement des Baumes nicht weiter kümmern müssen.

Für die Baumstruktur kommen wir damit zu dem Klassendiagramm in Abbildung 9.15:

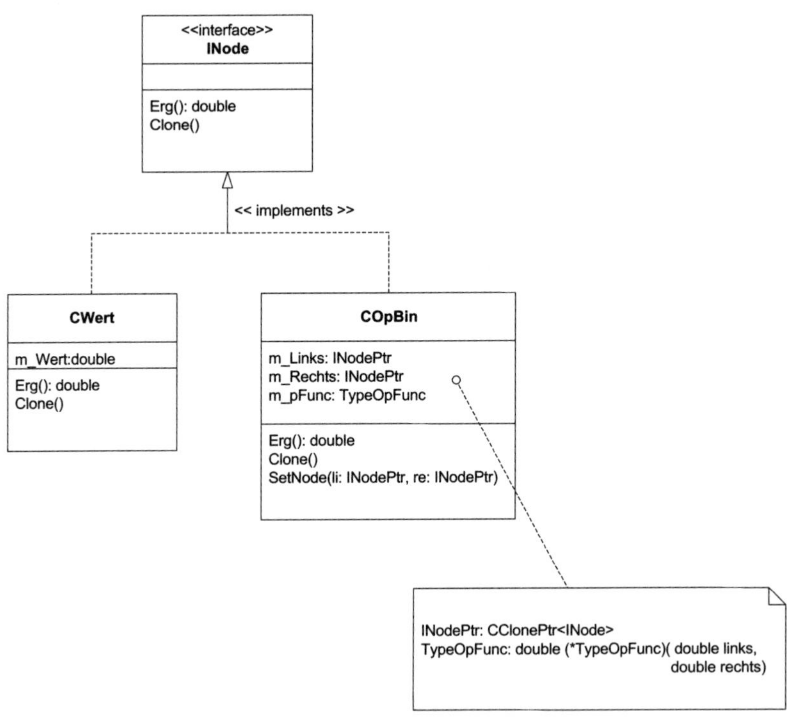

Abbildung 9.15: Klassendiagramm zu Baum-Knoten

In Abbildung 9.15 verwenden wir für den linken und rechten Nachbarn aus genannten Gründen einen Clone-Pointer, also `CClonePtr<INode>`, für den wir die Typbezeichnung `INodePtr` einführen. Die ebenfalls neue Typbezeichnung TypeOpFunc ist ein Funktionspointer auf eine **double**-Funktion mit zwei Parametern vom Typ **double**. Diese benötigen wir für das Attribut m_pFunc. Hierin speichern wir die Funktion, die uns das Ergebnis berechnet. Auf diese Weise reduzieren wir die Anzahl der Klassen deutlich; denn die binären Operatoren +, -, *, / können so als Objekte der einen Klasse COpBin realisiert werden, indem sie bei ihrer Konstruktion die Berechnungsfunktion als Pointer mit übergeben. Andernfalls hätten wir nur wegen der unterschiedlichen Berechnungsfunktion eine eigene Klasse einführen müssen, was die Anzahl der Klassen unnötig explodieren lässt. Auch für die unären Operatoren +, -, ^ lässt sich die Klasse COpBin einsetzen – der rechte Operator wird dann einfach nicht ausgewertet.

Was ist aber mit unseren Unbekannten, den Variablen, wie z.B. x? Letzten Endes stellen auch sie nur einen Wert dar, der jedoch zur Laufzeit des Programms geändert werden kann. Am einfachsten kann dies dadurch realisiert werden, indem für das Attribut CWert::m_Wert *Common Ownership* gilt, d.h., es handelt sich nicht um einen **double**-Wert, sondern um einen Zeiger auf einen **double**-Wert. Die referenzierte Variable wird dann beim Aufbau des Baums von außen vorgegeben und könnte z.B. in einer Map hinterlegt sein, die zu jedem Bezeichner die zugehörige Variable speichert. Abbildung 9.16 zeigt, wie die Speicherstruktur für den Term 3+12*X aussehen könnte:

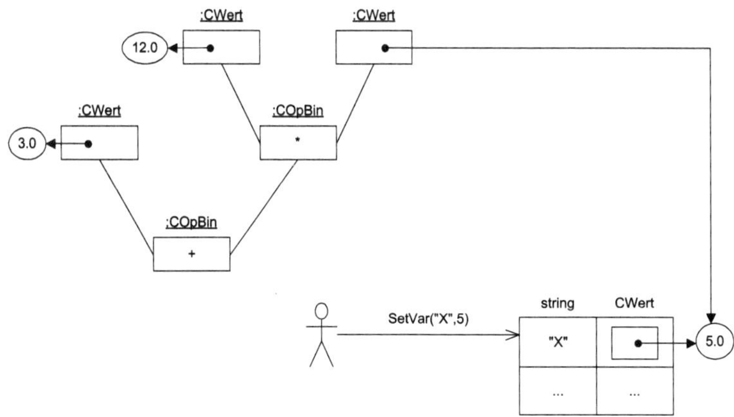

Abbildung 9.16: Variable in Baumstruktur

In Abbildung 9.16 gibt es eine Map, die zu jeder Variablen ein korrespondierendes `CWert`-Objekt verwaltet. Dieses `CWert`-Objekt referenziert nun den gleichen Wert wie das `CWert`-Objekt im Baum.

Um das Common Ownership für `CWert::m_Wert` zu realisieren, verwenden wir am besten unseren Reference-Pointer, da er für uns das Speichermanagement im Hintergrund übernimmt. Mit ihm ist dann trotzdem eine Zuweisung wie `m_Wert=12` möglich. Unsere Klasse `CWert` würde dann wie in Abbildung 9.17 gezeigt aussehen:

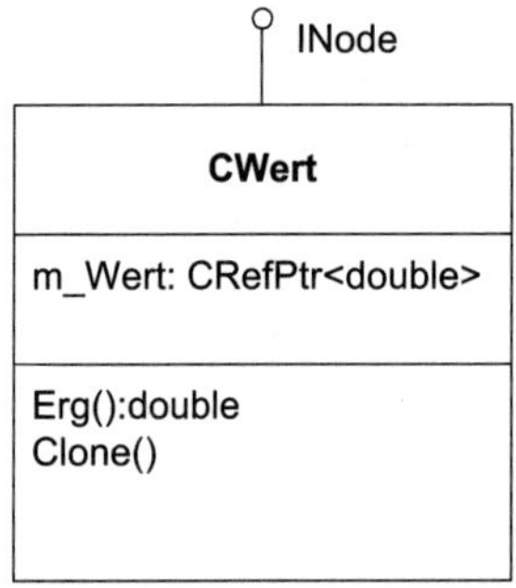

Abbildung 9.17: Klassendiagramm zur Klasse CWert

Widmen wir uns nun der eigentlichen Aufgabe des Parsers: Der Umwandlung der Tokenliste in eine korrespondierende Baumstruktur, wie dies Abbildung 9.18 zeigt.

Hier verwenden wir ein ähnliches Prinzip wie beim Lexer: Wir wenden der Reihe nach Regeln auf die Tokenliste an und bauen so schrittweise unsere Baumstruktur auf. Wir verwenden hier keinen besonderen Algorithmus, sondern gehen so vor, wie wir auch in der Mathematik einen Term auflösen würden. Beim Term `2*3+4*5` würden wir zunächst alle Multiplikationen auflösen, bevor wir die Addition ausführen. Es wird also erst eine Regel (hier Multiplikation) komplett auf den Term ausgeführt, bevor die nächste Regel an die Reihe kommt. Abbildung 9.19 verdeutlicht das Verfahren.

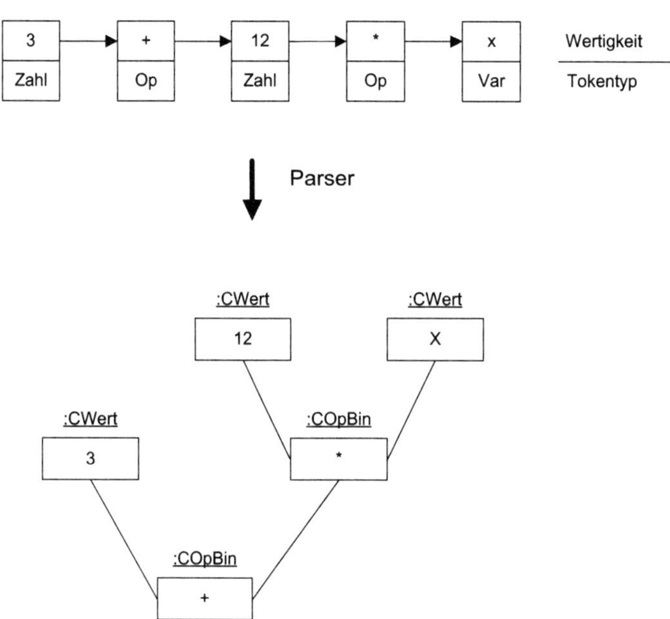

Abbildung 9.18: Aufgabe des Parsers

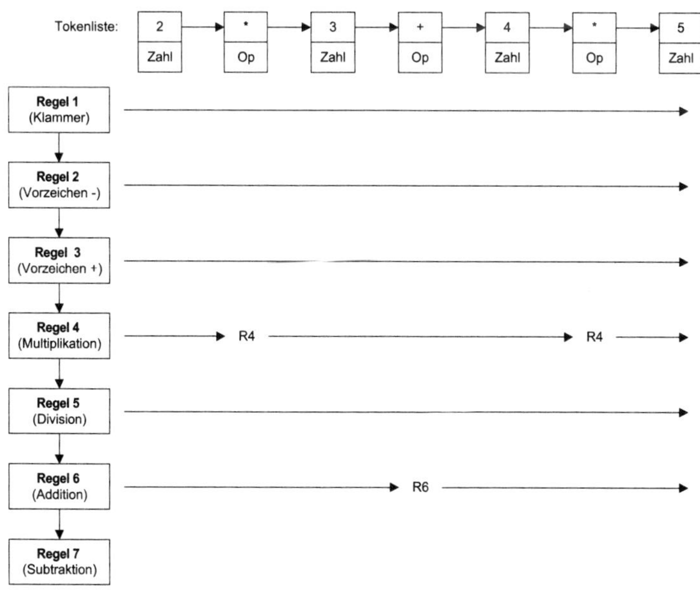

Abbildung 9.19: Anwenden der Regeln beim Parser

Wie Abbildung 9.19 zeigt, unterscheidet sich dieses Verfahren im Ablauf von dem Verfahren beim Lexer, bei dem für jedes Zeichen jede Regel neu durchlaufen wurde. Hier wird erst eine Regel komplett abgearbeitet, bevor die nächste Regel die Tokenliste komplett weiterbearbeitet. Die Prioritäten der Operatoren lassen sich damit leicht durch die Reihenfolge der Regeln in der Liste steuern. In Abbildung 9.19 kommt daher zuerst die Regel für die Auflösung der Klammer (Regel 1), danach die unären Operatoren für Vorzeichen (Regel 2+3), hiernach gemäß ‚Punkt-vor-Strich' die ‚Punkt'-Operatoren (Regel 4 +5) und erst zum Schluss die ‚Strich'-Operatoren (Regel 6+7).

Worüber Abbildung 9.19 hinwegtäuscht ist, dass die Tokenliste während der Anwendung der Regeln modifiziert wird. Denn jede Regel bildet Teilbäumchen und hängt diese statt der herausgelösten Tokens ein. Nach Anwendung der Regel 4 (Multiplikation) könnte sich unsere Tokenliste z.B. wie in Abbildung 9.20 darstellen:

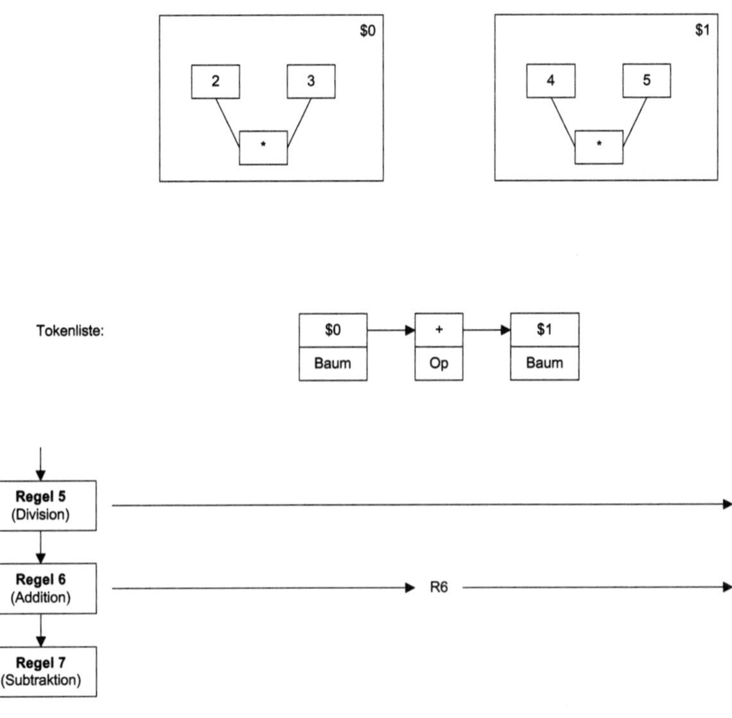

Abbildung 9.20: Veränderung der Tokenliste während Parser-Lauf

Wie in Abbildung 9.20 zu sehen ist, muss es für die Zwischenschritte bei der Generierung einen neuen Tokentyp Baum geben, der auf einen herausgelösten Teilbaum verweist. Daraus folgt, dass es eine Assoziation geben muss zwischen dem String in der Tokenliste und dem zugehörigen Baum, also ein Objekt der Klasse `map<string, INodePtr>`.

Betrachten wir nun die einzelnen Regeln genauer, so stellen wir fest, dass Regel 2 bis Regel 7 nach einem gleichen Schema verfahren: Sie suchen in der Tokenliste nach ihrem Operatorzeichen. Wenn sie es gefunden haben, so bauen sie einen Teilbaum. Dazu betrachten sie die Tokenzeichen links und rechts vom gefundenen Operatorzeichen und tragen diese entsprechend im Teilbaum ein. Es wird dann ein eindeutiger String für den Teilbaum generiert. Der Teilbaum wird unter dem String in der zentralen Map hinterlegt und ein neuer Token mit dem String und dem Typ Baum in die Tokenliste eingetragen. Die Token, aus denen der Baum gebildet wurde, werden dafür aus der Tokenliste entfernt.

Beim Auflösen der Klammern (Regel 1) ist das Prinzip etwas anders: Es werden alle Token zwischen der letzten ‚Klammer auf' und der ersten ‚Klammer zu' herausgetrennt. Auf die resultierende Teil-Tokenliste werden dann einfach wieder alle Regeln angewendet.

Da alle Regeln in einer Liste verwaltet werden und damit über eine gemeinsame Schnittstelle verfügen müssen, bietet sich z.B. ein Klassenentwurf an, wie er in Abbildung 9.21 gezeigt ist.

Wie in Abbildung 9.21 zu sehen ist, enthält die Schnittstelle `IParser` die Methode `Clone()`, damit auch die Parser-Regeln als Clone-Pointer verwendet werden können.

Die Methode `IParser::Parsen()` besitzt folgende *Parameter*:

- `TList: TokenList&`
  Die Liste der Tokens, die geparst werden soll. Dies ist am Anfang die Tokenliste, die der Lexer erstellt hat; während des Parser-Laufes kann diese dann als Tokens auch Teilbäume enthalten. Die Tokenliste wird Call-by-Reference übergeben, da die Parser-Regel diese im Erfolgsfall bearbeitet.

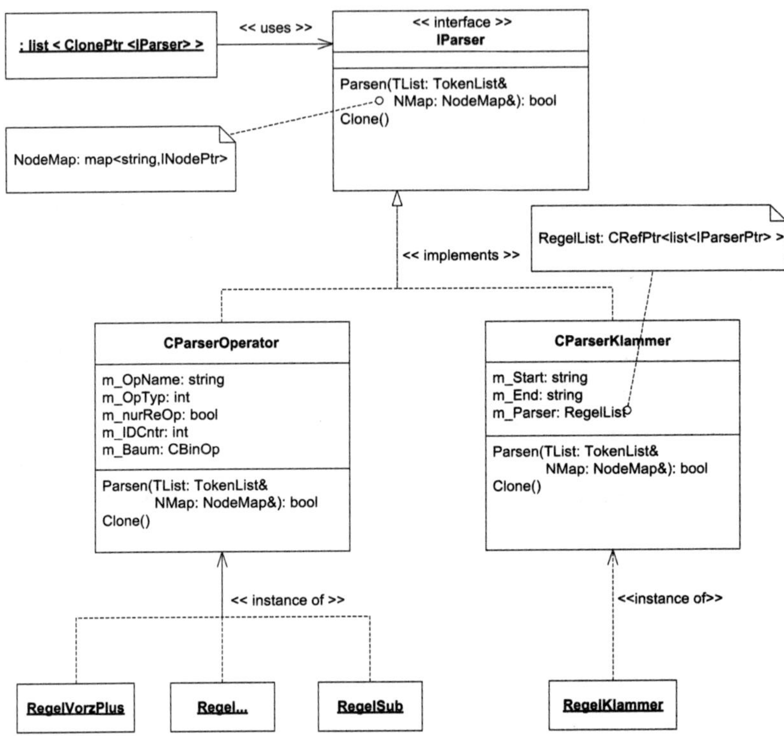

Abbildung 9.21: Klassenentwurf für die Parser-Regeln

- `NMap: NodeMap&`
  Die zentrale Map, in der die Assoziation zwischen String im Baum-Token unter dem zugehörigen Teilbäumchen (`INodePtr`) hinterlegt ist. Diese Map wird Call-by-Reference übergeben, da die Parser-Regel im Erfolgsfall dort einen Eintrag für das generierte Teilbäumchen vornimmt.

Zur Implementierung der Methode `Parsen()` benötigt `CParseOp` folgende Attribute, die beim Konstruktor-Aufruf eines `CParseOp`-Objektes angegeben werden können:

- `m_OpName: string`
  Der Tokenstring, nach dem in der Tokenliste gesucht wird.
- `m_OpTyp: int`
  Der zum Tokenstring gehörige Tokentyp.

- `m_nurReOp: bool`
  Flag, das angibt, ob nur der rechte Operand ausgewertet werden soll, d.h. ob es sich um eine Regel für einen unären Operator, z.B. Vorzeichen, handelt.

- `m_IDCntr: int`
  Zähler zur Generierung eines eindeutigen Strings, unter dem das von der Regel generierte Teilbäumchen in der zentralen Map eingetragen wird.

- `m_Baum: CBinOp`
  Vorlage für das bei Erfolg zu generierende `CBinOp`-Objekt (Teilbaum für Operation). Hier wird eine Vorlage benötigt, da die Berechnungsfunktion in `CBinOp` zur Regel passen muss. Beispielsweise muss für die Multiplikations-Regel ein `CBinOp`-Objekt als Vorlage beim Konstruktor übergeben werden, das auf eine Berechungsfunktion für Multiplikation verweist.

Die Klasse `CParseKlammer` benötigt für ihre Implementierung von `Parsen()`:

- `m_Start: string`
  Zeichen für ‚Klammer auf'. Dies ist ein String, damit (für zukünftige Anwendungen) auch Klammerungen wie << .... >> möglich wären.

- `m_End: string`
  Zeichen für ‚Klammer zu'; ist korrespondierend zu `m_Start` ein String.

- `m_Parser: RegelList`
  Die Liste mit den Parserregeln. Diese benötigt die Methode, da sie für den Klammerausdruck eine temporäre Tokenliste erstellt und darauf die Parserregeln anwenden lässt. Die Liste mit den Parserregeln wird aus Performance-Gründen als Reference-Pointer übergeben.

Unsere Designüberlegungen wollen wir nun in C++ -Code umsetzen.

Listing 9.13 bis Listing 9.15 zeigen die Klassen für die Baumstruktur, wie sie in Abbildung 9.15 entworfen wurde.

```
#ifndef INC_INODE
#define INC_INODE

#include "ClonePtr.h"
#include <map>
#include <string>

using namespace std;

class INode
{
public:

  typedef map<string,CClonePtr<INode> > NodeMap;
  virtual ~INode() {};
  virtual INode* Clone()=0;
  virtual double Erg()=0;
};
typedef CClonePtr<INode> INodePtr;
#endif // v. ifndef(INODE)
```

Listing 9.13: (INode.h): Definition der Schnittstelle INode

Listing 9.13 enthält gleich einige Typdefinitionen bezüglich der Schnittstelle `INode`, nämlich `NodeMap` für die Map der Assoziation zwischen `string` in Tokenliste und korresponierenden Teilbäumchen, außerdem zur besseren Lesbarkeit die Definition `INodePtr`.

```
///////////
// OpBin.h:
///////////
#ifndef INC_OPBIN
#define INC_OPBIN

#include "INode.h"
#include "Wert.h"
class COpBin : public INode
{

public:
  typedef double (*TypeOpFunc)( double links,
                                double rechts);
  COpBin(TypeOpFunc pFunk);

  virtual ~COpBin();
```

```
  void SetNode(INodePtr links,
               INodePtr rechts);

  // Implementierung von Schnittstelle INode
  virtual INode* Clone()
  {
    return new COpBin(*this);
  }

  virtual double Erg();

private:

  INodePtr m_Links;    // linker Nachbar (Operand)
  INodePtr m_Rechts;   // rechter Nachbar (Operand)
  TypeOpFunc m_pFunc;  // Pointer für berechnende
                       // Funktion
};

#endif // v. ifndef (INC_OPBIN)
/////////////
// OpBin.cpp
/////////////
#include "OpBin.h"

COpBin::COpBin(TypeOpFunc pFunc)
{
  m_pFunc=pFunc;

}
COpBin::~COpBin(){}

void COpBin::SetNode(INodePtr links,
                     INodePtr rechts)
{
  m_Links=links;
  m_Rechts=rechts;
}

double COpBin::Erg()
{
  return m_pFunc(m_Links->Erg(),m_Rechts->Erg());
}
```

Listing 9.14: (OpBin.h und .cpp) Realisierung der Klasse COpBin

```
//////////
// Wert.h:
//////////

#ifndef INC_WERT
#define INC_WERT

#include "INode.h"
#include "RefPtr.h"

class CWert : public INode
{

   CRefPtr<double> m_Wert;     // Common Ownership, damit
                               // Wert verändert werden
                               // kann (nötig, wenn es
                               // eine Variable ist)
public:

  CWert(double  Wert);
  CWert();
  virtual ~CWert();

  // Implementierung Schnittstelle INode
  virtual INode* Clone()
  {
    return new CWert(*this);
  }

  virtual double Erg();

  // Operatoren
  CWert & operator =(const double &W);
  operator double(); // Cast-Operator
};

#endif // v. ifndef(INC_WERT)

////////////
// Wert.cpp:
////////////
#include "Wert.h"

CWert::CWert(){}
CWert::CWert(double Wert)
```

```
{
   m_Wert=new double(Wert);
}
CWert::~CWert(){}

double CWert::Erg()
{
  return (double)(*this);
}

CWert & CWert::operator =(const double &W)
{
  if(!m_Wert)
    m_Wert=new double();
  *m_Wert=W;
  return *this;
}

CWert::operator double()
{
    if(!!m_Wert) // doppelte Negierung
                 // (sonst müsste noch
                 // der cast auf bool
                 // überladen werden)
      return *m_Wert;

    return 0.0;
}
```

Listing 9.15: (Wert.h und .cpp) Realisierung der Klasse CWert

Die folgenden Listings zeigen nun die Realisierung der Parser-Klassen, korrespondierend zum Klassendiagramm in Abbildung 9.21.

```
#ifndef INC_IPARSER
#define INC_IPARSER

#include <list>
#include <map>
#include <string>
#include "ILexer.h"
#include "ClonePtr.h"
#include "RefPtr.h"
#include "INode.h"
using namespace std;
```

```
class IParser
{
public:
  typedef pair<string,int> Token;

  typedef ILexer::TokenList TokenList;

  typedef TokenList::iterator iterator;

  typedef map<string,INodePtr> NodeMap;

  virtual ~IParser() {};

  // Schnittstellen-Methoden
  virtual bool Parsen(TokenList &L,
                      NodeMap &NMap)=0;

  virtual IParser* Clone()=0;

};
typedef CClonePtr<IParser> IParserPtr;
typedef CRefPtr<list<IParserPtr> > ParserListRef;

#endif // v. ifndef( INC_IPARSER)
```

Listing 9.16: (IParser.h): Definition der Schnittstelle IParser

Auch Listing 9.16 enthält gleich wieder korrespondierende Typdefinitionen zur Schnittstelle `IParser`, um die Leserlichkeit im Source-Code zu erhöhen.

```
////////////////////
// ParserOperator.h:
////////////////////
#ifndef INC_PARSEROPERATOR
#define INC_PARSEROPERATOR

#include "IParser.h"
#include "ClonePtr.h"
#include "INode.h"
#include "OpBin.h"
#include <math.h>

class CParserOperator : public IParser
{
  string m_OpName; // Operator-Bezeichnung
```

```
                  // aus Token
  int  m_OpType;  // Operatortyp aus Token

  COpBin m_Baum;  // Welches Bäumchen
                  // generiert werden soll,
                  // z.B. *-Bäumchen für
                  // Multiplikation

  bool m_nurReOp;// binärer Operator?

  int m_IDCntr; // Zähler zur Generierung
                // eines eindeutingen Strings

public:

  CParserOperator( string OpName,
                   int OpType,
                   COpBin  &Op,
                   bool nurRechterOperand);
  virtual ~CParserOperator();

  // Implementierung der Schnittstelle IParser
  virtual bool Parsen(TokenList &L,
                      NodeMap &NMap);
  virtual IParser* Clone()
  {
     return new CParserOperator(*this);
  };
private:
   void SetTreeNode( string &links,
                     string &rechts,
                     NodeMap &NMap);
   INodePtr SetWert(string &str,NodeMap &NMap);

};

//-------------------------------------------------------
//Hilfsfunktion zum Anlegen der einzelnen Operatoren
extern IParserPtr GenParserOperator (
                        double (*pF)(double,double),
                                    const char *op,
                                    int Typ,
                                    bool nurReOp=false);
//-------------------------------------------------------
```

```
// globale Berechnungsfunktionen für Operatoren

inline double add_op(double o1,double o2)
{
  return  o1+o2;
}

inline double sub_op(double o1,double o2)
{
  return  o1-o2;
}

inline double div_op(double o1,double o2)
{
  return  o1/o2;
}

inline double mul_op(double o1,double o2)
{
  return  o1*o2;
}
inline double sin_op(double o1,double o2)
{
  return sin(o2);
}

#endif // v. ifndef (INC_PARSEROPERATOR)

///////////////////////
// ParserOperator.cpp:
///////////////////////

#include "stdafx.h"
#include <iostream>
#include <algorithm>
using namespace std;
#include "stdio.h"
#include "Trace.h"
#include "ParserOperator.h"
#include "OpBin.h"

CParserOperator::CParserOperator( string OpName,
                                  int OpType,
                                  COpBin  &Op,
                                  bool nurReOp)
```

```
: m_Baum(Op)
{
  m_IDCntr=0;
  m_OpType=OpType;
  m_OpName=OpName;
  m_nurReOp=nurReOp;

}
CParserOperator::~CParserOperator(){}

bool CParserOperator::Parsen(TokenList &L,
                             NodeMap &NMap)
{
   // Iteratoren für die Tokenliste
  iterator begin=L.begin(),
           end = L.end(),
           ItOp,
           Itlinks;

  bool nurRechterOperand;

  //1.) Suchen nach dem Operator...
  //...so lange, bis der erste gefunden wird
  Itlinks=ItOp=begin;
  for(Itlinks=ItOp=begin; ItOp!=end
                    && ItOp->first!=m_OpName;  ++ItOp)
  {
    Itlinks=ItOp;
  }

  if(ItOp==end)  //der Operator ist nicht in der Liste
     return false;
  //2.) Operator wurde gefunden !
  //-> rechtes Element bestimmen

  iterator Itrechts=ItOp;
  Itrechts++;

  if(Itrechts==end) // wenn rechtes Element Ende ist
                   // -> stimmt was nicht
    return false;

  // Ist der gefundene Operator ein unärer oder ein
  // binärer Operator?
  // unär, wenn links neben Op. noch ein Op
```

```
    // (z.B. ...25*-1...) oder wenn Op an 1. Pos.
    // (z.B. -1*25...)
    nurRechterOperand=Itlinks->second==m_OpType
                      || Itlinks==ItOp;

    // passe 'ich' zur gefundenen Operatorart
    if(nurRechterOperand != m_nurReOp)
        return false;

    // Bäumchen mit richtigen Werten belegen
    SetTreeNode(Itlinks->first,
                Itrechts->first,
                NMap);

    // eindeutigen Namen für den neuen Operanden erzeugen
    // und Baum in Map eintragen
    char name[255];
    sprintf(name,"$%x_%x",this,m_IDCntr++);
    NMap[name]=m_Baum;    // Bäumchen in Map eintragen
                          // (durch ClonePtr wird
                          // eigene Kopie eingetragen)

    //Überflüssige Elemente aus der TokenListe löschen
    if(!nurRechterOperand)
    {
        L.erase(Itlinks);
    }
    L.erase(Itrechts);

    //generierten Variablen-Namen in die TokenListe
    // eintragen
    ItOp->second=-1;
    ItOp->first=name;

    return true;
}

//-------------------------------------------------------
// private Funktionen
void CParserOperator::SetTreeNode( string &links,
                          string &rechts,
                          NodeMap &NMap)
{
    // Aus String INode-Elemente machen und in Baum setzen
    INodePtr Nlinks=SetWert(links,NMap);
```

```
  INodePtr Nrechts=SetWert(rechts,NMap);

  m_Baum.SetNode(Nlinks, Nrechts);

}
INodePtr CParserOperator::SetWert(string &str,
                                   NodeMap &NMap)
{

      NodeMap::iterator It=NMap.find(str);
      if(It!=NMap.end()) // Kommt String in Map vor?
      {
         // INodePtr aus der Map zurückgeben
         return It->second;
      }
      // String nicht in Map
      // -> String als Zahl interpretieren
      // und dazu neuen CWert anlegen
      return &CWert(atof(str.c_str()));
}
//--------------------------------------------------------
// globale Hilfsfunktion zum Anlegen eines Parser-
// Operators (incl. Generierung des Vorlagenbäumchens)
IParserPtr GenParserOperator (double
                                   (*pF)(double,double),
                                     const char *OpName,
                                     int OpTyp,
                                     bool nurRechterOp)
{
  COpBin OpBin(pF);  // Vorlagenbäumchen
                     // (kann lokal angelegt werden und
                     // dann beim Konstruieren an P
                     // übergeben werden, weil ClonePtr)
  CParserOperator P(string(OpName),
                    OpTyp,
                    OpBin,
                    nurRechterOp);

  return &P;         // Funktioniert, weil Returnwert
                     // ClonePtr ist
}
```

Listing 9.17: (CParserOperator.h und .cpp): Realisierung von CParserOperator

Anhand von Listing 9.17 wollen wir die Generierung des Teilbaumes noch einmal genauer betrachten. Die Klasse `CParserOperator` besitzt im Attribut `m_Baum` einen Vorlagenbaum, der mit der richtigen Berechnungsfunktion verbunden ist. Denn für die Multiplikations-Regel muss ein Teilbaum generiert werden, der als Wurzel ein `CBinOp`-Objekt hat, das über eine Multiplikationsberechnung verfügt, bei der Divisions-Regel dagegen muss das `CBinOp`-Objekt über eine Divisionsberechnung verfügen. Der entsprechende Vorlagenbaum, d.h. genau genommen ein entsprechendes `CBinOp`-Objekt, wird daher beim Konstruktoraufruf der Regel mit übergeben. Hierfür gibt es eine eigene Funktion `GenParserOperator()`, die ein entsprechendes Vorlagenbäumchen anlegt und erst dann das Regel-Objekt (`P` in der Funktion) mit diesem Vorlagenbäumchen konstruiert.

Ein weiterer interessanter Punkt in Listing 9.17 ist dann die Wertebelegung des Bäumchens. Denn beim Parsen wird zunächst der linke und rechte Operand ermittelt, der in der Tokenliste noch als String vorhanden ist. Die **private**-Methode `SetTreeNode()` generiert mit Hilfe der Funktion `SetWert()` aus den Strings die Operanden in Form von `INodePtr`. Ein Operand kann dabei sein:

- Ein anderes Teilbäumchen, das dann in `NMap` unter dem String eingetragen wäre.
- Eine Zahl, deren Wert dann aus dem String mit `atof()` ermittelt werden kann. Da `atof()` als Parametertyp ein **char*** erwartet, muss dieser von der Klasse `string` mit Hilfe der Methode `c_str()` erfragt werden. Zu der Zahl wird dann ein entsprechendes `CWert`-Objekt angelegt, das vom Typ her bekanntlich auch ein `INode` ist.
- Eine Variable, wobei der Zusammenhang zwischen Variablenname (`string`) und korrespondierenden `CWert`-Objekt auch in einer Map hinterlegt ist. Da ein `CWert` ein `INode` ist, können auch die Variablen-Assoziationen in `NMap` hinterlegt werden, so dass nur noch `NMap` betrachtet werden muss.

Ein dritter interessanter Punkt ist die Generierung des eindeutigen Strings, unter dem das Bäumchen in die zentrale Map (`NMap`) eingetragen wird. Hierzu wird ein Zähler verwendet. Da dieser in jedem Objekt vorkommt genügt er alleine nicht, sondern er wird zusammen

Objektadresse verknüpft, um eindeutig zu sein. Alternativ hätte das Attribut m_IDCntr auch **static** implementiert werden können, dann müsste es allerdings in der Basisklasse definiert sein, da der Zähler über alle Regeln (auch zukünftige) eindeutig sein muss. Es wäre jedoch unschön, wenn die Schnittstellenklasse IParser Daten besitzen würde, da eine Schnittstellenklasse per Definition nur aus abstrakten Methoden besteht.

Die Parsen()-Methode der Klasse CParserKlammer ist etwas einfacher, da diese lediglich ein Stück Tokenliste heraustrennt und das eigentliche Parsen den anderen Regeln überlässt, wie dies Listing 9.18 zeigt.

```
////////////////////
// CParserKlammer.h:
////////////////////
#ifndef INC_PARSERKLAMMER
#define INC_PARSERKLAMMER

#include "IParser.h"

class CParserKlammer  : public IParser
{

  string m_Start; // Zeichen für 'Klammer auf'
  string m_End;   // Zeichen für 'Klammer zu'
  ParserListRef m_Parser; // Regelliste

public:

  CParserKlammer(string Start,
                 string End,
                 ParserListRef &P);

  virtual ~CParserKlammer();

  // Implementierung der Schnittstelle IParser
  virtual bool Parsen(TokenList &L,
                      NodeMap &NMap);

  virtual IParser* Clone()
  {
     return new CParserKlammer(*this);
  };

};
```

```
#endif // ifndef (INC_PARSERKLAMMER)

/////////////////////
// ParserKlammer.cpp:
/////////////////////

#include "ParserKlammer.h"
#include "ParserHelper.h"
#include <algorithm>
using namespace std;

CParserKlammer::CParserKlammer(string Start,
                               string End,
                               ParserListRef &P)
{
  m_Start=Start;
  m_End=End;
  m_Parser=P;
}

CParserKlammer::~CParserKlammer(){}

bool CParserKlammer::Parsen( TokenList &L,
                             NodeMap &NMap)
{
    // Iteratoren für die Tokenliste
    iterator begin=L.begin(),
             end = L.end(),
             It;

    iterator StartIt=end;  // enthält stets
                           // die letzte
                           // 'Klammer auf'



    for(It=begin;It!=end;++It)
    {
      // Position von 'Klammer auf'
      // speichern
      if(It->first==m_Start)
         StartIt=It;
```

```
        // Suche erste 'Klammer zu'
        if(It->first==m_End && StartIt!=end )
        {
           TokenList Tmp;

           // Alles zwischen letzter Klammer
           // auf und erster Klammer zu
           // umkopieren in Tmp und aus
           // L loeschen incl. 'Klammer auf'
           for(StartIt=L.erase(StartIt);
               StartIt!=It;
               StartIt=L.erase(StartIt))
           {
              Tmp.push_back(*StartIt);
           }


           // Aus Tmp-Tokenliste Bäumchen generieren
           ParseTokens(Tmp,*m_Parser,NMap);

           // Wurzel des Bäumchens aus Klammerausdruck
           // an *It zuweisen, wobei *It auf 'Klammer zu'
           // von Orginal-Tokenliste L zeigt.
           *It=Tmp.front();

           return true;
        }
      }

    // Keine 'Klammer zu' gefunden
    return false;
}
```

Listing 9.18: (CParserKlammer.h und .cpp): Realisierung von CKlammer

Den Algorithmus zum Durchlaufen der Regeln legen wir in die globale Funktion `ParseTokens()`, die wir wie `ScanString()` in das Modul `ParserHelper.cpp` legen. Listing 9.19 zeigt die Realisierung von `ParseTokens()`.

```
//////////////////
// ParserHelper.h:
//////////////////
#ifndef INC_PARSERHELPER
#define INC_PARSERHELPER
```

```
#include "ILexer.h"
#include "IParser.h"

extern void ScanString(string& str,
                list<ILexerPtr>& RegelList,
                ILexer::TokenList& Tok);

extern void ParseTokens(IParser::TokenList& Tok,
                list<IParserPtr>& parser,
                IParser::NodeMap& NMap);

#endif // v. ifndef (INC_PARSERHELPER)

////////////////////
// ParserHelper.cpp:
////////////////////
#include "ILexer.h"
#include "ParserHelper.h"

void ScanString(string& str,
                list<ILexerPtr>& RegelList,
                ILexer::TokenList& Tok)
{
   // ... s. Listing 10.11
}
//------------------------------------------------
void ParseTokens (IParser::TokenList &Tok,
                list<IParserPtr> &parser,
                IParser::NodeMap &NMap)
{
  list<IParserPtr>::iterator It;

  // Eine Regel nach der anderen anwenden
  for(It=parser.begin();It!=parser.end();++It)
    while((*It)->Parsen(Tok,NMap))
        ;
}
```

Listing 9.19: Realisierung der globalen Hilfsfunktion ParseTokens()

Um unseren Parser zu testen, erweitern wir die `main()`-Funktion aus Listing 9.12, mit dem wir unseren Lexer testeten. Die neuen Anweisungen sind im Listing 9.20 fett markiert.

```
#include "ILexer.h"
#include "Skip.h"
#include "Sequenz.h"
#include "ParserHelper.h"
#include "IParser.h"              // f. Parser
#include "ParserKlammer.h"        // f. Parser
#include "ParserOperator.h"       // f. Parser
#include <string>
#include <algorithm>
#include <iostream>
#include <iomanip>   // f. setw
using namespace std;

//-----------------------------------------------
// globale Funktion zum Ausgeben der Tokenliste
void Print(ILexer::Token &T)
{
   cout << setw(5) << T.first<< " - " << T.second
        << endl;
}
//-----------------------------------------------
// Enum für Tokentyp
enum Tokentyp_e
  {
    ZAHL=1,
    OPERATOR,
    NAME
};
//-----------------------------------------------

int main(int argc, char* argv[])
{
   //Lexer bauen... nur zu Testzwecken....

   // Strings für die Regeln
   string  Txt="abcdefghijklmnopqrstuvwxyz"
               "ABCDEFGHIJKLMNOPQRSTUVWXYZ_";

   string  Z="0123456789";
   string  Komma=".";
   string  Op="*+-/^()";
   string  Leer=" \t";

   // Die Regeln
   CSequenz RegelZahl(ZAHL,Z+Komma,Z+Komma);
```

```
CSequenz RegelOp(OPERATOR,Op,"");
CSequenz RegelVar(NAME,Txt,Txt+Z);
CSkip    RegelWS(Leer);

// Die Regel-Liste
list<ILexerPtr> Regeln;    // Liste aus ILexer-
                           // ClonePointer

Regeln.push_back(&RegelZahl);
Regeln.push_back(&RegelOp);
Regeln.push_back(&RegelVar);
Regeln.push_back(&RegelWS);

// Der Funktionsstring:
string  FunkStr(" 12+ 2 *       (x +1) ");

cout << "Der Funktionsstring: f(x)= " << FunkStr
     << endl;

// Die Tokenliste
list<ILexer::Token> Tokens;

// Tokenliste generieren:
ScanString(FunkStr,Regeln,Tokens);

// Tokenliste ausgeben:
cout << "\nDie Tokenliste (Token - typ): \n"
        "------------------------------" << endl;
for_each(Tokens.begin(),Tokens.end(),Print);

// Parser
// =======

// Die Liste für die Parser-Regeln:
CRefPtr<list<IParserPtr> > ParserRegeln;
ParserRegeln=new list<IParserPtr>();

// Die Parser-Regeln
//Verarbeiten von runden Klammern
ParserRegeln->push_back(
          &CParserKlammer("(",")",ParserRegeln));

//Verarbeiten von Vorzeichen -
ParserRegeln->push_back(
         GenParserOperator(sub_op,"-",OPERATOR,true));
```

```
//Verarbeiten von Vorzeichen +
ParserRegeln->push_back(
        GenParserOperator(add_op,"+",OPERATOR,true));

//Verarbeiten von Potenzen
ParserRegeln->push_back(
        GenParserOperator(pow,"^",OPERATOR));

//... Multiplikation
ParserRegeln->push_back(
        GenParserOperator(mul_op,"*",OPERATOR));

//... Division
ParserRegeln->push_back(
        GenParserOperator(div_op,"/",OPERATOR));

  //... Addition
ParserRegeln->push_back(
        GenParserOperator(add_op,"+",OPERATOR));

//...Subtraktion
ParserRegeln->push_back(
        GenParserOperator(sub_op,"-",OPERATOR));

// Wertemap setzen
map<string,CWert> Values;
Values["x"]=CWert(0);

//Initialisieren der KnotenMap mit den Variablen
//(Values)
IParser::NodeMap NodeMap;
map<string,CWert>::iterator i;
for(i=Values.begin();
    i!=Values.end();
    ++i)
{
    NodeMap[i->first]=&i->second;
}

// Ausführen des Parsers
ParseTokens(Tokens,*ParserRegeln,NodeMap);

//Das, was an erster Stelle bei Tokens steht, ist
//der Name des gesamten Funktionsbaums.
```

```
  INodePtr Baum=NodeMap[Tokens.front().first];

  // Werte berechnen und ausgeben
  cout << "\nDie berechneten Werte ( x:  f(x)): \n"
       << "------------------------------------" << endl;

  for(int x=0; x < 10; x++)
  {
      Values["x"]=x;  // geht wegen double Cast-Operator
                      // bei CWert
      cout << x << ": " << setw(5) << Baum->Erg()
           << endl;
  }
  return 0;
}
```

Listing 9.20: Mini-Test unserer Parser-Komponente durch main()

Listing 9.20 gibt Folgendes aus:

```
Der Funktionsstring: f(x)=  12+ 2 *       (x +1)

Die Tokenliste (Token - typ):
------------------------------
   12 - 1
    + - 2
    2 - 1
    * - 2
    ( - 2
    x - 3
    + - 2
    1 - 1
    ) - 2

Die berechneten Werte ( x:  f(x)):
------------------------------------
0:    14
1:    16
2:    18
3:    20
4:    22
5:    24
6:    26
7:    28
8:    30
9:    32
```

In Listing 9.20 halten wir die Variablen-Map (`Values`) von der Teilbäumchen-Map (`NodeMap`) aus verwaltungstechnischen Gründen getrennt. Nur für die Generierung des Bäumchens kopieren wir vorher die Variablen-Assoziationen in die Teilbäumchen-Map.

Überbau über Lexer und Parser

Da die Benutzung von Lexer und Parser ziemlich komplex wirkt, wollen wir das Generieren der Baumstruktur nun in eine eigene Klasse `CTreeGenerator` verpacken, die dem Nutzer der Klasse eine einfache Schnittstelle zur Verfügung stellt. Diese Klasse könnte wie in Abbildung 9.22 gezeigt aussehen:

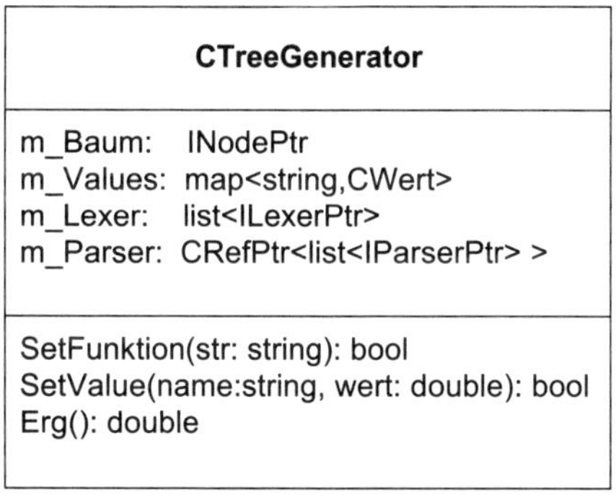

```
CTreeGenerator
------------------------------------------------
m_Baum:    INodePtr
m_Values:  map<string,CWert>
m_Lexer:   list<ILexerPtr>
m_Parser:  CRefPtr<list<IParserPtr> >
------------------------------------------------
SetFunktion(str: string): bool
SetValue(name:string, wert: double): bool
Erg(): double
```

Abbildung 9.22: Klassendiagramm zu CTreeGenerator

Die Klasse `CTreeGenerator` ermöglicht nun eine einfache Nutzung:

- `SetFunktion()`:
  Vorgabe des Funktionsstrings.
  Die Klasse generiert intern dann eine Baumstruktur, die sie sich in `m_Baum` merkt.
- `SetValue()`, z.B. `SetValue(»X«, 5)`
  Den Wert für eine Variable vorgeben.
  Die Klasse nimmt intern dann einen entsprechenden Eintrag in der Map `m_Values` vor, in der alle Variablen hinterlegt sind.
- `Erg()`
  Abfragen des Ergebnisses, das sich für die gesetzten Variablenwerte aus dem Funktionsstring ergibt.
  Die Klasse delegiert intern dann an `m_Baum->Erg()`.

Zur Generierung des Bäumchens benötigt die Klasse intern die Regel-Liste für den Lexer (m_Lexer) und die Regel-Liste für den Parser (m_Parser), die sie im Konstruktor mit Regel-Objekten belegt.

Listing 9.21 zeigt nun die Realisierung der Klasse CTreeGenerator in C++.

```
///////////////////
// TreeGenerator.h:
///////////////////
#ifndef INC_TREEGENERATOR
#define INC_TREEGENERATOR

#include "INode.h"
#include "IParser.h"
#include "ILexer.h"
#include "Wert.h"
#include <list>
#include <string>
using namespace std;

class CTreeGenerator
{
   enum
   {
    ZAHL,
    NAME,
    OPERATOR,
   };

   INodePtr           m_Baum;    // Die Wurzel des Baums
   map<string,CWert>  m_Values;  // Variablen-Map

   list<ILexerPtr>              m_Lexer;
   CRefPtr<list<IParserPtr> >   m_Parser;
public:
   CTreeGenerator();
   virtual ~CTreeGenerator();
   bool SetFunktion(string &str);
   bool SetValue(string &str,double Value);
   double Erg();
```

```
private:
   void GenNewValues(list<IParser::Token> &Tokens);

};

#endif // v. ifndef (INC_TREEGENERATOR)

/////////////////////
// TreeGenerator.cpp:
/////////////////////
#include "TreeGenerator.h"
#include "skip.h"
#include "sequenz.h"
#include "parserhelper.h"
#include "parseroperator.h"
#include "ParserKlammer.h"
#include <math.h>

CTreeGenerator::CTreeGenerator()
{
  string Zeichen="abcdefghijklmnopqrstuvwxyz"
               "ABCDEFGHIJKLMNOPQRSTUVWXYZ_";
  string  Ziffern="0123456789";
  string  Komma=".";
  string  Operatoren="*+-/^()";
  string  Leerzeichen=" \t";

  m_Lexer.push_back(
           &CSequenz(  NAME,
                       Zeichen,
                       Zeichen+Ziffern
                     ));
  m_Lexer.push_back(
           &CSequenz(  ZAHL,
                       Ziffern+Komma,
                       Ziffern+Komma
                    ));

  m_Lexer.push_back(
         &CSequenz( OPERATOR,
                    Operatoren,
                    ""));
  m_Lexer.push_back( &CSkip(Leerzeichen));
```

```
    //Parserliste anlegen
    m_Parser=new list<IParserPtr>();

    m_Parser->push_back(
               &CParserKlammer("(",")",m_Parser));

    //Verarbeiten von Vorzeichen -
    m_Parser->push_back(
              GenParserOperator(sub_op,"-",OPERATOR,true));

    //Verarbeiten von Vorzeichen +
    m_Parser->push_back(
             GenParserOperator(add_op,"+",OPERATOR,true));

    //Verarbeiten von Potenzen
    m_Parser->push_back(
             GenParserOperator(pow,"^",OPERATOR));

    //... Multiplikation
    m_Parser->push_back(
             GenParserOperator(mul_op,"*",OPERATOR));

    //... Division
    m_Parser->push_back(
             GenParserOperator(div_op,"/",OPERATOR));

    //... Addition
    m_Parser->push_back(
             GenParserOperator(add_op,"+",OPERATOR));

    //...Subtraktion
    m_Parser->push_back(
             GenParserOperator(sub_op,"-",OPERATOR));
}
CTreeGenerator::~CTreeGenerator(){ }
//-----------------------------------------------------
bool CTreeGenerator::SetFunktion(string &str)
{
    //Liste von Tokens des Parsers
    list<IParser::Token> Tokens;

    //Scannen der Funktion
    ScanString(str,m_Lexer,Tokens);
```

```
  // Sicherstellen, dass alle Bezeichner in m_Values
  // sind, bevor Parserdurchlauf startet
  GenNewValues(Tokens);

  //Initialisieren der NodeMap mit den Variablen
  //(m_Values)
  IParser::NodeMap NMap;
  map<string,CWert>::iterator i;
  for(i=m_Values.begin();
      i!=m_Values.end();
      ++i)
  {
      NMap[i->first]=&i->second;
  }

  // Ausführen des Parsers
  ParseTokens(Tokens,*m_Parser,NMap);

  //Das, was an erster Stelle bei Tokens steht, ist
  //der Name des gesamten Funktionsbaums

  m_Baum=NMap[Tokens.front().first];

  return true;
}
//-------------------------------------------------------
bool CTreeGenerator::SetValue(string &str,double Value)
{
  m_Values[str]=Value;
  return true;
}
//-------------------------------------------------------
double CTreeGenerator::Erg()
{
  return m_Baum->Erg();
}
//-------------------------------------------------------
void CTreeGenerator::GenNewValues(list<IParser::Token>
                                                &Tokens)
{
   // Tokenliste nach Bezeichnern durchsuchen und in
   // m_Values eintragen, falls noch nicht vorhanden.
   list<IParser::Token>::iterator It;
```

```
    for(It=Tokens.begin();It!=Tokens.end();++It)
    {
        if(It->second==NAME)
        {
            string str=It->first;
            if(m_Values.find(str)==m_Values.end())
                m_Values[It->first]=0.0;
        }
    }
}
```

Listing 9.21: (TreeGenerator.h und .cpp): Realisierung von CTreeGenerator

Da in der Schnittstelle der Klasse `CTreeGenerator` das Setzen des Funktionsstrings getrennt vom Setzen der Werte erfolgt, ist es auch möglich, dass `SetFunktion()` vor `SetValue()` aufgerufen wird. Wenn die Einträge in die Werte-Map `m_Values` nur bei `SetValue()` erfolgen würde, wäre dies ein Problem, da die Werte für die Variablen in der `NodeMap` stehen müssen, bevor die Generierung des Baumes erfolgt. Daher wird vor der Generierung des Baumes (Parsen) die extra dafür konzipierte **private**-Methode `GenNewValues()` aufgerufen, die die Tokenliste nach Variablen durchsucht und in `m_Values` einträgt, falls sie dort noch nicht vorhanden sind.

Prinzipiell gilt, dass eine Klasse stets so realisiert sein sollte, dass zwischen den Methodenaufrufen keine Abhängigkeit in der Reihenfolge besteht! Denn Benutzungsfehler sind später sehr schwer zu finden, daher sollten sie – wo immer es geht – von vornherein ausgeschaltet werden.

Die Klasse `CTreeGenerator` verfügt zwar schon über eine gut zu benutzende Anwenderschnittstelle, allerdings sind hier die internen Komponenten Lexer und Parser und der Strukturbaum noch zu erkennen. Sollen diese auch noch versteckt werden, so kann vor die Klasse `CTreeGenerator` eine weitere Klasse gelegt werden; wir nennen diese Klasse `CFunktion`.

Im praktischen Einsatz hat es sich als nützlich erwiesen, die Schnittstelle einer Klasse, die sich insgesamt als Schnittstelle einer Komponente darstellt, unabhängig von jeglicher Bibliothek zu halten. Die Klasse `CFunktion` enthält daher in ihrer Schnittstelle nur noch reine Konstrukte der Sprache C++; selbst auf die Verwendung von STL-Klassen wird hier verzichtet. Anstatt der Klasse `string` wird in den Methoden-Parametern von `CFunktion` nur noch der Typ **char*** verwendet.

Listing 9.22 zeigt die Realisierung der Klasse `CFunktion`.

```
//////////////
// Funktion.h:
//////////////
#ifndef INC_FUNKTION
#define INC_FUNKTION

class CTreeGenerator;   // Vorwärtsdeklaration
class CFunktion
{
  CRefPtr<CTreeGenerator>  m_Gen;
public:
  CFunktion();
  virtual ~CFunktion();
  bool SetFunktion(const char *str);
  bool SetValue(const char *str,double Value);
  double Erg();
};

#endif // v. ifndef (INC_FUNKTION)

////////////////
// Funktion.cpp:
////////////////
#include "Funktion.h"
#include "TreeGenerator.h"
#include <string>
using namespace std;

CFunktion::CFunktion()
{
  m_Gen=new CTreeGenerator();
}

CFunktion::~CFunktion(){ }

bool CFunktion::SetFunktion(const char* str)
{
  if(!m_Gen)
    return false;
  return m_Gen->SetFunktion(string(str));
}

bool CFunktion::SetValue(const char *str,double Value)
{
  if(!m_Gen)
```

```
    return false;
  return m_Gen->SetValue(string(str),Value);
}
double CFunktion::Erg()
{
  if(!m_Gen)
    return 0.0;
  return m_Gen->Erg();
}
```

Listing 9.22: (Funktion.h und .cpp): Realisierung von CFunktion

Wie Listing 9.22 zeigt, besteht die Implementierung der Methoden von `CFunktion` lediglich darin, dass sie die Anfragen an ein `CTreeGenerator`-Objekt delegiert.

Die nach außen einfache Benutzung zeigt sich nun an unserer kleinen `main()`-Funktion in Listing 9.23

```
#include <iostream.h>
#include "Funktion.h"

int main(int argc, char* argv[])
{
  CFunktion F;

  char* str=" X +20+50";
  F.SetFunktion(str);
  F.SetValue("X",10);

  cout << "Werteliste zu f(x) = " << str << ": "
       << endl;
  for(int i=1;i<= 5;++i)
  {
    F.SetValue("X",i);
    cout << i << ": " << F.Erg() << endl;
  }
  return 0;
}
```

Listing 9.23: Verwendung von CFunktion

Listing 9.23 gibt Folgendes aus:

```
Werteliste zu f(x) =  X +20+50:
1: 71
2: 72
3: 73
4: 74
5: 75
```

Dieses Prinzip, die Interna der Klasse nach außen zu verstecken und dem Nutzer nur das Wesentliche zur Verfügung zu stellen und zu zeigen, wird auch als *Fassade* bezeichnet. Die *Fassade* (engl. *facade*) ist ein Entwurfsmuster mit dem Zweck, eine einheitliche Schnittstelle zu einer Menge von Schnittstellen eines Subsystems zu bieten. Eine Fassade arbeitet daher meist mit mehreren Klassen zusammen, an die sie die gestellten Anfragen ihrer Klienten delegiert, wie dies Abbildung 9.23 zeigt.

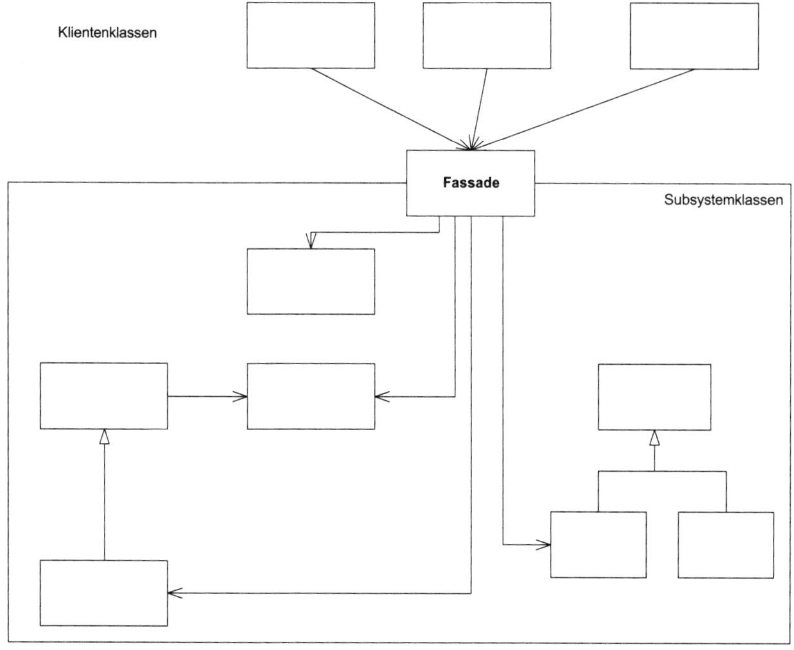

Abbildung 9.23: Struktur des Entwurfsmusters Fassade

Reflexion

Nach außen ist unsere Komponente `Funktion` einfach zu benutzen. Intern verfügt sie über eine zukunftsträchtige Struktur. Es können leicht neue Regeln definiert werden, und die Funktionalität von Lexer und Parser kann so einfach erweitert werden. Auch der Baum könnte leicht um neue Typen erweitert werden. Durch die Variablen-Map ist es möglich, auch Funktionsstrings mit mehreren Unbekannten vorzugeben, z.B. zum Zeichnen von dreidimensionalen Kurven.

Wichtig an der gewählten Struktur ist auch, dass sie an der **entscheidenden** Stelle Performance bringt, nämlich wenn es um das Berechnen der Werte geht. Denn die Prioritäten der Operatoren liegen dann bereits durch den Baum vor und müssen nicht mit jeder Berechnung neu ermittelt/geparst werden.

Die Implementierung haben wir uns an vielen Stellen dadurch vereinfacht, indem wir unsere Smart Pointer, den Clone-Pointer und den Reference-Pointer verwendet haben. Diese haben uns davon entlastet, an sämtlichen Stellen über das Speichermanagement nachdenken zu müssen. So konnten wir uns auf die eigentliche Problemstellung konzentrieren und schrittweise Objekte und Klassen ausfindig machen.

Auch die STL hat uns an vielen Stellen gute Dienste geleistet. Natürlich machen sich die Smart Pointer und die STL-Klassen als Typen auch im Klassendiagramm bemerkbar. Insofern ist das Design im Klassendiagramm nicht unabhängig von der Programmiersprache. Die aufgezeigten Strukturen hätten sich aber ohne weiteres auch mit einer anderen objektorientierten Sprache realisieren lassen.

9.2.5 Realisierung der Komponente Parameter

Aufgabe der Komponente `Parameter` ist es, die Parameter `Xmin`, `Xmax`, `Ymin`, `Ymax` und `Raster` zu verwalten. Da es sich hier nur um fünf Daten handelt, sehen wir hier lediglich eine Klasse vor, die die Verwaltung dieser Daten übernimmt. Diese Klasse nennen wir `CParameter`. Sie enthält die Parameter als Attribute und verfügt über entsprechende `Set()`- und `Get()`-Methoden.

Listing 9.24 zeigt eine einfache Realisierung der Klasse `CParameter`.

```
///////////////
// Parameter.h
///////////////
#ifndef INC_PARAMETER
#define INC_PARAMETER

class CParameter
{
  // Die verwalteten Daten:
   double m_Xmax;
   double m_Xmin;
   double m_Ymax;
   double m_Ymin;
   double m_Raster;

public:
   CParameter();
   virtual ~CParameter();

   // Erfragen der verwalteten Daten
   double GetXmin(){return m_Xmin;}
   double GetXmax(){return m_Xmax;}
   double GetYmin(){return m_Ymin;}
   double GetYmax(){return m_Ymax;}
   double GetRaster(){return m_Raster;}

   // Setzen der verwalteten Daten
   void SetXmin(double V)
   {
    m_Xmin=V;
   }
   void SetXmax(double V)
   {
    m_Xmax=V;
   }
   void SetYmin(double V)
   {
    m_Ymin=V;
   }
   void SetYmax(double V)
   {
    m_Ymax=V;
   }
```

```
    void SetRaster(double V)
    {
      m_Raster=V;
    }
};

#endif // v. ifndef(INC_PARAMETER)

/////////////////
// Parameter.cpp
/////////////////
#include "Parameter.h"

CParameter::CParameter()
{
    m_Xmin=-10;
    m_Xmax=10;
    m_Ymin=-10;
    m_Ymax=10;
    m_Raster=1;
}

CParameter::~CParameter(){}
```

Listing 9.24: (Parameter.h und .cpp): Realisierung von CParameter

Die Verwaltung der Daten ist in Listing 9.24 minimal gewählt. In einem Kunden-Projekt könnte die Verwaltung der Daten auch komplexer aussehen, z.B. würde es Sinn machen, beim Setzen der Daten eine Plausibilitätsprüfung durchzuführen, etwa dass `Xmin < Xmax` sein muss. Es stellt sich dann natürlich sofort die Frage, was im Fehlerfall passiert. Eine Möglichkeit wäre, dass der Wert `Xmax` so lange zurückgewiesen wird, bis `Xmin` entsprechend korrigiert wurde. Natürlich müsste dieser Zustand im Modell dann an der Oberfläche entsprechend visualisiert werden, was aber dann nicht Aufgabe von `CParameter` wäre. `CParameter` würde hier höchstens ein Flag für die Anzeige vorsehen, das darüber Auskunft gibt, ob die Werte gültig sind, d.h. in welchem Zustand sich das Modell befindet. Dieses Flag müsste dann vom View-Anteil abgefragt und entsprechend visualisiert werden.

Wie wir bereits in Kapitel 6.9, Verwendung eines MVC-Design, erläutert haben, ist der Grundgedanke bei einem MVC-Design, dass das Modell vom View entkoppelt ist. Denn das Modell kann anderen Gliederungsaspekten folgen, als dies für den View gilt. Da die Verwaltung der Daten im Modell liegt, ist dieses auch für die Konsistenz der Daten zuständig und sollte dafür sorgen, dass es insgesamt stets in einem definierten Zustand ist.

In unserem Fallbeispiel wollen wir aus Gründen der Übersichtlichkeit und des Umfangs auf solche Plausibilitätsprüfungen verzichten. Außerdem waren sie streng genommen in unserer Spezifikation für den Funktionsplotter nicht gefordert. Das mag hier vielleicht etwas lächerlich erscheinen, aber gerade das prinzipielle Fehlerhandling, d.h. wie sich das System im Fehlerfall nach außen präsentiert, sollte in einer Spezifikation berücksichtigt werden. Denn je nach Projekt kann dies ein entscheidender Punkt sein, und die Spezifikation dient schließlich häufig als Vertragsgrundlage.

Ein weiterer Grund, die Verwaltung der Daten nicht in der GUI vorzunehmen ist, dass die Daten auch von anderer Seite manipuliert werden könnten. Beispielsweise könnte es eine Konfigurationsdatei für die Daten geben, oder die Daten könnten via externer Schnittstelle von anderen Applikationen abgefragt werden.

9.2.6 Realisierung der GUI-Komponenten

Aus Portabilitätsgründen haben wir uns (bereits in der Analyse-Phase) für die Klassenbibliothek Qt entschieden. Wenn wir nun die GUI betrachten, so stellen wir fest, dass wir dafür folgende Widgets benötigen:

- Sechs Objekte von `QLineEdit` für `Xmin`, `Xmax`, `Ymin`, `Ymax`, `Raster` und den Funktionsstring
- Ein Widget für die Darstellung der graphischen Funktion, das wir als eigenes Qt-Widget erstellen werden
- Ein Main-Widget, das die anderen Widgets enthält

Betrachten wir einmal das Zusammenspiel von `Xmin` und der Klasse `CParameter`. Um eine Wertänderung im Editfeld an das Modell weiterzumelden, würde im einfachsten Fall das Signal vom `QLineEdit`-Objekt mit einem Slot in `CParameter` verbunden werden. Damit wäre `CParameter` dann aber bereits Qt-spezifisch und nicht mehr unabhängig von der Oberfläche. Um dies zu vermeiden, führen wir eine weitere Klasse ein, die hier die Mittlerrolle zwischen GUI und Modell übernimmt. Vom MVC-Gedanken her kommt hier der Controller ins Spiel, der die

Ablaufsteuerung übernimmt, d.h. z.B. festlegt, was passiert, wenn der Anwender den `Xmin`-Wert verändert. Die Klasse, die diesen Part übernimmt, nennen wir `CFunktCtrl`.

Damit lässt sich folgendes Klassenmodell aufstellen, wie es in Abbildung 9.24 gezeigt ist.

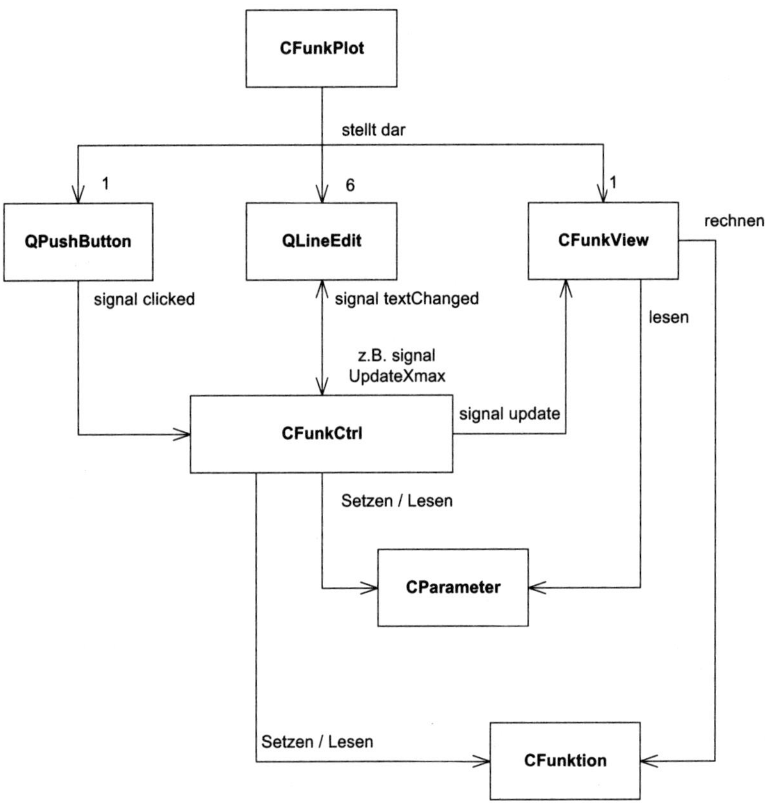

Abbildung 9.24: Klassenmodell zum Funktionsplotter

Die neuen Klassen in Abbildung 9.24 haben folgende Bedeutung:

- `CFunkPlot:`
  Das Main-Widget für die Applikation
- `CFunkCtrl:`
  Controller, übernimmt Ablaufsteuerung der Applikation. Die Kommunikation mit den Qt-Objekten erfolgt über Signal-Slot-

Prinzip, die Kommunikation mit den GUI-unabhängigen Klassen per Methodenaufruf.

- `QPushButton`:
  Qt-Klasse, wird verwendet für den ‚Zeichnen'-Button in der Applikation. Das Drücken des Buttons (`signal clicked`) läuft bei `CFunkCtrl` auf.
- `QLineEdit`:
  Qt-Klasse, wird verwendet für die Editfelder von `Xmin`, `Xmax`, `Ymin`, `Ymax`, `Raster` und dem Funktionsstring. Änderungen in den Editfeldern (`signal textChanged`) werden von `CFunkCtrl` bearbeitet. Im Gegenzug erhalten die Editfelder ihre Werte von `CFunkCtrl` über entsprechende Signale, z.B. `signal UpdateXmax` für das `Xmax`-Editfeld.
- `CFunkView`:
  Das Widget, das die graphische Funktion in einem Koordinatensystem zeichnet. Dazu liest es die Parameterwerte aus `CParameter` und berechnet die Werte mit Hilfe von `CFunktion`.

Beachten Sie, dass die GUI-Bibliotheken sowohl den View zur Verfügung stellen als auch einen Teil des Controlleranteils, nämlich den Eventmechanismus. Vom MVC-Gedanken her besteht hier ein Unterschied: Der View ist salopp ausgedrückt »dumm«. Er visualisiert lediglich das Modell, das sich um einen in sich konsistenten Zustand kümmert. Die Ablaufsteuerung des Systems, d.h. die Triggerung des Modells übernimmt der Controller. Ein Editfeld an sich beinhaltet nun einen View- und einen Controlleranteil. Im Editfeld wird das zugehörige Datum des Modells visualisiert, durch die Editierung wird das System jedoch auch gesteuert. Wollte man das MVC-Design hier strikt einhalten, so müsste für die Editfelder eine neue, von `QEditLine` abgeleitete, Klasse entworfen werden, die dann die Klasse `CParameter` kennt, um das Datum direkt visualisieren zu können. Wir haben an dieser Stelle einen Kompromiss geschlossen und `CFunktCtrl` als Mittler zwischen Modell und GUI (Control- und Viewanteil) verwendet. Auf diese Weise können wir in beide Richtungen (GUI-> Modell->GUI) das Signal-Slot-Prinzip einsetzen.

Die folgenden Listings zeigen nun die Umsetzung unseres Klassenmodells aus Abbildung 9.24 in C++. Wir beginnen diesesmal mit `main()` und anschließend mit der Main-Widget-Klasse `CFunkPlot`, bevor wir uns den Klassen `CFunkCtrl` und `CFunkView` widmen.

```
#include <qapplication.h>
#include "Funkplot.h"
int main(int argc, char *argv[])
{


  QApplication a(argc,argv);

  CFunkPlot *funkplot = new CFunkPlot();

  a.setMainWidget(funkplot);

  funkplot->show();

  return a.exec();
}
```

Listing 9.25: main() zur Funktionsplotter-Applikation

```
///////////////
// FunkPlot.h
///////////////
#ifndef INC_FUNKPLOT
#define INC_FUNKPLOT

#include <qwidget.h>

// Vorwärtsdeklarationen
class CFunkCtrl;
class QLineEdit;
class QPushButton;
class CFunkView;
class QVBoxLayout;
class QHBoxLayout;

// CFunkPlot is the main Widget of the Applikation
class CFunkPlot : public QWidget
{
   CFunkCtrl   *m_pCtrl;
   QVBoxLayout *m_pVBox;
   CFunkView    *m_pView;
   QLineEdit    *m_pFunk;
   QLineEdit    *m_pXMax;
   QLineEdit    *m_pYMax;
   QLineEdit    *m_pXMin;
```

```
   QLineEdit    *m_pYMin;
   QLineEdit    *m_pRaster;
   QPushButton *m_Update;

   void InitLine(QLineEdit *&p,
                 const char *name,
                 QHBoxLayout *&pHBox);

   Q_OBJECT

public:
   CFunkPlot(QWidget* parent=0, const char *name=0);
   ~CFunkPlot();
};

#endif // v. ifndef (INC_FUNKPLOTT)

////////////////
// FunkPlot.cpp
////////////////
#include "funkplot.h"
#include "qlineedit.h"
#include "funkctrl.h"
#include "qpushbutton.h"
#include <qlayout.h>
#include <qlabel.h>
#include "funkview.h"

CFunkPlot::CFunkPlot(QWidget *parent, const char *name)
: QWidget(parent, name)
{
   // FunkCtrl und FunkView anlegen
   m_pCtrl = new CFunkCtrl();
   m_pView = new CFunkView(this);

   // FunkCtrl kennt CParameter und CFunktion,
   // die auch m_pView:CFunkView benötigt.
   m_pView->SetF(m_pCtrl->GetFunk());
   m_pView->SetP(m_pCtrl->GetParam());

   // Signal-Slot-Verbindung zwischen CFunkCntrl
   // und CFunkView
   connect ( m_pCtrl,
           SIGNAL(Update() ),
           m_pView,
```

```
            SLOT(Update() )
            );

   // prinzipielle Anordnung der Widgets in CFunkPlot
   // ist vertikal (QVBoxLayout)
   m_pVBox = new QVBoxLayout(this);
   // CFunkView als erstes Widget in vertikales
   // Layout legen
   m_pVBox->addWidget(m_pView);

   // Horizontales Layout für Editfelder
   QHBoxLayout *pHBox=0;

   // Editfeld für Funktionsstring
   InitLine(m_pFunk," y=f(x)= ",pHBox);
   connect ( m_pFunk,
            SIGNAL(textChanged ( const QString & ) ),
            m_pCtrl,
            SLOT(SetFunktion( const  QString &) )
            );

   // Editfelder für XMin und XMax (in einer Zeile)
   InitLine(m_pXMin," XMin= ",pHBox=0);
   InitLine(m_pXMax," XMax= ",pHBox);
   m_pCtrl->ConnectView(m_pXMin,"Xmin");
   m_pCtrl->ConnectView(m_pXMax,"Xmax");

   // Editfelder für YMin und YMax (in einer Zeile)
   InitLine(m_pYMin," YMin= ",pHBox=0);
   InitLine(m_pYMax," YMax= ",pHBox);
   m_pCtrl->ConnectView(m_pYMin,"Xmin");
   m_pCtrl->ConnectView(m_pYMax,"Ymax");

// Editfeld für Raster
   InitLine(m_pRaster," Raster= ",pHBox=0);
   m_pCtrl->ConnectView(m_pRaster,"Raster");

   // PushButton "Zeichnen"
   pHBox= new QHBoxLayout(this);
   m_pVBox->addLayout(pHBox);

   m_Update= new QPushButton("neu Zeichnen",this);
   pHBox->addWidget(m_Update);

   connect ( m_Update,
```

```
            SIGNAL(clicked ()  ),
            m_pCtrl,
            SLOT(UpdateGui() )
            );

   // Last but not least:
   // Controller soll GUI updaten
   m_pCtrl->UpdateGui();
}

CFunkPlot::~CFunkPlot(){ }
//---------------------------------------------
// fügt ein QLabel mit einem QLineEdit in ein
// HBoxLayout ein
void CFunkPlot::InitLine(QLineEdit *&p,
                          const char *name,
                          QHBoxLayout *&pHBox)
{
   // wenn keine Angabe für das HBoxLayout erfolgte,
   // -> ein neues anlegen
   if(!pHBox)
   {
      pHBox=new QHBoxLayout(this);
      m_pVBox->addLayout(pHBox);
   }

   p=new QLineEdit(this);
   pHBox->addWidget(new QLabel(name,this));
   pHBox->addWidget(p);

}
```

Listing 9.26: (Funkplot.h und .cpp): Realisierung von Main-Widget CFunkPlot

Wie Listing 9.26 zeigt, werden im Konstruktor von `CFunkplot` sämtliche Objekte angelegt und die Verbindungen zwischen ihnen aufgebaut. Zunächst wird hier ein Objekt der Klasse `CFunkCtrl` und `CFunkView` angelegt. Wie wir noch sehen werden, legt `CFunkCtrl` seinerseits im Konstruktor jeweils ein Objekt der Klasse `CFunktion` und `CParameter` an. Diese werden hier mit den Methoden `GetFunk()` und `GetParam()` abgefragt und `CFunkView` mitgeteilt, der eine Referenz hierauf zum Zeichnen der Funktion benötigt.

Die Kommunikation zwischen m_pCtrl und m_pView geschieht mittels Signal-Slot. Soll die Funktion von m_pView neu gezeichnet werden, so schickt m_pCtrl das Signal Update(), das vom gleichlautenden Slot Update() in m_pView empfangen wird.

Nachdem die Beziehung zwischen m_pCtrl und m_pView komplett aufgebaut ist, muss nun noch das m_pView-Widget in CFunkPlot positioniert werden. Dies könnten wir mit der Methode setGeometry() tun, allerdings wären dann die Positionen fix, d.h. wird das Widget CFunkPlot vergrößert, so würden die darin enthaltenen Widgets in ihrer Größe und Position fix bleiben und sich nicht etwa an die neue Fenstergröße anpassen. Um nun die enthaltenen Widgets automatisch an die Größe des Container-Widgets anzupassen, verfügt Qt über Layout-Klassen. Die Widgets werden dazu nicht direkt in das Container-Widget eingefügt, sondern in eine Layout-Klasse, die dem Container-Widget zugeordnet ist und die Positionierung innerhalb diese Widgets übernimmt. Prinzipiell sollen unsere Widgets im CFunkPlot-Widget in vertikaler Richtung angelegt werden. Daher legen wir ein Objekt der Klasse QVBoxLayout an (das **V** steht für **v**ertikal), das für die vertikale Anordnung der Widgets in CFunkPlot zuständig ist (Parameter **this**):

```
m_pVBox = new QVBoxLayout(this);
```

Mit der nächsten Anweisung

```
m_pVBox->addWidget(m_pView);
```

wird nun unser FunkView dem Layout-Objekt m_pVBox zugeordnet, d.h. die Göße und Position des m_pView-Widgets übernimmt nun m_pVBox.

Innerhalb der vertikalen Anordnung sollen die Editfelder mit dem zugehörigen Label horizontal angeordnet werden. Für eine horizontale Anordnung kann die Klasse QHBoxLayout (das **H** steht für **h**orizontal) verwendet werden. Die hierzu nötigen Anweisungen haben wir in die private Methode InitLine() ausgelagert, da sie für alle Editfelder benötigt werden:

```
void CFunkPlot::InitLine(QLineEdit *&p,
                         const char *name,
                         QHBoxLayout *&pHBox)
{
   // wenn keine Angabe für das HBoxLayout erfolgte,
   // -> ein neues anlegen
   if(!pHBox)
   {
      pHBox=new QHBoxLayout(this);
      m_pVBox->addLayout(pHBox);
   }

   p=new QLineEdit(this);
   pHBox->addWidget(new QLabel(name,this));
   pHBox->addWidget(p);
}
```

Da die Editfelder für `Xmin` und `Xmax` in derselben Zeile angeordnet werden sollen, wird in der Methode `InitLine()` das `QHBoxLayout` nur dann angelegt, wenn hierfür keine Angabe (der Wert 0) erfolgte. Ansonsten wird das vorhandene, übergebene verwendet. Dies bedeutet dann auch, dass das erzeugte Layout nach Aufruf der Methode zur weiteren Verwendung zur Verfügung stehen muss; daher wird es Call-by-Reference übergeben. Auch das in dieser Methode erzeugte Editfeld wird im weiteren Verlauf noch benötigt (für den Verbindungsaufbau) und wird daher ebenfalls Call-by-Reference übergeben.

Mit Hilfe der Methode `InitLine()` werden im Konstruktor von `CFunkPlot` nun alle Editfelder angelegt. Im Anschluss daran erfolgen dann jeweils die Signal-Slot-Verbindungen. Für `Xmin`, `Xmax`, `Ymin`, `Ymax` und `Raster` übernimmt diese Aufgabe `CFunkCtrl` in der Methode `ConnectView()`.

Analog zu den Editfeldern wird im Anschluss daran noch der Push-Button für das Anstoßen des Neuzeichnens angelegt.

Zu guter Letzt wird der View nun mit allen Daten aktualisiert. Diese Aufgabe wird an `m_pCtrl` delegiert, der hierzu die Initialisierungsdaten von `CParameter` erfragt.

Betrachten wir nun die Klasse `CFunkCtrl` in Listing 9.27, die die Ablaufsteuerung unseres Funktionsplotters wahrnimmt.

```
//////////////
// FunkCtrl.h
//////////////
#ifndef INC_FUNKCTRL
#define INC_FUNKCTRL

#include <qobject.h>
#include "Parameter.h"
#include "Funktion.h"

class CFunkCtrl : public QObject
{
   Q_OBJECT

   // Der Funktionsstring wird in CFunkCtrl
   // aus Performancegründen zwischengespeichert
   // und an m_Funk erst mitgeteilt, wenn ein
   // neues Zeichnen gewünscht wird.
   QString             m_FunkString;

   CRefPtr<CParameter> m_Param;
   CRefPtr<CFunktion>  m_Funk;

public:
   CFunkCtrl();
   virtual ~CFunkCtrl();

   CRefPtr<CParameter> GetParam();
   CRefPtr<CFunktion>  GetFunk();
   void ConnectView(const QObject *View,
                    const char *Var);

public slots:
   // Slots für Nachrichten von QLineEdits
   void SetXmax     (const QString &str);
   void SetXmin     (const QString &str);
   void SetYmax     (const QString &str);
   void SetYmin     (const QString &str);
   void SetRaster   (const QString &str);
   void SetFunktion (const QString &str);
   // Slot für Buttonclick
   void UpdateGui();

signals:
   // Signal für CFunkView
   void Update();
```

```
   // Signale für QLineEdits
   void UpdateXmax(const QString &str);
   void UpdateXmin(const QString &str);
   void UpdateYmax(const QString &str);
   void UpdateYmin(const QString &str);
   void UpdateRaster(const QString &str);

protected:
   void UpdateParam();
};

#endif // v. ifndef(INC_FUNKCTRL)

////////////////
// FunkCtrl.cpp
////////////////
#include "FunkCtrl.h"

CFunkCtrl::CFunkCtrl()
{
   m_Param=new CParameter();
   m_Funk=new CFunktion();
}

CFunkCtrl::~CFunkCtrl(){ }

//-----------------------------------------
// Methoden zum Setzen der Werte im Modell
// (Slots von CFunktCtrl für Editfelder)
void CFunkCtrl::SetFunktion(const QString &str)
{
   m_FunkString=str;
}
void CFunkCtrl::SetRaster(const QString &str)
{
   m_Param->SetRaster(atof(str));
}
void CFunkCtrl::SetXmax(const QString &str)
{
   m_Param->SetXmax(atof(str));
}
void CFunkCtrl::SetXmin(const QString &str)
{
   m_Param->SetXmin(atof(str));
}
```

```
void CFunkCtrl::SetYmax(const QString &str)
{
   m_Param->SetYmax(atof(str));
}
void CFunkCtrl::SetYmin(const QString &str)
{
   m_Param->SetYmin(atof(str));
}
//-----------------------------------------------------
// FunkView neu zeichnen lassen
// (Slot-Methode für Buttonclick auf "neu Zeichnen")
void CFunkCtrl::UpdateGui()
{
   if(m_FunkString!="")
   {
      // Neuen Funktionsstring an m_Funk mitteilen
      m_Funk->SetFunktion(m_FunkString);
   }
   // Update aller Parameter im View
   UpdateParam();
   // Update-Signal für CFunkView
   Update();
}
//----------------------------------------------------
// Angelegte Objekte des Modells nach außen zur
// Verfügung stellen, damit auch View darauf zugreifen
// kann.
CRefPtr<CParameter> CFunkCtrl::GetParam()
{
   return m_Param;
}
CRefPtr<CFunktion>  CFunkCtrl::GetFunk()
{
   return m_Funk;
}
//----------------------------------------------------
// Connect-Verbindungen zwischen den Textfeldern im
// View und CFunkCtrl.
// Die Verbindung besteht in beide Richtungen:
// QLineEdit -> CFunkCtrl: SetXXX()
// QLineEdit <- CFunkCtrl: UpdateXXX()
void CFunkCtrl::ConnectView(const QObject *View,
                            const char *Var)
{
   // Name der Slot-Methode
   QString SetStr;
```

```
    SetStr.sprintf("%dSet%s(const QString&)",
                                        SLOT_CODE,Var);

    // Name der Signal-Methode
    QString UpStr;
    UpStr.sprintf("%dUpdate%s(const QString&)",
                                      SIGNAL_CODE,Var);

    connect( View,
             SIGNAL(textChanged ( const QString & ) ),
             this,
             SetStr // SLOT(Set"Var"(const QString &))
             );
    connect(this,
            UpStr,// SIGNAL(Update"Var"(const QString &))
            View,
            SLOT(setText ( const QString & ) )
           );
}
//-----------------------------------------------
// Alle Parameter aus dem Modell im View updaten
// (per Signal UpdateXXX)
void CFunkCtrl::UpdateParam()
{
   QString str;

   str.sprintf("%f",m_Param->GetXmax());
   UpdateXmax(str);

   str.sprintf("%f",m_Param->GetYmax());
   UpdateYmax(str);

   str.sprintf("%f",m_Param->GetXmin());
   UpdateXmin(str);

   str.sprintf("%f",m_Param->GetYmin());
   UpdateYmin(str);

   str.sprintf("%f",m_Param->GetRaster());
   UpdateRaster(str);

}
```

Listing 9.27: (FunkCtrl.h und .cpp): Realisierung von Controller CFunkCtrl

Die Klasse CFunkCtrl reagiert auf die Signale, die an der Oberfläche entstehen. Dazu stellt CFunkCtrl entsprechende Slots zur Verfügung. CFunkCtrl übernimmt bei uns aber auch die Ansteuerung der View-Elemente und verfügt hierzu über entsprechende Signal-Methoden. Wie Abbildung 9.24 verdeutlicht, besteht damit zwischen den QLineEdit-Objekten und der Klasse CFunkCtrl eine beidseitige Kommunikation, d.h., es müssen pro Editfeld zwei connect()-Aufrufe erfolgen. Um hier Code einzusparen und typische Copy-Paste-Fehler zu vermeiden, erfolgen die Signal-Slot-Verbindungen in einer eigenen Methode mit dem Namen ConnectView(). Damit dies überhaupt möglich ist, wurde bei den Namen der Signal- und Slot-Methoden ein einheitliches Schema verwendet: Die Slot-Methoden für die Editfelder heißen SetXXX(), die Signal-Methoden UpdateXXX(). Damit lassen sich die pro Editfeld benötigten connect()-Aufrufe generieren. Normalerweise werden für einen connect()-Aufruf die Makros SIGNAL() und SLOT() verwendet. Die Definition dieser beiden Makros kann man in qobjectdefs.h nachlesen.

```
#define SLOT(a)         "1"#a
#define SIGNAL(a)       "2"#a
```

Die Makros SLOT() und SIGNAL() generieren also lediglich einen String, der als Präfix eine Ziffer enthält, die zwischen Signal und Slot unterscheidet. Einige Zeilen tiefer gibt es dann noch folgende Definitionen:

```
#define METHOD_CODE   0    // member type codes
#define SLOT_CODE     1
#define SIGNAL_CODE   2
```

Damit können wir uns den Parameter für die Angabe der Slot- bzw. Signal-Methode auch selbst zusammenbauen, wie dies CFunkCtrl::ConnectView() zeigt.

Ein weiterer interessanter Punkt ist, dass die Klasse CFunkCtrl den Funktionsstring in der Slot-Methode SetFunktion() nicht direkt an m_Funk weitermeldet, sondern ihn zunächst in m_FunkStr zwischenspeichert. Erst, wenn der Anwender auf den Pushbutton drückt (Slot-Methode UpdateGui()), wird der Funktionsstring an m_Funk weitergereicht, bevor CFunkView mit dem Signal Update() veranlasst wird, die Funktion zu zeichnen. Dies geschieht aus Performance-Gründen. Denn, wie wir wissen, resultiert der Aufruf SetFunktion() in der Erstellung eines Funktionsbaumes, und das ist die Stelle in der Applikation, die die meiste Zeit in Anspruch nimmt. Es ist aber unnötig, dass der Funktionsbaum mit jeder Änderung im Editfeld neu generiert wird. Es genügt völlig, wenn dies kurz vor der Erstellung der Zeichnung geschieht.

Nun wollen wir uns ansehen, wie das Zeichnen der Funktion in `CFunkView` geschieht. Listing 9.28 zeigt dazu die Implementierung der Klasse.

```
//////////////
// Funkview.h
//////////////
#ifndef INC_FUNKVIEW
#define INC_FUNKVIEW

#include <qwidget.h>
#include <qpainter.h>
#include "refptr.h"
#include "parameter.h"
#include "funktion.h"

class CFunkView : public QWidget
{
   Q_OBJECT

   CRefPtr<CFunktion> m_F;
   CRefPtr<CParameter> m_P;

   int     m_Rand;
   double  m_OffsetXView;
   double  m_OffsetYView;
   double  m_XStepView;
   double  m_YStepView;
   double  m_XFaktor;
   double  m_YFaktor;

public:
   CFunkView(QWidget *parent=0, const char *name=0);
   ~CFunkView();

   void SetF(CRefPtr<CFunktion> &F)
   {
      m_F=F;
   }
```

```
   void SetP(CRefPtr<CParameter> &P)
   {
      m_P=P;
      Calc();
   }

   virtual void paintEvent (QPaintEvent * );

public slots:
  void Update();

private:
   void Calc();
   void Draw(QPainter &p);
};

#endif // v. ifndef(INC_FUNKVIEW)

////////////////
// Funkview.cpp
////////////////
#include <qpainter.h>
#include "funkview.h"
#include <math.h>
#include <qpen.h>
#include <qcolor.h>

CFunkView::CFunkView(QWidget *parent, const char *name )
: QWidget(parent,name)
{
   setMinimumSize(300,300);
   m_Rand=30;
}

CFunkView::~CFunkView(){ }
//---------------------------------------------------------
// Slot-Methode Update() zum Neuzeichnen der Funktion
void CFunkView::Update()
{
   Calc();
   QPainter p(this);
   Draw(p);

}
//---------------------------------------------------------
```

```
void CFunkView::Draw (QPainter &p)
{
   if(!m_P || !m_F)
      return;

   // Weiße Fläche für Koordinatensystem
   QPen PenNot(NoPen);
   QBrush BrWhite(QColor(255,255,255));
   p.setBrush(BrWhite);
   p.setPen(PenNot);
   p.drawRect(m_Rand,m_Rand,width()-m_Rand*2,
                        height()-m_Rand*2);

   // Stifte für Gitter, Achsen und Funktion
   QPen PenGray(QColor(163,163,192));
   QPen PenBlack(QColor(0,0,0));
   QPen PenBlue(QColor(0,0,255));

   // vertikale Linien für Gitter malen
   //-------------------------------------
   double x;
   double Xpos;

   p.setPen(PenGray);
   for(x=m_P->GetXmin();x<=m_P->GetXmax();
                                    x+=m_XStepView)
   {
      p.setPen(PenGray);
      Xpos=x*m_XFaktor+m_OffsetXView;
      if(x>-m_XStepView/2 && x<m_XStepView/2)
         p.setPen(PenBlack);  // Y-Achse
      p.moveTo(Xpos,m_Rand);
      p.lineTo(Xpos,height()-m_Rand);
   }

   // horizontale Linien für Gitter malen
   //---------------------------------------
   double y;
   double Ypos;

   for(y=m_P->GetYmin();y<=m_P->GetYmax();
                                   y+=m_YStepView)
   {
      p.setPen(PenGray);
      Ypos=height()-(y*m_YFaktor+m_OffsetYView);
      if(y>-m_YStepView/2 && y<m_YStepView/2)
```

```
          p.setPen(PenBlack);  // X-Achse

       p.moveTo(m_Rand,Ypos);
       p.lineTo(width()-m_Rand,Ypos);
    }

    // Funktion malen
    //---------------
    p.setPen(PenBlue);
    // Zeichenfläche auf den weißen Bereich beschränken
    p.setClipRect(m_Rand,m_Rand,width()-m_Rand*2,
                                height()-m_Rand*2);

    bool moveFlag=true;  // Das erste Mal darf beim
                         // Zeichnen nur moveTo()
                         // ausgeführt werden, dann
                         // LineTo()

    for(int ix=m_Rand;ix<width()-m_Rand;++ix)
    {
       x=(ix-m_OffsetXView)*1./m_XFaktor;
       m_F->SetValue("X",x);
       m_F->SetValue("x",x);
       y=m_F->Erg();
       Ypos=height()-(y*m_YFaktor+m_OffsetYView);
       if(!moveFlag)
          p.lineTo(ix,Ypos);
       else
          p.moveTo(ix,Ypos);
       moveFlag=false;
    }
}
//------------------------------------------------------
void CFunkView::Calc()
{
    if(!m_P)
       return;

    // Höhe und Breite des weißen Bereiches bestimmen
    int  W=width();
    int  H=height();

    W-=2*m_Rand;
    H-=2*m_Rand;
```

```
   // Höhe und Breite des mathemat. Bereiches bestimmen
   double DeltaX=m_P->GetXmax()-m_P->GetXmin();
   double DeltaY=m_P->GetYmax()-m_P->GetYmin();

   // Verhältnis zwischen Ausgabe- und mathem. Bereich
   // bestimmen, sowie Offset
   m_XFaktor=W/DeltaX;
   m_YFaktor=H/DeltaY;

   m_OffsetXView= -(m_XFaktor*m_P->GetXmin())+m_Rand;
   m_OffsetYView= -(m_YFaktor*m_P->GetYmin())+m_Rand;

   // Rasterauflösung
   m_XStepView=m_P->GetRaster();
   m_YStepView=m_P->GetRaster();

}
//----------------------------------------------------
void CFunkView::paintEvent ( QPaintEvent *)
{
   QPainter p(this);
   Calc();
   Draw(p);

}
```

Listing 9.28: (FunkView.h und .cpp): Realisierung von Widget CFunkView

Die Klasse `CFunkView` stellt die Slot-Methode `Update()` zur Verfügung, um das Neuzeichnen der Funktion anzustoßen. Das Zeichnen selbst wird in der **private**-Methode `Draw()` vorgenommen, die auch von der Methode `paintEvent()` aufgerufen wird. Wie Sie aus Kapitel 8.6 vom Malprogramm-Beispiel wissen, wird die Methode `paintEvent()` von Qt aufgerufen, wenn ein Neuzeichnen des Fensterinhaltes nötig ist.

Beim Zeichnen müssen die mathematischen Koordinaten umgerechnet werden in die korrespondierenden Positionen innerhalb des Widgets, wie dies Abbildung 9.25 verdeutlicht.

Zur Umrechnung wird also pro Achse (x und y) ein Streckungs/Stauungsfaktor benötigt, der den mathematischen Bereich auf den Zeichenbereich abbildet, sowie ein Offsetwert für die richtige Stelle im Koordinatensystem des Zeichnungsbereiches. Die Faktoren (`m_XFaktor` und `m_YFaktor`) und die Offsetwerte (`m_OffsetXView` und `m_OffsetYView`) werden in der **private**-Methode `Calc()` berechnet.

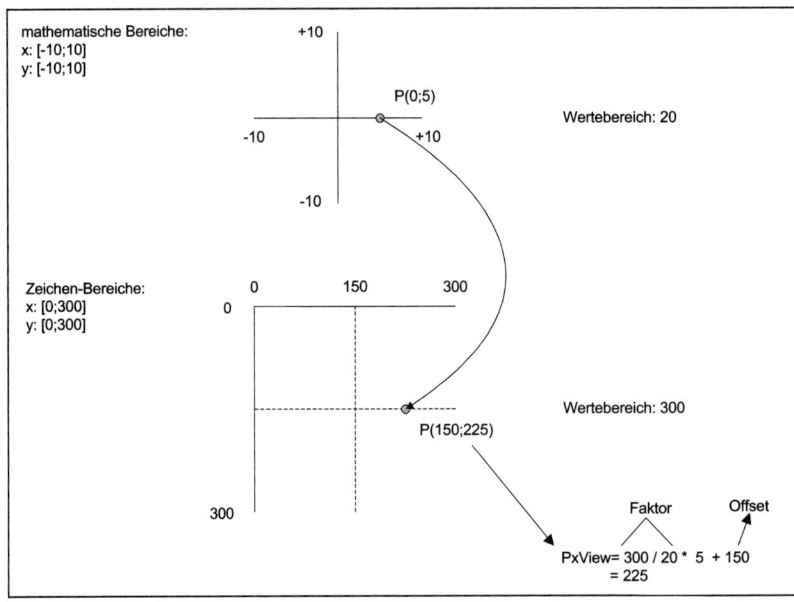

Abbildung 9.25: Umrechnung mathematischer Bereich in Zeichen-Bereich

Startet man nun unsere Applikation, so stellt sie sich wie in Abbildung 9.26 gezeigt dar:

Wie man in Abbildung 9.26 sieht, enthalten die Editfelder beim Start der Applikation bereits Defaultwerte. Diese kommen aus dem Modell (`CParameter`).

9.2.7 Systemtest

Um einen vollständigen Systemtest durchführen zu können, würden wir eine komplette Anforderungsspezifikation benötigen, die festlegt, wie das System in allen Punkten reagieren soll.

Unser Systemtest ist hier nur ganz minimal. Wir beschränken uns darauf, eine Funktion und Parameter vorzugeben und erwarten dann die richtige graphische Darstellung, wenn wir auf den Pushbutton drücken.

Abbildung 9.27 zeigt das Ergebnis, das wir als OK befinden.

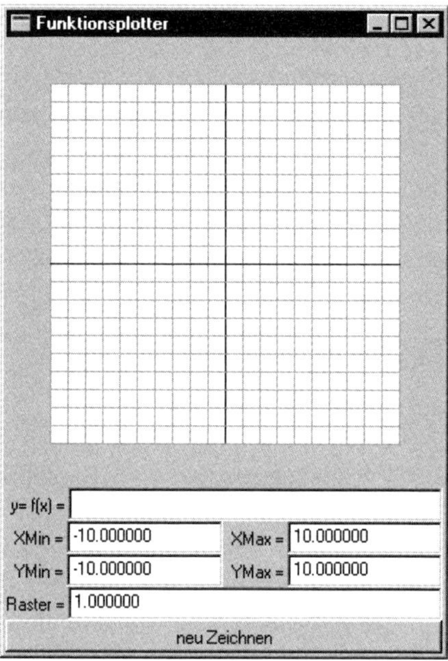

Abbildung 9.26: Funktionsplotter nach Applikationsstart

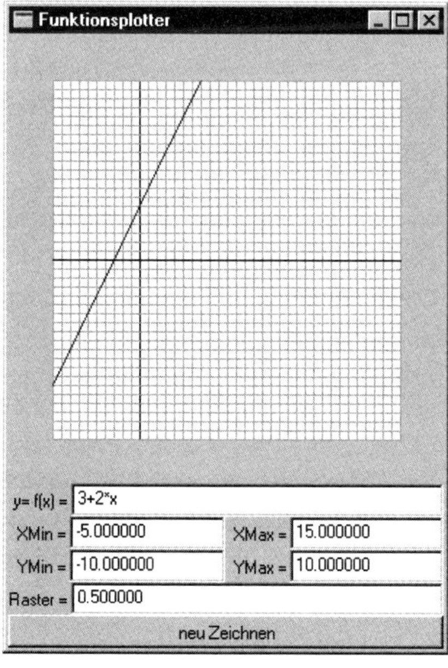

Abbildung 9.27: Ein Testfall des Funktionsplotter-Systemtests

9.2.8 Reflexion und Ausblick

Dieses Fallbeispiel sollte einen groben Überblick darüber geben, wie in einem Projekt vorgegangen werden kann, um ein objektorientiertes Produkt zu erhalten.

Wichtig ist dabei, dass nicht versucht wird, das Problem vollständig auf einen Schlag zu umreißen und zu lösen, sondern dass hierbei schrittweise objektorientiert vorgegangen wird. Objektorientierung hilft uns Komplexität aufzulösen und dabei dennoch ein erweiterbares System zu erhalten. Dies geschieht vor allem durch eine angemesse Design-Struktur, die an den entscheidenden Stellen Flexibilität zulässt.

Wir haben an der Stelle begonnen zu entwickeln, an der wir das größte Problem sahen und anfänglich nicht wussten, wie dies zu lösen ist, der Funktionsparser an sich. Dort sind wir wieder schrittweise vorgegangen und haben Strukturen gefunden, die auch für zukünftige Einsätze erweiterbar wären (die Regelliste, der Funktionsbaum).

Wir haben den problemorientierten Teil also so strukturiert, wie es dort Sinn macht, und haben die GUI dabei völlig außen vor gelassen. Über die prinzipielle Schnittstelle zwischen GUI und problemorientierten Teil hatten wir uns vorher in der anfänglichen Analyse des Gesamtsystems kurz Gedanken gemacht. Die GUI setzt einen Funktionsstring (`SetFunktion()`), sie gibt die Werte für die Unbekannten vor (`SetVar()`) und will dann das Ergebnis wissen (`Erg()`).

Durch die strikte Trennung zwischen GUI und problemorientierten Teil konnten wir letzteren bereits mit einer Konsolen-Applikation testen. Erst im zweiten Schritt haben wir uns dann genauere Gedanken über den Aufbau der GUI gemacht.

Vielleicht erschien es an der einen oder anderen Stelle etwas übertrieben, dass wir als Software-Architektur ein MVC-Design eingesetzt haben und z.B. so zur Verwaltung der Parameter extra eine GUI-unabhängige Klasse `CParameter` verwendet haben. Uns war es jedoch wichtig, ein Gefühl für eine Struktur zu vermitteln, die auch für größere Projekte noch tauglich ist. In größeren Projekten würde das MVC-Design allerdings noch deutlicher eingesetzt werden, d.h. beispielsweise, dass sich der Controller nicht nur auf eine Klasse beschränken würde, der View die Daten des Models in der Regel ohne Beteiligung des Controllers darstellen würde und der Einfluss der GUI-Bibliothek noch weiter reduziert werden würde. Hier gäbe es noch eine Reihe von Entwurfsmustern, die dabei eingesetzt werden könnten.

Auch die Darstellung der graphischen Funktion haben wir hier auf ein Minimum beschränkt und lediglich in der Klasse `CFunkView` abgehandelt. Würde man hier noch weitere Features einführen, wie z.B. Achsenbeschriftungen oder Farbauswahl, so sollte die Klasse `CFunkView` nicht ad ultimo aufgeblasen werden, sondern stattdessen die Aufgabe der Kurvendarstellung selbst wieder objektorientiert als eigene, wieder verwendbare Komponente betrachtet werden. Das folgende Fallbeispiel zeigt, wie dies geschehen könnte.

9.3 Diagrammer-Bibliothek

9.3.1 Aufgabenstellung

Es gibt diverse Applikationen, die zur Darstellung von Werte-Paaren ein Kurven-Diagramm benutzen, z.B. Darstellung von Messwerten, Aktienkursverläufen, Statistiken, mathematischen Funktionen.

Aufgabe ist es nun, eine Klassenbibliothek zu implementieren, mit Hilfe derer ein Kurven-Diagramm einfach erstellt werden kann.

9.3.2 Analyse

Bei der Aufgabenstellung handelt es sich eher um ein strukturelles Problem, dessen Klassen komplett in der Oberfläche angesiedelt sind. Die Aufgabenstellung ist vergleichbar mit einer Grafikbibliothek, die zeichenbare Elemente zur Verfügung stellt. Es handelt sich hier nicht um eine komplette Applikation, sondern vielmehr um eine Software-Komponente.

Use Cases

Der User (Actor) ist in diesem Fall nicht der Anwender der Applikation, sondern eine Klasse innerhalb der Applikation, die die Klassenbibliothek nutzt. Aus Sicht der Applikation könnten sich folgende Use

Cases aufstellen lassen, wie sie in Abbildung 9.28 dargestellt sind und im Folgenden beschrieben werden.

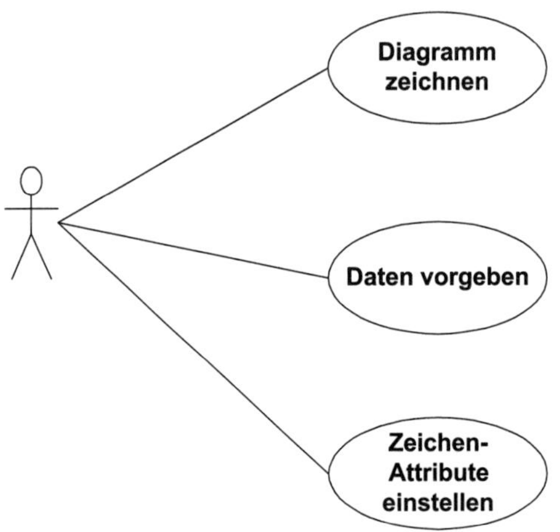

Abbildung 9.28: Use Cases zum Diagrammer

- *Diagramm zeichnen:*
  Das Diagramm wird mit allen seinen Bestandteilen gezeichnet. Bestandteile eines Diagrammes sind z.B.
  - Die Achsen
  - Das Raster
  - Die Funktion
- *Daten vorgeben:*
  Zum Zeichnen der Diagramm-Bestandteile werden Daten benötigt. Hier muss es eine oder mehrere Schnittstellen zwischen Zeichenelementen und Daten geben.
- *Zeichen-Attribute einstellen:*
  Beim Zeichnen sollen Zeichen-Attribute beachtet werden, die von außen einstellbar sind, z.B. Stift-Farbe.

Anforderungen

Die Anforderungen lassen sich zum einen aus den definierten Use-Cases ableiten, zum anderen könnten beispielsweise folgende nichtfunktionale Anforderungen hinzukommen:

- Die Diagrammer-Bibliothek soll unter Windows und Linux/Unix einsetzbar ein; daher wird Qt verwendet.
- Die Struktur der Klassenbibliothek soll möglichst flexibel sein, so dass auch andere Diagrammelemente oder Attribute hinzukommen können.

Domain-Problem

Das Domain-Problem liegt bei dieser Aufgabenstellung in der Struktur der Klassenbibliothek, die ein hohes Maß an Flexibilität zulassen muss. Unser erstes Klassenmodell wird daher bereits ein Design-Klassenmodell sein.

9.3.3 Design

Wir haben bereits festgestellt, dass die Aufgabenstellung stark an eine Grafikbibliothek erinnert; zudem haben wir im ersten Use Case (*Diagramm zeichnen*) einige Diagrammbestandteile festgehalten. Es bietet sich demnach hier an, das Kompositum-Entwurfsmuster anzuwenden, wie dies in Abbildung 9.29 gezeigt wird:

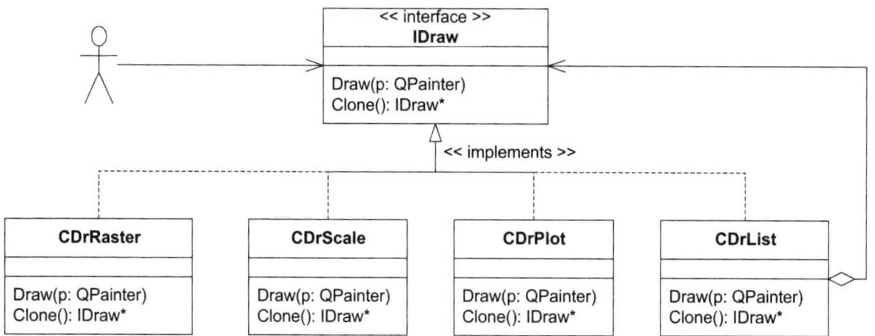

Abbildung 9.29: Klassendiagramm zu Use Case ‚Diagramm zeichnen'

Durch das Kompositum in Abbildung 9.29 besteht das Zeichnen des Diagrammes also darin, dass die einzelnen Bestandteile gezeichnet werden. Es könnten nun auch mehrere Kurven ins Diagramm eingezeichnet werden, indem das `CDrList`-Objekt dann mehrere Objekte der Klasse `CDrPlot` enthält. Auch ein völlig neuer Diagramm-Bestandteil könnte leicht hinzukommen (z.B. eine Werte-Menge, bei der es zu einem x-Wert mehrere y-Werte geben kann); die neue Klasse müsste dann nur die Schnittstelle `IDraw` implementieren.

Die Methode `Draw()` zum Zeichnen der Elemente hat als Parameter ein `QPainter`-Objekt. Dieser Parameter legt fest, wie gezeichnet wird und wohin gezeichnet wird. Auf diese Weise könnte als Ausgabemedium später auch der Drucker benutzt werden. Denn ein `QPainter`-Objekt ist verbunden mit einem `QPaintDevice`-Objekt, und die Klasse `QPaintDevice` wird erweitert von der Klasse `QPrinter`, die für die Druckerausgabe zuständig ist.

Die Methode `Clone()` haben wir vorgesehen, damit wir für unser Diagramm auch den Clone-Pointer einsetzen können.

Als Nächstes stellt sich die Frage, woher die `Draw()`-Methoden ihre Daten bekommen, die sie zum Zeichnen benötigen. Betrachten wir hier `CDrRaster`, so benötigt diese Klasse zum Zeichnen auf jeden Fall `Xmin`, `Xmax`, `Ymin` und `Ymax`, und zwar alle bezogen auf die Bildschirmposition. Dasselbe trifft für `CDrScale` und `CDrPlot` zu. Es macht also Sinn, hier eine neue Klasse einzuführen, die die Umrechnung zwischen den tatsächlichen Daten und den Bildschirmpositionen übernimmt. Wie diese Umrechnung stattfindet, hängt von der gewünschten Skalierung ab. Diese muss nicht immer linear sein, z.B. wäre auch eine logarithmische Skalierung denkbar oder eine Skala, an der Tage angetragen sind. Wir haben hier also unterschiedliche Realisierungen einer Skalierungsschnittstelle. Abbildung 9.30 zeigt das resultierende Klassendiagramm.

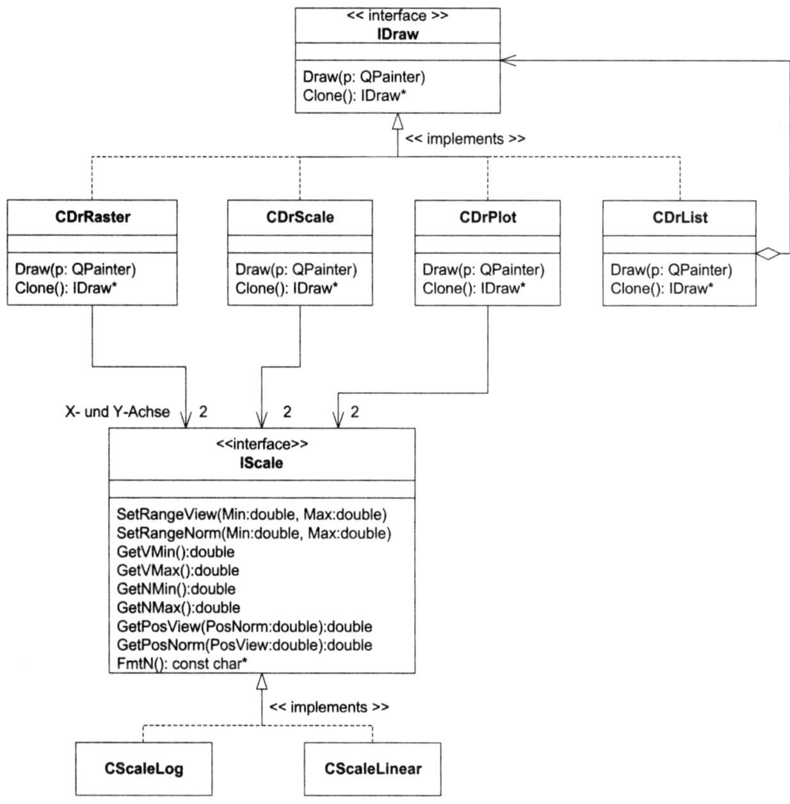

Abbildung 9.30: Diagrammer-Bibliothek: Schnittstelle IScale

Da die Skalierung für x- und y-Achse unterschiedlich sein kann, bezieht sich `IScale` auf eine Skala. Demnach verwenden `CDrRaster`, `CDrScale` und `CDrPlot` jeweils zwei Objekte vom Typ `IScale`. Durch Einführung der Schnittstelle `IScale` können auch in der Zukunft noch weitere Skalierungs-Strategien realisiert werden, ohne dass dies die anderen Klassen tangiert.

Die Schnittstelle `IScale` besitzt folgende Methoden:

- `SetRangeView()`:
  Setzen des Min- und Max-Wertes des Darstellungsbereiches

- `SetRangeNorm()`:
  Setzen des Min- und Max-Wertes (tatsächliche Werte=Normwerte)
- `GetVMin()`, `GetVMax()`:
  Erfragen des Min-/ Max-Wertes des Darstellungsbereiches
- `GetNMin()`, `GetNMax()`:
  Erfragen des minimalen bzw. maximalen Normwertes
- `GetPosView()`:
  Umrechnung des angegebenen Normwertes in den Darstellungswert
- `GetPosNorm()`:
  Umrechnung des angegebenenen Darstellungswertes in den Normwert
- `FmtN()`:
  Formatierungsstring für einen Normwert (zur Achsenbeschriftung), z.B. »%1.2f«

Eine weitere Schnittstelle ist an der Stelle denkbar, wo es um die im Diagramm dargestellten Werte geht – also beispielsweise bei `CDrPlot`. Die Aufgabe von `CDrPlot` ist es, Wertepaare im Diagramm miteinander in einer Kurve zu verbinden. Um die Wertepaare zu erhalten, bedient sich die Klasse der Schnittstelle `IWertepaar`, die zu einem vorgebenen x-Wert den zugehörigen y-Wert liefert. Wir erhalten damit folgendes Klassendiagramm, das in Abbildung 9.31 gezeigt ist:

Die Schnittstelle `IWertepaar` enthält eine Methode `GetYValue()`, mit der zu dem angegebenen x-Wert der korrespondierende y-Wert erfragt werden kann. Die Klasse `CDrPlot` arbeitet nun mit einem Objekt vom Typ `IWertepaar` zusammen.

Unsere Diagrammer-Bibliothek stellt nun schon einen brauchbaren Baukasten zur Verfügung. Wollte nun ein Widget als Client unsere Bibliothek nutzen (z.B. `CFunkView` aus Kapitel 9.2.6), so müsste der Client in etwa Folgendes tun:

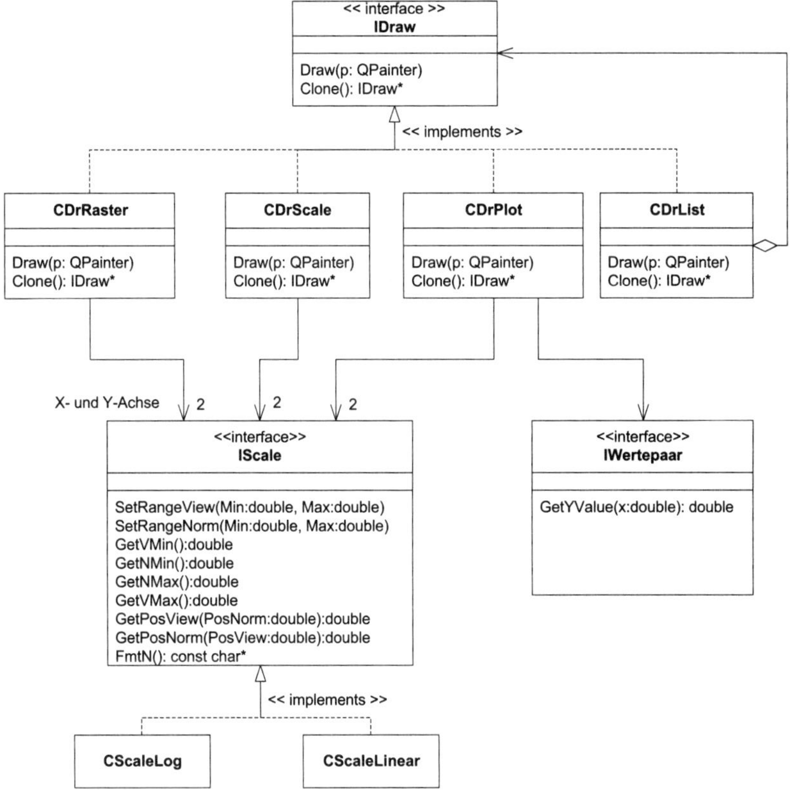

Abbildung 9.31: Diagrammer-Bibliothek: Schnittstelle IWertepaar

1. *Das Diagramm aus den einzelnen Bausteinen zusammenbauen.*
   Dies geschieht typischerweise im Konstruktor des Clients oder einer `Init()`-Methode:

   - Zwei Objekte vom Typ `IScale` anlegen für die Achsen, z.B. zwei Objekte von `CScaleLinear`.
   - Ein Objekt vom Typ `IWertepaar` anlegen. (Bei `CFunkView` könnte dies eine Klasse sein, die `CFunktion` entsprechend nutzt.)
   - Die Bestandteile des Diagrammes anlegen, z.B. ein `CDrRaster`-, ein `CDrScale`- und ein `CDrPlot`-Objekt anlegen.
   - Den Bestandteilen des Diagrammes die `IScale`-Objekte mitteilen, die sie benutzen sollen. (Die Klassen müssten also als Membervariablen noch jeweils ein `IScale` haben und eine Methode

`SetScale()` zum Setzen der Skalen; dies wurde in Abbildung 9.31 nicht explizit notiert, sondern lediglich durch die Assoziationsbeziehung zum Ausdruck gebracht, dass die Klassen prinzipiell zusammenarbeiten. Es ist also stets eine Frage der Granularität, wie detailliert das Klassenmodell erstellt wird. Oft kommt auch während der Implementierung noch die eine oder andere Methode hinzu. Wichtig ist, dass sich vor der Implementierung über die prinzipielle Struktur Gedanken gemacht wird und die zentralen Aspekte herausgearbeitet werden (z.B. wo die Schnittstellen liegen). Wie detailliert das Klassendiagramm sein muss, hängt von den beteiligten Entwicklern ab.

- `CDrPlot` das Objekt vom Typ `IWertepaar` mitteilen, das es nutzen soll. (Auch hier müsste es wieder eine entsprechende Membervariable und korrespondierend eine `Set()`-Methode geben.)
- Die bisher konstruierten und konfigurierten Bestandteile des Diagrammes zum fertigen Diagramm zusammenbauen, indem sie in einer `CDrList` hinterlegt werden. (Die Klasse `CDrList` muss hier eine entsprechende `Add()`-Methode zur Verfügung stellen.)

2. *Die Min- und Max-Werte für die Skalierung vorgeben.*
   Diese Werte liegen meist im Modell und müssen dann vorher von diesem erfragt werden (bei `CFunkView` war dies `CParameter`). Wann dies geschieht, hängt von der Applikation ab; dies könnte direkt bei jeder Änderung der entsprechenden Daten im Modell geschehen, spätestens jedoch unmittelbar vor dem Zeichnen des Diagrammes.
3. *Zeichnen des Diagrammes*:
   Das Zeichnen des Diagrammes beschränkt sich auf eine `Draw()`-Botschaft an das `CDrList`-Objekt, das die einzelnen Bestandteile verwaltet und daher das Diagramm repräsentiert.

Was in unserem Baukasten jetzt noch fehlt, sind die Zeichenattribute. Die Zeichenattribute werden bei Qt vor dem Zeichnen im `QPainter`-Objekt gesetzt. Demnach könnte das Zeichnen prinzipiell folgendermaßen realisiert werden:

```
Draw(QPainter& p)
{
   p.save();          // Qt: QPainter-Zustand speichern
                      //     für späteres restore()
```

```
    setAttribut(p); // neue Attribute in p setzen
    Zeichnen(p);    // Zeichnung mit neuen Attributen (in p)

    p.restore();    // Qt: Ursprünglichen QPainter-Zustand,
                    //     der zuletzt mit save() gesichert
                    //     wurde, wieder herstellen
}
```

Da dies bei allen Diagrammer-Bestandteilen der Fall ist, können wir eine Basisklasse einfügen, die diese Aufgabe übernimmt. Diese Basisklasse nennen wir `CDrAttribut`. Sie implementiert nun die von `IDraw` geforderte Methode `Draw()` und fordert dafür von ihren Unterklassen die Methode `DrawIntern()`, die im obigen Codefragment `Zeichnen()` entspricht. Abbildung 9.32 zeigt das resultierende Klassendiagramm.

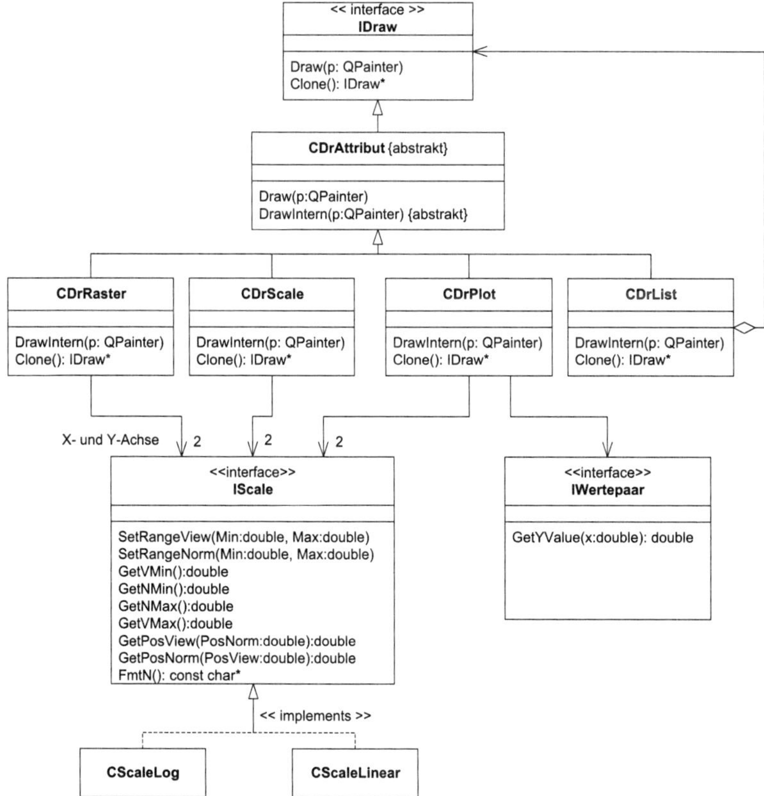

Abbildung 9.32: Diagrammer-Bibliothek: Basisklasse CDrAttribut

Unser Klassendiagramm in Abbildung 9.32 ist nun also eine Mischung aus Klassenvererbung (auch Implementierungsvererbung) und Schnittstellenvererbung.

Macht man sich nun näher Gedanken über `setAttribut()`, so stellt man fest, dass es sich auch um mehrere Attribute handeln könnte, die hier gesetzt werden müssen, z.B. Pen und Brush. Es wäre also gut, wenn wir hier auch eine Liste von Attributen statt nur eines verwenden könnten, wie dies ein Kompositum ermöglicht. Diese Erkenntnis bauen wir in unser Klassendiagramm ein, wie dies in Abbildung 9.33 gezeigt ist (wir betrachten hier aus Platzgründen nur den oberen Teil des bisherigen Klassenmodells).

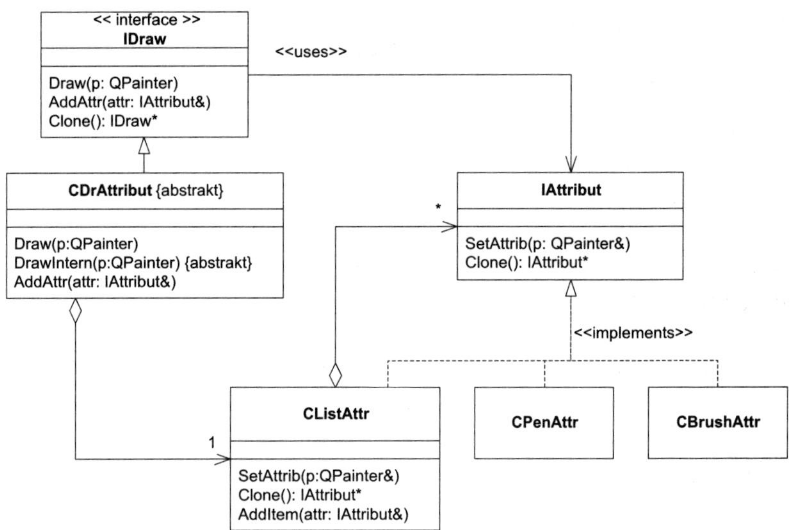

Abbildung 9.33: Diagrammer-Bibliothek: Klassen für Zeichenattribute

In Abbildung 9.33 ist es durch die Schnittstelle `IAttribut` jederzeit möglich, dass weitere Zeichenattribute hinzukommen, z.B. eine Font-Klasse. Die Schnittstelle `IAttribut` besitzt die Methode `SetAttrib()`, die als Parameter ein `QPainter`-Objekt hat. Dieses `QPainter`-Objekt muss Call-by-Reference übergeben werden, da die Implementierungsklassen dieses Objekt entsprechend modifizieren. Daneben besitzt `IAttribut` wieder die Methode `Clone()`, damit für Attribut-Objekte der Clone-Pointer eingesetzt werden kann.

Nun soll ja CDrAttribut beliebig viele Attribute setzen können. Da CListAttr beliebig viele Attribute verwalten kann, kann CDrAttribut auch gleich ein CListAttr aggregieren. Ein Aufruf von CDrAttribut::AddAttr() wird dann delegiert an CListAttr::AddItem(). Es macht Sinn, die Methode AddAttr() auch gleich zur Schnittstelle IDraw hinzuzufügen, denn aus Sicht des Bibliotheks-Nutzers gehören zum Zeichnen auch zuordenbare Zeichen-Attribute.

Wenn die Zeichen-Attribute aber von Diagrammer-Klassen verwaltet werden, stellt sich als Nächstes die Frage, wie die Zeichen-Attribute nach außen gereicht werden können, damit der Applikations-User z.B. die Farben einstellen kann. Auch hierfür sollte eine bzw. sollten mehrere Schnittstellen zur Verfügung gestellt werden.

Wir haben unser Design bisher so gestaltet, dass die Anzahl der Attribute variabel ist. Diese Variabilität wollen wir auch nach außen geben. Eine Möglichkeit wäre, die Attributliste an sich nach außen zu geben. Eine andere Möglichkeit ist es, eine *Call-back-Schnittstelle* IEnumAttrib einzuführen. *Call-back* bedeutet wörtlich, dass jemand zurückgerufen wird, in unserem Fall ein Objekt vom Typ IEnumAttrib. Die *Call-back*-Schnittstelle legt fest, welche Methodenaufrufe es für den Rückruf gibt, in unserem Fall ist es eine Methode Attrib(), mit der ein Attribut mitgeteilt wird.

Die Schnittstelle IEnumAttrib kann z.B. von der Klasse CListAttr verwendet werden, damit ein Objekt die von der Liste verwalteten Zeichen-Attribute erfragen kann, wie dies Abbildung 9.34 und Abbildung 9.35 zeigen.

Wie Abbildung 9.35 zeigt, schickt das aufrufende Objekt einem CListAttr-Objekt die Botschaft »Teile alle deine Attribute dem Objekt Recalled mit.« (EnumAttrib(Recalled)). Daraufhin ruft das CListAttr-Objekt beim Recalled-Objekt die Methode Attrib() auf, und zwar für jedes Attribut (was im Sequenzdiagramm durch den * vor Attrib() ausgedrückt wird).

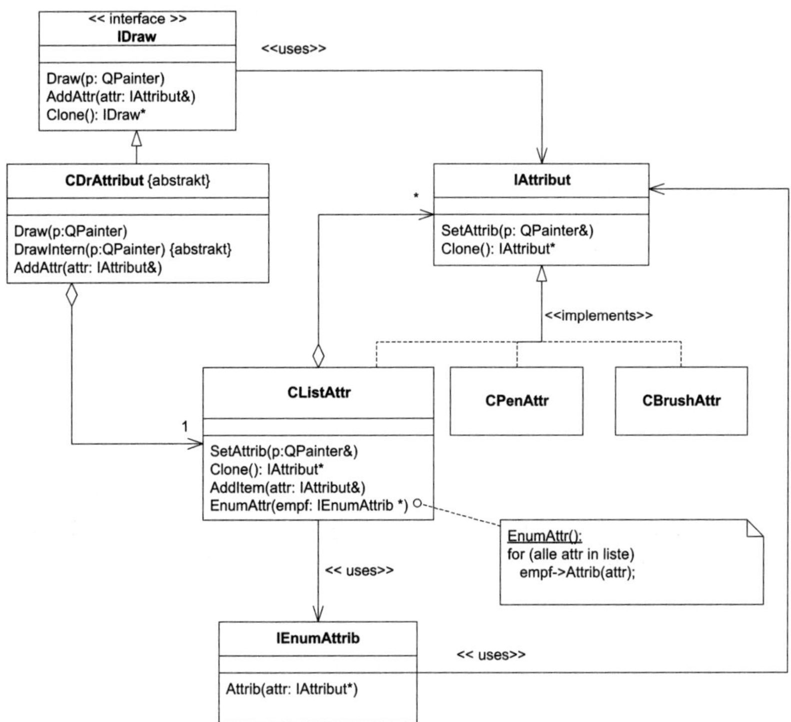

Abbildung 9.34: Diagrammer-Bibliothek: Schnittstelle IEnumAttrib

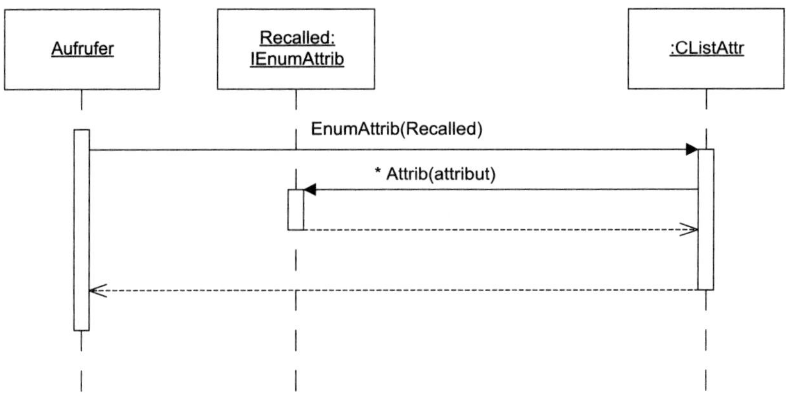

Abbildung 9.35: Diagrammer-Bibliothek: Sequenz zu IEnumAttrib

Eine derartige `EnumAttrib()`-Methode, wie sie `CListAttr` verwendet, wäre aber auch für einen Client der Diagrammer-Bibliothek denkbar.

Denn, wie wir gesehen haben, übernimmt das Anlegen der Objekte ja nicht die Bibliothek selbst, sondern der Client der Bibliothek. Die Bibliothek stellt nur die Klassen zur Verfügung. Also werden auch die Zeichen-Attribute im Client angelegt und könnten damit auch direkt dort erfragt werden. Beispielsweise könnte die Klasse `CFunkView` aus Kapitel 9.2.6 die Farbstifte anlegen. Eine andere Klasse, die die Farb-Eintellung in einem Dialog übernimmt, könnte dann die Attribute direkt vom `CFunkView`-Objekt erfragen. Was die Diagrammer-Bibliothek dann hier lediglich leistet, ist die Definition einer entsprechenden Schnittstelle.

Wie erreichen wir es nun, dass die Atribute von außen nicht nur erfragt, sondern auch gesetzt werden können?

Dies ist beim genaueren Hinsehen lediglich eine Frage des Ownerships. Verwenden wir für die Zeichen-Attribute und deren Weiterreichung konsequent Common Ownership, so ergibt sich dies von selbst. Wir setzen daher an den entscheidenden Stellen unseren Reference-Pointer ein und erhalten damit folgendes Klassenmodell in Abbildung 9.36:

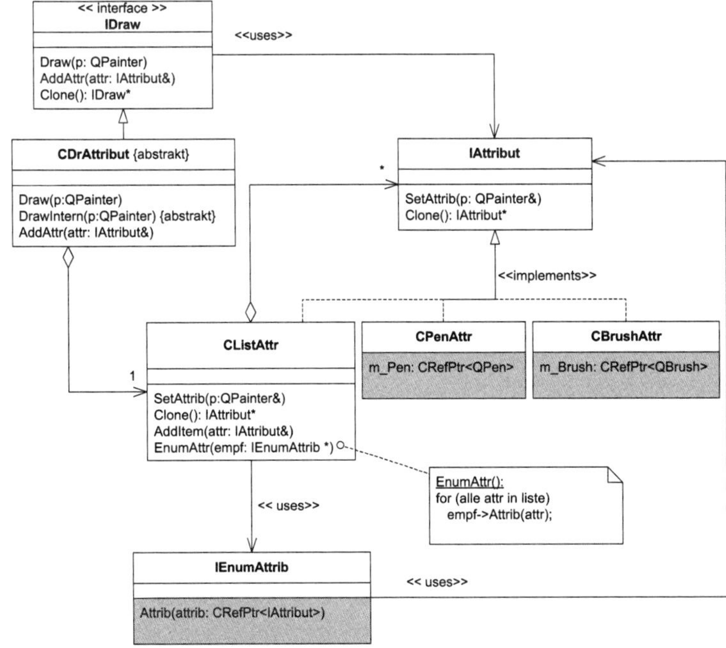

Abbildung 9.36: Diagrammer-Bibliothek: Common Ownership bei Attribut-Daten

Wie wir in Abbildung 9.36 sehen, müssen zum einen die Daten selbst in den Attribut-Klassen, z.B. `CPenAttr` und `CbrushAttr`, im Common Ownership vorliegen, zum anderen muss auch die Weitergabe dieser Daten über `IEnumAttrib` mit Common Ownership realisiert werden.

Machen wir uns über das Einstellen der Daten noch genauere Gedanken, so stellen wir fest, dass diese zwischen den Attribut-Klassen differieren können, z.B. besitzt ein `QPen` eine Farbe, eine Stiftdicke und einen Linienstil, während es bei einem `QBrush` nur Farbe und Muster gibt. Es wäre nun schön, wenn man als Nutzer der Attribut-Klassen abfragen könnte, welche Daten eingestellt werden können. Dies kann am einfachsten dadurch geschehen, indem das Einstellen von Farbe, Stiftdicke etc. auf unterschiedliche Interfaces aufgeteilt wird. Attribute, die eine Farbe einstellen können, würden dann z.B. zusätzlich das Interface `IColorAttr` implementieren, wie dies in Abbildung 9.37 dargestellt ist.

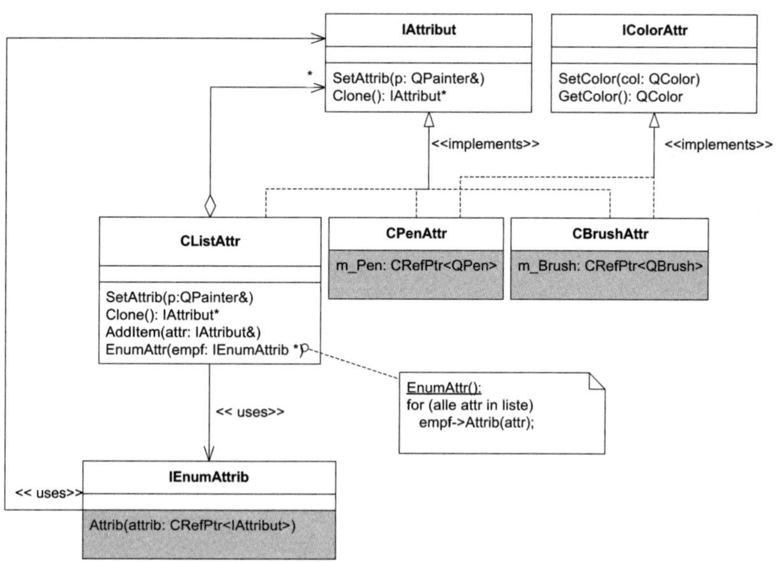

Abbildung 9.37: Diagrammer-Bibliothek: Schnittstelle IColorAttr

Wie Abbildung 9.37 zeigt, implementieren sowohl `CPenAttr` als auch `CBrushAttr` das Interface `IColorAttr`, da bei beiden eine Farbe eingestellt werden kann. Würde nun noch ein weiteres Interface `ILineStyle` für den Linienstil eingeführt werden, so würde dieses dagegen nur von CPenAttr implementiert werden. Mit Hilfe von **dynamic_cast** kann zur Laufzeit jederzeit abgefragt werden, ob das vorliegende Attribut-Objekt von einem bestimmten Typ ist, also ob es sich z.B. um ein IColorAttr handelt oder nicht.

Unser Design hat nun einen Stand erreicht, der unsere minimalen Anforderungen erfüllt. Wir wollen daher an dieser Stelle jetzt einen Schlussstrich ziehen – auch wenn für eine Diagrammer-Bibliothek noch weitere Features und Klassen denkbar wären – und uns der Implementierung widmen.

9.3.4 Implementierung

Betrachten wir zunächst Abbildung 9.36 und Abbildung 9.37. Die in diesen Diagrammen dargestellten Klassen implementieren wir von oben nach unten, wobei wir die Abhängigkeiten berücksichtigen.

Die Schnittstelle IDraw zum Zeichnen des Diagrammes zeigt Listing 9.29.

```
#ifndef INC_IDRAW
#define INC_IDRAW

#include "ClonePtr.h"

// Vorwärtsdeklarationen
class IAttribut;
class QPainter;

class IDraw
{
public:
   virtual ~IDraw(){};
   virtual void Draw(QPainter &p)=0;
   virtual void AddAttr(IAttribut &Attr)=0;
   virtual IDraw* Clone()=0;
};
typedef CClonePtr<IDraw> IDrawPtr;

#endif // v. ifndef (INC_IDRAW)
```

Listing 9.29: (IDraw.h): Realisierung der Schnittstelle IDraw

Listing 9.30 zeigt die Schnittstelle `IAttribut`:

```
#ifndef INC_IATTRIBUT
#define INC_IATTRIBUT

#include <qpen.h>
#include <qbrush.h>
#include <qpainter.h>

class IAttribut
{

public:
   IAttribut();
   virtual ~IAttribut();
   virtual void setAttrib(QPainter &p)=0;
   virtual IAttribut *Clone()=0;

};

#endif // v. ifndef(INC_IATTRIBUT)
```

Listing 9.30: (IAttribut.h): Realisierung der Schnittstelle IAttribut

Listing 9.31 zeigt die Schnittstelle `IColorAttr` zum Setzen der Farbe bei Farb-Attributen.

```
#ifndef INC_ICOLORATTR
#define INC_ICOLORATTR

#include <qcolor.h>

class IColorAttr
{
public:
   virtual ~IColorAttr(){};
   virtual void SetColor(QColor &col)=0;
   virtual QColor GetColor()=0;
   virtual const char *GetText()=0;
};

#endif // v. ifndef (INC_ICOLORATTR)
```

Listing 9.31: (IColorAttr.h): Realisierung der Schnittstelle IColorAttr

Wir haben in Listing 9.31 die Schnittstelle `IColorAttr` um die Methode `GetText()` ergänzt. Diese Methode liefert eine Bezeichnung für das Attribut und kann in der Oberfläche z.B. als Beschriftung des korrespondierenden Einstellbuttons benutzt werden.

Beachten Sie, dass wir die Diagrammer-Bibliothek gerade entwickeln. Hier kann es leicht passieren, dass die eine oder andere Methode noch hinzukommt, wegfällt oder modifiziert wird. Nach Abschluss der Entwicklung und Freigabe der ersten Produktversion, ist es jedoch sehr gefährlich, eine Schnittstelle noch zu ändern. Denn die Änderung einer Schnittstelle hat Auswirkungen auf alle Klassen, die die Schnittstelle implementieren, und im gewissen Maße auch auf die Klassen, die die Schnittstelle nutzen (vgl. auch Kapitel 6.4, Programmiere auf die Schnittstelle hin).

Die Schnittstellen `IAttribut` und `IColorAttribut` werden von den Klassen `CPenAttr` und `CBrushAttr` implementiert, die Listing 9.32 und Listing 9.33 zeigen.

```
#ifndef INC_PENATTR
#define INC_PENATTR

#include "IAttribut.h"
#include "IColorAttr.h"
#include <qpen.h>
#include "RefPtr.h"

class CPenAttr : public IAttribut,public IColorAttr
{
   CRefPtr<QPen>  m_Pen;
   CRefPtr<QString> m_Name;
public:
   CPenAttr(QPen &Pen,const char *Name=0)
   {
      SetPen(Pen);
      if(Name)
        m_Name=new QString(Name);
      else
        m_Name=new QString("Unbenannt");
   }
   virtual ~CPenAttr(){}
   void SetPen(QPen &Pen)
```

```
    {
       m_Pen=new QPen(Pen);
    }
    // Implementierung von IColorAttr
    virtual void SetColor(QColor &Col)
    {
       if(!!m_Pen)
          m_Pen->setColor(Col);
    }
    virtual const char *GetName()
    {
       return *m_Name;
    }
    virtual QColor GetColor()
    {
       if(!m_Pen)
          return QColor(0,0,0);
       return m_Pen->color();
    }
    // Implementierung von IAttribut
    virtual void setAttrib(QPainter &p)
    {
       if(!m_Pen)
          return;
       p.setPen(*m_Pen);
    }
    virtual IAttribut *Clone()
    {
       return new CPenAttr(*this);
    }
};

#endif // v. ifndef (INC_PENATTR)
```

Listing 9.32: (PenAttr.h): Realisierung von CPenAttr

Die Klasse `CBrushAttr` ist analog zu `CPenAttr` realisiert.

```
#ifndef INC_BRUSHATTR
#define INC_BRUSHATTR

#include "IAttribut.h"
#include "IColorAttr.h"
#include "RefPtr.h"
#include <qbrush.h>
```

```
class CBrushAttr : public IAttribut ,public IColorAttr
{
   CRefPtr<QBrush> m_Brush;
   CRefPtr<QString> m_Name;
public:
   CBrushAttr(QBrush &Br,const char *Name=0)
   {
      SetBrush(Br);
      if(Name)
         m_Name=new QString(Name);
      else
         m_Name=new QString("Unbenannt");
   }
   virtual ~CBrushAttr(){}
   void SetBrush(QBrush &Br)
   {
      m_Brush=new QBrush(Br);
   }

   // Implementierung von IColorAttr
   virtual const char *GetName()
   {
      return *m_Name;
   }
   virtual QColor GetColor()
   {
      if(!m_Brush)
         return QColor(0,0,0);
      return m_Brush->color();
    }
   virtual void SetColor(QColor &Col)
   {
      if(!!m_Brush)
         m_Brush->setColor(Col);
   }
   // Implementierung von IAttribut
   virtual void setAttrib(QPainter &p)
   {
      if(!m_Brush)
         return ;
      p.setBrush(*m_Brush);
   }
```

```
    virtual IAttribut *Clone()
    {
        return new CBrushAttr(*this);
    }
};

#endif // v. ifndef (INC_BRUSHATTR)
```

Listing 9.33: (BrushAttr.h): Realisierung von CBrushAttr

Listing 9.34 zeigt nun die Implementierung der Attribute-Liste `CListAttr`.

```
//////////////
// ListAttr.h:
//////////////

#ifndef INC_LISTATTR
#define INC_LISTATTR

#include "IAttribut.h"

class IEnumAttrib;
class CListAttrSTLList;

class CListAttr : public IAttribut
{
    CListAttrSTLList &m_List;
public:
    CListAttr();
    virtual ~CListAttr();
    // Kopierkonstruktor und Zuweisungsoperator
    CListAttr(const CListAttr &L);
    const CListAttr &operator =(const CListAttr &L);

    // Implementierung der Schnittstelle IAttribut
    virtual void setAttrib(QPainter &p);
    virtual IAttribut *Clone();

    // Hinzufügen eines Attributs in die Liste
    void AddItem(IAttribut &Attr);

    // Attribute über Call-back Schnittstelle IEnumAttrib
    // mitteilen
    void EnumAttr(IEnumAttrib *pA);
};
```

```
#endif // v. ifndef (INC_LISTATTR_H)

////////////////
// ListAttr.cpp:
////////////////
#pragma warning(disable:4786)        // für VC++
#include "ListAttr.h"
#include "ClonePtr.h"
#include "RefPtr.h"
#include "IEnumAttrib.h"
#include <list>                      // STL
using namespace std;

// Definition von CListAttrSTLList
class CListAttrSTLList :
                  public list<CClonePtr<IAttribut > >{};

//---------------------------------------------------
// Konstruktor mit Initialisierung der Referenz m_List
CListAttr::CListAttr()
: m_List(*new CListAttrSTLList)
{


}
// Kopierkonstruktor
CListAttr::CListAttr(const CListAttr &L)
: m_List(*new CListAttrSTLList)
{
  *this=L;
}
// Zuweisungsoperator
const CListAttr &CListAttr::operator =
                                    (const CListAttr &L)
{
   m_List=L.m_List;
   return *this;
}
// Destruktor
CListAttr::~CListAttr()
{
   delete &m_List;
}
//--------------------------------------------------
void CListAttr::setAttrib(QPainter &p)
{
   // setAttrib delegieren an die Attribute in der Liste
```

```
   CListAttrSTLList::iterator i;
   for(i=m_List.begin();i!=m_List.end();++i)
   {
    (*i)->setAttrib(p);
   }
}
//---------------------------------------------------
IAttribut *CListAttr::Clone()
{
   return new CListAttr(*this);
}
//---------------------------------------------------
void CListAttr::AddItem(IAttribut &Attr)
{
   m_List.push_back(&Attr);
}

//---------------------------------------------------
void CListAttr::EnumAttr(IEnumAttrib *pA)
{
   CListAttrSTLList::iterator i;
   for(i=m_List.begin();i!=m_List.end();++i)
   {
      // Aus ClonePointer Reference-Pointer machen, dazu
      // einen neuen Klon anlegen; die resultierende
      // Adresse wird dann nicht vom Clone-Pointer,
      // sondern vom Reference-Pointer verwaltet.
      //
      pA->Attrib(CRefPtr<IAttribut>(i->Clone()) );
   }
}
```

Listing 9.34: (ListAttr.h und .cpp): Realisierung von CListAttr

Wie Listing 9.34 zeigt, aggregiert die Klasse `CListAttr` ein Objekt der Klasse `CListAttrSTLList`, die in `ListAttr.cpp` definiert wird. Es handelt sich hier um eine Klasse, die lediglich von der STL-Klasse `list` abgeleitet wurde. Damit steht der Funktionsumfang der STL-Klasse über diese Klasse vollständig zur Verfügung. Die STL-Header werden jedoch in `ListAttr.h` nicht benötigt. Auf diese Weise kann die Klasse `CListAttr` genutzt werden, ohne die STL benutzen zu müssen. Auch wenn die STL mittlerweile zum Sprachumfang von C++ gehört, so war dies nicht immer der Fall. Gerade bei der Entwicklung von Bibliotheksklassen hat es sich als sehr empfehlenswert herausgestellt, in den Headerdateien nur Header von Klassen einzusetzen, die definitiv vorhanden sind und bei deren Einsatz es zu keinerlei Konflikten kommen kann; dies sind bei uns eigene Klassen und Qt-Klassen, da die Diagrammer-Bibliothek ohnehin Qt-spezifisch ist.

Damit die Klasse `CListAttrSTLList`, die in `ListAttr.cpp` definiert ist, bei `m_List` als Typ in `ListAttr.h` verwendet werden kann, muss `m_List` ein Zeiger bzw. eine Referenz sein, da dann eine Vorwärtsdeklaration genügt. Wir haben uns für eine Referenz entschieden, weil sie bequemer benutzt werden kann. Sie muss allerdings bereits beim Konstruktor initialisiert werden, was in der Initialisierungsliste (eingeleitet durch den Doppelpunkt) geschieht. Da es sich bei `m_List` um eine Referenz handelt, sollte – wie auch bei Pointern – an tiefe Objektkopien gedacht werden. Daher sind der Kopierkonstruktor und der Zuweisungsoperator entsprechend überladen.

Bemerkenswert ist noch die Methode `EnumAttr()`, die über die Methode `IEnumAttrib()::Attrib()`alle Attribute der Liste mitteilt. Die Methode `Attrib()` benötigt allerdings als Parameter einen Reference-Pointer. Daher muss aus dem Clone-Pointer ein Reference-Pointer gemacht werden. Dazu wird ein neuer Klon angelegt, der dann dem Reference-Pointer übergeben wird. Es darf auf keinen Fall einfach die Adresse des Clone-Pointers an den Reference-Pointer übergeben werden, da die Adresse sonst von beiden verwaltet wird, was bei der Speicherfreigabe dann sicherlich schief gehen würde.

Listing 9.35 zeigt die Definition der Schnittstelle `IEnumAttrib`:

```
#ifndef INC_IENUMATTRIB
#define INC_IENUMATTRIB

#include "RefPtr.h"
class IAttribut;

class IEnumAttrib
{
public:
   virtual ~IEnumAttrib(){};
   virtual void Attrib(CRefPtr<IAttribut> &pA)=0;
};

#endif // v. ifndef (INC_IENUMATTRIB)
```

Listing 9.35: (IEnumAttrib.h): Realisierung der Schnittstelle IEnumAttrib

CListAttr wird aggregiert von der Klasse CDrAttribut, der wir uns nun in Listing 9.36 widmen wollen.

```
////////////////
// DrAttribut.h:
////////////////
#ifndef INC_DRATTRIBUT
#define INC_DRATTRIBUT

#include "IDraw.h"
#include "ListAttr.h"

class CDrAttribut : public IDraw
{

  CListAttr m_List;

protected:
  virtual void DrawIntern(QPainter &p)=0;

public:
  CDrAttribut(){};
  virtual ~CDrAttribut(){};

  // (Teilweise) Implementierung von IDraw
  virtual void Draw(QPainter &p);
  virtual void AddAttr(IAttribut &Attr);
};

#endif // v. ifndef(INC_DRATTRIBUT)

//////////////////
// DrAttribut.cpp:
//////////////////
#include "DrAttribut.h"

void CDrAttribut::Draw(QPainter &p)
{
   p.save();
   m_List.setAttrib(p);
   DrawIntern(p);
   p.restore();
}
```

```
void CDrAttribut::AddAttr(IAttribut &Attr)
{
   m_List.AddItem(Attr);
}
```

Listing 9.36: (DrAttribut.h und .cpp): Realisierung der Klasse CDrAttribut

Die abstrakte Klasse `CDrAttribut` implementiert von der Schnittstelle `IDraw` die Methoden `AddAttr()` und `Draw()`. In `Draw()` setzt sie zunächst alle Zeichen-Attribute, bevor sie die abstrakte Methode `DrawIntern()` aufruft. Die Implementierung von `DrawIntern()` fordert sie damit von ihren Unterklassen.

Im Folgenden wollen wir uns die Implementierung der in Abbildung 9.32 gezeigten Unterklassen von `CDrAttribut` ansehen.

Listing 9.37 zeigt die Implementierung der Klasse `CDrRaster`.

```
//////////////
// DrRaster.h:
//////////////
#ifndef INC_DRRASTER
#define INC_DRRASTER

#include "DrAttribut.h"
#include "RefPtr.h"
#include "IScale.h"

class CDrRaster : public CDrAttribut
{
   CRefPtr<IScale> m_XScale;
   CRefPtr<IScale> m_YScale;

public:
   CDrRaster();
   virtual ~CDrRaster();

   void SetScale(CRefPtr<IScale> XScale,
                 CRefPtr<IScale> YScale);

   // Implementierung der abstrakten Methode von
   // CDrAttribut
   virtual void DrawIntern(QPainter &p);

   // (Rest-)Implementierung von IDraw
```

```
   virtual IDraw* Clone();

};

#endif // v. ifndef (INC_DRRASTER)

////////////////
// DrRaster.cpp:
////////////////
#include <qpainter.h>
#include "DrRaster.h"

CDrRaster::CDrRaster()  {}
CDrRaster::~CDrRaster() {}
void CDrRaster::SetScale(CRefPtr<IScale> XScale,
                          CRefPtr<IScale> YScale)
{
   m_XScale=XScale;
   m_YScale=YScale;
}
void CDrRaster::DrawIntern(QPainter &p)
{
   if(!m_XScale)
      return;
   if(!m_YScale)
      return;

   double VMinX=__min(m_XScale->GetVMin(),
                      m_XScale->GetVMax());
   double VMaxX=__max(m_XScale->GetVMax(),
                      m_XScale->GetVMin());
   double VMinY=__min(m_YScale->GetVMin(),
                      m_YScale->GetVMax());
   double VMaxY=__max(m_YScale->GetVMax(),
                      m_YScale->GetVMin());

   p.drawRect (VMinX,
               VMinY,
               VMaxX-VMinX,
               VMaxY-VMinY);

   for(double x=0.0;x<=m_XScale->GetStepVCntr();++x)
   {
      p.moveTo(m_XScale->GetStepV(x),
               m_YScale->GetVMin());
```

```
      p.lineTo(m_XScale->GetStepV(x),
               m_YScale->GetVMax());
   }
   for(double y=0.0;y<=m_YScale->GetStepVCntr();++y)
   {
      p.moveTo(m_XScale->GetVMin(),
               m_YScale->GetStepV(y));
      p.lineTo(m_XScale->GetVMax(),
               m_YScale->GetStepV(y));
   }

}

IDraw* CDrRaster::Clone()
{
   return new CDrRaster(*this);
}
```

Listing 9.37: (DrRaster.h und .cpp): Realisierung der Klasse CDrRaster

Wie Listing 9.37 zeigt, besitzt die Klasse `CDrRaster` zwei Objekte vom Typ `IScale`, `m_XScale` zu Berechnungen der x-Achse und `m_YScale` zu Berechnungen der y-Achse. In der Methode `DrawIntern()` wird zunächst ein Rechteck gezeichnet und dann darin die vertikalen und horizonalen Linien. Sämtliche Werte werden dabei von `IScale` ermittelt. Damit muss die Schnittstelle `IScale` noch Methoden für die Schrittweite beim Raster bereitstellen (`GetStep...()`). Dies wurde in Abbildung 9.32 bisher noch nicht berücksichtigt.

Die Schnittstelle `IScale` muss demnach wie in Listing 9.38 gezeigt definiert werden:

```
#ifndef INC_ISCALE
#define INC_ISCALE

class IScale
{
public:
   virtual ~IScale(){};
   virtual void SetRangeView(double Min,double Max)=0;
   virtual void SetRangeNorm(double Min,double Max)=0;
   virtual double GetPosView(double PosNorm)=0;
   virtual double GetPosNorm(double PosView)=0;
   virtual double GetVMin()=0;
```

```
    virtual double GetNMin()=0;
    virtual double GetNMax()=0;
    virtual double GetVMax()=0;
    virtual double GetStepV(double Pos)=0;
    virtual double GetStepN(double Pos)=0;
    virtual double GetStepVCntr()=0;
    virtual double GetStepNCntr()=0;
    virtual const char *FmtN()=0;

};

#endif // v. ifndef (INC_ISCALE)
```

Listing 9.38: (IScale.h): Realisierung der Schnittstelle IScale

Eine Implementierung der Schnittstelle IScale bietet die Klasse CScaleLinear, die in Listing 9.39 gezeigt wird.

```
//////////////////
// ScaleLiniear.h:
//////////////////
#ifndef INC_SCALELINIEAR
#define INC_SCALELINIEAR

#include "IScale.h"
#include <math.h>
#include <stdio.h>

#define MAX_SCALE  100000

class CScaleLiniear : public IScale
{
    double m_VStepCntr;
    double m_NStepCntr;
    double m_VStep;
    double m_NStep;
    double m_VMin,m_VMax;
    double m_NMin,m_NMax;
    double m_VFaktor;
    double m_NFaktor;
    double m_OffsetStepV;
    double m_OffsetStepN;

public:
   CScaleLiniear();
```

```
// Implementierung der Schnittstelle IScale
virtual void SetRangeView(double Min,double Max);
virtual void SetRangeNorm(double Min,double Max);

virtual double GetVMin()
{
   return m_VMin;
}
virtual double GetVMax()
{
   return m_VMax;
}
virtual double GetNMin()
{
   return m_NMin;
}
virtual double GetNMax()
{
   return m_NMax;
}

virtual double  GetPosView(double PosNorm)
{
   return m_VMin+(PosNorm-m_NMin)*m_VFaktor;
}
virtual double  GetPosNorm(double PosView)
{
   return m_NMin+(PosView-m_VMin)*m_NFaktor;
}

virtual double GetStepVCntr()
{
   return m_VStepCntr;
}
virtual double GetStepNCntr()
{
   return m_NStepCntr;
}
virtual double GetStepV(double Lfnr)
{
   return m_OffsetStepV+Lfnr*m_VStep;
}
virtual double GetStepN(double Lfnr)
{
   return m_OffsetStepN+Lfnr*m_NStep;
}
```

```
   virtual const char *FmtN()
   {
      return "%1.1f";
   }

private:
   double CalcRaster10(double AnzahlTeilung,
                       double DeltaN,
                       double Raster = 100000);
   void Calc();
};

#endif // v. ifndef (INC_SCALELINIEAR)

////////////////////
// ScaleLiniear.cpp:
////////////////////
#include "ScaleLiniear.h"

CScaleLiniear::CScaleLiniear()
{
      m_VMin=0;
      m_VMax=1;
      m_NMin=0;
      m_NMax=1;
      m_VFaktor=1;
      m_NFaktor=1;
      m_VStep=0.1;
      m_NStep=0.1;
}
//-----------------------------------------------------
void CScaleLiniear::SetRangeView(double Min,double Max)
{
   if(m_VMin==Min && m_VMax==Max)
      return ;

   m_VMin=Min;
   m_VMax=Max;

   Calc();
}
void CScaleLiniear::SetRangeNorm(double Min,double Max)
{
   if(m_NMin==Min && m_NMax==Max)
      return ;
```

```
   m_NMin=Min;
   m_NMax=Max;

   Calc();
}
//----------------------------------------------------
double CScaleLiniear::CalcRaster10(double AnzahlTeilung,
                        double DeltaN,
                        double Raster)
{
      if(AnzahlTeilung<=0.)
         return 1;
      if(DeltaN/Raster>AnzahlTeilung)
         return Raster;
      if(DeltaN/(Raster/2)>AnzahlTeilung)
         return Raster/2;

      if(DeltaN/(Raster/5)>AnzahlTeilung)
         return Raster/5;
      return CalcRaster10(AnzahlTeilung,
                          DeltaN,
                          Raster/10);
}

void CScaleLiniear::Calc()
{
   m_VFaktor=1;
   m_NFaktor=1;

   double DeltaV=m_VMax-m_VMin;
   double DeltaN=m_NMax-m_NMin;

   if(DeltaV!=0.0)
      m_NFaktor=DeltaN/DeltaV;
   if(DeltaN!=0.0)
      m_VFaktor=DeltaV/DeltaN;

   m_NStep=CalcRaster10(fabs(DeltaV/60.),fabs(DeltaN));
   m_VStep=m_NStep*m_VFaktor;
   m_OffsetStepN=ceil(m_NMin/fabs(m_NStep))
                                      *fabs(m_NStep);
   m_OffsetStepV=GetPosView(m_OffsetStepN);
```

```
   m_VStepCntr=fabs((m_VMax-m_OffsetStepV)/m_VStep);
   m_NStepCntr=fabs((m_NMax-m_OffsetStepN)/m_NStep);
}
```

Listing 9.39: (ScaleLinear.h und .cpp): Realisierung der Klasse CScaleLinear

Die Klasse CScaleLinear aus Listing 9.39 besitzt für die meisten der abgefragten Werte der Schnittstelle IScale eine Membervariable. Die Get()-Methoden beschränken sich daher auf eine **return**-Anweisung und sind direkt in der Klasse inline definiert. Berechnet werden die Werte bei den Set()-Methoden mit Hilfe der **private**-Methode Calc(). Besondere Aufmerksamkeit verdient die Berechnung der Rasterschrittweite. Hier ist es wichtig, dass ein vorgegebener Abstandwert nicht unterschritten wird, denn ist die View-Fläche sehr gering und das Raster zu eng, so kann es leicht passieren, dass man nur noch Rasterstriche sieht. Die Berechnung der Rasterschritte übernimmt die **private**-Methode CalcRaster10(). Sie ermittelt rekursiv sinnvolle Rasterteilungen im Zehnersystem, d.h. Einteilungen nach jedem zweiten, fünften oder zehnten Wert.
In der Methode Calc() wird mit der Anweisung

```
m_NStep=CalcRaster10(fabs(DeltaV/60.),fabs(DeltaN));
```

vorgegeben, dass ein Rasterabstand 60 Pixel nicht unterschreiten soll.

Eine weitere Klasse, die die Schnittstelle IScale nutzt, ist neben CDrRaster die Klasse CDrScale, die ein Koordinatensystem zeichnet. Ihre Implementierung zeigt Listing 9.40.

```
//////////////
// DrScale.h:
//////////////
#ifndef INC_DRSCALE
#define INC_DRSCALE

#include "DrAttribut.h"
#include "RefPtr.h"
#include "IScale.h"

class CDrScale : public CDrAttribut
{
   CRefPtr<IScale> m_XScale;
   CRefPtr<IScale> m_YScale;
```

```
public:
   CDrScale();
   virtual ~CDrScale();
   void SetScale(CRefPtr<IScale> XScale,
                 CRefPtr<IScale> YScale);
   virtual void DrawIntern(QPainter &p);
   virtual IDraw* Clone();

private:
   void CalcNullPos(CRefPtr<IScale> &S,double &Null);
};

#endif // v. ifndef (INC_DRSCALE)

///////////////
// DrScale.cpp:
///////////////
#include <qpainter.h>
#include "DrScale.h"
#include <math.h>
#include <stdlib.h>

CDrScale::CDrScale()  {}
CDrScale::~CDrScale() {}

void CDrScale::SetScale(CRefPtr<IScale> XScale,
                        CRefPtr<IScale> YScale)
{
   m_XScale=XScale;
   m_YScale=YScale;
}

void CDrScale::DrawIntern(QPainter &p)
{

   if(!m_XScale)
      return;
   if(!m_YScale)
      return;

   // Achsen (Null-Positionen) einzeichnen
   double NullPosX=m_XScale->GetPosView(0);
   double NullPosY=m_YScale->GetPosView(0);

   CalcNullPos(m_XScale,NullPosX);
```

```
    CalcNullPos(m_YScale,NullPosY);

    p.moveTo(m_XScale->GetVMin(),NullPosY);
    p.lineTo(m_XScale->GetVMax(),NullPosY);
    p.moveTo(NullPosX,m_YScale->GetVMin());
    p.lineTo(NullPosX,m_YScale->GetVMax());

    // Achsen-Beschriftungen
    QString str;
    for(double x=0.0;x<=m_XScale->GetStepVCntr();++x)
    {
      p.save();

      double Pos=m_XScale->GetStepN(x);
      str.sprintf(m_XScale->FmtN(),Pos);
      p.translate(m_XScale->GetStepV(x),
                  __max(m_YScale->GetVMax(),
                  m_YScale->GetVMin())+5);
      // Text an x-Achse drehen
      p.rotate(60);
      p.drawText(0,0,str);

      p.restore();
    }
    for(double y=0.0;y<=m_YScale->GetStepVCntr();++y)
    {
      double Pos=m_YScale->GetStepN(y);
      str.sprintf(m_YScale->FmtN(),Pos);
      p.drawText(m_XScale->GetVMax()+3,
                 m_YScale->GetStepV(y),
                 str);
    }
}
IDraw* CDrScale::Clone()
{
    return new CDrScale(*this);
}
//---------------------------------------------------------
void CDrScale::CalcNullPos(CRefPtr<IScale> &S,
                           double &Null)
{
    Null=S->GetPosView(0);
    double VMin=__min(S->GetVMin(),S->GetVMax());
    double VMax=__max(S->GetVMin(),S->GetVMax());
    if(Null<VMin ||  Null>VMax)
```

```
    {
       Null=S->GetVMin();
    }
}
```

Listing 9.40: (DrScale.h und .cpp): Realisierung der Klasse CDrScale

Die entscheidende Methode in Listing 9.40 ist `DrawIntern()`. Hier werden zunächst die Achsen selbst gezeichnet. Dazu muss die Nullposition berechnet werden, wozu eine eigene kleine **private**-Hilfsmethode `CalcNullPos()` geschrieben wurde. Nach dem Zeichnen der Achsen erfolgt die Achsenbeschriftung, die hier am Rand des Koordinatensystems und nicht direkt an den Achsen erfolgt, damit die Beschriftung nicht durch die nachfolgenden Texte verdeckt wird, wird der Text an der x-Achse um 60° gedreht (`p.rotate(60)`).

Eine weitere Klasse, die beim Zeichnen die Schnittstelle `IScale` benutzt, ist die Klasse `CDrPlot`, die eine Kurze zeichnet. Für die dargestellten Werte bedient sie sich außerdem der Schnittstelle `IWertePaar`, deren Definition Listing 9.41 zeigt.

```
#ifndef INC_IWERTEPAAR
#define INC_IWERTEPAAR

class IWertePaar
{
public:
   virtual ~IWertePaar(){};
   virtual double GetYValue(double x)=0;
};

#endif // v. ifndef (INC_IWERTEPAAR)
```

Listing 9.41: (IWertePaar.h): Realisierung der Schnittstelle IWertePaar

Die Klasse `CDrPlot` aggregiert nun ein Objekt vom Typ `IWertePaar`, wie dies Listing 9.42 zeigt.

```
/////////////
// DrPlot.h:
/////////////
#ifndef INC_DRPLOT
#define INC_DRPLOT
```

```
#include "DrAttribut.h"
#include "RefPtr.h"
#include "IScale.h"
#include "IWertepaar.h"

class CDrPlot : public CDrAttribut
{

   CRefPtr<IScale>      m_XScale;
   CRefPtr<IScale>      m_YScale;
   CRefPtr<IWertePaar>  m_WertePaar;

public:

  CDrPlot();
  virtual ~CDrPlot();

  void SetScale(CRefPtr<IScale> XScale,
                CRefPtr<IScale> YScale);
  void SetWertePaar(CRefPtr<IWertePaar> WertePaar);

  // Implementierungen der abstrakten Basisklassen
  virtual void DrawIntern(QPainter &p);
  virtual IDraw* Clone();

};

#endif // v. ifndef (INC_DRPLOT)

//////////////
// DrPlot.cpp:
//////////////
#include <QPainter.h>
#include "DrPlot.h"

CDrPlot::CDrPlot(){}
CDrPlot::~CDrPlot(){}

void CDrPlot::SetScale(CRefPtr<IScale> XScale,
                       CRefPtr<IScale> YScale)
{
   m_XScale=XScale;
   m_YScale=YScale;

}
```

```
void CDrPlot::SetWertePaar(CRefPtr<IWertePaar> WertePaar)
{
   m_WertePaar=WertePaar;
}

void CDrPlot::DrawIntern(QPainter &p)
{
   if(!m_WertePaar)
      return;
   if(!m_XScale)
      return;
   if(!m_YScale)
      return;

   p.save();   // wegen setClipRect

   // Zeichenbereich einschränken auf Viewfläche
   // (mit setClipRect())
   double VMinX=__min(m_XScale->GetVMin(),
                      m_XScale->GetVMax());
   double VMaxX=__max(m_XScale->GetVMax(),
                      m_XScale->GetVMin());
   double VMinY=__min(m_YScale->GetVMin(),
                      m_YScale->GetVMax());
   double VMaxY=__max(m_YScale->GetVMax(),
                      m_YScale->GetVMin());
   p.setClipRect (VMinX,
                  VMinY,
                  VMaxX-VMinX,
                  VMaxY-VMinY);

// Zu ersten Wert gehen
   double x=m_XScale->GetPosNorm(VMinX);
   double y=m_WertePaar->GetYValue(x);
   p.moveTo(VMinX, m_YScale->GetPosView(y));

   // Weitere Werte berechnen lassen, und dahin zeichnen
   for(x=VMinX;x<=VMaxX;++x)
   {
      y=m_WertePaar->GetYValue(m_XScale->GetPosNorm(x));
      p.lineTo(x, m_YScale->GetPosView(y));
   }

   p.restore(); // wegen setClipRect
}
```

```
IDraw* CDrPlot::Clone()
{
   return new CDrPlot(*this);
}
```

Listing 9.42: (DrPlot.h und .cpp): Realisierung der Klasse CDrPlot

In Listing 9.42 wird in der Methode `DrawIntern()` zunächst der Zeichenbereich im `QPainter`-Objekt mit der Methode `setClipRect()` eingeschränkt. Würde dies nicht geschehen, so würden auch die y-Werte, die außerhalb des View-Bereiches liegen, im Widget dargestellt werden. Da das `QPainter`-Objekt damit verändert wird, wird es vor der Operation gesichert und nach dem Zeichnen wieder in den ursprünglichen Zustand gebracht (`p.restore()`).

Als letzte `IDraw`-Klasse fehlt nun noch `CDrList`, die ihrerseits beliebig viele `IDraw`-Objekte aufnehmen kann. Listing 9.43 zeigt die Implementierung von `CDrList`.

```
////////////
// DrList.h:
////////////
#ifndef INC_DRLIST
#define INC_DRLIST

#include "DrAttribut.h"
class CDrStlList;

class CDrList : public CDrAttribut
{
   CDrStlList &m_List;

public:
   CDrList();
   virtual ~CDrList();

   CDrList(const CDrList &L);
   const CDrList &operator =(const CDrList &L);

   void AddItem(IDraw &Ptr);

   virtual void DrawIntern(QPainter &p);
   virtual IDraw* Clone();
};
```

```
#endif // v. ifndef (INC_DRLIST)

//////////////
// DrList.cpp:
//////////////
#pragma warning (disable:4786)   // für VC++
#include "DrList.h"
#include <list>
using namespace std;

// Definition von CDrStlList
class CDrStlList :public list<IDrawPtr> {};

CDrList::CDrList()
: m_List  (*new CDrStlList())
{

}
CDrList::~CDrList()
{
   delete &m_List;
}
// Kopierkonstruktor
CDrList::CDrList(const CDrList &L)
: m_List  (*new CDrStlList())
{
   m_List=L.m_List;
}
// Zuweisungsoperator
const CDrList &CDrList::operator =(const CDrList &L)
{
   m_List=L.m_List;
   return *this;
}
//---------------------------------------------------
void CDrList::AddItem(IDraw &Ptr)
{
   m_List.push_back(&Ptr);
}
//---------------------------------------------------
void CDrList::DrawIntern(QPainter &p)
{
   // Zeichnen delegieren an die Objekte in der Liste
   CDrStlList::iterator It;
   for(It=m_List.begin();It!=m_List.end();++It)
```

```
    {
        (*It)->Draw(p);
    }
}
IDraw* CDrList::Clone()
{
    return new CDrList(*this);
}
```

Listing 9.43: (DrList.h und .cpp): Realisierung der Klasse CDrList

Wie Listing 9.43 zeigt, ist die Klasse `CDrList` analog zur Klasse `CListAttr` (vgl. Listing 9.34) implementiert. Auch hier gibt es wieder eine Membervariable `m_List`, die eine Referenz der eigenen Klasse `CDrStlList` ist, die in `DrList.cpp` definiert ist.

Die Diagrammer-Bibliothek hat nun einen Umfang, mit dem eine Kurve in einem Koordinatensystem mit linearen Achsen gezeichnet werden kann. Die Farben der Achsen, des Rasters und der Kurve können dabei eingestellt werden.

9.3.5 Komponententest

Auch an dieser Stelle wollen wir nur einen minimalen abschließenden Test durchführen. Diesen Test bezeichnen wir als »*Komponententest*«, da es sich hier um eine Bibliothek handelt, die wir auch als Komponente eines Systems ansehen könnten. Der Begriff »*Systemtest*« ist wohl an dieser Stelle weniger geeignet.

Um unsere Bibliothek testen zu können, benötigen wir eine *Testrahmen-Applikation* (engl. *Testframe*). In der Praxis kann es hier leicht vorkommen, dass der Testframe umfangreicher wird als die zu testende Software selbst. Wir werden hier auf unseren Funktionsplotter aus Kapitel 9.2 zurückgreifen und die dort vorhandene Klasse `CFunkView` als Client für unsere Bibliothek einsetzen. `CFunkView` muss dazu, wie in Listing 9.44 gezeigt, anpasst werden.

```
/////////////
// FunkView.h
/////////////
#ifndef INC_FUNKVIEW
#define INC_FUNKVIEW

#include <qwidget.h>
#include "Refptr.h"
#include "Parameter.h"
#include "Funktion.h"
#include "WerteFunk.h"
#include "IScale.h"
#include "DrList.h"
#include "ListAttr.h"
#include "PenAttr.h"
#include "IEnumAttrib.h"

class QPainter;

class CFunkView : public QWidget
{
   Q_OBJECT

   CRefPtr<CWerteFunk> m_F;
   CRefPtr<CParameter> m_P;
   CRefPtr<IScale>     m_XScale;
   CRefPtr<IScale>     m_YScale;
   CRefPtr<CDrList>    m_List;
   CRefPtr<IAttribut>  m_PenSkalen;
   CRefPtr<IAttribut>  m_PenPlot;
   CRefPtr<IAttribut>  m_PenRaster;

   void Init();

public:
   CFunkView(QWidget *parent=0, const char *name=0);
   ~CFunkView();

   void SetF(CRefPtr<CFunktion> &F)
   {
      m_F->SetFunktion(F,"X");
   }
   void SetP(CRefPtr<CParameter> &P)
   {
      m_P=P;
   }
```

```
   virtual void paintEvent ( QPaintEvent * );
   virtual void Draw(QPainter &p);

   void EnumAttrib(IEnumAttrib *pA)
   {
      pA->Attrib(m_PenSkalen);
      pA->Attrib(m_PenPlot);
      pA->Attrib(m_PenRaster);
   }

public slots:
   void Update();

};
#endif // v. ifndef (INC_FUNKVIEW)

///////////////
// FunkView.cpp
///////////////
#include <qpainter.h>
#include "funkview.h"
#include <iostream>
#include <math.h>
#include <qpen.h>
#include <qcolor.h>
#include "PenAttr.h"
#include "BrushAttr.h"
#include "DrAttribut.h"
#include "Attribut.h"
#include "DrRaster.h"
#include "DrScale.h"
#include "DrPlot.h"
#include "ScaleLiniear.h"
#include "AttrView.h"
using namespace std;

CFunkView::CFunkView(QWidget *parent, const char *name )
  : QWidget(parent,name)

{
   m_PenSkalen=new CPenAttr (QPen(QColor(red)),
                             "Achsenfarbe");
   m_PenPlot=new CPenAttr(QPen(QColor(blue)),
                          "Kurvenfarbe");
```

```
   m_PenRaster=new CPenAttr(QPen(QColor(gray)),
                            "Rasterfarbe");

   setMinimumSize(300,300);

   m_XScale=new CScaleLiniear();
   m_YScale=new CScaleLiniear();

   m_F=new CWerteFunk();
}
CFunkView::~CFunkView(){ }
//-----------------------------------------------------
void CFunkView::Update()
{
   QPainter p(this);
   Draw(p);
}
void CFunkView::paintEvent ( QPaintEvent *)
{
     QPainter p(this);
     Draw(p);

}
//-----------------------------------------------------
void CFunkView::Draw (QPainter &p)
{

  Init();

  m_XScale->SetRangeNorm(m_P->GetXmin(),m_P->GetXmax());
  m_YScale->SetRangeNorm(m_P->GetYmin(),m_P->GetYmax());

  m_XScale->SetRangeView(30,width()-60);
  m_YScale->SetRangeView(height()-60,30);

  m_List->Draw(p);

}

//---------------------------------------------------
void CFunkView::Init()
{
   if(!!m_List)
      return;
```

```
   if(!m_F)
      return;
   if(!m_P)
      return;

   m_List=new CDrList();

   CDrRaster R;
   CDrScale S;
   CDrPlot  P;

   R.AddAttr(*m_PenRaster);
   P.AddAttr(*m_PenPlot);
   S.AddAttr(*m_PenSkalen);

   P.SetScale(m_XScale,m_YScale);
   P.SetWertePaar(m_F);

   R.SetScale(m_XScale,m_YScale);
   S.SetScale(m_XScale,m_YScale);

   m_List->AddItem(R);
   m_List->AddItem(S);
   m_List->AddItem(P);
}
```

Listing 9.44: (FunkView.h und cpp): Diagrammer bei CFunkView

Wie Listing 9.44 zeigt, enthält `CFunkView` alle Objekte zum Zusammenbau des Diagrammes:

- `CRefPtr<IScale>     m_XScale;`
  `CRefPtr<IScale>     m_YScale;`
  X- und Y-Achse des Koordinatensystems
- `CRefPtr<CDrList>    m_List;`
  Liste für Draw-Objekte CRaster, CSkale, CPlot
- `CRefPtr<IAttribut> m_PenSkalen;`
  `CRefPtr<IAttribut> m_PenPlot;`
  `CRefPtr<IAttribut> m_PenRaster;`
  Zeichenfarben für Skalen, Kurve und Raster

Die Min- und Max-Werte des Rechenbereiches kommen aus dem Modell (Attribut m_P). Zur Berechnung der Werte wird ein Objekt der Klasse CWerteFunk verwendet (Attribut m_F). Diese Klasse implementiert die Schnittstelle IWertePaar, die von CDrPlot verwendet wird, und aggregiert hierzu ein Objekt der Klasse CFunktion, wie dies Listing 9.45 zeigt.

```
#ifndef INC_WERTEFUNK
#define INC_WERTEFUNK

#include "IWertePaar.h"
#include "RefPtr.h"
#include "Funktion.h"
#include <qstring.h>

class CWerteFunk  : public IWertePaar
{
   CRefPtr<CFunktion> m_pFunk;
   QString m_VarName;

public:
   CWerteFunk()
   {
      m_VarName="X";
   }
   ~CWerteFunk(){};

   void SetFunktion(CRefPtr<CFunktion> F,
                    QString VarName)
   {
       m_pFunk=F;
       m_VarName=VarName;
   }
   // Implementierung von Schnittstelle IWertePaar
   virtual double GetYValue(double x)
   {
      m_pFunk->SetValue(m_VarName,x);
      return m_pFunk->Erg();
   }
};

#endif // v. ifndef (INC_WERTEFUNK)
```

Listing 9.45: (WerteFunk.h): Realisierung der Klasse CWerteFunk

Nun zurück zur Klasse CFunkView. Im Konstruktor müssen die Objekte zu den Attributen angelegt werden, die als Pointer vorhanden sind. Der Zusammenbau des Diagrammes aus den einzelnen Objekten geschieht dann in der **private**-Methode Init().

Die Methode Draw() übernimmt das Zeichnen des CFunkView-Widgets. Hier werden zunächst die Min- und Max- Werte aus dem Modell ermittelt und zusammen mit den Ausmaßen des Widgets an die Skalenberechnung übergeben. Erst dann geschieht das Zeichnen durch Delegation an m_List.

Erwähnenswert ist noch die Methode EnumAttrib(). Da die Attribute zum Zusammenbau in Init() einzeln benötigt werden, macht es bei CFunkView keinen Sinn, eine CListAttr zu verwenden. Um die Attribute nun zum Einstellen über die Schnittstelle IEnumAttrib verfügbar zu machen, implementiert CFunkView sein eigenes EnumAttrib().

Dass die Farben vom Applikations-User eingestellt werden können, ist nicht Aufgabe von CFunkView. Hierfür implementieren wir in unserer Testframe-Applikation eine eigene Klasse mit Namen CAttrView. CAttrView soll ein kleiner Dialog sein, der für jedes Attribut einen Button enthält, wie dies Abbildung 9.38 zeigt.

Abbildung 9.38: Dialog zum Einstellen der Zeichenattribute

Beim Klick auf einen Farb-Attribut-Button soll der bei Qt vorhandene Farbauswahl-Dialog (Klasse QColorDialog) aufgeblendet werden, dessen Erscheinungsbild Abbildung 9.39 zeigt.

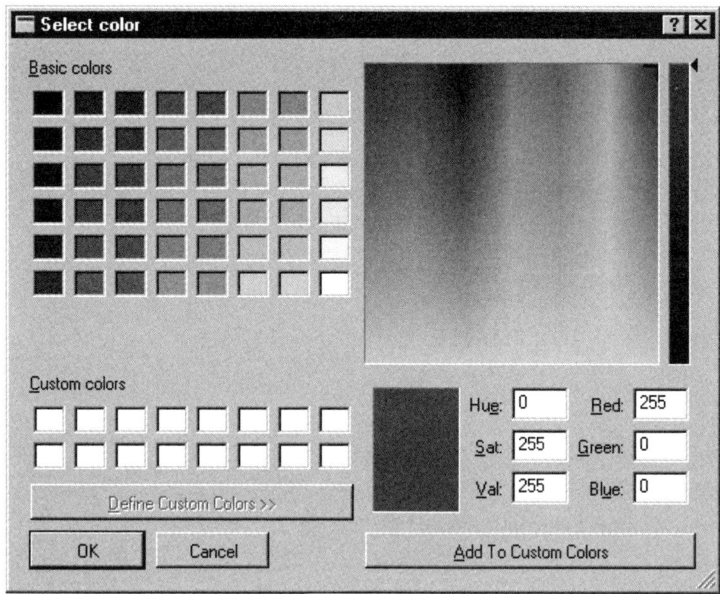

Abbildung 9.39: Qt Farbauswahl-Dialog

Listing 9.46 zeigt nun die Implementierung von `CAttrView`.

```
//////////////
// AttrView.h:
//////////////

#ifndef INC_ATTRVIEW
#define INC_ATTRVIEW

#include <qdialog.h>

#include "IEnumAttrib.h"
#include "RefPtr.h"
#include <vector>
using namespace std;

class QButtonGroup;
class QVBoxLayout;
class IColorAttr;

class CAttrView : public QDialog,public IEnumAttrib
{
   Q_OBJECT
```

```
   QButtonGroup  *m_Grp;
   QVBoxLayout   *m_pL;
   vector<CRefPtr< IColorAttr> > m_Colors;

public:
   CAttrView(QWidget *parent=0, const char *name=0 );
   virtual ~CAttrView();
   virtual void Attrib(CRefPtr<IAttribut> &pA);

public slots:
   void show();
   void ChangeColor(int ID);

signals:
   void ClickUpdate();
};

#endif // v. ifndef (INC_ATTRVIEW)

////////////////
// AttrView.cpp:
////////////////
#include "AttrView.h"
#include "GenWidget.h"
#include <qcolor.h>
#include "IAttribut.h"
#include "IColorAttr.h"
#include <qcolordialog.h>
#include <qbuttongroup.h>
#include <qpushbutton.h>
#include <qlayout.h>

CAttrView::CAttrView(QWidget *parent, const char *name )
: QDialog(parent,name)
{
    hide();
    m_pL=new QVBoxLayout(this);
    m_Grp=new QButtonGroup(this);
    connect(m_Grp,
            SIGNAL(clicked(int)),
            this,
            SLOT(ChangeColor(int)));
}
```

```
CAttrView::~CAttrView(){}
//--------------------------------------------------------
// Slot für Button-Click
void CAttrView::ChangeColor(int ID)
{

   QColor col;
   // Farbe aus Farb-Dialog ermitteln
   col=QColorDialog::getColor(m_Colors[ID]->GetColor());
   if(col.isValid()) // Dialog-Ende mit OK
   {
      m_Colors[ID]->SetColor(col);
      // NeuZeichnen veranlassen
      ClickUpdate();
   }
}
//--------------------------------------------------------
// Slot für Anzeige des Dialoges
void CAttrView::show()
{
   QWidget::show();
}
void CAttrView::Attrib(CRefPtr<IAttribut> &pA)
{
   // Überprüfen, ob Attribut ein Color-Attribut ist
   CRefPtr<IColorAttr> pC=
                dynamic_cast<IColorAttr *>(pA.Ptr());

   if(!!pC)
   {
      m_Colors.push_back(pC);

      QHBoxLayout *pH=new QHBoxLayout();
      m_pL->addLayout(pH);
      QPushButton *pPush=
                new QPushButton(pC->GetName(),this);
      pH->addWidget(pPush);

      m_Grp->insert(pPush,m_Colors.size()-1);
   }
}
```

Listing 9.46: (AttrView.h und .cpp): Realisierung der Klasse CAttrView

Wie Listing 9.46 zeigt, ist die Klasse CAttrView von QDialog abgeleitet, da sie sich als kleiner Dialog repräsentieren soll. Außerdem ist sie von IEnumAttrib abgeleitet, da sie diese Schnittstelle implementiert.

Über die Schnittstelle IEnumAttrib bekommt CAttrView die Attribute mitgeteilt (Methode Attrib()). Mittels **dynamic_cast** wird hierbei überprüft, ob es sich um ein Farb-Attribut handelt. Ist dies der Fall, so wird das Farb-Attribut in dem STL vector-Objekt m_Colors gespeichert und dafür ein Push-Button mit entsprechender Bezeichnung angelegt. Dieser Push-Button wird außerdem der QButtonGroup m_Grp zugeordnet. Als ID (zweiter Parameter) wird dabei der Index des zugehörigen IColorAttr-Objektes in m_Colors gewählt. Diese ID übergibt Qt als Parameter bei der Slot-Methode für den Klick auf einen Button einer Buttongroup.

Klickt der Anwender nun auf einen Button der Buttongroup m_Grp, so wird die Slot-Methode ChangeColor() aufgerufen. Mit der **static**-Methode QColorDialog::getColor() wird der Qt-Farbauswahl-Dialog aufgeblendet. Der Rückgabewert enthält die vom User ausgewählte Farbe. Wird der Dialog mit Cancel beendet, so ist dieser Rückgabewert ungültig, was mit der Methode isValid() überprüft werden kann. Wurde eine gültige Farbe eingestellt, so muss ein Neuzeichnen des Views veranlasst werden, was durch das Signal ClickUpdate() geschieht.

Was nun noch fehlt, sind die Verbindungen zwischen der Applikation, dem CAttrView-Objekt und dem CFunkView-Objekt. Diese werden im Konstruktor des Applikationsobjektes (Klasse CFunkPlot) vorgenommen, wie dies die fett markierten Anweisungen in Listing 9.47 zeigen.

```
CFunkplot::CFunkplot(QWidget *parent, const char *name)
: QWidget(parent, name)
{
   m_pCtrl =new CFunkCtrl();
   m_pVBox=  new QVBoxLayout(this);
   m_pView = new CFunkView(this);
   m_pVBox->addWidget(m_pView);

   QHBoxLayout *pHBox=0;

   m_pView->SetF(m_pCtrl->GetFunk());
   m_pView->SetP(m_pCtrl->GetParam());
```

```
InitLine(m_pFunk," F= ",pHBox);

connect ( m_pCtrl,
        SIGNAL(Update() ),
        m_pView,
        SLOT(Update() )
        );

connect ( m_pFunk,
        SIGNAL(textChanged ( const QString & ) ),
        m_pCtrl,
        SLOT(SetFunktion( const  QString &) )
        );

InitLine(m_pXMin," XMin= ",pHBox=0);
InitLine(m_pXMax," XMax= ",pHBox);
m_pCtrl->ConnectView(m_pXMin,"Xmin");
m_pCtrl->ConnectView(m_pXMax,"Xmax");

InitLine(m_pYMin," YMin= ",pHBox=0);
InitLine(m_pYMax," YMax= ",pHBox);
m_pCtrl->ConnectView(m_pYMin,"Ymin");
m_pCtrl->ConnectView(m_pYMax,"Ymax");

pHBox= new QHBoxLayout(this);
m_pVBox->addLayout(pHBox);

m_Update= new QPushButton("Neu Zeichnen",this);
pHBox->addWidget(m_Update);

// Farb-Einstellungen
m_Einstell= new QPushButton("Einstellung",this);
pHBox->addWidget(m_Einstell);
connect ( m_Update,
        SIGNAL(clicked ()  ),
        m_pCtrl,
        SLOT(UpdateGui() )
        );
CAttrView *m_pAttr=new CAttrView(this);
connect ( m_Einstell,
        SIGNAL(clicked ()  ),
        m_pAttr,
        SLOT(show() )
        );
```

```
    connect ( m_pAttr,
              SIGNAL(ClickUpdate ()  ),
              m_pView,
              SLOT(repaint() )
              );
    m_pView->EnumAttrib(m_pAttr);

    // View Updaten
    m_pCtrl->UpdateGui();

}
```

Listing 9.47: Konstruktor der Klasse CFunkPlot -> Verbindungen zu CAttrView

Starten wir nun unsere Applikation, so stellt sie sich wie in Abbildung 9.40 gezeigt dar.

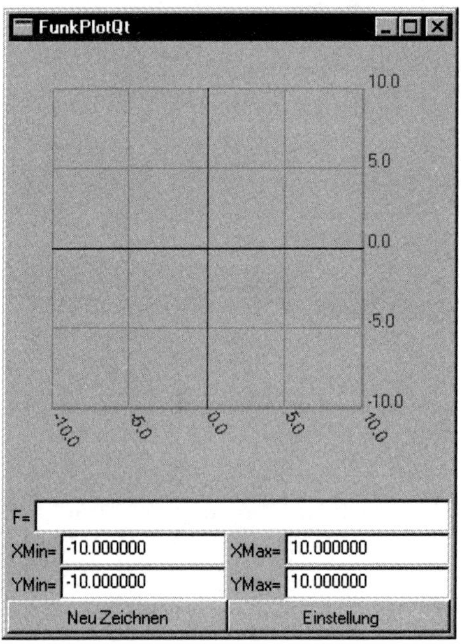

Abbildung 9.40: Testframe Funktionsplotter zu Diagrammer-Bibliothek

Wir geben als Funktion `X*X` vor und verändern als ersten kleinen Test die Größe des Fensters. Die Rasterung muss sich dann entsprechend anpassen, was sie auch tut, wie Abbildung 9.41 zeigt.

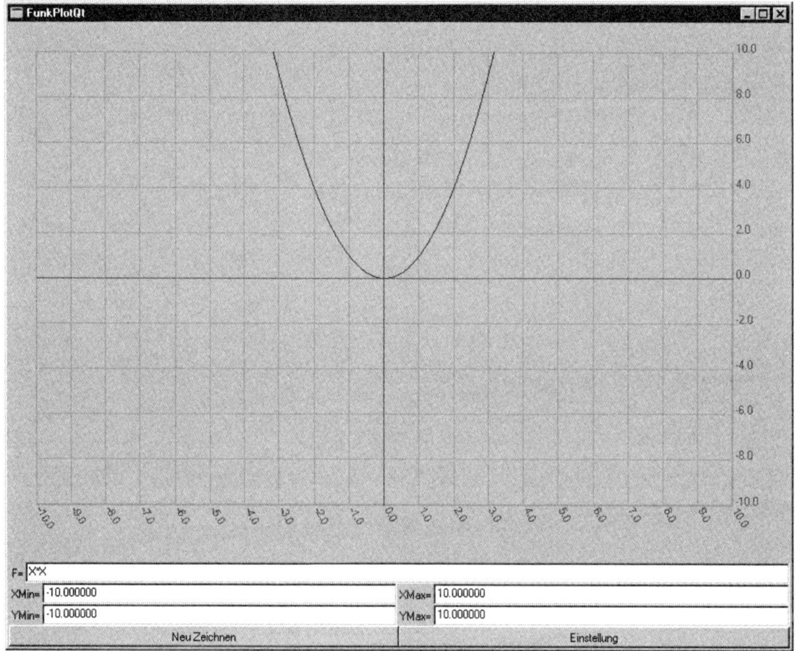

Abbildung 9.41: Testframe nach Ändern der Fenstergröße

Als nächsten kleinen Test ändern wir die Farbe der Kurve von blau auf grün, indem wir auf den Button `Einstellung` drücken. Es öffnet sich ein kleiner Dialog gemäß Abbildung 9.38. Hier drücken wir auf den Button `Kurvenfarbe`, und es öffnet sich der Farbauswahl-Dialog von Qt. Wir wählen die Farbe Grün aus und bestätigen mit OK. Nun wird der Farbauswahl-Dialog abgeblendet, und unsere Kurve erscheint in der Farbe Grün, womit auch dieser kleine Testfall erfolgreich war, wie Abbildung 9.42 zeigt.

Analoge Testfälle wiederholen wir für die Achsen- und die Rasterfarbe. Auch diese Testfälle sind erfolgreich, womit wir unseren minimalen Komponententest insgesamt als erfolgreich abgeschlossen betrachten.

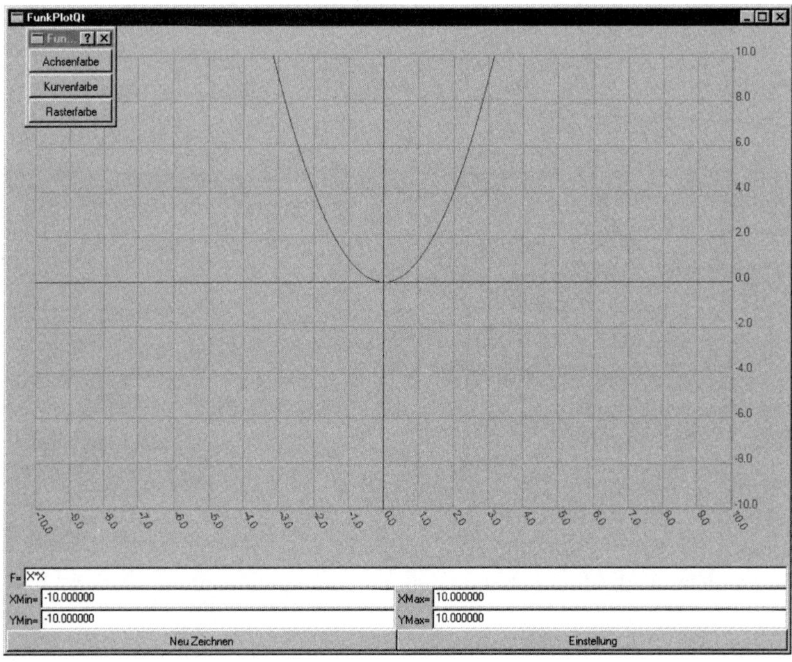

Abbildung 9.42: Testframe nach Ändern der Kurvenfarbe auf grün

9.3.6 Reflexion

Unsere Diagrammer-Bibliothek verfügt in der momentanen Ausbaustufe nur über wenige konkret implementierte Klassen. So gibt es nur eine Rasterklasse (`CDrRaster`), eine Achsenklasse (`CDrScale`), eine Plotterklasse (`CDrPlot`), eine Skalierungsklasse (`CScaleLinear`) und zwei Zeichenattributklassen (`CPenAttr` und `CBrushAttr`); daneben existieren noch die beiden Listenklassen für die Komposita (`CDrList` und `CListAttr`). Wichtig ist jedoch die flexible Struktur der Bibliothek, die durch die vielen Schnittstellenklassen erreicht wird. Damit gibt es an folgenden Stellen Flexibilität:

- Es sind beliebige Diagrammelemente denkbar (`IDraw`). Ein Diagramm ist dabei nicht festgelegt auf Achsen, auch eine Tortengraphik wäre damit vorstellbar.
- Es sind beliebige Skalierungen denkbar (`IScale`). Damit könnte auch eine Datumsachse definiert werden.

- Es sind beliebige Zeichenattribute denkbar (`IAttribut`).
- Die Abfrage der Attribute kann durch die Call-back-Schnittstelle `IEnumAttrib` von jeder Klasse erfolgen.

Die Diagrammer-Bibliothek legt damit eine Basis für einen Baukasten, mit dem ein beliebiges Diagramm individuell erstellt werden kann.

9.4 Reflexion und Ausblick

In unseren Fallbeispielen haben wir gezeigt, wie prinzipiell vorgegangen werden kann, um Probleme objektorientiert schrittweise zu lösen. Wichtig ist, die Komplexität des Problems aufzulösen. Dazu sollten zunächst die grundlegenden Probleme identifiziert und gelöst werden.

Um den Kopf von verwaltungstechnischen Problemen frei zu halten, sind Smart-Pointer ein hilfreiches Mittel. Auch Containerklassen, wie sie die STL zur Verfügung stellt (z.B. `list` oder `map`), sind hier sehr hilfreich.

Wichtig ist auch eine Struktur, die überall dort Schnittstellen vorsieht, an denen Flexibilität erwünscht ist. In diesem Zusammenhang haben wir auch die Technik der Call-back-Schnittstelle vorgestellt, mit der eine Klasse ihre Informationen allgemein, auch an eine ihr nicht direkt bekannte Klasse, weitergeben kann.

Unsere Fallbeispiele waren zwar umfangreicher als alle kleinen Beispiele und Übungen in den Kapiteln vorher; sie sind aber vom Umfang her im Vergleich zu vielen industriellen Projekten immer noch sehr klein. Einige UML-Konstrukte sind hier gar nicht benötigt worden, wie z.B. CRC-Karten oder Aktivitätsdiagramme. Auch der Sinn der Use-Case-Diagramme wird erst bei größeren Projekten richtig deutlich. Die objektorientierte Sichtweise auf eine Problemstellung und das prinzipielle Vorgehen bei deren Lösung konnte man jedoch auch bei unseren Fallbeispielen schon gut erkennen. Größere Fallbeispiele hätten den Rahmen dieses Buches völlig gesprengt. Es ist auch nicht davon auszugehen, dass Anfänger in der Objektorientierung mit einem Großprojekt beauftragt werden; vielmehr werden sie dort mitarbeiten und kleine Teile / Komponenten hierfür erstellen. Bei der Mitarbeit in Projekten wird die Objektorientierung im Laufe der Zeit immer mehr spürbar und greifbar werden.

Hilfreich ist es auch, bestehende objektorientierte Bibliotheken genauer unter die Lupe zu nehmen. Auch hier kann man viele Prinzipien angewendet sehen, z.B. bei Qt: die Klasse `QPainter` als allgemeines Ausgabemedium oder bei der STL: der Einsatz von Templates für Containerklassen und die Iteratoren als eigene Subklassen für den jeweiligen Container.

Letzten Endes ist Objektorientierung eine Philosophie, die man verinnerlichen muss und die das Denken des Entwicklers bestimmen sollte – so natürlich wie das Kleinkind seine Welt in Objekten begreift, ohne groß darüber nachzudenken.

A Anhang – Lösungen

A.1 Lösungen zu Kapitel 1

A.1.1 Vorteile einer objektorientierten Sprache

richtig ist 1, 3, 4

zu 2 und 5: Sowohl gute Performance als auch die Möglichkeit der parallelen Entwicklung hängen nicht zwangsläufig davon ab, ob objektorientiert programmiert wird.

A.1.2 OO-Modelle zu Begriffen der realen Welt

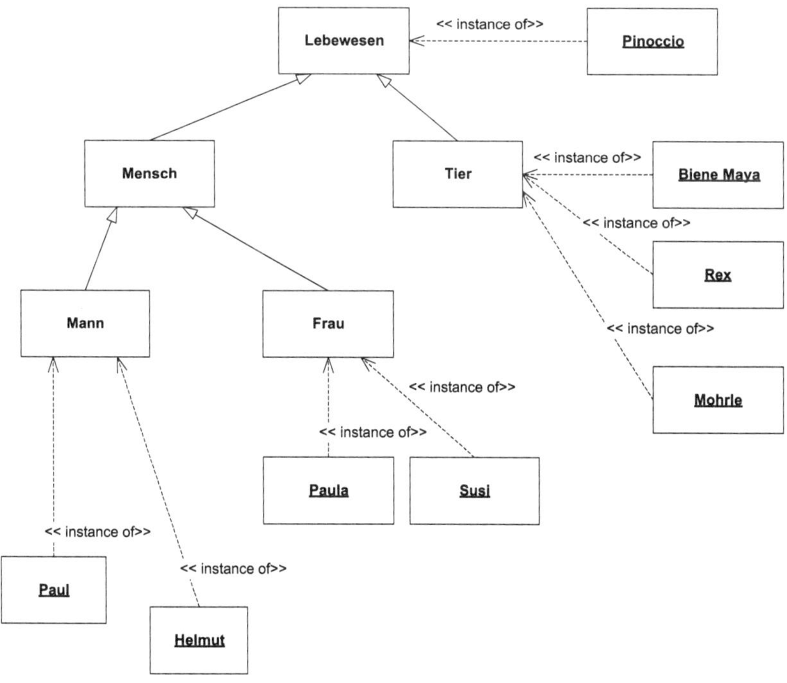

Abbildung A.1: Diagramm zu Begriffen unter 1

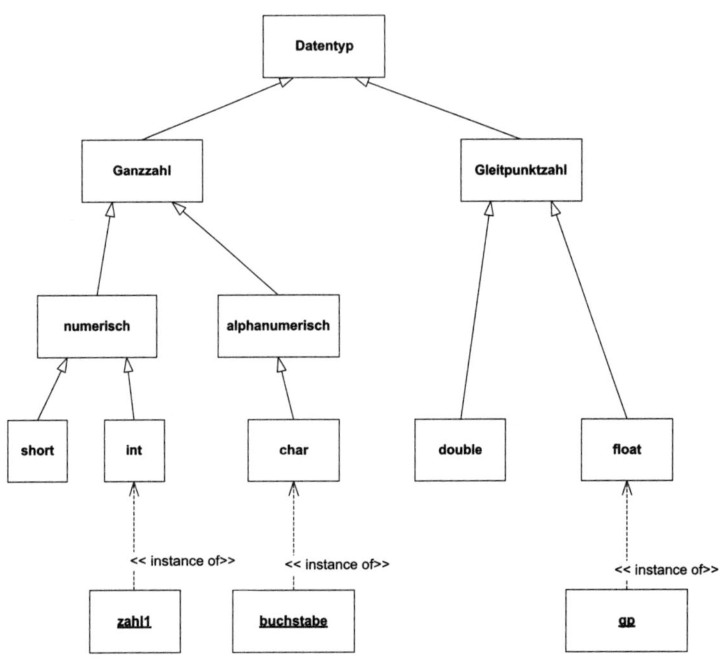

Abbildung A.2: Diagramm zu Begriffen unter 2

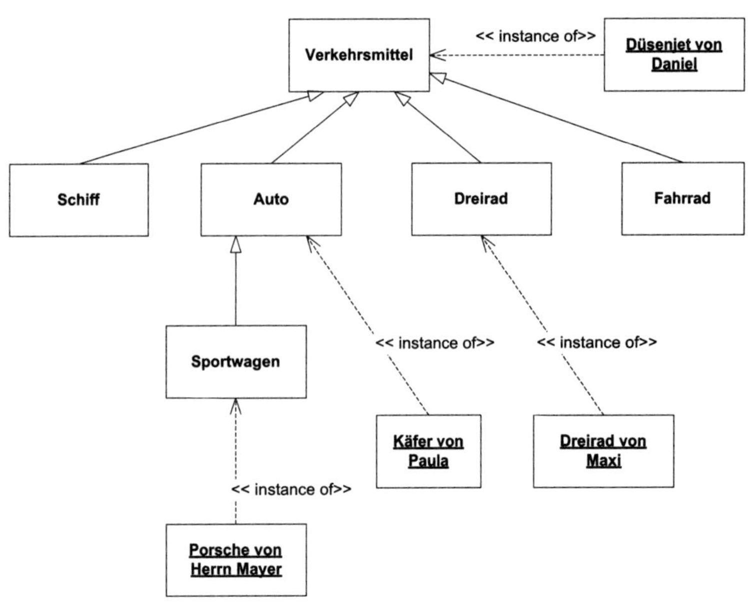

Abbildung A.3: Diagramm zu Begriffen unter 3

A.2 Lösungen zu Kapitel 2

A.2.1 Übung zu cin/cout: Schuhartikel

(s. Programm Ueb_02_IO)

- Nach der Frage, ob eine weitere Eingabe erfolgen soll, muss ein `cin.ignore()` erfolgen, um das [↵] nach dem ‚j' bzw. ‚n' aus dem Eingabepuffer zu löschen, sonst wird dieses für die nächste Bezeichnung bereits verwendet, d.h. die Eingabe wird quasi »übersprungen«.
- Es bietet sich an, den Eingabepuffer außerdem komplett zu löschen, wenn die eingegebene Bezeichnung länger ist, als in der entsprechenden Variablen Platz ist.

A.2.2 Übung zu Call-by-Reference (rotate())

(s. Programm Ueb_02_Rotate)

Die beiden Funktionen müssen nicht unterschiedlich heißen, da sie unterschiedliche Parametertypen besitzen und in C++ das Überladen von Funktionen möglich ist.

Was bei der einen Variante vorteilhaft ist, ist automatisch bei der anderen nachteilig:

- Vorteil bei Referenzen: Weniger Tipparbeit, weniger fehleranfällig.
- Vorteil bei Zeigern: Beim Aufruf ist am Adressoperator erkennbar, dass die Parameter in der Funktion verändert werden können. Der Aufruf bei Referenzen gleicht dagegen einem Aufruf von Call-by-Value.

A.2.3 Übung zu Default-Parameter (show())

Ausgabe des Programmes:

```
Bruch: 1/2
Bruch: 2/1
0.50
*****
*
+
```

Wenn für den Parameter zaehler ein Defaultwert angegeben wird, so ist der Aufruf der Funktion show() ohne jegliche Funktion nicht mehr möglich; denn der Compiler kann dann nicht eindeutig festlegen, welche Funktion nun verwendet werden soll:

```
void show(char zeich='+', int cnt=1);
```

oder

```
void show(int zaehler=0, int nenner=1);
```

Ansonsten ist es (von der Deklaration her) syntaktisch korrekt. Die Frage ist nur, inwieweit dies dann sinnvoll ist.

A.2.4 Übung zu Konstruktor / Destruktor

Es sind zwar nicht direkt in main() Ausgabeanweisungen. Allerdings werden eine Reihe von Strukturvariablen angelegt, in deren Konstruktoren und Destruktoren etliche Ausgabeanweisungen enthalten sind.

Ausgabe des Programmes:

```
Loading the application...
application running...
application running...
application running...
Geburt des Bruches: 1/2
Geburt des Bruches: 0/1
Geburt des Bruches: 3/4
Geburt des Bruches: 4/1
Tod des Bruches: 4/1
Tod des Bruches: 0/1
Tod des Bruches: 1/2
Shut down the application... Good Bye.
```

Erläuterung:

Zunächst wird der Konstruktor der globalen Strukturvariablen (OO-Sprechweise: Objektes) myApp durchlaufen. Dann folgen die lokalen Objekte der Funktion main(). Werden beim Anlegen keine Parameter angegeben, so werden die entsprechenden Defaultparameter verwendet. Der Bruch b4(4/1) wird innerhalb eines eigenen lokalen Blockes definiert. Daher wird am Ende des Blockes sodann der Destruktor durchlaufen. Die Destruktoren der Brüche `b2(1/2)` und `b3(0/1)` werden am Ende von `main()` bei der Anweisung `return 0;` durchlaufen. Der Bruch `b1(3/4)`, der dynamisch angelegt wurde, wird nie mit **delete** zerstört (sehr unschön – nur zur Demo!), daher wird dessen Destruktor nie durchlaufen. Nachdem `main()` beendet wurde, werden nun die globalen Variablen zerstört und damit der Destruktor von `myApp` durchlaufen.

A.3 Lösungen zu Kapitel 3.2 (Eine Klasse)

A.3.1 Multiple-Choice-Fragen zur Lernkontrolle

Voraussetzungen zum Anlegen von punkt1 und punkt2:

richtig ist 1,2,3

Erläuterung: Ein Objekt einer Klasse kann nur angelegt werden, wenn der Konstruktor public ist. Damit punkt1 angelegt werden kann, muss ein Konstruktor mit 2 int-Parametern existieren. Als Konsequenz muss nun aber auch der Standardkonstruktor neu definiert werden, damit punkt2 angelegt werden kann.

Generelle Aussagen

richtig ist 2

zu 1: Ist lediglich Konvention im Buch, hat nichts mit C++ - Compiler zu tun.

zu 3: Quatsch

zu 4: Eine Klasse kann als Typen auch andere Klassen enthalten (Beispiel: `CAdresse` enthält `CStr`)

zu 5: nur die Methoden, die public sind

Initialisierung von Membervariablen

richtig ist 3, alles andere ist Quatsch.

Aussagen zu Methoden einer Klasse

richtig ist 3 und 5; alles andere ist Quatsch.

A.3.2 Aufruf von cin.ignore() – Online-Hilfe

Prinzipielle Möglichkeiten, cin.ignore() aufzurufen:

- Ohne Parameter: Es wird dann ein Zeichen aus dem Eingabe-Puffer gelöscht
(-> `cin.ignore()`)
- Mit einem Parameter: Angabe, wie viele Zeichen zu löschen/ignorieren sind
(-> `cin.ignore(10)`)
- Mit zwei Parametern, wobei zweiter Parameter sagt, bei welchem Zeichen das Ignorieren vorzeitig beendet werden soll.
(-> `cin.ignore(100,':')`)

Der Aufruf `cin.ignore(':')` ist nicht möglich, da die Angaben für Defaultparameter von links nach rechts erfolgen müssen.

Es handelt sich bei `ignore()` um eine Methode, die über das Objekt `cin` aufgerufen wird (Punktoperator!). `cin` ist also offensichtlich ein globales Objekt. Da `ignore()` in der Klasse `istream` definiert ist (`istream::ignore()`), liegt die Vermutung nahe, dass `cin` ein Objekt der Klasse `istream` ist.

Der Rückgabewert der Methode `ignore()` ist eine Referenz auf ein Objekt der Klasse `istream`.

A.3.3 Klasse CQueue

CQueue
m_Max: int=0 m_Count: int= 0 { 0<=m_Count <= m_Max} m_First: int=0 { 0<=m_Count <= m_Max} m_Last: int=0 { 0<=m_Count <= m_Max} m_Entries[0..m_Max]: char
IsEmpty(): bool IsFull(): bool Get(): char Put(name: char): bool Contents()

Abbildung A.4: Klassendiagramm zu Cqueue

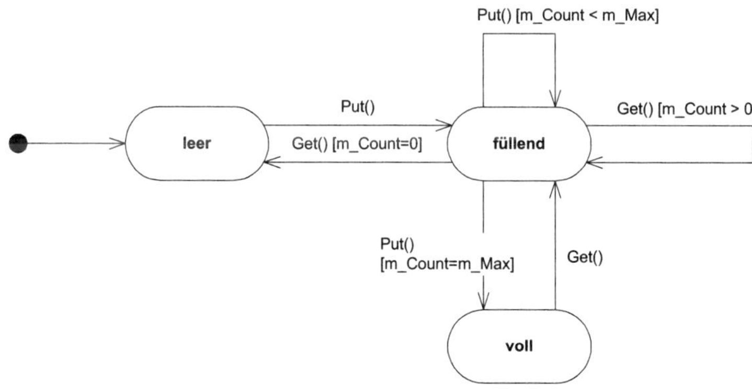

Abbildung A.5: Zustandsdiagramm zu CQueue

Implementierung von `CQueue`: (s. Programm Ueb_0302_Queue)

A.3.4 Automatische Aufrufe von Compiler

(s. Programm Ueb_0302_AutoCall)

A.3.5 Klasse CIntArray

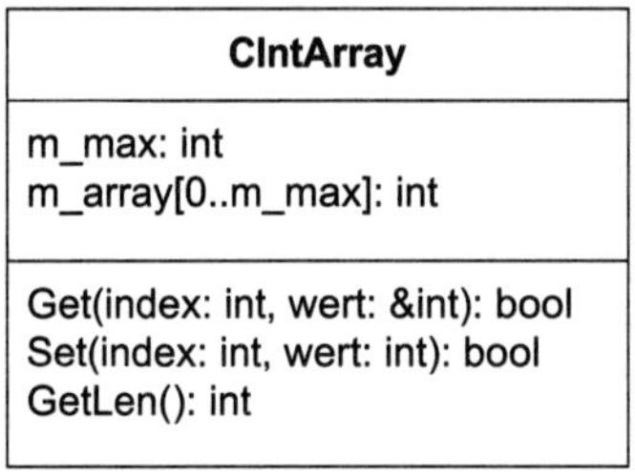

CIntArray
m_max: int m_array[0..m_max]: int
Get(index: int, wert: &int): bool Set(index: int, wert: int): bool GetLen(): int

Abbildung A.6: Klassendiagramm zu CIntArray

Korrespondierende Implementierung von `CIntArray`: (s. Programm Ueb_0302_IntArray)

Haben Sie an Objektkopien gedacht? Nur dann ist Ihre Klasse stabil.

A.3.6 Klasse CErrorLog

(s. Programm Ueb_0302_ErrorLog)

Beachten Sie, dass `CErrorLog` einen FILE-**Pointer** als Membervariable enthält. Hier sollte es sofort bei Ihnen klingeln, und Sie sollten sich über Objektkopien Gedanken machen. Es macht aber keinen Sinn, ein Objekt dieser Klasse zu kopieren. Aus diesem Grund sind Kopierkonstruktor und Zuweisungsoperator private, um Objektkopien von vornherein zu verhindern. Die Implementierung kann dabei ruhig leer bleiben.

A.3.7 Kundenidentifikation (Klasse CKunde)

Die Eindeutigkeit der Kundennummer wird im einfachsten Falle über einen Zähler gewährleistet, der als Klassenattribut realisiert ist und bei jedem Anlegen inkrementiert wird. Beim Löschen des Kunden wird seine Nummer einfach auf 0 gesetzt. Dass dadurch Lücken entstehen, ist nur bei einem Kundenstamm > $2^{32}-1$ relevant. Enthält die Generierung der Kundennummer mehr Intelligenz (z.B. Beinhaltung des Datums), so ist natürlich darüber nachzudenken, ob die Generierung nicht aus der Klasse `CKunde` ausgelagert wird in eine eigene Klasse.

Über die Methode `GetKdnr()` kann ermittelt werden, ob es sich bei dem vorliegenden Objekt noch um einen gültigen Kunden handelt (`kdnr !=0`).

CKunde
m_kdnr: int=0 m_lfnr: unsigned long=0
Anlegen():bool Loeschen():bool GetKdnr():unsigned long

Abbildung A.7: Klassendiagramm zu CKunde

Beachten Sie im Klassendiagramm, dass `m_lfnr` unterstrichen ist, weil es sich hier um ein Klassenattribut handelt.

Korrespondierende Implementierung von `CKunde`: (s. Programm Ueb_0302_Kunde).

A.4 Lösungen zu Kapitel 3.3 (Mehrere Klassen)

A.4.1 Gemeinsamer Termin

(s. Programm Ueb_0303_Termin)

A.4.2 Vieleck

Ein Vieleck besteht also aus Punkten, d.h., es bietet sich für `CVieleck` ein Array aus Punkten (`CPunkt`) an. Genau genommen muss es sich um ein dynamisches Array handeln, dessen Größe beim Konstruktor angegeben wird.

Was hat das Vieleck davon, dass es ein Array aus Punkten verwendet und nicht etwa zwei **int**-Arrays (für jeweils x- und y-Wert)?

Die Struktur ist zum einen übersichtlicher, zum anderen kann der Punkt auch Funktionalität enthalten, die das Vieleck dann nutzen kann, etwa dass der Punkt sich selbst darstellen kann; bei `CVieleck::Zeichnen()` kann dann einfach `CPunkt::Show()` aufgerufen werden. Welche Methoden bei `CVieleck` und `CPunkt` allerdings in der Praxis tatsächlich Sinn machen, hängt jeweils vom Projektumfeld ab.

Die Implementierung finden Sie in Ueb_0303_Vieleck.

A.4.3 Polygonzug

Ein Polygonzug ist eine Ansammlung beliebig vieler Punkte. Daraus ergeben sich zwei Klassen: eine für den Polygonzug (`CPolygon`) und eine Klasse `CPunkt`. Die Punkte werden von der Polygonzug-Klasse verwendet – analog zur Vieleck-Klasse der vorherigen Übung. Da hier die Anzahl der Punkte jedoch beim Anlegen des Polygonzuges noch nicht bekannt ist und der Polygonzug während der Laufzeit an Punkten zunehmen kann, bietet sich als Verwaltungsstruktur eine verkettete Liste an. Falls Sie nicht wissen, was eine verkettete Liste ist, können Sie im STL- Kapitel die Abbildung 4.6 auf Seite 323 betrachten. Für dieses Beispiel genügt jedoch eine einfach verkette Liste, bei der jedes Element lediglich seinen Nachfolger kennt (über einen Zeiger auf das nächste Element).

Die Klasse `CPunkt` hat aber an sich nichts mit einer verketteten Liste zu tun. Es ist daher unpassend, `CPunkt` direkt um einen Zeiger auf den nächsten Punkt zu ergänzen. Wir führen stattdessen eine neue Klasse `CListElem` ein, die ein Element der verketteten Liste darstellt. `CListElem` enthält damit einen Zeiger auf das nächste Element und als eigentliches Datum ein `CPunkt`-Objekt.

Die Elemente selbst werden bei Bedarf dynamisch auf dem Heap (mit **new**) angelegt und jeweils vorne in die Liste eingehängt. Dies ist performanter als jedesmal beim Einhängen die Liste bis zum Ende zu durchlaufen.

Die Implementierung finden Sie in Ueb_0303_Polygon.

Das Drucken der Liste `CPolygon::Print()` und das Löschen der Liste im Destruktor `~CPolygon` werden hier jeweils an den Nachfolger (rekursiv) weitergemeldet (Prinzip der Liste: »Teile und herrsche«).

A.4.4 Objektkopien

(s. Programm Ueb_0303_ObjKopie)

A.5 Lösungen zu Kapitel 3.4 (Objekt-Beziehungen)

A.5.1 Spiel Moo

Überlegungen:

- Bei dem Spiel Superhirn gibt es in der Realität einen Spieler, der rät (`CSpieler`), einen Spieler, der sich die Zahl überlegt (`CHirn`), und das Spielbrett als Kommunikation zwischen beiden. Da keine Historie mitgeführt werden muss, interessiert beim Spielbrett nur der aktuelle Rateversuch. Es handelt sich hierbei quasi um ein Array in der Größe der zu erratenden Ziffern.
- Mögliche Flexibilität (für zukünftige weitere Spielvarianten)
  - Anzahl der Ziffern ist flexibel. Dies betrifft dann sowohl `CHirn` als auch den Spieler (für Ein-/Ausgabe). Es macht hier also Sinn, dass für das angesprochene Array eine eigene Klasse entworfen wird, die in der Anzahl der Plätze konfigurierbar ist (`CPlaetze`)
  - Eine Ziffer darf nicht doppelt vorkommen
-> Intelligenz (Ausdenken und Auswerten der Rateversuche) liegt in `CHirn`; es ist somit nur diese Klasse betroffen.
  - Mehrere Spieler spielen gegeneinander, wer die Zahl am schnellsten errät, ist Sieger.
-> Jeder Spieler könnte z.B. seine Anzahl von Versuchen protokollieren. Auch `CSpieler` könnte unabhängig ausgetauscht werden.
  - Ein- und Ausgaben enthält nur die Klasse `CSpieler`. Sie stellt die Schnittstelle zum Applikationsspieler dar. `CHirn` und `CPlaetze` sind von der Ein- / Ausgabe völlig unabhängig und könnten daher auch in einem GUI-Programm eingesetzt werden. Es müsste dann nur ein anderes `CSpieler` verwendet werden.

Wir kommen damit zu folgendem prinzipiellen Klassendiagramm, das die Abbildung A.8 gezeigt ist.

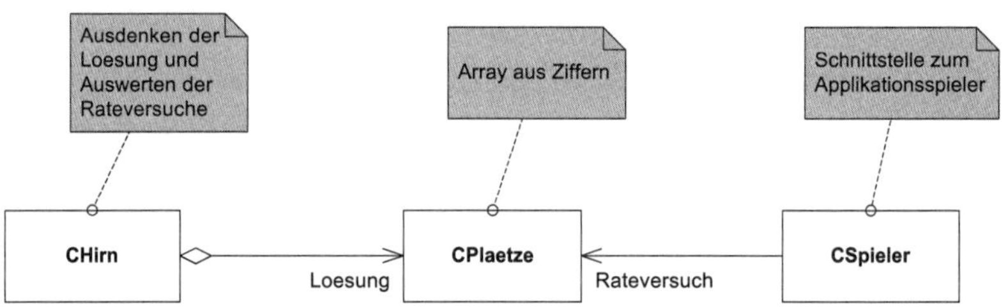

Abbildung A.8: Prinzipielles Klassendiagramm zu dem Spiel Moo

Den prinzipiellen Spielverlauf überlegen wir uns in folgendem Sequenzdiagramm in Abbildung A.9.

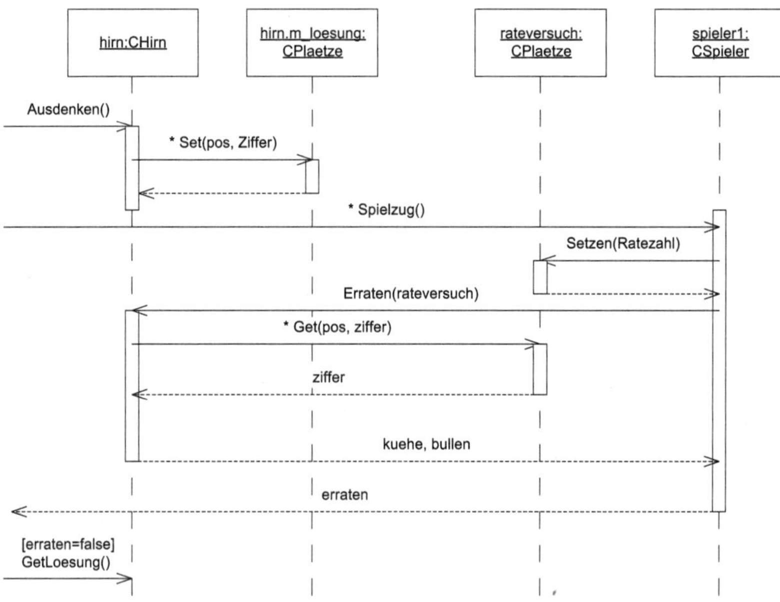

Abbildung A.9: Sequenzdiagramm zu prinzipiellem Ablauf des Spiels Moo

Der Stern vor `CPlaetze.Set()` bedeutet, dass hier eine Iteration stattfindet, denn jede Ziffer wird hier einzeln gesetzt. Ebenso findet eine Iteration bei `spieler1.Spielzug()` statt.

Aus diesem Diagramm können wir bereits einige Methoden für unsere Klassen ablesen. Diese und weitere genauere Überlegungen notieren wir in einem detaillierteren Klassendiagramm in Abbildung A.10.

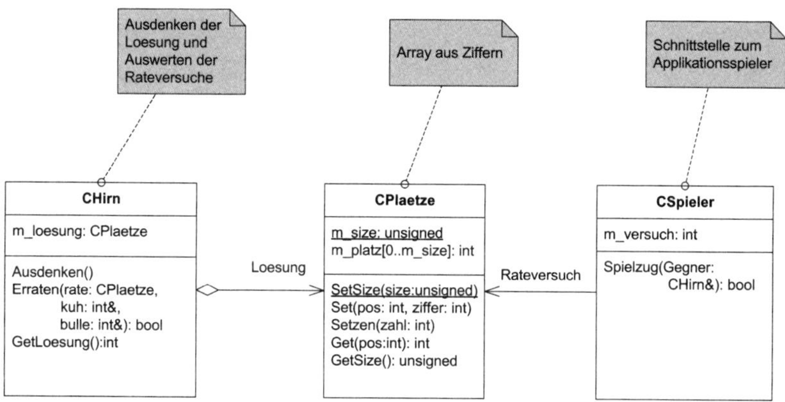

Abbildung A.10: Detaillierteres Klassendiagramm zu dem Spiel Moo

In Abbildung A.10 haben wir `CPlaetze::m_size` als static entworfen. Damit kann zu Beginn des Spieles (noch bevor ein Hirn und ein Spieler angelegt werden) die Anzahl der Plätze (= zu erratende Ziffern) flexibel festgelegt werden.

Abbildung A.10 können wir als Ausgangsbasis für unsere Implementierung nehmen, die Sie in Ueb_0304_Moo finden. Bevor Sie mit dem Programmieren beginnen, hier noch ein paar Tipps vorab:

- Eine zufällige Zahl kann man mit der C-Funktion `rand()` ermitteln. Der dabei beteiligte Zufallszahlengenerator sollte einmal zu Beginn des Programms initialisiert werden mit `srand(time(NULL))`. Hierzu benötigt man die Include-Dateien: `stdlib.h` und `time.h`.
- Auch Nullen sind zulässige Ziffern, also auch führende Nullen. Dies muss bei der Ein- und Ausgabe berücksichtigt werden (entsprechende Manipulatoren verwenden).

A.6 Lösungen zu Kapitel 3.5 (Vererbung)

A.6.1 Überschreiben von Funktionen

Programmausgabe:

```
Dezimal: 10
Dezimal: 13
Hexadezimal: D
```

Bitte dieses Beispiel nicht unter dem Blickwinkel der Objektorientierung betrachten, sondern nur als Übung für C++-Syntax.

A.6.2 Konstruktor- und Destruktor-Aufrufe

Programmausgabe (Da pro Blume 5 Blütenblätter vorhanden sind, wird die Ausgabe nur für die erste Rose vollständig gezeigt.):

Es folgen 3 mal folgende Ausgaben

```
Konstruktor Pflanze
Konstruktor Bluetenblatt
Konstruktor Bluetenblatt
Konstruktor Bluetenblatt
Konstruktor Bluetenblatt
Konstruktor Bluetenblatt
Konstruktor Blume
Konstruktor Rose
```

... dann einmal:

```
Alle Blumen welken...
```

... dann folgen 3 mal folgende Ausgaben

```
Destruktor Rose
Destruktor Blume
Destruktor Bluetenblatt
Destruktor Bluetenblatt
Destruktor Bluetenblatt
Destruktor Bluetenblatt
Destruktor Bluetenblatt
Destruktor Pflanze
```

Anmerkung: Es wird zuerst der Konstruktor der Basisklasse durchlaufen (`CPlanze`). In der Klassenhierarchie folgt dann `CBlume`, die 5 Blütenblätter aggregiert. Wie im richtigen Leben werden erst die Teile konstruiert, bevor dann alles zusammengebaut wird. Als Letztes in der Hierarchie kommt `CRose`.

Die Destruktoraufrufe erfolgen in umgekehrter Reihenfolge (demontiert wird immer in umgekehrter Reihenfolge zum Aufbau).

A.6.3 Linie in Grafikbibliothek

Eine Linie lässt sich also wie in Abbildung A.11 gezeigt darstellen:

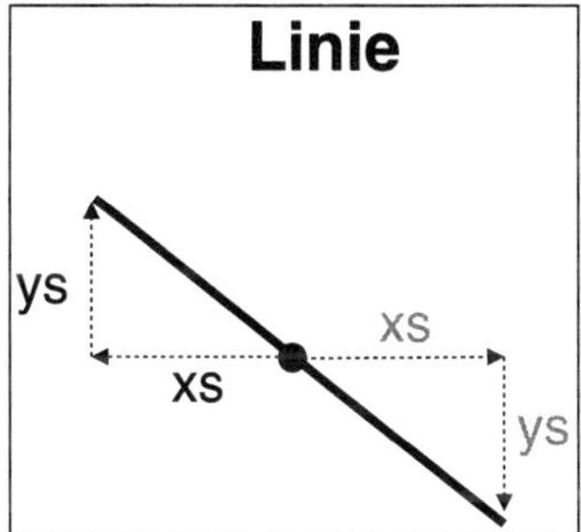

Abbildung A.11: Beschreibung einer Linie über deren Mittelpunkt

Damit lässt sich das Klassendiagramm unserer Grafikbibliothek wie folgt in Abbildung A.12 gezeigt ergänzen:

Die Implementierung finden Sie in Ueb_0305_Linie.

A.6.4 Klassenmodell zu Autos, Dreirädern,...

Autos, Dreiräder, Fahrräder, Motorräder haben also eine *gemeinsame* Eigenschaft, sie können alle fahren. Damit bietet sich eine gemeinsame Basisklasse, z.B. `CFahrzeug` an, die eine Methode `Fahren()` enthält. Diese Methode muss in den Unterklassen bei Bedarf überladen werden, hier bei Auto und Fahrrad; denn sie haben *spezielle* Fahrgeräusche.

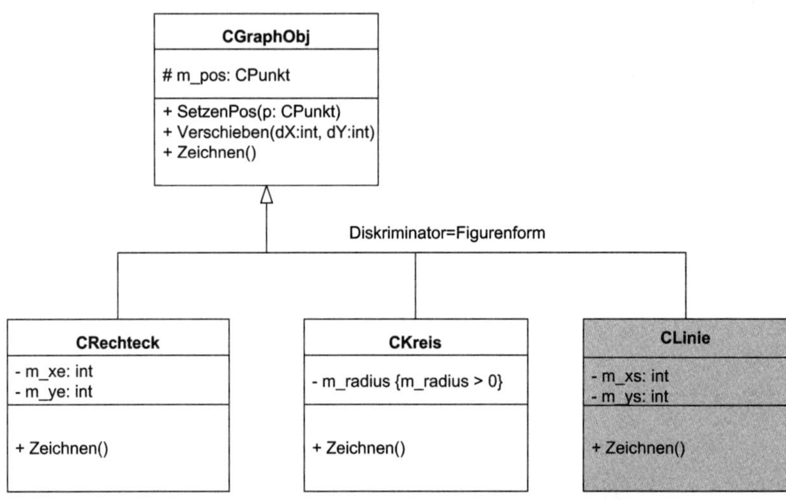

Abbildung A.12: Klassendiagramm zu Grafikobjekten mit Linie

Wir kommen damit zu folgendem Klassendiagramm in Abbildung A.13:

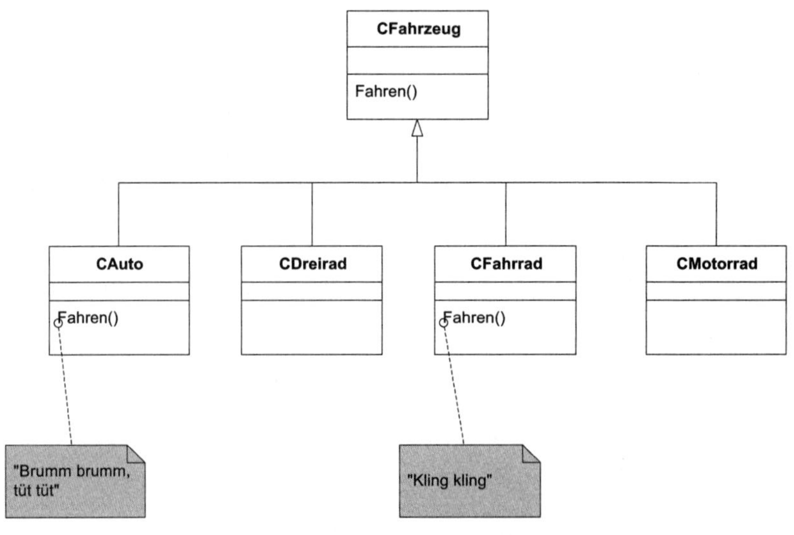

Abbildung A.13: Klassendiagramm zu Fahrzeuge

Die Implementierung finden Sie in Ueb_0305_Fahrzeug.

A.6.5 Klassenmodell Fahrzeug erweitern

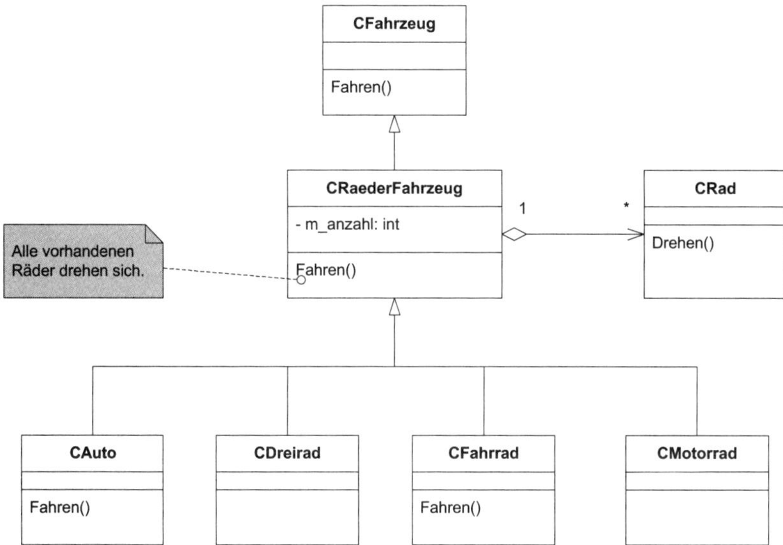

Abbildung A.14: Mögliches Klassenmodell zu Fahrzeugen mit Rädern

Anmerkungen:

- In der Realität ist es so, dass nicht jedes Fahrzeug Räder besitzt, z.B. ein Schiff. Es ist daher gefährlich, die Räder in die Basisklasse zu legen. Man tut prinzipiell gut daran, die oberste Basisklasse von Attributen freizuhalten und sich hier nur auf Methoden zu beschränken. Kapitel 3.8, Schnittstellen, geht auf diesen Aspekt näher ein.
- Legt man die Räder jedoch in `CAuto`, `CDreirad`, ... müsste jedes dieser Fahrzeuge die Methode `Fahren()` überladen, deren Implementierung dann aber sehr ähnlich wäre.
- Ein Kompromiss ist die Zwischenklasse `CRaederFahrzeug`, die das Fahren für Fahrzeuge mit Rädern implementiert. Da die Anzahl der Räder vom Fahrzeugtyp (Auto, Dreirad, ...) abhängt, enthält sie lediglich einen `CRad*`. Wie viele Räder benötigt werden, wird beim Konstruktor der Unterklasse entschieden. Das Anlegen des Speichers sollte natürlich dort passieren, wo der Pointer definiert ist, also in der

Basisklasse; d.h. der Konstruktor der Unterklasse ruft den Konstruktor der Basisklasse mit entsprechendem Argument auf.

- Beachten Sie in Abbildung A.14, dass `m_anzahl` (und auch m_pRad) **private** – und nicht **protected** – sind, um von vorherein zu vermeiden, dass die Unterklasse die Attribute der Basisklasse unkontrolliert verändern kann. Sollte in Zukunft ein Zugriff auf die Attribute nötig werden, so sollten z.B. entsprechende `Get()`-Methoden **protected** definiert werden.
- In Abbildung A.14 werden übrigens die Räder (`m_pRad`) in `CRaederFahrzeug` nicht explizit als Attribut notiert, weil dies bereits durch die Aggregationsbeziehung zwischen `CRaederFahrzeug` und `CRad` zum Ausdruck kommt.
- Die Argumentation »Der `CRad`-Pointer hätte doch auch in `CFahrzeug` definiert werden können und z.B. bei einem Schiff dann mit `NULL` initialisiert werden können«, entspricht aber nicht der Realität: Denn ein Schiff hat eben überhaupt keine Vorrichtung für Räder. Es ist stets gefährlich, wenn man in Entwürfen Annahmen trifft, die der Realität widersprechen. Genau an diesen Stellen gibt es meist Probleme bei zukünftigen Erweiterungen.

Die Implementierung finden Sie in Ueb_0305_FahrzeugMitRad.

A.6.6 Fragen zur Lernkontrolle

Ausgabe von virtsize.cpp

richtig ist 1) 32 = 4 (`CPunkt::m_x`)

+ 4 (`CPunkt::m_y`)

+ 20 (`CGraphObj::m_farbe`)

+ 4 (`vmp von CGraphObj`)

Speicherbedarf CAuto (Unterklasse) zu CFahrzeug (Basisklasse)

richtig ist 3) `sizeof(CAuto) >= sizeof(CFahrzeug)`, denn jede Unterklasse enthält zusätzlich zu ihren Attributen die Attribute ihrer Basisklasse, die sie ja erbt.

Ausgabe von virtfrank.cpp
richtig ist 2):

```
Suppenteller---Suppenteller---Suppenteller---
```

Grund: Die Methode `CMensch::Sprechen ()` ist nicht virtuell.

A.6.7 Parkplatz

Damit beim Wegfahren aller Fahrzeuge bei Geschäftsschluss Polymorphismus stattfindet, muss ...

- ... der Parkplatz als Array von `CFahrzeug*` realisiert werden und nicht von `CFahrzeug`-Objekten.
- ... `CFahrzeug::Fahren()` virtual definiert werden.

Die Implementierung finden Sie in Ueb_0305_Parkplatz.

A.7 Lösungen zu Kapitel 3.6 (Abstrakte Klassen)

A.7.1 Zoo

Die Klassenhierarchie der Tiere drängt sich anhand der Ausgabe fast auf: Alle Tiere haben einen Namen. Dann sagt das Tier, welchen Lebensraum es hat und dann von welcher konkreten Art es ist.

Es macht hier Sinn, für den Lebensraum eine eigene Klassenebene vorzusehen, statt nur eines Strings in der Basisklasse, z.B. `m_strLebensort`. Denn hinter dem Lebensort wird wohl mehr stecken, als ihn nur bei einer Vorstellung zu erwähnen, z.B. eine Fortbewegungsart, die dann entsprechend implementiert und überladen werden könnte.

Das Anlegen der Tiere kann mit Hilfe von Polymorphismus z.B. über eine Methode `Kreieren()` geschehen. Natürlich macht es aber keinen Sinn, im Zoo ein allgemeines Tier anzulegen, sondern nur konkrete Tierarten wie Hund, Katze etc. Daher ist die Methode `CTier::Kreieren()` *abstrakt* und damit jede Klasse, die diese Methode nicht implementiert.

Abbildung A.15 zeigt ein mögliches Klassendiagramm zu diesen Überlegungen. In dieser Abbildung haben wir aus Platzgründen die Methode `Kreieren()` in den konkreten Tierklassen ohne Parameter und Rückgabewert angegeben; diese sind natürlich entsprechend `CTier::Kreieren()`.

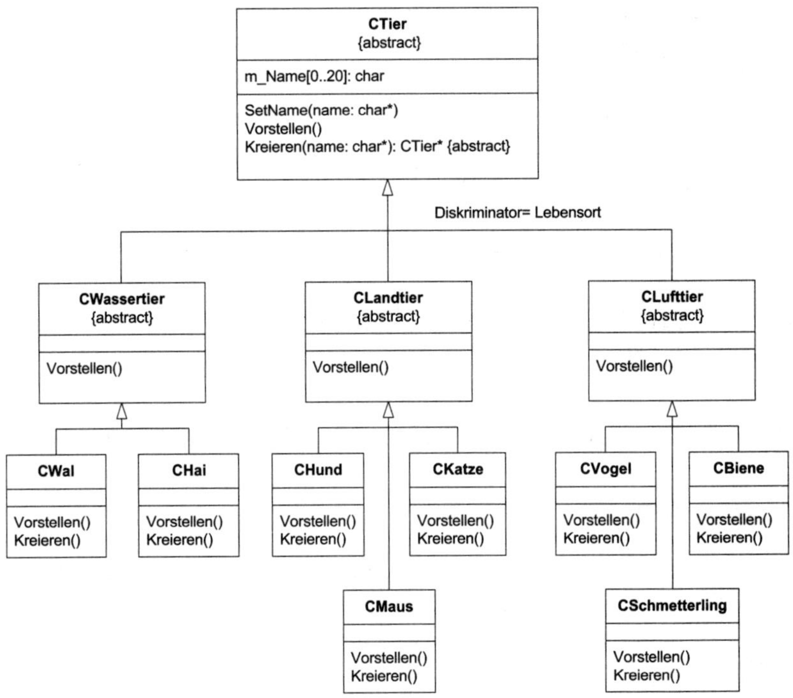

Abbildung A.15: Mögliches Klassendiagramm zu den Tieren im Zoo

Die Implementierung finden Sie in Ueb_0306_Zoo.

A.8 Lösung zu Kapitel 3.8 (Schnittstellen)

A.8.1 Fragen zur Lernkontrolle

Schnittstellenvererbung oder Klassenvererbung für Sprechen

Vorteil: virtual wäre nicht vergessen worden.

Nachteil: Jeder Mensch müsste nun Sprechen() explizit definieren. Eine pauschale Abhandlung (Klassenvererbung) spart hier redundanten Code.

A.8.2 Allgemein gültige verkettete Liste

Wichtig ist, dass die Listen-Klasse keine Objekte einer bestimmten Klasse enthält, sondern allgemein Objekte, die eine festgelegte Schnittstelle implementieren.

Man kann sich bei der Aufgabenstellung an der Lösung der Übung Polygonzug (siehe Kapitel A.4.3) orientieren, indem man konsequent alle Stellen ausfindig macht, an denen die Klasse `CPunkt` in der verketteten Liste verwendet wird und diese mit der Schnittstellenklasse austauscht. Wir haben für die Schnittstellenklasse den Namen `CObj` (für beliebiges Objekt) gewählt. Wichtig ist, dass ein `CObj`-Pointer verwendet wird, damit Polymorphismus stattfinden kann; dies ist schon allein wegen der Konstruktion und Destruktoren notwendig.

Abbildung A.16 zeigt die Zusammenhänge im Klassendiagramm.

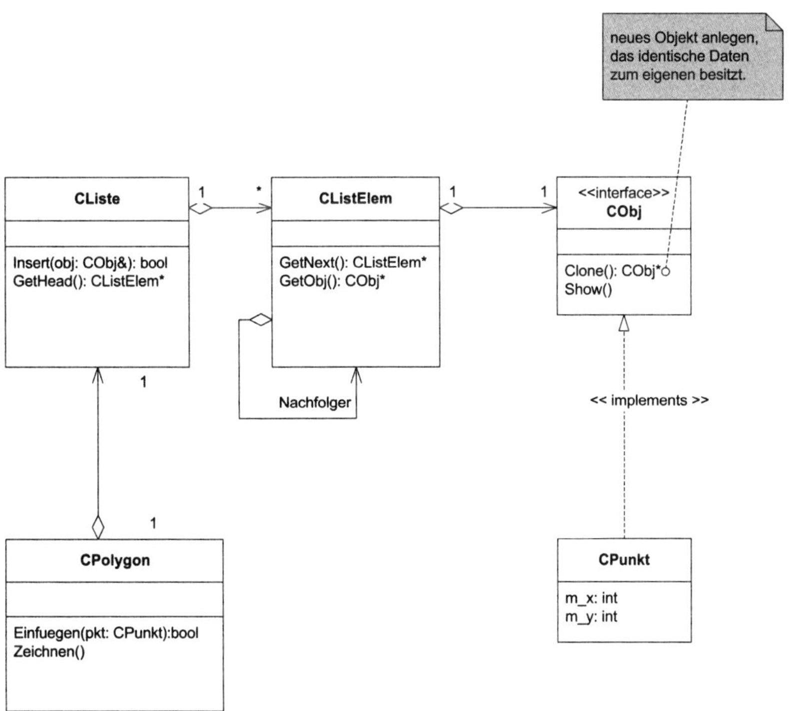

Abbildung A.16: Klassendiagramm zu Polygon mit allgemeiner verketteter Liste

Wie man in Abbildung A.16 sieht, haben wir bei `CListe::Insert()` den Parametertyp `CObj&` verwendet statt `CObj*`. Der Grund hierfür ist, dass dann ein Aufruf mit einem temporär auf dem Stack erzeugten Objekt möglich ist, eben z.B. `list.Insert(CPunkt(3,4))`. Mit `CObj*` müsste es dagegen heißen `list.Insert(new CPunkt(3,4))`. Für den Polymorphismus hat dies keine Auswirkung.

Die Schnittstellen-Methode `CObj::Clone()` ist notwendig für das tatsächliche Anlegen der Objekte in der Liste. Es ist vergleichbar mit `CGraphObj::Kreieren()`, hier werden allerdings beim Anlegen gleich die Daten des neuen Objektes verfüllt, und zwar mit den Werten des aktuellen Objektes. Das Objekt, das die Botschaft erhält, klont sich also quasi.

Die Implementierung finden Sie in Ueb_0308_ListeAllg.

A.9 Lösung zu Kapitel 3.9 (Streams)

A.9.1 Viereck mit Streams

Eine mögliche Implementierung finden Sie in Ueb_0308_Viereck-Stream.

A.10 Lösung zu Kapitel 4.2 (Operatoren)

A.10.1 Uhrzeit-Rechner

Eine mögliche Implementierung finden Sie in Ueb_0402_CUhrzeit.

A.10.2 Operatoren für CBruch

Eine mögliche Implementierung finden Sie in Ueb_0402_CBruch.

Beachten Sie die Realisierung des *= -Operators, der vom *-Operator Gebrauch macht, der ohnehin auch überladen werden muss. Warum also hier doppelten Code schreiben, der immer eine zusätzliche Fehlerquelle darstellt?

A.10.3 Operatoren für CStr

Eine mögliche Implementierung finden Sie in Ueb_0402_CStr.

Auch hier gilt Analoges wie bei der Übung 4.2.8 zu CBruch. Hier macht sich die mögliche Code-Einsparung noch extremer bemerkbar.

A.10.4 Index-Operator für CIntArray

Damit über den Index-Operator nicht nur lesend, sondern auch schreibend zugegriffen werden kann (`quad[i]= i*i`), muss der Rückgabewert der `operator[]`-Methode eine Referenz sein, also:

```
int& operator [](int index);
```

Eine mögliche Implementierung finden Sie in Ueb_0402_CIntArray.

Was hier etwas unschön, aber leider nicht anders möglich ist, ist die Fehlerbehandlung bei falschen Indices. Hier bleibt nur die brutale Beendigung des Programmes, denn was soll im Fehlerfall referenziert werden? Wir werden im Kapitel 4.7, Ausnahmebehandlung, eine bessere Möglichkeit der Fehlerbehandlung kennen lernen.

Entfällt die Fehlerbehandlung bei CIntArray komplett, so ist der Sinn dieser Klasse in Frage zu stellen, denn dann könnte stattdessen auch ein herkömmliches C/C++ **int**-Array verwendet werden.

A.11 Lösungen zu Kapitel 4.4 (Templates)

A.11.1 Queue-Template

Eine mögliche Implementierung finden Sie in Ueb_0404_CQueue Template.

A.12 Lösungen zu Kapitel 4.6 (STL)

A.12.1 Fragen zur Lernkontrolle

Die STL vereinigt folgende Nutzen:

- *Nutzen von Templates:*
  Die Auswertung der Typen geschieht zur Compilierzeit, d.h., sie ist typsicher und es gibt keine Laufzeiteinbußen – etwas durch polymorphe Methodenzugriffe, falls die Generizität mit Vererbung realisiert wird.
- *Nutzen einer* Standardisierung*:*
  Programme, die die STL benutzen statt anderer vergleichbaren Klassen, sind leichter portierbar, weil sich die Compilerhersteller am Standard orientieren.
- *Nutzen* einer *Bibliothek:*
  Vorhandener (getesteter) Code vermeidet Fehler. Wichtig ist dabei jedoch, die Funktionsweise genau zu kennen, damit es dann nicht im Gegenzug zu fehlerhafter Benutzung der Bibliotheksklassen kommt.

A.12.2 Sortierte Namensliste

Da die Namen sortiert benötigt werden, bietet sich zur Verwaltung ein Container an, der seine Elemente sortiert hält, also z.B die STL-Klasse `set`. Als Template-Parameter bietet sich dabei für die Namen die STL-Klasse `string` an.

Eine mögliche Implementierung finden Sie in Ueb_0406_SortNames.

A.12.3 Geburtstagsverwaltung

Für einen Geburtstagskalender bietet sich zur Verwaltung eine Map an; denn es besteht eine Assoziation zwischen dem (heutigen) Tag und der Personen, die an diesem Tag Geburtstag hat. Da an einem Tag auch mehrere Leute Geburtstag haben können, bietet sich hier die STL-Klasse `multimap` an. Der Schlüssel, nach dem gesucht werden kann, ist dabei ein `CDatum`-Objekt. Der Wert ist dann der Name der Person (vom Typ `string`).

Eine mögliche Implementierung finden Sie in Ueb_0406_GebTage.

Anmerkungen:

- Da die Methode `find()` der Klasse `multimap` immer einen Iterator auf das erste vorkommende Objekt zurückliefert, muss selbst dafür gesorgt werden, dass auch alle weiteren Personen ausgegeben werden, die an diesem Tag Geburtstag haben. Es bietet sich daher an, dass die Map bei der Sortierung nur Tag und Monat berücksichtigt und das Jahr außen vor lässt. Der <-Operator der Klasse `CDatum` muss also entsprechend implementiert sein. Da wir die Klasse `CDatum` möglichst allgemein gültig entwerfen wollten, haben wir dazu ein zusätzliches Attribut `m_valid` eingeführt, mit dem konfiguriert werden kann, welche Daten für den Vergleich gültig sind, d.h. berücksichtigt werden.

  Ist die Liste sortiert nach Tag und Monat, können dann ab der mit `find()` gefundenen Position alle nachfolgenden Geburtstage mit dem Suchgeburtstag auf Gleichheit überprüft werden; dazu muss auch der == -Operator überladen werden.

- Beim Schreiben der Datei im Destruktor haben wir den Zeilenumbruch am Anfang der Datenzeile vorgenommen, so dass `EOF` nicht in einer neuen eigenen Zeile steht. Dies wirkt sich positiv beim Einlesen der Daten aus Datei (im Konstruktor) aus.
  Ebenso haben wir als Trennzeichen zwischen Geburtstag und Text einen Doppelpunkt verwendet, um zu vermeiden, dass die Trennzeichen selbst in den String mit eingelesen werden. Den Namen lesen wir mit `cin.getline()` ein, damit auch Leerzeichen im String möglich sind.

- Die Ausgabe der Daten haben wir über die Schnittstelle `IEnumGeb` von der Klasse `CRemind` entkoppelt. Dies erhöht die Wiederverwendbarkeit von `CRemind`, weil nun jede Klasse mit `CRemind` zusammenarbeiten kann, die die Schnittstelle `IEnumGeb` implementiert. Damit könnte `CRemind` z.B. auch in GUI-Applikationen gut verwendet werden, oder es wäre auch denkbar, die von `CRemind` gelieferten Daten z.B. übers Internet zu verschicken, ohne dass die Klasse `CRemind` geändert werden muss.

A.12.4 PrintContainer()

Durch das einheitliche Konzept bei den Containern (Iterator, gleiche Methodennamen für gleiche Funktionalität) ist es überhaupt erst möglich, **eine** (Betonung liegt auf *eine*) globale Ausgabe-Funktion für die unterschiedlichen Container zu erstellen. Die Variabilität ist der unterschiedliche Container und damit verbunden der zugehörige Iterator. Die globale Funktion `PrintContainer()` muss daher eine Template-Funktion sein, die als Template-Parameter den Containertyp hat.

Wie an den Aufrufen in `main()` zu erkennen ist, wird der Template-Parameter als erster Parameter an die Funktion `PrintContainer()` übergeben. Der zweite Parameter ist vom Typ **char*** und legt die Trennzeichen bei der Ausgabe der einzelnen Container-Elemente fest. Wie man an der Ausgabe von `main()` sieht, ist der Defaultwert ein Leerzeichen.

Eine mögliche Implementierung finden Sie in Ueb_0406_Print Container.

A.13 Lösungen zu Kapitel 4.7 (Ausnahmen)

A.13.1 Ausnahmen für CStack

Eine mögliche Implementierung finden Sie in Ueb_0407_CStack Except.

Vorteile des Fehlerhandlings mit Exceptions gegenüber Returnwert:

- Der Rückgabewert ist nun wieder frei, so dass die Methode `Pop()` komfortabler benutzt werden kann, z.B. `cout << aStack. Pop() ;` hier wird keine zusätzliche Variable benötigt. Da der Rückgabewert nun in jedem Fall vom Typ der Stack-Elemente ist, kann die Methode `Pop()` nun auch in der Templateklasse so realisiert werden.
- Das Exception-Handling meldet einen Fehler beim Auftreten. Wird dieser nicht aufgefangen, so führt dies zum Programmende. Beim Returnwert ist die Logik umgekehrt: Der Aufrufer der Methode muss daran denken, den Returnwert auszuwerten. Exception-Handling zwingt den Nutzer der Klasse also mehr, über das Fehlerhandling nachzudenken.

Nachteil:

- Das Nutzen der Methoden sollte nun in **try-catch**-Blöcken erfolgen, die auf den ersten Blick das Programm sehr unübersichtlich wirken lassen – vor allem wenn jeder einzelne Aufruf von `Push()` bzw. `Pop()` in einem **eigenem try-catch**-Block gefasst ist. Dies macht aber durchaus Sinn, denn sonst würde z.B. in unserem `main()` beim ersten Stackoverflow die **for**-Schleife beendet werden. Dies ist sicherlich sehr unschön, wenn man sich vorstellt, dass die beiden **for**-Schleifen für `Push()` und `Pop()` in getrennten Tasks laufen würden. (Daher auch der Kommentar: »Wait a little bit ... and try again«)

A.13.2 Ausnahmen für CIntArray

Eine mögliche Implementierung finden Sie in Ueb_0407_CIntArray Except.

Beachten Sie bei unserer `main()`-Funktion, dass die beiden Fehlerfälle mit getrennten **try-catch**-Blöcken überprüft werden. Dies ist der Fall, da sonst der erste Fehler bereits zum Verlassen des **try**-Blockes führt und damit die Anweisungen, die für den zweiten Fehler verantwortlich sind, nie ausgeführt werden würden.

Eine eigene Ausnahme für eine fehlgeschlagende Allokierung ist hier nicht unbedingt nötig, da `CIntArray` deswegen nicht in einen undefinierten Zustand gerät. Die Membervariablen werden in jedem Fall korrekt gesetzt und innerhalb der Klasse an entsprechenden Stellen abgefragt. Will der Nutzer der Klasse wissen, ob Speicher vorhanden ist, so kann er das auch über die Methode `GetLen()` in Erfahrung bringen, die dann den Wert 0 hätte.

A.14 Lösungen zu Kapitel 6.2 (Abstraktion)

A.14.1 Lehrer-Kreide-Tafel

Wie Abbildung A.17 zeigt, könnten alle drei Klassen abstrahiert und damit die Schreibbeziehung allgmein gültig formuliert werden:

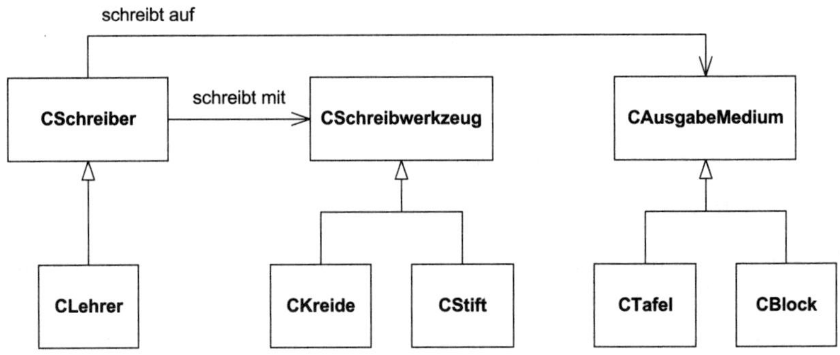

Abbildung A.17: Abstraktion von Schreibbeziehung (Lehrer-Kreide-Tafel)

Inwieweit eine solche Abstraktion wie in Abbildung A.17 gezeigt Sinn macht, hängt vom jeweiligen Anwendungsfall ab, d.h. ob dort die dadurch entstehende Flexibilität an den Stellen überhaupt benötigt wird.

A.15 Lösungen zu Kapitel 6.5 (Aggregation statt Vererbung)

A.15.1 Segelboot

Denkt man über die Beziehung zwischen Antrieb und Fahrzeug nach, so stellt man fest, dass es sich hier um eine Aggregation handelt. Denn jedes Fahrzeug hat einen Antrieb. Die Beziehung zwischen Fahrweg und Fahrzeug ist sogar noch loser: Ein Fahrzeug bewegt sich auf einem Fahrweg. Wir kommen damit zu folgendem Klassendiagramm in Abbildung A.18:

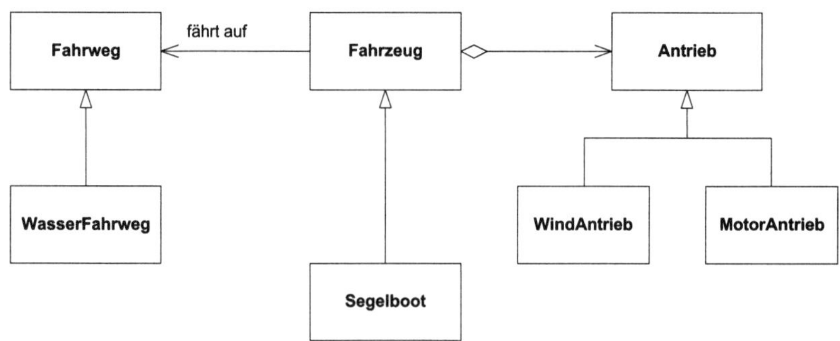

Abbildung A.18: Antrieb und Fahrweg bei Fahrzeugen (Segelboot)

A.15.2 Ente

Würde man den Klassenentwurf von Übung 3.6.4 (Zoo) beibehalten, so müsste die Ente mehrfach abgeleitet werden, denn sie ist sowohl ein Land- als auch ein Wasser- als auch ein Lufttier. Betrachtet man eine Ente bzw. Tiere genauer, so stellt man fest, dass das Schwimmen, Laufen etc. primär nicht vom Lebensraum abhängt, sondern vielmehr von der Fähigkeit des Tieres, verbunden mit dessen anatomischen Voraussetzungen. Natürlich wird es nichts bringen, wenn eine Ente an Land Schwimmbewegungen macht. Daher wird die erlernte Fähigkeit auch etwas mit dem Ort zu tun haben, an dem die Bewegung ausgeführt wird. Das Klassendiagramm in Abbildung A.19 skizziert unsere neue Betrachtungsweise.

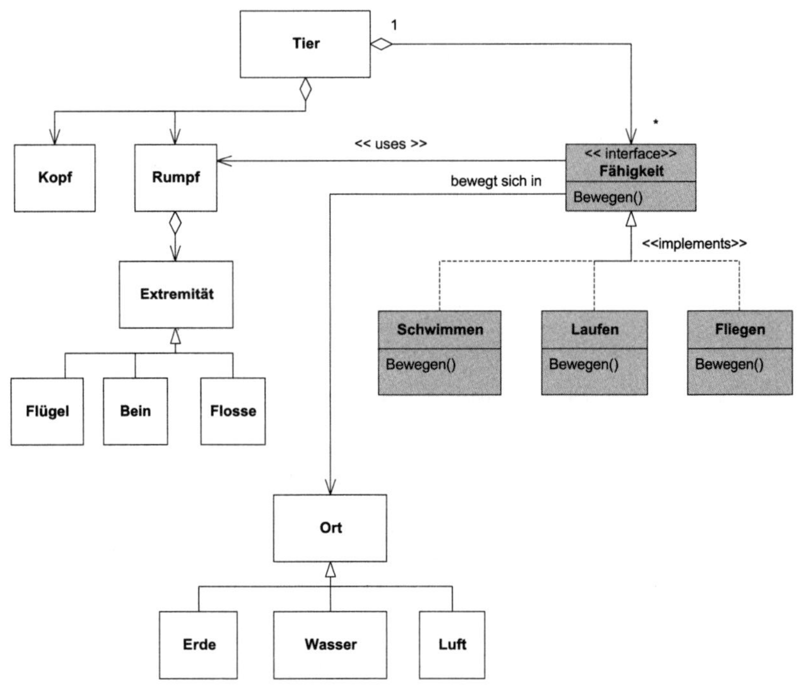

Abbildung A.19: Schwimmen, Laufen, Fliegen,... bei einem Tier (Ente)

A.16 Lösungen zu Kapitel 6.7 (Ownership)

A.16.1 Smart Pointer für Reference-Counting

Eine mögliche Implementierung finden Sie in Ueb_0607_SmartRef Cntr.

A.17 Lösung zu Kapitel 6.8.1 (Entwurfsmuster)

A.17.1 Abstrakte Fabrik für GUI-Elemente

A.17.2 Kompositum

Eine Zeichnung kann entweder aus einem Grafikobjekt bestehen oder aus mehreren Grafikobjekten, wie dies im Klassendiagramm in Abbildung A.21 gezeigt ist:

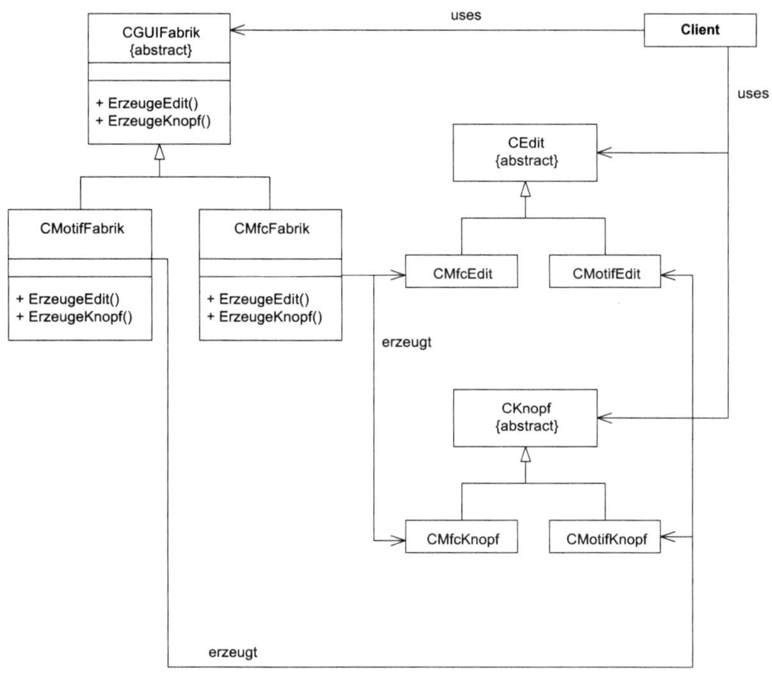

Abbildung A.20: Abstrakte Fabrik für GUI-Elemente

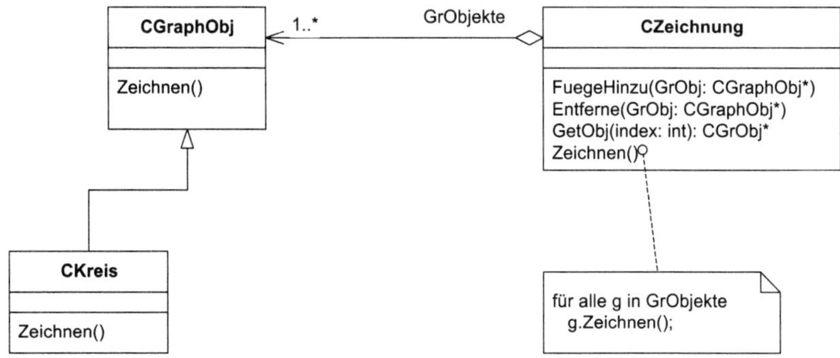

Abbildung A.21: Aggregations-Beziehung zwischen Zeichnung und Grafikobjekt

Werden Grafikobjekte gruppiert (sie stellen dann eine Mini-Zeichnung dar), können sie als ein Grafikobjekt betrachtet werden. Demnach kann auch eine Zeichnung ein Grafikobjekt sein, wie dies Abbildung A.22 zeigt:

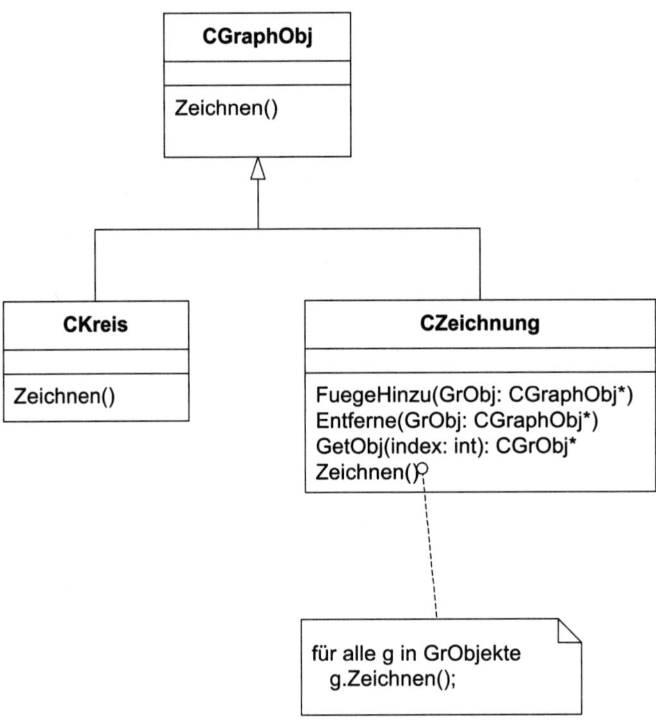

Abbildung A.22: Auch eine Zeichnung ist als Grafikobjekt anzusehen

Führt man Abbildung A.21 und Abbildung A.22 zusammen, so erhält man folgendes Klassendiagramm in Abbildung A.23:

In Abbildung A.23 wurden die Methoden aus `CZeichnung` auch in der Basisklasse aufgenommen. Damit kann der Nutzer / Client alle Grafikobjekte in der gleichen Weise benutzen (egal ob Kreis oder Zeichnung), da sie über die Basisklasse eine gemeinsame Schnittstelle haben.

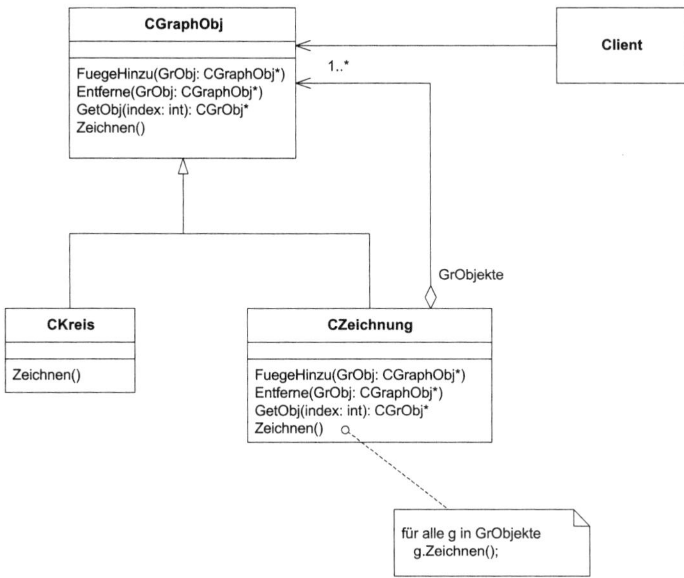

Abbildung A.23: Rekursive Beziehung zwischen Grafikobjekt und Zeichnung

Wie Abbildung A.23 zum Ausdruck bringt, handelt es sich bei der Beziehung zwischen Grafikobjekt und Zeichnung um eine Rekursion: Eine Zeichnung kann neben Grafikobjekten auch wiederum Zeichnungen enthalten.

Eine derartige Rekursion lässt sich auch beim Stücklistengenerator feststellen, wie dies Abbildung A.24 andeutet:

Die Gemeinsamkeiten zwischen den Elementen in einer Zeichnung und den Teilen in einem Stücklistengenerator sind also:

- Beide besitzen eine Teile-Ganze-Hierarchie, wobei die Aggregation rekursiv ist (Teile können wieder Teile enthalten).
- Klienten können alle Objekte (egal ob zusammengesetzt oder einzeln) einheitlich behandeln.

Allgemein lässt sich hierfür eine Struktur aufstellen, die als Entwurfsmuster *Kompositum* bezeichnet wird. Beim Kompositum wird das Ganze als Kompositum (dt. Zusammensetzung) bezeichnet, ein Teil als Blatt (in Anlehung an eine rekursive Baumstruktur).

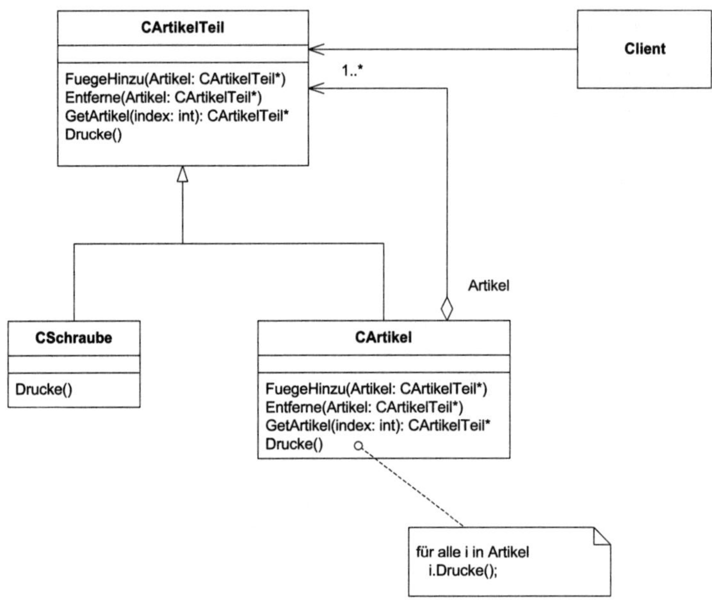

Abbildung A.24: Rekursive Beziehung zwischen Artikel und Artikel-Teil

Abbildung A.25 zeigt die grundlegende Struktur des Kompositum-Musters:

Da Entwurfsmuster programmiersprachenunabhängig sind, wurde in Abbildung A.25 bei den Parametern der Kompositum-Methoden keine Zeiger notiert. In C++ sollten die Kindobjekte jedoch Zeiger sein, um Polymorphismus zu ermöglichen.

Ein typischer Einsatzfall für das Kompositum-Muster ist eine Objektstruktur, wie sie in Abbildung A.26 dargestellt ist:

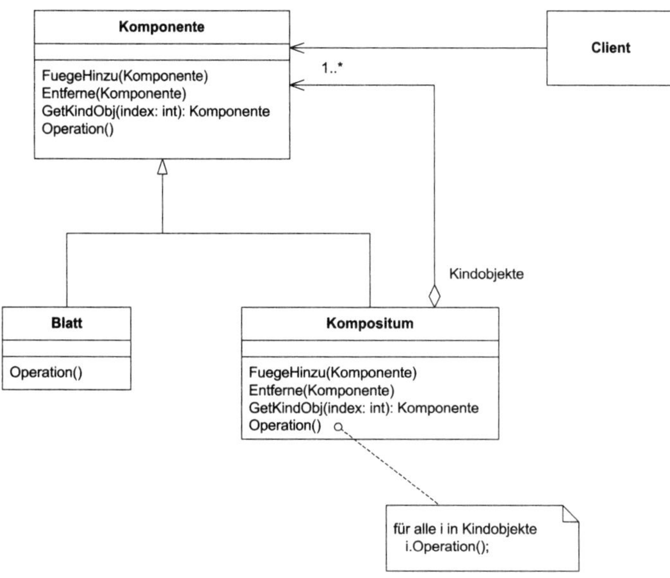

Abbildung A.25: Grundlegende Struktur des Kompositum-Musters

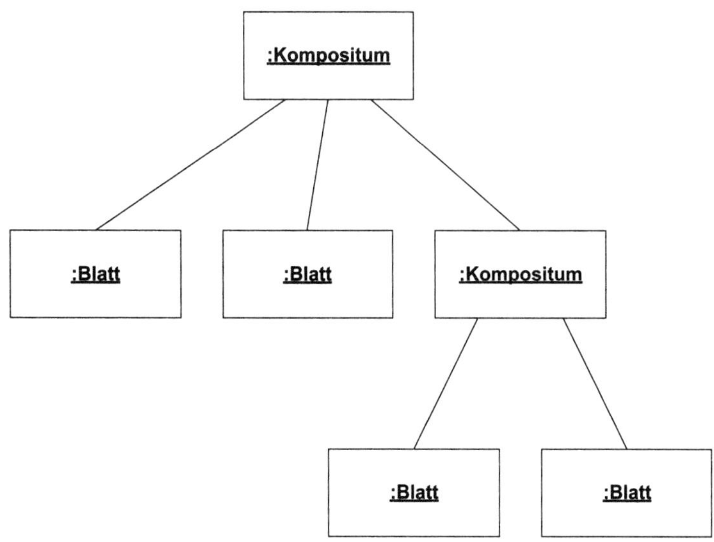

Abbildung A.26: Typische Objektstruktur für den Einsatz des Kompositum-Musters

Literaturverzeichnis

[1] Booch, Grady: Objektorientierte Analyse und Design. Addison-Wesley Verlag 1995.

[2] Balzert, Heide: Lehrbuch der Objektmodellierung, Analyse und Entwurf. Heidelberg u.a.: Spektrum Akademischer Verlag 1999.

[3] Oesterreicher, Bernd: Objektorientierte Softwareentwicklung, Analyse und Design mit der Unified Modeling Language. 4., aktual. Aufl. München u.a.: Oldenbourg Verlag 1998.

[4] Gamma, Erich u.a.: Entwurfsmuster, Elemente wiederverwendbarer objektorientierter Software. 2. Aufl. Bonn: Addison-Wesley Verlag 1996.

[5] Stroustrup, Bjarne: Die C++ Programmiersprache. 3., aktual. und erw. Aufl. Bonn: Addison-Wesley Verlag 1998.

[6] Willms, Gerhard: C++ Das GrundlagenBuch. Düsseldorf: Data Becker Verlag 1999.

[7] Breymann, Ulrich: Komponenten entwerfen mit der C++ STL. 2. aktual. Aufl. Bonn: Addison-Wesley Verlag 1999.

[8] Herold, Helmut: Das Qt-Buch, Portable GUI-Programmierung unter Linux/Unix/Windows. Nürnberg: SuSE Press Verlag 2001.

[9] Herold, Helmut: Linux-Unix-Systemprogrammierung. 2.Aufl. München: Addison-Wesley Verlag 1999.

[10] Herold, Helmut: C-Kompaktreferenz. 1.Aufl. München: Addison-Wesley 1999

Stichwortverzeichnis